D1869917

burda style

Die neue Nähschule

Wir danken folgenden Firmen für Ihre Unterstützung:

Gütermann GmbH, Gutach-Breisgau, www.guetermann.com
PFAFF® Haushaltsnähmaschinen über VSM Deutschland GmbH, Karlsruhe, www.pfaff.com
Stoffekontor Leipzig, www.stoffekontor.de
Union Knopf GmbH, Bielefeld, www.unionknopf.com

ISBN 978-3-8094-8047-1

Bildnachweis:
Fotos: Jean-Baptiste Pellerin/SIC (S. 6),
JUNG MEDIENPARTNER GmbH (S. 12, S. 13, S. 14, S. 17, S. 18, S. 19, S. 20, S. 21, S. 99 o. r.),
burda style/Jan Schmiedel (S. 98, S. 99 o. l., S. 99 o. M., S. 99 u. l, S. 99 u. r.),
PFAFF® (S. 240),
Gütermann GmbH (S. 244)

Illustrationen: Beate Brömse (S. 8, S. 9, S. 10, S. 11 u., S. 22, S. 23, S. 26 o. l., S. 26 u. l., S. 27 o. l., S. 27 u. l., S. 34 u., S. 43 u., S. 44 l., S. 46 u., S. 50, S. 58, S. 59, S. 60 o., S. 60 u. l., S. 60 u. r., S. 61 l., S. 62 l., S. 63, S. 231), Ruth Raimann, Elke Treier-Schäfer, Heidemarie Tengler-Stadelmaier

Projektkoordination dieser Ausgabe: Dr. Iris Hahner
Umschlaggestaltung: contact@inaction.de
Umschlagfoto: Getty Images/Jonelle Weaver (U1), Fotolia/Beatrice Stefek (U4)
Bildredaktion: Annette Mayer
Redaktion: Heidemarie Tengler-Stadelmaier, Verlag Aenne Burda
Redaktion und Producing dieser Ausgabe: JUNG MEDIENPARTNER, Limburg/Lahn

Druck und Bindung: Tien Wah Press

Printed in Malaysia

817 2635 4453 62

burda style

Die neue

Nähschule

Basics und Profi-Tipps
rund ums Nähen

Bassermann

INHALT

INHALT

25 GRAM
RETORS BRILLANTE
30
METRES

Liebe Leserin, lieber Leser!

Mal ganz ehrlich: Selbermachen macht eindeutig mehr Spaß, als Kleider von der Stange zu kaufen. Denn etwas mit den eigenen Händen zu schaffen, etwas, das es nur einmal so gibt, ist einfach ein wunderbares Gefühl – für den Profi wie für die Hobbyschneiderin.

Doch Nähen heißt natürlich nicht nur, stolz auf das Ergebnis zu sein, sondern auch Modebewusstsein, Stil und Individualität zu zeigen.

Dieses Buch ist ein umfassendes Nachschlagewerk für Näheinsteiger und versierte Hobbyschneiderinnen. Auf über 200 Seiten erklären wir Ihnen alle Nähvorgänge von A wie Abnäher bis Z wie Zweinahtärmel anschaulich mit vielen Zeichnungen, damit Sie genau sehen, wie die einzelnen Schritte gehen.

Außerdem geben wir Ihnen praktische Tipps, wie Sie Schnitte optimal Ihrer Figur anpassen können, damit das Kleidungsstück perfekt sitzt. Auch über Stoffe und deren Pflege finden Sie viele Infos.

Wir wünschen Ihnen viel Spaß beim Nähen – dem schönsten Hobby der Welt.

Gutes Gelingen wünscht Ihnen

Ihr burda style-Team

ARBEITSPLATZ UND WERKZEUG

Damit das Nähen richtig Spaß macht, sind gutes Werkzeug und ein schöner Arbeitsplatz wichtig. Ideal ist eine Nähecke, in der Sie die Näharbeit auch einmal liegen lassen können. Der Arbeitsplatz soll hell sein. Wenn das Tageslicht nicht ausreicht, sollten Sie ihn so ausleuchten können, dass Sie nicht geblendet werden und dass keine Schatten entstehen.

Die Nähmaschine

Seit der Erfindung der ersten, noch handbetriebenen Nähmaschine im Jahre 1800, die nur Steppstiche nähen konnte, wurde die Technik immer weiter entwickelt und verfeinert, sodass heute Nähmaschinen in den unterschiedlichsten Preisklassen und Ausführungen angeboten werden: von der einfachen Gerad- und Zickzack-Maschine bis hin zu computergesteuerten Maschinen, die außer Zier- und Nutzstichen Knopflöcher nach Maß nähen und sogar die schönsten Stickereien auf Knopfdruck sticken.

Nur wenn Sie Spaß an Stickereien und raffinierter Technik haben, ist die Anschaffung eines solchen „Näh-Stick-Computers" sinnvoll. Für Näharbeiten reicht eine Nutzstichmaschine aus, die außer Geradstich und Zickzackstich auch einige Elastikstiche und Knopflöcher nähen kann.

Auf jeden Fall sollten Sie die Maschine vor dem Kauf ausprobieren – auch ein Auto wird Probe gefahren – und dabei verschiedene Angebote vergleichen bzw. folgende Punkte beachten:

- Wie komme ich mit der Bedienung zurecht?
- Näht die Maschine sehr feine, dünne Stoffe genauso gut wie dicke Wollstoffe?
- Sind die Knopflöcher schön?
- Ist der Kundendienst in der Nähe gut erreichbar?

Die Overlock-Maschine ist für alle, die viel nähen, die perfekte Ergänzung zur Nähmaschine. Mit ihr können nicht nur Kanten so perfekt versäubert werden wie bei gekauften Modellen, sondern in einem Arbeitsgang können die Nähte genäht, die Nahtzugaben zurückgeschnitten und versäubert werden. Overlocknähte sind dehnbar und eignen sich besonders gut für alle elastischen und dehnbaren Stoffe.

Weitere Infos zum Nähen mit der Overlockmaschine finden Sie ab Seite 240.

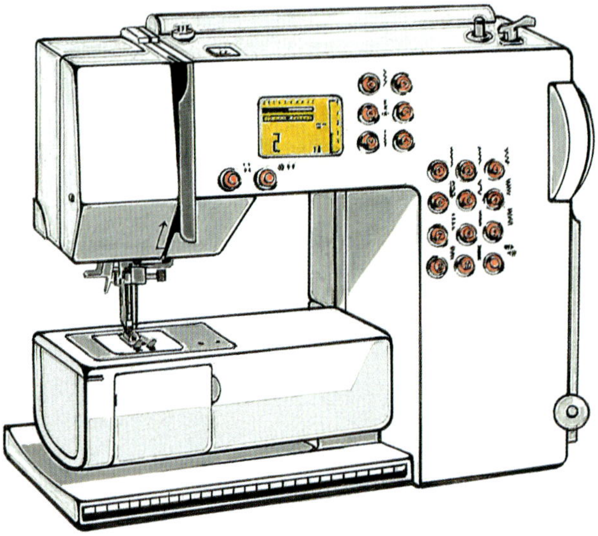

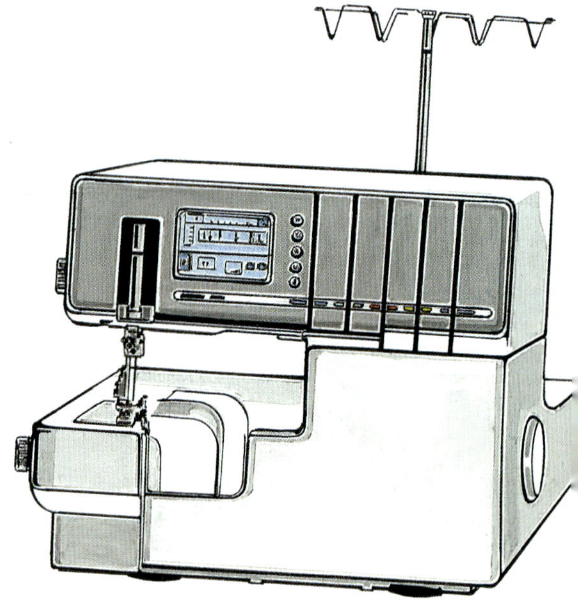

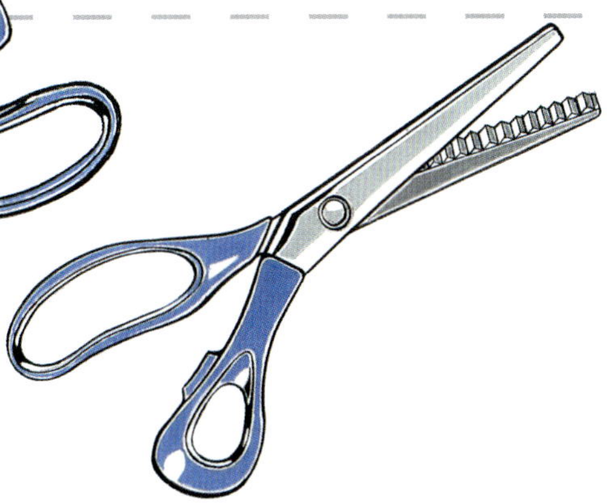

Scheren

Sie brauchen eine große, scharfe Schere zum Zuschneiden. Am besten ist eine spezielle Zuschneideschere, so konzipiert, dass die untere Kante beim Schneiden flach aufliegt, sodass der Stoff nicht angehoben wird. Eine kleine, spitze Schere für all die „Schneidearbeiten", für die die große Zuschneideschere zu unhandlich ist, zum Beispiel zum Abschneiden der Fäden. Dann eine Papierschere zum Ausschneiden der Schnittteile, denn Ihre guten Scheren werden beim Papierschneiden schnell stumpf.

Praktisch, aber nicht unbedingt erforderlich ist ein Trennmesser (Pfeiltrenner) zum Einschneiden von Knopflöchern oder wenn Sie etwas trennen müssen.

Eine Zackenschere können Sie verwenden, wenn Sie Futter oder einen Stoff, der nur wenig franst, zuschneiden. Sie müssen dann die Nahtzugaben nicht versäubern.

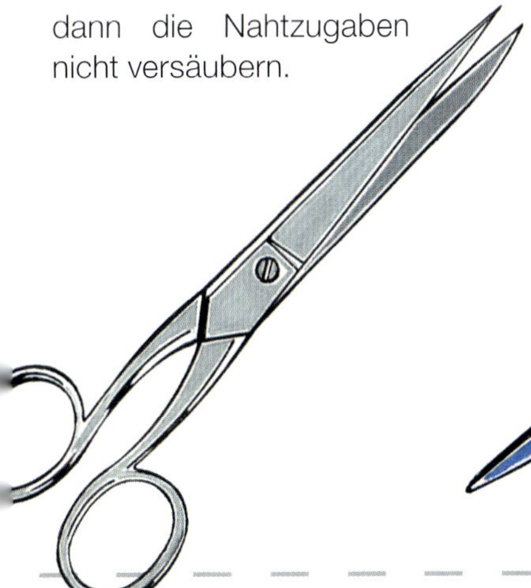

Nadeln

Nähmaschinennadeln sollten Sie immer vorrätig haben. Am besten ein kleines Sortiment, damit Sie für jeden Stoff die richtige Nadel wählen können: mit normaler Spitze für gewebte Stoffe in den Stärken 70 (fein) bis 100 (stark), für die sehr feinen Microfaserstoffe die extradünnen Microtex-Nadeln, Stärke 60 bis 80; mit abgerundeter Spitze für Jersey, Stretch- und Strickstoffe; mit geschliffener Dreikantspitze für dickes Leder; eine besonders stabile, spitze Nadel für Jeans. Außerdem gibt es Zwillingsnadeln mit normaler und abgerundeter Spitze.

Nähnadeln gibt es in unterschiedlichen Längen und Stärken. Je feiner der Stoff, umso feiner sollte auch die Nadel sein. Verwenden Sie für kleine Stiche eine kurze Nadel, für große Stiche, zum Beispiel beim Heften, eine lange Nadel. Für Jersey und Leder gibt es Spezialnadeln mit runder bzw. geschliffener Spitze.

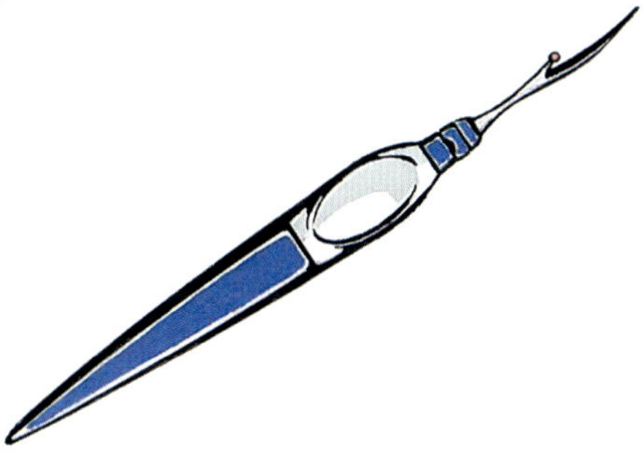

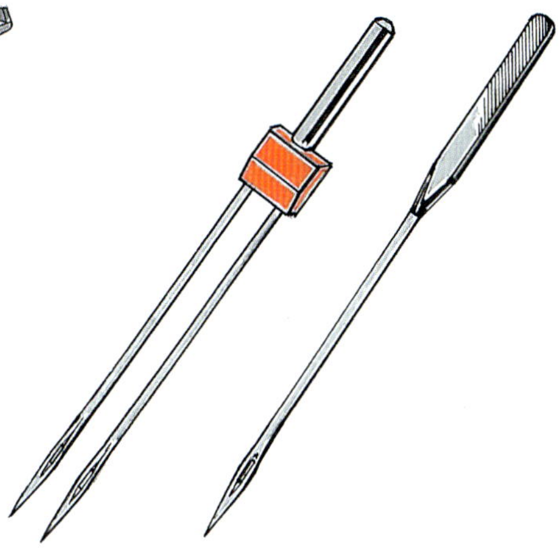

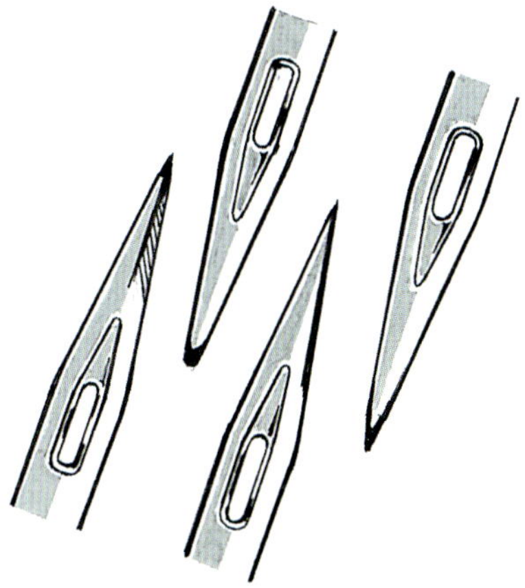

Wichtig: Nur Nadeln mit einwandfreier Spitze verwenden. Eine defekte Nadel beschädigt den Stoff. Zur Kontrolle in eine dünne Strumpfhose stechen. Wenn die Nadel beim Ein- und Ausstechen hängen bleibt, ist sie defekt und sollte ausgetauscht werden.

Stecknadeln, ob mit Metall- oder bunten Glasköpfchen, sind beim Nähen unentbehrlich.

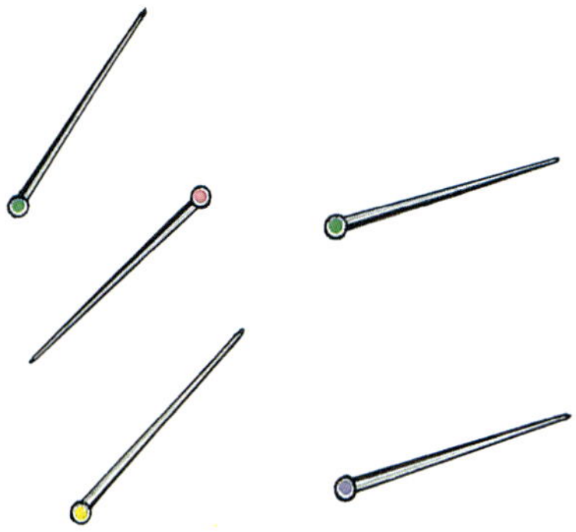

Nähgarne

sollten Sie in den wichtigsten Farben immer vorrätig haben. Es gibt das normale Nähgarn aus reiner Seide, aus Baumwolle und die sogenannten „Allesnäher" aus Synthetik (Polyester). Zudem gibt es noch das dicke Knopflochgarn für handgenähte Knopflöcher und für Ziersteppereien, das sehr dünne, feine Maschinenstick- und -stopfgarn und das Heftgarn zum Heften und „Durchschlagen" (siehe Seite 51). Informationen zu Nähgarnen finden Sie auf Seite 244.

Außerdem benötigen Sie

einen Fingerhut für den Mittelfinger. Ein Maßband, weich und biegsam, aber nicht dehnbar, zum Maßnehmen und zum Ausmessen längerer Strecken. Ein Handmaß ist besonders praktisch zum Abmessen kurzer Strecken und zum Markieren von Knopflöchern und Tascheneingriffen sowie zum Aufzeichnen der Nahtzugaben. Ein langes Lineal, ein Winkel und ein Kurvenlineal sind hilfreich zum Abzeichnen der Schnittteile vom Schnittbogen und wenn Sie die Schnitte figurgerecht ändern müssen. Schneiderkreide in Weiß, Gelb, Blau oder Rot. Aber Vorsicht, nur auf der linken Stoffseite verwenden und auf einem Stoffrest ausprobieren, denn aus manchen Stoffen lässt sich die Kreide nicht mehr entfer-

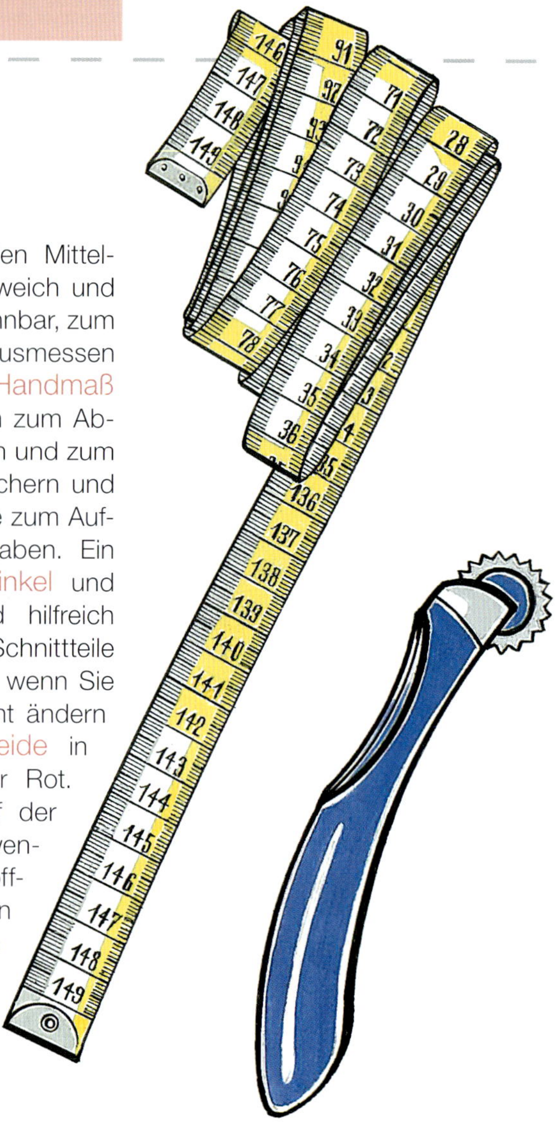

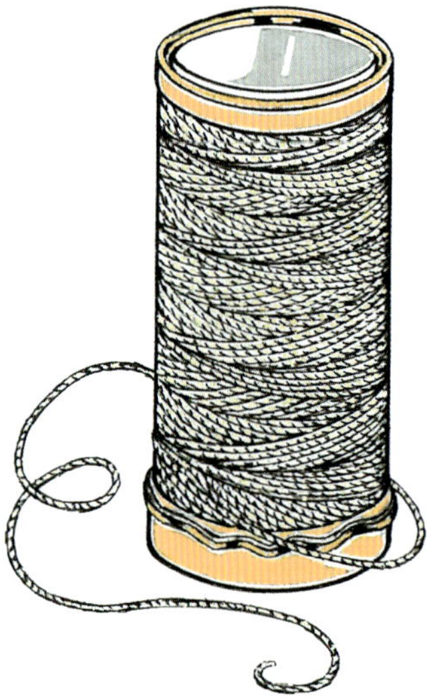

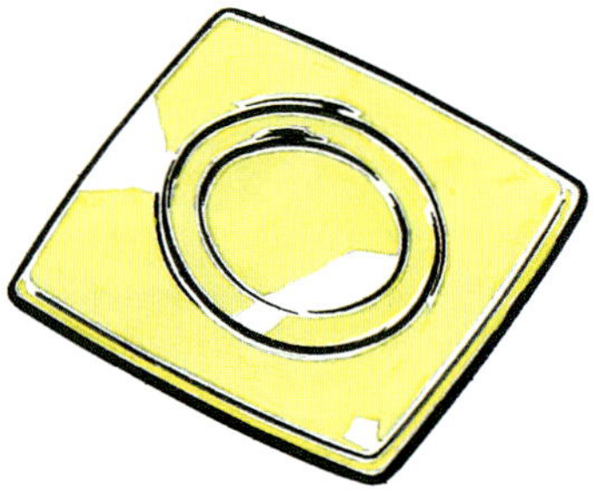

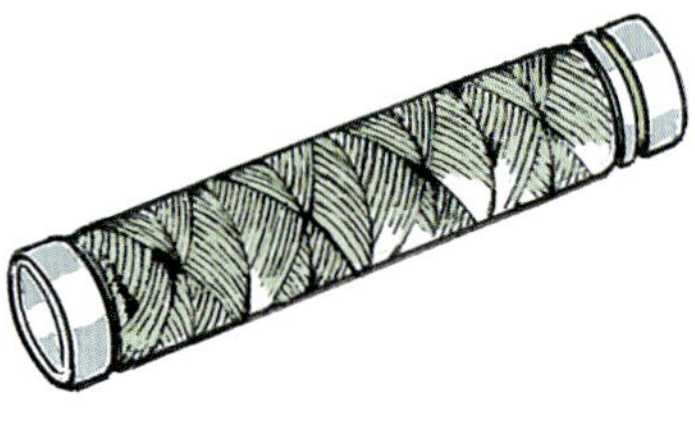

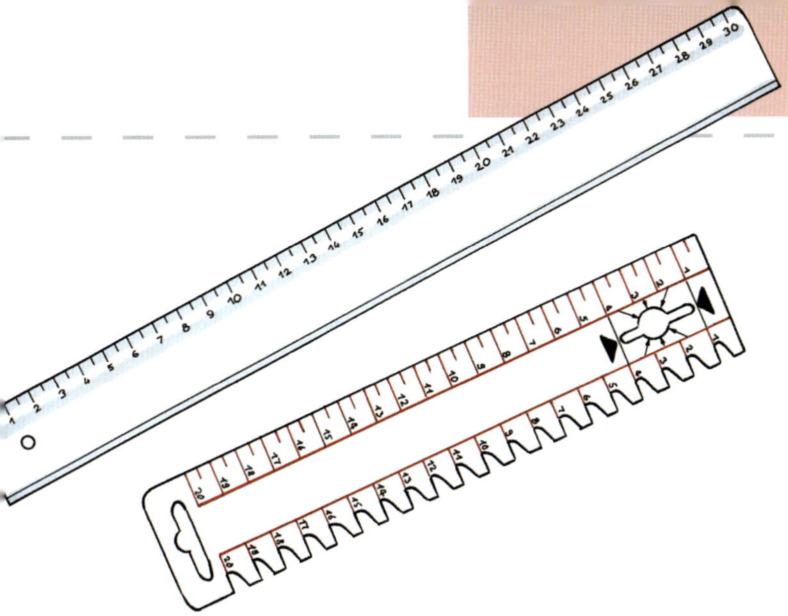

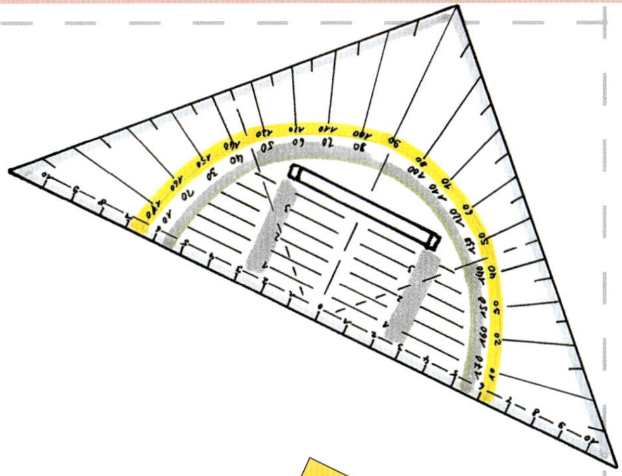

nen. Wenn Sie Linien und Markierungen auf die rechte Stoffseite zeichnen möchten, verwenden Sie Zauberkreide (Prym). Die Linien verschwinden nach ein bis zwei Tagen von selbst oder, wenn Sie darüberbügeln, sofort. burda style Seidenpapier oder burda style Kopierset: Folie und Spezialstift zum Abzeichnen der Schnittteile vom Schnittbogen. burda style Kopierpapier und ein Kopierrädchen zum Übertragen der Schnittkonturen auf den Stoff (siehe Seite 50).

Zum Bügeln ein Bügeleisen (besonders geeignet ist ein Dampfbügeleisen), ein Bügelbrett und ein Ärmelbügelbrett sowie ein Bügeltuch aus nicht fusselnder Baumwolle oder feinem Leinen. Für alle, die viel nähen, lohnt sich die Anschaffung eines runden Bügelkissens, das auf das Ärmelbrett aufgesteckt werden kann. Auf diesem Kissen lassen sich Abnäher und runde Nähte besonders gut bügeln.

TIPP

Praktisch ist ein durchsichtiges Bügeltuch aus Baumwollbatist, durch das Sie genau sehen, wo und was Sie bügeln.

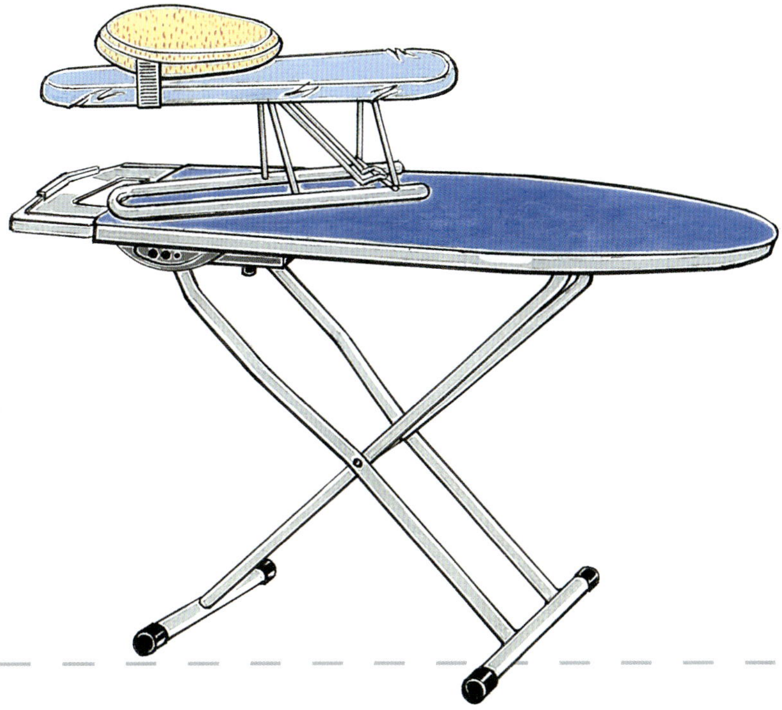

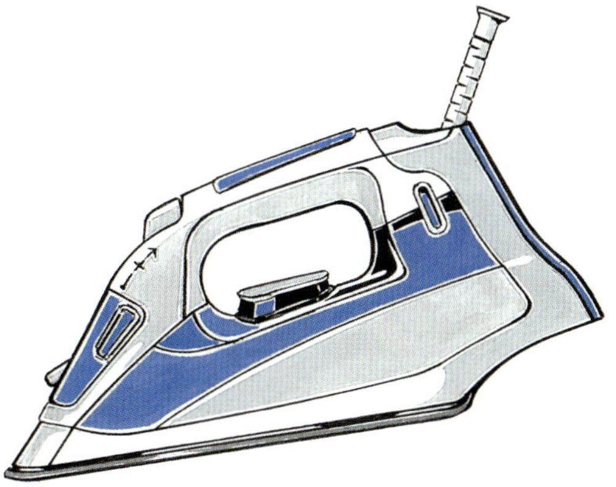

KLEINE STOFFKUNDE

Schon wenn Sie einen Stoff kaufen, sollten Sie an die Trageeigenschaften und die Pflege denken. Denn ob das fertige Kleidungsstück sehr knittert oder auch bei starker Beanspruchung korrekt aussieht, ob Sie es waschen können oder in die Reinigung geben müssen, ob Sie mit viel Hitze und Dampf bügeln können oder nur bei geringer Temperatureinstellung, ist davon abhängig, aus welcher Faser der Stoff ist.

An dem Stoffballen muss laut Textilkennzeichnungsgesetz die Materialzusammensetzung angegeben sein. Leider ist die Kennzeichnung mit den Pflegesymbolen nicht gesetzlich verankert. Damit Sie auch ohne diese Hinweise Ihren Stoff richtig behandeln können, nennen wir auf den nächsten Seiten die wichtigsten Fasern sowie ihre Eigenschaften und ihre Pflege.

Bei Mischgeweben richtet sich die Wasch- und Bügeltemperatur nach der empfindlicheren Faser.

Grundsätzlich unterscheidet man zwischen Naturfasern – Baumwolle und Leinen (pflanzliche Fasern), Wolle, Tierhaare und Seide (tierische Fasern) und Chemiefasern. Auch die Chemiefasern werden in zwei Gruppen eingeteilt: zellulosische Chemiefasern – Viskose, Acetat, Triacetat – aus pflanzlichen Rohstoffen (Zellulose) sowie synthetische Chemiefasern – Polyester, Polyamid, Polyacryl usw. – aus Produkten der Petrochemie. D. h. der Ausgangsstoff dieser Fasern ist Erdöl, das nach verschiedenen chemischen Aufbereitungen in Form eines Granulats (Körnchen oder Schnitzel) in der Chemiefaser-Industrie landet. Dieses Granulat wird eingeschmolzen und durch Spinndüsen gepresst. Dabei entstehen endlose Fäden, die je nach Weiterverarbeitung zu den unterschiedlichsten Fasern und Garnen – von glänzend bis matt, von sehr fein bis hochbauschig, mit „Seiden-, Baumwoll- oder Wolloptik“ – verarbeitet werden können.

Baumwolle

wird aus den Samenkapseln der Baumwollpflanze gewonnen. Die Qualität hängt von der Faserlänge ab: je länger die Faser, umso besser und teurer ist die Baumwolle.

Eigenschaften: Baumwolle ist sehr strapazierfähig, reißfest und widerstandsfähig gegen Hitze. Ein besonderes Kennzeichen ist ihre gute Saugfähigkeit. Sie kann ca. 20% ihres Eigengewichtes an Feuchtigkeit aufnehmen, ohne sich nass anzufühlen und bis zu 65% ohne zu tropfen.

Sie trocknet jedoch langsam. Durch Mercerisieren (Behandlung mit Natronlauge bei gleichzeitigem Spannen) erhält die Baumwolle einen leichten Glanz, die Reißfestigkeit und Saugfähigkeit werden noch erhöht. Baumwolle ist nicht sehr wärmend. Durch Aufrauen kann das Warmhaltevermögen verbessert werden. Baumwolle

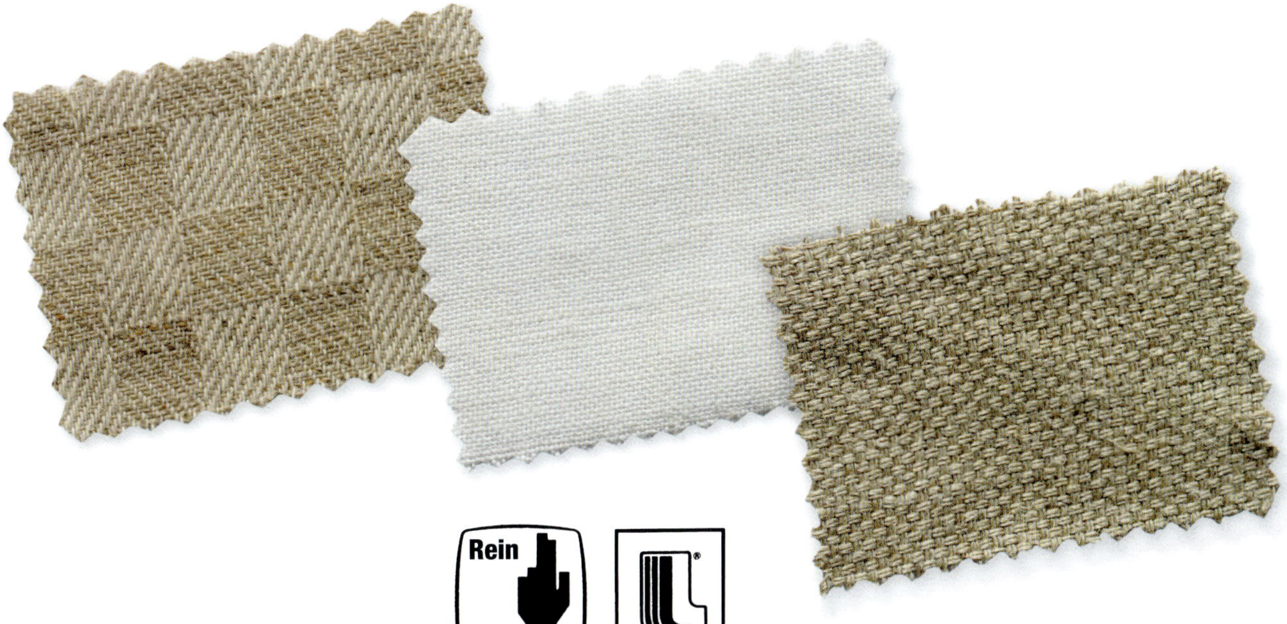

Rein Leinen

knittert stark und kann bei der Wäsche sehr einlaufen. Durch spezielle Behandlung – Veredelung – kann Baumwolle schrumpffrei und knitterarm (pflegeleicht) werden.

Pflege: je nach Veredelung. Kochwäsche – weiß und farbig – kann bis 95 Grad, Buntwäsche bis 60 Grad und feine Buntwäsche bis 40 Grad in der Waschmaschine gewaschen werden. Für Weißes sollten Sie ein Vollwaschmittel benutzen, für alles Farbige ein Feinwaschmittel oder ein Waschmittel ohne optische Aufheller. Frottierhandtücher und Unterwäsche werden im Trockner wunderbar weich, auch ohne Weichspüler. Allerdings ist die Einlaufgefahr sehr hoch. Sie sollten daher den Trockner nur verwenden, wenn es das Etikett erlaubt. Pflegeleicht ausgerüstete Baumwolle möglichst tropfnass aufhängen, trocknen lassen und mit Einstellung Wolle bügeln. Ansonsten kann Baumwolle mit Bügeleiseneinstellung Baumwolle/Leinen gebügelt werden, am besten leicht angefeuchtet oder mit Dampf.

Leinen

Die Leinenfaser wird aus dem Stängel der Flachspflanze gewonnen.

Eigenschaften: Leinen hat eine sehr glatte Oberfläche und ist dadurch matt glänzend, wenig schmutzanfällig und fusselt nicht. Leinen ist sehr saugfähig, kann bis zu 23% Nässe speichern und gibt die Feuchtigkeit schnell wieder ab. Es unterstützt dadurch die natürliche Klimaregelung des Körpers und ist für Sommer- und Tropenkleidung bestens geeignet. Leinen ist sehr strapazierfähig und nass noch reißfester als trocken. Allerdings ist Leinen durch den Pflanzenleim steifer und härter als Baumwolle und knittert (edel!).

Pflege: Leinen ist kochfest. Je nach Veredelung sollte aber eine geringere Waschtemperatur gewählt werden: für Buntes 60 Grad und für pflegeleicht ausgerüstetes Leinen 40 Grad und Schonwaschgang. Als Waschmittel empfiehlt sich für weißes und gebleichtes Leinen ein Vollwaschmittel, für ungebleichtes und buntes Leinen ein Feinwaschmittel oder Waschmittel ohne optische Aufheller. Beachten Sie dabei immer die Pflegehinweise. Im Zweifelsfall sehr empfindliche Teile besser in die Reinigung geben. Trocknen im Wäschetrockner ist möglich, es besteht jedoch Einlaufgefahr. Leinen verträgt beim Bügeln sehr viel Hitze, sollte aber immer angefeuchtet bzw. mit einem feuchten Tuch oder viel Dampf gebügelt werden.

Wolle

Größter Woll-Lieferant ist das Schaf. Nach dem Textilkennzeichnungsgesetz dürfen mit dem Begriff Wolle außerdem noch feine Tierhaare, zum Beispiel Kaschmir und Mohair (beides Ziegenarten), Angora (Kaninchenhaar) sowie Alpaka, Lama und Kamelhaare bezeichnet werden. Bei der Kennzeichnung „100% Wolle", „Reine Wolle" oder nur „Wolle" kann es sich um minderwertige Wolle oder Reißwolle, die aus benutzten Wollprodukten (Altkleidern) hergestellt wird, handeln. Die Bezeichnung „Schurwolle" darf nur verwendet werden, wenn die Wolle vom gesunden, lebenden Tier gewonnen wurde und nicht mehr als 7% Fremdfasern enthalten sind. „Reine Schurwolle" dagegen darf nur bis 0,3% Fremdfasern enthalten. Allein diese hochwertige Wollqualität darf mit dem Wollsiegel gekennzeichnet werden. Das Gütezeichen garantiert: Die Schurwolle ist vom Internationalen Wollsekretariat geprüft.

Eigenschaften: Wolle ist relativ schmutzunempfindlich und hat eine geringe Knitterneigung. Oft genügt es, wenn das Kleidungsstück in feuchter Luft aufgehängt wird. Dabei glätten sich nicht nur die Knitterfalten, sondern auch Gerüche, wie z. B. Schweiß, Essen, Rauch verschwinden. Wolle weist Wassertropfen ab, kann aber bis zu 40% Feuchtigkeit in Form von Wasserdampf aufnehmen, trocknet aber langsam. Wolle kann sehr gut warm halten. Durch Walken (Filzen) kann das Warmhaltevermögen noch erhöht werden. Die Wolle wird dadurch auch winddicht.

REINE SCHURWOLLE

Pflege: Wolle nur von Hand mit Fein- oder Wollwaschmittel waschen. Die Wassertemperatur darf 30 Grad nicht überschreiten. Wolle in viel Wasser vorsichtig ausdrücken, auf keinen Fall wringen oder rubbeln. Auch langes Einweichen mag Wolle nicht. Wolle, die „filzfrei" ausgerüstet ist, kann bei 30 Grad in der Maschine im Wollwaschgang gewaschen werden. Wolle nicht schleudern, sondern in ein Frottiertuch einrollen und das Wasser vorsichtig ausdrücken. Das Kleidungsstück nicht aufhängen, sondern liegend trocknen. Nicht im Wäschetrockner, in direkter Sonne oder auf der Heizung trocknen. Empfindliche Wollstoffe von Blazern, Hosen, Röcken usw. sollten Sie nicht selbst waschen, sondern reinigen lassen. Wolle bei mittlerer Hitze, Bügeleiseneinstellung Wolle, mit Dampf oder unter einem feuchten Tuch bügeln.

Seide

Echte Seide wird aus den Kokons der Maulbeerspinner, so heißt die gezüchtete Seidenraupe, gewonnen. Die edelste Seide ist die Haspelseide, der ca. 1000 m lange „endlose" Faden vom Kokonmittelteil. Die äußere und die stärker verklebte Innenschicht des Kokons werden zu Schappe- oder Bourretteseide verarbeitet. Aus den Kokons der wild lebenden Tussahspinner wird Wildseide gewonnen.

Eigenschaften: Seide ist bei allen Temperaturen angenehm zu tragen, denn sie wärmt bei Kälte und kühlt bei Hitze. Alle Seidenstoffe können etwa die Hälfte ihres Gewichtes an Feuchtigkeit aufnehmen, ohne sich feucht anzufühlen. Seide gibt die Hautfeuchtigkeit schnell nach außen ab. Aber Vorsicht: Schweiß kann hässliche Flecken verursachen und die Seide brüchig machen; deshalb immer Schweißblätter einnähen. Seide hat eine hohe Reißfestigkeit, ist je nach Qualität, Gewebeart und Ausrüstung sehr leicht und geschmeidig oder schwer und steif und dementsprechend mehr oder weniger knitteranfällig.

Pflege: Wer kein Risiko eingehen möchte, lässt chemisch reinigen.

100 %
Seide
Silk
Soie
Seta

Unbedingt in die Reinigung gehören Taft, Seidenbrokat, Chiffon, Organza, Satin und Georgette. Auch bedruckte und dunkle Seidenstoffe sollten besser in die Reinigung, denn Seide „schluckt" sehr viel Farbe, die dann bei der Wäsche wieder „ausbluten" kann.

Wenn Sie Seide waschen möchten, dann nur von Hand, bei 30 Grad mit mildem Feinwaschmittel. Nicht reiben, bürsten, drücken und natürlich erst recht nicht schleudern oder wringen. Seide gut ausspülen, zunächst mit lauwarmem, dann mit kaltem Wasser. Dem letzten Spülwasser kann ein wenig Essig zugegeben werden, das frischt die Farbe auf. Seide gehört auf keinen Fall in die Schleuder oder den Trockner. Die nassen Stücke vorsichtig in ein Tuch wickeln und die Nässe sanft herausdrücken. Seide nicht in direkter Sonne oder in der Nähe von Heizkörpern trocknen.

Seide mit mäßig warmem Eisen (Einstellung Seide) von links bügeln. Nach dem Waschen Wildseide erst bügeln, wenn sie ganz trocken ist, alle anderen Seidenarten bügeln, wenn sie noch leicht feucht sind.

Wichtig: Seide nicht nachträglich befeuchten, das kann Wasserflecken hinterlassen.

Viskose

ist die „natürlichste" aller Chemiefasern. Die Zellulose wird zur Spinnmasse gelöst und ist nach dem Verfestigen wieder reine Zellulose ohne chemische Veränderungen.

Viskose kann nach Bedarf glänzend oder matt hergestellt werden. Je nach Glanz, Feinheit und Kräuselung kann der Viskose „Seiden-", „Baumwoll-" oder „Wolloptik" gegeben werden. Selbst die für Leinen typischen Faserverdickungen können ohne Probleme hergestellt werden.

Eigenschaften: Viskose ist saugfähiger als Baumwolle, aber in nassem Zustand nicht sehr reißfest und strapazierfähig.

Pflege: Viskose kann von Hand oder in der Maschine im Schonwaschgang bei 30 bis 40 Grad mit Feinwaschmittel gewaschen werden. Viskose nicht reiben, wringen oder schleudern, sondern tropfnass aufhängen oder in einem Tuch eingerollt die Nässe vorsichtig herausdrücken. Nicht im Wäschetrockner trocknen. Viskose mit ca. 150 Grad (Bügeleinstellung Seide), im feuchten Zustand, mit dem Dampfbügeleisen oder unter einem feuchten Tuch bügeln. Viskose kann chemisch gereinigt werden.

Acetat und Triacetat

Im Gegensatz zu Viskose besteht die Faser nicht aus reiner Zellulose, sondern aus Zelluloseacetat.

Eigenschaften: Acetat und Triacetat haben eine leicht glänzende Oberfläche und sind optisch der Naturseide sehr ähnlich. Sie sind sehr formbeständig und knittern kaum.

Acetat kann nur sehr wenig Feuchtigkeit aufnehmen (ca. 6%), trocknet aber schnell. Acetat ist sehr hitzeempfindlich (schmilzt bei ca. 210 Grad) und ist in Aceton löslich. Triacetat nimmt noch weniger Feuchtigkeit auf als Acetat, ist aber hitzeunempfindlich (Schmelzpunkt bei ca. 300 Grad) und kann formbeständig plissiert werden.

Pflege: Acetat bei 30 Grad mit Feinwaschmittel von Hand oder in der Maschine im Schongang waschen. Auch chemisch Reinigen ist möglich. Acetat keinesfalls in den Trockner geben, sondern feucht aufhängen. Es trocknet schnell und muss kaum gebügelt werden. Wenn gebügelt werden muss, dann am besten von links unter einem Tuch und bei niedriger Temperatureinstellung.

Triacetat verträgt normale Maschinenwäsche bis 70 Grad und eine höhere Bügeltemperatur (Einstellung Seide/Wolle). Die übrigen Pflegeeigenschaften stimmen mit denen von Acetat überein.

Elastan

Diese hochelastischen Fäden können bis zum Siebenfachen ihrer Länge gedehnt werden und ziehen sich dann wieder auf ihre ursprüngliche Länge zusammen. Elastan – bekannte Markennamen sind Lycra, Dorlastan – wird selten „pur", sondern mit anderen Fasern zusammen verarbeitet.

Eigenschaften: Elastan macht Stoffe dauerhaft elastisch und ist wie alle synthetischen Chemiefasern knitterarm, pflegeleicht und strapazierfähig.

Pflege: Für alle Stoffe mit Elastan-Anteil gilt: Feinwaschmittel und nicht in den Trockner. Die Wasch- und Bügeltemperatur richtet sich danach, mit welcher Faser Elastan verarbeitet wurde.

Polyamid

Die bekanntesten Markennamen sind: Perlon, Nylon und Helanca.

Eigenschaften: im Wesentlichen wie Polyester. Polyamid hat im Vergleich zu allen anderen synthetischen Chemiefasern die höchste Reiß- und Scheuerfestigkeit.

Pflege: wie Polyester. Da Polyamid etwas hitzeempfindlicher ist als Polyester, sollten 40 Grad Waschtemperatur nicht überschritten werden. Bügeln nur bei niedrigster Temperatureinstellung und ohne Dampf.

Polyacryl

Die bekanntesten Markennamen sind: Dralon, Dorlan, Orlon.

Eigenschaften: im Wesentlichen wie Polyester. Hergestellt wird Polyacryl fast ausschließlich als hochbauschige, gekrauste Spinnfaser. Es ist im Griff der Wolle sehr ähnlich.

Pflege: wie Polyester, jedoch nur bei 30 Grad waschbar. Trocknen im Wäschetrockner ist allerdings nicht möglich.

Polyester

ist die vielseitigste der synthetischen Chemiefasern. Die bekanntesten Markennamen sind: Trevira, Tergal, Diolen, Dacron.

Eigenschaften: sehr strapazierfähig. Polyester ist sehr gut thermofixierbar. Aus diesem Grund sind Bügel- und Plisseefalten besonders haltbar. Polyester ist formbeständig und knitterarm, licht-, motten- und verrottungsbeständig, weich und geschmeidig. Polyester nimmt wenig Feuchtigkeit auf.

Pflege: Polyester kann bei 40 Grad in der Waschmaschine gewaschen werden. Einige Polyesterfasern vertragen auch 60 Grad – Pflegeetikett beachten. Bei zu hohen Temperaturen können Waschknitter entstehen, die nur schwer zu entfernen sind. Für Weißes kann Vollwaschmittel verwendet werden, für Buntes ist Feinwaschmittel empfehlenswert. Polyester nicht trockenschleudern, sondern nur leicht anschleudern. Es trocknet schnell. Strickwaren wie Wolle liegend trocknen. Bei geringer Temperatur kann Polyester auch im Wäschetrockner getrocknet werden, dabei aber immer das Pflegeetikett beachten, da dauerhafte Knitterfalten entstehen können.

Polyester ist weitgehendst bügelfrei. Muss gebügelt werden, dann nur mit mäßig warmem Bügeleisen (Einstellung Seide) und unter einem feuchten Tuch. Chemisch Reinigen ist möglich.

Microfasern

Sie heißen Trevira Finess, Belseta, Tactel, Diolen Sportant, werden aus Polyester oder Polyamid hergestellt. Die einzelnen, endlos langen Fäden oder Fasern sind zehnmal so fein wie der Faden der Seidenraupe und werden zu feinen Garnen weiterverarbeitet. Aus diesen feinen Garnen entstehen Gewebe, die so dicht sind, dass sie Wind und Regen abweisen, aber gleichzeitig dampfförmige Feuchtigkeit (Schweiß) nach außen durchlassen = atmungsaktiv. Da sie die Hautfeuchtigkeit nicht aufsaugen, sondern an die Außenseite weiterleiten, wo sie verdunstet, sind sie auf der Haut immer angenehm trocken. Stoffe aus Microfaser sind extrem weich und leicht und haben außerdem all die guten Eigenschaften, die wir bei herkömmlichen synthetischen Fasern schätzen, wie reißfest, pflegeleicht usw.

Pflege: Microfaserstoffe können bis 40 Grad mit Feinwaschmittel im Schongang der Waschmaschine gewaschen werden. Nicht schleudern oder in den Trockner geben, sondern tropfnass aufhängen. Nur mit mäßig warmem Bügeleisen (Einstellung Seide) bügeln.

Wichtig: keinen Weichspüler verwenden, da sonst das Gewebe seine Wasser abweisende Wirkung verliert.

Stoff- und Musterbezeichnungen von A bis Z

Ajour: Gewebe oder Strickstoffe mit feinen, stickereiähnlichen Durchbrüchen.

Batist: Feinfädiger leichter Stoff in Leinwandbindung, aus Baumwolle, Leinen, Wolle oder Chemiefasern.

Belseta: Microfaser-Gewebe mit pfirsichhautähnlicher, aufgerauter und geschmirgelter Oberfläche – auch Velourslederimitat.

Bouclé: Gewebe mit unregelmäßiger, noppiger oder auch knotiger Oberfläche, die durch Garne mit knotenartigen Verdickungen entsteht.

Brokat: Jacquardgewebe, häufig mit Glanzgarnen. Der Name stammt aus dem Italienischen und bedeutet bestickt.

Borkenkrepp: Stoff mit baumrindenartiger Oberfläche.

Changeant: Durch verschiedenfarbige Kett- und Schussfäden entsteht ein schillerndes, changierendes Aussehen.

Chenille: Schweres, samtähnliches Gewebe, mit Flor (Härchen) auf beiden Seiten.

Chiffon: Hauchzartes, feines, fließendes Gewebe aus Seiden- oder Chemiefaser-Kreppgarnen, mit unregelmäßigem Oberflächenbild und sandigem Griff.

Chintz: Stark glänzendes Baumwollgewebe mit wie gewachst wirkender Oberfläche. Durch Imprägnierung Schmutz und Wasser abweisend.

Cloqué: „Blasenkrepp" aus zwei webtechnisch miteinander verbundenen Gewebelagen. In der Ausrüstung zieht sich das untere Gewebe zusammen, sodass das obere reliefartige Blasen bildet. Cloqué nicht bügeln.

Cord: Sammelbegriff für Gewebe mit samtartigen Längsrippen vom Babycord – sehr feine Rippen – bis zum Breitcord.

Crêpe de Chine: Hauchfeiner Stoff mit unruhiger Oberfläche aus Seide oder Chemiefasern.

Crespo: Relativ leichte Stoffe in Leinwandbindung mit körniger Struktur aus Kreppgarnen.

Cretonne (Nessel): Grober Baumwollstoff in Leinwandbindung.

Glencheck

Crinkle Crash: Vorgeknitterte Stoffe. Die Knitter verlaufen meist in Längsrichtung und sind mehr oder weniger stark ausgeprägt.

Denim: Jeansstoff, bei dem nur der Kettfaden gefärbt ist. Der Schussfaden ist weiß. Durch die Bindung ist die Oberseite überwiegend blau = Blue Denim oder schwarz = Black Denim und die Unterseite überwiegend weiß.

Doubleface: Sammelbegriff für Doppelgewebe mit zwei verschiedenen Warenseiten.

Duchesse: Stark glänzender, hochwertiger Satin aus Seide oder Chemiefasern.

Duvetine: So genannter falscher Samt. Gewebe in verstärkter Schussatlasbindung (satinähnlich) aus Baumwolle oder Viskose, die nach dem Färben geraut und geschmirgelt werden.

Façonné: Stoff mit kleinen Mustern, die durch Bindungswechsel (unterschiedliche Webarten) entstehen, meist mit Mattglänzend-Effekt.

Fil-à-fil: Gewebe mit treppchenförmiger Kleinmusterung, die durch den Wechsel von hellen und dunklen Kett- und Schussfäden entsteht.

Fischgrat: Durch verschiedenfarbige Garne in Kette und Schuss unterstützte Gewebemusterung in abgesetzter Köperbindung mit wechselnder Gratrichtung.

Flanell: Sammelbegriff für ein- oder beidseitig geraute Gewebe aus Baumwolle, Viskose oder Wolle.

Flausch: Weiche, voluminöse Stoffe mit langer Haardecke.

Fleece: Auf beiden Seiten stark aufgerauter, flauschiger Stoff aus Microfaser, gut warmhaltend, atmungsaktiv.

Frottier: Voluminöses, weiches Schlingengewebe. Die Schlingen entstehen beim Weben.

Gabardine: Dichtes Gewebe aus Baumwolle, Wolle oder Chemiefasern mit ausgeprägtem Köpergrat (diagonal verlaufender Streifeneffekt), der auf der rechten Stoffseite immer von links unten nach rechts oben verläuft.

Georgette: Auch Crêpe Georgette. Gewebe aus stark überdrehten Kreppgarnen mit einer unruhigen, fein strukturierten Oberfläche. Die Stoffe sind weich und fließend und haben einen sandigen Griff.

Gewaschene Seide: Seidengewebe, das durch Waschen und Schmirgeln eine leicht aufgeraute, pfirsichhautähnliche Oberfläche erhält. Gewaschene Seide nicht selbst waschen, sondern reinigen lassen.

Glencheck: Überkaro, markant heraustretend oder Ton in Ton, das über einem karoähnlichen Kleinmuster liegt (1).

Gobelin: Bunt gemustertes Gewebe mit stumpfen Farben und leicht verschwommenen Farbübergängen.

Hahnentritt: Stoffe mit kleiner karoähnlicher Musterung. Typisch die diagonalen Verlängerungen an den Karoecken.

Hahnentritt

Fischgrät

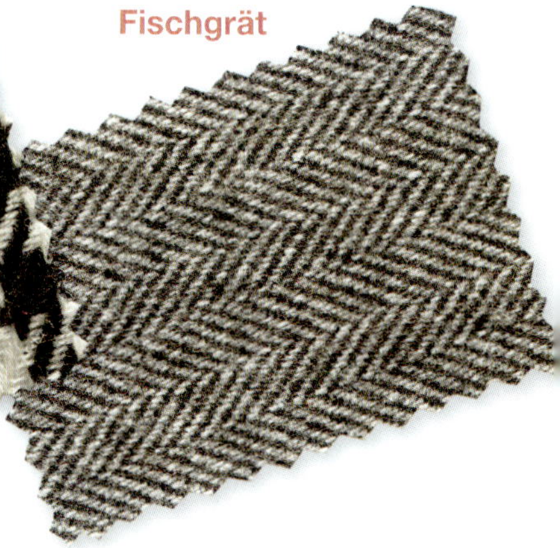

Jacquard: Sammelbegriff für Gewebe, bei denen die Musterung durch Bindungswechsel entsteht. Durch Verwendung von unterschiedlichen Garnen in Kette und Schuss, z. B. matt und glänzend, hell und dunkel, kann dieser Effekt noch betont werden.

Jeansstoffe: Siehe Denim.

Jersey: Der Sammelbegriff für Maschenwaren, vom leichten Polojersey bis zum Wolljersey.

Käseleinen: Ungemustertes, gebleichtes Leinengewebe, das ursprünglich zum Verpacken von Käse verwendet wurde.

Kammgarn: Hochwertiges Gewebe aus langfaserigem, glatten Garn; die kurzen Fasern der Rohwolle wurden durch Kämmen entfernt.

Kattun (Nessel): Mittelfeiner Baumwollstoff in Leinwandbindung.

Köper: Grober Baumwollstoff mit leichtem Diagonaleffekt.

Krepp: Sammelbegriff für alle Gewebe, die durch überdrehte Garne (Kreppgarne), Bindung (Webart) oder Prägeeffekt eine körnige, narbige Oberfläche erhalten.

Kreppsatin: Eine Seite glatt und glänzend, die andere matt und körnig. Beide Seiten können als rechte Seite verwendet werden, oft im Wechsel.

Krimmer: Plüschstoff mit stark gekräuseltem, lockenförmigem Flor, der dem Lammfell des Karakul-Schafes nachgebildet ist.

Lamé: Glänzendes, schillerndes Gewebe durch Metallfäden oder andere glänzende Effektgarne.

Laqué: Stoff mit lacklederartiger Beschichtung.

Lavabel: Gut waschbares, weiches, fließendes Gewebe mit glatter Oberfläche aus Seide oder Chemiefasern.

Leder ist die tierische Haut. Man unterscheidet zwischen Leder mit glatter Oberfläche (Nappa) und Leder mit aufgerauter Oberfläche (Velour und Nubuk).

Loden: Mittelschwere bis schwere Wollstoffe, die durch Walken (Filzen) sehr dicht und strapazierfähig sind. Man unterscheidet Strichloden – aufgeraute, langhaarige, in eine Richtung gelegte Flordecke – und Tuchloden – mit einer stumpfen, strichlosen, filzähnlichen Oberfläche.

Madraskaro: Großflächiges, vielfarbiges Karomuster, das ursprünglich in der indischen Provinz Madras in handgewebten Seidenstoffen umgesetzt wurde. Heute ist das Muster meist auf Baumwollstoffen zu finden.

Mako-Batist, Mako-Satin: Gewebe aus hochwertigem ägyptischen Baumwollgarn, das besonders feinfädig und gleichmäßig ist.

Matelassé: Ein Doppelgewebe mit reliefartiger, ausgepolsterter Musterung.

Mesh: Netzähnliches, luftdurchlässiges Gewebe, das vor allem für Sportkleidung verwendet wird.

Moiré: Querripsgewebe mit wellenförmiger Musterung, die durch Pressen (Kalandern) erzielt wird.

Musselin: Leicht und locker gewebter Stoff in Leinwandbindung, meist aus Baumwolle oder Wolle.

Nadelstreifen: Gewebe, meist Kammgarnstoffe, mit sehr feinen Längsstreifen. Wird vor allem für formelle Business-Kleidung verwendet.

Nessel: Ursprünglich aus Brennnesselfasern hergestelltes Gewebe in Leinwandbindung. Heute besteht Nessel aus Baumwolle und wird unbehandelt oder gebleicht angeboten. Je nach Qualität unterscheidet man Cretonne, Renforcé und Kattun.

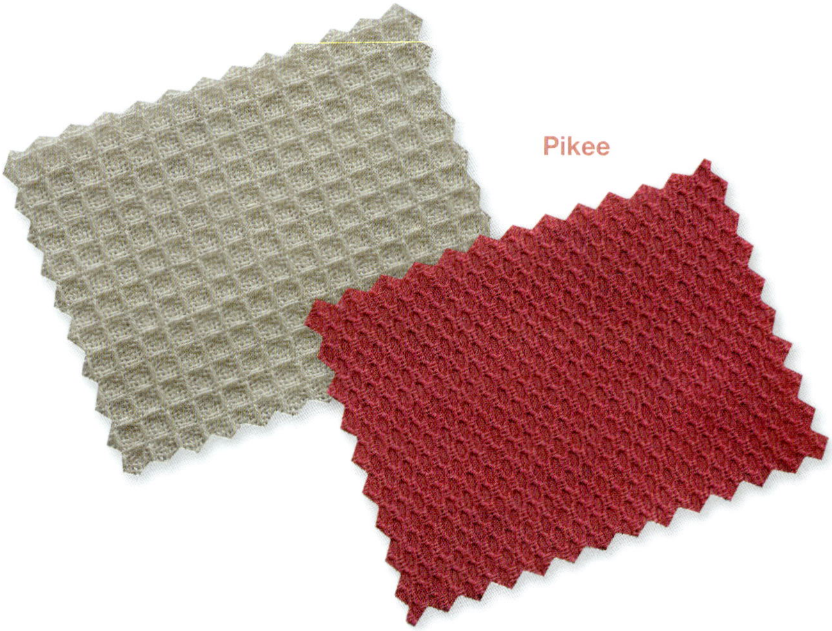

Pikee

Nickistoff: Auch Wirkplüsch. Feiner Jersey mit samtähnlicher, kurzfloriger Oberfläche.

Organdy: Baumwoll- oder Chemiefaserbatist, der in zarten Farbtönen gefärbt oder bedruckt ist.

Organza: Transparentes, steifes Gewebe in Leinwandbindung.

Pannesamt: Stark glänzender Samt mit gepresstem Flor.

Papillon: Ein Wollpopeline mit leicht rippigem Charakter.

Paillettenstoffe: Auf einen gewebten oder gewirkten Stoff sind kleine glitzernde Metall- oder Kunststoffplättchen aufgestickt.

Pepita: Gewebe mit kleinen Hell-dunkel-Karos, die im Gegensatz zum Hahnentritt nicht zackig erscheinen.

Pelzimitation: Sammelbegriff für gewebte oder gewirkte Stoffe mit dichter Haardecke, die in Länge und Färbung echten Pelzen täuschend ähnlich sein können. Sie werden auch Funfurs oder Fakefurs genannt.

Pikee: Doppelgewebe mit reliefartiger Musterung, die wie gesteppt aussieht.

Paillettenstoff

Pelzimitation

Seersucker

Popeline: Gewebe mit feinen Querrippen, die durch sehr feine Kettfäden (Längsfäden) und etwas gröbere Schussfäden (Querfäden) entstehen.

Plüsch: Flauschiger Samt, gewebt oder gewirkt, der als Pelzimitat verwendet wird.

Renforcé (Nessel): Mittelfeines Baumwollgewebe in Leinwandbindung.

Reversible: Stoffe, die zwei „schöne", aber unterschiedliche Seiten haben, z. B. eine kreppartige, matte Oberseite und eine glänzende, glatte Unterseite.

Rippenstrickstoff: Ein durch Rechts-links-Maschenstruktur meist dehnbarer Strickstoff.

Rips: Gewebe mit ausgeprägten Rippen, hauptsächlich in Querrichtung.

Romanitjersey: Schwere, wenig dehnbare doppelflächige Maschenware, meist aus hochwertiger Schurwolle, die auf beiden Seiten „rechte" Maschen zeigt.

Samt: Gewebe mit einer dichten, senkrecht stehenden, ca. 2 bis 3 mm langen Haardecke. Samt wird immer gegen den Strich zugeschnitten.

Satin: Durch Bindung (Webart) sehr glattes, glänzendes Gewebe mit geschmeidigem Fall.

Seersucker: Gewebe, das zeilenweise oder durchgehend eine baumrindenähnliche, borkige Oberfläche hat. Bei „echtem" Seersucker wird dieser Effekt durch Bindung, bei „falschem" Seersucker durch Ausrüstung (chemische Behandlung) erreicht.

Serge: Glattes, feines Wollgewebe in Köperbindung. Meist wird der Begriff in Verbindung mit dem Material verwendet, wie Wollserge oder Kammgarnserge.

Spitze gibt es in vielen Variationen, von Hand oder maschinell hergestellt. Spitze kann gestickt (Plauener Spitze), gewebt (Bobinet-Spitze), geklöppelt (Valenciennes-Spitzen) oder gehäkelt (Galonspitze) sein.

Strickstoff: Grobere, dem Handgestrickten sehr ähnliche Maschenware.

Strickwalk (gekochte Wolle): Strick aus reiner Wolle, der durch Kochen „einläuft". Der Strick verfilzt, wodurch der Stoff sehr strapazierfähig wird.

Sweatshirtstoffe: (sprich: swätschört = Schweißhemd). Meist aus innen aufgerautem Trikotstoff oder Jersey, aus Baumwolle oder Baumwollmischungen.

Taft: Gewebe aus Naturseide oder Chemiefaser. Taft ist durch chemische Behandlung steif und daher sehr knitteranfällig.

Thremovelours: Siehe Fleece.

Tuch: Wollstoff in Leinwandbindung, der durch Walken und anschließendes Rauen eine filzartige Oberfläche hat.

Tüll: Durchbrochenes, netzartiges Gewebe, meist mit wabenförmiger Struktur.

Tweed: Stoff aus groben, melierten, noppigen Garnen mit Handwebcharakter. Kette und Schuss sind meist verschiedenfarbig.

Velours: Sammelbegriff für weiche, geraute Stoffe mit dichtem, kurzem Flor.

Vichy: Zweifarbige, kontrastreiche Blockkaros, aus Baumwolle oder Mischgeweben.

Voile: Durchscheinendes Gewebe in Leinwandbindung, meist aus Baumwolle.

MASSNEHMEN

Um Ihre ganz persönliche Schnittgröße festzustellen, müssen Sie Ihre Körpermaße kennen und mit den burda style Maßtabellen vergleichen. Nehmen Sie Ihre Maße pur, sprich auf der Wäsche. Wo und wie gemessen wird, zeigen die Zeichnungen unten.

So nehmen Sie Maß

Als Hilfsmittel legen Sie ein festes Band (zum Beispiel ein Ripsband) um Ihre Taille und stecken es zu.

1 Oberweite: über die stärkste Stelle der Brust
2 Taillenweite: in der Taille über dem Taillenband
3 Hüftweite: über die stärkste Stelle des Pos
4 Brusttiefe: von der höchsten Stelle der Schulter (Halsansatz) bis zur Brustspitze
5 Vord. Taillenlänge: von der höchsten Stelle der Schulter über die Brustspitze zum unteren Rand des Taillenbandes
6 Rückenlänge: vom untersten Halswirbel (steht leicht vor) bis zum unteren Rand des Taillenbandes
7 Schulterbreite: vom Halsansatz bis zur Armkugel
8 Ärmellänge: bei leicht angewinkeltem Arm von der Armkugel über den Ellenbogen bis zum Handgelenk
9 Oberarmweite: über die stärkste Stelle des Oberarms
10 Halsweite: am Halsansatz
Körpergröße: vom Scheitel bis zur Sohle
Rocklänge: von der unteren Kante des Taillenbandes bis zur gewünschten Länge

Tragen Sie Ihre Körpermaße in die unten stehende Tabelle ein und vergleichen Sie Ihre Maße mit den Tabellenmaßen.

Wählen Sie die Größe, die Ihren Maßen am nächsten kommt. Als Faustregel gilt: für Kleider, Blusen, Jacken und Mäntel nach der Oberweite, für Röcke und Hosen nach der Hüftweite.

Ändern Sie, falls erforderlich, die Schnitte um die Zentimeter, um die Ihre Maße von den Tabellenmaßen abweichen. Da jeder Schnitt mehrere Größen enthält und die Größenlinien nebeneinander liegen, können Sie auch problemlos von einer Größe zur anderen wech-

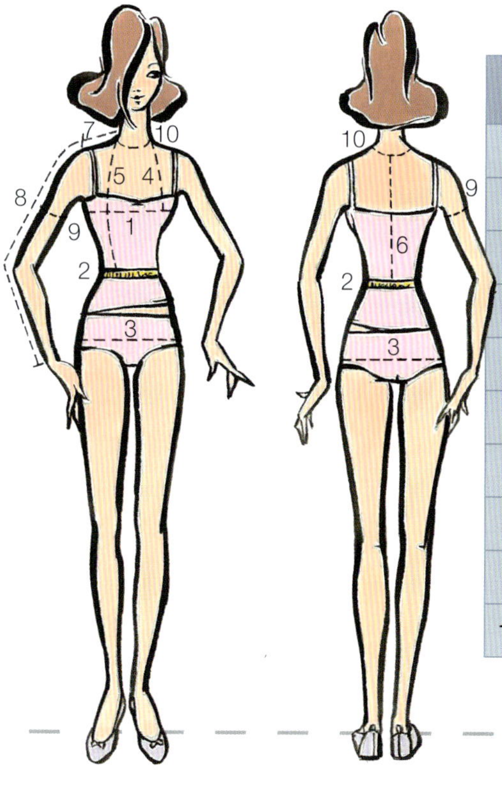

	Meine Körpermaße	Tabellenmaße	Unterschied
1 Oberweite			
2 Taillenweite			
3 Hüftweite			
4 Brusttiefe			
5 Vord. Taillenlänge			
6 Rückenlänge			
7 Schulterbreite			
8 Ärmellänge			
9 Oberarmweite			
10 Halsweite			

TIPP

Lassen Sie sich von einer Freundin helfen – das geht einfacher und die Ergebnisse sind obendrein ganz exakt.

seln. Zum Beispiel, wenn Sie bei der Oberweite Größe 38, in der Taille aber Größe 40 benötigen (Näheres dazu auf Seite 30).

Wichtig: Messen Sie nicht die Schnittteile aus. Denn alle burda style Schnitte enthalten außer den Tabellenmaßen die für das Modell erforderlichen Bequemlichkeitszugaben.

Sie wählen also immer die gleiche Schnittgröße, egal, ob Sie eine lässig weite Hemdbluse, ein schmales, figurbetontes Kleid oder einen voluminösen Mantel nähen.

Hosenmaße

Für Hosen brauchen Sie – neben der Hüftweite und der Taillenweite – zusätzliche Kontrollmaße: die seitliche Hosenlänge, die innere Beinlänge, die Sitzhöhe und die Oberschenkelweite.

1 Taillenweite: straff über dem Taillenband
2 Hüftweite: über die stärkste Stelle des Pos
3 Seitliche Beinlänge: von der unteren Kante des Taillenbandes bis zum Knöchel
4 Innere Beinlänge: auf der Beininnenseite vom Schritt bis zum Knöchel

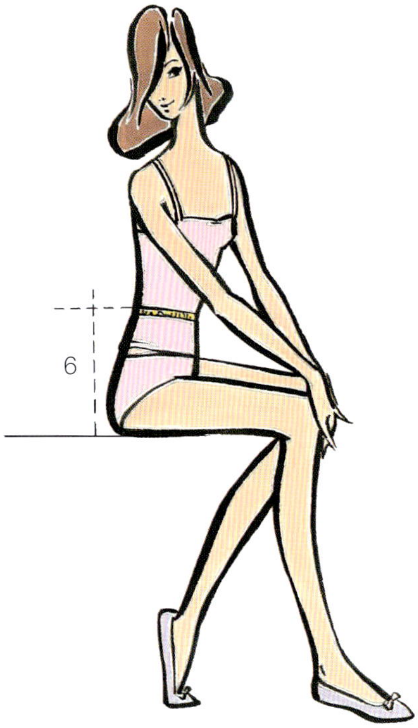

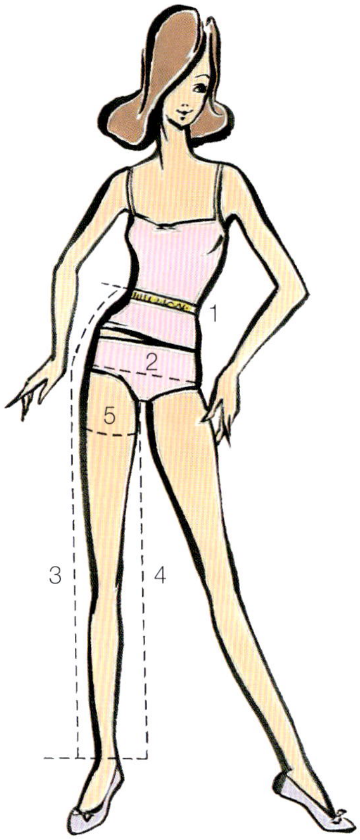

5 Oberschenkelweite: über die stärkste Stelle des Oberschenkels
6 Sitzhöhe: bei aufrechter Sitzhaltung von der unteren Kante des Taillenbandes bis zur Sitzfläche

Im Unterschied zu den anderen Maßen sind die Kontrollmaße nicht in der burda style Maßtabelle aufgeführt. Hier müssen Sie die Papierschnittteile messen. Bedenken Sie dabei jedoch, dass die Oberschenkelweite außer der Bequemlichkeitszugabe (ca. 4 cm) auch eine modellbedingte Zugabe enthalten kann. Auch die Sitzhöhe ist modellbedingt. Eine hautenge Hose soll auch im Schritt hautnah sitzen, während eine weite Bundfaltenhose oder eine bequeme Jogginghose etwas tiefer ausgeschnitten ist.

TIPP

Gehen Sie nicht von Ihrer Konfektionsgröße aus. Sie ist nicht unbedingt mit der burda style Größe identisch.
Wie alle Designer hat auch unser Team seine eigene „Handschrift“.
Also: Maßnehmen!

Alles Weitere zum Thema Hose finden Sie auf den Seiten 196 bis 207.

SCHNITTKORREKTUREN

Hier sehen Sie, wie Sie Schnitte in Normalgröße (Körpergröße 168 cm) so verändern können, dass die Proportionen Ihrer Körpergröße angepasst sind. Denn wenn Sie kleiner oder größer sind, genügt es nicht, einfach die Länge am Saum auszugleichen.

Sind Sie sehr klein?

Am Beispiel einiger Modelle zeigen wir Ihnen, wo Sie Länge einfügen oder kürzen müssen. Voraussetzung fürs gute Gelingen ist, dass der Schnitt Ihrer Oberweite bzw. bei Röcken und Hosen Ihrer Hüftweite entspricht.

Diese Schemen zeigen, wo Sie die Änderungslinien zum Kürzen bzw. Verlängern einzeichnen müssen. Die restliche Länge können Sie am Saum ausgleichen. Damit der Ärmel wieder in den Armausschnitt passt, muss auch die Ärmelkugel entsprechend gekürzt oder verlängert werden. Bei Är-

TIPP

Bevor Sie die Änderungslinien einzeichnen, die Teile anordnen, wie sie zusammengehören. Nur so bekommen Sie das richtige Gefühl dafür, wo Sie kürzen bzw. wo Sie Länge dazugeben müssen.

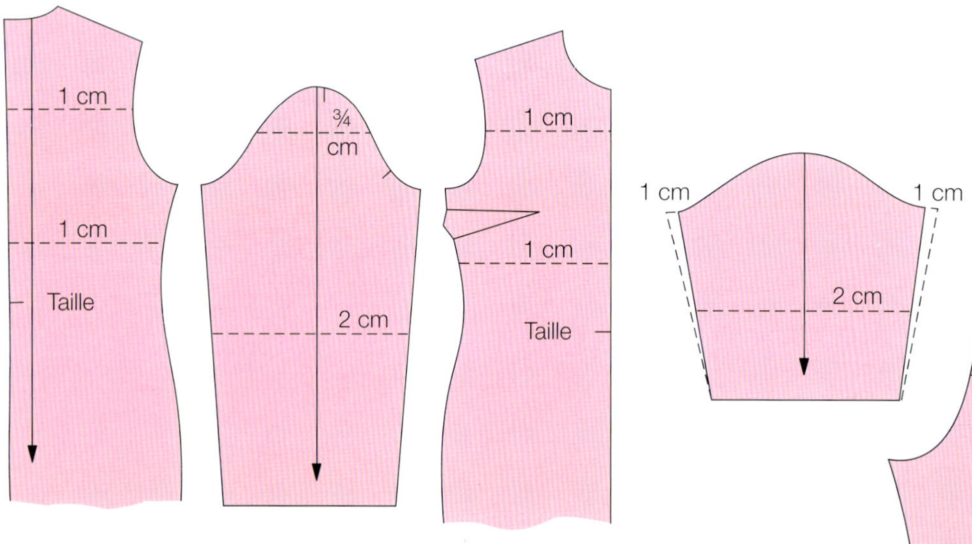

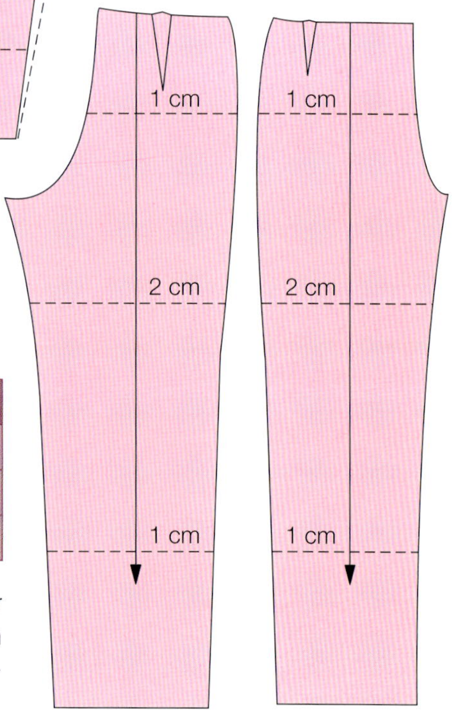

In der Weite entsprechen									
den Normalgrößen	36	38	40	42	44	46	48	50	52
die kurzen Größen	18	19	20	21	22	23	24	25	26
die langen Größen	72	76	80	84	88	92	96	100	104

Der Unterschied zwischen diesen drei Größengruppen liegt lediglich in der Körpergröße. Die Normalgrößen gehen von 168 cm, die kurzen Größen von 160 cm, die langen Größen von 176 cm Körpergröße aus. Die Weitenmaße dieser drei Größengruppen sind gleich.

meln mit flacher Ärmelkugel wird nicht die Kugel geändert, sondern der Ärmel wird an den Nähten, verlaufend bis zur unteren Kante, enger bzw. weiter gemacht. Hosen werden an der oberen Querlinie um 1 cm, die Beinlänge wird je zur Hälfte ober- und unterhalb des Knies gekürzt bzw. verlängert.

Wenn Sie 160 oder 176 groß sind und Ihre Maße mit unseren Tabellenmaßen der kurzen Größen bzw. der langen Größen übereinstimmen, ändern Sie die Schnittteile an den Querlinien (unterbrochen eingezeichnete Änderungslinien) um die in den Zeichnungen angegebenen Zentimeter.

Wenn Sie kleiner oder größer sind oder wenn Ihre Längenmaße sehr von unseren Tabellenmaßen abweichen, müssen Sie den Längenunterschied Ihren Maßen entsprechend selbst ermitteln. Dabei gilt als Faustregel: Jeweils die Hälfte der Differenz in halber Armausschnitthöhe und zwischen Taille und Armausschnitt kürzen bzw. zugeben.

Am besten, Sie halten die Schnittteile vor dem Spiegel an Ihre Figur. Sie sehen dann auf einen Blick, wo und wie viel Sie kürzen bzw. verlängern müssen.

So fügen Sie Länge ein:

Schneiden Sie das Schnittteil an einer Änderungslinie auseinander. Kleben Sie einen Papierstreifen unter eine Kante. Parallel zu dieser Kante zeichnen Sie auf dem Papierstreifen die „Anstoßlinie" in dem Abstand ein, um den Sie das Schnittteil an dieser Linie verlängern müssen. Dann kleben Sie das andere Schnittteil so fest, dass die Schnittkante an die „Anstoßlinie" trifft. An den restlichen Linien fügen Sie die Länge genauso ein.

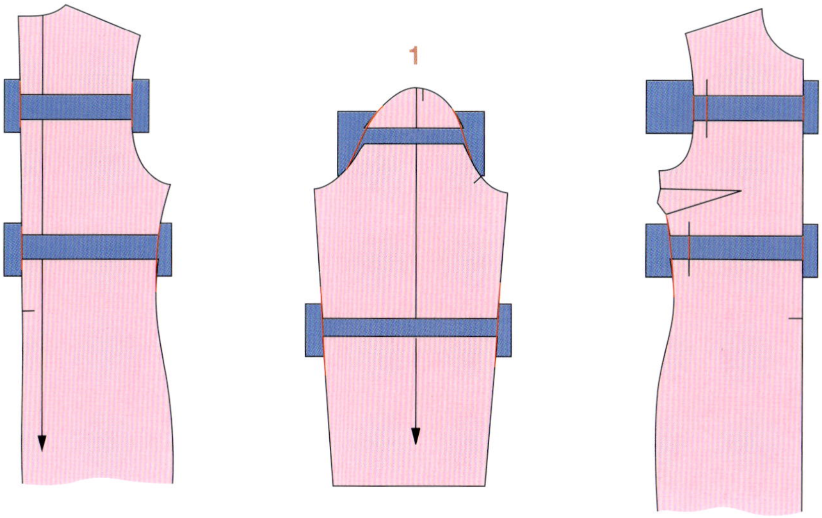
1

Damit sich die Teile nicht seitlich verschieben können, vor dem Auseinanderschneiden an den Änderungslinien eine senkrechte Linie (genau im rechten Winkel) einzeichnen. Beim Zusammenkleben müssen diese Linien wieder aneinandertreffen.

Die „Stufen" an den seitlichen Kanten gleichen Sie mit Lineal und Bleistift aus (1).

So kürzen Sie:

Zeichnen Sie ober- oder unterhalb der Änderungslinie eine zweite Linie genau in dem Abstand ein, um den Sie das Schnittteil an dieser Linie kürzen müssen. Dann falten Sie das Schnittteil so, dass diese beiden Linien genau aneinandertreffen (2).

Die „Stufen" an den seitlichen Kanten mit dem Bleistift ausgleichen.

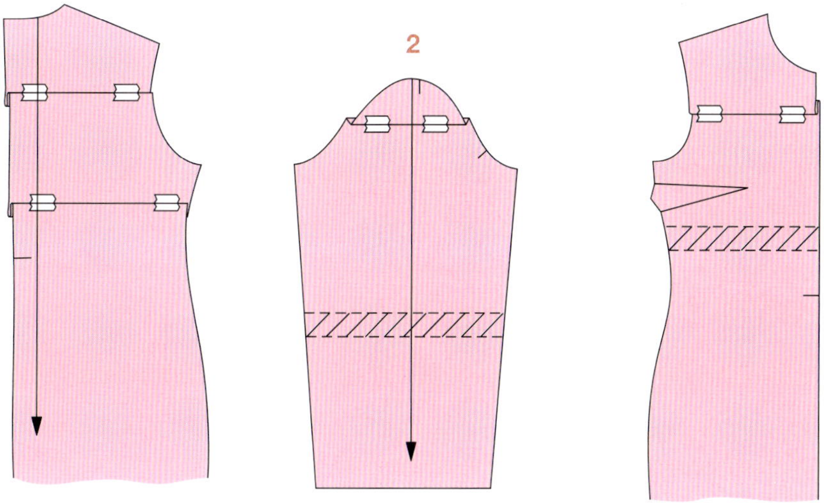
2

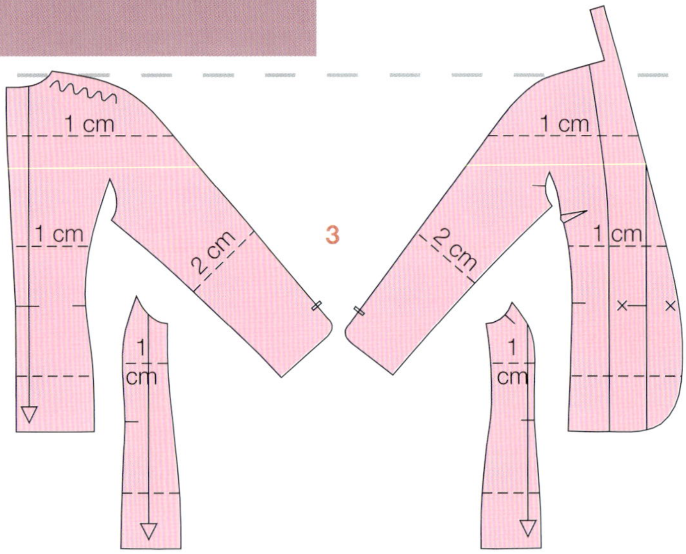

3

Noch ein paar Beispiele: Auch bei angeschnittenen Ärmelformen wird etwa in halber Armausschnitthöhe und zwischen Armausschnitt und Taille gekürzt oder verlängert. Damit die Rundung an der Saum- bzw. Verschlusskante erhalten bleibt, die Jackenlänge nicht an der Saumkante, sondern in Hüfthöhe (ca. 20 cm unterhalb der Taille) regulieren (3).

Wichtig: Ist der Besatz nicht in das Schnittteil eingezeichnet, sondern ein separates Schnittteil, muss auch der Besatz jeweils in der gleichen Höhe wie das Vorderteil geändert werden.

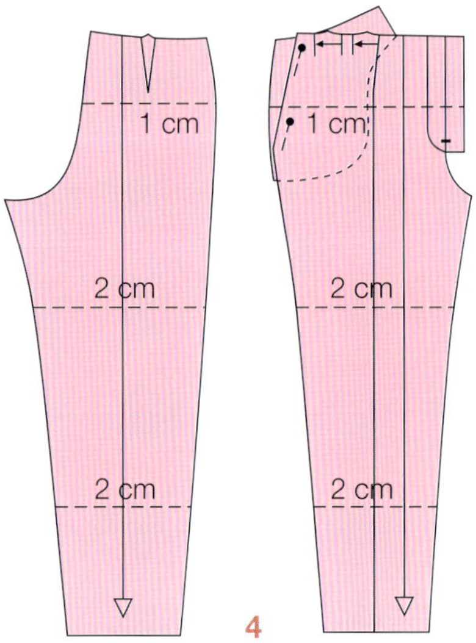

4

Bei Hosen mit Hüftpassentaschen vor dem Einzeichnen der Änderungslinien das vordere Hosenteil nahtzahlengemäß auf die Hüftpasse stecken. Damit der Tascheneingriff nicht von der Änderung betroffen wird, zeichnen Sie die obere Querlinie möglichst dicht unterhalb des Tascheneingriffs ein.

Wichtig: Trifft diese Linie nicht, wie in diesem Beispiel, oberhalb der Rundung auf die Mittelnaht, so muss die Hose im Bereich des Tascheneingriffs gekürzt bzw. verlängert werden (4). Nach der Schnittänderung kürzen bzw. verlängern Sie den Tascheneingriff wieder auf die ursprüngliche Länge.

Beginnen bei einem Schnitt die Teilungsnähte im oberen Drittel des Armausschnittes, so wie bei Beispiel 5 am Rückenteil, zunächst die seitlichen Teile nahtzahlengemäß an die mittleren Teile kleben und dann die Änderungslinien in der halben Armausschnitthöhe einzeichnen. Die erforderliche Länge zugeben bzw. wegnehmen. Dann die Nähte neu einzeichnen und die Teile wieder auseinanderschneiden. Am vorderen Schößchenteil ganz wichtig:

Die Änderungslinie muss im rechten Winkel zum Fadenlauf eingezeichnet werden (5).

Bei Röcken ist die richtige Proportion genauso wichtig. Damit bei Röcken, die nach unten schmaler oder weiter werden, die Saumweite erhalten bleibt, müssen Sie die Rocklänge oberhalb des Schlitzes bzw. in der Mitte der Rockbahn regulieren (6). Gerade Röcke werden an der Saumkante gekürzt oder verlängert.

TIPP

- Ist der Knopfverschluss von der Änderung betroffen, müssen die Abstände der Knopflöcher neu eingeteilt werden. Das ist ganz einfach. Angenommen, es sind 5 Knöpfe. Dann messen Sie den Abstand zwischen dem oberen und unteren Knopfloch und teilen diesen Betrag durch 4, denn Sie haben zwar 5 Knopflöcher, aber nur 4 Zwischenräume.
- Bei Modellen mit Raglanärmeln werden auch die Ärmelteile in halber Armausschnitthöhe gekürzt oder verlängert.
- Reicht ein senkrechter Abnäher bis zur Saumkante, den Abnäher zum Einzeichnen der unteren Änderungslinien zulegen.

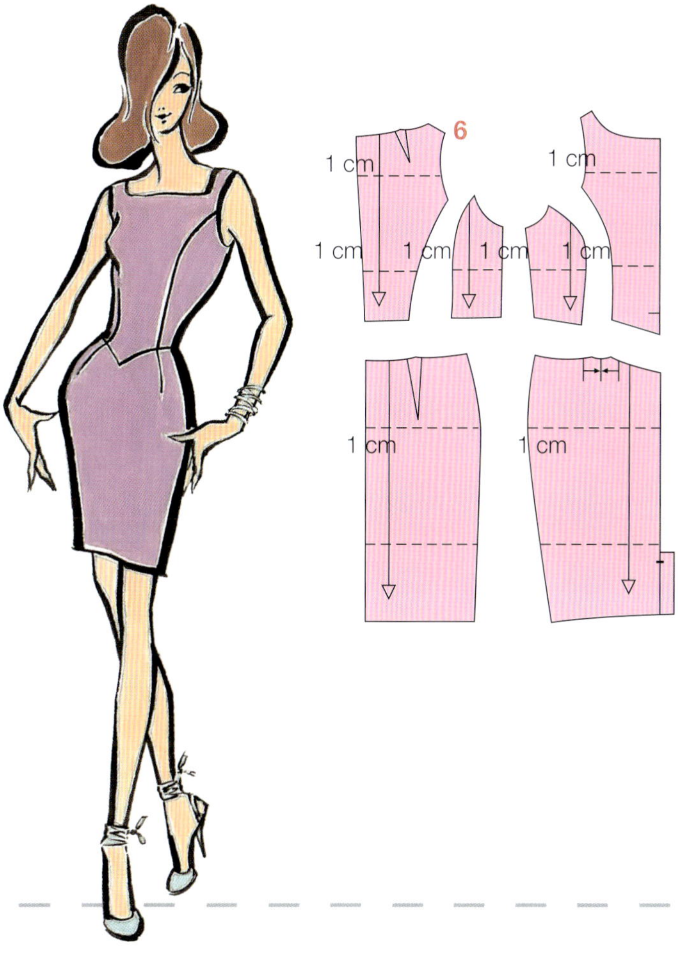

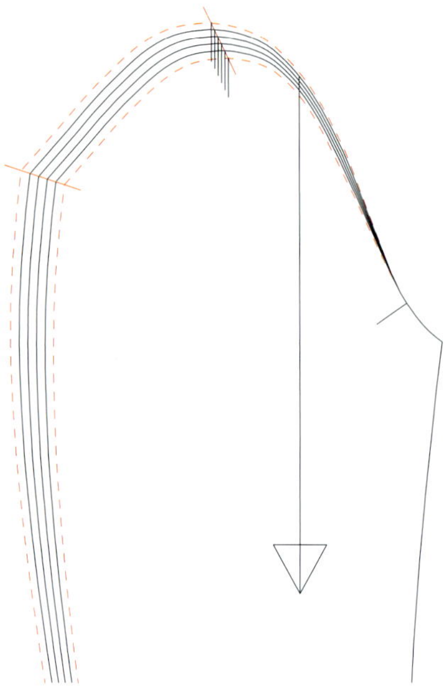

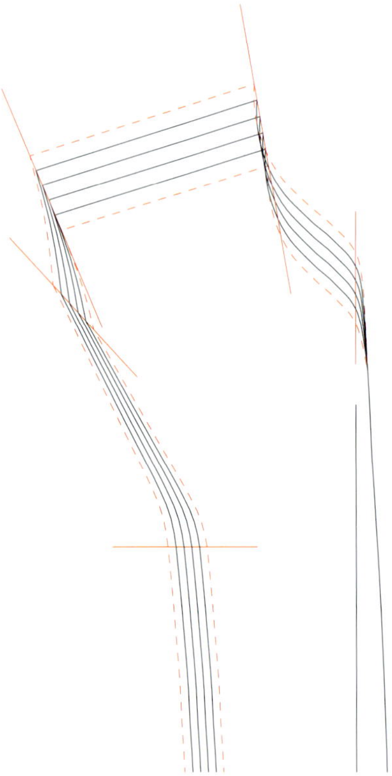

Schnitte vergrößern und verkleinern

Obwohl wir für alle Modelle den Schnitt in mehreren Größen anbieten, könnte es sein, dass ausgerechnet Ihr Lieblingsmodell um eine Größe zu groß oder zu klein auf dem Schnittbogen ist. Damit Sie nicht auf Ihr Wunschmodell verzichten müssen, zeigen wir Ihnen hier, wie Sie Schnitte um ein bis zwei Größen ändern können.

So ändern Sie Mehrgrößenschnitte ...

Das geht ganz einfach. Sie benötigen nur einen spitzen Bleistift, ein Geodreieck und für Rundungen ein Kurvenlineal. Denn bei unseren Mehrgrößenschnitten liegen die Erkennungslinien der einzelnen Größen nebeneinander. Der Abstand der Linien entspricht den Weiten- bzw. Längenunterschieden zwischen den Größen. Um eine größere oder kleinere Größe zu erhalten, müssen Sie nur an allen Schnittteilen eine weitere Größenlinie im gleichen Abstand wie bei unseren vorgegebenen Größen einzeichnen.

Wichtig: Verlassen Sie sich dabei nicht auf Ihr Augenmaß! Ein Lineal ist genauer. Zum Abmessen der Abstände zeichnen Sie sich mehrere Hilfslinien genau im rechten Winkel zu den Größenlinien ein. Außerdem verbinden Sie die Ecken der einzelnen Größen, zum Beispiel von Halsausschnitt und Schulternaht oder von Armausschnitt und Schulternaht usw. miteinander. Diese Hilfslinien müssen genau durch die jeweiligen Eckpunkte verlaufen (siehe untere Zeichnung). Passzeichen, wie zum Beispiel das Schulterzeichen der Ärmelkugel, die bei den einzelnen Größen nicht genau über- bzw. nebeneinander liegen, verbinden Sie durch eine Hilfslinie. Am Kreuzungspunkt Ihrer Größenlinie mit dieser Hilfslinie können Sie dann das für Ihre Größe gültige Passzeichen einzeichnen (siehe obere Zeichnung).

Hinweis: Nach der Maßtabelle ändern sich die Weitenmaße zwischen den Größen 36 bis 46 jeweils um 4 cm, von Größe 46 bis 52 um 6 cm. Wenn Sie einen Schnitt der Größen 44 bis 52 verkleinern möchten, sind daher beim Einzeichnen der schrägen Linien an den Ecken sowie beim Einzeichnen der Größe 42 nur die Größenlinien bzw. die Abstände zwischen den Linien der Größen 44 und 46 für die Schnittverkleinerung maßgebend.

Um mehr als zwei Größen sollten Sie die Schnitte nicht ändern. Die gute Passform wäre nicht mehr gewährleistet.

TIPP

Wenn Sie zum ersten Mal einen Schnitt vergrößern oder verkleinern, sollten Sie zunächst ein Probemodell aus Nessel oder einem anderen preiswerten Stoff nähen. Sind bei der Anprobe Änderungen erforderlich, übertragen Sie diese auf den Papierschnitt.

... so Einzelgrößenschnitte:

Die Schemazeichnungen zeigen, wie Sie die senkrechten und waagrechten Änderungslinien in die Schnittteile einzeichnen. Die Zentimeterangaben an den Linien gelten für eine Weitenänderung von 4 cm (Größen 34 bis 46), die in Klammern für eine Weitenänderung um 6 cm (Größen 48 bis 60).

Für die Weitenänderung schneiden Sie die Schnittteile an den senkrechten Linien auseinander. Wollen Sie den Schnitt vergrößern, legen Sie die Teile um den angegebenen Betrag auseinander und kleben sie über Papierstreifen fest. An den Seitennähten erweitern Sie die Teile um die angegebenen Zentimeter. Wollen Sie verkleinern, kleben Sie die Teile übereinander und reduzieren die Weite an den Seitennähten.

Für die Längenänderung werden die Schnittteile an den waagrechten Linien auseinandergeschnitten. Die Rückenlänge sollte um ½ cm, die vordere Taillenlänge aber um 1 cm gekürzt bzw. verlängert werden. Damit die Seitennähte von Vorder- und Rückenteil nach der Schnittänderung wieder übereinstimmen, werden Vorder- und Rückenteil unterhalb des Armausschnittes um ½ cm verlängert bzw. gekürzt. Der restliche ½ cm Vorderlänge wird am Abnäher ausgeglichen. Dazu die Änderungslinie so einzeichnen, dass sie auf die Abnäherspitze trifft und genau in der Abnähermitte verläuft.

Wichtig: Bei Modellen mit Brustabnähern von unten oder mit Teilungsnähten verlängern bzw. kürzen Sie die Vorderlänge in Brusthöhe so wie auf Seite 33, Zeichnungen 7 und 8 erklärt, um ½ cm. Bei abnäherlosen Modellen geben Sie beim Vergrößern ½ cm Länge in halber Armausschnitthöhe zu. Beim Verkleinern können Sie diesen ½ cm unberücksichtigt lassen.

Damit der Ärmel wieder in den Armausschnitt passt, reduzieren bzw. erweitern Sie das Schnittteil an den Nähten um den gleichen Betrag wie das Vorder- und Rückenteil an den Seitennähten.

Beim Zweinahtärmel wird der Unterärmel um die Zentimeter in der Weite geändert, um die das Vorder- und Rückenteil an den Seitennähten geändert wurde.

Bei Röcken können Sie die Weite einfach an den Seitennähten – an vorderer und rückwärtiger Rockbahn jeweils 1 (1½) cm – zugeben bzw. reduzieren. Bei Röcken mit Hüftpassentaschen ist es allerdings empfehlenswert, die Weite nicht an der Seitennaht, sondern an der vorderen Mitte zu ändern.

Bei Hosen wird die Weite an den senkrechten Linien und an den Seitennähten zugegeben bzw. reduziert. Die Längenmaße sind aus den Maßtabellen nicht ersichtlich. Von Größe zu Größe ändert sich jedoch die Sitzhöhe um 1 cm. Zum Vergrößern fügen Sie an der waagrechten Änderungslinie 1 cm ein, zum Verkleinern kürzen Sie die Schnittteile um 1 cm.

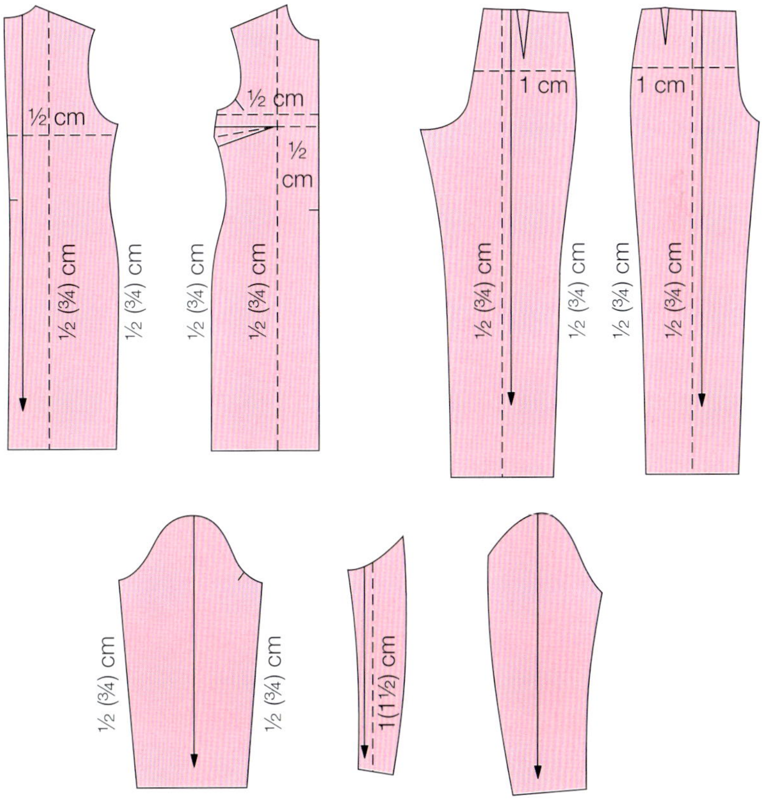

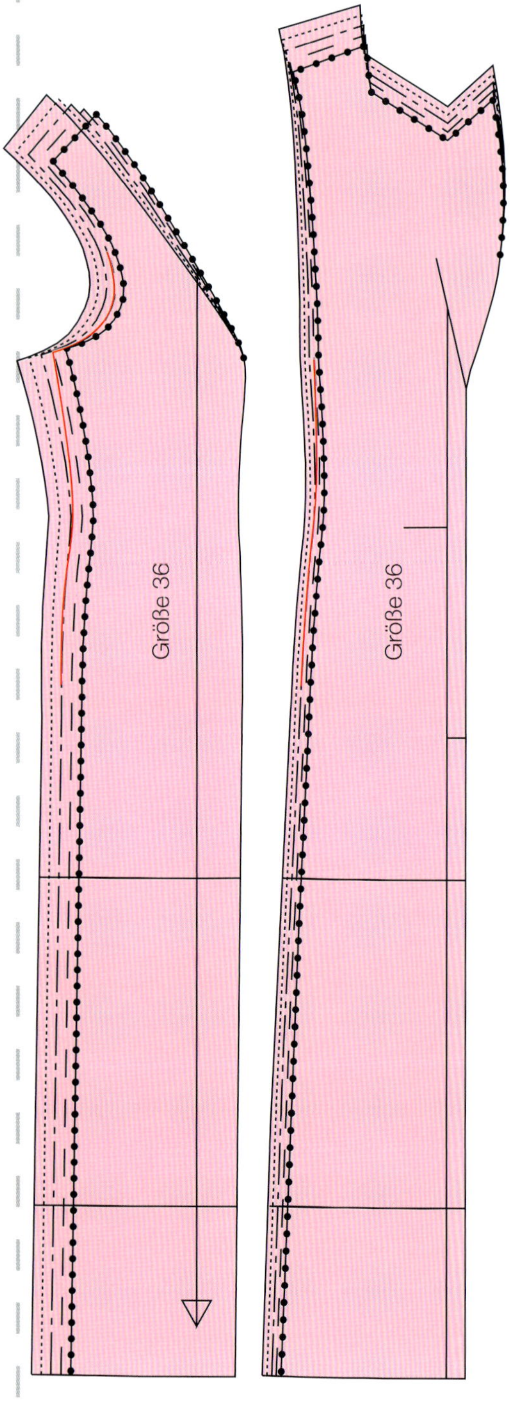

Mehrgrößenschnitte – die ideale Basis für Schnittkorrekturen

Wenn Ihre Weitenmaße nicht exakt mit unseren Tabellenmaßen übereinstimmen, können Sie einen Mehrgrößenschnitt ganz einfach und problemlos Ihren individuellen Maßen anpassen.

Ein paar Beispiele:

• Ihre Oberweite entspricht Größe 44, die Taillenweite liegt zwischen den Größen 44 und 46 und die Hüftweite stimmt mit Größe 46 überein.

Markieren Sie in Taillenhöhe Ihre Seiten- bzw. Teilungsnahtlinie genau zwischen den Erkennungslinien der Größen 44 und 46. Von diesem Punkt aus zeichnen Sie Ihre Nahtlinie als harmonisch verlaufende Linie nach oben zum Armausschnitt hin bis zur Linie der Größe 44 und nach unten bis Hüfthöhe (ca. 20 cm unterhalb der Taille) zur Linie der Größe 46 ein. Im Bereich von Armausschnitt, Schulter und Halsausschnitt sowie an Ärmel und Kragen ist die Erkennungslinie der Größe 44 Ihre Größenlinie.

• Ihre Oberweite liegt zwischen Größe 46 und 48, Taillen- und Hüftweite entsprechen hingegen der Größe 46.

In diesem Fall zeichnen Sie in die Schnittteile im Bereich von Armausschnitt, Schulter und Halsausschnitt Ihre Größenlinie genau zwischen den Erkennungslinien der Größen 46 und 48 ein. Ab der Ecke Armausschnitt/Seiten- bzw. Teilungsnaht zeichnen Sie Ihre Nahtlinien so ein:

An Seiten- bzw. Teilungsnähten markieren Sie am Armausschnitt genau zwischen den Linien der Größen 46 und 48 einen Punkt. Von diesem Punkt aus zeichnen Sie Ihre Größenlinie zur Taille hin verlaufend bis zur Linie der Größe 46 ein. Von der Taille nach unten gilt die Linie der Größe 46. Da an Vorder- und Rückenteil im Bereich von Armausschnitt, Schulter und Halsausschnitt Ihre Größenlinie zwischen den Größen 46 und 48 liegt, zeichnen Sie auch an Ärmel und Kragen Ihre Größenlinie in die Mitte zwischen diesen beiden Größen ein.

• Ihre Oberweite entspricht der Größe 38, Ihre Taillen- und Hüftweite der Größe 40.

Diese Änderung ist ganz einfach. Von der Taille nach unten ist die Erkennungslinie der Größe 40 Ihre Größenlinie. Von der Taille nach oben zum Armausschnitt hin zeichnen Sie Ihre Größenlinie als harmonisch verlaufende Linie von Größe 40 in die Erkennungslinie der Größe 38 ein (siehe Zeichnung). Rund um Hals- und Armausschnitt verwenden Sie die Erkennungslinie der Größe 38. Auch für Ärmel und Kragen wählen Sie die Linie der Größe 38.

Umgekehrt wird's gemacht, wenn Ihre Taillen- und Hüftweite um eine Größe kleiner ist als Ihre Oberweite.

• Ihre Weitenmaße liegen genau zwischen zwei Größen.

Zeichnen Sie an allen Schnittteilen Ihre Größenlinie in der Mitte zwischen den Erkennungslinien der beiden Größen ein, und schon haben Sie einen Schnitt, der exakt Ihren Weitenmaßen entspricht.

FIGURBEDINGTE ÄNDERUNGEN

Je besser Sie den Schnitt Ihrer individuellen Figur anpassen, umso weniger müssen Sie bei der Anprobe ändern. Viele dieser figurbedingten Änderungen lassen sich jedoch beim Maßnehmen nicht erfassen. Daher können wir Ihnen nur sagen, wie Sie ändern können. Um wie viel, das müssen Sie ausprobieren. Ideal dafür ist ein Probemodell aus Nessel oder einem anderen preiswerten Stoff. Auch Kopierfolie oder Vliesstoff (beides in gut sortierten Kurzwarengeschäften erhältlich) sind für das Probemodell geeignet, denn sie sind weich und anschmiegsam und können wie Stoff zusammengenäht werden. Sie können aber auch den Papierschnitt anprobieren. Zuerst die Abnäher stecken, dann die Papierschnittteile an den Nähten, Kante an Kante treffend, über Stoffstreifen aneinanderstecken.

Abnäherverlegung

Wenn Ihre Brusttiefe vom Tabellenmaß abweicht, muss der Brustabnäher um den Differenzbetrag nach oben oder nach unten verlegt werden.

Bei Abnähern, die von der Seitennaht kommen, ändern Sie den Schnitt so: Zeichnen Sie parallel zur vorderen Mitte eine Änderungslinie (unterbrochene Linie) so ein, dass sie durch die Abnäherspitze verläuft. Markieren Sie den neuen Brustpunkt dem Differenzbetrag entsprechend ober- bzw. unterhalb der Abnäherspitze. Dann zeichnen Sie den neuen Abnäher genau parallel zum alten (1) oder zu diesem Punkt hin ein (2). Damit der Verlauf der Seitennaht am Abnäher wieder stimmt, kleben Sie einen Papierstreifen unter die Kante und stecken den neuen Abnäher zu (3). Nachdem Sie die neue Seitennahtlinie eingezeichnet haben, schneiden Sie das Papier an dieser Linie ab und falten den Abnäher wieder auseinander (4).

Senkrechte Abnäher werden um den entsprechenden Betrag gekürzt bzw. verlängert (5).

Auch bei Modellen mit Teilungsnähten muss der Brustpunkt nach oben oder unten verlegt werden.

1
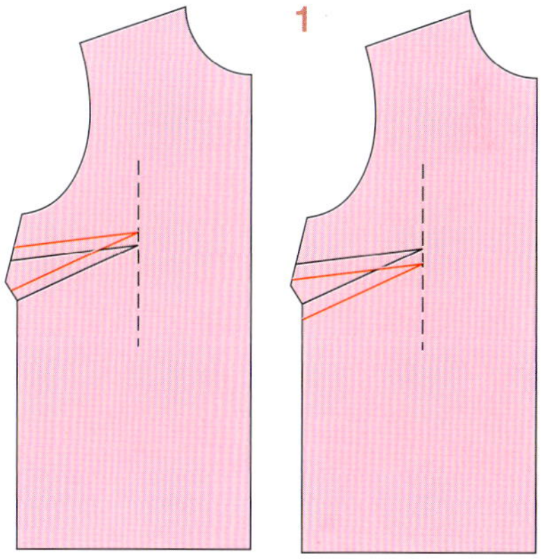

2
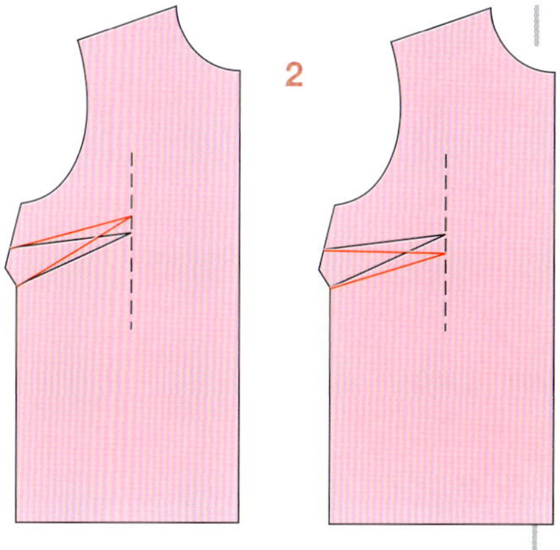

5
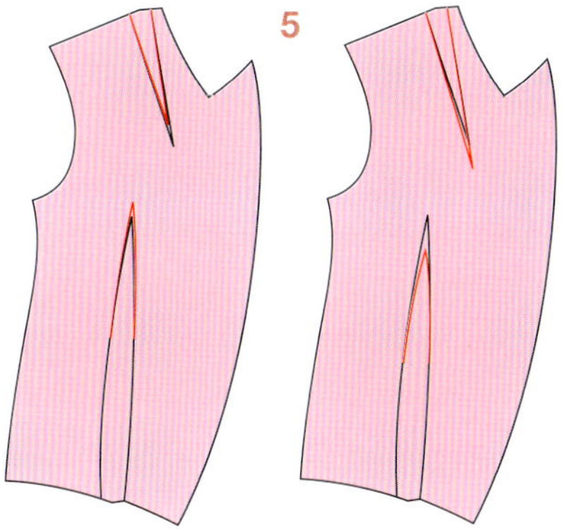

3
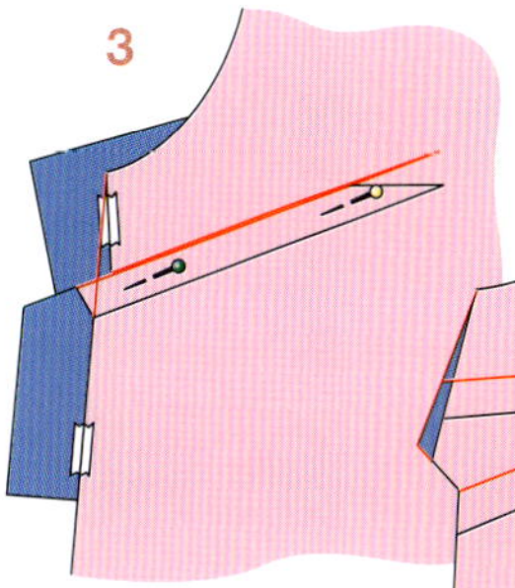

4
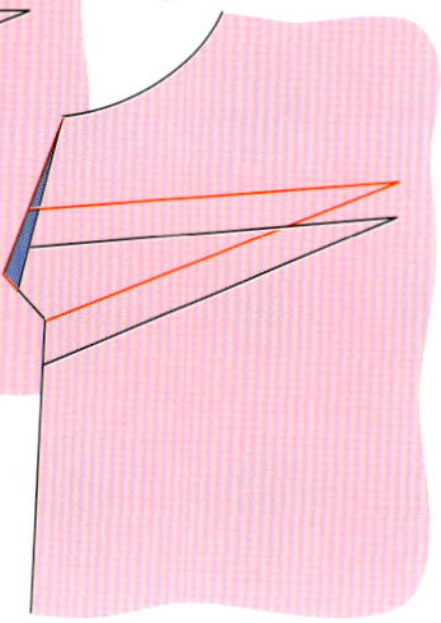

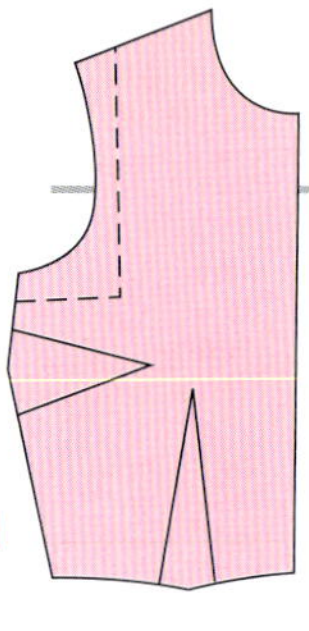
1

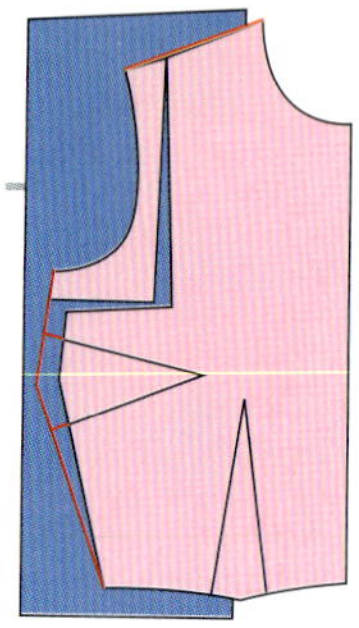
2

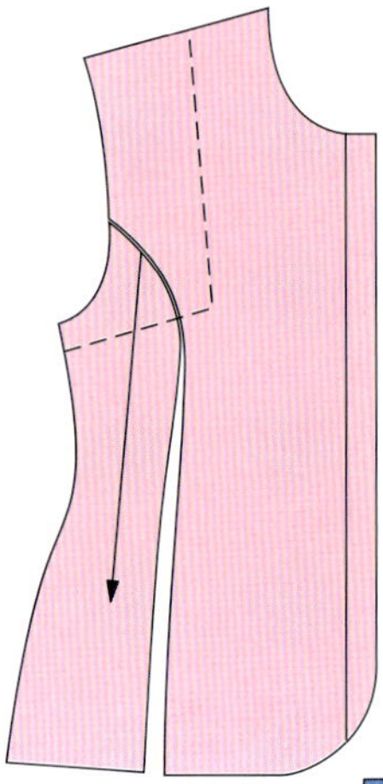
3

Zeichnen Sie in die Schnittteile die Änderungslinien im rechten Winkel zur vorderen Mitte bzw. zum Fadenlauf ein: am mittleren Vorderteil oberhalb der Teilungsnaht und ca. 10 cm oberhalb der Taille, am seitlichen Vorderteil ca. 10 cm oberhalb der Taille. Muss der Brustpunkt nach oben verlegt werden, kürzen Sie das mittlere Vorderteil an der oberen Änderungslinie um den entsprechenden Betrag. Dann fügen Sie am mittleren und seitlichen Vorderteil an der unteren Linie den Betrag ein, um den Sie das mittlere Vorderteil oben gekürzt haben. Damit sich der Armausschnitt nicht verändert, schneiden Sie das seitliche Vorderteil um den entsprechenden Betrag tiefer aus (6).

Genau umgekehrt erfolgt die Änderung, wenn der Brustpunkt weiter nach unten verlegt werden soll (7).

Wichtig: Messen Sie nicht die Schnittteile aus, sondern vergleichen Sie nur Ihre Körpermaße mit den Tabellenmaßen und korrigieren Sie dann die Schnittteile um die Zentimeter, um die Ihre Maße von den vorgegebnen Tabellenmaßen abweichen.

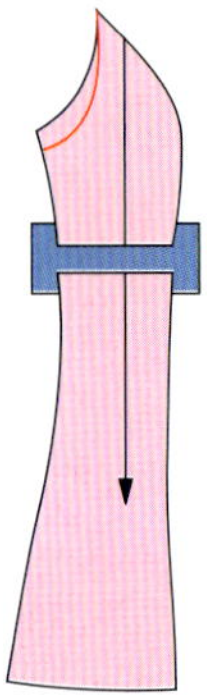
6
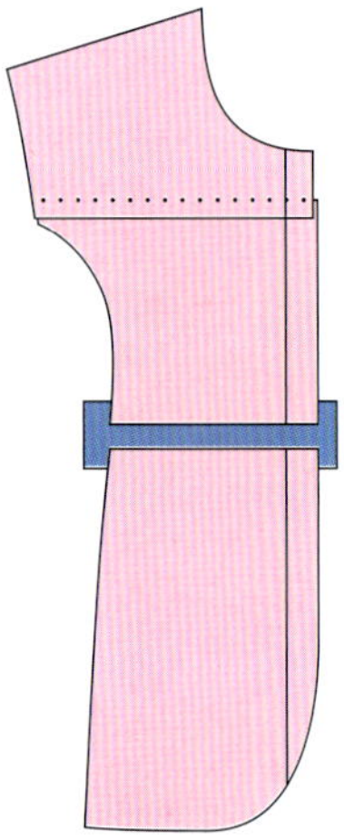

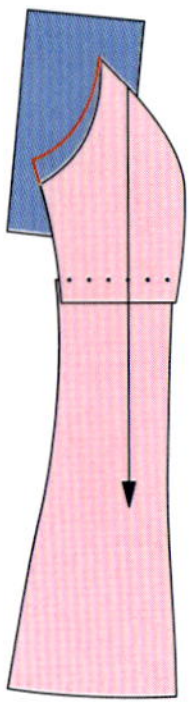
7
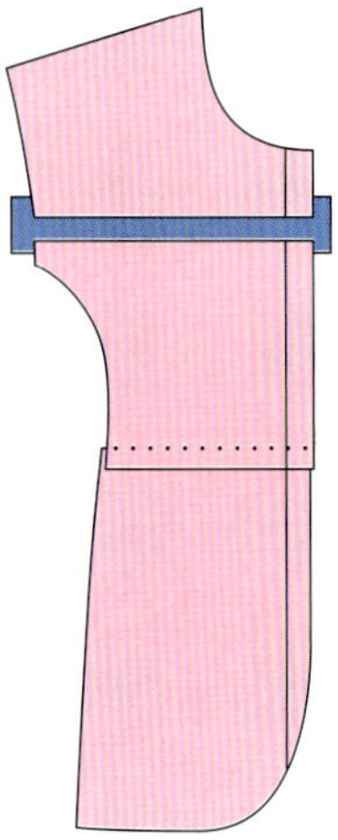

Viel Busen

Wenn Sie einen großen Busen haben – Cup D oder mehr – trifft die Faustregel „die richtige Schnittgröße nach der Oberweite wählen" nicht mehr zu. Denn unsere Schnitte basieren auf einer durchschnittlichen Busengröße (ca. Cup B/C). Für einen großen Busen ist es empfehlenswert, den Schnitt eine Größe kleiner als Oberweitenmaß zu verwenden und die erforderliche Weite (½ Differenz zwischen Körpermaß und Maßtabelle) und die Vorderlänge in das Schnittteil für das Vorderteil einzufügen.

Zuerst die Weitenänderung ...

Zeichnen Sie in das Schnittteil für das Vorderteil die Änderungslinie wie bei Zeichnung 1 ein. Schneiden Sie das Schnittteil an dieser Linie von der Seitennaht bis dicht zur Schulterkante ein. Dann drehen Sie das Teil mit dem Armausschnitt um die erforderlichen Zentimeter nach außen, kleben es auf Papierstreifen fest und zeichnen die neue Seitennahtlinie ein (2).

4
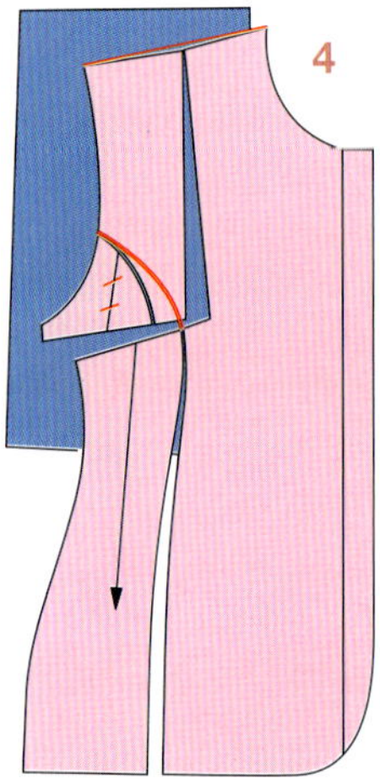

5
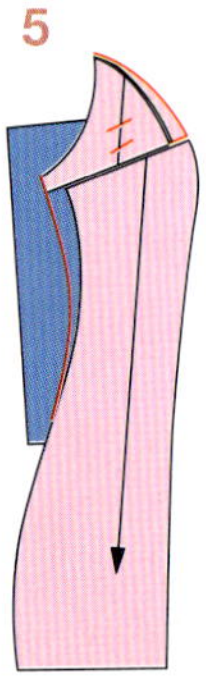

Wichtig: Bei Modellen mit seitlichem Brustabnäher zum Einzeichnen der Seitennahtlinie den Abnäher zulegen (wie bei Zeichnungen 3 und 4, Seite 31).

Durch diese Änderung wurde die Seitennaht des Vorderteils etwas länger. Gleichen Sie die Differenz zum Rückenteil jeweils zur Hälfte an der Armausschnittkante aus (Vorderteil kürzen, Rückenteil verlängern).

Auch bei Modellen mit Teilungsnaht können Sie die Weite mithilfe der Drehmethoden einfügen.

Kleben Sie die Schnittteile an der Teilungsnaht ab dem Armausschnitt nahtzahlengemäß aneinander und zeichnen die Änderungslinie ein (3). Schneiden Sie das Schnittteil an dieser Änderungslinie ein und drehen Sie das Teil mit dem Armausschnitt um den entsprechenden Betrag nach außen. Kleben Sie Papierstreifen darunter und zeichnen Sie die neue Teilungsnaht ein (4). Schneiden Sie das Schnittteil an der neuen Teilungsnaht auseinander. Dann schneiden Sie das seitliche Vorderteil von der Seitennaht bis zur Teilungsnaht an der waagrechten Einschnittlinie noch einmal ein, kleben die ursprünglichen Einschnittkanten aneinander und zeichnen die neue Seitennaht ein (5).

... dann die Längenänderung:

Bei Modellen mit Brustabnähern geht's ganz einfach: Zeichnen Sie eine waagrechte Änderungslinie von der vorderen Mitte bis zur Abnäherspitze ein. Schneiden Sie den Papierschnitt an dieser Linie und direkt in der Abnähermitte auseinander und fügen Sie gleichmäßig die erforderliche Länge ein. Markieren Sie den Brustpunkt und zeichnen Sie dann den neuen Abnäher ein (Zeichnungen 6 und 6a).

6

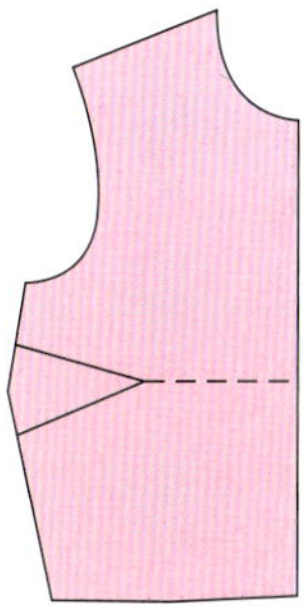

6a

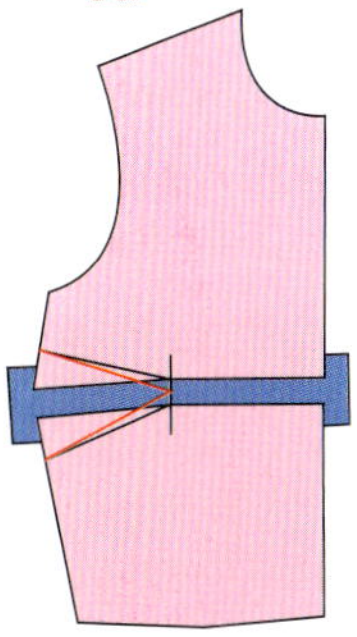

7

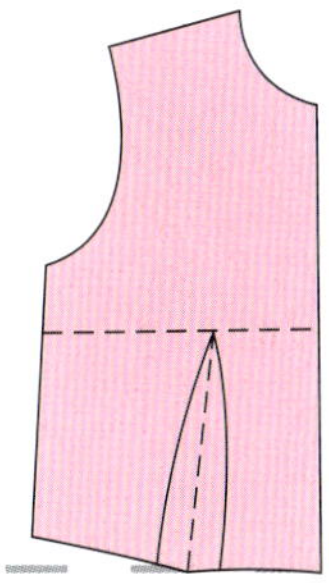

7a

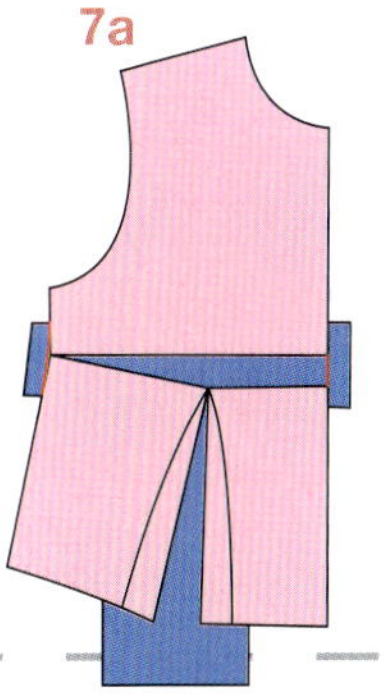

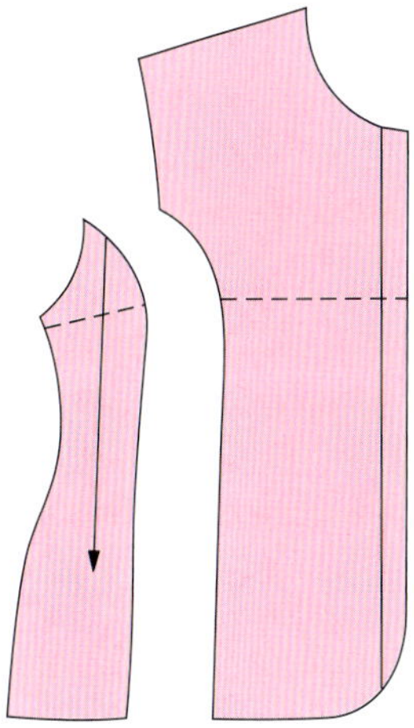

8

Bei Modellen mit Abnähern von unten zeichnen Sie die waagrechte Änderungslinie bis zur Seitennaht so ein, dass sie durch die Abnäherspitze verläuft. Schneiden Sie das Schnittteil von der vorderen Mitte bis dicht zur Seitennaht und genau in der Abnähermitte bis dicht zum waagrechten Einschnitt ein. Von der vorderen Mitte bis zur Abnäherspitze fügen Sie die erforderliche Länge gleichmäßig ein. Von der Abnäherspitze bis zur Seitennaht verläuft die Zugabe keilförmig (Zeichnungen 7 und 7a).

Bei Modellen mit Teilungsnaht zeichnen Sie in die Vorderteile eine waagrechte Änderungslinie in Brusthöhe ein (8). Das mittlere Vorderteil schneiden Sie an dieser Linie auseinander und fügen die fehlende Länge gleichmäßig ein.

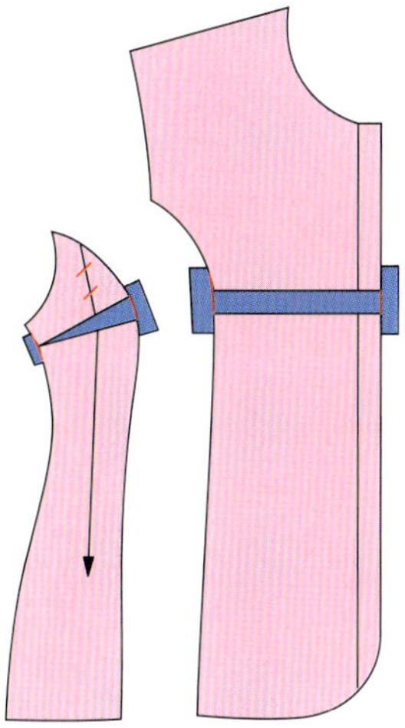

8a

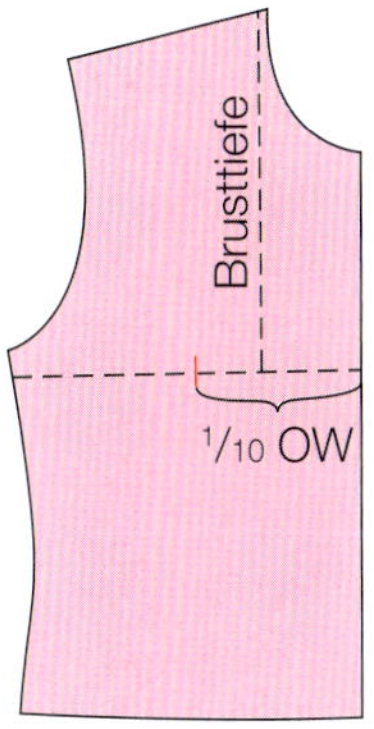

9

Das seitliche Vorderteil schneiden Sie von der Teilungsnaht bis dicht zur Seitennaht ein und fügen an der Teilungsnaht den gleichen Betrag ein. An der Seitennaht bleibt das Teil unverändert (8a).

Auch bei abnäherlosen Modellen können Sie die erforderliche Mehrlänge einfügen. Voraussetzung dazu ist die richtige „Konstruktion" der Änderungslinien:

Zeichnen Sie zunächst eine waagrechte Linie in Brusthöhe – von der Ecke Schulter/Halsausschnitt die Brusttiefe abmessen – ein. Auf dieser Linie markieren Sie, von der vorderen Mitte aus gemessen, den Brustpunkt = $^{1}/_{10}$ Oberweite (9).

10

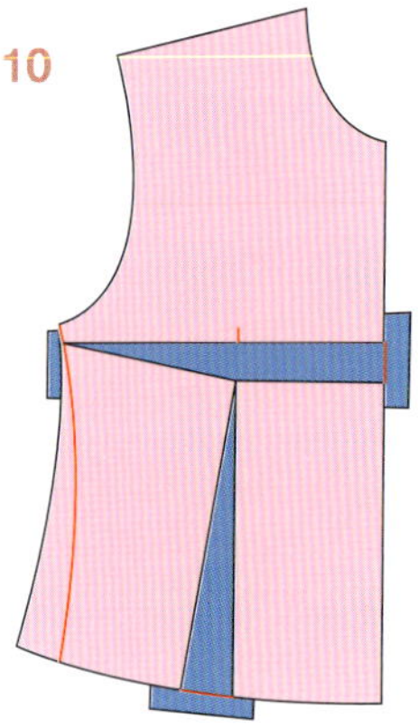

11

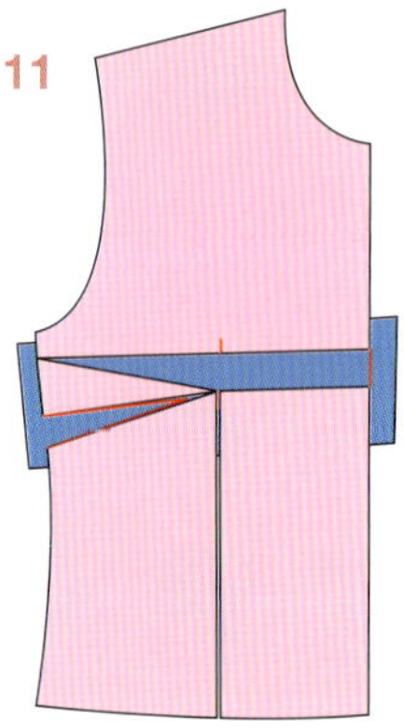

Nun können Sie die erforderliche Länge einfügen, ohne einen Abnäher „einzubauen". Dazu schneiden Sie das Schnittteil an der waagrechten Linie von der vorderen Mitte bis dicht zur Seitennaht und von der unteren Kante bis dicht zum Brustpunkt ein. Von der vorderen Mitte bis zum Brustpunkt fügen Sie die fehlende Länge gleichmäßig ein. Vom Brustpunkt bis zur Seitennaht verläuft die Zugabe keilförmig. Am senkrechten Einschnitt drehen sich die Kanten auseinander. Messen Sie diesen Betrag ab und reduzieren Sie diese Mehrweite wieder an der Seitennaht (10). Die ursprünglich gerade untere Kante wird durch diese Änderung „rund".

Wichtig: Ein auf diese Weise geänderter Schnitt ist für quer gemusterte Stoffe und Karos nicht mehr geeignet.

Sie können aber auch einen kleinen Abnäher einbauen. Zeichnen Sie dazu vom Brustpunkt aus eine Linie da ein, wo der Abnäher beim fertigen Modell sein soll. Schneiden Sie das Schnittteil an dieser Linie ein und kleben Sie die Kanten des senkrechten Einschnittes wieder aneinander. Von der Seitennaht bis zur Brustspitze öffnet sich der Abnäher. Da ein Brustabnäher nicht genau am Brustpunkt endet, zeichnen Sie den Abnäher so ein, dass die Spitze ca. 2 cm vor dem Brustpunkt liegt (11).

Wenig Busen

braucht weniger Weite und auch etwas weniger Vorderlänge. Die Änderung erfolgt genau entgegengesetzt wie für viel Busen erklärt. Zuerst wird die Weite, dann die Vorderlänge reduziert. Bei abnäherlosen Modellen können Sie auf die Längenänderung verzichten, da in der Regel die Vorderlänge schon etwas kürzer gehalten ist.

Abstehender Ausschnitt

Am Probeteil stecken Sie die überflüssige Weite keilförmig verlaufend bis zur Abnäherspitze ab (1).

Den Schnitt korrigieren Sie so: Schneiden Sie das Schnittteil von der Ausschnittkante bis zur Abnäherspitze und genau in der Abnähermitte ein. Am Halsausschnitt schieben Sie die Einschnittkanten – dem Probeteil entsprechend – keilförmig verlaufend bis zur Abnäherspitze übereinander. Dadurch wird der Abnäher etwas tiefer (2). Die „Stufe" an der Ausschnittlinie gleichen Sie aus.

2

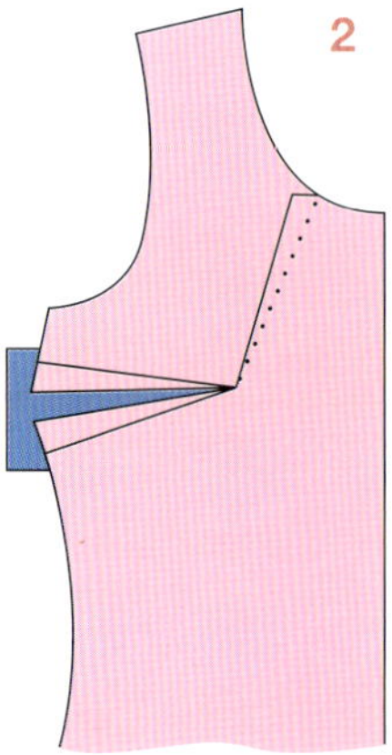

1

Bei abnäherlosen Modellen stecken Sie die überflüssige Weite keilförmig verlaufend bis zur Armausschnittkante ab und korrigieren dann den Schnitt entsprechend.

Hat das Modell eine Teilungsnaht, die über den Brustpunkt verläuft, stecken Sie die überflüssige Weite keilförmig verlaufend bis zur Teilungsnaht ab. Dann schneiden Sie das Schnittteil von der Ausschnittkante bis dicht zur Teilungsnaht ein und schieben die Einschnittkanten um den entsprechenden Betrag – keilförmig verlaufend bis zur Teilungsnaht – übereinander.

Änderungen rund um die Schulter

Abfallende Schultern: An Vorder- und Rückenteil muss die Schulterlinie – verlaufend bis zum Halsausschnitt – etwas nach unten verlegt und der Armausschnitt an der Seitennaht entsprechend etwas tiefer ausgeschnitten werden (1).

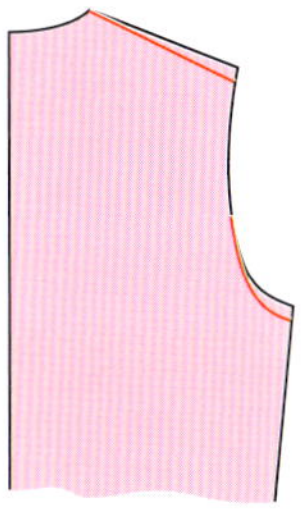
1
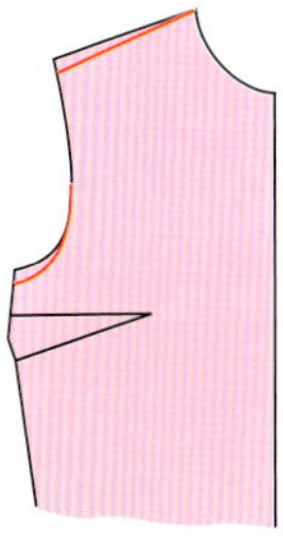

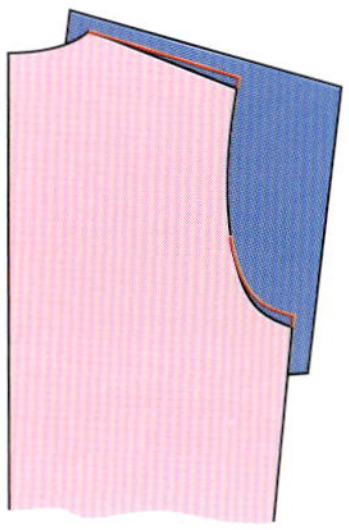
2
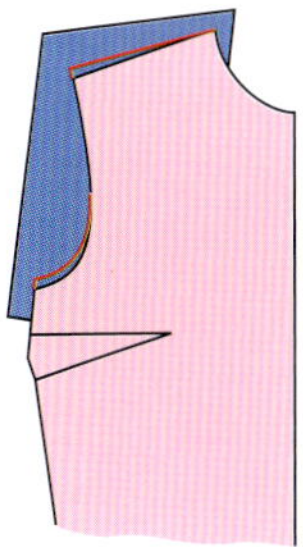

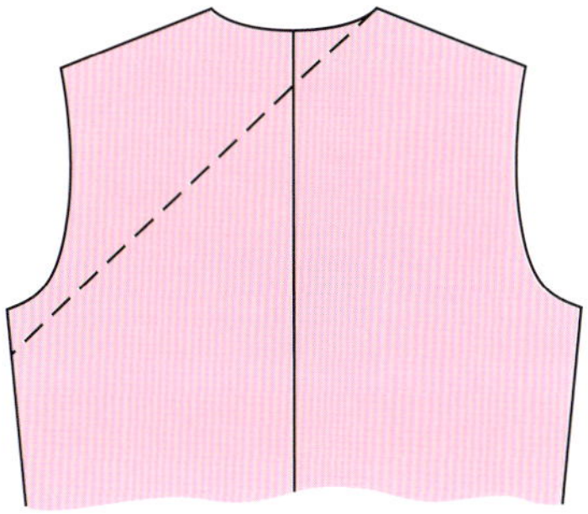
3
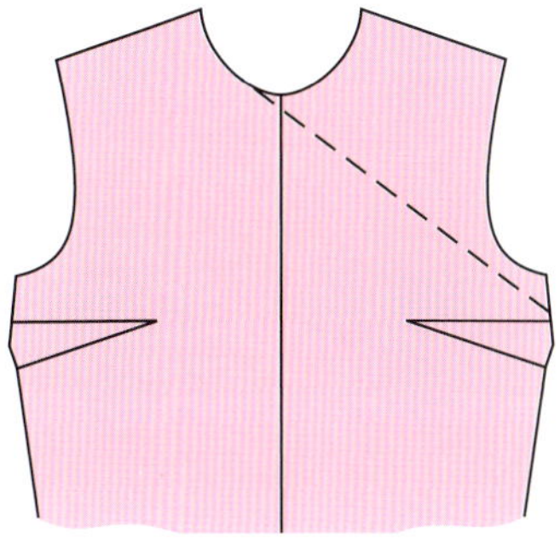

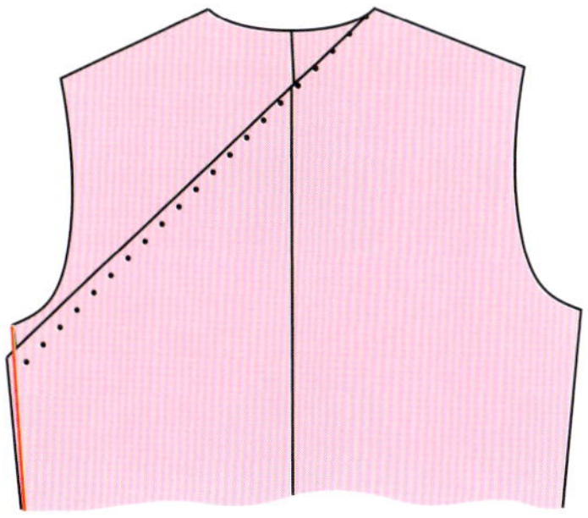
4

Gerade Schultern: Hier erfolgt die Änderung genau umgekehrt: Am Armausschnitt wird an der Schulterkante und an der Seitennaht entsprechend zugegeben (2).

Einseitige Hängeschulter: Bei diesem einseitigen Haltungsfehler ist es erforderlich, dass Sie die Schnittteile für Vorder- und Rückenteil noch ein zweites Mal spiegelverkehrt abzeichnen und dann die Teile, Mitte an Mitte treffend, aneinanderkleben. Die Hälfte von Vorder- und Rückenteil, an der Ihre Schulter tiefer ist, muss gekürzt werden. Nachfolgendes Beispiel zeigt die Änderung für die linke Schulter.

Zeichnen Sie in die Schnittteile jeweils eine Änderungslinie (unterbrochene Linie) von der linken Seitennaht bis zur tiefsten Rundung der rechten Halsausschnitthälfte ein (3). Schneiden Sie die Schnittteile an dieser Linie von der Seitennaht bis dicht zur Ausschnittkante ein. An der Seitennaht schieben Sie die Einschnittkanten ca. 1 bis 2 cm übereinander (4). Nach der Änderung muss die linke Seitennaht von Vorder- und Rückenteil wieder gleich lang sein. Die kleinen „Stufen" an der Seitennaht gleichen Sie aus.

Wichtig: Sie haben nach dieser Änderung (Zeichnungen 3 und 4) asymmetrische Schnittteile. Legen Sie beim Zuschneiden diese Schnittteile so auf die rechte Stoffseite, dass die beschriftete Seite oben ist.

5

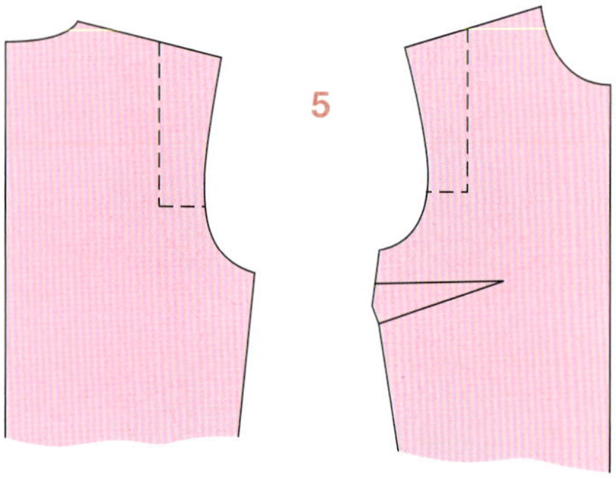

6

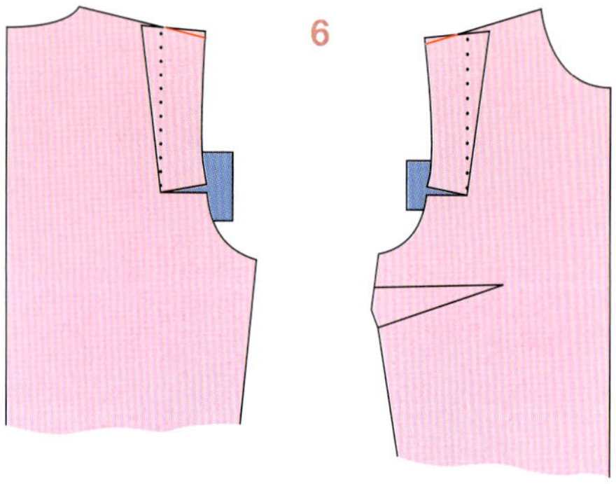

Schulterbreite: Zeichnen Sie in die Schnittteile von Vorder- und Rückenteil ca. 5 cm neben der Armausschnittkante eine senkrechte Linie und im unteren Drittel des Armausschnittes (vor dem Beginn der Rundung) eine waagrechte Änderungslinie ein (5). Schneiden Sie die Schnittteile jeweils an der waagrechten Linie von der Armausschnittkante bis dicht zur senkrechten Linie und an der senkrechten Linie von oben bis dicht zur waagrechten Linie ein. Soll die Schulter schmaler werden, schieben Sie das Teil mit dem Armausschnitt an der Schulterkante um den erforderlichen Betrag in Richtung Halsausschnitt. Am Armausschnitt legen sich die Kanten des waagrechten Einschnittes auseinander. Messen Sie diesen Betrag ab und reduzieren Sie die Schulterschräge entsprechend (6). Soll die Schulter breiter werden, erfolgt die Änderung genau entgegengesetzt.

Wichtig: Ändern Sie die Schulterbreite möglichst nicht um mehr als 2 cm, da sonst die Passform des Ärmels nicht gewährleistet ist.

Starke Oberarme

Für diese Schnittänderung ist die „Drehmethode" ideal, denn die erforderliche Mehrweite kann eingefügt werden, ohne die Ärmelkugel zu verändern.

Zeichnen Sie ab dem Querstrich in der Ärmelkugel eine senkrechte Änderungslinie (parallel zum Fadenlauf) und eine waagrechte Änderungslinie wie in Zeichnung 1 ein. Schneiden Sie das Schnittteil an der senkrechten Linie von unten bis dicht zur oberen Kante und an der waagrechten Linie jeweils bis dicht zu den seitlichen Kanten ein. Ziehen Sie die beiden oberen Ärmelteile um die fehlenden Zentimeter auseinander (2).

Damit sich die Weite der unteren Ärmelkante nicht verändert, legen Sie die beiden unteren Ärmelteile an der unteren Kante wieder aneinander. Dabei schieben sich die Kanten der waagrechten Einschnitte etwas übereinander. Achten Sie darauf, dass dies gleichmäßig wird, sonst gerät der Ärmel aus der Balance. An der unteren Ärmelkante gleichen Sie den „Knick" aus. Den neuen Fadenlauf zeichnen Sie genau in der Mitte der Zugabe ein (3).

Bei einem Zweinahtärmel wird die Weite nach demselben Prinzip, jedoch nur am Oberärmel eingefügt. Der Unterärmel bleibt unverändert (4).

1

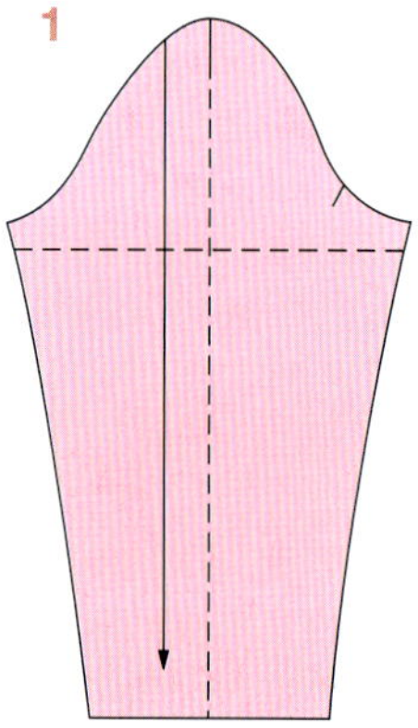

2

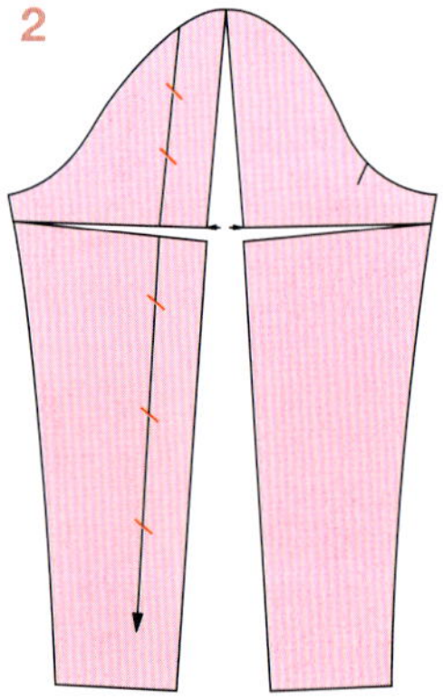

3

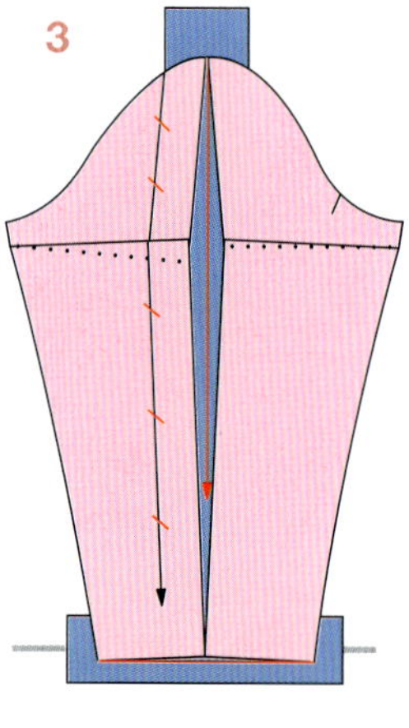

4

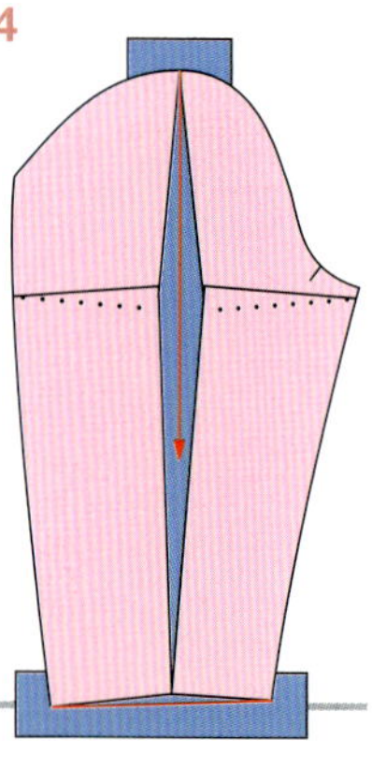

Kurzer Rücken

Bei sehr aufrechter Haltung kann es sein, dass die gemessene Rückenlänge etwas kürzer ist als die in der Maßtabelle angegebene. Damit sich die Länge der Seitennaht nicht verändert, müssen Sie das Rückenteil in halber Armausschnitthöhe um diesen Betrag gleichmäßig kürzen.

So wird's gemacht: Zeichnen Sie in das Rückenteil eine Änderungslinie im rechten Winkel zum Fadenlauf ein. Ober- oder unterhalb dieser Linie zeichnen Sie eine zweite Linie in dem Abstand ein, um den das Rückenteil gekürzt werden muss. Dann falten Sie das Schnittteil so, dass diese beiden Linien aufeinandertreffen. Falte festkleben.

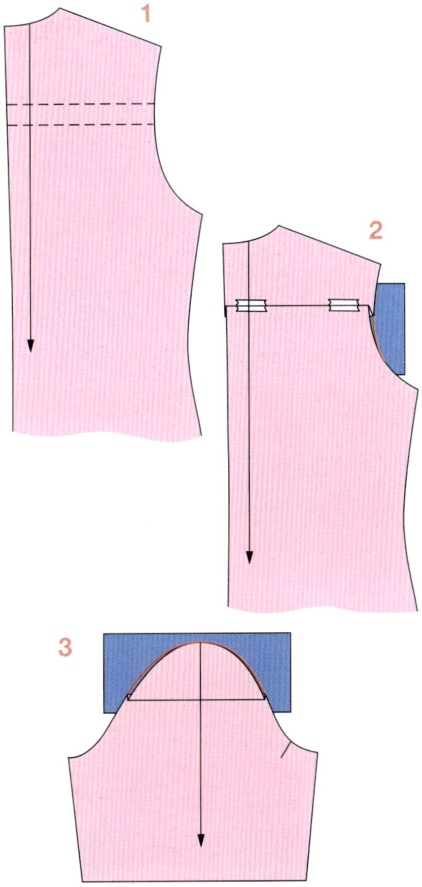

Damit der Ärmel nach dieser Änderung wieder in den Armausschnitt passt, muss auch die Kugelhöhe entsprechend gekürzt werden.

Zeichnen Sie dazu am Ärmel in halber Kugelhöhe eine Änderungslinie im rechten Winkel zum Fadenlauf ein. An dieser Linie kürzen Sie die Ärmelkugel – wie links erklärt – um die Hälfte des Betrages, um den Sie das Rückenteil gekürzt haben.

Runder Rücken

Bei einem runden Rücken muss in der rückwärtigen Mitte Länge zugegeben werden. Der Armausschnitt dagegen darf keinesfalls länger, sondern sollte ein klein wenig kürzer werden.

Bei Schnitten mit Schulterabnähern zeichnen Sie eine waagrechte Änderungslinie so in das Schnittteil ein, dass sie durch die Abnäherspitze verläuft (1). Schneiden Sie das Schnittteil an dieser Linie auseinander und genau in der Abnähermitte bis dicht zur Abnäherspitze ein. Von der rückwärtigen Mitte bis zur Abnäherspitze fügen Sie gleichmäßig 1 bis 1½ cm Länge ein. An der Armausschnittkante legen Sie die Schnittkanten ½ cm übereinander. Durch die Schnittänderung wird der Abnäher etwas tiefer (2).

Bei Schnitten ohne Abnäher zeichnen Sie eine waagrechte Änderungslinie ca. 8 cm unterhalb des Halsausschnittes und eine senkrechte Änderungslinie ca. 3 bis 4 cm neben dem Halsausschnitt ein (3).

Dann schneiden Sie das Schnittteil an der waagrechten Linie auseinander und an der senkrechten Linie bis dicht zur waagrechten Schnittkante ein. Von der rückwärtigen Mitte bis zum senkrechten Einschnitt fügen Sie gleichmäßig 1 bis 1½ cm Länge ein. An der Armausschnittkante legen Sie die Schnittkanten ½ cm übereinander. Durch diese Schnittänderung entsteht am senkrechten Einschnitt ein Abnäher (4).

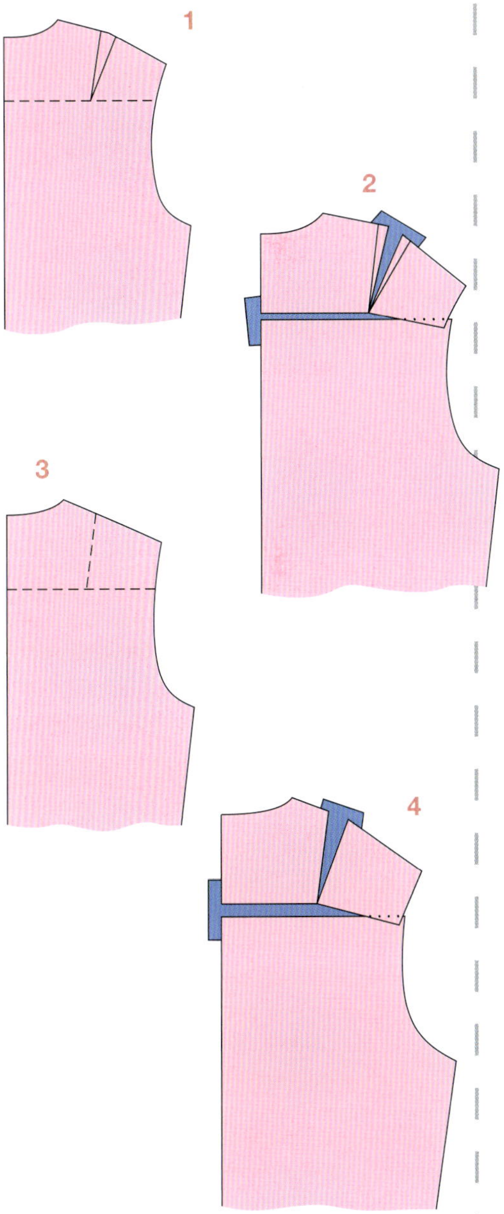

Hohlkreuz

Die Rückenlänge muss gekürzt werden. Bei einem leichten Hohlkreuz genügt es, wenn Sie die Rockbahn in der rückwärtigen Mitte – verlaufend bis zur Seitennaht – ca. 1 cm tiefer ausschneiden (1).

TIPP

Bei Modellen mit rückwärtiger Teilungsnaht zuerst die Schnittteile an der Teilungsnaht im Bereich der Taille aneinanderkleben und dann den Schnitt wie hier erklärt ändern.

1

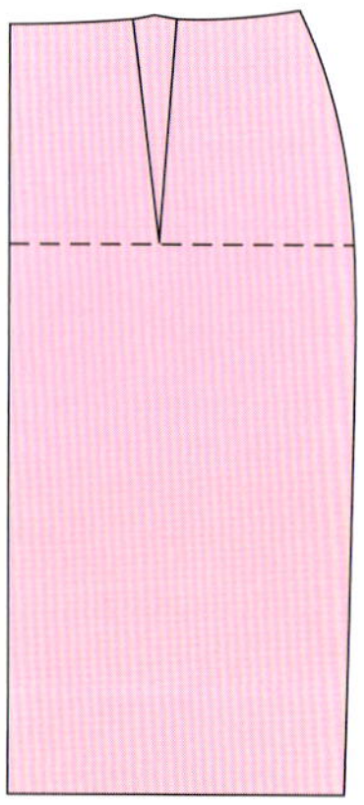

2

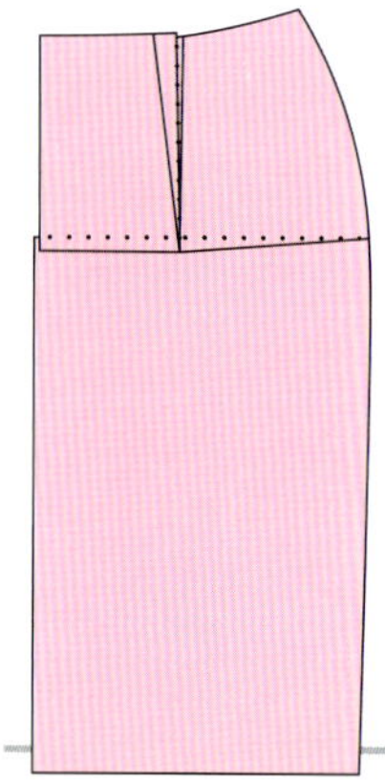

3

Bei einem starken Hohlkreuz ändern Sie den Schnitt so:

Zeichnen Sie in das Schnittteil eine waagrechte Änderungslinie so ein, dass sie durch die Abnäherspitze verläuft (2). Schneiden Sie das Schnittteil an dieser Linie von der rückwärtigen Mitte bis dicht zur Seitennaht und in der Abnähermitte ein. Von der rückwärtigen Mitte bis zur Abnäherspitze schieben Sie die Kanten gleichmäßig ca. 1½ cm übereinander. Von der Abnäherspitze bis zur Seitennaht schieben Sie die Kanten keilförmig verlaufend übereinander (3).

Bei Kleidern, Jacken und Mänteln kürzen Sie das Rückenteil in Taillenhöhe. Zeichnen Sie dazu in Taillenhöhe eine waagrechte Änderungslinie in das Schnittteil ein. Schneiden Sie das Schnittteil an dieser Linie von der rückwärtigen Mitte bis dicht zur Seitennaht ein und schieben Sie die Einschnittkanten an der rückwärtigen Mitte – verlaufend bis zur Seitennaht – ca. 1½ cm übereinander. Den „Knick" an der rückwärtigen Mitte gleichen Sie durch eine harmonisch verlaufende Linie aus (4).

Wichtig: Nach dieser Schnittänderung muss das Rückenteil unbedingt mit Mittelnaht zugeschnitten werden. Der Fadenlauf oberhalb des Einschnittes wird ungültig.

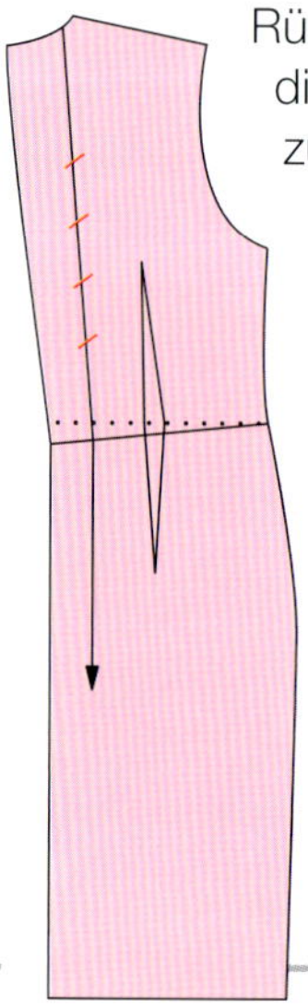

4

Schmale Taille

Eine Abweichung von bis zu 4 cm zwischen Ihrer Taillenweite und dem Tabellenmaß können Sie an den Seitennähten (an Vorder- und Rückenteil je ¼ des Betrages) verlaufend bis zur Hüfthöhe problemlos regulieren.

Beträgt die Differenz 5 bis 7 cm, ändern Sie den Schnitt so:

An Vorder- und Rückenteil reduzieren Sie die Weite an der Seitennaht, verlaufend bis Hüfthöhe, um je ¾ bis 1 cm. Das ergibt insgesamt 3 bis 4 cm. Die noch verbleibende Mehrweite reduzieren Sie gleichmäßig an den Abnähern.

Einen Weitenunterschied von 8 cm oder mehr sollten Sie durch zusätzliche Abnäher ausgleichen.

So wird's gemacht: Zeichnen Sie in Hüfthöhe (ca. 20 cm unterhalb der Taille) eine Linie ein. Genau

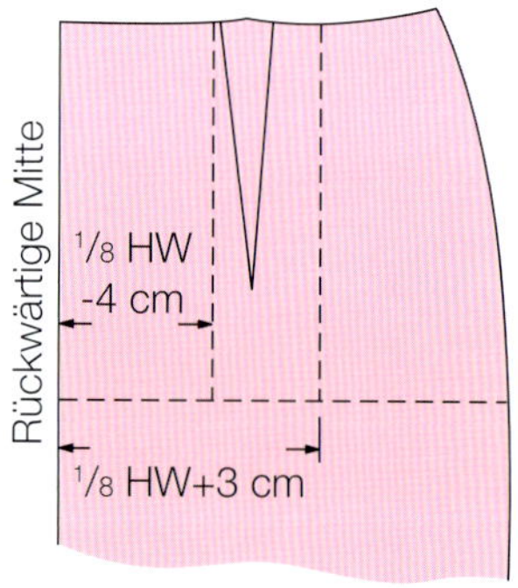

1

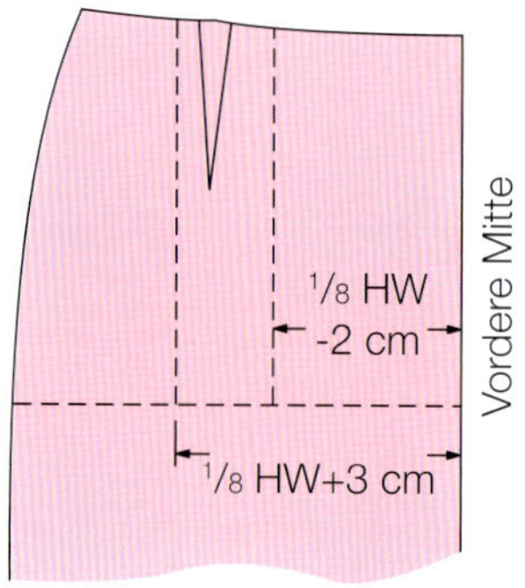

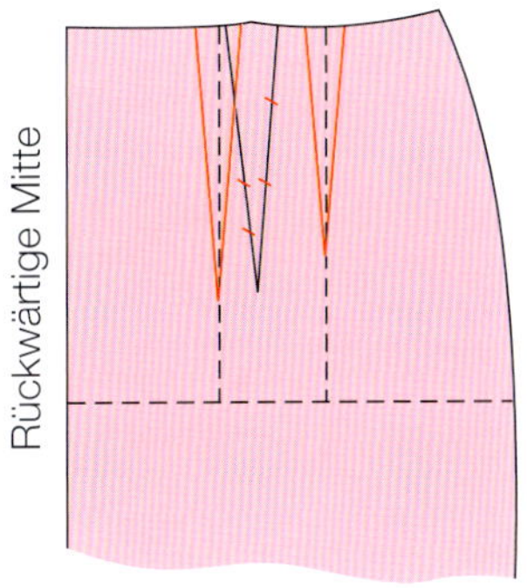

2

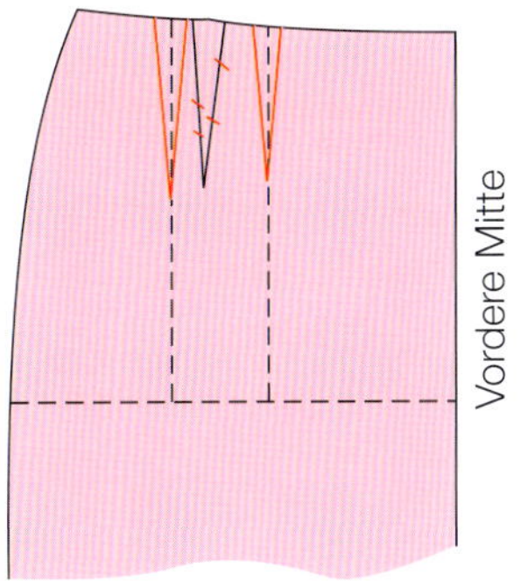

im rechten Winkel zu dieser Linie zeichnen Sie die Hilfslinien für die neuen Abnäher ein (1). Den ursprünglichen Abnäher übertragen Sie an der rückwärtigen Rockbahn auf die Linie, die näher an der rückwärtigen Mitte, den der vorderen Rockbahn auf die Linie, die näher an der Seitennaht liegt. Für die beiden zusätzlichen Abnäher errechnen Sie die Abnähertiefe so: Gesamtbetrag geteilt durch 2. Davon $^2/_3$ für den rückwärtigen und $^1/_3$ für den vorderen Abnäher. Das ergäbe bei einer Differenz von 9 cm für den rückwärtigen Abnäher 3 cm, für den vorderen Abnäher 1½ cm. Zu beiden Seiten der Hilfslinien markieren Sie jeweils die Hälfte der errechneten Abnähertiefe und zeichnen dann die neuen Abnäher ca. 2 bis 3 cm kürzer ein als die bereits vorhandenen (2).

Flacher Bauch

und eine leicht nach vorne geneigte Haltung:

In diesem Fall muss das Vorderteil gekürzt werden. Um wie viel, können Sie abmessen. Markieren Sie dazu die Taille mit einem festen Band und messen Sie jeweils in der vorderen Mitte und an der Seite vom Band bis zum Boden. Von der seitlichen Länge ziehen Sie 1 cm ab. Um die restliche Differenz ändern Sie den Schnitt.

Bei einem Rock zeichnen Sie eine waagrechte Änderungslinie so ein, dass sie durch die Abnäherspitze verläuft (siehe auch Zeichnung 1 von Seite 40). Schneiden Sie das Schnittteil an dieser Linie von der vorderen Mitte bis dicht zur Seitennaht und genau in der Abnähermitte bis dicht zum waagrechten Einschnitt ein. Von der vorderen Mitte bis zur Abnäherspitze kleben Sie die Einschnittkanten gleichmäßig um den errechneten Betrag übereinander. Von der Abnäherspitze bis zur Seitennaht legen Sie die Kanten keilförmig verlaufend übereinander und kleben sie fest. Die Kanten des senkrechten Einschnittes legen sich übereinander, dadurch wird der Abnäher etwas kleiner (1).

Bei einem Kleid zeichnen Sie eine waagrechte Änderungslinie ca. 10 cm unterhalb der Taille und eine senkrechte Änderungslinie – Abstand zur vorderen Mitte = $^1/_8$ Hüftweite plus 3 cm – ein. Schneiden Sie das Schnittteil an der waagrechten Linie von der vorderen Mitte bis dicht zur Seitennaht und an der senkrechten Linie von unten bis dicht zur waagrechten Linie ein. Von der vorderen Mitte bis zum senkrechten Einschnitt legen Sie die Kanten des waagrechten Einschnittes gleichmäßig, vom senkrechten Einschnitt bis zur Seitennaht keilförmig verlaufend, übereinander. Dabei legen sich die Kanten des senkrechten Einschnittes an der Saumkante übereinander. Messen Sie diesen Betrag ab und geben Sie diese Zentimeter an der Seitennaht wieder zu (2).

1

2

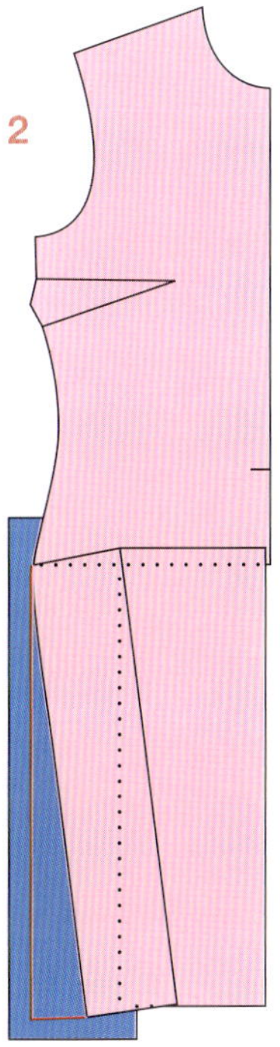

Dicker Bauch

Ein dicker Bauch benötigt mehr Länge. Den genauen Betrag können Sie abmessen. Markieren Sie dazu die Taille mit einem festen Band und messen Sie jeweils in der vorderen Mitte und an der Seite vom Band bis zum Boden. Von der seitlichen Länge ziehen Sie 1 cm ab. Die restliche Längendifferenz gleichen Sie am Schnitt aus.

Zeichnen Sie dazu ca. 10 cm unterhalb der Taille eine waagrechte Änderungslinie von der vorderen Mitte bis zur Seitennaht und eine senkrechte Linie – Abstand zur vorderen Mitte = 1/10 Hüftweite minus 1 cm – ein (Zeichnungen 1 und 2). Schneiden Sie den Schnitt an der waagrechten Linie von der vorderen Mitte bis dicht zur Seitennaht und an der senkrechten Linie bis dicht zum waagrechten Einschnitt ein. Von der vorderen Mitte bis zum senkrechten Einschnitt fügen Sie die erforderliche Mehrlänge gleichmäßig ein. Vom senkrechten Einschnitt bis zur Seitennaht verläuft die Zugabe keilförmig. Am senkrechten Einschnitt drehen sich die Einschnittkanten auseinander. Bei einem Rock ergibt das den erforderlichen zweiten Abnäher, den Sie ca. 2 – 3 cm kürzer einzeichnen als den bereits vorhandenen Abnäher (3). Bei einem Kleid messen Sie diesen Betrag ab und reduzieren die Weite an der Seitennaht (4).

1

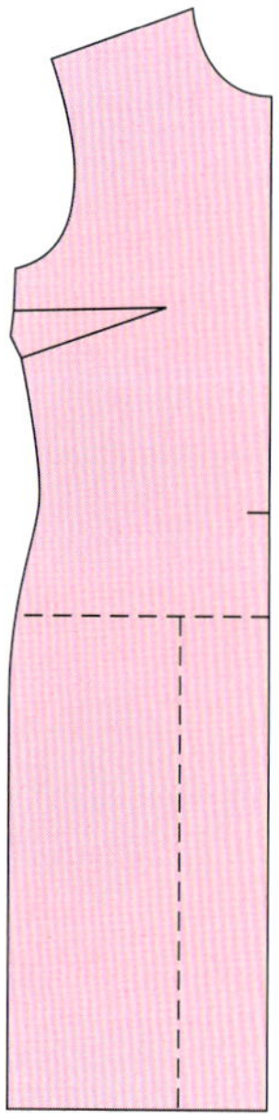
2

3

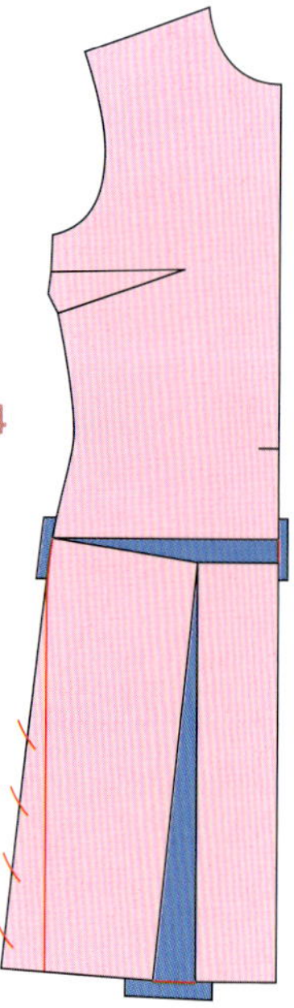
4

Dicker Po

In der rückwärtigen Mitte wird etwas mehr Länge benötigt. Wie viel, können Sie abmessen. Markieren Sie dazu die Taille mit einem festen Band und messen Sie die Länge an der Seite und in der rückwärtigen Mitte jeweils vom Band bis zum Boden. Von der seitlichen Länge ziehen Sie 1 cm ab. Die restliche Längendifferenz gleichen Sie am Schnitt aus.

So geht das bei einem Rock: Zeichnen Sie in das Schnittteil der rückwärtigen Rockbahn ca. 16 cm unterhalb der Taille eine waagrechte und genau zwischen Seitennaht und Abnäher eine senkrechte Änderungslinie ein (1). Schneiden Sie das Schnittteil an der waagrechten Linie von der rückwärtigen Mitte bis zur Seitennaht und an der senkrechten Linie von oben bis dicht zum waagrechten Einschnitt ein. Von der rückwärtigen Mitte bis zum senkrechten Einschnitt geben Sie die erforderliche Länge gleichmäßig zu. Vom senkrechten Einschnitt bis zur Seitennaht verläuft diese Zugabe keilförmig. Die Kanten des senkrechten Einschnittes drehen sich etwas auseinander. Das ergibt den für einen dicken Po erforderlichen zweiten Abnäher. Er sollte auf keinen Fall länger oder tiefer sein als der bereits im Schnitt vorhandene Abnäher. Falls erforderlich, kürzen Sie den Abnäher ein wenig (2). Müssen Sie die Abnähertiefe reduzieren, gleichen Sie das Zuviel an Weite an der Seitennaht wieder aus.

So geht das bei einem Kleid: Zeichnen Sie in das Schnittteil zwei Änderungslinien ein (3): die waagrechte ca. 16 cm unterhalb

TIPP

Bei figurbedingten Änderungen können wir Ihnen nur sagen, wie und nicht um wie viel Sie den Schnitt ändern müssen. Wir möchten Ihnen daher empfehlen, nach dem geänderten Schnitt zunächst ein Probeteil aus Nessel oder einem anderen preiswerten Stoff zu nähen. Sollten sich bei der Anprobe noch kleine Änderungen ergeben, übertragen Sie diese auf den Papierschnitt und schneiden erst dann den gewünschten Stoff zu. Zwar ist das Anfertigen eines Probeteils etwas zeit- und arbeitsintensiv, Sie haben aber dann einen garantiert gut sitzenden „Maßschnitt“.

der Taille und die senkrechte parallel zur rückwärtigen Mitte. Den Abstand der senkrechten Linie zur rückwärtigen Mitte errechnen Sie so: 1/8 Hüftweite + 3 cm. Schneiden Sie das Schnittteil an der waagrechten Änderungslinie von der rückwärtigen Mitte bis dicht zur Seitennaht und an der senkrechten Linie von unten bis dicht zum waagrechten Einschnitt ein. Von der rückwärtigen Mitte bis zum senkrechten Einschnitt fügen Sie die erforderliche Länge gleichmäßig ein, vom senkrechten Einschnitt bis zur Seitennaht verläuft die Zugabe keilförmig. Die Kanten des senkrechten Einschnittes drehen sich an der Saumkante auseinander. Messen Sie diesen Betrag ab und reduzieren Sie die Weite an der Seitennaht entsprechend (4).

Flacher Po

Bei einem flachen Po müssen die Schnittteile in der rückwärtigen Mitte gekürzt werden.

Die Änderung der rückwärtigen Rockbahn bzw. des Rückenteils erfolgt im Wesentlichen so, wie auf Seite 39 für einen flachen Bauch erklärt. Bei einem Kleid muss jedoch die waagrechte Änderungslinie nicht 10 cm, sondern ca. 16 cm unterhalb der Taille eingezeichnet werden.

3

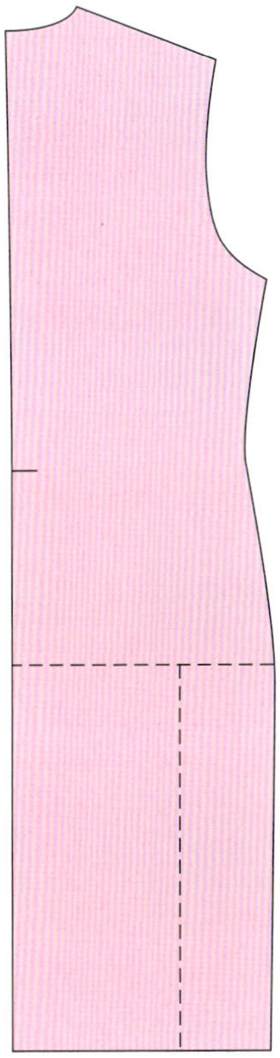

4

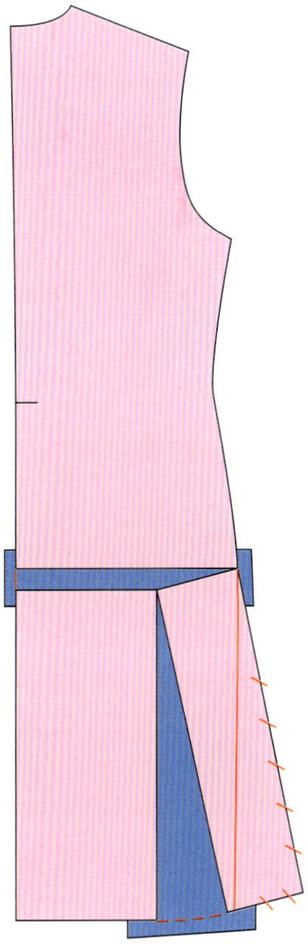

1

2

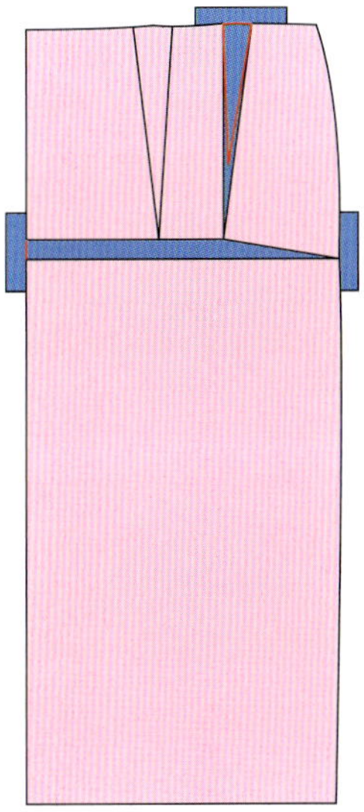

Einseitige Hüfte

Um wie viel Sie den Schnitt bei diesem einseitigen Haltungsfehler ändern müssen, können Sie abmessen. Markieren Sie dazu die Taille mit einem Band und messen Sie jeweils über die Hüften vom Band bis zum Boden. Die Differenz zwischen diesen beiden Maßen muss am Schnitt ausgeglichen werden.

Zeichnen Sie zunächst die Schnittteile für die vordere und rückwärtige Rockbahn noch einmal ab und kleben Sie die Rockbahnteile an der vorderen bzw. rückwärtigen Mitte aneinander. In die Schnittteile zeichnen Sie eine waagrechte Änderungslinie in Hüfthöhe (ca. 20 cm unterhalb der Taille) ein. An der Seite mit der flacheren Hüfte zeichnen Sie jeweils ab der Abnäherspitze eine senkrechte Änderungslinie bis zur „Hüftlinie" ein und verbinden den Kreuzungspunkt dieser beiden Linien mit der Abnäherspitze der stärkeren Hüfte (1). Schneiden Sie die Schnittteile jeweils in der Abnähermitte und an der senkrechten Änderungslinie sowie an der Hüftlinie bis zum senkrechten Einschnitt und fortlaufend bis zur Abnäherspitze ein. Schieben Sie die Kanten des waagrechten Einschnittes von der seitlichen Kante bis zum senkrechten Einschnitt gleichmäßig um den errechneten Betrag übereinander. Vom senkrechten Einschnitt bis zur Abnäherspitze der stärkeren Hüfte schieben Sie die Kanten keilförmig verlaufend übereinander. Bei dieser Schnittänderung verkleinern sich die Abnäher der schwächeren Seite, während sich die Abnäher der stärkeren Seite vertiefen. Die Abnähermitten müssen im rechten Winkel zur Hüftlinie neu eingezeichnet werden (dadurch verschieben sich die Abnäherspitzen) und auch die Mitte der Rockbahnen muss neu eingezeichnet werden (2).

Dass sich dabei die Mitte der rückwärtigen Rockbahn stärker verändert als die der vorderen Rockbahn, liegt daran, dass der rückwärtige Abnäher länger ist und näher bei der rückwärtigen Mitte liegt. Diese Verschiedenheit der Rockteile wird sich jedoch passformmäßig günstig auswirken, da erfahrungsgemäß auch die Gesäßseite der stärkeren Hüfte etwas stärker ist.

Wichtig: Die Zeichnungen zeigen die Schnittänderung bei einer stärkeren rechten Hüfte. Ist bei Ihnen die linke Hüfte stärker, müssen Sie den Schnitt entsprechend spiegelverkehrt ändern.

Auch beim Zuschneiden der Rockteile müssen Sie beachten, dass Sie jetzt zwei asymmetrische Rockbahnen haben.

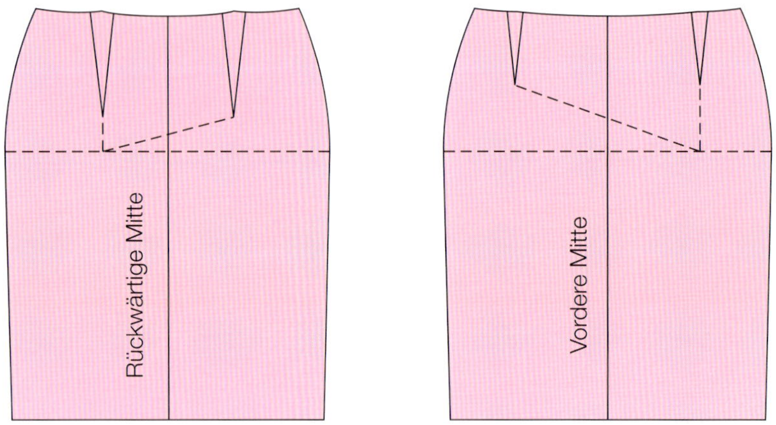

1

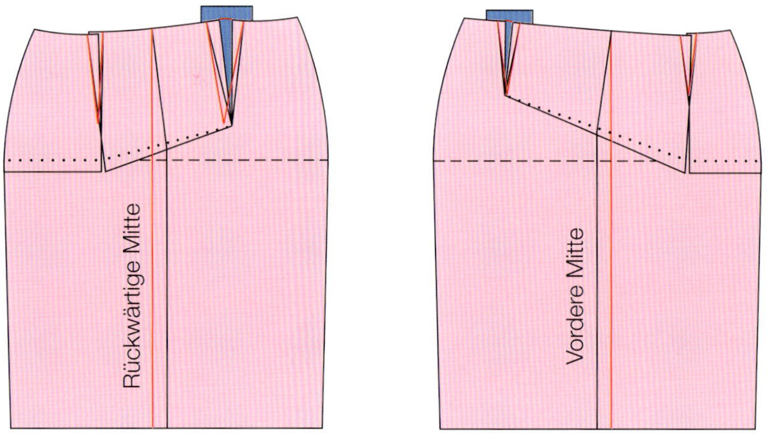

2

ZUSCHNEIDEN

Für viele Hobby-Schneiderinnen ist das Zuschneiden der schwierigste Teil des Nähens. Aber es ist viel einfacher, als es zunächst aussieht. Denn für alle burda style Schnitte gibt es einen Zuschneideplan, der genau zeigt, wie die Schnittteile auf den Stoff gelegt werden. Damit nichts schiefgeht, sagen wir Ihnen hier, wie Sie die Zuschneidepläne richtig „lesen" und was Sie beim Zuschneiden beachten müssen.

Der Fadenlauf

1

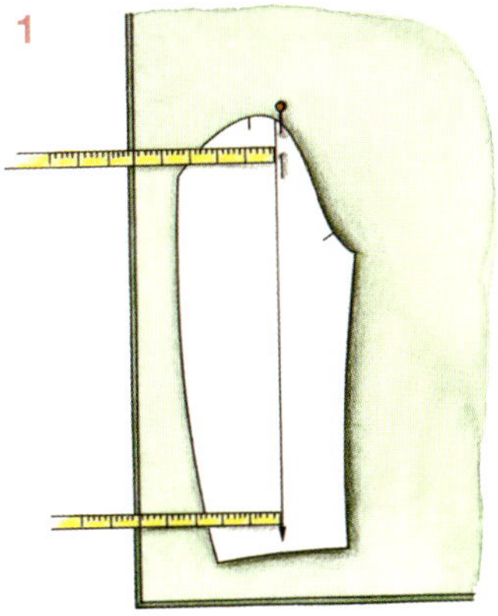

Der richtige Fadenlauf ist wichtig. Er ist ausschlaggebend für den korrekten Fall des Kleidungsstückes und entspricht dem Kettfaden (Längsfaden) des Stoffes. Das heißt, die Schnittteile müssen immer so auf den Stoff gelegt werden, dass der im Schnittteil eingezeichnete Fadenlauf parallel zu den Webkanten verläuft.

Verlängern Sie dazu den im Schnittteil eingezeichneten Fadenlauf bis zur unteren Kante. Stecken Sie dann das Schnittteil zunächst nur am oberen Ende des eingezeichneten Fadenlaufs auf den Stoff. Messen Sie den Abstand vom Fadenlauf bis zur Webkante und stecken Sie dann das andere Ende des Schnittteils so fest, dass der Abstand Webkante – Fadenlauf gleich groß ist (1). Danach stecken Sie das Schnittteil ringsum fest.

TIPP

Bei Hosen müssen Sie den Fadenlauf nicht mit dem Lineal verlängern. Falten Sie einfach die Schnittteile der Länge nach so zur Hälfte, dass die innere Beinnaht bis etwa Kniehöhe auf der Seitennaht liegt. Der so entstandene Bruch ist der exakte Fadenlauf.

Die Strichrichtung

Alle Stoffe mit haariger Oberfläche, wie zum Beispiel Samt, Nicki, Cord, Frottier, Velours, Flausch, Loden usw., haben eine Strichrichtung. Wenn Sie parallel zur Webkante über einen dieser Stoffe streichen, können Sie es fühlen: Die Härchen legen sich widerstandslos = „mit dem Strich", sie sträuben sich = „gegen den Strich" (2). Die Strichrichtung ist bei unseren Zuschneideplänen immer durch Pfeile gekennzeichnet.

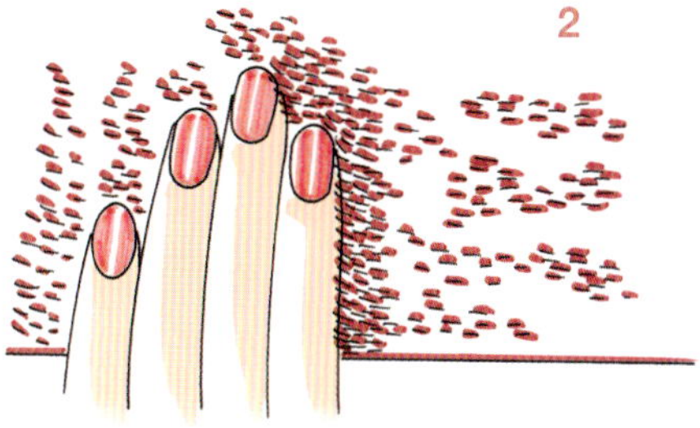

2

Wichtig: Bei allen Stoffen mit Strich müssen die Schnittteile in gleicher Richtung auf den Stoff gelegt werden, das heißt, die unteren Kanten aller Schnittteile zeigen in eine Richtung.

Die Musterrichtung

Viele Stoffe haben eine Musterrichtung. In unserem Beispiel (3) ist das gut zu erkennen. Alle Blü-

tenstiele zeigen nach unten. Bei allen Stoffen mit Musterrichtung müssen Sie die Schnittteile so auf den Stoff stecken, dass die unteren Kanten in die gleiche Richtung zeigen.

Bei Karos, quer gestreiften oder quer gemusterten Stoffen ist es wichtig, dass das Muster an den Längsnähten übereinstimmt (4). Dazu müssen die Schnittteile so auf den Stoff gesteckt werden, dass die unteren Kanten auf dem gleichen Musterstreifen liegen.

Der Stoffverbrauch

Unsere Stoffverbrauchsangaben und die Zuschneidepläne richten sich immer nach dem Originalstoff. Stimmt der von Ihnen gekaufte Stoff mit dem Originalstoff überein, können Sie sich ganz auf den Zuschneideplan verlassen. Der Stoffverbrauch kann sich jedoch ändern, wenn Sie Stoffe in anderer Breite oder Stoffe mit großen Mustern, Karos oder Streifen sowie Stoffe mit Strich- oder Musterrichtung verarbeiten möchten. Sie müssen dann den Stoffverbrauch vor dem Einkauf neu festlegen.

Der Zuschneideplan

zeigt die günstigste Lage der Schnittteile auf dem Originalstoff. Bei vielen Stoffen sind die Webkanten härter als der restliche Stoff, sodass wir bei der Stoffberechnung die Webkanten nicht einbeziehen. Ist der Stoff gefaltet, liegt die rechte Stoffseite innen. Muss bei einfacher Stofflage zugeschnitten werden, liegt bei unseren Zuschneideplänen immer die rechte Stoffseite oben.

Das ist der ideale Zuschneideplan (5). Der Stoff ist der Länge nach gefaltet und alle Schnittteile liegen in einer Richtung. Das heißt, Sie können jeden Stoff, egal ob mit oder ohne Musterrichtung bzw. Strichrichtung, verwenden.

Zeigen die Saumkanten – so wie bei diesem Zuschneideplan (6) – nicht in eine Richtung, heißt es aufpassen. In diesem Fall darf der Stoff keine Muster- oder Strichrichtung haben.

Auch wenn der Stoff nicht der Länge, sondern der Breite nach zur Hälfte gefaltet wird, so wie in diesem Beispiel (7) gezeigt, darf der Stoff weder Muster- noch Strichrichtung haben.

Wichtig: Alle Schnittteile, die auf unseren Zuschneideplänen mit durchgehender Linie aufgezeichnet sind, werden mit der beschrifteten Seite nach oben, Schnittteile mit unterbrochener Linie werden mit der beschrifteten Seite nach unten auf den Stoff gesteckt.

An beiden Längsseiten Stoffbruch (8) – das ist durch entsprechendes Falten des Stoffes möglich. Wichtig dabei ist, dass die Webkanten in gleichmäßigem Abstand zu den Stoffbruchkanten liegen. Wie viel die Stoffkanten eingeschlagen werden, ist bei unseren Zuschneideplänen angegeben.

5

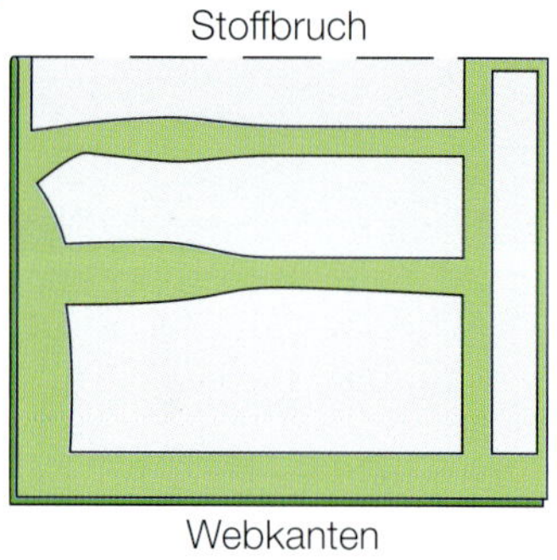

6

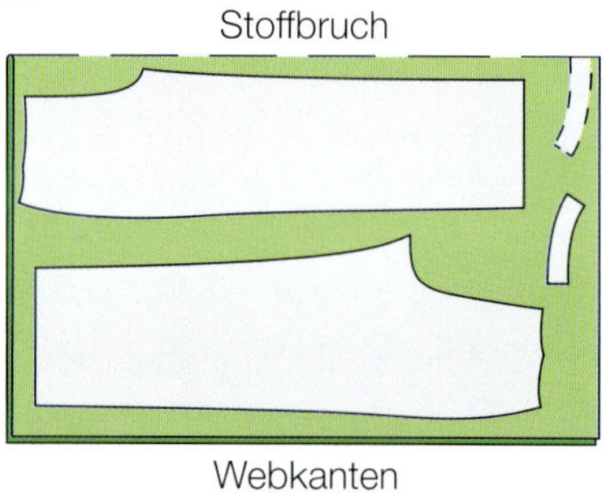

7

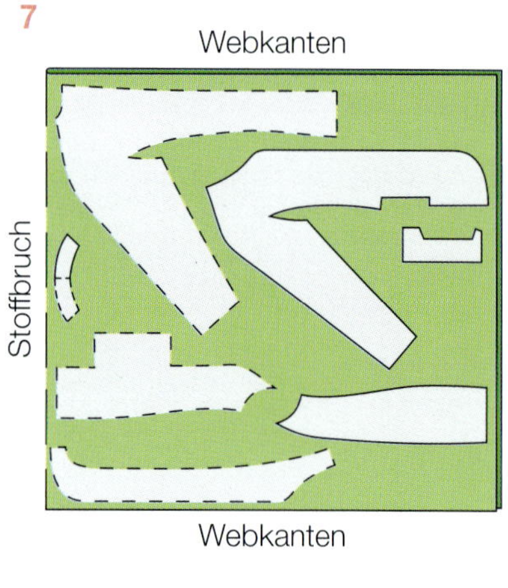

8

9

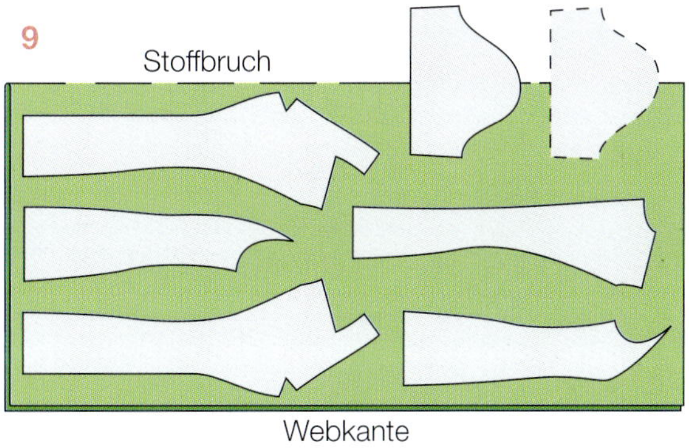

10

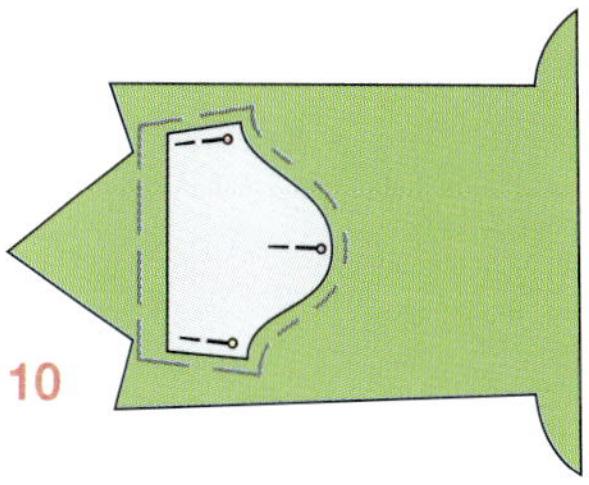

11

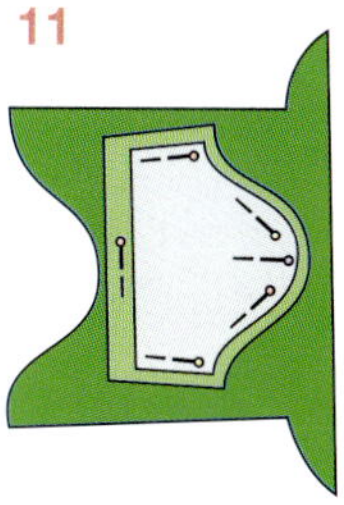

12

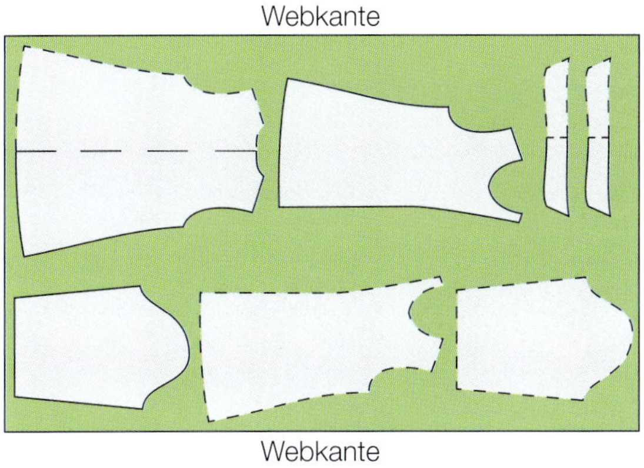

13

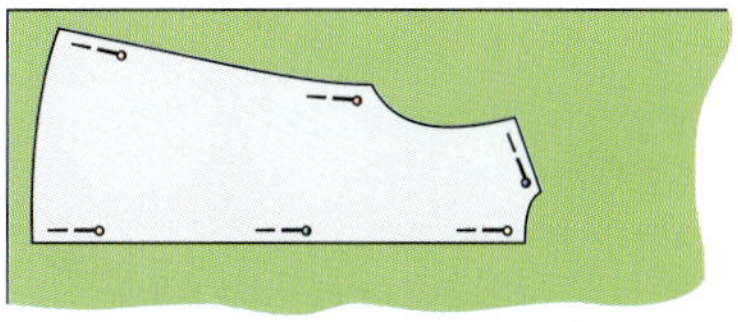

14

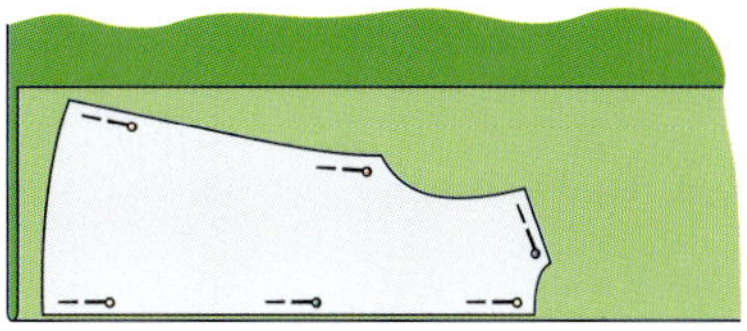

Schnittteile, die im Zuschneideplan über den Stoffbruch ragen (9), werden zuletzt bei einfacher Stofflage zugeschnitten. Dazu den Stoffrest mit der linken Seite nach oben auf den Tisch legen. Das Schnittteil auf den Stoff stecken, die Nahtzugaben aufzeichnen (10). Zuschneiden.

TIPP

Den Stoffverbrauch können Sie selbst feststellen, wenn Sie ein Betttuch auf die gewünschte Stoffbreite zusammenfalten, alle Schnittteile probeweise auflegen – Fadenlauf beachten – und dann ausmessen, wie viel Stoff Sie benötigen.

Den restlichen Stoff so auf den Tisch legen, dass die rechte Seite oben ist. Das bereits zugeschnittene Teil rechts auf rechts auf den Stoff stecken und das zweite Teil zuschneiden (11).

Große Teile, die im Stoffbruch zugeschnitten werden, aber im Zuschneideplan bei einfacher Stofflage aufgezeichnet sind (12), schneiden Sie so zu:

Stoff so auf den Tisch legen, dass die linke Seite oben ist. Das Papierschnittteil auf den Stoff stecken (13), Fadenlauf beachten. Dann den Stoff an der am Papierschnittteil mit STOFFBRUCH gekennzeichneten Kante falten, rechte Seite innen, und feststecken (14). Rings um das Schnittteil die Naht- und Saumzugaben auf den Stoff zeichnen. Teil ausschneiden.

Teile, die zweimal benötigt werden, schneiden Sie so zu, wie bei den Zeichnungen 10 und 11 erklärt worden ist.

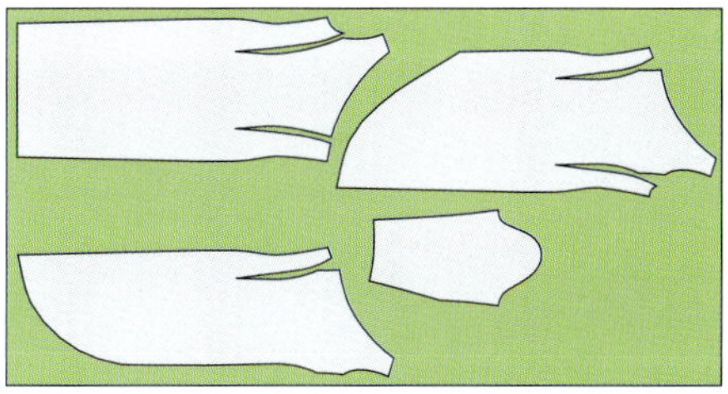

15

Bei asymmetrischen Modellen heißt es aufpassen. Denn alle asymmetrischen Teile müssen unbedingt bei einfacher Stofflage und auf der rechten Stoffseite zugeschnitten werden (15).

Wichtig: Bei allen burda style Schnitten entspricht die beschriftete Seite der rechten Stoffseite. Das heißt, Schnittteile für asymmetrische Modelle werden immer mit der beschrifteten Seite nach oben auf die rechte Stoffseite gesteckt.

16

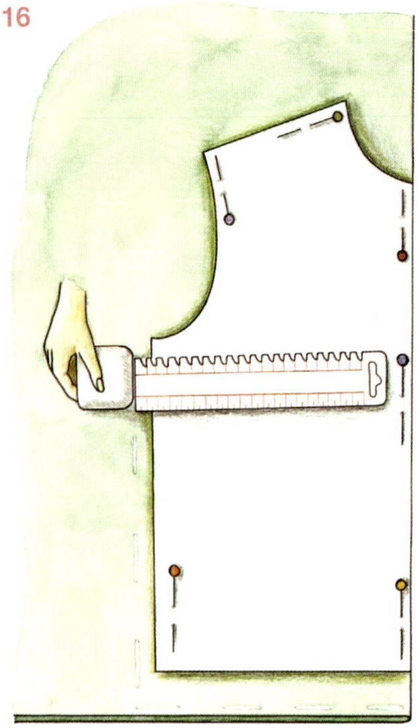

Wichtig!

Alle burda style Schnitte sind ohne Nahtzugaben. Schneiden Sie deshalb nie direkt entlang den Papierschnittkanten zu. Auch nicht bei zu großen Schnitten. Denn schon bei einem einfachen Kleid mit zwei Seitennähten und einer Mittelnaht haben Sie drei Nähte. Das sind sechs Nahtränder, für die Sie jeweils mindestens 1½ bis 2 cm Nahtzugaben brauchen. Insgesamt wären das 9 bis 12 cm, um die das Kleid enger wird, wenn Sie ohne Nahtzugaben zuschneiden.

Die Nahtzugaben

Gleichmäßig breite Nahtzugaben erleichtern später das Nähen. Denn bei aufeinanderliegenden Stoffkanten treffen dann auch die Nahtlinien aufeinander. Sie müssen dann nicht bei jedem Stich kontrollieren, ob die Nahtlinien genau aufeinandertreffen. Zeichnen Sie deshalb rings um die Papierschnittteile die Naht- und Saumzugaben mit einem Zentimetermaß und Schneiderkreide auf den Stoff (16). Als Faustregel gilt: 1½ bis 2 cm für Nähte, zum Beispiel Seiten- und Schulternähte, Taillennaht, Mittelnaht und Ärmellängsnähte; 1 bis 1½ cm an Arm- und Halsausschnitt, Ärmelkugel, Besatzteilen, Kragen und an allen anderen Kanten, die verstürzt werden; 2 bis 5 cm für Säume.

Ganz schnell und einfach können Sie die Naht- und Saumzugaben mit dem Doppelkopierrädchen (17) auf den Stoff zeichnen. So funktioniert es: Über einem der beiden Rädchen ist ein Kreidebehälter befestigt. Setzt man das Rädchen in Bewegung, entsteht eine Kreidespur. Das Kreiderädchen lässt sich auf 1 cm, 1½ cm, 2½ cm und 4 cm Breite einstellen. Wenn Sie mit dem kreidefreien Rädchen entlang den Papierschnittkanten rädeln, zeichnet das Kreiderädchen automatisch die Nahtzugaben auf den Stoff (erhältlich im Kurzwarenhandel).

17

Noch ein paar Tipps:

- Stumpf gewordene Schneiderkreide können Sie mit einem Messer anspitzen (18).

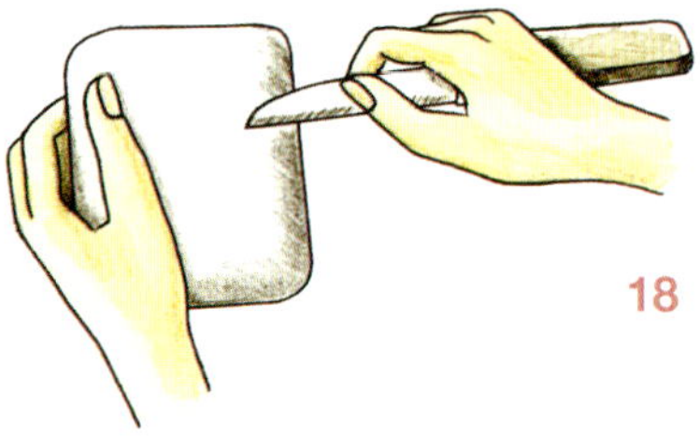

18

- Sehr glatte, rutschende Stoffe, wie zum Beispiel Seide oder Viskose, lassen sich besser zuschneiden, wenn Sie ein Leintuch als rutschhemmende Unterlage verwenden.
- Bei sehr dicken, voluminösen Stoffen, wie zum Beispiel Pelzimitaten, nicht die normalen Stecknadeln verwenden, sondern die etwas längeren Schwesternnadeln mit großen Glasköpfen (Prym).
- Für Stoffe, bei denen Nadeleinstiche sichtbar bleiben, zum Beispiel Lackstoffe, oder für Stoffe, die sich sehr schlecht stecken lassen, zum Beispiel Paillettenstoffe, die Schnittteile nicht feststecken, sondern mit Klebeband festkleben.
- Kragen, Taschen, Riegel und Klappen erst nach der Anprobe aus Stoff zuschneiden. Für die erste Anprobe genügt es, wenn Sie diese Teile aus Einlage oder Nessel ohne Nahtzugaben zuschneiden. Bei gestreiften, karierten oder anderen gemusterten Stoffen können Sie dann den gewünschten Musterverlauf auf den Probeteilen aufzeichnen und danach die Stoffteile mustergemäß zuschneiden (siehe auch Zeichnung 22, Seite 48).

Karierte Stoffe

Bei Karostoffen unterscheidet man zwischen gleichseitigen (19) und ungleichseitigen (20) Karos. In Querrichtung sollen bei beiden Karoarten die Streifen an den Nähten aneinandertreffen. Damit die Musterfolge auch in Längsrichtung an rechten und linken Teilen symmetrisch aufgeteilt ist, beim Falten des Stoffes darauf achten, dass die Karos in Längsrichtung aufeinanderliegen. Das heißt, die Bruchkante des Stoffes ist genau in der Mitte eines Karos oder zwischen zwei Karos.

Wichtig: Bei ungleichseitigen Karos kann in Längsrichtung nur ein Streifenmuster aufeinanderliegen, niemals alle Streifenmuster.

Damit sich die Karos nicht verschieben können, die Stofflagen mehrmals aufeinanderstecken, dabei in Längs- und Querrichtung kontrollieren, ob die Streifen aufeinandertreffen.

Bei allen burda style Schnitten, die für Karo vorgesehen sind, ist in den Schnittteilen eine KARO-Linie eingezeichnet. In Querrichtung stimmt das Karo an den Nähten, wenn Sie die Schnittteile so auf den Stoff stecken, dass die KARO-Linien auf dem gleichen Karostreifen liegen. Beginnen Sie mit dem Vorderteil. Achten Sie auch darauf, welcher Streifen den Saumabschluss bildet. Damit das Karo auch an den vorderen Ärmeleinsetznähten stimmt, das Schnittteil für den Ärmel so auf den Stoff stecken, dass die KARO-Linie der Ärmelkugel auf dem gleichen Karostreifen liegt wie die KARO-Linie des vorderen Armausschnittes. Bei Zweinahtärmeln zuerst den Oberärmel zuschneiden. Dann das Schnittteil für den Unterärmel so auf den Stoff legen, dass die in ca. halber Ärmellänge eingezeichneten KARO-Linien von Ober- und Unterärmel auf dem gleichen Karostreifen liegen (21).

19

20

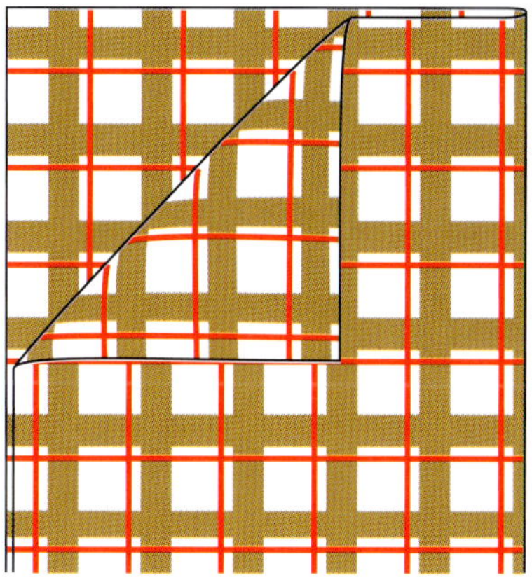

21

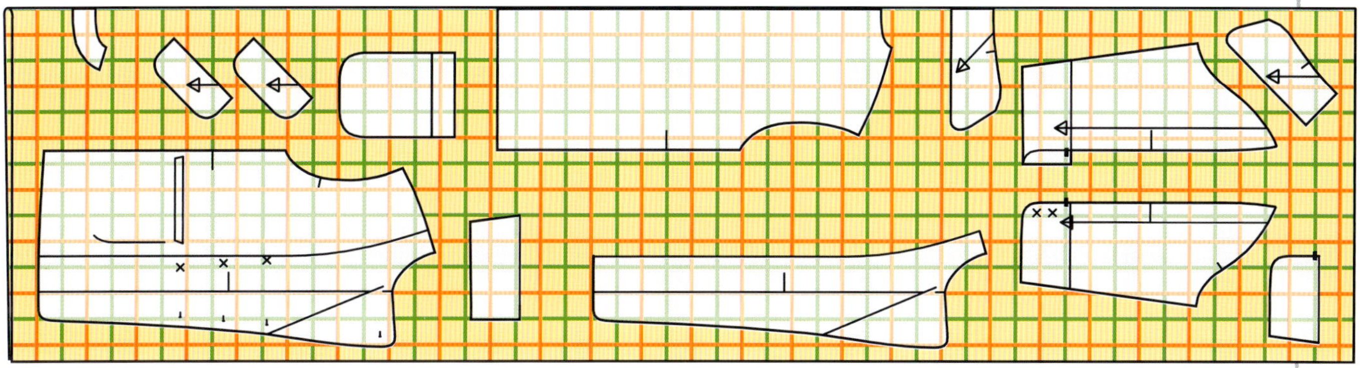

In Längsrichtung erhalten Sie einen symmetrischen Karoverlauf, wenn die vordere und rückwärtige Mitte genau in der Mitte eines Karos oder zwischen zwei Karos liegt. Achtung: Bei Modellen mit Verschluss, zum Beispiel Jacken, die vordere Kante nicht mit der vorderen Mitte verwechseln! An Ärmeln entspricht der im Schnitt eingezeichnete Querstrich der Ärmelkugel der Mitte.

Bei Schnitten, die nicht für Karostoffe vorgesehen sind, passen die Karos in Querrichtung an den Nähten aufeinander, wenn Sie die Schnittteile so auf den Stoff legen, dass jeweils die unteren Kanten der Teile, die später aneinandergenäht werden – zum Beispiel die Ecke Seitennaht/Saum von Vorder- und Rückenteil – auf dem gleichen Karostreifen liegen. Am vorderen Armausschnitt treffen die Querstreifen des Karos aufeinander, wenn die Ärmeleinsetzzeichen (Querstriche) von Ärmel und Vorderteil auf dem gleichen Karostreifen liegen. Bei einem Zweinahtärmel zuerst den Oberärmel, dann den Unterärmel feststecken, dabei den Querstrich beachten.

TIPP

Wenn Sie Karostoffe zuschneiden möchten, den Schnitt auf durchsichtige Kopierfolie (im Kurzwarenhandel erhältlich) abzeichnen. Sie sehen dann beim Zuschneiden ganz genau, wie das Karo bei den einzelnen Teilen verläuft.

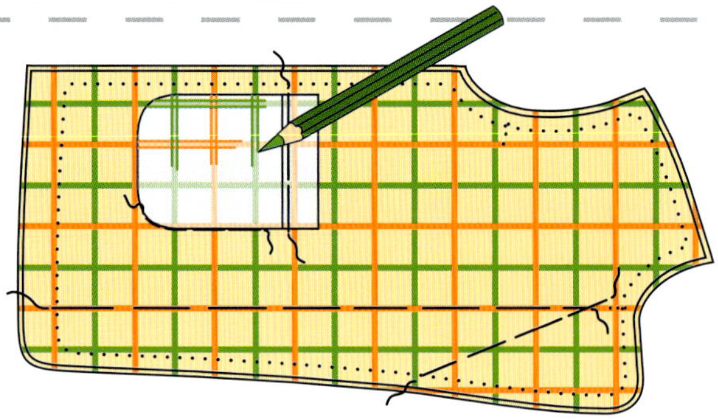

22

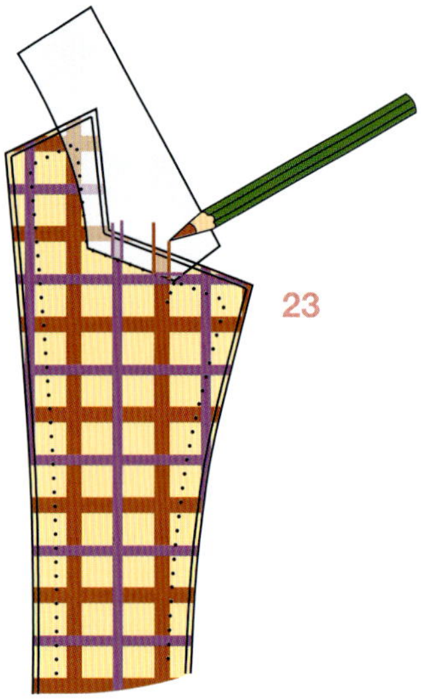

23

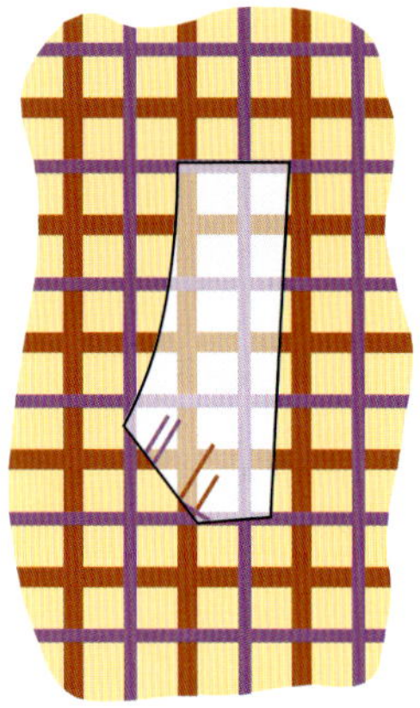

24

Sollen Taschen, Klappen oder Patten genau das gleiche Karo zeigen wie das darunterliegende Stoffteil, muss zunächst der Papierschnitt für dieses Teil an die Ansatzlinie treffend auf das Stoffteil gelegt und der Karoverlauf genau auf das Schnittteil übertragen werden (22).

Auch Kragenecken sollen das gleiche Karo zeigen. Wenn der Oberkragen im Stoffbruch zugeschnitten werden soll, muss die rückwärtige Mitte des Kragens in der Mitte eines Karos oder zwischen zwei Karos liegen. Zeigen dann die Kragenecken nicht das gewünschte Karo, muss der Kragen mit Mittelnaht zugeschnitten werden.

Sollen bei einem Revers die Karos aufeinandertreffen, das Schnittteil für den Oberkragen nahtzahlenmäßig an das auf den Stoff gesteckte Besatzteil legen und die KARO-Linien auf den Kragen übertragen (23). Zum Zuschneiden des Kragens das Papierschnittteil so auf den Stoff stecken, dass die KARO-Linien aufeinandertreffen. Dabei darf der Fadenlauf des Kragens nicht verändert werden. Der Oberkragen kann dann in den meisten Fällen nicht mehr im Stoffbruch, sondern muss in der rückwärtigen Mitte mit Naht zugeschnitten werden (24).

Wichtig: Bei ungleichseitigem Karo müssen Sie jeweils den Karoverlauf für die rechte und linke Tasche, Klappe oder Patte sowie für die rechte und linke Kragenhälfte auf das Schnittteil übertragen.

Gestreifte Stoffe

Für gestreifte Stoffe gilt im Prinzip dasselbe wie für Karo. Auch hier unterscheidet man zwischen gleichseitiger und ungleichseitiger Streifenfolge. Außerdem gibt es noch Längs- und Querstreifen.

Längs gestreifte Stoffe so falten, dass die Streifen – bei ungleichseitigen Streifen jeweils der markanteste Streifen – aufeinanderliegen. Die Webkanten müssen nicht aufeinandertreffen. Beim Feststecken der Schnittteile darauf achten, dass die vordere und rückwärtige Mitte genau in der Mitte eines Streifens liegt (25).

Wichtig: Bei Verschlusskanten nicht die Mitte mit der Kante verwechseln. Auch bei Quernähten und Taschen soll der Streifen ohne Unterbrechung weiterlaufen. Wie's geht, haben wir bei Karo, Zeichnung 22, Seite 48 gezeigt.

25

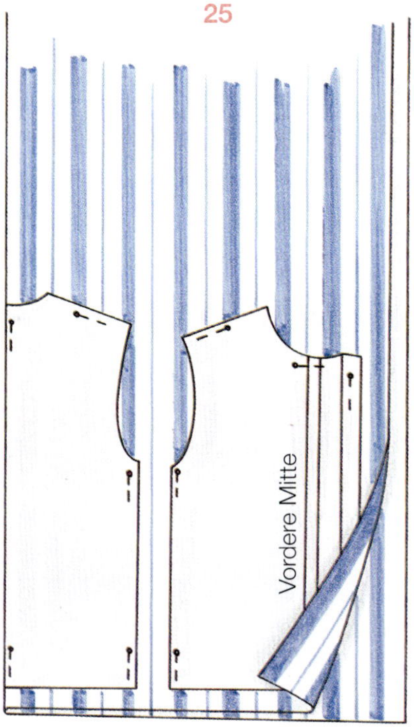

Querstreifen sollen an den Nähten aufeinandertreffen. Dazu den Stoff so falten, dass die Streifen genau aufeinanderliegen. Die Schnittteile so feststecken, dass die unteren Kanten bzw. die Ärmeleinsetzzeichen auf dem gleichen Streifen liegen.

Wichtig: Für quer gestreifte Stoffe nur Schnitte mit gerader Saumkante verwenden.

Schräg zuschneiden

Schräg zugeschnittene Teile – egal ob Rock, drapiertes Oberteil oder Bindekragen – fallen besonders weich und fließend. Wichtig ist, dass die Teile auch wirklich schräg – genau im 45-Grad-Winkel – und nicht irgendwie schräg zugeschnitten werden. Normalerweise nimmt Ihnen der in das Schnittteil eingezeichnete Fadenlauf die Verantwortung für die korrekte „Schräge" ab. Sie müssen das Schnittteil nur wie gewohnt so auf den Stoff legen, dass der eingezeichnete Fadenlauf parallel zur Webkante liegt.

Für Schrägstreifen und andere kleine „vermaßte" Teile, für die es keinen Schnitt gibt, die aber schräg zugeschnitten werden sollen, müssen Sie die richtige „Schräge" selbst ermitteln.

Am einfachsten geht's, wenn Sie ein Stoffstück mit Webkante haben. Falten Sie das Stoffstück so, dass die Webkante einen rechten Winkel bildet. Die Bruchkante ist dann der exakte schräge Fadenlauf (26). Bruchkante leicht anbügeln und aufschneiden oder den Stoff wieder auseinanderfalten, die Bruchkante mit Schneiderkreide oder mit einem Faden markieren und wieder flachbügeln. Ist am Stoffrest keine Webkante mehr, schneiden Sie den Stoff an einem Ende fadengerade. Dazu einen Gewebefaden anziehen und entlang dieser Markierung schneiden (27). Dann diese Kante wie bei Zeichnung 26 falten.

26

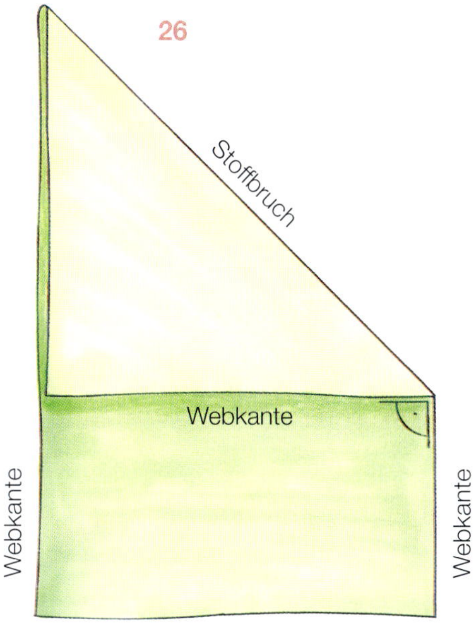

27

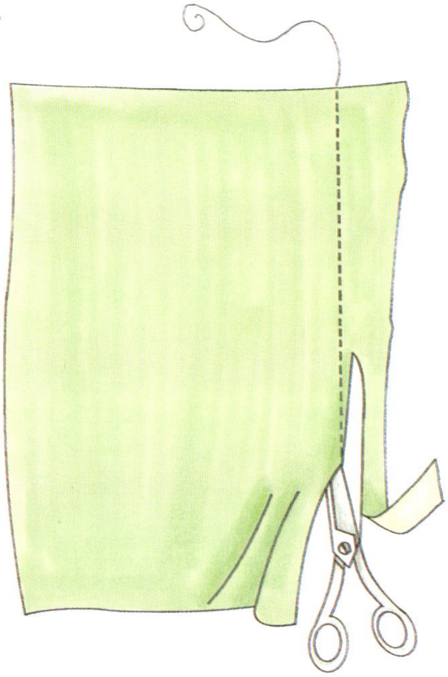

SCHNITTKONTUREN ÜBERTRAGEN

Zuschneiden und dann gleich nähen – das ist bei einem lässigen Shirt oder einem Gummizugrock auch für eine nicht so geübte Näherin möglich. Vorausgesetzt, die Teile sind exakt zugeschnitten. Bei aufwendigen Modellen ist es empfehlenswert, Nahtlinien und Markierungen auf den Stoff zu übertragen.

Kopieren

Mit burda style Kopierpapier – erhältlich in Weiß/Gelb und Rot/Blau – und Kopierrädchen geht's am schnellsten:

Kopierpapier mit der beschichteten Seite nach oben auf den Tisch legen. Die zugeschnittenen Teile auf das Kopierpapier legen. Entlang den Papierschnittkanten mit dem Kopierrädchen rädeln. Die Schnittkonturen (Naht- und Saumlinien) werden auf der unten liegenden Stofflage als punktierte Linie sichtbar. Auch alle in den Schnittteilen eingezeichneten Linien und Markierungen, wie zum Beispiel Abnäher, vordere Mitte, Knopflöcher usw., außer den Fadenlauf, nachrädeln (1). Wenn alle Linien nachgerädelt sind, das Schnittteil vom Stoff entfernen und die Stoffkanten aufeinanderstecken. Die Stoffteile so auf das Kopierpapier legen, dass die bereits kopierten Linien oben sind. Alle Linien noch einmal nachrädeln (2).

1

2

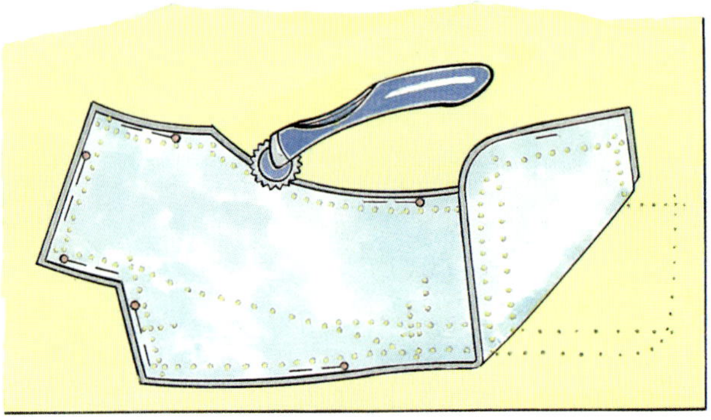

Entlang den Linien, die auch auf der rechten Stoffseite sichtbar sein müssen, zum Beispiel vordere Mitte, Umbruch-, Anstoß- und Ansatzlinien sowie Einschnitt- und Faltenlinien, nähen Sie an den einzelnen Stofflagen von Hand mit großen Vorstichen.

Wichtig, bevor Sie beginnen:

- Den Tisch mit einer festen Unterlage schützen.
- Unbedingt auf einem Stoffrest eine Rädelprobe machen, denn nicht aus allen Stoffen lassen sich die Farben der Rädellinien problemlos entfernen. Und bei dünnen und bei hellen Stoffen kann es sein, dass die Rädellinien auf die rechte Stoffseite durchscheinen.
- Machen Sie auch gleich eine Bügelprobe, denn bei manchen Stoffen verbindet sich die Farbmasse des Kopierpapiers erst durch das Bügeln so fest mit dem Stoff, dass sie auf die rechte Stoffseite durchscheint und nicht mehr zu entfernen ist.
- Kopiert wird grundsätzlich auf die linke Stoffseite.
- Bei sehr druckempfindlichen Stoffen, zum Beispiel Samt, Chenille und Nicki, kann es sein, dass die Rädelspuren auf der rechten Stoffseite als Druckstellen zu sehen sind. Ein Kopieren ist dann nicht möglich.

Durchschlagen

mit Nadel und Faden ist etwas zeit- und arbeitsintensiv, aber immer dann erforderlich, wenn ein Kopieren der Nahtlinien nicht möglich ist. Bei dünnen und empfindlichen Stoffen zum Durchschlagen kein Heftgarn, sondern Nähgarn und eine dünne Nadel verwenden.

Entlang den Papierschnittkanten mit Vorstichen und doppeltem Heftfaden durch beide Stofflagen nähen, dabei nach jedem zweiten Stich den Faden nicht ganz anziehen, sondern eine ca. 2 cm hohe Schlinge stehen lassen. Bei geraden Kanten können die Stiche groß, bei Rundungen sollten sie etwas kleiner sein. Auch entlang den in den Schnittteilen eingezeichneten Linien und Markierungen mit Vorstichen durch das Papier und die Stofflagen nähen, dabei nach jedem Stich eine ca. 2 cm hohe Schlinge stehen lassen (3).

Sind alle Linien durchgeschlagen, an den Linien, an denen durch das Papier genäht wurde, die Schlingen in der Mitte aufschneiden und das Schnittteil entfernen. Die Stofflagen vorsichtig auseinanderziehen und die zwischen den Stofflagen entstehenden Fadenstege durchschneiden. Die im Stoff verbleibenden Fadenenden bilden die Markierung (4).

TIPP

Bei den Stoffteilen, die ganz mit Einlage verstärkt werden, die Schnittkonturen erst nach dem Aufbügeln der Einlage übertragen.

Ganz eilige und geübte Näherinnen übertragen nicht alle Nahtlinien und Markierungen auf den Stoff, sondern nur den Beginn bzw. das Ende einer Naht, oder machen im Bereich der Nahtzugaben kleine Einschnitte. Voraussetzung dafür ist aber, dass beim Zuschneiden exakt gleich breite Nahtzugaben zugegeben wurden. Die Abnäherspitzen und andere in den Schnittteilen eingezeichnete Markierungen wie zum Beispiel die vordere Mitte, Umbruchlinien, Tascheneingriffe usw. werden durch Kreidepunkte markiert. Dazu zunächst an den Markierungen Stecknadeln einstechen, am Ende der Markierungen zwei Stecknadeln über Kreuz einstechen (5). Die Stecknadelköpfe durch das Papier drücken und das Schnittteil entfernen. Die Einstich- bzw. Kreuzungspunkte der Stecknadeln mit Schneiderkreide auf beiden Stofflagen markieren (6).

3
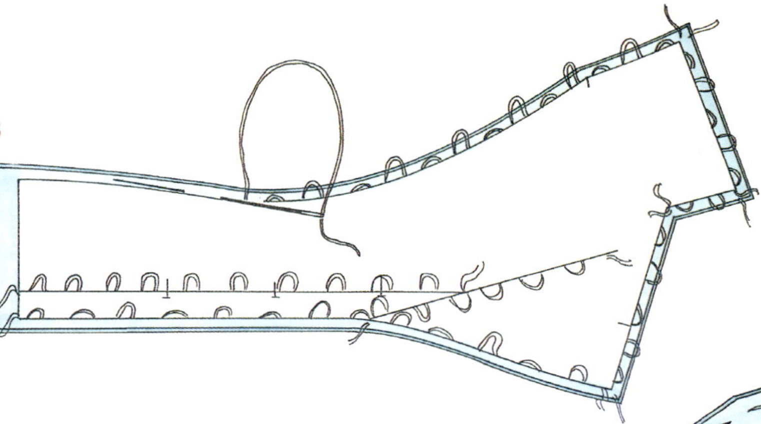

4
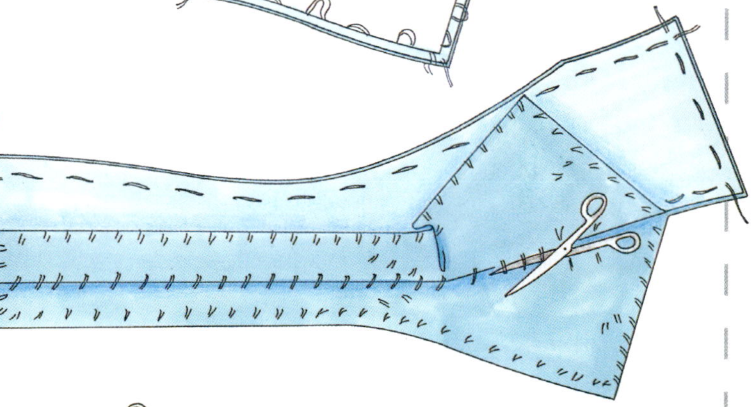

5
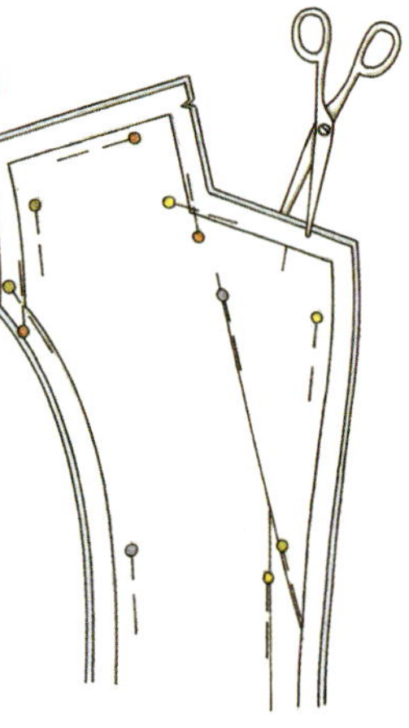

6
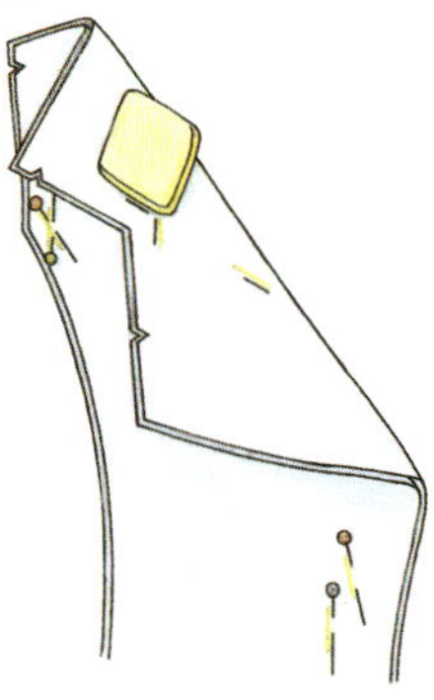

EINLAGE

Für das perfekte Aussehen eines Kleidungsstückes ist die Wahl der richtigen Einlage und deren Verarbeitung so wichtig wie die gute Passform des Schnittes. Hier die wichtigsten Infos zur Einlageverarbeitung.

Vlieseline® Einlagen

Sie geben Kragen Stand, Blazern Fasson und Kanten Halt – Einlagen zum Aufbügeln. Von der Firma Freudenberg gibt es für jeden Stoff die richtige: von der bewährten Vlieseinlage bis zu den Gewebeeinlagen von Vlieseline®. Egal, ob Bluse, Hose oder Jacke, die für das Modell und den Originalstoff geeignete Einlagenqualität, zum Beispiel Vlieseline H 180 oder G 785 usw., finden Sie in der Nähanleitung. Natürlich können Sie von dieser Empfehlung abweichen, wenn Sie nicht den Originalstoff verwenden. Richten Sie sich dann bei der Wahl der Einlage nach den Bügel- bzw. Pflegehinweisen Ihres Stoffes. Hinweise zum Aufbügeln der Vlieseline-Einlagen finden Sie in der Tabelle rechts und auf dem Kantenaufdruck von Vlieseline®-Einlagen. Denn damit die Einlagen richtig haften, müssen die Bügelbedingungen der unterschiedlichen Qualitäten eingehalten werden.

So schneiden Sie Vlieseline zu:

Alle Teile, die mit Einlage verstärkt werden sollen, sind in unseren Zuschneideplänen als Graufläche eingezeichnet oder werden in der Nähanleitung beim Zuschneiden genannt.

Auf den Fadenlauf kommt's an. Schneiden Sie die Einlageteile immer im gleichen Fadenlauf zu, wie die Stoffteile. Bei den neuen Gewebeeinlagen ist das besonders wichtig. Aber auch Vlieseinlagen sind in Querrichtung leicht dehnbar, in Längsrichtung stabil. Der im Schnitt eingezeichnete Fadenlauf sollte daher immer parallel zur Einlagelängskante verlaufen. Ausnahmen werden nur da gemacht, wo durch Quer- oder Schrägzuschnitt der „Fall" positiv beeinflusst werden soll.

Sollen Schlitzkanten stabilisiert, aber nicht „ausgebremst" werden, zum Beispiel bei Stoffen, die sich durch ihr Eigengewicht etwas aushängen können, für Schlitzzugaben Vlies- und Gewebeeinlage schräg zuschneiden. Für Saumzugaben Gewebeeinlage schräg, Vlieseinlage dagegen im gleichen Fadenlauf wie die Stoffteile zuschneiden. Die Einlageteile immer mit Nahtzugabe zuschneiden.

So bügeln Sie Vlieseline auf:

Unsere Empfehlung: Einlage zuerst auf einen Stoffrest aufbügeln, damit Sie Griff und Haftung überprüfen können.

Damit die Stoffe beim Aufbügeln der Einlage nicht einlaufen,

EXTRA-TIPP

Ausschnittkanten können sich beim Aufbügeln der Einlage nicht verziehen, wenn Sie sie auf „Schablonen" feststecken. Bestens geeignet für Schablonen: Schabrackeneinlage von Freudenberg.

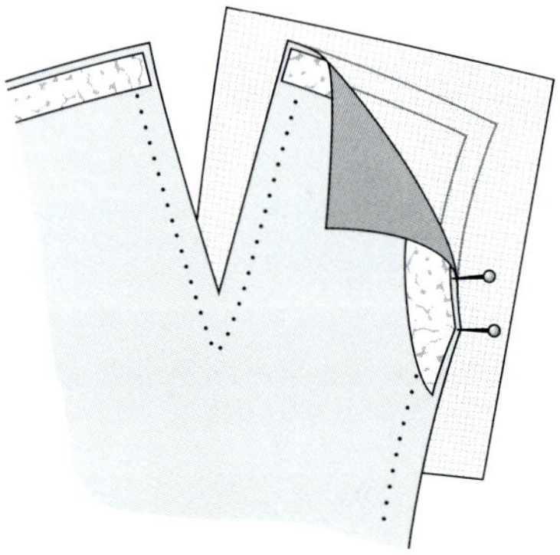

So fertigen Sie die Schablone an:

Zeichnen Sie die Ausschnitt-, die Schulter- sowie die Seiten- bzw. Teilungsnähte anhand des Schnittteils mit einem weichen Bleistift oder mit Schneiderkreide auf die Schabrackeneinlage – rechte und linke Ausschnittkante gegengleich! Entlang diesen Linien zeichnen Sie die gleichen Nahtzugaben an wie bei den Stoffteilen.

Die wichtigsten Vlieseline®-Einlagen auf einen Blick

Vlieseline®-Gewebeeinlagen

G 700	Weiß, Schwarz, 90 cm	universelle Baumwolleinlage für Kleinteile von Blusen, Hemden	Dampfbügeleisen, 6-mal mit Dampf und Druck langsam über jede Stelle gleitend aufbügeln, 12 Sek.	60°C P
G 740	Ecru, Schwarz, 90 cm	mittelschwere, leicht geraute Baumwolleinlage für Jacken und Mäntel sowie Kleinteile	Dampfbügeleisen, 6-mal mit Dampf und Druck langsam über jede Stelle gleitend aufbügeln, 12 Sek.	30°C P
G 785	Weiß, Nude, Schwarz, 90 cm	sehr feine, leichte, bi-elastische Einlage für Blusen, Kleider, transparente Stoffe, leichte Jacken- u. Mantelstoffe, elastische Stoffe	trocken aufbügeln: zuerst, um Verzug zu vermeiden, stellenweise mit niedriger Hitze (1 bis 2 Punkte) kurz anbügeln, dann gleitend aufbügeln, 8 Sek.	30°C P

Vlieseline®-Bügeleinlagen

H 180	Weiß, Schwarz, 90 cm	für zarte, fließende Stoffe, z. B. Seide, Viskose, Leder, Acetat und Cupro	trocken aufbügeln; 5- bis 6-mal mit Druck langsam über jede Stelle gleiten, 8 Sek.	30°C P
H 200	Weiß, Schwarz, 90 cm	für leichte Stoffe, z. B. Baumwolle, Polyester, Viskose	trocken aufbügeln; 5- bis 6-mal mit Druck langsam über jede Stelle gleiten, 8 Sek.	40°C P
G 405	Weiß, Grafit, 90 cm	für leichte bis mittelschwere Stoffe, z. B. Wolle, Wildseide, Jersey	feuchtes Tuch; Bügeleisen schrittweise gut aufdrücken, 12 Sek.	40°C P
H 410	Weiß, Schwarz, mit stabilisierenden Längsfäden, 90 cm	für leichte bis schwere Stoffe, z. B. Wolle, Wildseide	feuchtes Tuch; Bügeleisen schrittweise gut aufdrücken, 12 Sek.	40°C P
F 220	Weiß, Grafit, 90 cm	für leichte Stoffe, die heiß gewaschen werden, z. B. Baumwolle	feuchtes Tuch; Bügeleisen schrittweise gut aufdrücken, 12 Sek.	95°C P
H 250	Weiß, Grafit, 90 cm	stabile Einlage für Formbünde, Formgürtel und Bastelarbeiten	trocken aufbügeln; 5- bis 6-mal mit Druck langsam über jede Stelle gleiten, 8 Sek.	95°C P
H 608	Weiß, Grafit, 90 cm	geschlitzte Einlage für elastische Stoffe, in Querrichtung sehr dehnbar	feuchtes Tuch; Bügeleisen schrittweise gut aufdrücken, 12 Sek.	40°C P

Vlieseline®-Näheinlagen

L 11	Weiß, Grafit, 90 cm	für leichte Stoffe wie Crash und Plissee		95°C P
M 12	Weiß, Grafit, 90 cm	für leichte bis mittelschwere Stoffe wie Crash und Plissee		95°C P

Vlieseline®-Bänder

Formband	Weiß, Grafit, 1,2 cm	diagonal geschnittenes Band zur Sicherung von schräg oder rund zugeschnittenen Kanten	mit Druck trocken aufbügeln, 8 Sek.	40°C P
Kantenband	Weiß, Grafit, 2 cm	Einlagestreifen zum Stabilisieren von Vorderkanten, Armausschnitten und Revers	mit Druck trocken aufbügeln, 10 Sek.	60°C P
Saumfix	3 cm	Haftmassenstreifen zum Anbügeln von Säumen	feuchtes Tuch; Bügeleisen schrittweise gut aufdrücken, 10 Sek.	60°C P

den Stoff vorher abbügeln – wenn möglich unter einem feuchten Tuch – oder so waschen, wie Sie später das Kleidungsstück waschen möchten.

Vlieseline-Einlagen immer auf die linke Stoffseite aufbügeln. Dabei sollte die Einlage nicht über den Stoff hinausragen, da die Haftmasse die Bügelunterlage nicht nur verschmutzt, sondern auch beim späteren Bügeln auf der rechten Stoffseite festkleben kann und dann nicht mehr zu entfernen ist.

Vlieseinlage G 405 und H 410 beim Aufbügeln unbedingt mit einem feuchten Tuch abdecken. Dampfbügeleisen sind nicht geeignet, da Druck und Dampfaustritt nicht gleichmäßig sind.

Zum Aufbügeln der Gewebeeinlage G 700 und G 740 genügt das Dampfbügeleisen.

Gewebeeinlage G 785 sowie die Vlieseinlagen H 180, H 200, H 250 und F 220 trocken aufbügeln.

TIPP

Für kleine Teile, wie zum Beispiel Besatz und Kragen, zuerst die Einlage mit großzügigen Nahtzugaben zuschneiden und auf die linke Seite des dafür vorgesehenen Stoffstückes bügeln. Dann den Papierschnitt feststecken und das Teil mit den erforderlichen Nahtzugaben zuschneiden.

Nach dem Aufbügeln der Einlage die Teile ca. 20 Minuten flach liegend auskühlen lassen.

Nachdem die Teile ausgekühlt sind, die Stoffteile wieder aufeinanderlegen, rechte Stoffseite innen. Die Schnittteile noch einmal feststecken und die Schnittkonturen übertragen (siehe Seite 50/51).

Näh-Einlagen

Hat sich bei der Bügelprobe ergeben, dass für Ihren Stoff aufbügelbare Einlagen nicht geeignet sind, können Sie die Näh-Einlagen von Vlieseline oder Webeinlagen wie Wollleinen und Rosshaar oder für transparente Stoffe Organza verwenden. Auch diese Einlagen werden immer im gleichen Fadenlauf wie die Stoffteile und mit Nahtzugabe zugeschnitten. Nur die Kanten, die an eine Umbruchlinie treffen, schneiden Sie ohne Nahtzugabe zu. Näh-Einlagen stecken Sie auf die linke Seite der Stoffteile und heften Sie ringsum fest. Die Kante, die an eine Umbruchlinie trifft, nähen Sie mit Hexenstichen (siehe Seite 65) fest.

Einlage-Spezialitäten

Saumfix: Säume nicht nähen, sondern mit Saumfix, einem 3 cm breiten Haftmassenstreifen, kleben (siehe Seite 75).

Kantenband: Das Vlieseline-Kantenband ist ein 2 cm breites Band mit eingearbeiteten Längsfäden. Mit diesem Band werden Kanten, die sich nicht ausdehnen dürfen, dauerhaft stabilisiert.

Formband ist ein 12 mm breites Schrägband. Ein Kettstich ca. 4 mm neben der Kante gibt ihm Stabilität. Vlieseline-Formband ist ideal zum Fixieren von Ausschnittkanten und schräg zugeschnittenen Kanten. Es ist sehr weich und gibt dem Stoff Halt, ohne ihn zu versteifen.

Einlageverarbeitung für Jacken und Mäntel

Um im Bereich der Schultern einen optimalen faltenfreien Sitz zu erhalten, kann die Schulterpartie zusätzlich mit einem sogenannten „Plack" verstärkt werden, das vom Halsausschnitt bis ans Ärmeleinsetzzeichen (Querstrich) reicht.

1

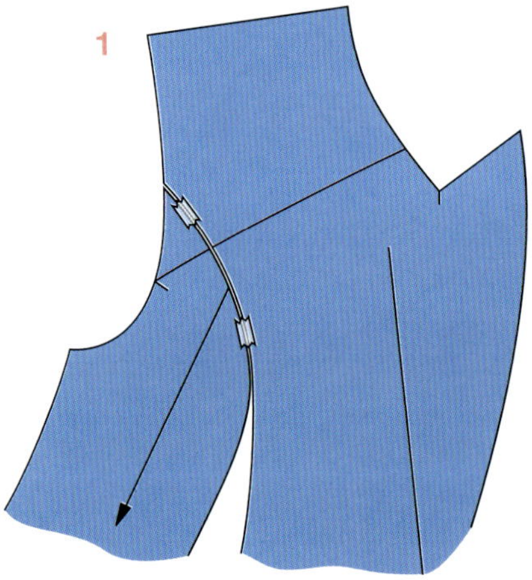

2

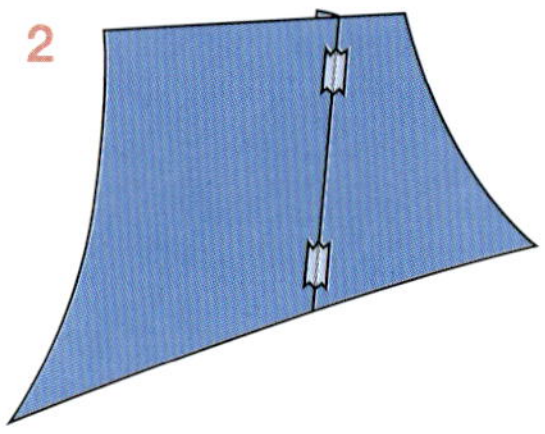

Das Vorderteil wird ganz mit Einlage verstärkt. Für das „Plack“ müssen Sie sich das Schnittteil selbst anfertigen. Das geht ganz einfach: Bei Modellen mit Teilungsnaht kleben Sie die Papierschnittteile ab der Armausschnittkante aneinander und zeichnen dann die Einlagelinie ein (1). Zeichnen Sie dieses „Einlageteil“ als Extrateil ab. Hat das Vorderteil einen Abnäher, der an der Schulter- oder Halsausschnittkante beginnt, legen Sie den Abnäher am Einlageteil zu (2).

Nach dem Einlageschnittteil schneiden Sie eine weiche, nicht aufbügelbare Einlage, zum Beispiel Vlieseline M 12, ohne Nahtzugaben zu. Nach dem gleichen Schnittteil schneiden Sie aufbügelbare Vlieseline H 410 in schrägem „Fadenlauf“ zu: an der Schulterkante und den Ausschnittkanten mit Nahtzugabe, an der unteren Kante ca. 1 bis 1½ cm kürzer als das Einlage-Schnittteil. Nachdem Sie an den Vorderteilen eventuell vorhandene Teilungsnähte oder Abnäher gesteppt und gebügelt haben, legen Sie die „Plackteile“ aus der nicht aufbügelbaren Vlieseline so auf die Vorderteile, dass die oberen und seitlichen Kanten genau an die Nahtlinien treffen. Dann legen Sie die „Plackteile“ aus der aufbügelbaren Vlieseline darüber und bügeln sie auf (3).

Das Rückenteil wird im Bereich Halsausschnitt, Schulter und Armausschnitt mit Vlieseline verstärkt. Schneiden Sie die Einlage im gleichen „Fadenlauf“ wie das Rückenteil zu. Über der markierten Schulternaht bügeln Sie zusätzlich Vlieseline-Kantenband auf. Schneiden Sie das Kantenband etwas kürzer zu (Länge der vorderen Schulterkante). Beim Aufbügeln dehnen Sie das Band der Schulterkante entsprechend bzw. halten das Rückenteil ein (4).

Revers sind Blickpunkt und müssen besonders sorgfältig verarbeitet werden. Um einen schönen „Fall“ zu erreichen, werden die Reversecken zusätzlich mit Vlieseline H 410 verstärkt und anschließend der Revers-Umbruch mit Kantenband etwas eingehalten.

So wird's gemacht: Die Vlieseline für die Reversecke wird in schrägem Fadenlauf zugeschnitten und reicht genau bis zur Revers-Umbruchlinie. An der vorderen und oberen Reverskante dieses Einlageteil ohne Nahtzugabe zuschneiden. Das Kantenband wird neben dem Revers-Umbruch auf das Vorderteil gebügelt. Es beginnt an der Schulternaht und endet ca. 5 cm vor der vorderen Kante. Schneiden Sie das Kantenband ca. 1½ bis 2 cm kürzer zu, und dehnen Sie es beim Aufbügeln auf die erforderliche Länge (5) bzw. halten Sie das Vorderteil an der Umbruchlinie etwas ein. Dadurch fällt das Revers besonders schön.

3

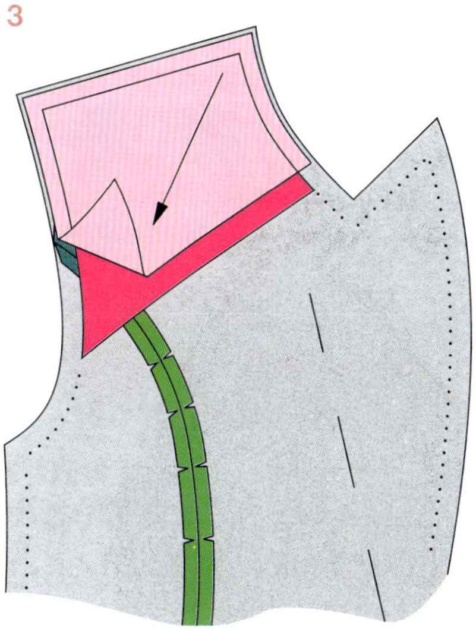

4

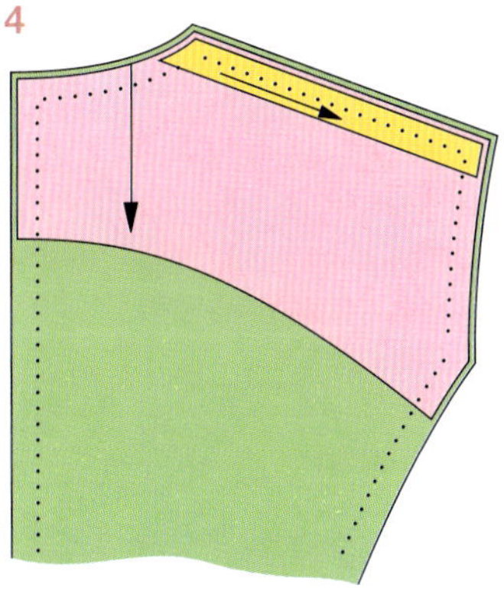

5

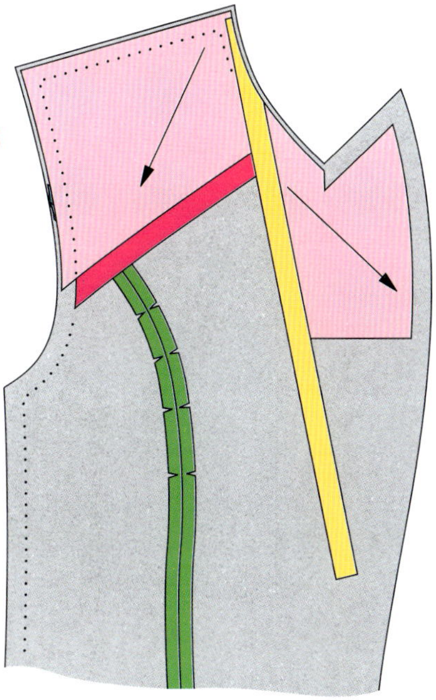

Bei aufsteigenden Revers entsteht am Kragenansatzpunkt ein „hohles Eck“, da die Nahtzugaben der oberen Reverskanten und der Kragenansatznaht schräg auseinanderlaufen. Um die Dicke der Nahtzugaben auszugleichen, bügeln Sie eine kleine Ecke aus Vlieseline-Volumenvlies H 630 auf (6). Die Form dieser Ecke richtet sich nach der Reversform und muss von Ihnen selbst ermittelt werden. Das geht ganz einfach: Schneiden Sie die Reversecke aus Papier mit 1 cm Nahtzugabe zu. Schneiden Sie an diesem Papierschnitt die Nahtzugaben in die Ecke bis zur Nahtlinie ein und falten Sie die Zugaben nach innen um. Der „Freiraum“ zwischen den Nahtzugaben ist exakt die Form der Vlieseline-Ecke (7).

6

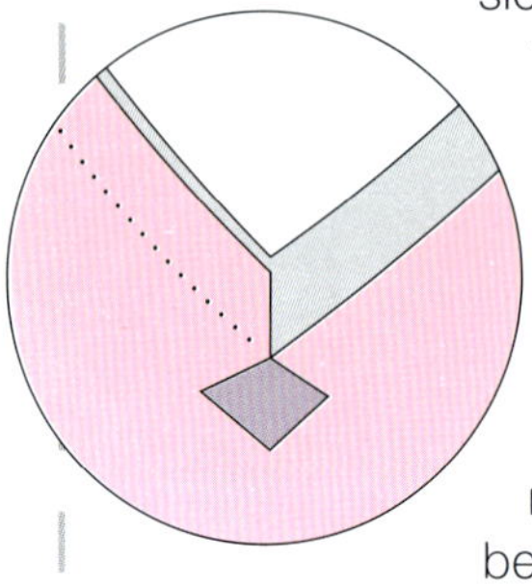

Ärmel sitzen besonders gut, wenn sie im Bereich der Ärmelkugel mit Vlieseline-Volumenvlies 248 etwas „ausgepolstert“ werden.

Bei Zweinahtärmeln kleben Sie zunächst die Schnittteile an der rückwärtigen Ärmelnaht aneinander und zeichnen dann die Einlagelinie ein (8). Zeichnen Sie das Einlageteil als Extrateil ab. Nach diesem Schnittteil schneiden Sie Volumenvlies 248 ohne Nahtzugabe zu. Dann schneiden Sie nach dem Einlage-Schnittteil Vlieseline G 405 oder H 410 im gleichen „Fadenlauf“ wie den Ärmel zu: an der oberen Kante mit Nahtzugabe, an der unteren Kante ca. 1½ bis 2 cm kürzer als das Schnittteil. Nachdem Sie die rückwärtige Ärmelnaht gesteppt und gebügelt haben, legen Sie das Volumenvlies an die Nahtlinien treffend auf die linke Ärmelseite, legen das zugeschnittene Vlieseline-Teil darüber und bügeln es auf (9).

Auch beim Kragen kann der gute Fall durch Vlieseline noch unterstützt werden.

Verstärken Sie den Unter- und den Oberkragen mit Einlage. Als Faustregel gilt: Einlage im gleichen „Fadenlauf“ zuschneiden wie das entsprechende Stoffteil. Ist jedoch bei einem Reverskragen auch der Unterkragen in geradem Fadenlauf zugeschnitten, sollten Sie die Einlage in schrägem „Fadenlauf“ und mit Mittelnaht zuschneiden.

Sehr breite Kragen, die flach auf den Schultern aufliegen, aber auch hochgestellt getragen werden können, und hohe Stehkragen bekommen den richtigen „Stand“, ohne steif zu wirken, wenn Sie den Unterkragen noch zusätzlich mit Volumenvlies verstärken.

Exakte Kanten erhalten Sie, wenn Sie zusätzlich zur Einlage Vlieseline Kantenband aufbügeln. Auch Saumkanten können sich nicht verziehen, wenn Sie Kantenband aufbügeln.

Wichtig: Das Kantenband immer so aufbügeln, dass es über der markierten Naht- bzw. Saumlinie liegt.

8

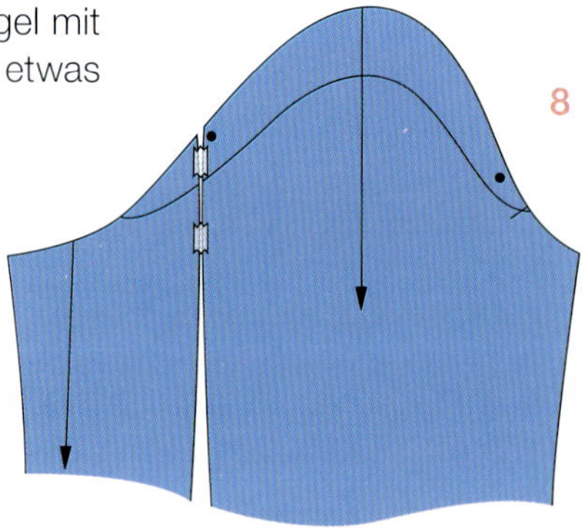

7

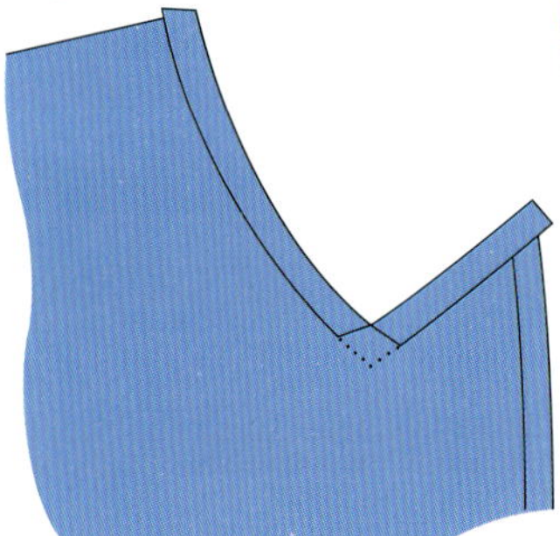

9

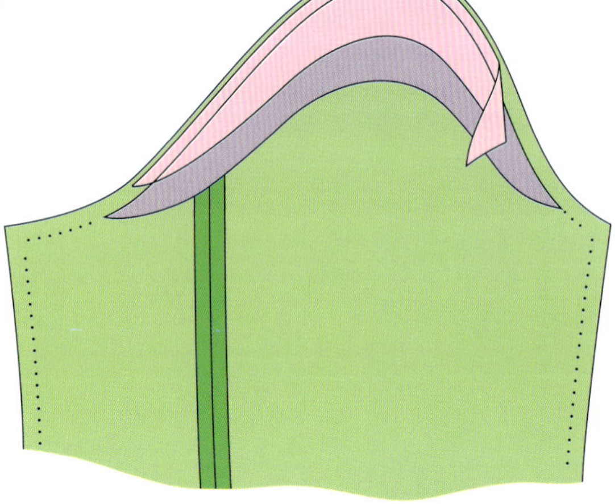

ANPROBE

Auch wenn Ihre Maße genau mit den Tabellenmaßen übereinstimmen bzw. wenn Sie den Schnitt, wie auf den Seiten 24 bis 42 erklärt, Ihren individuellen Maßen entsprechend geändert haben, kann es sein, dass noch kleine Korrekturen vorgenommen werden müssen. Zur Anprobe sollten alle Abnäher und Nähte geheftet und leicht gebügelt sein. Bei unempfindlichen Stoffen, bei denen sich Nähte problemlos trennen lassen, können Sie die Nähte schon zur Anprobe mit der Maschine nähen. Verwenden Sie dazu die größte Sticheinstellung oder einen speziellen „Heftstich" (lesen Sie dazu die Anleitung Ihrer Nähmaschine). Natürlich können Sie auch auf eine Anprobe verzichten, zum Beispiel, wenn Sie ein sehr weites, lässiges Modell nähen möchten oder wenn Sie den Schnitt schon kennen, weil Sie bereits mit Erfolg danach genäht haben.

Vorbereitung zur Anprobe

Bevor Sie die Stoffteile zusammenheften, sollten Sie

- die Einlage auf die linke Seite der Stoffteile bügeln (siehe Seite 52/53);
- alle Schnittkonturen auf die linke Seite der Stoffteile übertragen und an den Linien, die auch auf der rechten Stoffseite sichtbar sein müssen, einen Heftfaden einziehen (siehe Seite 52–54);
- Kanten, die eingehalten oder eingereiht werden, auf das erforderliche Maß einhalten oder einreihen (siehe Seite 65).

Dann werden die Stoffteile zusammengeheftet:

- Zuerst die Abnäher. Beginnen Sie dabei immer an der Abnäherspitze (siehe auch Seite 70).
- Dann die Nähte. Beachten Sie dabei die Nahtzahlen und Passzeichen. Die Nähte werden leicht ausgebügelt – mit wenig Druck und geringer Temperatureinstellung. Es dürfen keine festen Brüche entstehen.
- An Verschlusskanten mit angeschnittenen Besätzen die Besätze nach innen umheften, Kanten leicht bügeln.
- Den Reißverschluss einheften. Dazu am Schlitz die Zugaben umheften, die Kanten leicht bügeln und den Reißverschluss beidseitig verdeckt einheften (siehe Seite 119).
- Bei Blusen, Kleidern, Jacken und Mänteln den rechten Ärmel heften und in den Armausschnitt heften (siehe auch Seite 159).
- Bei Röcken den Bund zur Hälfte falten und doppelt an die obere Rockkante heften.
- Bei Manschettenärmeln den Schlitz zur Anprobe nicht einschneiden, sondern die Manschette nur bis ca. 3 cm vor der Schlitzmarkierung an die untere Ärmelkante heften.
- Bei Modellen mit Revers- oder Schalkragen den Unterkragen offenkantig an den Halsausschnitt heften.

Die erste Anprobe

Wenn alle Teile zusammengeheftet sind, kommt der große Moment: Das Modell kann das erste Mal angezogen werden. Sind Schulterpolster vorgesehen, werden sie beim Anprobieren eingesteckt. Verschlusskanten werden Mitte auf Mitte aufeinandergesteckt.

Wichtig: Um die Passform exakt überprüfen zu können, sollten Sie schon jetzt das „Darunter" tragen, das Sie auch später anhaben werden. Ziehen Sie auch die Schuhe an, die Sie später dazu tragen möchten. Nicht nur um die Länge festzulegen, sondern auch, weil sich die Körperhaltung mit der Absatzhöhe verändert.

Ist das Modell zu weit, stecken Sie die überflüssige Weite an den Längsnähten ab. Ist das Modell zu eng, lassen Sie an den Längsnähten Weite heraus.

Wichtig: Ist bei diesen Weitenänderungen auch der Armausschnitt betroffen, muss der Ärmel entsprechend weiter oder enger werden. Bei Zweinahtärmeln die Weite nur an der rückwärtigen Ärmelnaht regulieren.

Spannt der Hals- oder Armausschnitt, schneiden Sie die Nahtzugaben mehrmals schräg ein. Aber Vorsicht: Durch die Nahtzugaben scheint der Ausschnitt jetzt enger als später beim fertigen Kleidungsstück, und Sie benötigen zum Verstürzen der Ausschnittkanten oder zum Annähen des Kragens bzw. der Ärmel noch etwas Nahtzugabe (1).

1

Falten an Schulter und Armausschnitt bilden sich bei schrägen, abfallenden Schultern. Stecken Sie an der Schulternaht das Zuviel an Länge verlaufend bis zum Halsausschnitt ab (2). Den Schnitt ändern Sie, wie auf Seite 35 erklärt.

Sie können die Schulterschräge aber auch mit Schulterpolstern ausgleichen.

2

Der Abnäher trifft nicht auf den Brustpunkt. Markieren Sie den richtigen Brustpunkt mit Stecknadeln. Trennen Sie die Seitennähte und verlegen Sie den Abnäher wie auf Seite 31 erklärt nach oben oder unten.

Der Halsausschnitt schiebt sich nach oben. Die Ursache sind gerade Schultern. Die fehlende Länge können Sie an den Schulternähten – verlaufend bis zum Halsausschnitt – herauslassen (3). Den Schnitt ändern Sie, wie auf Seite 35 erklärt.

3

Der Ausschnitt steht ab. Am zugeschnittenen Modell lässt sich dieser Fehler nicht mehr so gut korrigieren wie beim Probemodell auf Seite 34. Hier müssen Sie zu einer Notlösung greifen. Öffnen Sie beide Schulternähte und schieben Sie die Schulternähte des Vorderteils so weit nach außen – in Richtung Armausschnitt –, bis der Ausschnitt glatt liegt (4). Wenn Sie genügend breite Nahtzugaben an den Ausschnittkanten haben, können Sie die ursprüngliche Schulterbreite beibehalten. Wenn nicht, müssen Sie die Schulterbreite entsprechend ändern.

4

Zur Brustspitze hin bilden sich schräge Falten. Sie benötigen etwas mehr Vorderlänge. Bei Modellen mit Brustabnäher muss der Abnäher etwas tiefer werden. Trennen Sie dazu die Seitennähte von unten bis dicht zum Armausschnitt und stecken Sie den Abnäher, zur Brustspitze auslaufend, entsprechend tiefer. Die Seitennähte des Vorderteils werden durch diese Änderung etwas kürzer (5). Diesen Längenunterschied gleichen Sie an der Saumkante mit dem Rockabrunder (siehe Seite 63) aus. Bei lässig weiten, abnäherlosen Modellen kann nach dem gleichen Prinzip ein Abnäher eingearbeitet werden. Bedenken Sie dabei aber, dass sich dadurch die Optik des Modells verändern kann.

5

TIPP

Wenn Sie ein Probemodell genäht haben, stecken Sie den Abnäher ab. Messen Sie aus, um wie viel das Vorderteil an der Saumkante kürzer wurde, und fügen Sie diesen Betrag, wie auf den Seiten 33 und 34 erklärt, am Papierschnitt ein.

Die Verschlusskanten legen sich schräg übereinander. Auch in diesem Fall fehlt etwas Vorderlänge, der Abnäher ist nicht tief genug (6). Korrigieren Sie wie links unten erklärt.

6

7

Die Verschlusskanten klaffen am Saum auseinander. Der Abnäher ist zu tief, oder Sie haben die vorderen Kanten beim Bügeln etwas in die Länge gezogen. Überprüfen Sie zunächst die vorderen Kanten. Stimmen sie mit dem Schnitt überein, trennen Sie die Seitennähte und stecken den Abnäher etwas schmaler. Die Seitennaht der Vorderteile wird etwas länger. Diesen Längenunterschied gleichen Sie am Saum aus (7).

Am Rückenteil bilden sich Querfalten. Stecken Sie die überflüssige Länge als Querfalte ab (8). Übertragen Sie diese Änderung auf den Papierschnitt und schneiden Sie dann das Rückenteil nach diesem gekürzten Schnittteil neu zu (8a).

8

9

Die rückwärtigen Schlitzkanten klaffen auseinander. Das kann zwei Ursachen haben. Entweder Sie haben einen flachen Po oder ein leichtes Hohlkreuz.

8a

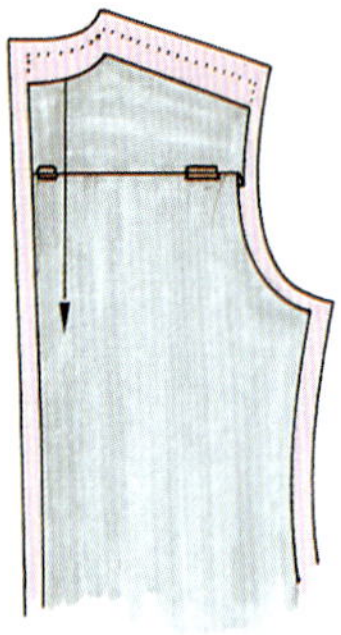

In beiden Fällen hängt der Rock hinten etwas durch. Dieses Zuviel an Länge können Sie an der Bundansatznaht durch eine Querfalte – verlaufend bis zur Seitennaht – abstecken (9). Die Bundansatznaht wird dann der Querfalte entsprechend nach unten verlegt. Den Schnitt ändern Sie so, wie auf Seite 38 erklärt.

Vorn ist der Rock kürzer als hinten, die Seitennähte fallen nach vorn. Ursache: Sie schieben die Hüften nach vorn oder Sie haben einen kleinen Bauch. In beiden Fällen muss die vordere Rockbahn an der Bundansatznaht in der vorderen Mitte – verlaufend bis zur Seitennaht – etwas herausgelassen werden. Reicht die Nahtzugabe an der oberen Kante nicht aus, so können Sie zusätzlich die rückwärtige Rockbahn in der Mitte etwas heben (10). Die Schnittteile ändern Sie so, wie auf Seite 40 erklärt.

10

Hinten ist der Rock kürzer als vorn, die Seitennähte fallen nach hinten. Hier trifft genau der umgekehrte Fall zu. Sie haben eine leicht nach vorn geneigte Haltung und strecken den Po heraus. Die vordere Rockbahn muss – zur Seitennaht verlaufend – etwas gekürzt werden, während an der rückwärtigen Rockbahn etwas Länge zugegeben werden muss (11). Die Schnittteile ändern Sie so, wie auf den Seiten 39/40 erklärt.

11

Auch der Kragen wird bei der Anprobe kontrolliert.

Hat sich der Halsausschnitt in der Weite geändert, gleichen Sie die Differenz am Kragen in der rückwärtigen Mitte aus.

Möchten Sie die Kragenform verändern, stecken Sie ein Stück Einlage unter die Kragenecken und zeichnen die gewünschte Form auf.

Ist der Kragen zu flach, schneiden Sie ihn mehrmals ein und schieben die Kanten übereinander (12 und 12a).

Ist der Kragen zu hoch, erfolgt die Änderung umgekehrt: Kragen mehrmals einschneiden, die Einschnittkanten keilförmig auseinanderlegen und auf Einlagestreifen feststecken (13 und 13a).

Beim Ärmel werden die Länge, die Weite sowie die Schulterbreite kontrolliert.

Wird die Schulter schmaler, muss die Ärmelkugel entsprechend höher werden. Reicht jedoch die Nahtzugabe der Ärmelkugel nicht aus, können Sie den Ärmel an der Ärmelnaht etwas tiefer ausschneiden.

Wird die Schulter breiter, muss die Ärmelkugel entsprechend gekürzt werden.

Ist der Ärmel zu weit, stecken Sie ihn entsprechend enger. Damit der Ärmel wieder in den Armausschnitt passt, muss entweder das Oberteil an der Seitennaht entsprechend enger gemacht oder der Ärmel an der Ärmelnaht etwas tiefer ausgeschnitten werden.

Ist der Ärmel zu eng, geben Sie die fehlende Weite an der Ärmelnaht zu. Das Oberteil muss dann auch entsprechend weiter werden oder der Armausschnitt muss etwas tiefer ausgeschnitten werden. Aber Vorsicht: Ein zu tiefer Armausschnitt ist unbequem, denn beim Anheben der Arme wird das Kleidungsstück nach oben gezogen. Schneiden Sie deshalb die Armausschnitte nicht mehr als 1 cm tiefer aus.

12

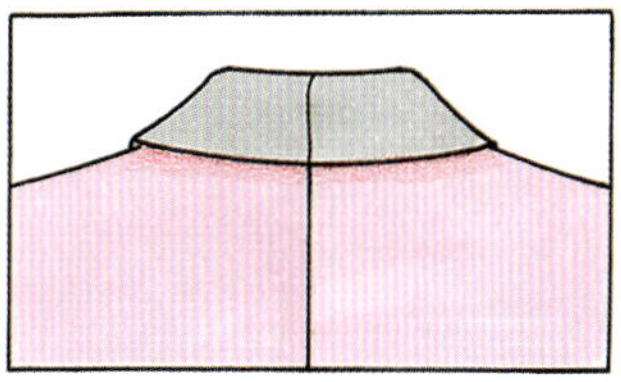

12a

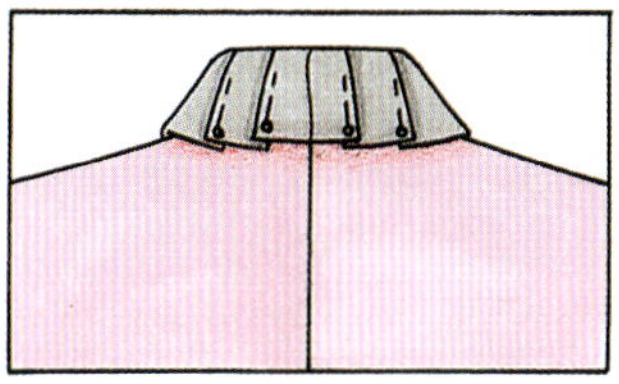

13

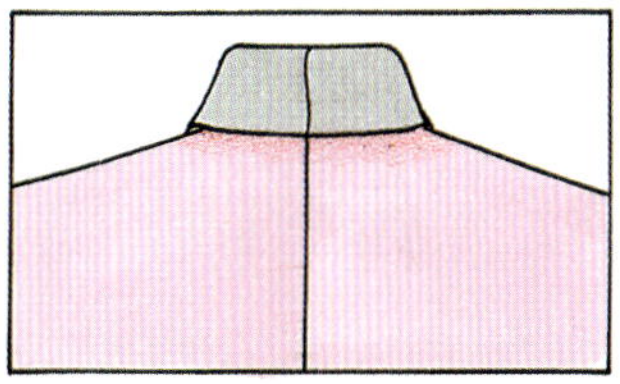

13a

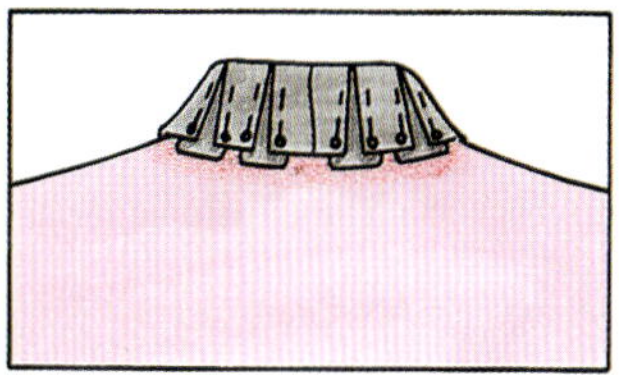

Ist der Ärmel zu lang, stecken Sie das Zuviel als Querfalte in halber Ärmellänge ab (14). Übertragen Sie die Änderung auf den Papierschnitt und schneiden Sie dann die Ärmel nach dem gekürzten Schnittteil neu zu (14a).

Zuletzt kontrollieren Sie noch die Platzierung der Taschen, Klappen, Schlaufen usw. Dabei genügt es, wenn Sie die Papierschnittteile an den entsprechenden Markierungen feststecken. Wenn Sie Paspelknopflöcher einarbeiten möchten, überprüfen Sie auch die Platzierung der Knopflöcher.

14

Bei sehr figurnahen Modellen ist es besonders wichtig, dass ein Knopf genau in Brusthöhe (Abnäherspitze) sitzt, da sonst die Verschlusskanten unschön „sperren" können.

Nach der Anprobe

markieren Sie alle Änderungen mit Heftfaden. Ziehen Sie dazu von Stecknadel zu Stecknadel einen Heftfaden mit großen Vorstichen in die einfache Stofflage ein, das heißt, auch Abnäher und Nahtzugaben dürfen nicht mitgefasst werden. Dann können Sie die Stecknadeln entfernen und die neuen Nahtlinien einzeichnen.

Haben Sie zum Beispiel an Vorder- und Rückenteil die Seitennaht gleich breit abgesteckt, wenden Sie das Kleidungsstück nach links, bügeln die Nahtzugaben flach und zeichnen entlang der Heftfadenmarkierung die neue Nahtlinie ein. Dann übertragen Sie die Änderung auf die zweite Seitennaht:

14a

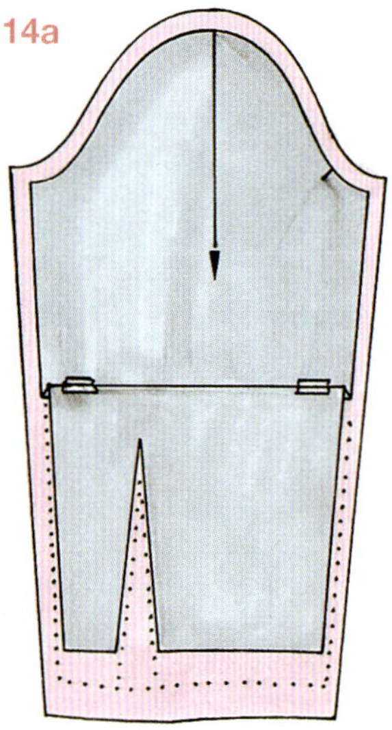

Kleidungsstück so falten, dass die ursprünglichen Nähte genau aufeinanderliegen. Dann die neue Nahtlinie mit Kopierrädchen und Kopierpapier auf die zweite Hälfte durchrädeln.

Sind Vorder- und Rückenteil verschieden breit abgesteckt, trennen Sie die Seitennähte und zeichnen an Vorder- und Rückenteil die neue Nahtlinie ein. Dann stecken Sie jeweils die Vorder- und Rückenteile rechts auf rechts aufeinander und übertragen die Änderungen mit Kopierpapier und Kopierrädchen auf die zweite Hälfte.

Wenn Sie alle Korrekturen übertragen haben, können Sie das Kleidungsstück bis auf den Saum, das Einsetzen der Ärmel und die Knopflöcher (nur Paspelknopflöcher werden gleich nach der ersten Anprobe eingearbeitet) fertig nähen. Die Ärmel werden eingeheftet. Wie es gemacht wird, erklären wir auf Seite 159. Sind Schulterpolster vorgesehen, werden sie zur zweiten Anprobe eingesteckt.

Die zweite Anprobe

Bei der zweiten Anprobe wird vor allem der Ärmelsitz kontrolliert. Bei gerader, aufrechter Haltung soll der Ärmel glatt und faltenlos fallen.

Bilden sich an der Ärmelkugel „Wellen", ist die Kugel zu hoch (15). Sie muss etwas gekürzt werden. Trennen Sie die Heftstiche im Bereich der Ärmelkugel und schieben Sie den Ärmel an der Schulternaht etwas nach oben.

Schrägzüge von unten nach oben bedeuten, die Ärmelkugel ist zu kurz (16). Da die Nahtzugaben an der Ärmelkugel für eine Korrektur nicht ausreichen, wird

15

16

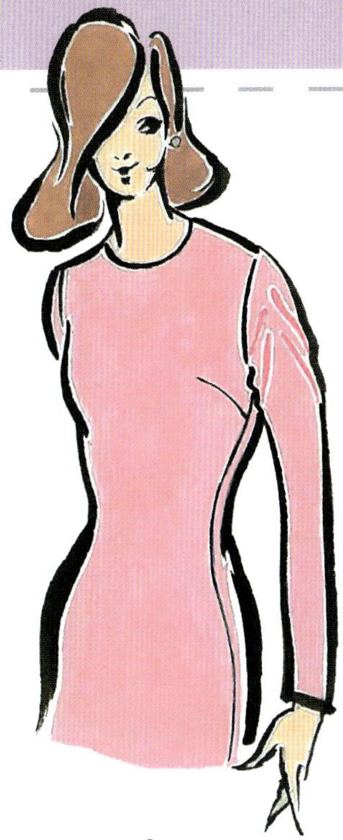

18

der Ärmel unten an der Naht etwas angehoben.

Schrägzüge von hinten nach vorn (17). Der Ärmel muss etwas nach vorn gedreht werden. In den meisten Fällen genügt es, wenn die Einhaltweite der rückwärtigen Ärmelhälfte etwas mehr nach oben geschoben wird, sodass das Schulterzeichen der Ärmelkugel neben der Schulternaht im Vorderteil liegt. Im unteren Bereich des Armausschnittes bleibt der Ärmel unverändert.

Bilden sich Schrägzüge von vorn nach hinten, muss der Ärmel etwas nach hinten gedreht werden.

Bei der zweiten Anprobe wird auch die Länge festgelegt. Am besten geht's mit einem Rockabrunder. Da sich das Kreidepulver nicht aus allen Stoffen restlos entfernen lässt, markieren Sie am

17

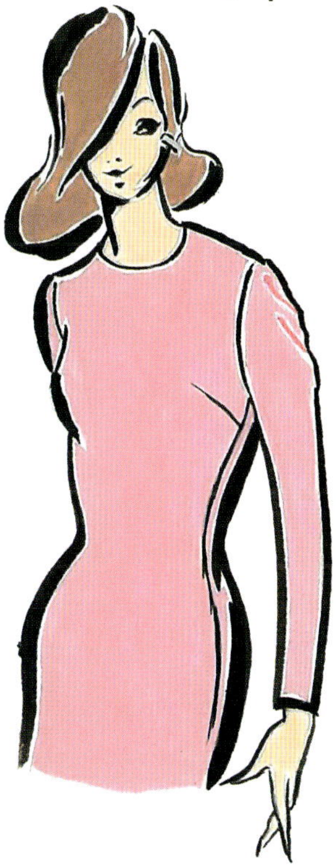

Kleidungsstück die richtige Länge mit einer Stecknadel und stellen dann den Rockabrunder so ein, dass die Kreidemarkierung ca. 1 cm unterhalb der richtigen Länge verläuft (18). Die Saumkante markieren Sie mit Heftfaden parallel zur Kreidelinie.

TIPP

Wenn Sie keinen Rockabrunder haben, können Sie die Länge so markieren: einen Besenstiel, ein langes Lineal oder einen anderen langen geraden Gegenstand senkrecht auf den Boden stellen und daran die gewünschte Länge mit einem Bleistift- oder Kreidestrich markieren. Dann jeweils in Höhe dieser Markierung eine Stecknadel quer in das Kleidungsstück stecken.

HAND- UND MASCHINENNÄHTE

Die Wahl des richtigen Stiches und der geeigneten Naht sind entscheidend für die Qualität und das perfekte Aussehen des Kleidungsstücks. Denn die Naht verbindet nicht nur die Stoffteile, sondern sie muss auch optisch zum Kleidungsstück passen.

Handstiche

Auch wenn heute fast ausschließlich mit der Maschine genäht wird, kann auf Handstiche nicht ganz verzichtet werden. Genäht wird mit einfachem Nähgarn. Nur zum Annähen von Knöpfen, Druckknöpfen oder Haken und Ösen wird doppeltes Nähgarn oder das dickere Knopflochgarn und zum Heften das preiswertere Heftgarn verwendet. Auch die Nadel sollte zum Stoff und zum Garn passen.

Als Faustregel gilt: Je feiner der Stoff, umso feiner und dünner sollten Nähgarn und Nadel sein. Und: für kleine Stiche eine kurze, für große Stiche eine lange Nadel verwenden. Den Nahtanfang sichern Sie mit einem Knoten, das Nahtende mit einigen Rückstichen.

Der Vorstich: Mit dem Vor- oder Heftstich können Sie zwei oder mehrere Stoffteile zusammenheften, Taschen, Borten und andere Teile festheften oder Linien markieren.

1

2

Genäht wird von rechts nach links. Die Stiche sind im Wechsel auf der Ober- und Unterseite zu sehen (1). Die Stichlänge richtet sich danach, wie haltbar die Stiche sein sollen. Mit ganz kleinen Vorstichen können Sie auch einreihen oder einhalten.

Der schräge Spannstich wird immer dann angewandt, wenn sich die Stofflagen weder in Längs- noch in Querrichtung verschieben dürfen.

Genäht wird von oben nach unten oder von unten nach oben.

3

Der Ausstich ist links neben dem Einstich (2). Kurze Stiche mit geringem Abstand geben den Stofflagen festen Halt, zum Beispiel am Reverskragen. Sollen jedoch nur zwei Stofflagen aufeinandergeheftet werden, zum Beispiel Stoff auf Volumenvlies oder Futter, so können die Stiche länger und der Abstand größer sein.

Der Rückstich ist auf der rechten Stoffseite nur als kleiner Punkt zu sehen. Er wird vor allem zum Einnähen von Reißverschlüssen verwendet.

Genäht wird von rechts nach links: Nadel einstechen, nach ca. 5 mm ausstechen. 1 bis 2 Gewebefäden hinter dem Ausstich wieder einstechen, nach ca. 5 mm ausstechen usw. (3).

Der Steppstich ist der haltbarste aller Handstiche, wird aber heute nur noch für ganz kurze Nahtstellen oder zum Ausbessern von Nähten verwendet, wenn es sich nicht lohnt, die Maschine in Betrieb zu nehmen.

4

5

6

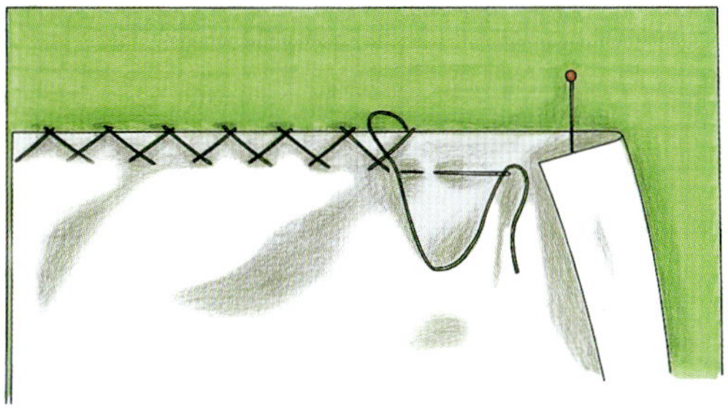

Nadel einstechen, nach ca. 5 mm ausstechen. Etwa 3 mm hinter dem Ausstich wieder einstechen und nach doppelter Stichlänge ausstechen. Genau im vorhergegangenen Ausstich wieder einstechen, nach doppelter Stichlänge ausstechen usw. Genäht wird von rechts nach links (4).

Der Staffierstich wird hauptsächlich zum Einnähen des Futters verwendet, aber auch zum Zusammennähen von zwei eingeschlagenen Stoffkanten oder zum Ausbessern einer geplatzten Nahtstelle, die von innen schwer zugänglich ist. Genäht wird von rechts nach links.

So wird Futter angenäht: Nadel in die Bruchkante des Futters einstechen, nach Stichlänge ausstechen. Genau über dem Ausstich in die Saumzugabe oder den Besatz einstechen – dabei nicht auf die rechte Seite des Kleidungsstückes durchstechen – nach Stichlänge ausstechen. Genau unterhalb der Ausstichstelle wieder in die Bruchkante des Futters einstechen (5).

Werden zwei eingeschlagene Kanten gegeneinandergenäht, wird immer abwechselnd in die eine, dann in die andere Bruchkante eingestochen.

Der Hexenstich ist eigentlich ein Zier- bzw. Stickstich. Mit dem Hexenstich werden zum Beispiel nicht aufbügelbare Einlagen aufgenäht oder zwei Stoffkanten aneinandergeheftet. Bei sehr dicken und bei elastischen Stoffen wird der Hexenstich auch zum Saumannähen verwendet.

Genäht wird von links nach rechts mit kleinen Vorstichen, die jeweils schräg nach oben bzw. unten versetzt sind. Dabei beim Aufnähen der Einlage darauf achten, dass die Stiche nicht auf die rechte Stoffseite durchgreifen, das heißt, am Stoff dürfen nur 1 bis 2 Gewebefäden erfasst werden. An der Einlage können die Stiche größer sein, aber der darunterliegende Stoff darf nicht mitgefasst werden (6).

Maschinenstiche

Moderne Nähmaschinen haben eine ganze Reihe verschiedener Stiche, sodass die Wahl, welcher Stich der richtige ist, nicht immer leicht fällt. Hier die gebräuchlichsten Maschinenstiche:

Der Steppstich oder Geradstich ist der wichtigste Stich und gehört zu jeder Nähmaschine (7). Mit ihm können alle Näharbeiten, ausgenommen das Versäubern der Nahtzugaben, gemacht werden. Mit dem Steppstich können Sie auch einreihen oder einhalten. Dazu an der Maschine die

7

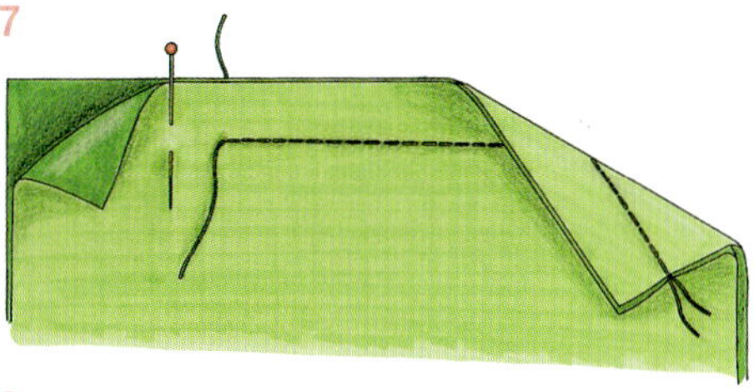

8

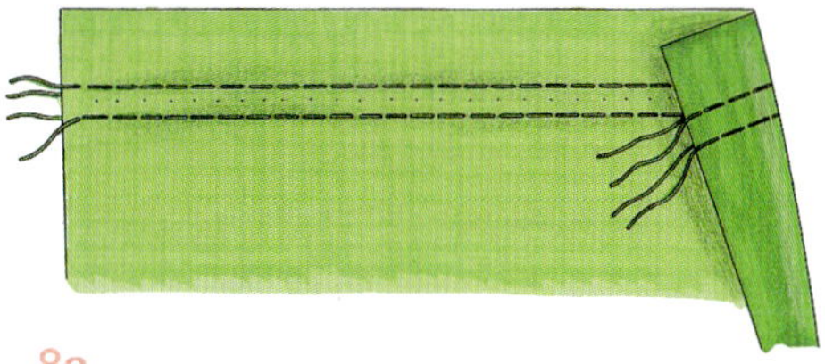

8a

größte Stichlänge einstellen und die Oberfadenspannung ein klein wenig lockern. Dann steppen Sie zu beiden Seiten der markierten Nahtlinie, dabei die Nahtenden nicht durch Rückstiche sichern (8). Halten Sie die Unterfäden fest und schieben Sie den Stoff auf diesen Fäden auf die gewünschte Weite zusammen. Die Fadenenden können Sie verknoten oder um eine Stecknadel wickeln (8a). Die Weite gleichmäßig verteilen, dabei dürfen beim Einhalten keine Fältchen entstehen.

Der Zickzackstich kann in der Breite und in der Länge (Stichabstand) verstellt werden. Er wird hauptsächlich zum Versäubern der Nahtzugaben verwendet.

Ein schmal eingestellter Zickzackstich ist bei normaler Stichlänge elastisch und kann zum Steppen dehnbarer Stoffe, zum Beispiel von Jersey und Strickstoffen, verwendet werden.

Mit dem Dreistich-Zickzackstich werden Gummibänder festgenäht und Gummibandenden aufeinandergenäht.

Mit dem Blindstich und einem speziellen Blindstichfuß können Säume unsichtbar genäht werden.

Zum Säumen von elastischen Stoffen, zum Beispiel Jersey, sollten Sie den elastischen Blindstich verwenden.

Die Stretch-Dreifachnaht ist nicht nur elastisch, sondern auch superhaltbar. Mit ihr werden die Nähte gesteppt, die besonders haltbar sein müssen, zum Beispiel die Mittelnaht einer Hose. Aber Vorsicht, da die Naht dreifach gesteppt ist, lässt sie sich nur sehr schwer trennen. Sie sollten also erst steppen, wenn Sie sicher sind, dass Sie an dieser Naht nichts mehr ändern müssen.

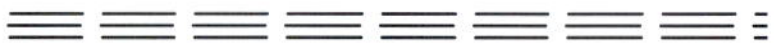

Mit dem Overlockstich können bei Strickstoffen die Nähte in einem Arbeitsgang genäht und versäubert werden.

TIPP

Infos zum Nähen mit der Overlockmaschine finden Sie ab Seite 240.

Maschinennähte

Nähte sind bei jedem Kleidungsstück erforderlich. Durch Nähte können zwei Stoffteile verbunden, aber auch einem Kleidungsstück eine besondere Optik oder „Linienführung“ gegeben werden.

Immer dann, wenn wir in unseren Anleitungen von „Steppen“ sprechen, wird mit der Maschine genäht.

Die Stichlänge und die Nadelstärke richten sich nach dem Material. Als Faustregel gilt: für dünne Stoffe kleine Stiche und eine feine Nadel, bei dickeren Stoffen dürfen die Stiche etwas größer und die Nadel stärker sein. Außerdem gibt es noch verschiedene Spezialnadeln, wie zum Beispiel Microtex-, Jersey-, Stretch-, Jeans- und Ledernadeln (siehe auch Seite 9).

Genäht wird in der Regel mit Nähgarn aus Polyester, Seide oder Baumwolle. Für ganz feine Stoffe, wie zum Beispiel Chiffon, Crêpe de Chine, ist das dünnere Maschinenstick- und -stopfgarn besser geeignet.

Damit Sie bei jedem Stoff einwandfreie Nähte erhalten, muss an der Nähmaschine gegebenenfalls die Fadenspannung, evtl. auch der Nähdruck, dem Stoff entsprechend eingestellt werden. Genaue Angaben dazu finden Sie im Anleitungsheft Ihrer Nähmaschine.

9

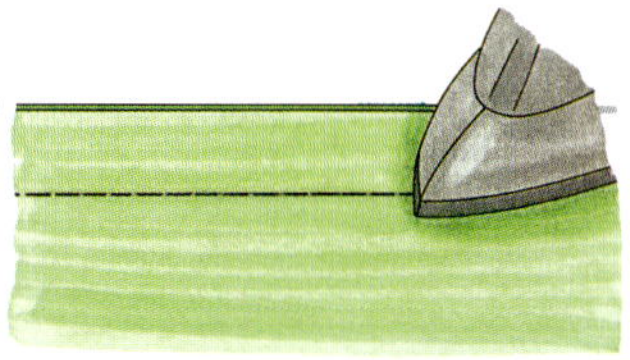

9a

Die einfache Naht: Stoffteile rechts auf rechts aufeinanderlegen. Kanten entlang der markierten Nahtlinie oder der Nahtzugabenbreite entsprechend steppen. Nahtanfang und -ende durch einige Rückstiche sichern oder die Fadenenden verknoten. Die Nähte zunächst flachbügeln (9) und dann auseinanderbügeln (9a).

Die Kapp- oder Jeansnaht wird zweimal gesteppt. Sie ist nicht nur sehr stabil, sondern Naht und Nahtversäuberung in einem. Sie wird immer dann genäht, wenn bei einem ungefütterten Kleidungsstück auch das „Innenleben“ besonders sauber verarbeitet sein soll oder die Nähte stark strapaziert werden.

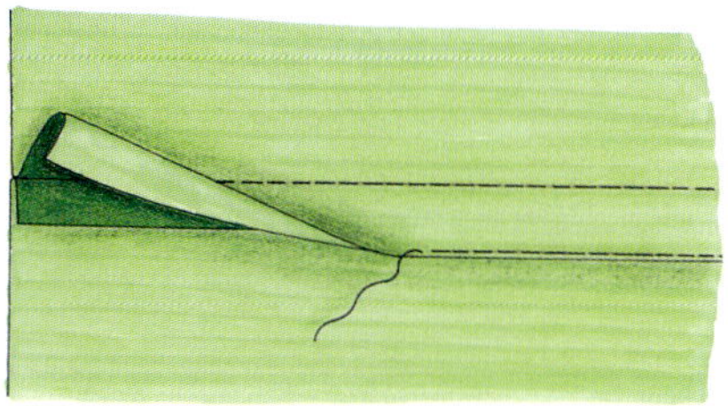

10

11

Stoffteile rechts auf rechts aufeinanderlegen, entlang der markierten Nahtlinie steppen. Die Nahtzugaben zuerst flachbügeln (wie bei Zeichnung 9), dann nach einer Seite bügeln. Die unten liegende Nahtzugabe schmal zurückschneiden. Die oben liegende Nahtzugabe eingeschlagen feststecken oder -heften. Von der rechten Stoffseite aus die Zugaben schmal feststeppen (10).

Bei Jeanskleidung wird noch zusätzlich dicht neben der Naht abgesteppt.

Die „schnelle" Jeansnaht sieht außen aus wie die Kappnaht; auf der Innenseite sind die versäuberten Nahtzugaben zu sehen.

Stoffteile rechts auf rechts entlang der markierten Nahtlinie aufeinandersteppen. Nahtzugaben zusammengefasst versäubern, nach einer Seite bügeln und von rechts schmal und ca. ¾ cm breit feststeppen (11).

Die Doppelnaht oder französische Naht ist wie die Kappnaht Naht und Nahtversäuberung in einem. Sie wird hauptsächlich für Wäscheteile verwendet.

Stoffteile links auf links aufeinanderlegen. Die Zugaben ½ cm neben der markierten Nahtlinie aufeinandersteppen. Die Nahtzugaben ca. 3 mm neben der Stepplinie abschneiden (12). Nahtzugaben auseinanderbügeln.

Dann den Stoff so falten, dass die Naht direkt im Bruch liegt; die rechten Stoffseiten liegen aufeinander. Die Bruchkante bügeln und entlang der markierten Nahtlinie absteppen, dabei werden die Zugaben der ersten Naht eingeschlossen (12a).

12

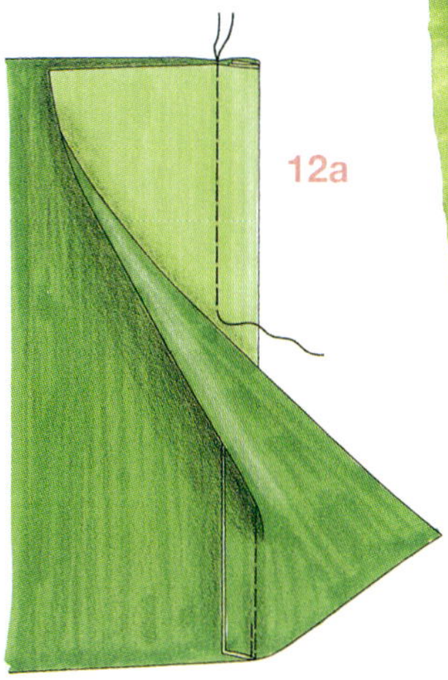

12a

Noch ein paar Tipps

- Bei bereits gehefteten Nähten nicht genau in der Heftnaht steppen, sondern dicht neben den Heftstichen auf der Nahtzugabe. Dadurch lässt sich der Heftfaden mühelos entfernen und das Kleidungsstück ist keinesfalls zu eng, denn geheftete Nähte geben bei der Anprobe etwas nach.
- Sie können auf das Heften ganz verzichten, wenn Sie die Stecknadeln quer zur Naht stecken. Die Nadel bricht beim langsam Darübernähen nicht ab (13).
- Auch bei runden Nähten können Sie auf das Heften verzichten, wenn Sie die Stecknadeln quer zur Nahtlinie so stecken, dass der Einstich genau auf die Nahtlinien trifft und der Ausstich möglichst dicht neben dem Einstich auf der Nahtzugabe ist (14). Außerdem können Sie dann vor dem Steppen von rechts kontrollieren, ob die Stofflagen ohne Fältchen aufeinanderliegen.

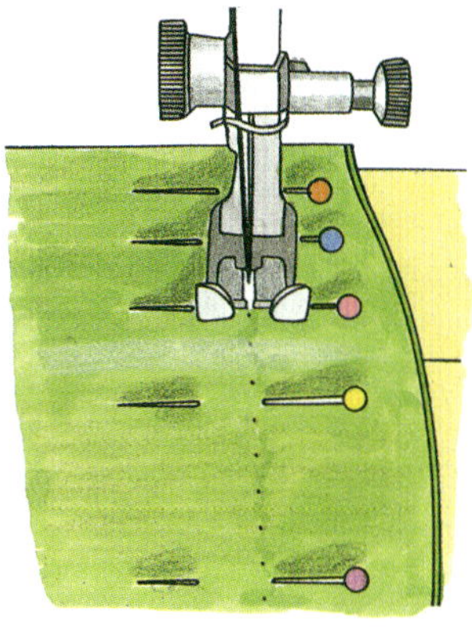

13

14

- Müssen Sie während des Steppens einer Naht stoppen, darauf achten, dass die Nadel im Stoff stecken bleibt.
- An Ecken die Nadel genau in der Ecke stecken lassen (15), den Nähfuß anheben und den Stoff um die Nadel drehen (15a). Den Nähfuß wieder senken und die Naht fortsetzen.
- Damit sich am Anfang einer Naht auf der Unterseite keine Schlaufen oder Knoten bilden, die Fadenenden festhalten (16) oder zuerst über ein kleines, doppelt gelegtes Stoffstück steppen (16a). Danach unmittelbar an das Stoffstück anschließend den Stoff mit der zu steppenden Naht unter das Steppfüßchen legen. Die Naht steppen, dabei den Nahtanfang durch einige Rückstiche sichern. Dann das Stoffstückchen abschneiden und am Nahtende wieder – direkt an den Stoff anschließend – unter das Steppfüßchen schieben. Nicht vergessen: das Nahtende durch Rückstiche sichern, erst dann über das Stoffstück nähen
- Ganz exakt in gleichmäßigem Abstand zu einer Kante können Sie steppen, wenn Sie die gewünschte „Nahtbreite“ mit dem Kantenlineal (17) einstellen (genaue Angaben dazu finden Sie im Anleitungsteil Ihrer Nähmaschine) oder mit Klebeband auf der Maschine markieren: Die gewünschte Nahtbreite ab der Nadel nach rechts abmessen und einen Streifen buntes Klebeband aufkleben (17a). Beim Steppen den Stoff genau entlang der Klebebandkante führen.

15

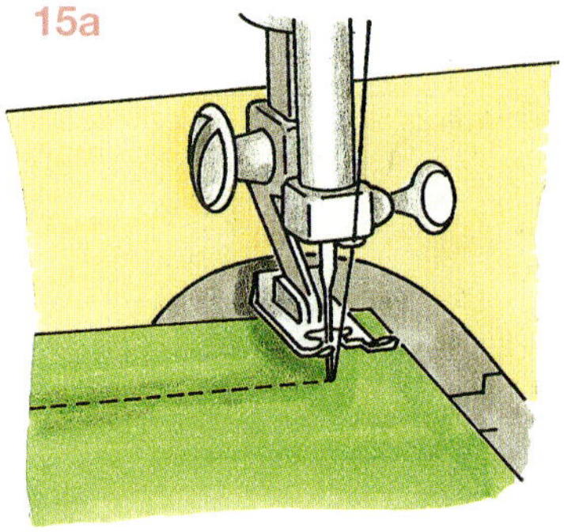

15a

16

16a

17

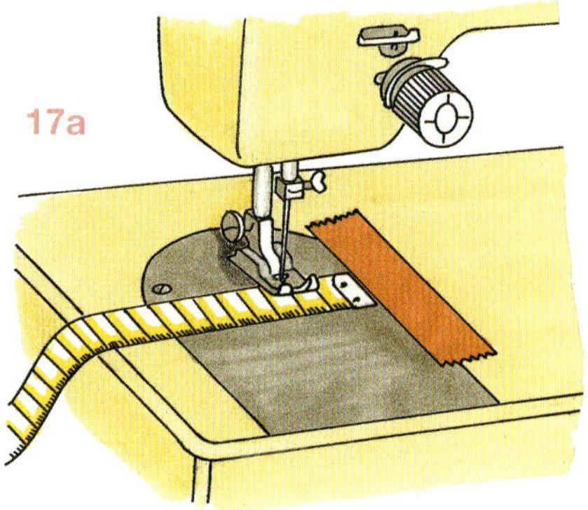

17a

NAHTVERSÄUBERUNG

Damit die Nahtzugaben nicht ausfransen, müssen sie versäubert werden. Ganz professionell können Sie die Nahtzugaben mit der Overlockmaschine versäubern. Wenn keine Overlockmaschine zur Verfügung steht, können Sie die Zugaben mit der Nähmaschine oder von Hand versäubern.

Versäubern mit der Maschine

Der Zickzackstich ist die gebräuchlichste Versäuberungsart (1). Die Stichlänge und -breite richtet sich nach der Stoffart. Als Faustregel gilt: für stark fransende Stoffe breite Stiche und kleiner Stichabstand, für wenig fransende Stoffe kann der Stich schmaler und der Stichabstand größer sein. Bei sehr feinen Stoffen einen größeren Stichabstand wählen, die Stichbreite etwas reduzieren und, damit die versäuberte Kante nicht zu hart wird, nicht das normale Nähgarn, sondern das dünnere Maschinenstick- oder -stopfgarn verwenden. Am besten, Sie probieren die richtige Sticheinstellung an einem Stoffrest aus. Achten Sie dabei darauf, dass die Nadel einmal in den Stoff und einmal dicht neben der Stoffkante einsticht.

Moderne Nähmaschinen haben zusätzlich zum Zickzackstich noch verschiedene Overlockstiche, die zum Versäubern der Stoffkanten verwendet werden. Lesen Sie dazu die Gebrauchsanleitung Ihrer Nähmaschine.

Einfassen mit Schrägband ist eine sehr zeit- und arbeitsintensive Versäuberungsart, wird jedoch immer dann angewandt, wenn ein Kleidungsstück nicht gefüttert, aber trotzdem sehr „edel" verarbeitet werden soll. So wird's gemacht: Schrägband rechts auf rechts auf die Kante der Nahtzugabe steppen. Schrägband über die Kante legen, eingeschlagen an der Ansatznaht feststecken, von Hand annähen oder von rechts feststeppen (2). Sie können aber auch ein bereits vorgebügeltes Schrägband um die Kante der Nahtzugabe legen und feststeppen (3). Bei stark fransenden, grob gewebten Stoffen wird's haltbarer, wenn Sie das Schrägband mit Zickzackstichen oder dem Dreistich-Zickzackstich feststeppen.

1

2
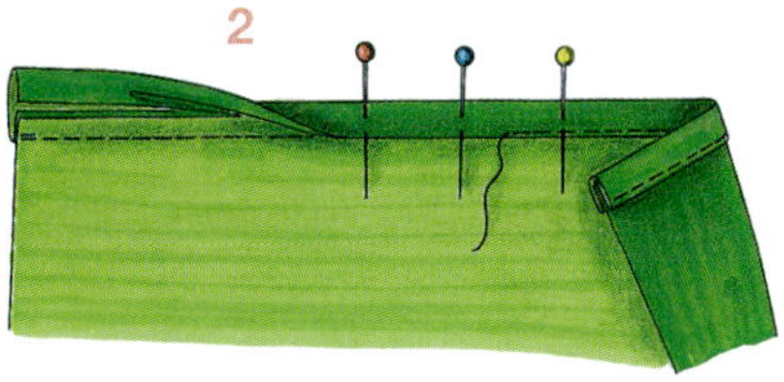

3
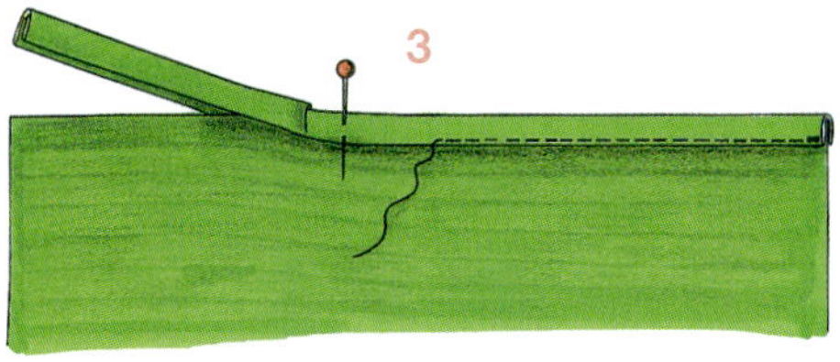

Versäubern von Hand

Mit dem Überwendlingsstich werden die Nahtzugaben bei sehr feinen, zarten Stoffen, wie Organza, Chiffon usw. versäubert. Genäht wird von links nach rechts (4). Damit sich die Stoffkante nicht einrollt, den Faden nicht zu stark anziehen.

Der Festonstich ist haltbarer als der Überwendlingsstich und wird bei stark fransenden Stoffen verwendet. Genäht wird von links nach rechts: Nadel von hinten durch die Kante stechen, den Faden um die Nadelspitze legen, dann die Nadel durchziehen (5). Den Faden nur leicht anziehen, damit sich die Stoffkante nicht einrollt.

4

5

ABNÄHER

Abnäher sind keilförmige Nähte, mit denen ein Kleidungsstück körpernah geformt werden kann. Abnäher werden immer von der Breitseite zur Spitze gesteppt. An der Spitze muss die Naht möglichst flach auslaufen, damit auf der rechten Seite keine unschönen „Tüten" entstehen.

Der einfache Abnäher: Den Stoff so falten, dass die Abnäherlinien aufeinandertreffen, rechte Stoffseite innen. Abnäherlinien aufeinanderstecken oder -heften, dabei an der Spitze beginnen. Abnäher von der Breitseite aus steppen. Den Nahtanfang durch Vor- und Zurücknähen sichern. An der Abnäherspitze die Fadenenden verknoten (1).

Abnäher zunächst flachbügeln (siehe auch Zeichnung 9, Seite 66), dann nach einer Seite bügeln, dabei immer von der Breitseite zur Spitze bügeln. In der Regel werden Brustabnäher nach unten und Taillenabnäher (senkrechte Abnäher) zur Mitte hin gebügelt.

Der aufgeschnittene Abnäher: Bei sehr dicken Stoffen wird der Abnäher schön flach, wenn er aufgeschnitten wird. Dazu zunächst einen „einfachen Abnäher" nähen. Bei breiten Abnähern die Abnähertiefe ca. 1 bis 1½ cm neben der Naht abschneiden (2). Die Kanten anschließend auseinanderbügeln und den Abnäher bis zur Spitze „auf den Kopf" (flach-)bügeln (3). Bei schmalen Abnähern die Abnähertiefe bis ca. 5 cm vor die Spitze in der Mitte aufschneiden, dann den Abnäher wie erklärt auseinanderbügeln.

Der unterlegte Abnäher: Wenn ein Abnäher von rechts wie eine sorgfältig auseinandergebügelte Naht aussehen oder abgesteppt werden soll, wird er mit einem

1

2

3

Stoff- oder Futterstreifen unterlegt. Dieser Streifen wird ca. 3 cm breit und ca. 2 cm länger als der Abnäher im schrägen Fadenlauf zugeschnitten. Der Stoff- oder Futterstreifen wird auf einer Seite des gehefteten Abnähers (soll der Abnäher abgesteppt werden, auf der Seite, auf der die Ziersteppnaht sein soll) so festgesteckt, dass die Mitte auf der Heftlinie liegt (4). Den Abnäher von der anderen Seite aus steppen, dabei den Streifen feststeppen. Dann den Abnäher nach der einen und den Streifen doppelt gelegt nach der anderen Seite bügeln (5).

Der durchgehende Taillenabnäher: Abnäher, die an beiden Enden spitz auslaufen, werden in zwei Arbeitsgängen gesteppt, das heißt, Sie beginnen jeweils in der Abnähermitte und steppen bis zur Spitze (6).

Da diese Abnäher an der Bruchkante immer etwas kürzer sind als an der Stepplinie, werden sie in der Mitte bis dicht zur Stepplinie eingeschnitten und dann zur vorderen bzw. rückwärtigen Mitte gebügelt (7).

4

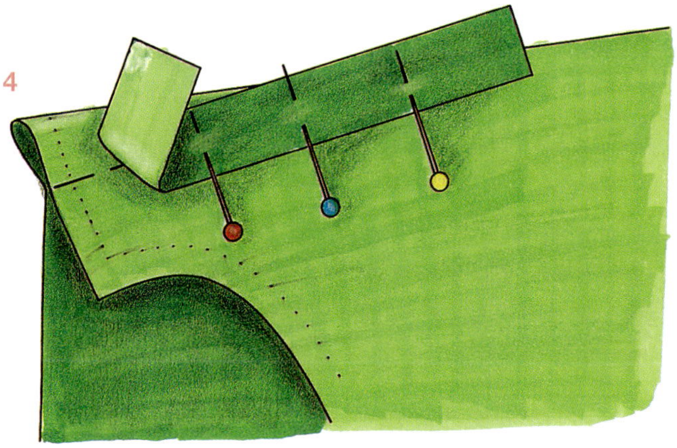

6

7

5

SÄUME

Der Saum ist die untere Kante eines Kleidungsstückes. Nachdem die Länge markiert ist (siehe Seite 63), wird die Saumzugabe nach innen umgeheftet, gebügelt und gleichmäßig auf die gewünschte Breite zurückgeschnitten. Als Faustregel gilt: 4 cm für gerade, 2 cm für runde Säume. Dann wird der Saum von Hand oder mit der Maschine angenäht. Dabei unterscheidet man nicht nur zwischen offenkantig (einfache Stofflage) und eingeschlagen (doppelte Stofflage), sondern auch zwischen sichtbar und unsichtbar = hohl angenähten Säumen. Bei allen offenkantigen Säumen muss die Saumzugabe vor dem Annähen versäubert werden (siehe Nahtversäuberungen von Seite 69). Für welche Art der Saumverarbeitung Sie sich entscheiden, hängt vom Material, der Schnittform und letztendlich von der gewünschten Optik des Modells ab.

Hohl angenähte Säume

Wenn von rechts keine Stiche zu sehen sein sollen, wird die Saumzugabe hohl angenäht.

Die obere Kante der Saumzugabe ca. 1 cm nach außen umklappen und wie bei Zeichnung 1 entlang dieser Kante annähen. Damit auf der rechten Seite keine Stiche zu sehen sind, vom Kleidungsstück nur 1 bis 2 Gewebefäden erfassen. An der Saumzugabe dürfen die Stiche größer sein. Den Faden nicht straff anziehen.

Mit Blindstich und Blindstichfuß können Sie auch mit der Maschine den Saum hohl annähen. Dazu die Saumzugabe ca. 2 cm unterhalb der Kante festheften. Die Saumkante wie bei Zeichnung 2 falten und auf der Saumzugabe steppen. Dabei darauf achten, dass vom Kleidungsstück nur 1 bis 2 Gewebefäden erfasst werden. Eventuell die Stichlänge größer einstellen und die Fadenspannung etwas lockern. Näheres dazu finden Sie im Anleitungsheft Ihrer Nähmaschine.

1

2

TIPP

Bei elastischen Stoffen sollten Sie den Saum mit Hexenstichen oder dem elastischen Blindstich annähen.

Der Rollsaum

Bei sehr feinen, dünnen Geweben wird ein Rollsaum genäht. Verwenden Sie dazu eine feine Nadel und das feinere Maschinenstick- und -stopfgarn. Als Saumzugabe wird 1 cm berechnet. Den Rollsaum können Sie auf zwei Arten nähen:

Die Zugabe ½ cm breit einschlagen. Immer im Wechsel in die Bruchkante und dicht neben der Zugabe einstechen, dabei nur 1 bis 2 Gewebefäden erfassen. Nach mehreren Stichen den Faden vorsichtig anziehen, dabei rollt sich der Saum ein (3). Oder

TIPP

Von Hand lassen sich Säume einfacher annähen, wenn der Saum „straff“ gehalten wird. Dazu die Saumkante mit dem Knie unter der Tischkante festklemmen oder, wenn Sie Hosen anhaben, mit einer Stecknadel an der Hose feststecken.

zwischen Zeigefinger und Daumen der linken Hand die Zugabe einrollen. Dieses Röllchen hohl annähen (4).

Gesteppte Säume

können offenkantig oder eingeschlagen sein. Beim eingeschlagenen Saum die Zugabe zuerst nach innen umbügeln, dann auf die gewünschte Saumbreite einschlagen, feststecken, bügeln und schmal feststeppen (5). Beim offenkantigen Saum die Zugabe zuerst versäubern, dann nach innen umheften, bügeln und von rechts feststeppen.

Der „abgekurbelte“ Saum

Insbesondere bei Sonnenplisseeröcken, an Rüschen und Volants wird die Saumkante mit dicht eingestelltem Zickzackstich abgesteppt = abgekurbelt. Dazu die Saumzugabe nach innen umbügeln. Die Bruchkante mit dicht eingestelltem Zickzackstich absteppen und dann die Zugabe dicht neben den Stichen abschneiden (6). Soll die Saumkante nicht gerade, sondern in weichen „Wellen“ fallen, beim Abkurbeln die Kante dehnen und einen Perlonfaden (zum Beispiel eine Angelschnur) mitfassen.

TIPP

Bei dehnbaren Stoffen bleibt der Saum elastisch, wenn Sie ihn von rechts mit der Zwillingsnadel feststeppen.

3

4

5

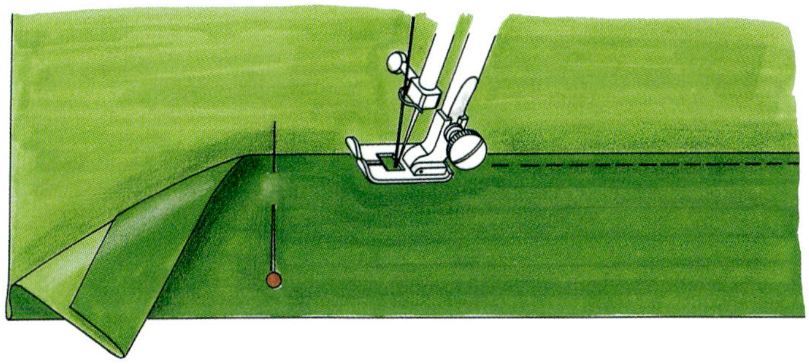

6

Der „falsche“ Saum

Wenn der Stoff nicht ausreicht, um an einem Kleidungsstück einen Saum zu nähen, und bei Paillettenstoffen wird ein „falscher“ Saum aus farblich abgestimmtem Futterstoff oder Garniturstoff angesetzt. Dazu einen ca. 6 cm breiten Stoff- oder Futterstreifen zuschneiden und rechts auf rechts entlang der markierten Saumlinie feststeppen (7). Die Nahtzugaben auseinanderbügeln. Dann den „falschen“ Saum nach innen umheften, die Kante bügeln. Die Saumzugabe einschlagen und hohl annähen oder feststeppen.

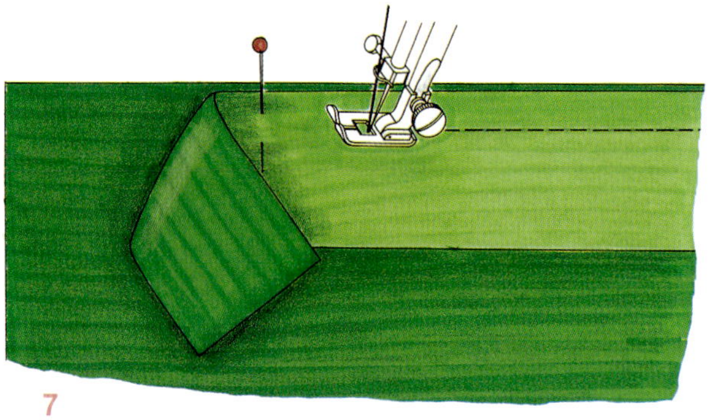
7

Der runde Saum

Damit bei Glockenröcken oder an abgerundeten Schlitz- bzw. Saumkanten die Saumzugabe flachliegt, muss die Weite eingehalten werden. Dazu entlang der oberen Saumzugabenkante zweimal mit großen Stichen steppen. Die Saumzugabe nach innen umheften und dann auf den Unterfäden der Stepplinien zusammenschieben, bis die Saumzugabe flachliegt. Die Weite gleichmäßig verteilen und einbügeln (8). Dann die Saumzugabe versäubern, von Hand hohl annähen oder mit der Maschine feststeppen.

8

Säume an Ecken

An Schlitzen und Verschlusskanten gibt es drei Möglichkeiten, die Ecke zu nähen.

Die Ecke von Hand nähen: Zuerst den Saum nähen, dann die Zugabe bzw. den Besatz der Schlitz- oder Verschlusskante nach innen umheften, bügeln und auf dem Saum annähen (9). Bei sehr dicken Stoffen vorher am Besatz die Saumzugabe bis auf ca. 1 cm Breite zurückschneiden (10).

9

10

Die Ecke verstürzen: Dazu die Länge markieren. Die Saumzugabe und die Zugabe bzw. den Besatz der Schlitz- oder Verschlusskante versäubern. Den Besatz bzw. die Nahtzugabe nach außen falten und entlang der markierten Saumlinie feststeppen. Die Zugaben bis auf 1 cm Breite zurückschneiden (11). Die Zugaben von Schlitz- bzw. Verschlusskante und die Saumzugabe nach innen umheften. Kanten bügeln. Dann den Saum nähen. Zuletzt den Besatz bzw. die Zugabe auf dem Saum annähen (9).

11

Die Briefecke: Das ist die edelste, aber auch aufwendigste Eckenverarbeitung. So wird's gemacht: Die Saumlinie und die Schlitzkante mit Heftfaden markieren. Die Saumzugabe nach innen legen und die Kante der Saumzugabe mit Schneiderkreide auf der Zugabe vom Schlitz bzw. dem Besatz markieren (12). Auseinanderfalten. Die Zugabe vom Schlitz bzw. den Besatz nach innen falten und die Kante mit Schneiderkreide auf der Saumzugabe markieren. Auseinanderfalten. Von diesen beiden Markierungspunkten aus eine Linie zur Ecke Schlitz-/Saumkante einzeichnen (13). Den Stoff an der Ecke Schlitz-/Saumkante so falten, dass die Kreidelinien aufeinanderliegen. Die rechte Stoffseite ist innen. Die Zugaben entlang der Kreidelinie aufeinandersteppen. Die Zugaben bis auf ½ cm Breite zurückschneiden (14), an der Ecke schräg abschneiden. Nahtzugaben auseinanderbügeln. Die Zugaben von Saum und Schlitz nach innen umbügeln (15), von Hand hohl annähen oder feststeppen.

Der geklebte Saum

Das ist die einfachste und schnellste Saumverarbeitung. Saumzugabe versäubern, nach innen umheften, bügeln. Heftfaden entfernen. Saumfix, ein beidseitig klebendes, aufbügelbares Haftvlies, unter die Saumzugabe legen. Es darf auf keinen Fall breiter als die Saumzugabe sein, sonst bleibt es am Bügeleisen kleben. Bügeln (16).

Wichtig: Bevor Sie einen Saum kleben, sollten Sie unbedingt die Gebrauchsanweisung lesen und an einem Stoffrest eine Bügelprobe machen.

12

13

14

15

16

TASCHEN

Taschen sind nicht nur funktionell, sondern auch modisches Detail und sollten daher sehr sorgfältig verarbeitet werden. Es gibt aufgesetzte Taschen, eingearbeitete Taschen – Nahttasche, Hüftpassentasche – sowie eingeschnittene Taschen – Paspel-, Klappen-, Patten- oder Leistentasche und die Reißverschlusstasche.

Die einfache aufgesetzte Tasche

Diese Tasche wird bei Modellen aus leichten Stoffen, bei Jeans und anderen ungefütterten Kleidungsstücken genäht. Die Tasche wird rundum mit Nahtzugabe zugeschnitten. An der Eingriffkante kann auch der BESATZ schon am Schnittteil zugegeben sein. Bei großen Taschen wird auf diesen Besatz eine Einlage aufgebügelt.

Taschen rundum versäubern. Die Zugabe bzw. den Besatz der Eingriffkante nach innen umheften. Kante bügeln, evtl. absteppen. Dann die Zugaben der restlichen Kanten nach innen umheften (1). Bügeln.

Bei Taschen mit abgerundeten Ecken lassen sich die Zugaben mit einem kleinen Trick ganz einfach umbügeln: Steppen Sie an den Rundungen dicht neben der Stoffkante mit großen Stichen. Aus fester, dünner Pappe schneiden Sie eine „Schablone" der Taschenform entsprechend aus. Legen Sie die Schablone an die Nahtlinien treffend auf die linke Seite der Tasche. Die Unterfäden der Stepplinien anziehen, bis die Nahtzugaben flach auf der Schablone liegen. Eingehaltene Weite gleichmäßig verteilen (2). Bügeln.

Wenn am Tascheneingriff ein breiter Besatz angeschnitten ist, können die seitlichen Taschenkanten in Besatzbreite verstürzt werden. Dazu den Besatz nach außen wenden, seitliche Kanten auf die Tasche steppen. Zugaben an den Ecken schräg abschneiden (3). Besatz nach innen wenden, Kanten heften (4), fortlaufend die Zugaben der restlichen Taschenkanten nach innen umheften. Bügeln.

Tasche aufnähen: Die fertige Tasche wird auf das Kleidungsstück gesteckt, festgeheftet und dann von Hand mit Staffierstichen (siehe Seite 65) festgenäht oder mit der

1

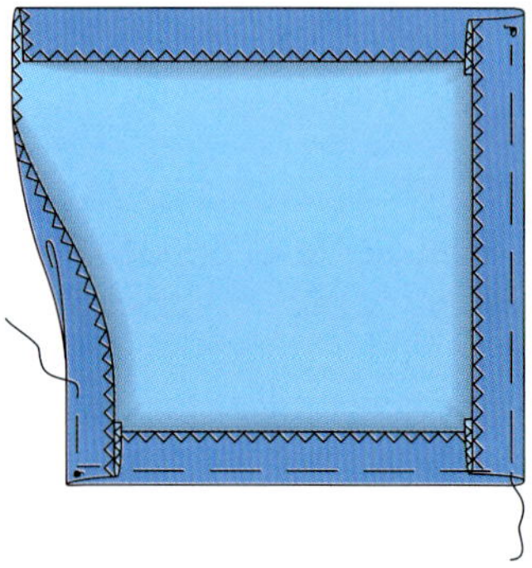

2

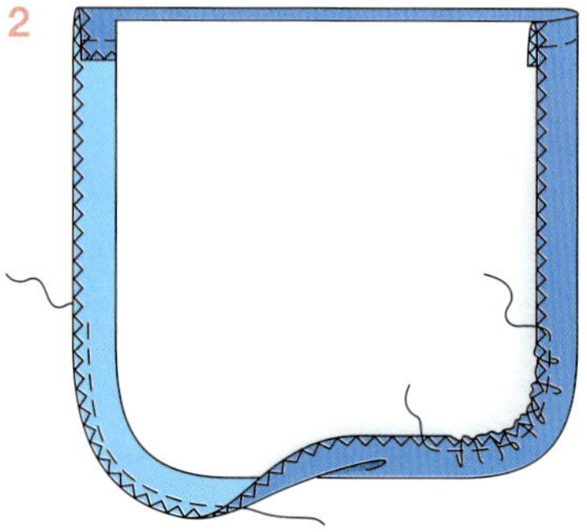

3

4

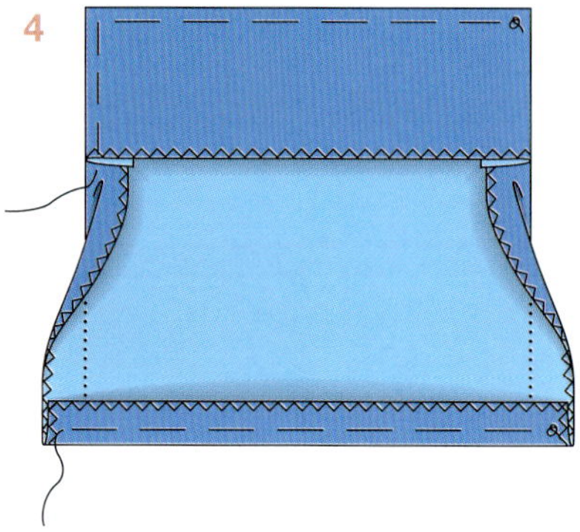

TIPP

Sehr große Taschen erhalten den erforderlichen „Stand", ohne steif zu wirken, wenn sie ganz mit Vlieseline (z. B. G 785) oder einem dünnen Volumenvlies (z. B. H 630) verstärkt werden.

Maschine aufgesteppt. Damit die Ecken an der Eingriffkante nicht einreißen, werden sie von Hand festgenäht oder schon beim Aufsteppen mit einem kleinen Dreieck gesichert.

Die aufgesetzte Tasche mit Futter

Bei dicken Stoffen und bei allen gefütterten Kleidungsstücken wird die Tasche mit Futter verarbeitet. Am Stofftaschenteil ist an der Eingriffkante ein Besatz angeschnitten. Das Futterteil wird abzüglich Besatzbreite zugeschnitten. Dazu am Papierschnitt den Besatz nach innen falten. Die Besatzkante auf dem Schnittteil markieren, das ist die Futterlinie. Schnittteil an dieser Linie abschneiden (5). Stoff- und Futtertaschenteil ringsum mit Nahtzugabe zuschneiden.

Das Futtertaschenteil rechts auf rechts auf den Besatz steppen, dabei in der Mitte ein Stück Naht zum Wenden offen lassen (6). Nahtzugaben in das Futterteil bügeln. Besatz an der Umbruchlinie nach außen falten. Seitliche Besatzkanten auf die Tasche stecken, fortlaufend das Futter auf die Tasche stecken. Kanten aufeinandersteppen. Nahtzugaben zurückschneiden, an den Ecken schräg abschneiden, an Rundungen bis dicht zur Stepplinie einschneiden (7). Tasche wenden, Kanten heften, dabei liegt die Naht dicht neben der Kante auf der Futterseite der Tasche. Bügeln. Die offene Nahtstelle zunähen. Dann die Tasche, wie bei der einfachen Tasche erklärt, aufnähen.

8

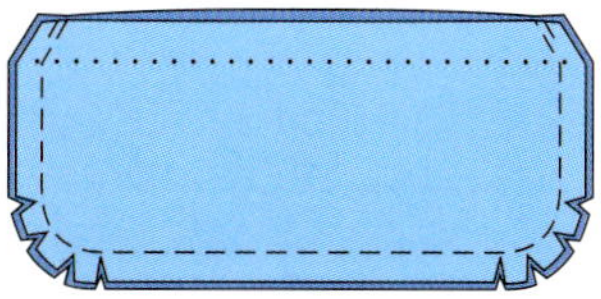

9

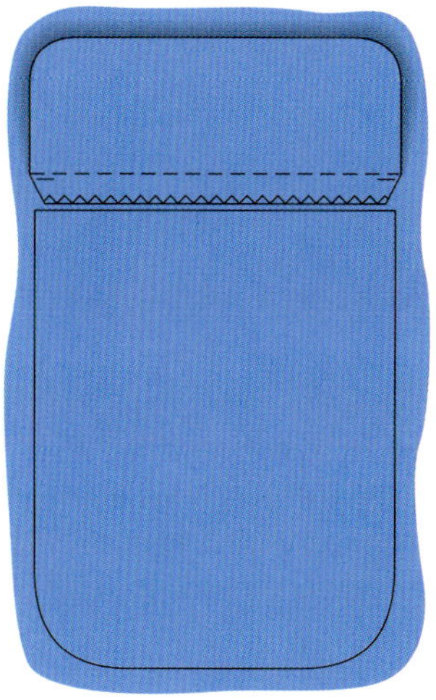

5

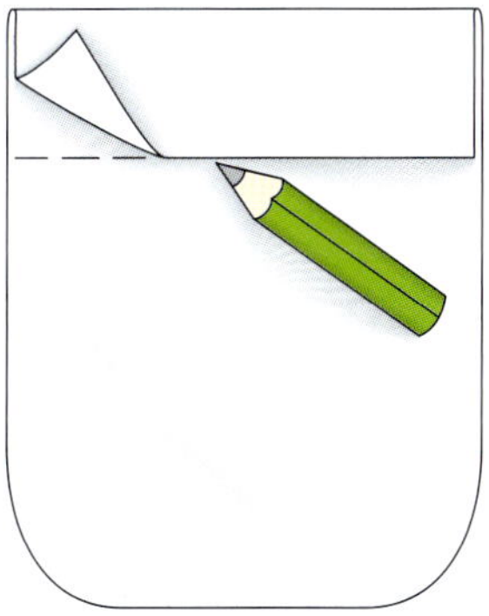

6

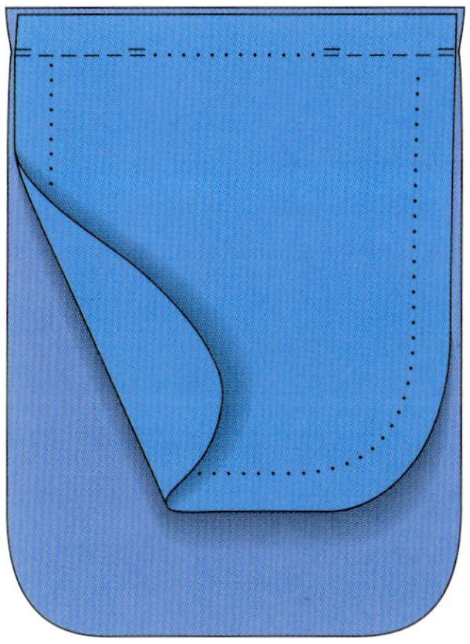

7

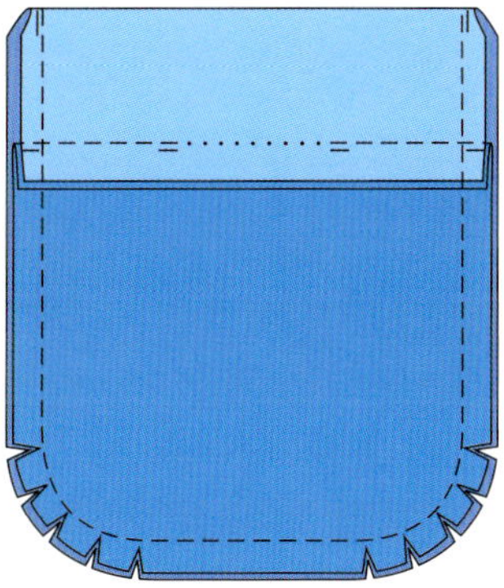

Die aufgesetzte Tasche mit Klappe

Die Tasche wird wie die aufgesetzte Tasche mit oder ohne Futter genäht. Die Klappe wird mit Einlage verstärkt und mit Stoff oder Futter gedoppelt.

Klappenteile rechts auf rechts aufeinandersteppen. Damit die Ansatznaht später von der Klappe verdeckt wird, ab der markierten Ansatzlinie schräg nach innen steppen. Die Nahtenden sichern (8). Die Ansatzkante offen lassen. Nahtzugaben zurückschneiden, an den Ecken schräg abschneiden, an den Rundungen einschneiden. Klappe wenden, Kanten heften, bügeln und nach Wunsch absteppen. Die Zugaben der Ansatzkante zusammengefasst versäubern. Klappe mit der rechten Seite nach unten über der Tasche feststecken und -steppen. Nahtenden sichern (9). Klappe nach unten bügeln. Die seitlichen Klappenkanten ab der Ansatznaht ca. 1 cm von Hand mit Staffierstichen festnähen oder die Klappe entlang der Ansatznaht absteppen.

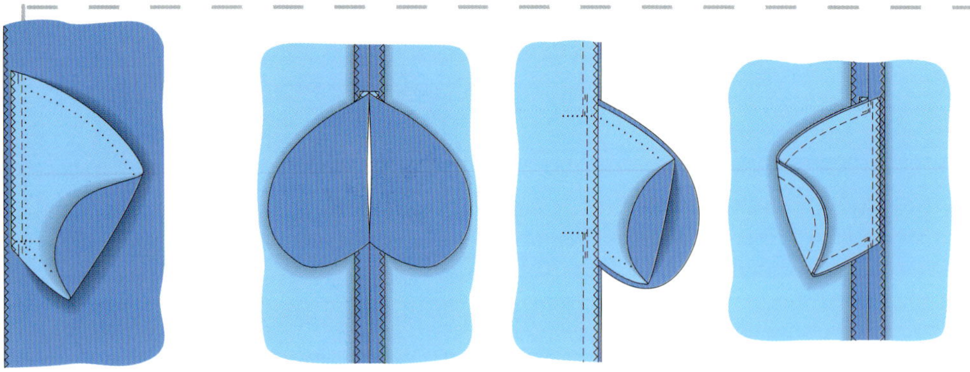

1 2 3 4

Tasche in der Naht

Das ist die einfachste Art, eine Tasche einzuarbeiten. Der Tascheneingriff ist im Schnitt mit Querstrichen markiert. Für den Taschenbeutel gibt es ein Schnittteil. Er wird zweimal ringsum mit Nahtzugabe zugeschnitten.

An den Taschenbeuteln die Zugabe der Ansatzkante versäubern. Taschenbeutel rechts auf rechts auf die Tascheneingriffe stecken, Nahtlinien treffen aufeinander. Taschenbeutel dicht neben der markierten Nahtlinie auf die Nahtzugabe steppen. Nahtanfang und -ende durch Rückstiche sichern (1). Die Taschenbeutel über die Ansatznaht bügeln. Die Naht ober- und unterhalb des Tascheneingriffs steppen, dazu die Stoffteile rechts auf rechts so aufeinanderstecken, dass die Nahtlinien und Tascheneingriffmarkierungen aufeinandertreffen. Nahtenden sichern (2). Nahtzugaben auseinanderbügeln und die Taschenbeutel an den Eingriffkanten nach innen umbügeln (3). Nach Wunsch kann jetzt der vordere Tascheneingriff abgesteppt werden. Dann beide Taschenbeutel in das Vorderteil bügeln, aufeinanderheften und steppen (4). Taschenbeutel zusammengefasst versäubern. Fertig ist die Tasche.

Die Nahttasche mit Reißverschluss

Die Naht steppen, dabei den Tascheneingriff offen lassen. Nahtenden sichern. Nahtzugaben auseinanderbügeln – auch am Tascheneingriff. Nahtzugaben versäubern. Den Reißverschluss so unter die Tascheneingriffkanten heften, dass die Zähnchen verdeckt sind (1). An den Taschenbeuteln die Ansatzkante versäubern. Einen Taschenbeutel mit der rechten Seite von innen über der Zugabe der vorderen Tascheneingriffkante feststecken (2). Von rechts die vordere Eingriffkante absteppen, dabei das Reißverschlussband und den Taschenbeutel feststeppen. Taschenbeutel nach vorn bügeln. Den zweiten Taschenbeutel über der Zugabe der rückwärtigen Eingriffkante feststecken (3). Rückwärtige Eingriffkante von rechts absteppen, dabei am oberen und unteren Ende jeweils quer bis zur Stepplinie der vorderen Eingriffkante steppen. Die Taschenbeutel gleich schneiden, aufeinanderheften und steppen (4). Nahtzugaben zusammengefasst versäubern.

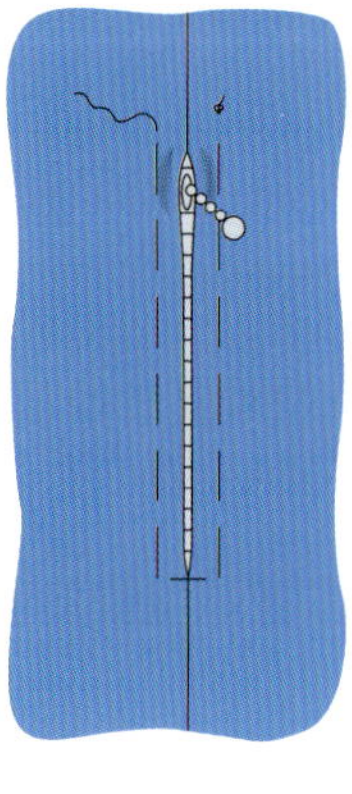

1

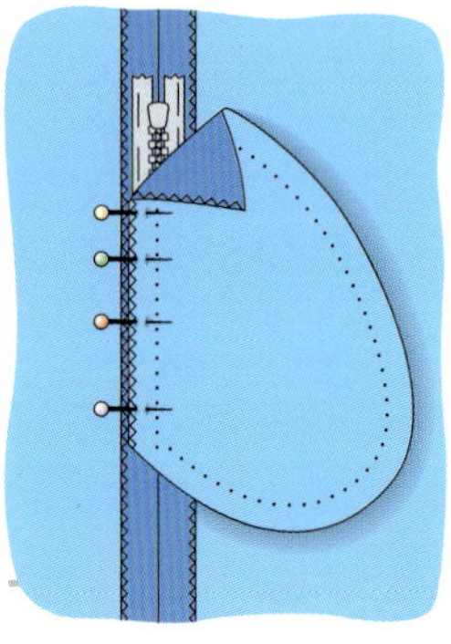

2

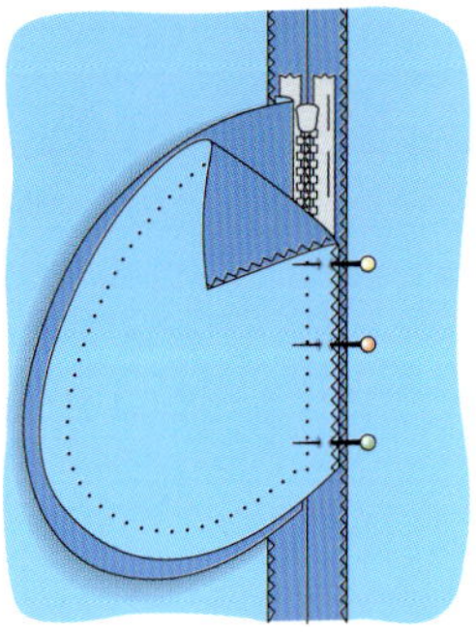

3

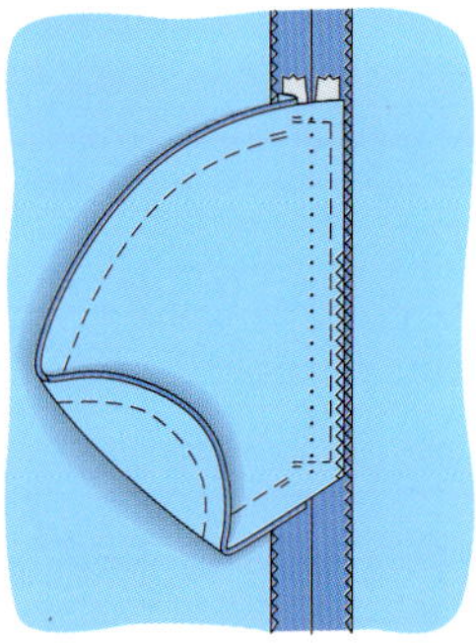

4

Die Nahttasche mit Blende und Klappe

An den Blenden die Zugaben entlang der schmalen Kanten und einer langen Kante nach innen umbügeln. Blenden jeweils die Anstoßlinien treffend auf die vordere Tascheneingriffkante stecken, die offene Längskante liegt auf der Nahtzugabe. Die umgebügelten Kanten schmal feststeppen, die offene Kante festheften (1).

1

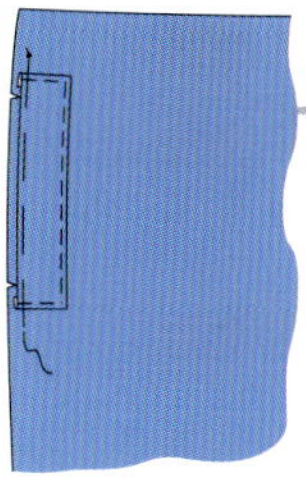

2

3

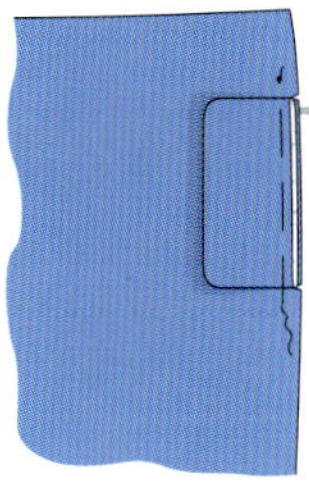

4

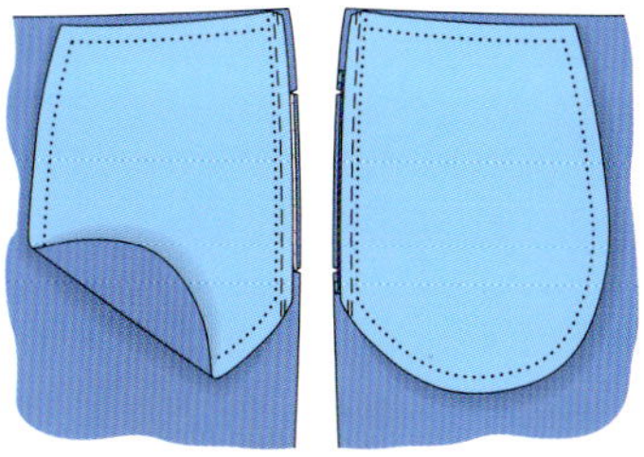

5

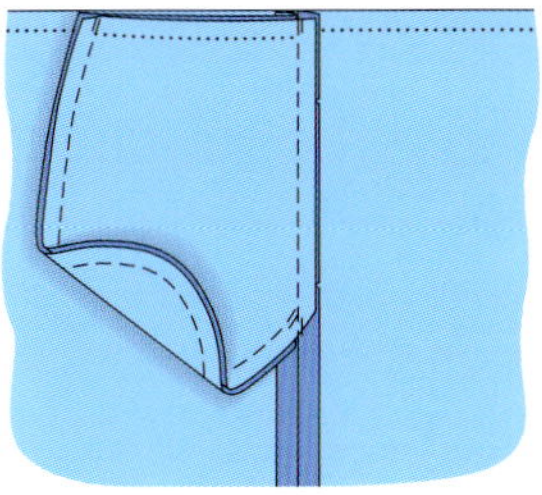

6

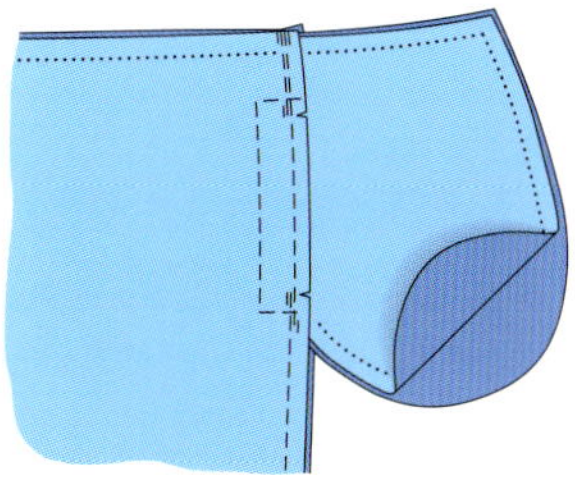

Klappenteile mit Einlage rechts auf rechts auf die Klappenteile ohne Einlage legen, entlang der schmalen Kanten und einer langen Kante steppen, dabei die Ecken leicht abrunden. Die Ansatzkante offen lassen (2).

Die Nahtzugaben zurückschneiden, an den abgerundeten Ecken auf ca. 2 mm Breite. Klappen wenden. Bügeln. Die Klappen auf die rückwärtige Tascheneingriffkante stecken, auf der Nahtzugabe festheften (3).

Von der linken Seite aus die Klappen genau in der markierten Seitennahtlinie feststeppen. Die Zugaben der seitlichen Kanten, an den Taschenbeuteln die Zugabe der Ansatzkante versäubern. Die Taschenbeutel rechts auf rechts auf die Tascheneingriffkanten stecken, die Nahtlinien treffen aufeinander. Taschenbeutel dicht neben der markierten Nahtlinie auf die Nahtzugaben steppen, Klappen und Blenden werden dabei zwischengefasst (4).

Taschenbeutel über die Ansatznaht bügeln. Vordere Stoffbahn rechts auf rechts auf die rückwärtige Stoffbahn legen, Seitennähte stecken, dabei treffen die Nahtlinien aufeinander. Die Tascheneingriffe zwischen den Querstrichen offen lassen. Steppen. Dabei Nahtanfang und -ende durch Rückstiche sichern (5).

Die Nahtzugaben auseinanderbügeln, die vorderen Taschenbeutel nach vorn bügeln. Die Klappen und die rückwärtigen Taschenbeutel über den Eingriff nach vorn legen. Taschenbeutel aufeinanderstecken, gleich groß schneiden und aufeinandersteppen (6). Die oberen Taschenbeutelkanten festheften.

Die Tasche in der Passenansatznaht

Einen Taschenbeutel rechts auf rechts über dem markierten Tascheneingriff auf die obere Kante von Vorder- oder Rückenteil stecken (1). Von der linken Stoffseite aus die Tascheneingriffe umsteppen: Auf den Nahtzugaben entlang dem Querstrich bis 2 mm unterhalb der markierten Tascheneingrifflinie, 2 mm unterhalb der markierten Tascheneingrifflinie, am Tascheneingriffende bis oben.

Die Nahtzugaben entlang der Naht schmal zurückschneiden, in

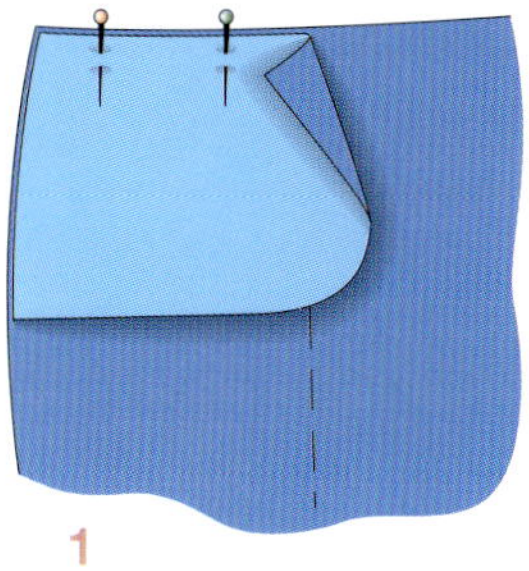

1

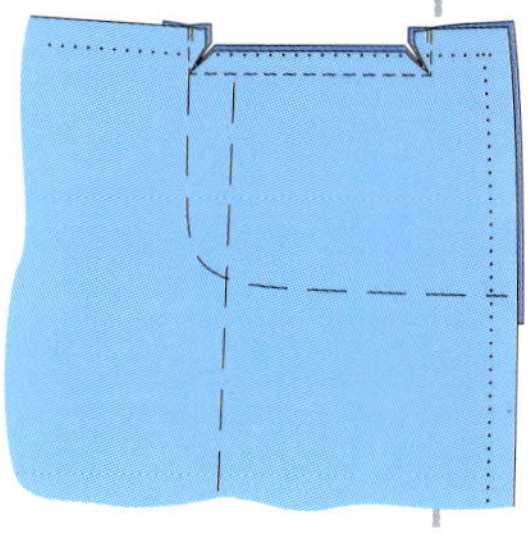

2

3

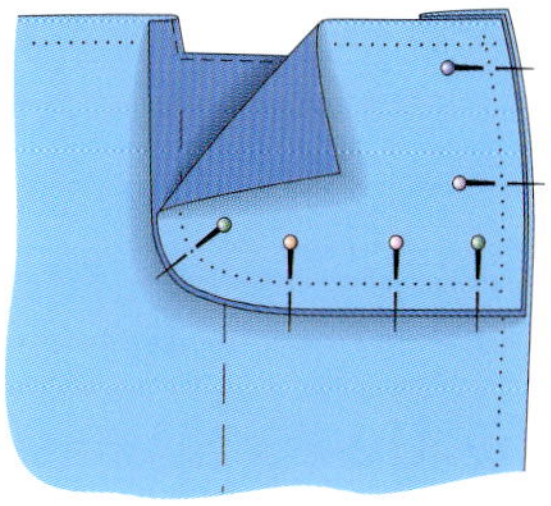

die Ecken bis dicht zur Stepplinie einschneiden (2). Taschenbeutel nach innen wenden. Kanten bügeln, nach Wunsch absteppen. Die zweiten Taschenbeutel von innen auf die Tascheneingriffe stecken, die markierte Nahtlinie der oberen Kanten liegt 2 mm oberhalb des Tascheneingriffs. Die Taschenbeutel aufeinanderstecken (3). Vom unten liegenden Taschenbeutel aus steppen. Kanten zusammengefasst versäubern. Oder die Taschenbeutelkanten versäubern, feststecken und von rechts entlang den markierten Taschenstepplinien feststeppen.

TIPP

Bei dicken Stoffen den Taschenbeutel je einmal aus Stoff und Futter zuschneiden. Der Futtertaschenbeutel wird dann an der vorderen Eingriffkante bzw. bei der Tasche in der Passennaht auf den Tascheneingriff gesteppt.

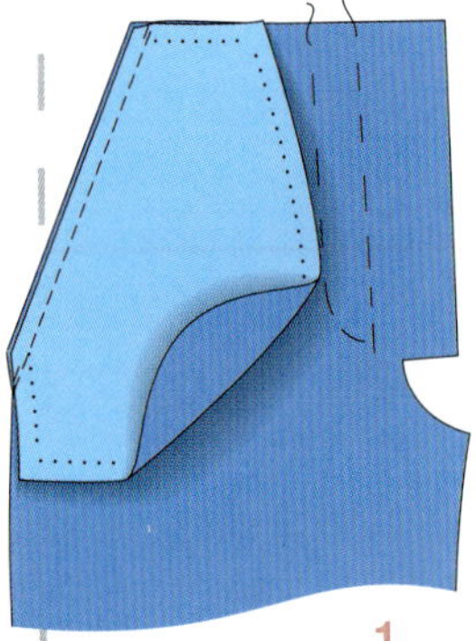

1

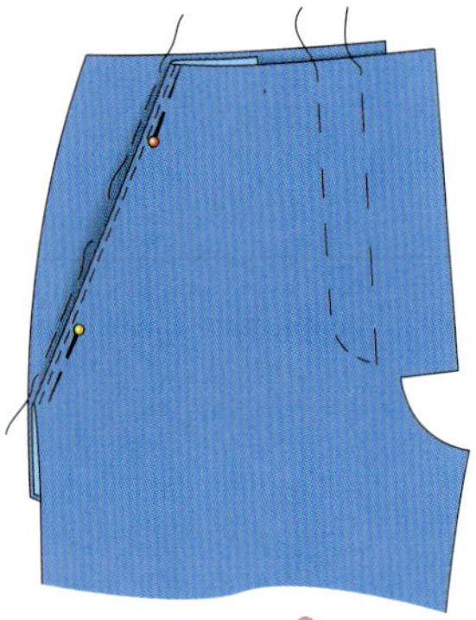

2

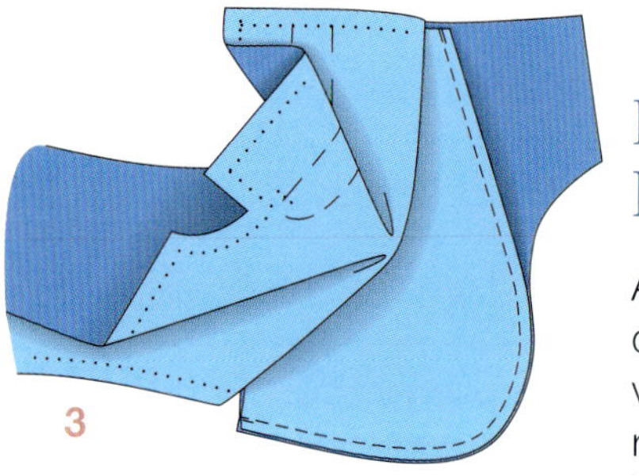

3

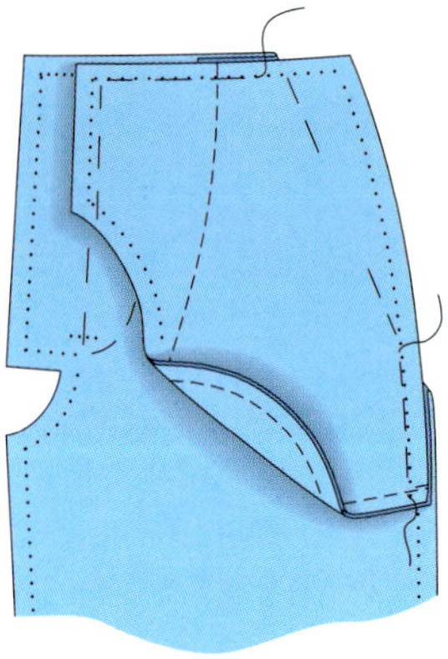

4

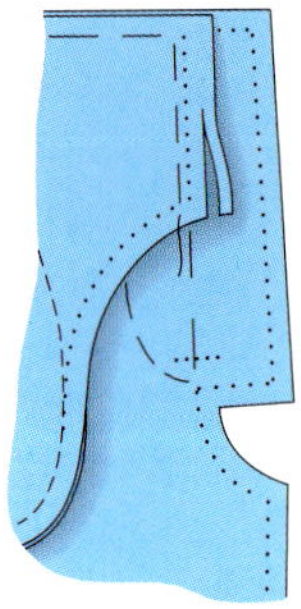

5

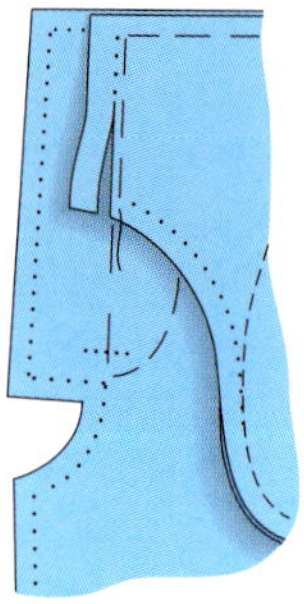

5a

Die Hüftpassentasche

Auch diese Tasche ist einfach und schnell genäht. Sie besteht aus drei Teilen: dem Vorderteil bzw. vorderen Hosenteil mit dem Tascheneingriff, dem Taschenbeutel und der Hüftpasse mit angeschnittenem Taschenbeutel. Alle Teile werden mit Nahtzugabe zugeschnitten. Am Hüftpassenteil die eingezeichnete ANSTOSSLINIE mit Heftfaden auf die rechte Stoffseite übertragen.

Taschenbeutel rechts auf rechts auf den Tascheneingriff steppen. Die Zugaben auf ca. ½ cm Breite zurückschneiden (1), an Rundungen einschneiden. Taschenbeutel nach innen wenden, Kante heften und nach Wunsch absteppen. Den Tascheneingriff an die Anstoßlinie treffend auf das Hüftpassenteil stecken, seitliche und obere Kanten treffen aufeinander (2).

Wichtig: Bei fast allen Hüftpassentaschen ist der Tascheneingriff etwas länger als die Anstoßlinie der Hüftpasse. Diese Mehrlänge ist erforderlich, damit der Tascheneingriff beim Tragen nicht spannt und darf nicht weggemogelt werden.

Das Vorderteil über den Tascheneingriff legen. Taschenbeutel auf die Hüftpasse stecken, Nahtlinien treffen aufeinander. Steppen (3). Nahtzugaben versäubern. Obere und seitliche Kanten von Taschenbeutel, Hüftpasse und Vorderteil aufeinanderheften. Die vordere Kante der Hüftpasse Mitte auf Mitte treffend auf das Vorderteil heften (4). Bei Hosen oder Röcken mit Reißverschluss in der vorderen Mitte, die Hüftpasse am linken Vorderteil ½ cm neben der vorderen Mitte (5), am rechten Vorderteil entlang der vorderen Mitte (5a) zurückschneiden.

Eingrifftasche mit Kleingeldtasche

An der kleinen Tasche die Zugaben der oberen und seitlichen Kante versäubern. Die Zugabe der oberen Kante nach innen umbügeln. Die Kante 7 mm breit absteppen. Dann die Zugabe der seitlichen Kante umbügeln. Die Tasche die Anstoßlinie treffend auf das linke Hüftpassenteil stecken. Die seitliche Kante schmal und 7 mm breit feststeppen. Die untere und die vordere Kante mit Zickzackstich feststeppen (1).

Taschenbeutel rechts auf rechts auf das vordere Hosenteil stecken, entlang des Tascheneingriffs steppen. Nahtzugaben zurückschneiden, an der Rundung einschneiden (2). Den Taschenbeutel nach innen wenden. Die Kante bügeln (3), schmal und 7 mm breit ab-

1

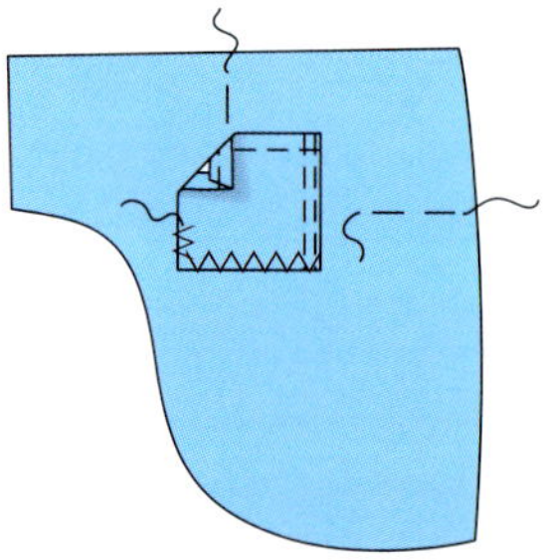

2

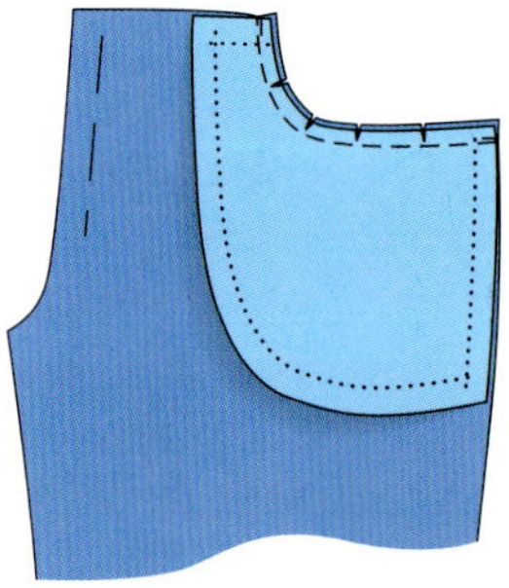

3

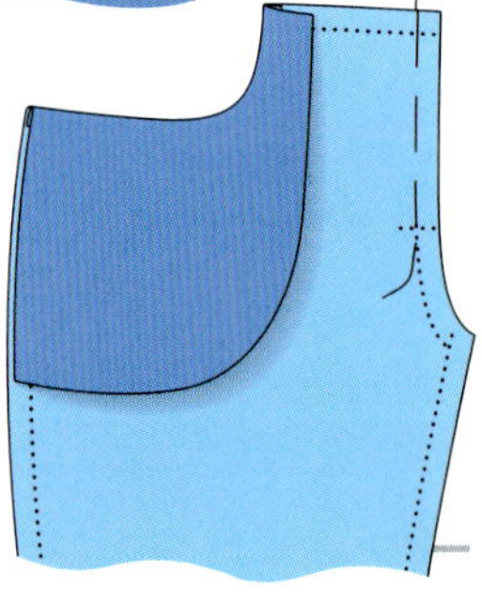

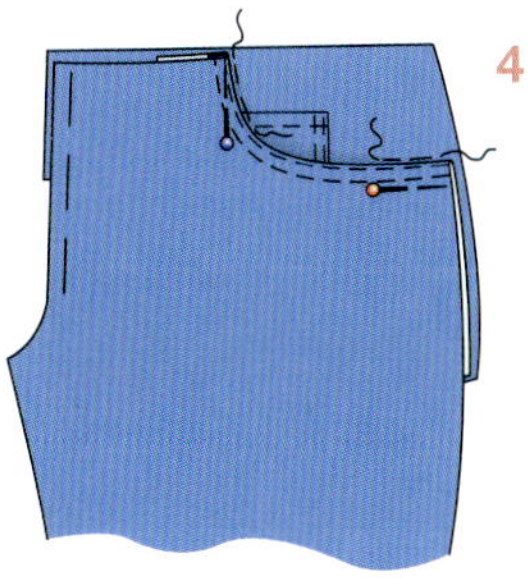
4

5
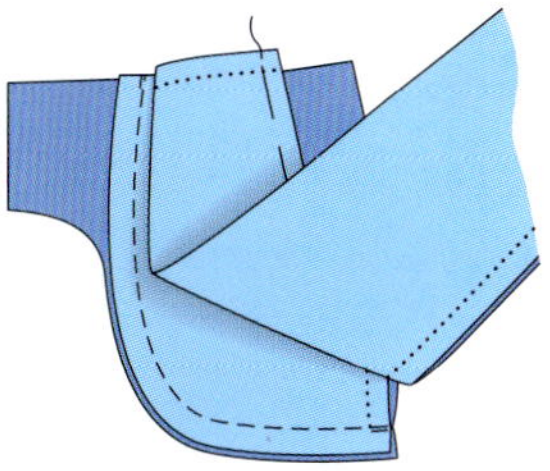

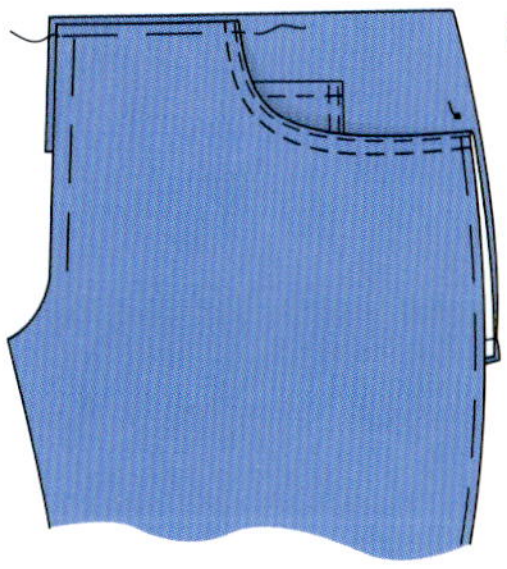
6

steppen. Den Tascheneingriff die Anstoßlinien treffend auf die Hüftpasse stecken (4).

Hosenteil über den Tascheneingriff zur Seite legen. Taschenbeutel auf das Hüftpassenteil stecken. Steppen (5). Seitliche, obere und vordere Hosenkanten auf dem Hüftpassenteil festheften (6).

Die „schnelle" Tasche

Diese Tasche ist supereinfach und im Handumdrehen fertig. Der Tascheneingriff ist als Einschnittlinie (—"—) eingezeichnet. Für den Taschenbeutel gibt es ein Extra-Schnittteil oder er ist ins Vorderteil eingezeichnet und muss als Extrateil abgepaust werden – dabei auch den Tascheneingriff abpausen.

Pro Tasche 2 Taschenbeutel zuschneiden: bei dünnen Stoffen beide aus Stoff, bei sehr dicken Stoffen einen aus Stoff (= oberer Taschenbeutel) und einen aus farblich passendem dünnerem Stoff, z. B. Flanell, Fleece oder aus Futter (= unterer Taschenbeutel). Den Tascheneingriff mit Kopierrädchen und Kopierpapier auf die linke Stoffseite der Vorderteile und des unteren Taschenbeutels übertragen. Damit diese Linien auch auf der rechten Stoffseite zu sehen sind, entlang diesen Linien von Hand mit großen Stichen und Heftgarn nähen. Zum Verstärken der Tascheneingriffe einen Einlagestreifen zuschneiden: ca. 4 cm breit und 3 cm länger als der Tascheneingriff. Einlagestreifen über dem markierten Tascheneingriff auf die linke Stoffseite des unteren Taschenbeutels bügeln (1).

Zum Verstürzen des Tascheneingriffs den unteren Taschenbeutel rechts auf rechts so auf das Vorderteil stecken, dass die markierten Tascheneingriffe aufeinandertreffen (1). Den Tascheneingriff in ca. 3 mm Abstand umsteppen, dabei an den Enden keine Ecken, sondern kleine Rundungen oder Dreiecke steppen. Taschenbeutel und Vorderteil zwischen den Stepplinien einschneiden, an den Eingriffenden bis dicht zur Stepplinie einschneiden (2). Taschenbeutel durch den Einschnitt nach innen ziehen. Eingriffkanten bügeln. Dann den oberen Taschenbeutel rechts auf rechts auf den unteren Taschenbeutel legen. Taschenbeutel ringsum aufeinanderstecken (3) und steppen (4).

Bei ungefütterten Kleidungsstücken die Taschenbeutel zusammengefasst versäubern.

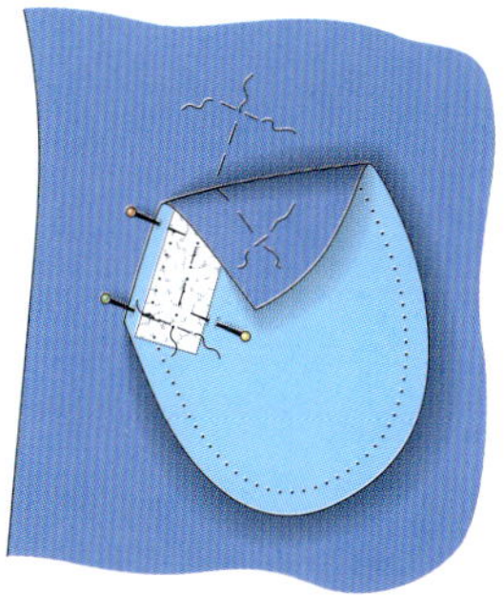
1

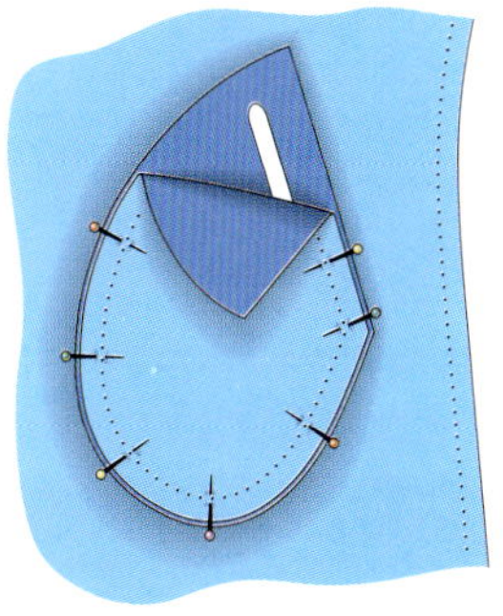
2

3
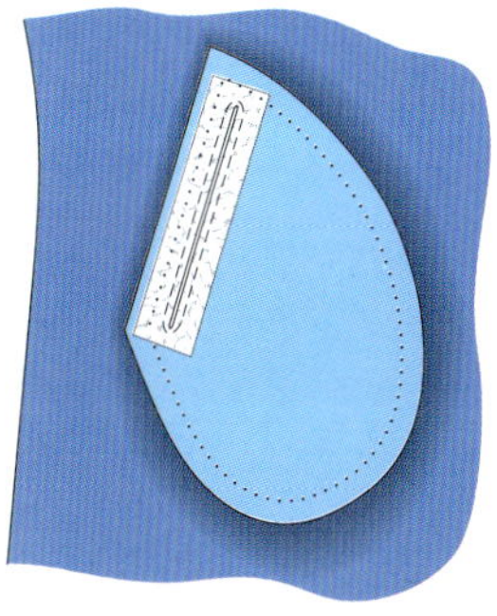

4
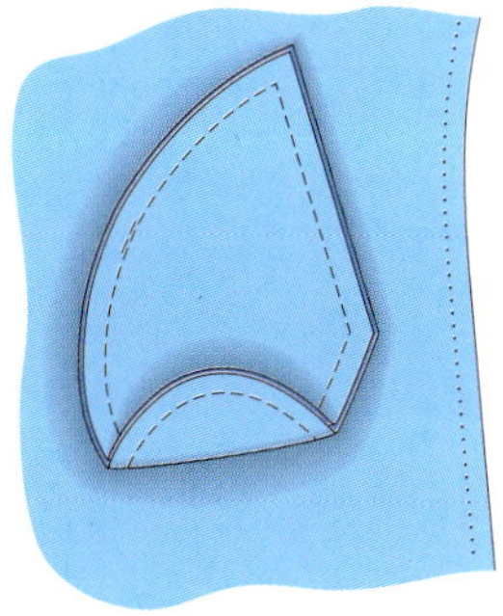

Die Paspeltasche

Für diese Tasche muss der Stoff eingeschnitten werden. Aber keine Angst, das Nähen einer Paspeltasche ist einfacher, als es auf den ersten Blick aussieht. Voraussetzung fürs gute Gelingen ist, dass Sie die Paspel ganz exakt feststeppen, denn schummeln ist nicht möglich.

Pro Tasche schneiden Sie für die Paspel zwei Stoffstreifen in geradem oder schrägem Fadenlauf zu: 4-mal so breit und ca. 3 cm länger als der fertige Tascheneingriff. Außerdem benötigen Sie noch zwei Taschenbeutel – einen aus Stoff und einen aus Futter.

In burda style Schnitten sind die Paspelansatzlinien und die Einschnittlinie eingezeichnet. Diese Linien übertragen Sie mit Kopierpapier auf die linke Stoffseite. Damit die Einschnittlinie auch auf der rechten Stoffseite zu sehen ist, nähen Sie entlang dieser Linie von Hand mit großen Vorstichen. Auch die Einschnittenden übertragen Sie so auf die rechte Stoffseite.

Zum Nähen der Paspeltasche gibt es zwei Methoden: die klassische, bei der die Paspel, nach dem Ansteppen gelegt werden und die etwas „schnellere“ Konfektionsmethode mit bereits vorgebügelten Paspeln.

1

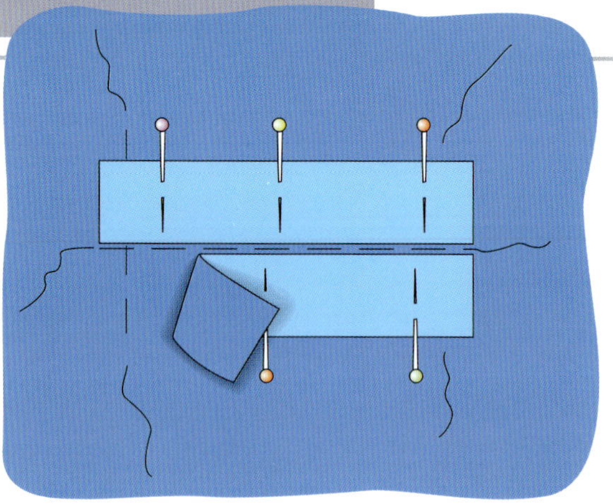

2

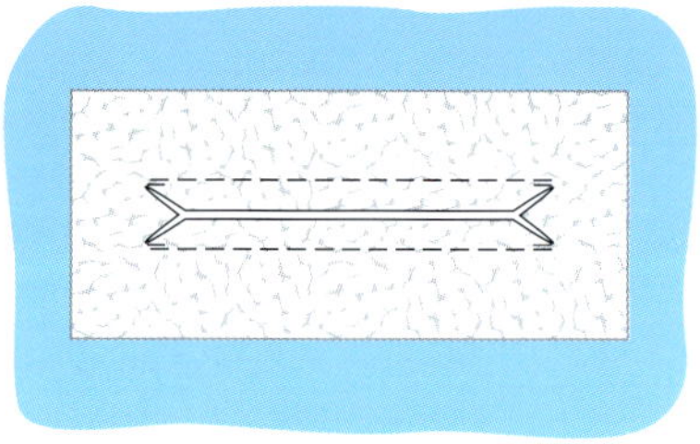

3

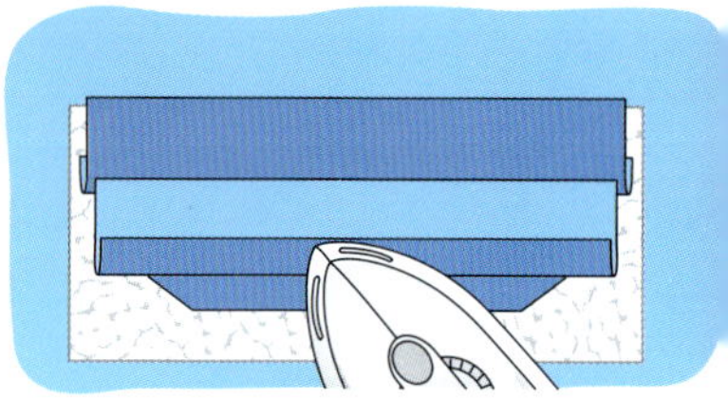

4

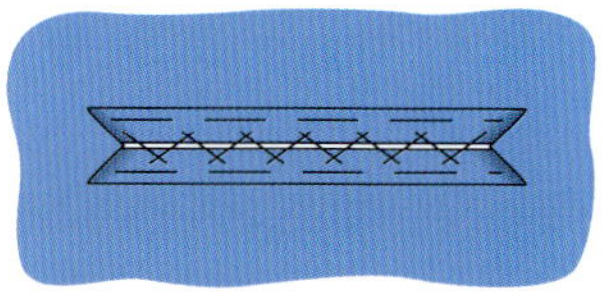

5

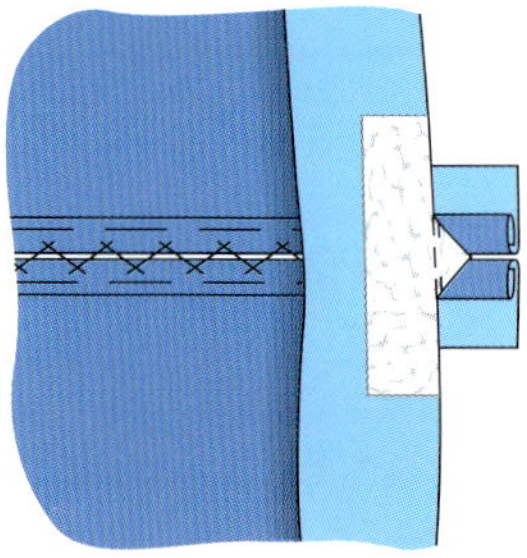

6

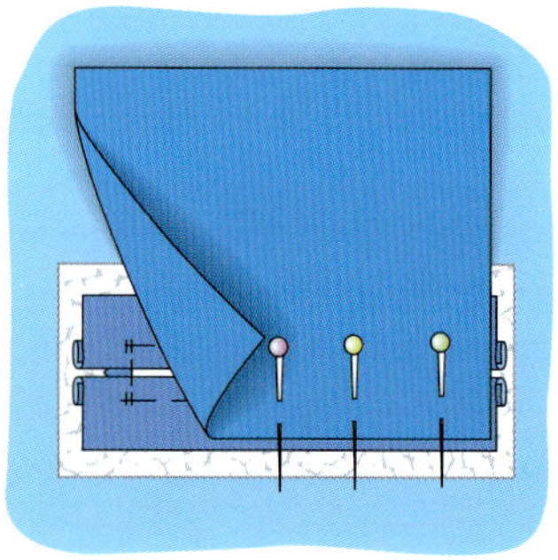

So nähen Sie die klassische Paspeltasche ...

Zum Verstärken des Tascheneingriffs einen ca. 4 cm breiten Vlieseline-Streifen von links über der Taschenmarkierung aufbügeln. Auf der Einlage die Einschnittlinie, die Einschnittenden und die Paspelansatzlinien noch einmal exakt mit Schneiderkreide oder einem weichen Bleistift aufzeichnen. Der Abstand der Paspelansatzlinien zur Einschnittlinie = fertige Paspelbreite. Die Paspelstreifen rechts auf rechts so feststecken, dass die Kanten an der markierten Einschnittlinie aneinandertreffen, dabei die Enden gleichmäßig lang überstehen lassen (1). Von der linken Seite aus die Paspel genau in den markierten Ansatzlinien feststeppen, dabei keinen Stich länger oder kürzer steppen. Nahtenden sichern. Die Heftfäden entfernen. Zwischen den Stepplinien einschneiden, dabei ca. 1½ cm vor den Enden der Paspelansatznähte beginnen bzw. enden und zu den Nahtenden schräg einschneiden, sodass kleine Dreiecke entstehen (2). Dabei dürfen die Paspelstreifen nicht mitgefasst werden. Paspelstreifen durch den Einschnitt

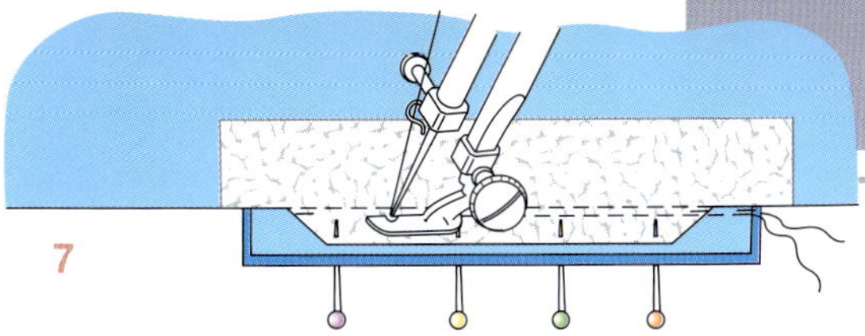

7

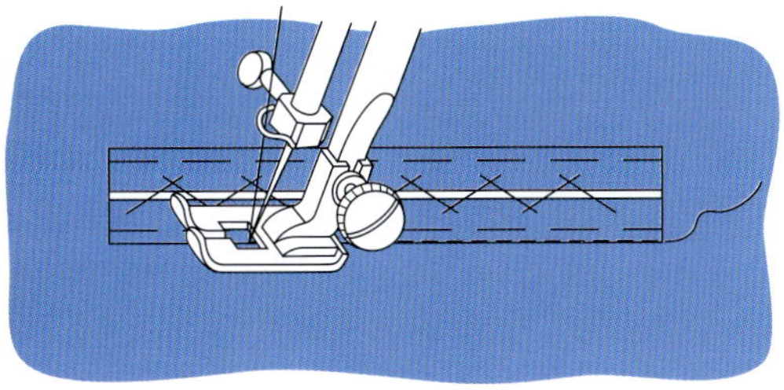

7a

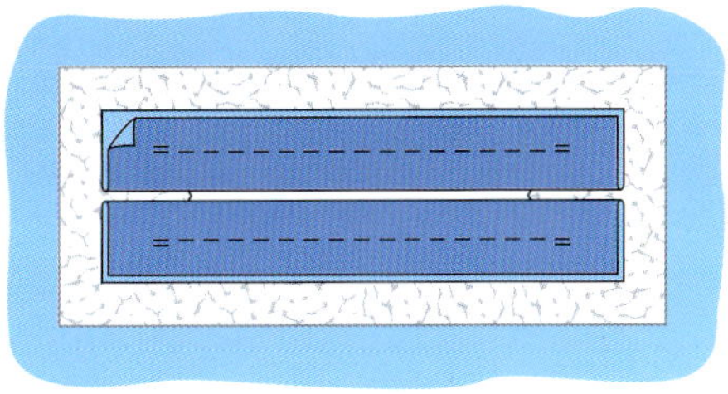

10

nach innen ziehen. Die Zugaben der Paspelansatznähte auseinanderbügeln (3). Die Paspelstreifen über die Nahtränder legen und so festheften, dass die Paspel gleich breit sind und den Einschnitt ausfüllen. Bügeln. Paspelkanten mit Hexenstichen aneinanderheften (4). Die kleinen Dreiecke an den Einschnittenden nach innen falten und genau von Nahtende bis Nahtende auf die Paspel steppen (5). Von innen den Futtertaschenbeutel auf dem unteren Paspel feststecken (6). Dann den Taschenbeutel von der Innenseite aus mit dem einseitigen Kantensteppfuß (Reißverschlussfuß) dicht neben der Ansatznaht auf der Nahtzugabe des Paspels feststeppen (7) oder von rechts, genau in der Ansatznaht des unteren Paspels, steppen (7a). Taschenbeutel nach unten bügeln. Den Stofftaschenbeutel rechts auf rechts auf dem oberen Paspel feststecken (8) und, wie beim Futtertaschenbeutel erklärt, feststeppen. Taschenbeutel aufeinanderstecken, gleichschneiden

8

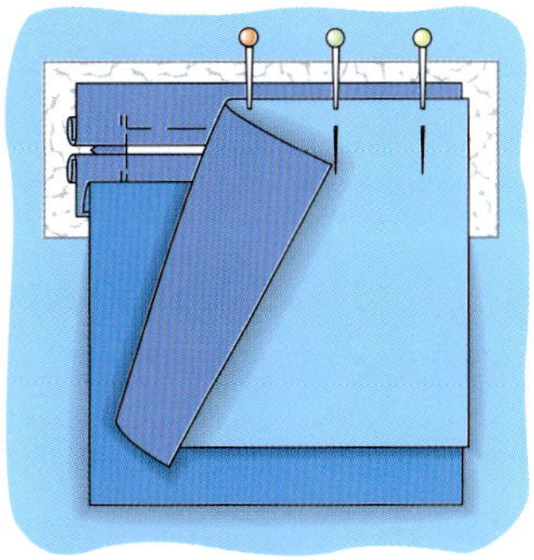

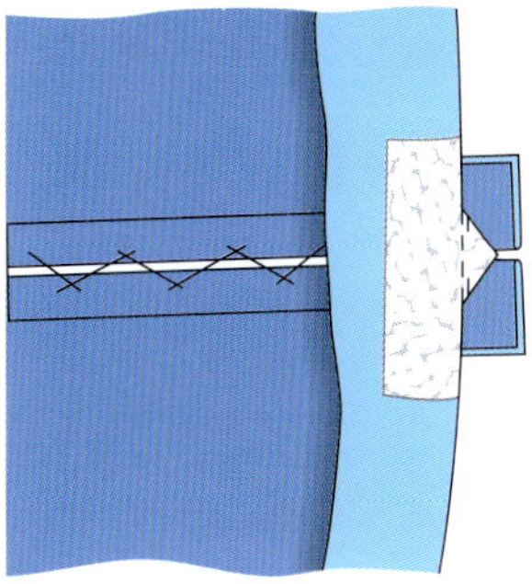

11

und vom Futtertaschenbeutel aus aufeinandersteppen.

... und so geht's mit der Konfektionsmethode

Zum Verstärken des Tascheneingriffs einen ca. 4 cm breiten Vlieseline-Streifen von links über der Taschenmarkierung aufbügeln. Auf der Einlage die Einschnittlinie und die Einschnittenden noch einmal exakt mit Schneiderkreide oder einem weichen Bleistift aufzeichnen. Zu beiden Seiten dieser Einschnittlinie jeweils in doppelter Paspelbreite die ANSTOSSLINIEN markieren und diese Linien mit Heftfaden auf die rechte Stoffseite übertragen oder die Anstoßlinien von rechts mit Zauberkreide aufzeichnen. Die Paspelstreifen der Länge nach zur Hälfte falten, linke Seite innen. Bügeln. Neben der Bruchkante die Ansatzlinie mit

9

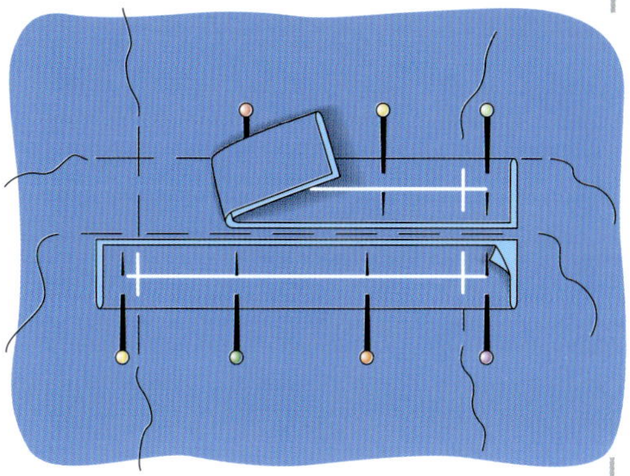

Zauberkreide markieren = fertige Paspelbreite. Die Paspelstreifen rechts auf rechts so feststecken, dass die Bruchkanten an die markierten ANSTOSSLINIEN treffen und die Enden gleichmäßig überstehen. Die offenen Paspelkanten liegen in Richtung Einschnittlinie. Die Taschenenden auf den Paspelstreifen markieren (9). Die Paspelstreifen an den markierten Ansatzlinien feststeppen, dabei an den Enden keinen Stich kürzer oder länger steppen. Zwischen den Stepplinien einschneiden, dabei ca. 1½ cm vor den Enden der Paspelansatznähte beginnen bzw. enden und in die Ecken bis dicht zum letzten Steppstich schräg einschneiden, sodass kleine Dreiecke entstehen. Beim Einschneiden die Paspelstreifen nicht mitfassen (siehe Zeichnung 2, Seite 82). Die Paspel in Richtung Einschnitt, die Nahtzugaben nach oben bzw. nach unten bügeln (10). Paspel mit Hexenstichen aneinanderheften. Die kleinen Dreiecke an den Einschnittenden nach innen falten und von Nahtende bis Nahtende auf die Paspel steppen (11). Dann die Taschenbeutel, wie bei der klassischen Paspeltasche erklärt, annähen.

Wichtig: Damit die Nähte nicht aufgehen, grundsätzlich am Anfang und Ende einige Stiche vor- und zurücknähen.

Die Paspeltasche mit eingeschobener Klappe

Diese Tasche wird hauptsächlich an klassischen Jacken und Mänteln gearbeitet. Damit die Klappe zwischen die Paspel geschoben werden kann, muss sie ein paar Millimeter kürzer sein als der Tascheneingriff.

Zuerst wird die Paspeltasche bis auf das Annähen des Stofftaschenbeutels fertiggenäht. Die fertige Klappe (siehe auch aufgesetzte Tasche mit Klappe von Seite 77) wird zwischen die Paspel geschoben und am oberen Paspel festgeheftet (12). Dann wird der Stofftaschenbeutel von innen auf der Nahtzugabe der Klappe und dem oberen Paspel festgesteckt und, wie bei der klassischen Paspeltasche erklärt, festgesteppt. Nur noch die Taschenbeutel aufeinandersteppen, und fertig ist die Tasche.

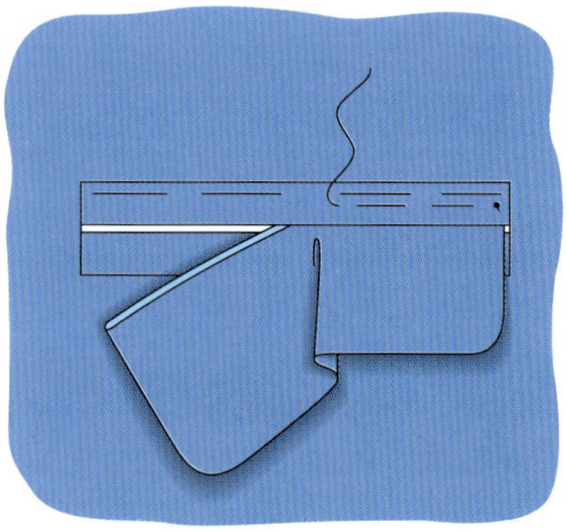

12

Die Paspeltasche mit Reißverschluss

Das ist die sportliche Variante der Paspeltasche.

Zuerst wird die Paspeltasche bis auf das Ansetzen der Taschenbeutel fertiggenäht. Nachdem der Reißverschluss unter die Paspel geheftet ist, werden die Taschenbeutel, wie bei der klassischen Paspeltasche erklärt, festgesteppt, dabei werden die Reißverschlussbänder mitgefasst. Zuletzt werden die Taschenbeutel aufeinandergesteppt.

Die einseitige Paspeltasche

Diese Tasche hat nur einen Paspel. Wenn der Paspel jedoch breiter als 2 cm ist, wird die Tasche auch als eingesetzte Patten- bzw. Leistentasche bezeichnet.

Pro Tasche schneiden Sie einen Paspelstreifen zu, 2-mal so breit wie der fertige Paspel plus 2 cm für Nahtzugaben und ca. 3 cm länger als die fertige Tasche. Außerdem benötigen Sie noch zwei Taschenbeutel, einen aus Stoff und einen aus Futter.

In burda style Schnitten sind die Paspelansatzlinie, die Einschnittlinie und die Taschenbeutelansatzlinie eingezeichnet. Manchmal ist auch der Taschenbeutel eingezeichnet. Er wird dann 2-mal als Extra-Schnittteil abgezeichnet – 1-mal bis zur Taschenbeutelansatzlinie, das ist der Stofftaschenbeutel, und 1-mal bis zur Paspelansatzlinie, das ist der sogenannte Futtertaschenbeutel.

Die Paspelansatzlinie, die Einschnittlinie und die Taschenbeutelansatzlinie übertragen Sie zunächst mit burda style Kopierpapier auf die linke Stoffseite. Damit diese Linien auch auf der rechten Seite zu sehen sind, ziehen Sie entlang diesen Linien einen Heftfaden ein.

Zum Verstärken des Tascheneingriffs bügeln Sie einen Vlieseline-Streifen von links über den Taschenmarkierungen auf.

Beim Nähen gibt es, wie bei der Paspeltasche, eine klassische und die etwas „schnellere“ Konfektionsmethode.

Die klassische Methode

Den Paspelstreifen rechts auf rechts auf der markierten Paspelansatzlinie, den Stofftaschenbeutel rechts auf rechts auf der markierten Taschenbeutelansatzlinie feststecken (1).

Von der linken Stoffseite aus Paspel und Taschenbeutel an den markierten Ansatzlinien feststeppen. An der Einschnittlinie einschneiden und zu den Nahtenden schräg einschneiden, sodass kleine Dreiecke entstehen (2). Beim Einschneiden dürfen Paspel und Taschenbeutel nicht mitgefasst werden. Falls erforderlich, die Zugabe der Taschenbeutelansatznaht auf 1 cm Breite zurückschneiden.

Den Taschenbeutel nach innen ziehen, Paspelstreifen über den Einschnitt nach oben legen. Die Nahtzugaben der Taschenbeutelansatznaht nach oben, die der Paspelansatznaht auseinanderbügeln. Den Paspelstreifen so breit nach innen umheften, dass die Bruchkante an die Taschenbeutelansatznaht trifft (3). Bügeln.

Paspelenden nach innen ziehen. Die kleinen Dreiecke an den Einschnittenden nach innen falten und von Nahtende bis Nahtende

1

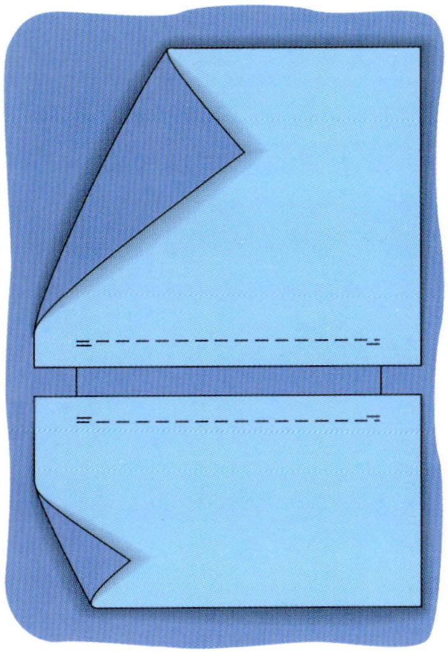

2

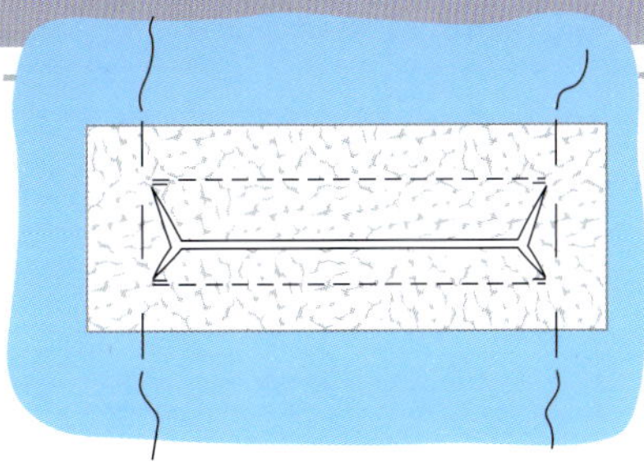

3

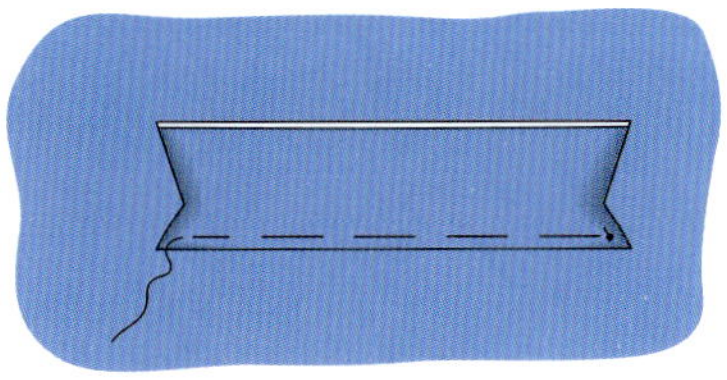

4

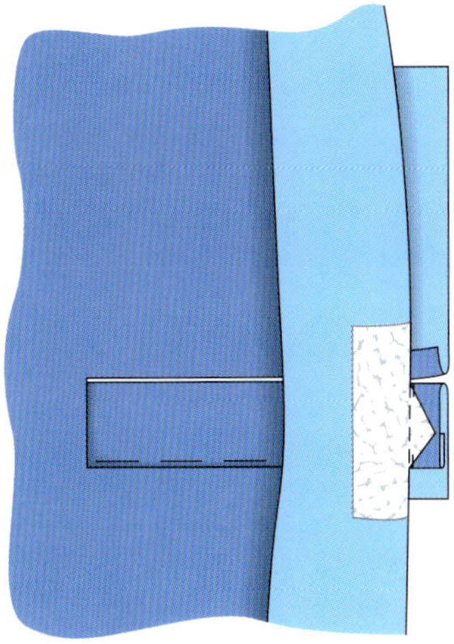

5

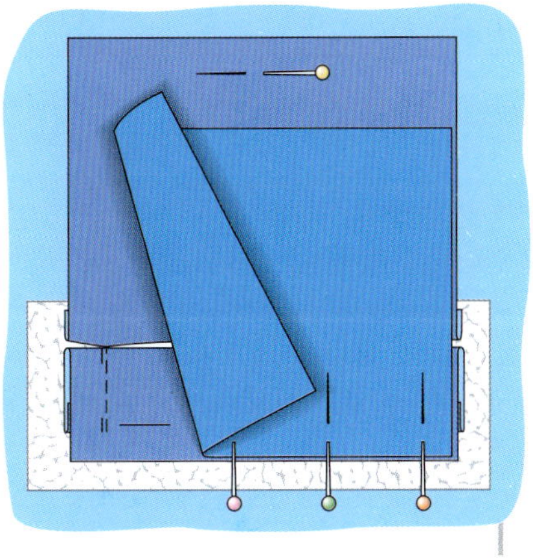

6

6a

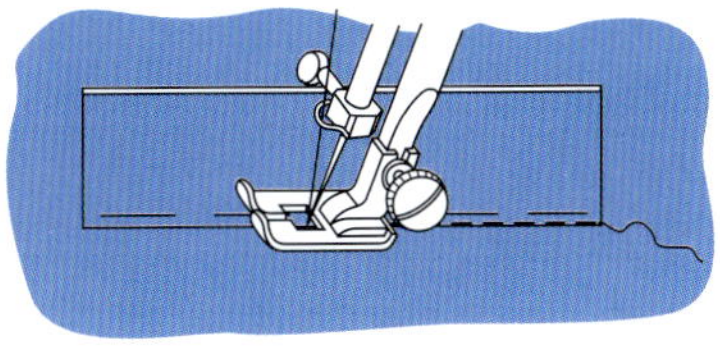

7

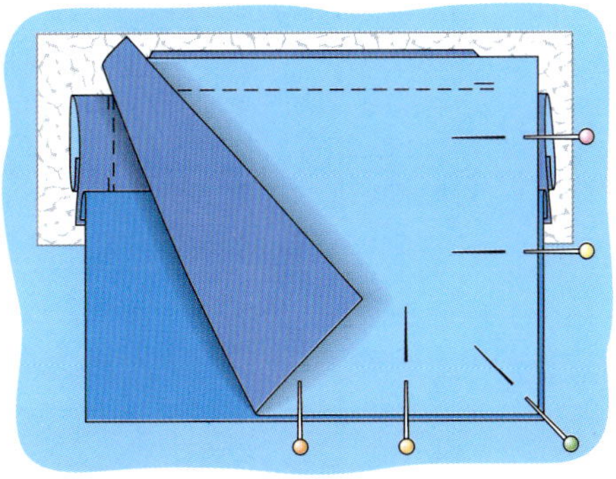

auf den Paspel steppen, dabei den Stofftaschenbeutel nicht mitfassen (4). Am besten vorher den Stofftaschenbeutel nach oben legen und feststecken (siehe auch Zeichnung 5). Den Futtertaschenbeutel von innen auf der Ansatznaht der Paspel feststecken (5). Futtertaschenbeutel mit dem einseitigen Kantensteppfuß auf der Nahtzugabe der Paspelansatznaht (6) oder von rechts, genau in der Paspelansatznaht, feststeppen (6a). Beide Taschenbeutel nach unten bügeln. Taschenbeutel gleichschneiden und aufeinanderstecken (7). Die Taschenbeutel vom Futtertaschenbeutel aus aufeinandersteppen.

TIPP

Wenn der Paspel breiter als 1 cm ist, den Paspelstreifen mit einer dünnen Einlage, zum Beispiel Vlieseline H 180, verstärken.

Die Konfektionsmethode

Den Paspelstreifen der Länge nach zur Hälfte falten, linke Seite innen. Bügeln. Offene Kanten aufeinanderheften. Neben der Bruchkante die Ansatzlinie mit Schneiderkreide markieren = fertige Paspelbreite. Den Paspel rechts auf rechts so feststecken, dass die Ansatzlinien aufeinandertreffen. Den Stofftaschenbeutel rechts auf rechts auf der Taschenbeutelansatzlinie feststecken (8).

Von der linken Stoffseite aus Paspel und Taschenbeutel an den markierten Ansatzlinien feststeppen. An der Einschnittlinie einschneiden und zu den Nahtenden schräg einschneiden, sodass kleine Dreiecke entstehen (siehe auch Seite 85, Zeichnung 2). Beim Einschneiden dürfen Paspel und Taschenbeutel nicht mitgefasst werden. Die Zugabe der Taschenbeutelansatznaht auf 1 cm Breite zurückschneiden. Den Taschenbeutel nach innen ziehen. Paspel über den Einschnitt nach oben legen. Nahtzugabe der Taschenbeutelansatznaht nach oben, der Paspelansatznaht nach unten bügeln. Dann die Tasche, wie bei der klassischen Methode erklärt (Seite 85), fertignähen.

8

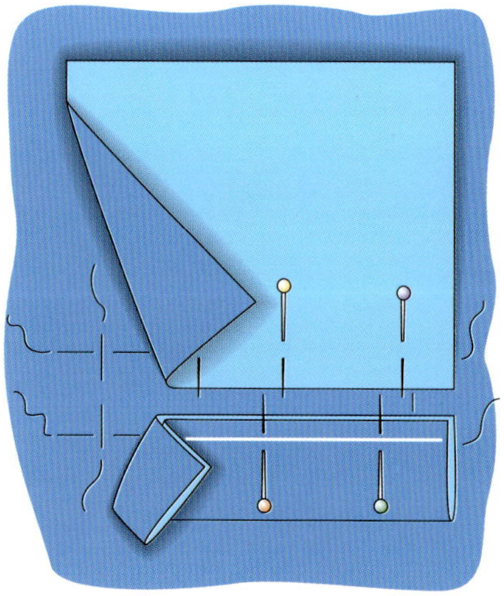

Wichtig: Damit die Nähte nicht aufgehen, grundsätzlich am Anfang und Ende einige Stiche vor- und zurücknähen.

Die Klappentasche

Bei dieser Tasche wird der Eingriff von der Klappe verdeckt. Sie muss trotzdem sehr sorgfältig genäht werden, denn der Tascheneingriff darf unter den seitlichen Klappenkanten nicht „hervorblitzen".

Pro Tasche brauchen Sie eine Klappe, sie wird 2-mal aus Stoff oder bei sehr dicken Stoffen je 1-mal aus Stoff und Futter zugeschnitten, einen Paspelstreifen, 4 cm breit und ca. 4 cm länger als die Klappe und zwei Taschenbeutel, einen aus Stoff und einen aus Futter.

Wichtig: Klappe ringsum mit 1 cm, Taschenbeutel mit 1½ bis 2 cm Nahtzugabe zuschneiden. Bei burda style Schnitten sind die Klappenansatzlinie, die Paspelansatzlinie und die Einschnittlinie im Schnitt eingezeichnet. Für die Klappe gibt es ein Schnittteil. Die Taschenlinien übertragen Sie zunächst mit einem Kopierrädchen und Kopierpapier auf die linke Stoffseite. Damit diese Linien auch auf der rechten Stoffseite zu sehen sind, ziehen Sie entlang diesen Markierungen einen Heftfaden mit großen Vorstichen ein.

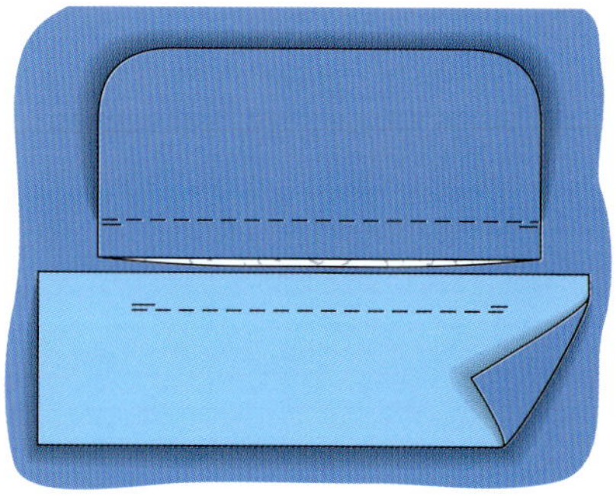

1

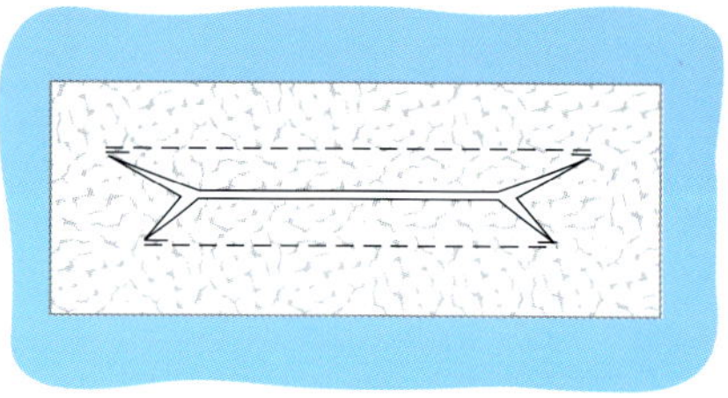

2

So nähen Sie:

Zum Verstärken des Tascheneingriffs einen 4 cm breiten Vlieseline-Streifen von links über den Taschenmarkierungen aufbügeln. Vlieseline auf die linke Seite von einem Klappenteil bügeln. Klappenteile rechts auf rechts aufeinanderlegen, Kanten aufeinanderheften und steppen, dabei die Ansatzkante offen lassen. Die Nahtzugaben schmal zurückschneiden, an Rundungen einschneiden, an Ecken schräg abschneiden. Klappe wenden, Kanten heften, bügeln. Die offenen Kanten aufeinanderheften. Nach Wunsch Klappe absteppen.

Klappe rechts auf rechts so auf die Ansatzlinie heften, dass die Hälfte mit Einlage unten liegt. Den Paspelstreifen entlang der Einschnittlinie festheften, dabei die Enden gleichmäßig lang überstehen lassen. Klappe feststeppen. Den Paspelstreifen von der linken

3

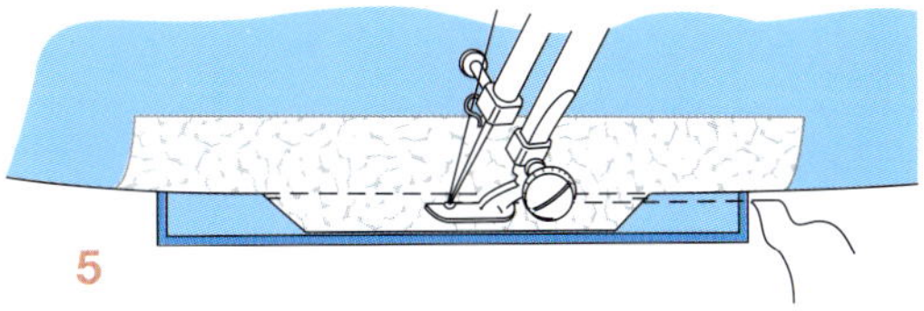

5

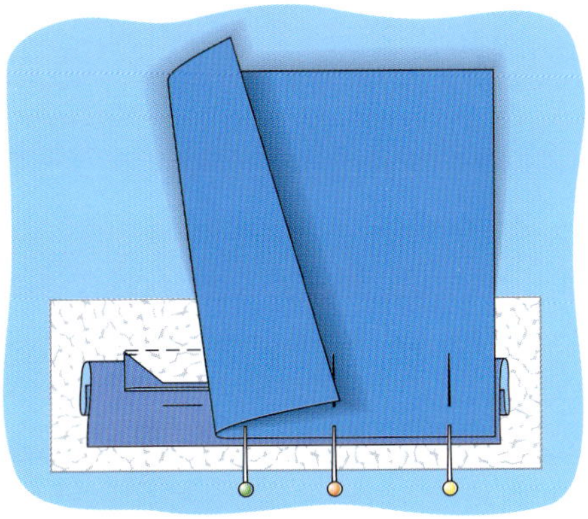

4

6

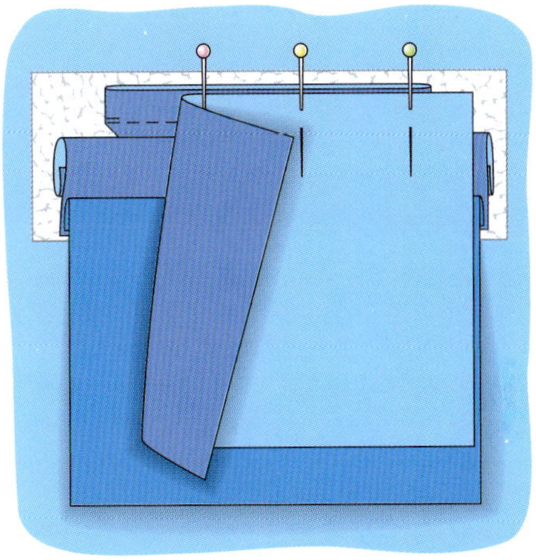

Stoffseite aus entlang der markierten Ansatzlinie feststeppen. Diese Naht ist an beiden Enden ½ cm kürzer als die Klappenansatznaht (1). Von der linken Seite aus an der Einschnittlinie einschneiden und zu den Nahtenden schräg einschneiden, sodass kleine Dreiecke entstehen (2). Beim Einschneiden die Klappe und den Paspelstreifen nicht mitfassen.

Den Paspelstreifen durch den Einschnitt nach innen ziehen. Die Nahtzugaben der Paspelansatznaht auseinanderbügeln. Den Paspelstreifen um die Nahtzugabe der Ansatznaht legen und als gleichmäßig breiten Paspel festheften (3).

Von innen den Futtertaschenbeutel auf dem Paspel feststecken (4). Dann den Taschenbeutel von der Innenseite aus mit dem einseitigen Kantensteppfuß (Reißverschlussfuß) auf der Nahtzugabe des Paspels dicht neben der Ansatznaht (5) oder von rechts genau in der Ansatznaht des Paspels feststeppen. Taschenbeutel und Klappe nach unten bügeln.

Den Stofftaschenbeutel von innen auf der Nahtzugabe der Klappenansatznaht feststecken (6). Die Nahtzugabe der Klappenansatznaht dicht neben der Nahtlinie mit dem einseitigen Kantensteppfuß auf den Taschenbeutel steppen (siehe auch Zeichnung 5). Die kleinen Dreiecke an den Einschnittenden nach innen falten und von Hand auf dem Paspel festnähen. Die Taschenbeutel aufeinanderheften, gleichschneiden und vom Futtertaschenbeutel aus aufeinandersteppen (7).

Wichtig: Damit die Nähte nicht aufgehen, grundsätzlich am Anfang und Ende einige Stiche vor- und zurücknähen.

7

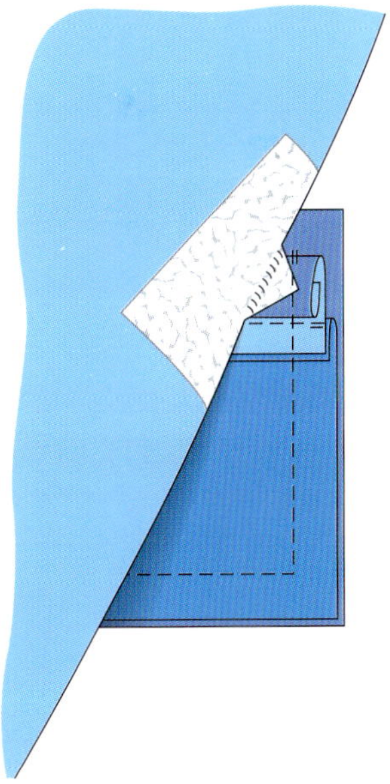

Die Patten- oder Leistentasche

Die Pattentasche ist in der Verarbeitung der Klappentasche sehr ähnlich. Auch hier muss sehr sorgfältig genäht werden, damit der Tascheneingriff nicht unter der Patte „hervorblitzt“.

Pro Tasche brauchen Sie eine Patte, sie wird an der oberen Kante im Stoffbruch zugeschnitten, und zwei Taschenbeutel, einen aus Stoff und einen aus Futter.

Die Pattenansatzlinie, die Taschenbeutelansatzlinie und die Einschnittlinie sind in den burda style Schnitten eingezeichnet. Diese Linien übertragen Sie zunächst mit einem Kopierrädchen und burda style Kopierpapier auf die linke Stoffseite. Damit diese Linien auch auf der rechten Stoffseite zu sehen sind, ziehen Sie entlang diesen Markierungen einen Heftfaden ein.

So nähen Sie:

Zum Verstärken des Tascheneingriffs einen ca. 4 cm breiten Vlieseline-Streifen von links über den Taschenmarkierungen aufbügeln. Vlieseline auf die linke Seite der Patte bügeln. Patte der Länge nach zur Hälfte falten, rechte Seite innen. Schmalseiten aufeinandersteppen. Nahtzugaben zurückschneiden, an den Ecken schräg abschneiden (1).

Patte wenden, Kanten heften, bügeln und nach Wunsch absteppen. Offene Kanten aufeinanderheften. Patte rechts auf rechts so auf die Ansatzlinie heften, dass die Hälfte mit Einlage unten liegt. Den Stofftaschenbeutel entlang der Ansatzlinie festheften, dabei darauf achten, dass die Enden gleichmäßig überstehen.

1

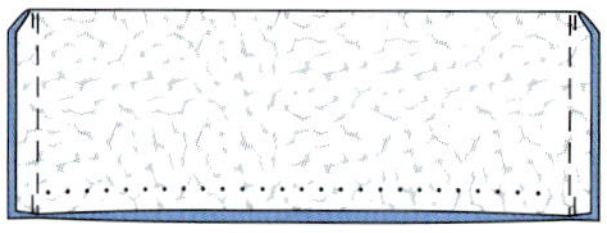

2

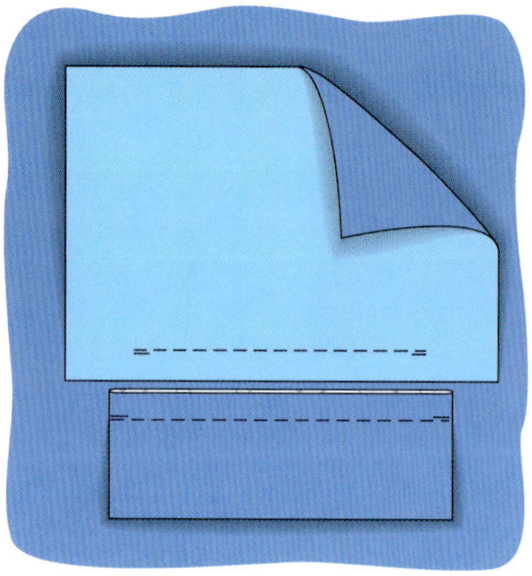

3

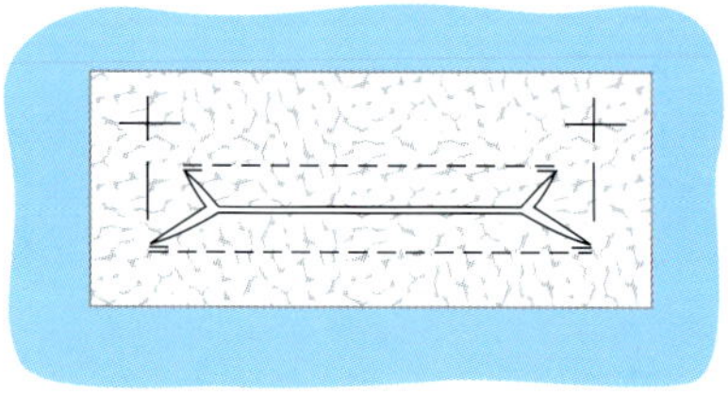

4

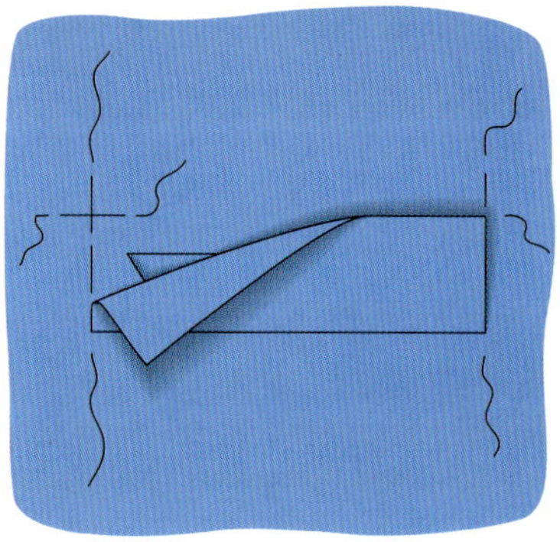

5

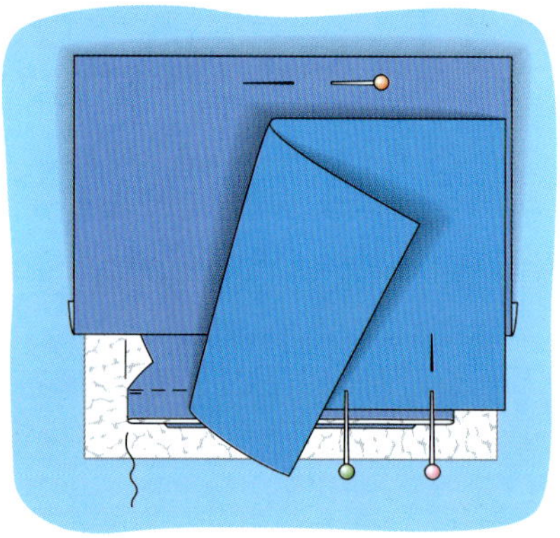

6

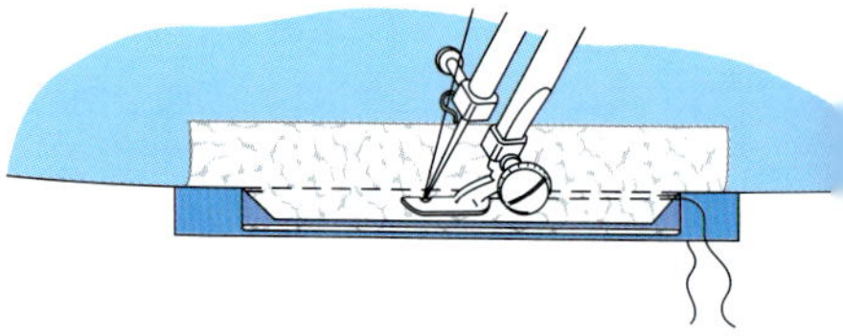

7

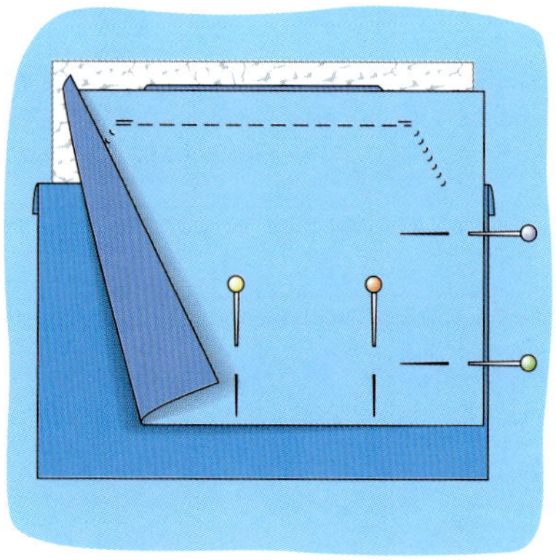

Patte und Taschenbeutel feststeppen – die Taschenbeutelansatznaht ist an beiden Enden ca. ½ cm kürzer als die Pattenansatznaht (2). Von der linken Seite aus an der Einschnittlinie einschneiden, dabei ca. 1 cm vor den Enden der Taschenbeutelansatznaht enden und zu den Nahtenden schräg einschneiden, sodass kleine Dreiecke entstehen (3). Beim Einschneiden dürfen Patte und Taschenbeutel nicht mitgefasst werden.

Taschenbeutel durch den Einschnitt nach innen ziehen. Patte über den Einschnitt bügeln (4). Den Stofftaschenbeutel nach oben legen, feststecken. Den Futtertaschenbeutel von innen auf die Ansatznaht der Patte stecken (5). Dann die Zugabe der Pattenansatznaht dicht neben der Nahtlinie mit dem einseitigen Kantensteppfuß (Reißverschlussfuß) auf den Taschenbeutel steppen (6). Beide Taschenbeutel nach unten bügeln. Die kleinen Dreiecke an den Einschnittenden nach innen falten und von Hand auf dem Taschenbeutel festnähen. Die Taschenbeutel aufeinanderstecken (7), gleichschneiden und vom Futtertaschenbeutel aus aufeinandersteppen. Die schmalen Pattenkanten von Hand festnähen.

Die Reißverschlusstasche

Das ist die einfachste der eingeschnittenen Taschen. Durch das Eigengewicht des Reißverschlusses sollte sie allerdings nicht in sehr weiche, fließende Stoffe eingearbeitet werden. Besonders schick sind diese Taschen, wenn Sie einen Reißverschluss mit „Zierzipper" verwenden.

Pro Tasche brauchen Sie einen Reißverschluss und zwei Taschenbeutel. Die Breite des Tascheneingriffs richtet sich nach der Breite der Reißverschlusszähnchen, die Länge nach der Reißverschlusslänge. Falls Sie einen zu langen Reißverschluss haben, können Sie den Reißverschluss der Taschenlänge entsprechend kürzen. Wie es gemacht wird, finden Sie auf Seite 123.

Den Tascheneingriff zeichnen Sie in Reißverschlusslänge auf die linke Seite des Stoffteils, in das die Tasche eingearbeitet werden soll. Der Abstand zwischen den Linien entspricht der Breite der Reißverschlusszähnchen plus ca. 3 mm. An einem Taschenbeutel zeichnen Sie den Tascheneingriff ca. 3 cm von der oberen Kante entfernt ein. Diese Linien mit Heftfaden auf die rechte Stoffseite übertragen.

So nähen Sie:

Zum Verstärken des Tascheneingriffs einen Vlieseline-Streifen von links über der Taschenmarkierung aufbügeln. Den Taschenbeutel mit dem markierten Tascheneingriff rechts auf rechts so auf den Stoff stecken, dass die Eingriffmarkierungen aufeinandertreffen (1). Von der linken Seite aus genau entlang der markierten Eingrifflinie steppen. Zwischen den Stepplinien einschneiden, in die Ecken bis dicht zur Stepplinie einschneiden (2). Taschenbeutel durch den Einschnitt nach innen ziehen. Kanten heften, bügeln. Den Reißverschluss unter die Eingriffkanten heften und schmal feststeppen (3).

Nach Wunsch kann die Eingriffkante zusätzlich noch breiter abgesteppt werden. Den zweiten Taschenbeutel rechts auf rechts auf den bereits festgesteppten Taschenbeutel stecken (4). Taschenbeutel ringsum aufeinanderheften und steppen. Fertig ist die Tasche.

Wichtig: Bei ungefütterten Kleidungsstücken den Taschenbeutel ringsum versäubern.

1

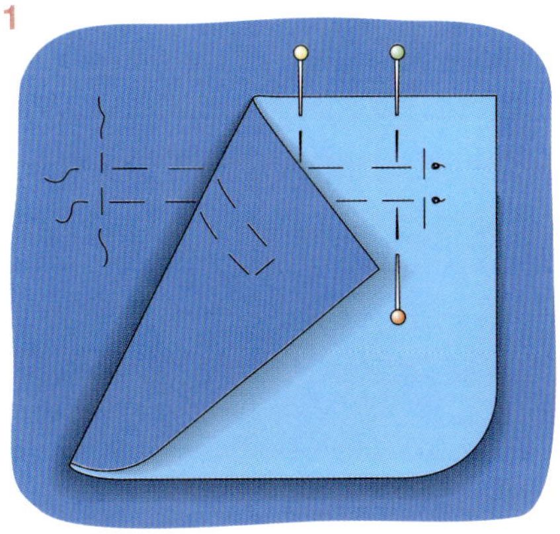

2

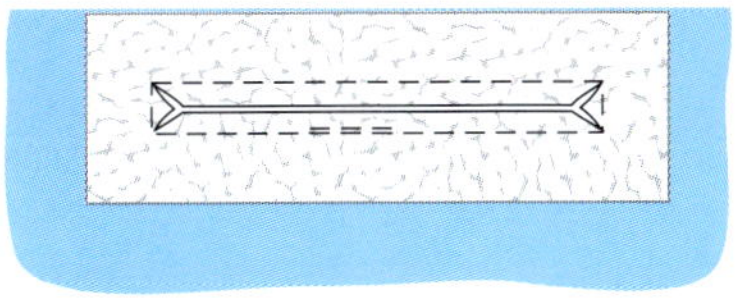

3

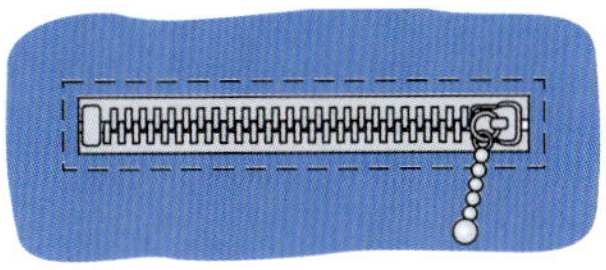

4

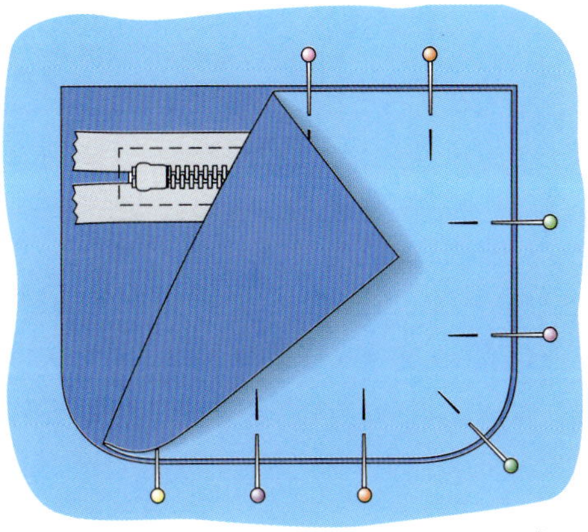

Die Blasebalgtasche

Blasebalgtaschen sind eine schicke, sportliche Variante der aufgesetzten Taschen. Schlichte aufgesetzte Taschen können Sie ganz einfach in Blasebalgtaschen verwandeln. Bei runden Taschen werden für den Blasebalgeffekt zwei Blenden der Taschenform entsprechend benötigt. Bei eckigen Taschen wird dieser Effekt durch ein angeschnittenes Faltenteil oder einen geraden Stoffstreifen erzielt.

Die runde Blasebalgtasche

In das Schnittteil für die Tasche entlang den Außenkanten eine ca. 4 cm breite Blende einzeichnen (1). Diese Blende als Extraschnittteil abzeichnen. Die Tasche einmal, die Blende zweimal ringsum mit Nahtzugabe zuschneiden. An der Tasche und an den Taschenblenden die Zugabe der oberen Kante versäubern, nach innen umbügeln und feststeppen. An einem Blendenteil die Zugabe der Außenkante versäubern und nach innen umbügeln (siehe auch Zeichnung 2 von Seite 76). Diese Blende rechts auf rechts auf die andere Blende legen und die Innenkanten aufeinandersteppen. Nahtzugaben zusammengefasst versäubern (2). Das Blendenteil mit der unversäuberten Außenkante rechts auf rechts auf die Tasche stecken. Steppen. Nahtzugaben zurückschneiden, an den Rundungen einschneiden (3). Blende nach innen umheften. Die Kante bügeln, schmal und nach Wunsch zusätzlich breiter absteppen, dabei das Blendenteil mit der umgebügelten Kante nicht mitfassen. Tasche auf das Kleidungsstück stecken und nur die unten liegende Blendenhälfte schmal und nach Wunsch zusätzlich breiter feststeppen. Blende jeweils ab der oberen Kante ca. 3 cm entlang der Innennaht feststeppen. Dann die seitlichen Kanten ab der oberen Kante ca. 3 cm genau in der Stepplinie feststeppen (4).

1

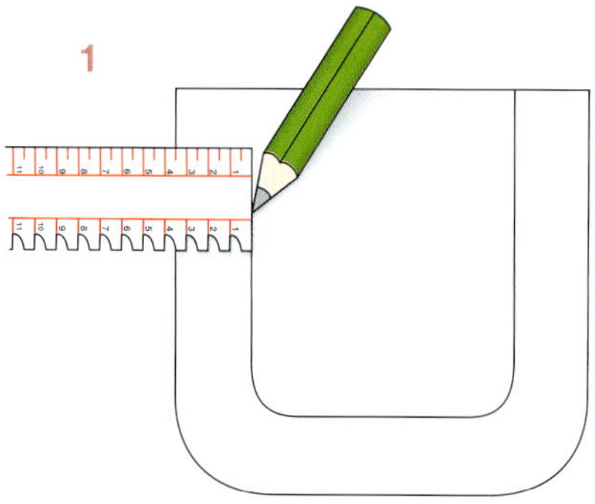

2

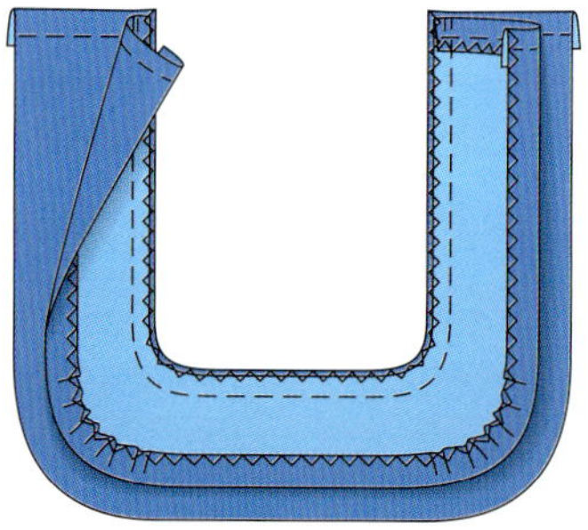

3

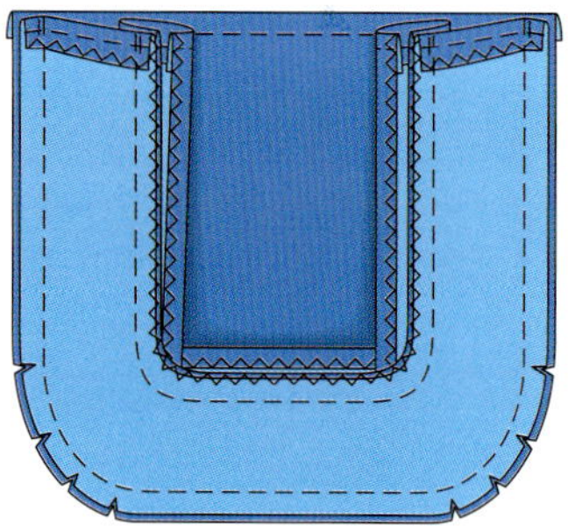

4

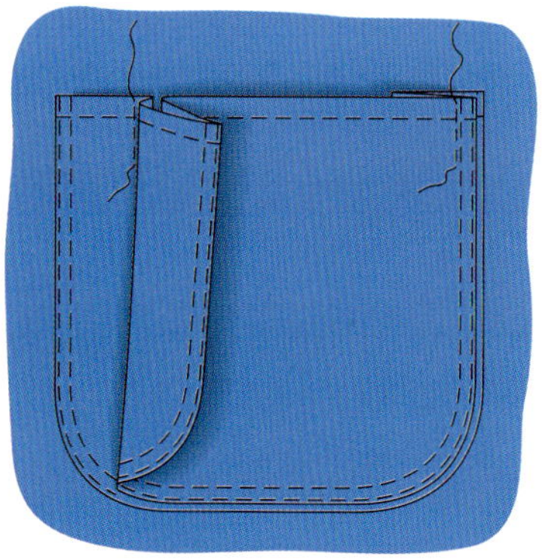

Die eckige Blasebalgtasche mit angeschnittenem Faltenteil

Bei dieser Tasche ist die Konstruktion des Schnittes etwas schwieriger. So wird es gemacht: den Grundschnitt der Tasche auf ein großes Stück Papier zeichnen. An den seitlichen Kanten und der unteren Kante ist das der Faltenaußenbruch. Jeweils in gleichmäßigem Abstand zweimal die gewünschte Faltenbreite anzeichnen. Die mittlere Linie ist der Falteninnenbruch. Die Eckpunkte mit einer Linie verbinden (unterbrochene Linie in der Zeichnung). Genau im rechten Winkel zu dieser Linie eine Linie so einzeichnen, dass sie an die innere Ecke trifft und an den Falteninnenbruchlinien endet. Von diesen Punkten aus in gleichmäßigem Abstand zur unterbrochenen Linie die Taschenlinien bis zur äußeren Linie einzeichnen (5). Ecken an diesen Linien ausschneiden, fertig ist der Schnitt.

Die Tasche ringsum mit Nahtzugabe zuschneiden. Alle Kanten versäubern. Die Zugabe der oberen Kante nach innen umbügeln und feststeppen. Die Zugaben der seitlichen Kanten und der unteren Kante umheften. Bügeln (6). Dann die Faltenbrüche bügeln. Dazu zuerst die seitlichen Kanten und die untere Kante entlang den Falteninnenbrüchen nach außen falten, rechte Stoffseiten liegen aufeinander. Bruchkanten bügeln.

5

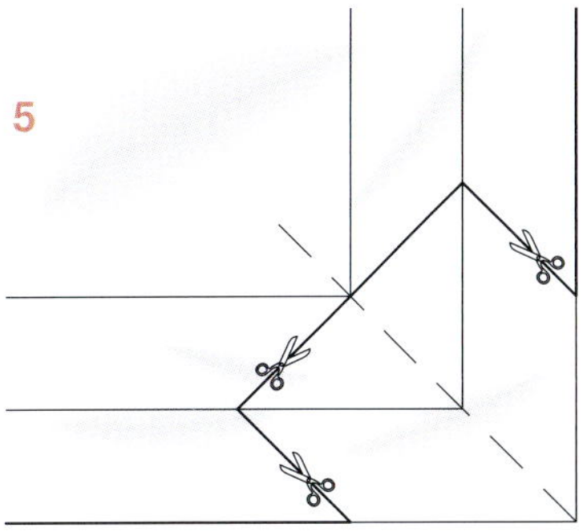

6

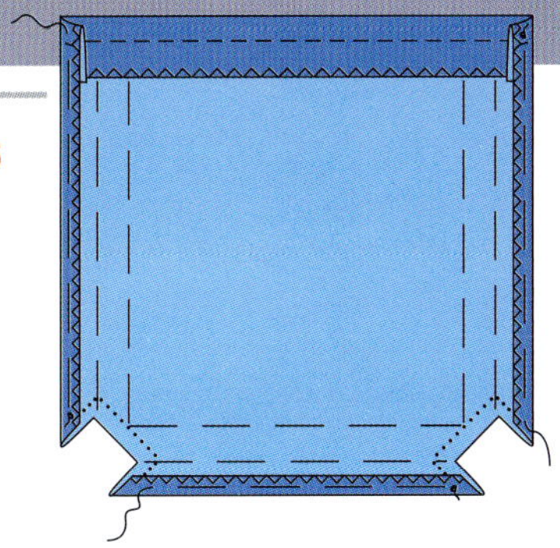

7

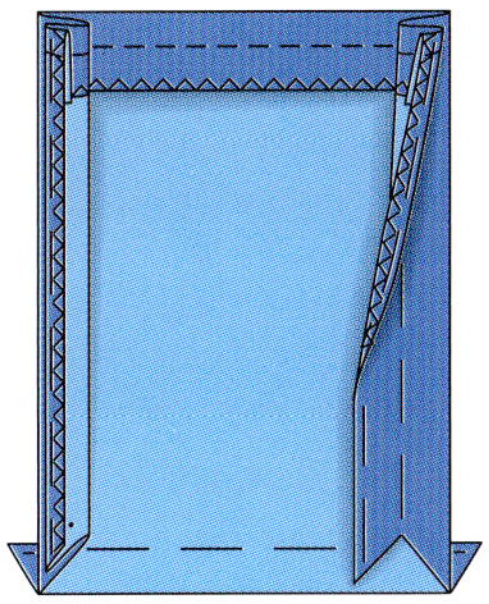

8

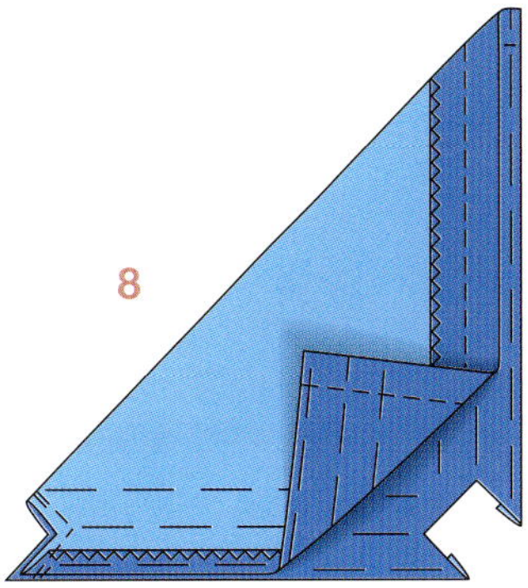

8a

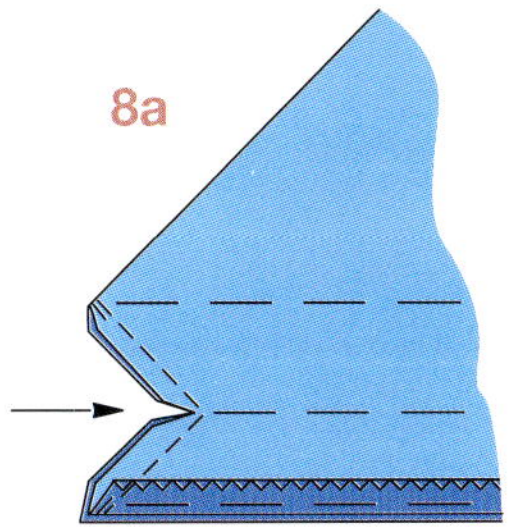

9

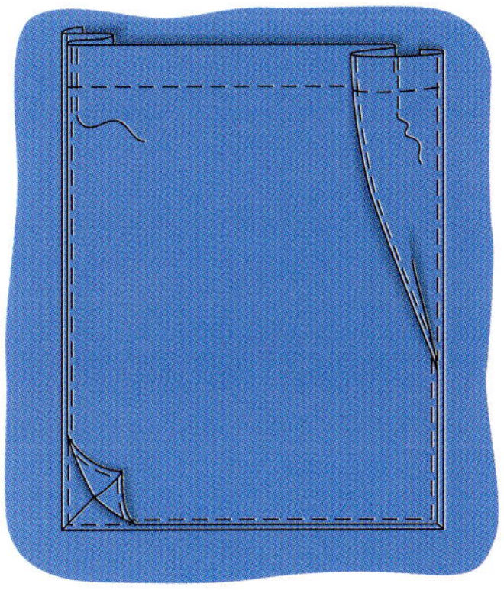

Dann die Falten an den Faltenaußenbrüchen nach innen umbügeln (7). Zum Nähen der Ecken die Falten wieder auseinanderlegen. Die Tasche jeweils so falten, dass die seitliche Kante auf die untere trifft (8). Ecken entlang den markierten Nahtlinien aufeinandersteppen. In die Ecken bis dicht zur Stepplinie einschneiden (8a). Nahtzugaben auseinanderlegen. Die Faltenbrüche der Tasche wieder legen. Den Faltenaußenbruch schmal absteppen. Dann die Tasche auf das Kleidungsstück stecken und die untere Faltenhälfte schmal feststeppen. Ab der oberen Taschenkante die Falteninnenbruchlinie ca. 3 cm feststeppen. Dann die oben liegenden Faltenkanten ca. 3 cm feststeppen (9).

Blasebalgtaschen mit angesetztem, geradem Faltenteil

Das ist die einfachste Methode, aus einer Tasche – egal ob rund oder eckig – eine Blasebalgtasche zu machen. Für das Faltenteil benötigen Sie einen geraden Streifen. Die Breite = gewünschte doppelte Faltenbreite, Länge = seitliche Taschenkanten plus untere Taschenkante. Tasche und Faltenteil ringsum mit 1 cm breiten Nahtzugaben zuschneiden.

Die Taschenanstoßlinien mit Heftfaden auf die rechte Stoffseite übertragen, dazu entlang diesen Linien von Hand mit großen Stichen nähen oder mit Zauberkreide auf die rechte Stoffseite zeichnen.

So nähen Sie die eckige Blasebalgtasche ...

Am Faltenteil die Zugabe einer langen Kante nach innen umbügeln. Die andere lange Kante des Faltenteils rechts auf rechts ab der oberen Kante auf eine seitliche Kante des Taschenteils stecken. Faltenteil in Nahtzugabenbreite (1 cm) feststeppen, dabei 1 cm vor der unteren Kante des Taschenteils enden. Nahtanfang und -ende durch Rückstiche sichern. Die Nahtzugabe des Faltenteils vorsichtig bis dicht zum letzten Steppstich einschneiden (1).

Das Faltenteil ab dem Einschnitt auf die untere Taschenkante stecken und steppen, dabei genau am letzten Steppstich der seitlichen Taschenkante beginnen und 1 cm vor der Ecke enden. Nahtanfang und -ende sichern. Die Nahtzugabe des Faltenteils bis dicht

1

2

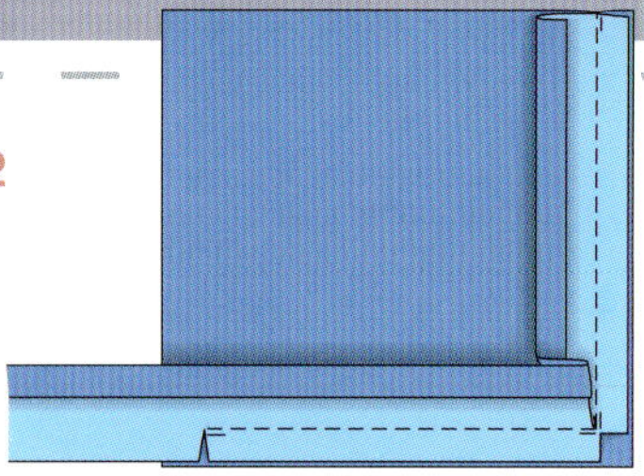

3

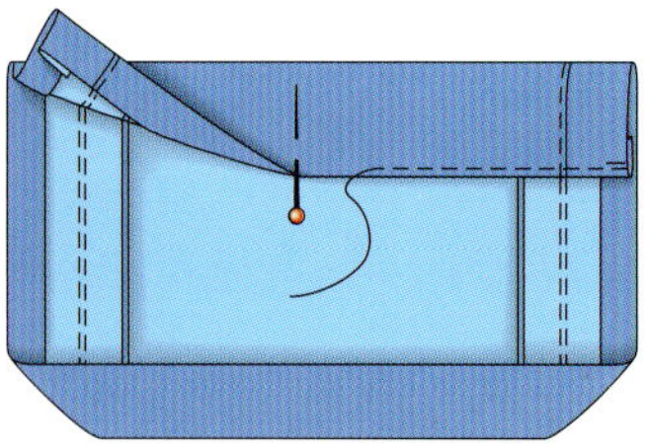

4

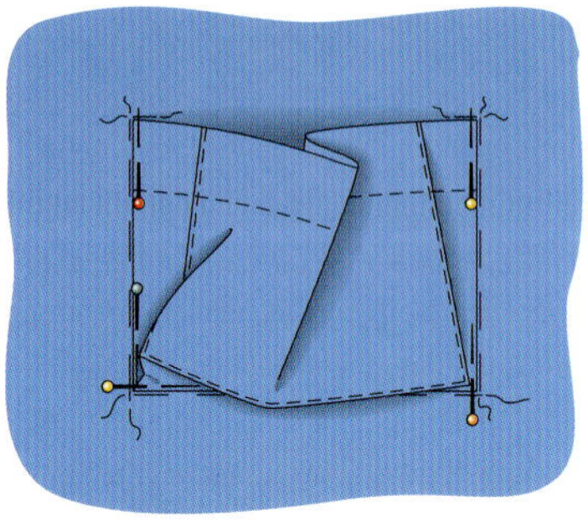

5

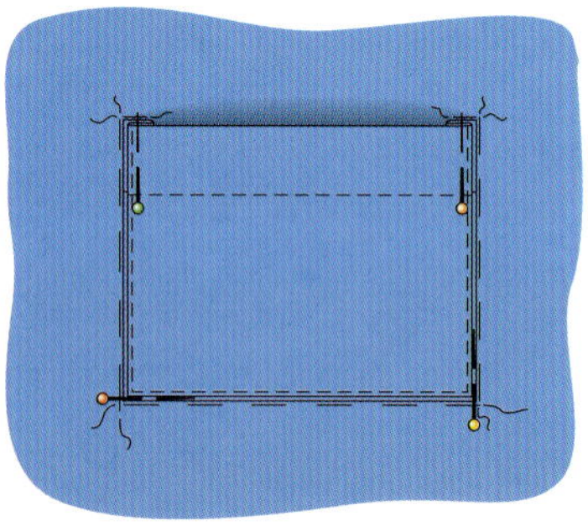

zum letzten Steppstich einschneiden (2). Dann das Faltenteil ab der Ecke bis oben auf die seitliche Taschenkante steppen.

Faltenteil nach außen legen und die Nahtzugaben in das Taschenteil bügeln. Das Taschenteil entlang der Ansatznaht schmal absteppen. An Taschen- und Faltenteil die Nahtzugabe der oberen Kante einschlagen. Dann den Besatz der oberen Kante nach innen umbügeln und schmal feststeppen (3).

6

Das Faltenteil die Anstoßlinien treffend auf das Vorderteil stecken, dabei das Faltenteil an den Ecken zur Falte legen (4). Die seitlichen Kanten und die untere Kante des Faltenteils schmal feststeppen. Die Taschenkanten auf die Kanten des Faltenteils stecken (5). Bügeln. An den oberen Taschenecken je ein kleines Dreieck steppen (6), dabei werden die Enden des Faltenteils mitgefasst.

... und so die runde Blasebalgtasche:

An der Tasche die Zugabe der oberen Kante nach innen umbügeln, einschlagen und feststeppen. Am Stoffstreifen die Zugabe einer langen Kante nach innen umbügeln. Die andere Blendenkante rechts auf rechts auf die seitlichen und die untere Taschenkante stecken. Die schmalen Blendenkanten an der oberen Taschenkante einschlagen. Blende auf die Tasche steppen. Die Nahtzugaben schmal zurückschneiden, an den Rundungen einschneiden (7). Stoffstreifen nach innen wenden. Kante heften, bügeln (8). Nach Wunsch schmal absteppen. Die Blendenkanten, die Anstoßlinien treffend, feststecken und schmal feststeppen (9). Die Taschenkanten auf den Blendenkanten feststecken. Bügeln. Die seitlichen Taschenkanten ab der oberen Taschenkante ca. 1 cm schmal feststeppen.

7

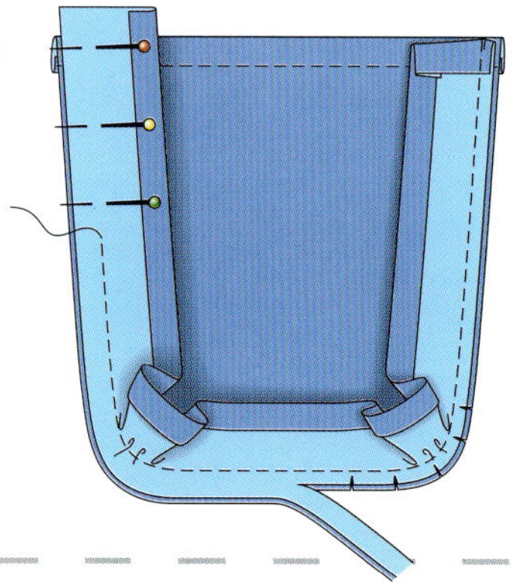

8

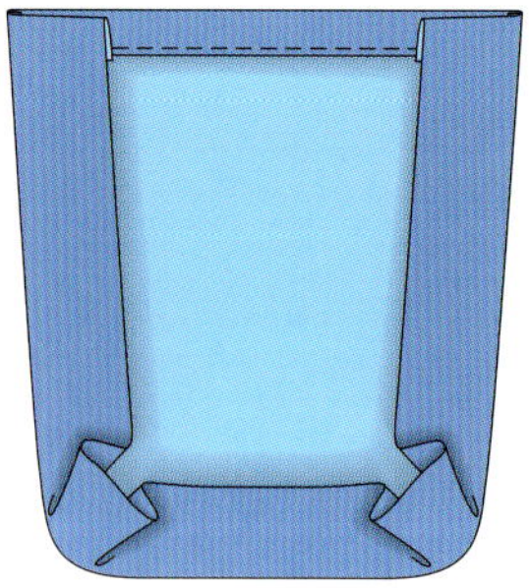

9

TIPP

Zauberkreide

Mit Zauberkreide (Prym) können Sie Linien und Markierungen auf die rechte Stoffseite aufzeichnen. Die Kreidelinie verschwindet von selbst nach 1 bis 2 Tagen oder sofort beim Darüberbügeln. Zauberkreide gibt es im Kurzwarenhandel.

Blasebalgtasche mit Quetschfalte

Ist bei der Blasebalgtasche eine Quetschfalte in der Taschenmitte vorgesehen, arbeiten Sie zunächst diese: Das Taschenteil für die Falten jeweils so falten, dass die Faltenlinien aufeinandertreffen. Die rechte Stoffseite liegt innen. Faltenlinien von oben und von unten bis zum Faltenpfeil aufeinandersteppen, dazwischen heften (1). Von der rechten Taschenseite aus die Falten in Pfeilrichtung legen. Bügeln (siehe auch Zeichnung 2). Anschließend die Heftstiche an den Falten trennen.

Am Faltenteil die Zugabe einer langen Kante nach innen umbügeln. Die andere lange Kante rechts auf rechts auf eine seitliche Taschenkante stecken. Diese seitliche Taschenkante auf das Faltenteil steppen – an der unteren Taschenkante bis zur markierten Nahtlinie. Die Zugabe des Faltenteils vorsichtig bis dicht zum letzten Steppstich einschneiden (2).

Das Faltenteil ab dem Einschnitt auf die untere Taschenkante stecken. Entlang der unteren Taschenkante steppen – bis zur markierten Nahtlinie der seitlichen Taschenkante. Dann die Nahtzugabe des Faltenteils wieder einschneiden (3).

Seitliche Taschenkante auf das Faltenteil steppen. Nahtzugaben auf 5 mm Breite zurückschneiden. Nahtzugaben jeweils ab der oberen Kante ca. 5 cm lang auseinanderbügeln. Die Zugaben von oberer Taschenkante und Faltenteil versäubern, nach innen umbügeln und von rechts 7 mm breit absteppen (4).

Das Faltenteil nach innen umbügeln. Kanten schmal absteppen. Das Faltenteil die Anstoßlinien treffend auf das Hosenteil stecken und schmal feststeppen (5).

Zuletzt die Taschenkanten auf die Kanten des Faltenteils stecken. Bügeln. Die oberen Taschenecken feststeppen (6).

Ist zusätzlich eine Klappe vorgesehen, diese wie auf Seite 77 beschrieben aufsteppen.

TIPP

Damit die oberen Taschenecken nicht ausreißen, an den Ecken kleine Dreiecke steppen und dabei auf der Hoseninnenseite mit Einlage verstärkte Stoffstückchen mitfassen.

1

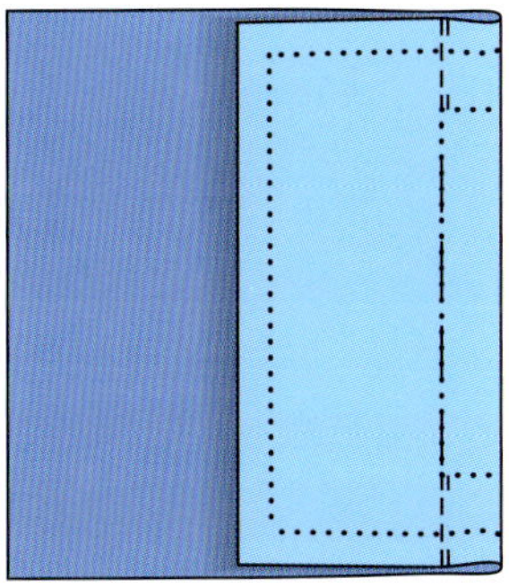

2

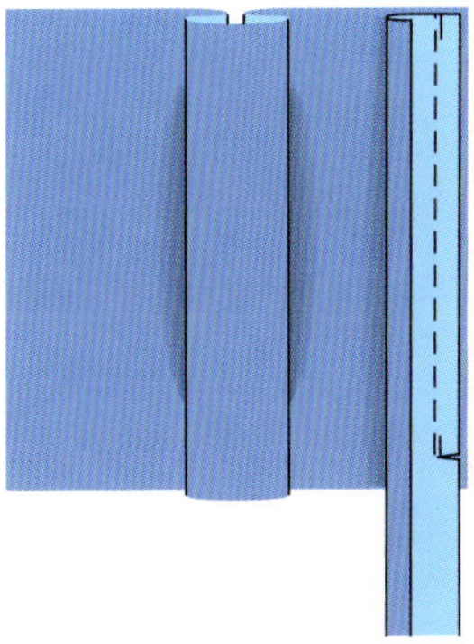

3

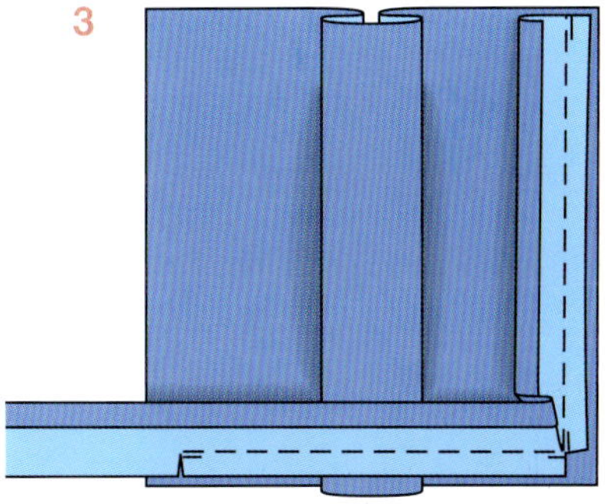

4

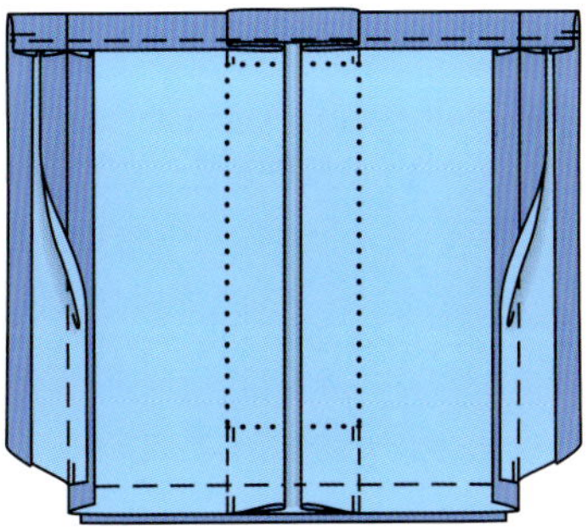

5

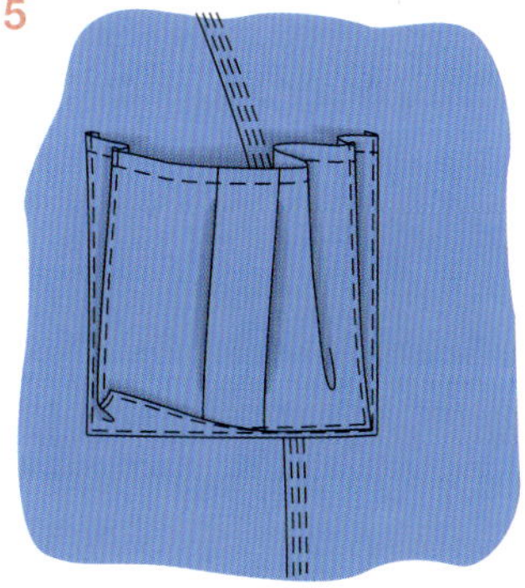

6

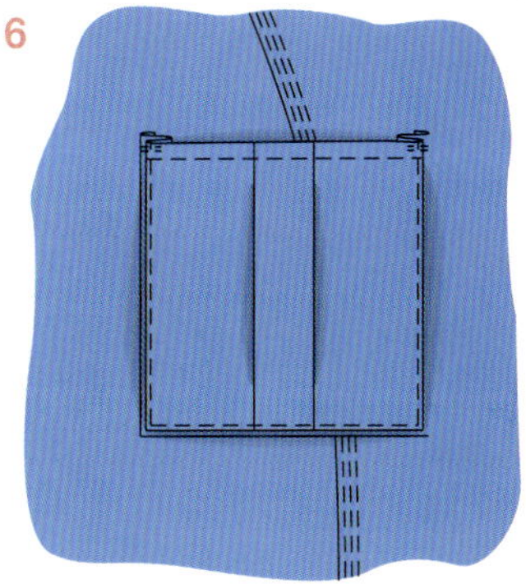

KNOPFLÖCHER

Bei Damenbekleidung werden die Knopflöcher in das rechte Vorderteil oder das linke Rückenteil, bei Herrenbekleidung in das linke Vorderteil oder das rechte Rückenteil eingearbeitet. Bei seitlichen Verschlüssen sind die Knopflöcher immer im Vorderteil. Moderne Nähmaschinen haben eine Knopflochautomatik, mit der Knopflöcher schnell und einfach „gestickt“ werden können. Außer den Maschinenknopflöchern gibt es noch das Wäsche-, das Augen- und das Schneiderknopfloch als handgestickte, geschürzte Knopflöcher sowie die besonders edlen Paspelknopflöcher.

Egal, für welches Knopfloch Sie sich entscheiden, diese Punkte müssen Sie beachten:

- Bei Blenden oder Blendeneffekten die Knopflöcher senkrecht in der Blendenmitte einarbeiten. Bei allen anderen Verschlüssen die Knopflöcher waagrecht einarbeiten. Damit der Knopf später genau in der Mitte sitzt, beginnen diese Knopflöcher ca. 2 mm vor der Mitte.
- Die Lage der Knopflöcher ist im Schnitt eingezeichnet. Die Länge muss der Knopfgröße entsprechend eingezeichnet werden. Dabei gilt: fertige Knopflochlänge = Knopfdurchmesser + Knopfhöhe.
- Bevor Sie die Knopflöcher in das Kleidungsstück einarbeiten, ein Probeknopfloch auf einem Stoffrest nähen. Dieser Stoffrest sollte genau der Stoffkante entsprechen, in die später die Knopflöcher eingearbeitet werden sollen.

Das Wäscheknopfloch

Es wird in doppelten Stoff, der mit Einlage verstärkt ist, oder in eine 3-fache Stofflage eingearbeitet.

1

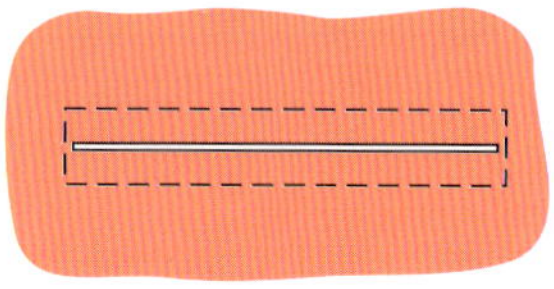

2

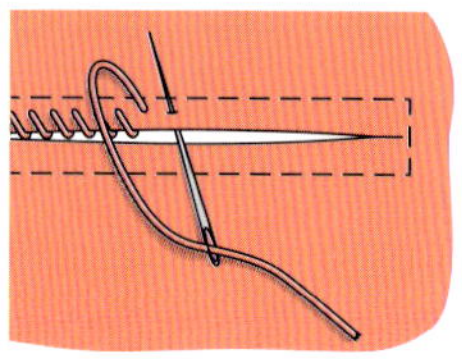

3

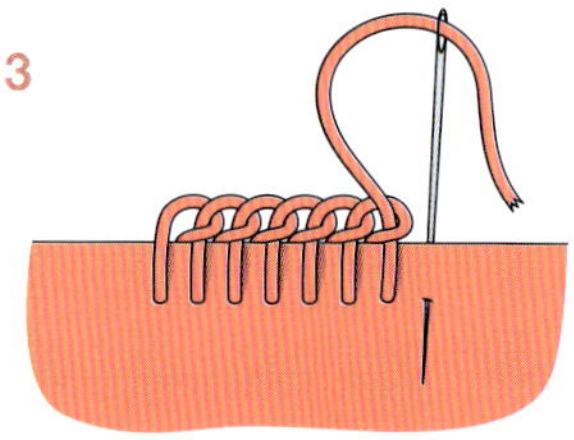

4

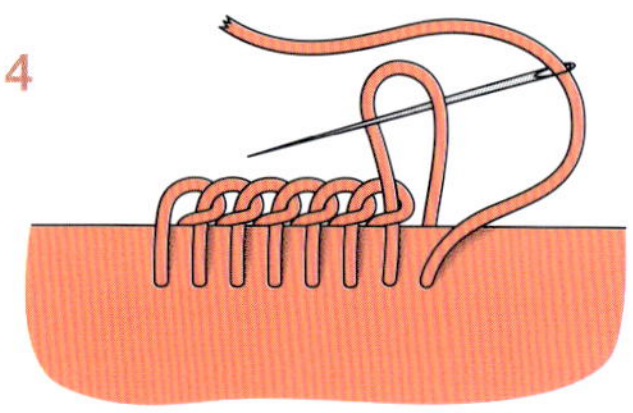

5

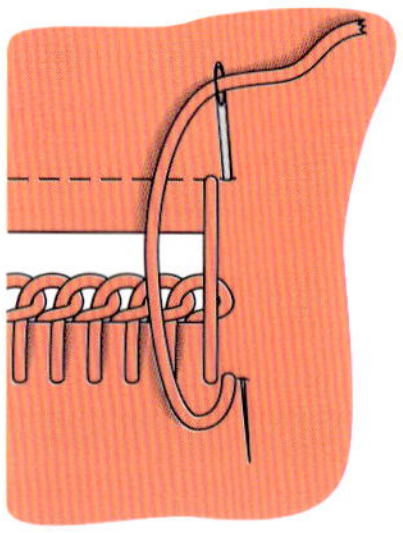

5a

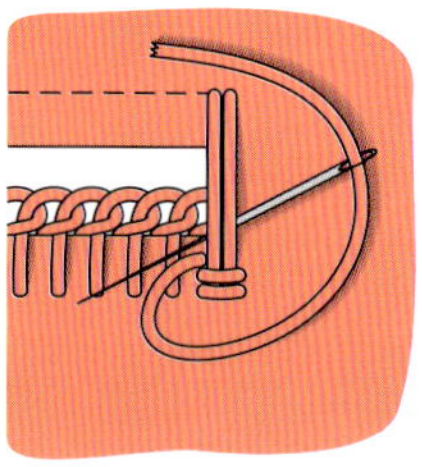

Die Knopflochlänge wird auf der rechten Stoffseite markiert. Genäht wird mit normalem Nähgarn oder insbesondere bei feinen Stoffen mit dem etwas dünneren Maschinenstick- und -stopfgarn.

Um eine gleichmäßig breite Stichreihe zu erhalten und um ein Ausreißen des Knopflochs zu vermeiden, die Knopflochmarkierung schmal umsteppen. Knopfloch in der Mitte einschneiden, dabei die Stiche an den Knopflochenden auf keinen Fall durchschneiden (1). Die Schnittkanten mit Überwendlingsstichen vor dem Ausfransen sichern (2). Dann das Knopfloch mit Knopflochstichen sticken. Nähen Sie von links nach rechts, das geht am besten.

Nadel von hinten in die Kante einstechen (3). Faden bis auf eine kleine Schlinge durchziehen. Nadel von hinten durch die Schlinge führen (4). Faden anziehen. Das Knötchen muss genau an der Kante des Einschnitts liegen. Nachdem Sie die erste Seite des Knopflochs gestickt haben, wird am Knopflochende ein Riegel genäht. Dazu den Faden mehrmals über die volle Knopflochbreite spannen (5) und diesen Fadensteg dicht umwickeln, dabei immer etwas Stoff mitfassen (5a). Dann die zweite Knopflochhälfte sticken und am Knopflochende wieder einen Riegel nähen.

Das Augenknopfloch

Bei waagrecht eingearbeiteten Knopflöchern, zum Beispiel an Blusen, wird ein Augenknopfloch genäht. Es unterscheidet sich vom Wäscheknopfloch nur dadurch, dass am vorderen Knopflochende eine Rundung genäht wird. Dazu wird am vorderen Knopflochende strahlenförmig eingestochen, sodass sich eine Rundung bildet. Die Knötchen werden an der Rundung etwas nach oben gezogen (6). Am anderen Knopflochende wird ein Riegel genäht.

6

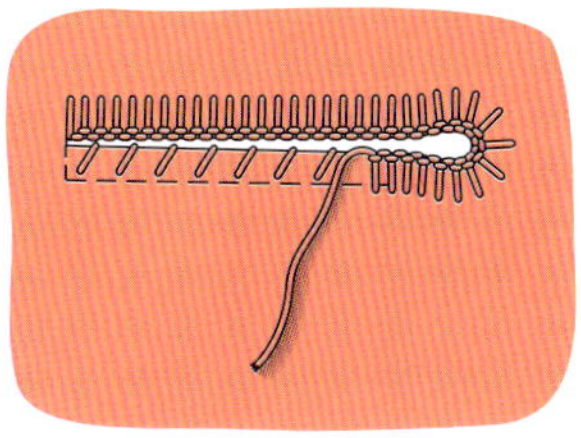

Das Schneiderknopfloch

Dieses Knopfloch wird in Jacken und Mäntel eingearbeitet. Damit das Knopfloch plastischer wirkt, wird es mit Knopflochgarn gestickt

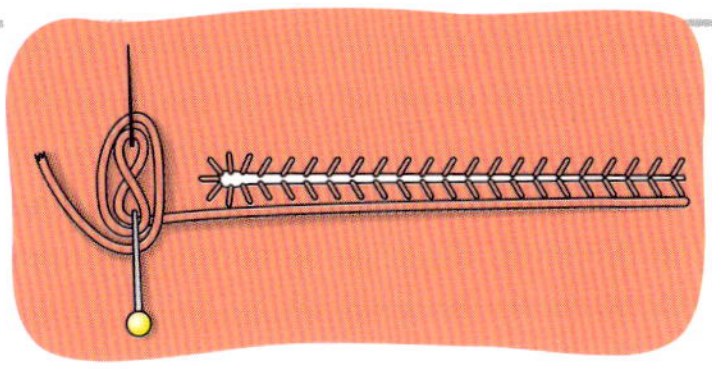

7

8

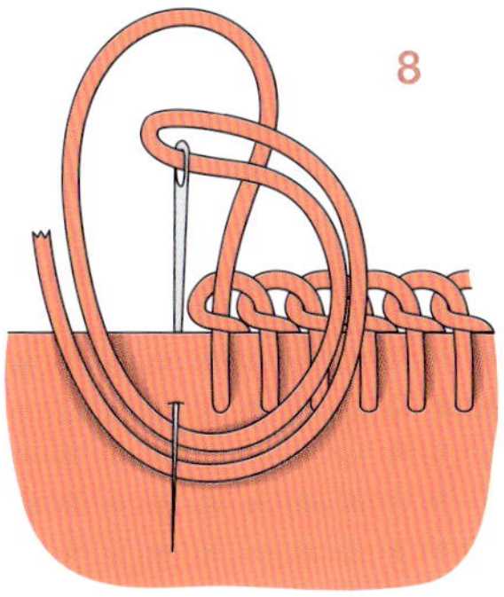

und dabei immer ein Spannfaden (Gimpe) mitgeführt.

Die Knopflochlänge auf der rechten Stoffseite markieren. Knopfloch einschneiden und den Einschnitt vorne keilförmig erweitern oder mit der Lochzange eine kleine Rundung vorstanzen. Die Einschnittkanten mit Überwendlingsstichen vor dem Ausfransen sichern, dabei die Rundung vorformen. Die Gimpe entlang einer Knopflochkante spannen (7).
Dann am Knopflochende mit den Knopflochstichen beginnen. Dazu die Nadel von hinten in die Kante einstechen. Den Faden um die Nadelspitze legen, dann die Nadel durchziehen (8). Den Faden straff anziehen. Das Knötchen muss auf der Kante liegen. Auch an der Rundung die Gimpe mitführen und die Knötchen etwas nach oben ziehen. Nach dem Ausnähen der Rundung die Gimpe entlang der zweiten Knopflochhälfte spannen und die zweite Knopflochhälfte nähen. Am Knopflochende wie beim Wäscheknopfloch einen Riegel nähen. Zuletzt die Gimpe nochmals straff anspannen, dabei die Rundung mit einem Pfriem formen. Gimpe auf der linken Seite vernähen.

Maschinenknopflöcher

Moderne Nähmaschinen haben eine Knopflochautomatik, mit der nicht nur Wäscheknopflöcher, sondern auch Augenknopflöcher perfekt genäht werden können. Genaue Angaben dazu finden Sie im Anleitungsheft Ihrer Nähmaschine. Aber auch mit einer Nähmaschine ohne Knopflochautomatik können Sie mit dem Zickzackstich Knopflöcher nähen.

So wird's gemacht:

Knopfloch auf der rechten Stoffseite markieren. An der Nähmaschine einen 2 mm breiten, dichten Zickzackstich einstellen. Die Nadel in die linke Position bringen und die linke Knopflochhälfte nähen. Am Knopflochende die Nadel wieder in die mittlere Position stellen, die doppelte Stichbreite einstellen und für den Riegel 3 bis 4 Stiche nähen. Stichbreite wieder auf 2 mm einstellen. Nadel mit dem Handrad in der Riegelmitte einstechen. Fuß anheben, das Knopfloch um die Maschinennadel drehen. Nähfuß senken. Nadel ausstechen, in die rechte Position bringen und die zweite Knopflochhälfte nähen. Am Knopflochende einen Riegel nähen.

TIPP

Falls Sie zum Einschneiden der Knopflöcher den Pfeiltrenner verwenden, können Sie nicht über die Enden hinwegschneiden, wenn Sie am Knopflochende eine Stecknadel quer stecken.

Das paspelierte Knopfloch

Dieses Knopfloch wird in die Verschlusskante eingearbeitet, bevor der Besatz angesetzt bzw. nach innen umgeheftet wird. Der Oberstoff muss mit Vlieseline-Einlage verstärkt werden. Pro Knopfloch benötigen Sie für die Paspel einen Stoffstreifen in schrägem Fadenlauf, ca. 6 cm breit und 4 cm länger als das fertige Knopfloch.

Knopfloch mit einem weichen Bleistift auf der linken Stoffseite, die mit Vlieseline verstärkt ist, markieren, danach mit Heftfaden auf die rechte Stoffseite übertragen. Paspelschrägstreifen rechts auf rechts über der Markierung feststecken (1). Von der linken Stoffseite aus mit kleinen Stichen rings um die Markierung steppen. Wichtig: Der Abstand zwischen Markierung und Stepplinie bestimmt die Paspelbreite (2). Heftfäden entfernen. Zwischen den Stepplinien einschneiden. In die Ecken bis dicht zur Stepplinie einschneiden, sodass kleine Dreiecke entstehen (3). Paspelstreifen durch den Einschnitt nach innen ziehen (4). Die Nahtzugaben bei dicken Stoffen auseinanderbügeln, bei dünnen Stoffen in die Paspel bügeln. Paspelstreifen glattziehen und an beiden Schmalseiten festheften. Die Heftstiche dürfen nicht breiter sein als das Knopfloch (5). Paspelstreifen auf beiden Seiten so falten, dass die Bruchkanten genau in der Mitte des Knopflochs aneinandertreffen. Paspel mit schrägen Spannstichen aneinanderheften (6). Bügeln. Von der rechten Stoffseite aus die Paspel genau in der Nahtrille von Hand mit kleinen Rückstichen oder mit der Ma-

1

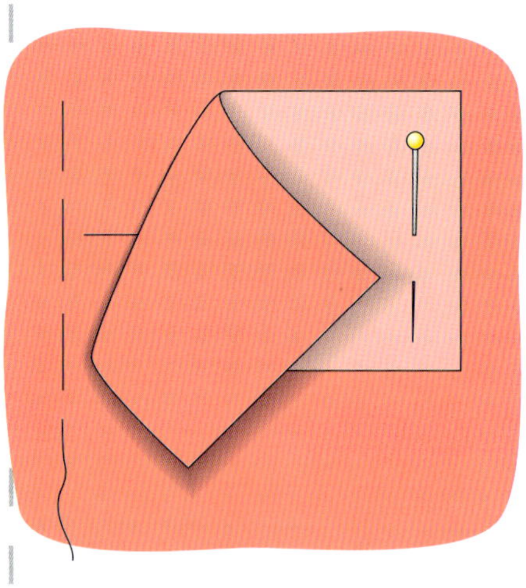

2

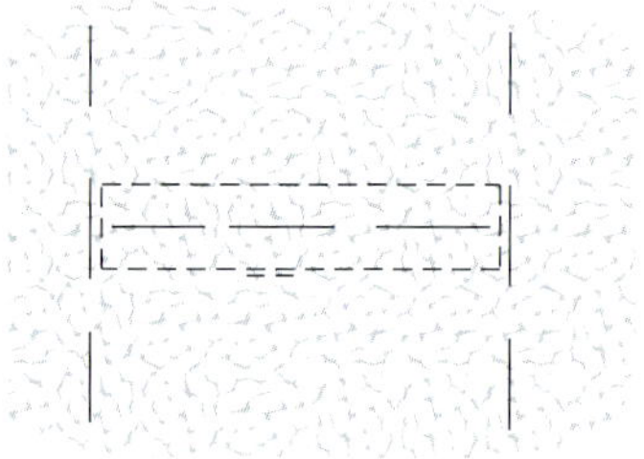

3

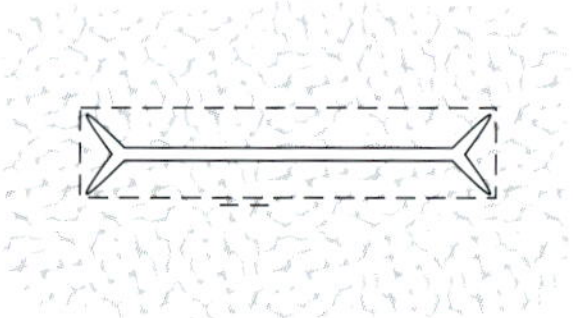

4

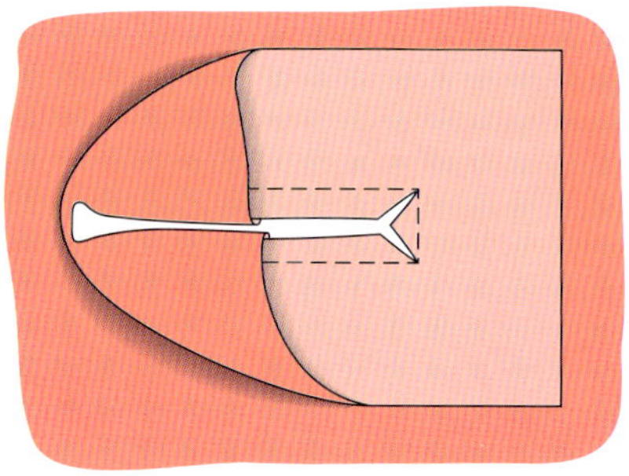

5

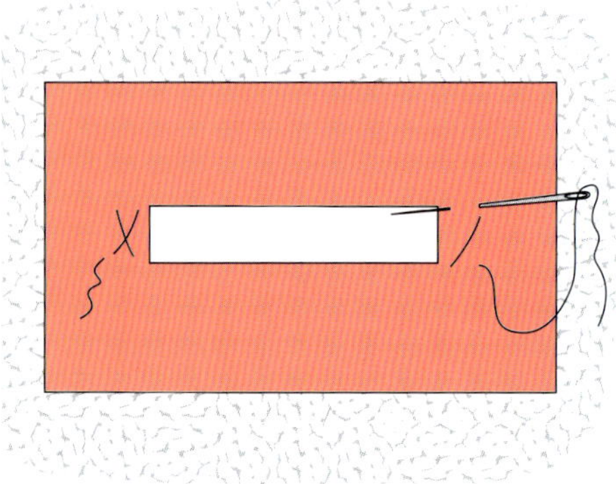

6

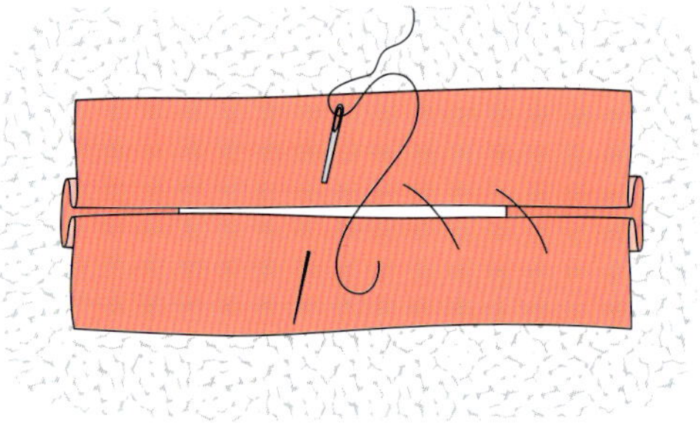

schine festnähen (7). Heftstiche trennen. Die kleinen Dreiecke an den Knopflochenden auf die Paspel steppen (8). Besatz über das Knopfloch legen. Die Knopflochenden mit Stecknadeln markieren. Den Besatz einschneiden, in die Ecken, der Paspelbreite entsprechend, schräg einschneiden. Kanten schmal eingeschlagen auf den Paspeln festnähen (9).

7

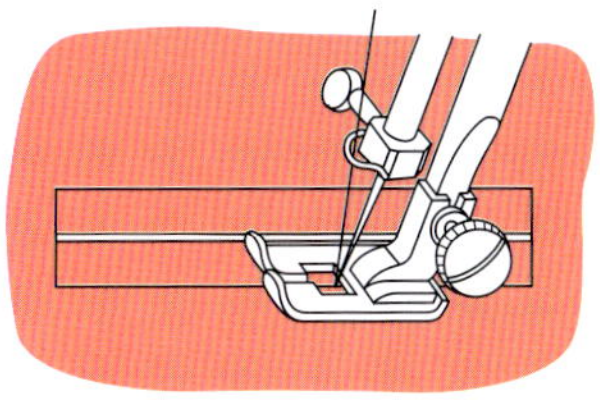

8

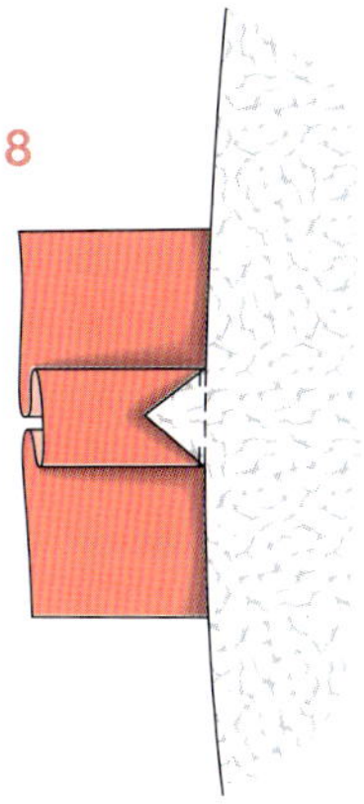

9

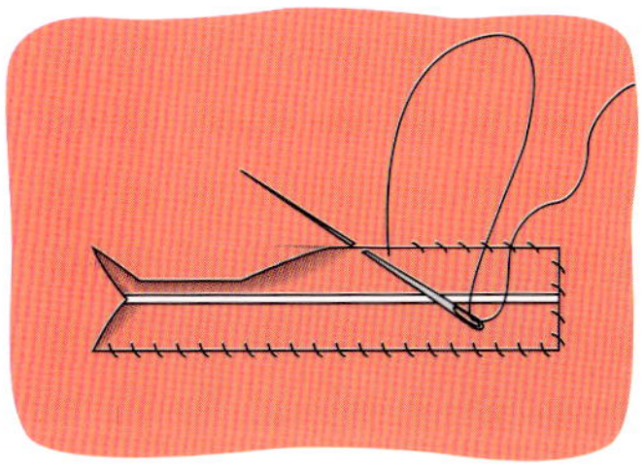

Lederpaspel – eine schicke Variante

Pro Knopfloch brauchen Sie zwei Lederstreifen, je 4-mal so breit und ca. 3 cm länger als die fertigen Paspel.

Knopfloch mit einem weichen Bleistift auf der linken Stoffseite, die mit Vlieseline verstärkt ist, markieren und mit Heftfaden auf die rechte Stoffseite übertragen. Lederstreifen der Länge nach zur Hälfte falten, linke Seite innen, mit einem Klebestift zusammenkleben. Lederstreifen so auf die rechte Stoffseite stecken, dass die offenen Kanten genau über der Knopflochmarkierung aneinandertreffen. Lederstreifen, der Knopflochlänge entsprechend, genau in der Mitte der Streifen feststeppen. Nahtanfang und -ende sichern (10). Von der linken Stoffseite aus zwischen den Stepplinien einschneiden, dabei ca. ¾ cm vor den Nahtenden beginnen bzw. enden. Zu den Nahtenden schräg einschneiden, sodass kleine Dreiecke entstehen. Paspelstreifen nicht mitfassen (11). Paspel durch den Einschnitt nach innen ziehen. Die Bruchkanten treffen in der Knopflochmitte aneinander (12). Die kleinen Dreiecke an den Knopflochenden nach innen falten und von Nahtende bis Nahtende auf die Paspel steppen (13). Besatz über das Knopfloch legen. Knopflochenden mit Stecknadeln markieren. Besatz einschneiden, in die Ecken, der Paspelbreite entsprechend, schräg einschneiden. Kanten schmal eingeschlagen auf den Paspeln festnähen.

10

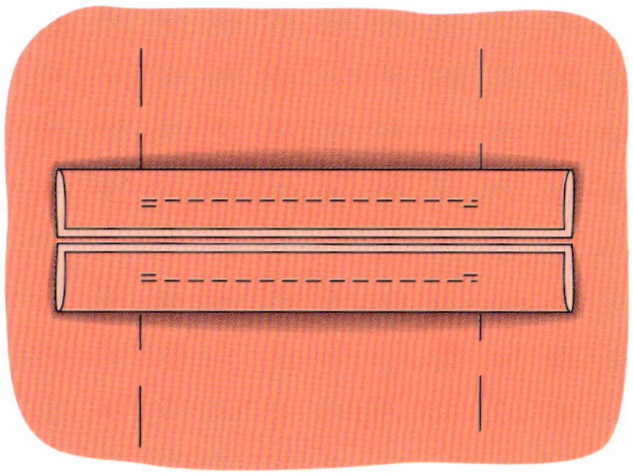

11

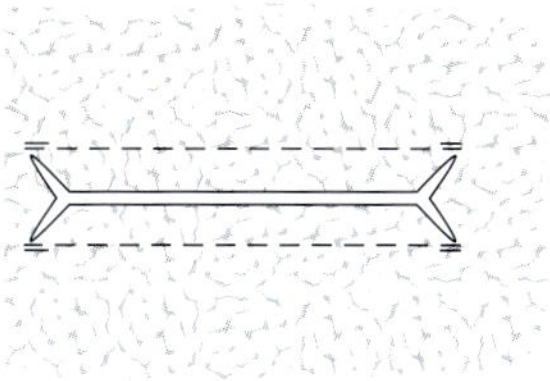

12

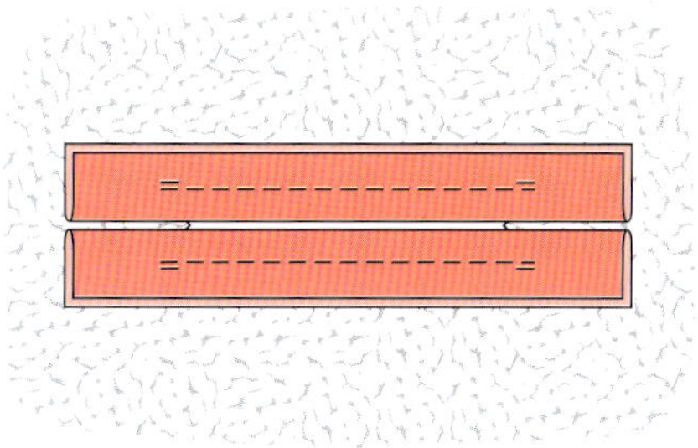

13

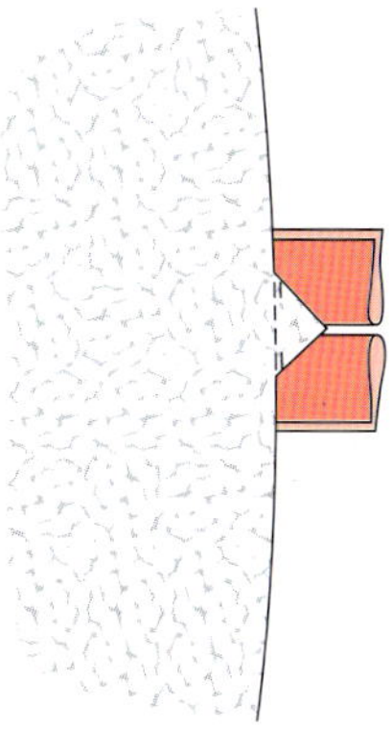

KNÖPFE

Knöpfe sind längst nicht mehr nur Verschlusselement, sondern dienen auch als modisches Accessoire. Der richtige Knopf ist das „Tüpfelchen auf dem i“ eines jeden Modells. Knöpfe gibt es aus Perlmutt, Holz, Porzellan, Steinnuss, Glas, Bims, Leder, Horn, Zwirn, Metall und vielen Kunststoffen. Fast alle Materialien sind einfärbbar und lassen sich „in jede Form“ bringen, denn schon längst sind nicht mehr alle Knöpfe rund.

Kleine Knopfkunde

Hornknöpfe: Elegant und anspruchsvoll, aber auch sportlich gibt sich der Hornknopf. Die wertvolleren sind aus Hirschhorn oder Büffelhorn, die etwas günstigeren aus Schaf-, Ziegen- oder Ochsenhorn, das häufig eingefärbt wird. Besonders edel und beliebt sind Knöpfe und Knebelverschlüsse aus Büffelhorn, die ausschließlich aus dem massiven, vorderen Spitzenteil des Büffelhorns hergestellt werden und die eine einzigartige, außerordentlich schöne Maserung haben.

Verwendung: für Mäntel, klassische Blazer, Tweed-Jacketts und Trachten sowie für Strick.

Stoffknöpfe: Es gibt sie als Posamentenknöpfe aus Kordeln und Litzen, wertvoll gedreht oder einfach verknüpft – oder mit Stoff bezogen. Mit Stoff bezogene, auf Ihr Kleidungsstück abgestimmte Knöpfe können Sie auch leicht selbst anfertigen. Wie es gemacht wird, finden Sie auf Seite 100f.

Verwendung: geeignet für Hochwertiges, wie etwas Abendkleidung, und als modisches Detail.

Holzknöpfe: Diese Knöpfe werden vorwiegend aus Hartholz gesägt oder gedreht. Manche sind eingefärbt und mit speziellem Lack überzogen. Holzknöpfe sind etwas empfindlich, wenn es ums Waschen oder Reinigen des Kleidungsstücks geht. Damit sie ihren Glanz nicht verlieren, sollten sie vor dem Waschgang entfernt oder mit Stanniolfolie umwickelt werden.

Verwendung: für Trachten, Strick, Dekor.

Metallknöpfe: Sie sind farbecht, robust und beinahe unverwüstlich. Da sich Metall vielfältig bearbeiten lässt, gibt es die Knöpfe in den unterschiedlichsten Varianten: mit Münzmotiven, in Form gegossen, matt, auf Hochglanz poliert, durchbrochen, graviert. Meist sind sie silber-, kupfer- oder goldfarben.

Verwendung: für Uniformen, Mäntel, Parkas, Jeans.

Lederknöpfe: Kaum ein anderer Knopf gibt einem Kleidungsstück eine sportlichere Note als der Lederknopf, der angenehm weich, aber sehr robust ist. Besonders bekannt und beliebt sind geflochtene Lederknöpfe, doch sie werden auch als Knebel, mit Loch oder geprägt angeboten.

Verwendung: sportliche Mode; perfekt auch für dickere Stoffe geeignet.

Perlmuttknöpfe: Sie sind äußerst wertvoll und aus verschiedenen Muschelarten gefertigt, weshalb jeder Knopf eine andere Maserung hat. Ihre besondere Ausdruckskraft erhalten sie durch die changierenden Farbtöne, die den Perlmuttknopf zu einem beliebten Accessoire und Verschlussobjekt werden ließen.

Verwendung: für feine Blusen, Kleider und Hemden.

Steinnussknöpfe: Hergestellt werden sie aus den getrockneten Samen einer südamerikanischen Palmenart, deren natürliche Maserung jedem Knopf eine eigene Zeichnung gibt. Das Material ist äußerst robust und widersteht auch einem heißen Bügeleisen. Außerdem ist die Steinnuss das einzige Naturprodukt, das sich in jede beliebige Modefarbe einfärben lässt, wobei die Maserung erhalten bleibt.

Verwendung: für elegante Kleidung, aber auch für Mäntel, Lederhosen oder Hemden.

Schmuckknöpfe: Sie gibt es in vielfältigsten Varianten und Formen – aus Glas, Kunstharz, Strass oder Halbedelsteinen, mit Metallfassungen oder kleinen Mosaiken, die jedem Kleidungsstück eine elegante Note verleihen.

Verwendung: als Deko-Knöpfe für festliche Kleidung.

Knöpfe annähen

Grundsätzlich unterscheidet man zwischen zwei Knopfarten: Stegknöpfen, mit einem kleinen Steg oder einer Metallöse auf der Unterseite, und Durchnähknöpfen, mit zwei oder vier Löchern. Durchnähknöpfe werden immer mit „Stiel“ angenäht, außer sie werden nur zur Zierde, also „blind“ aufgenäht. Die Knopfannähstellen müssen den Knopflöchern entsprechend auf dem Kleidungsstück markiert werden.

So markieren Sie die Knopfannähstellen:

Die Verschlusskanten Mitte auf Mitte so aufeinanderstecken, dass der Übertritt, das ist die Kante mit den Knopflöchern, auf dem Untertritt liegt. Am vorderen bzw. oberen Knopflochende eine Stecknadel senkrecht in den darunter liegenden Untertritt stecken. Knopfloch vorsichtig über die Stecknadel heben. Die Stecknadel am Untertritt feststecken. Der Einstich der Nadel ist die Knopfannähstelle (1).

So nähen Sie Knöpfe an:

Knöpfe mit doppeltem Nähgarn oder Knopflochgarn annähen. Damit Durchnähknöpfe beim Schließen den Übertritt nicht zusammenpressen, werden sie mit einem „Stiel“ angenäht. Die Länge des „Stiels“ richtet sich danach, wie „dick“ die Verschlusskante ist.

Knopf mit der linken Hand im entsprechenden Abstand auf die Markierung des Untertritts halten (2). Einfach geht's mit einem Streichholz (3). Es wird erst entfernt, bevor Sie den „Stiel“ umwickeln. Vor dem unsichtbaren Vernähen des Fadens auf der Innenseite wird der „Stiel“ dicht umwickelt (4). Knöpfe, die ganz besonders haltbar befestigt werden sollen, werden mit einem Gegenknopf angenäht (5).

Stegknöpfe und Knöpfe, die nur zur Zierde, also „blind“ aufgenäht werden, nähen Sie immer ohne „Stiel“ an.

1

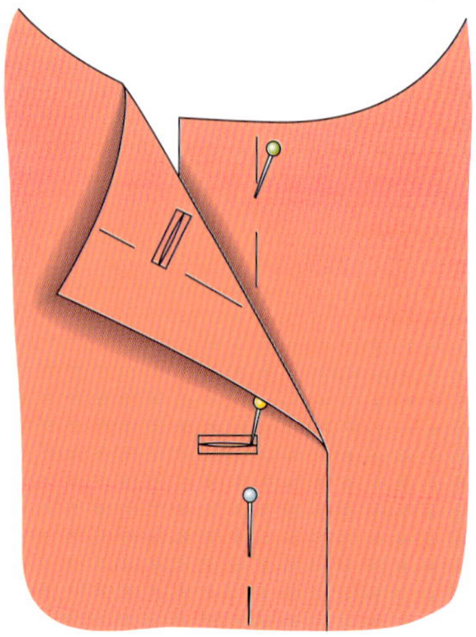

2

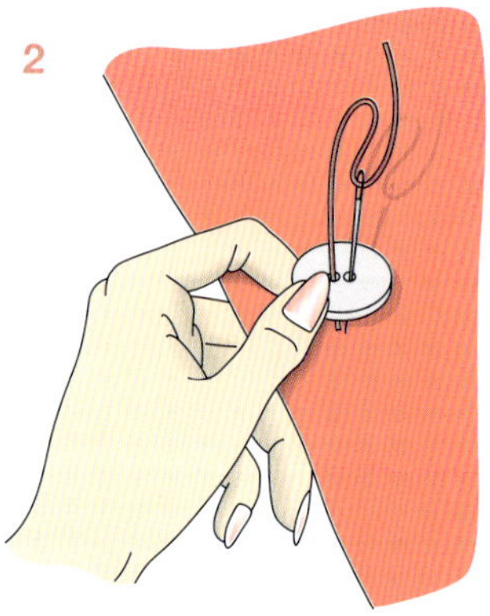

3

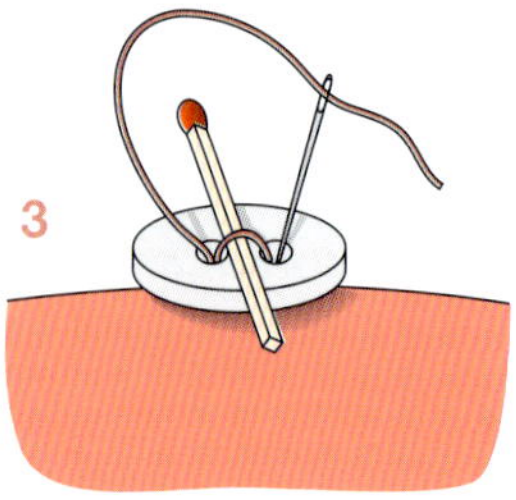

4

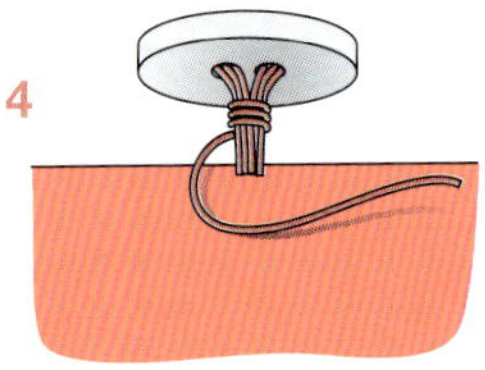

5

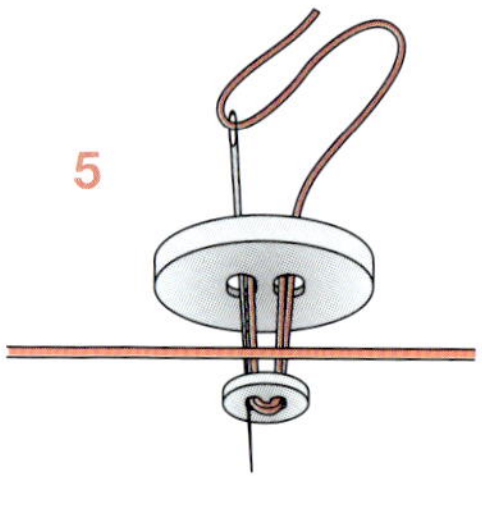

Knöpfe beziehen

Mit Stoff bezogene Knöpfe sind nicht nur Notlösung, wenn Sie einmal keinen passenden Knopf zu Ihrem Kleidungsstück finden, sondern können auch modisches Detail sein. Durch Aufnähen von Tresse, Pailletten, Perlen usw. können Sie einen schlichten Stoffknopf in einen individuellen Schmuckknopf verwandeln. Zum Beziehen eignen sich schlichte glatte Knöpfe ohne Steg.

So wird's gemacht:

Einen Stoffkreis etwas größer als den Knopf zuschneiden (1). Entlang der Stoffkante mit kleinen Vorstichen nähen (2). Faden nicht abschneiden. Den Knopf in der Mitte auf die linke Stoffseite legen und den Faden fest anziehen, sodass sich der Stoff glatt um den Knopfrand spannt. Mit dem Faden die Stoffränder über Kreuz zusammennähen (3). Faden sorgfältig vernähen. Aus Futterstoff einen Kreis, etwas größer als der Knopf, zuschneiden. Futter auf der Knopfunterseite feststecken, die Außenkanten eingeschlagen annähen (4).

Schneller geht's mit Fertigpackungen von Prym. Sie enthalten die Knopfformen und das erforderliche Werkzeug (5). Auf der Rückseite der Packung ist eine Schnittvorlage, die der Knopfgröße entsprechend ausgeschnitten wird. Nach dieser Schnittvorlage

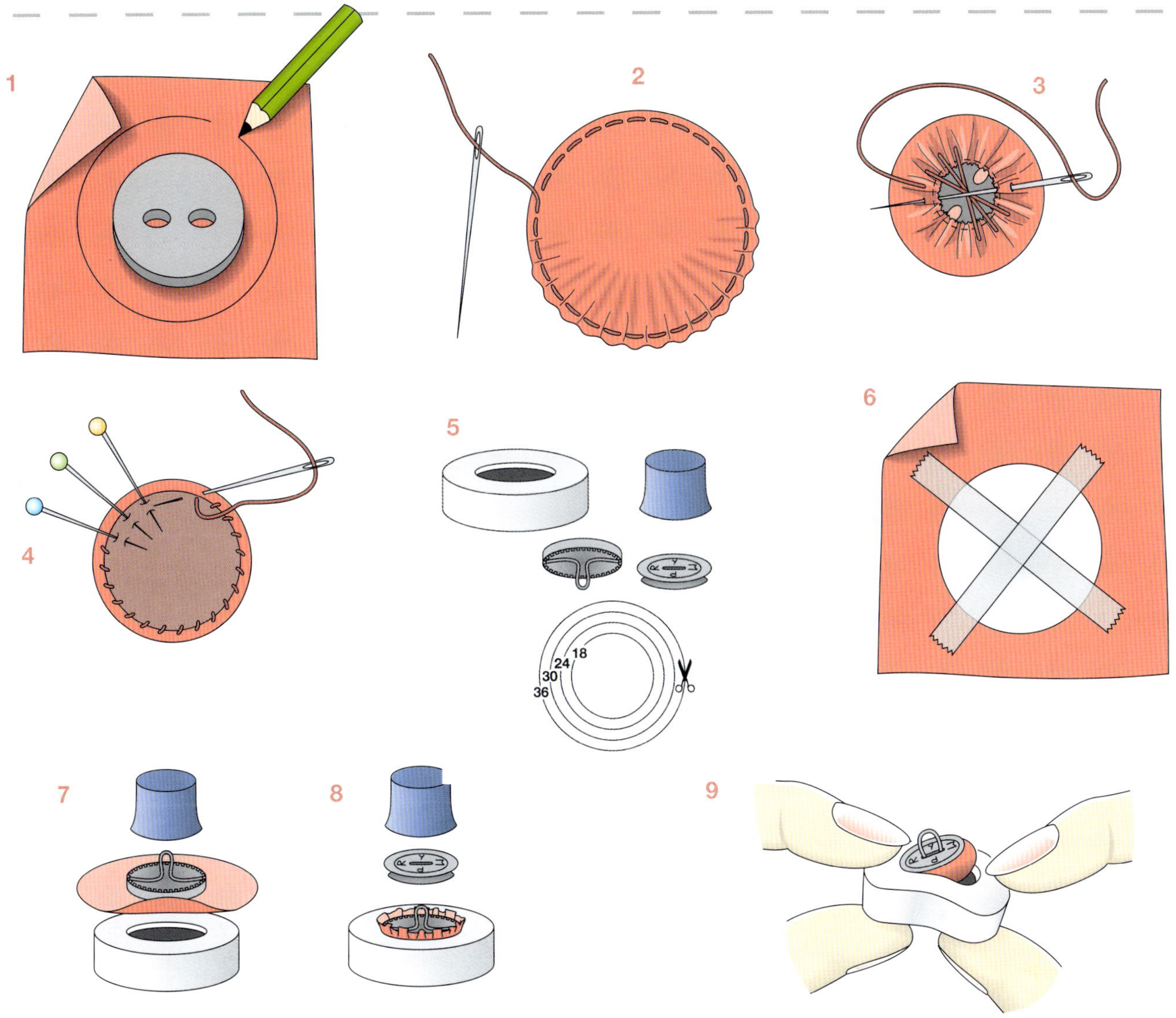

den Stoff zuschneiden. Am besten geht's, wenn die Schnittvorlage mit Klebeband auf den Stoff geklebt wird (6).

Das Stoffstück mit der rechten Seite nach unten so auf die Öffnung der weißen Plastikform legen, dass die Kanten gleichmäßig überstehen. Das obere Knopfteil, die Kappe, mit der blauen Form in die Öffnung drücken (7). Die hochstehenden Stoffkanten nach innen legen. Das zweite Knopfteil, die Schließplatte, so auf das obere Knopfteil legen, dass der Schriftzug lesbar ist (8). Die Schließplatte mit der blauen Plastikform fest eindrücken. Dann den fertigen Knopf von unten aus der weißen Form herausdrücken (9).

Noch ein paar Tipps:

- Um bei sehr dünnen, transparenten Stoffen das Durchschimmern der Blechform zu vermeiden, können Sie den Stoff doppelt nehmen oder mit Futter unterlegen.
- Bei dicken und voluminösen Stoffen kann es sein, dass die Schließplatte wieder herausspringt. Schneiden Sie dann den Stoffrand rundum etwas zurück und schneiden Sie die Stoffkreise für die restlichen Knöpfe entsprechend kleiner zu.
- Sehr steife Stoffe legen sich besser um das obere Knopfteil, wenn Sie sie leicht anfeuchten.
- Ganz glatt legt sich der Stoff um den Knopfrand, wenn Sie vor dem Eindrücken des unteren Knopfteils den Stoff vorsichtig mit einer Stopfnadel unter die Zähnchen des oberen Knopfteils schieben.

VERSCHLUSSKANTEN

An Verschlusskanten liegt der Stoff immer doppelt, sodass auch auf der Innenseite die rechte Stoffseite zu sehen ist. Der auf der Innenseite des Kleidungsstücks liegende Stoff wird als Besatz bezeichnet.

Ob dieser Besatz angeschnitten ist oder angesetzt werden muss, hängt von der Form der Kante und dem Stoffverbrauch ab. Um der Verschlusskante mehr Halt zu geben, wird auf den Besatz Einlage gebügelt.

Bei einem angeschnittenen Besatz zum Zuschneiden der Einlage am Papierschnitt den Besatz abschneiden. Einlage an allen Kanten, außer der vorderen Kante, mit Nahtzugaben zuschneiden. Einlage so aufbügeln, dass die Kante ohne Zugabe an die mit Heftfaden markierte Kante trifft.

Bei angesetzten Besätzen die Einlage dem Schnittteil entsprechend rundum mit Zugabe zuschneiden und auf die linke Besatzseite bügeln.

Sollen in die Verschlusskante Paspelknopflöcher eingearbeitet werden, kann die Einlage nicht auf den Besatz, sondern muss immer auf die Verschlusskante aufgebügelt werden.

Nicht aufbügelbare Einlage wird immer auf die Verschlusskante geheftet und bei angeschnittenen Besätzen entlang der vorderen Kante mit Hexenstichen angenäht (siehe Seite 65).

TIPP

Verschlusskanten können sich nicht ausdehnen, wenn Sie zusätzlich Vlieseline-Kantenband, das ist ein 2 cm breiter, mit Längsfäden verstärkter Vlieseline-Streifen, aufbügeln.

Der angeschnittene Besatz

Bei geraden Kanten wird der Besatz immer dann angeschnitten, wenn dadurch kein größerer Stoffverbrauch entsteht. Am Schnittteil ist die Kante, an der der Besatz nach innen gewendet wird, mit BESATZ gekennzeichnet (1). Diese Linie mit Heftfaden auf die rechte Stoffseite übertragen. Den Besatz an dieser Linie nach innen wenden. Kante heften, bügeln (2). Hat das Kleidungsstück einen Kragen, der nicht bis zur Verschlusskante reicht, den Besatz nach außen wenden, die obere Kante feststecken und bis zum Kragenansatzzeichen auf den Halsausschnitt steppen. Nahtanfang und -ende durch Rückstiche sichern. Die Zugaben bis dicht zum letzten Steppstich einschneiden, entlang der Naht schmal zurückschneiden, an der Ecke schräg abschneiden (3). Besatz nach innen wenden. Kanten heften. Bügeln.

Der angesetzte Besatz

An schrägen oder abgerundeten Kanten und wenn der Stoffverbrauch einen angeschnittenen Besatz nicht zulässt, wird der Besatz angesetzt. Für diesen Besatz gibt es entweder ein Schnittteil (4)

1

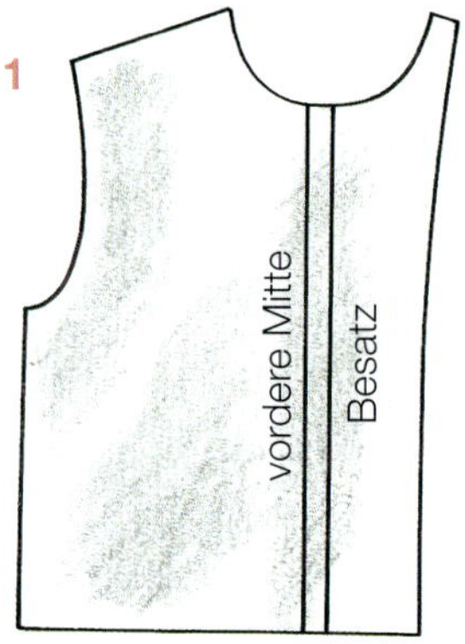

2

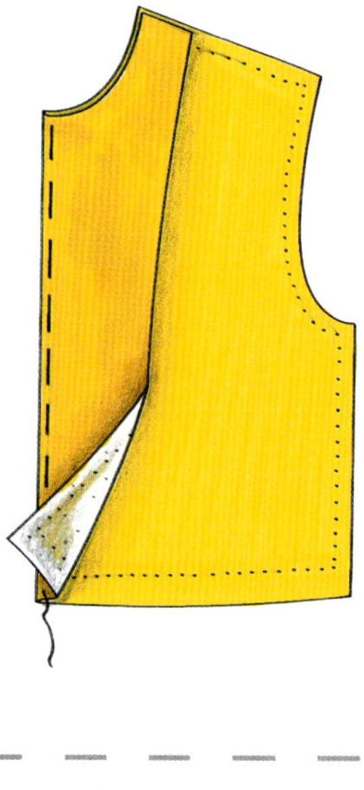

3

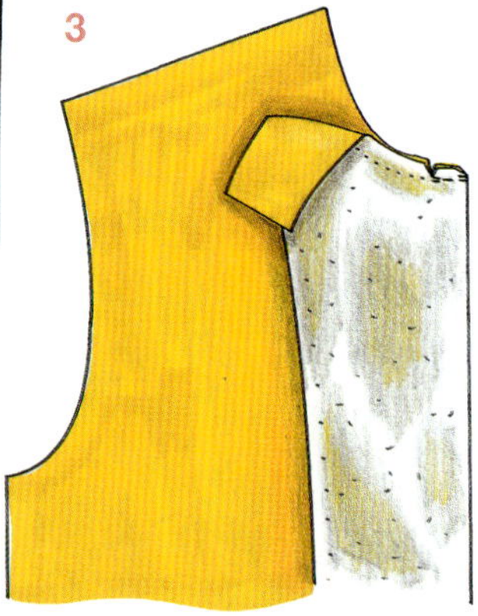

oder er ist in das Schnittteil eingezeichnet und muss als Extrateil abgezeichnet werden. Der Besatz wird rundum mit Nahtzugabe zugeschnitten.

Besatz rechts auf rechts auf die Verschlusskante stecken. Steppen. Die Nahtenden sichern (5). Nahtzugaben zurückschneiden, Nahtzugaben auseinanderbügeln. Dann den Besatz nach innen wenden und so festheften, dass die Naht genau an der Bruchkante ist.

Hat das Kleidungsstück einen Kragen, der nicht bis zur vorderen Kante reicht, wird der Besatz auf die vordere Kante und dann fortlaufend an der oberen Kante bis zum Kragenansatzzeichen festgesteppt. Nahtende mit Rückstichen sichern. Die Zugaben bis dicht zum letzten Steppstich einschneiden, entlang der Naht schmal zurückschneiden, an der Ecke schräg abschneiden (siehe Zeichnung 3), an den Rundungen einschneiden. Den Besatz nach innen wenden, Kante heften und bügeln.

Auch das ist möglich: Am oberen Teil der Verschlusskante wird der Besatz angesetzt, unten ist er angeschnitten (6).

Die untere Kante des extra zugeschnittenen Besatzes rechts auf rechts auf die obere Kante des angeschnittenen Besatzes steppen, dabei darauf achten, dass die Innenkanten der Besätze aufeinanderliegen. Steppen. Nahtenden sichern (7). Die Zugabe der Verschlusskante bis dicht zum letzten Steppstich einschneiden (8). Nahtzugaben auseinanderbügeln. Den angeschnittenen Besatz nach außen falten, fortlaufend den extra zugeschnittenen Besatz rechts auf rechts auf die Verschlusskante stecken. Steppen, dabei am letzten Steppstich der Quernaht beginnen bzw. enden. Nahtenden mit Rückstichen sichern. Nahtzugaben zurückschneiden und, falls erforderlich, an den Rundungen einschneiden bzw. an den Ecken schräg abschneiden (9). Besatz nach innen wenden und die Kanten heften.

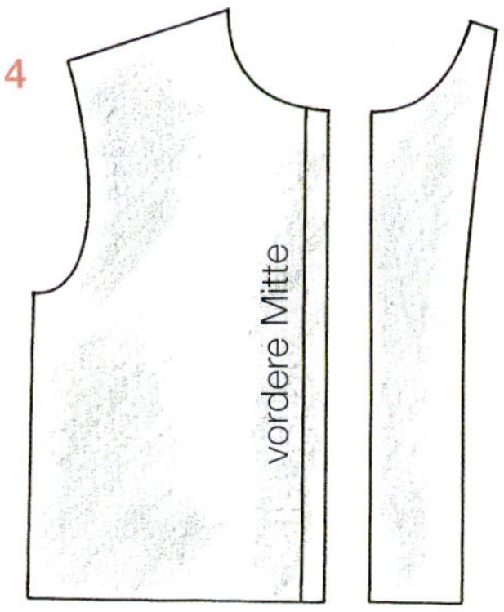

4

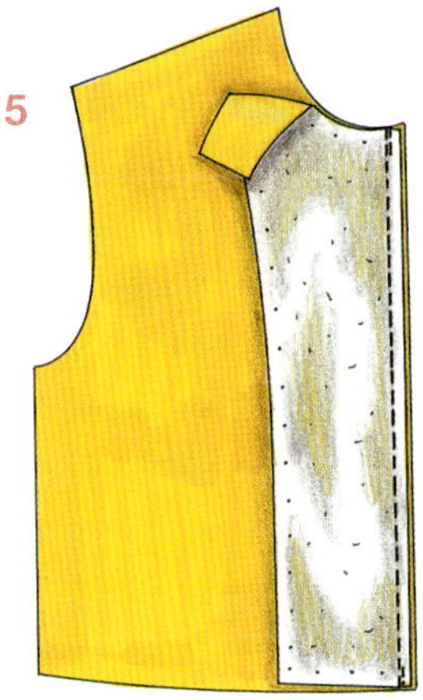
5

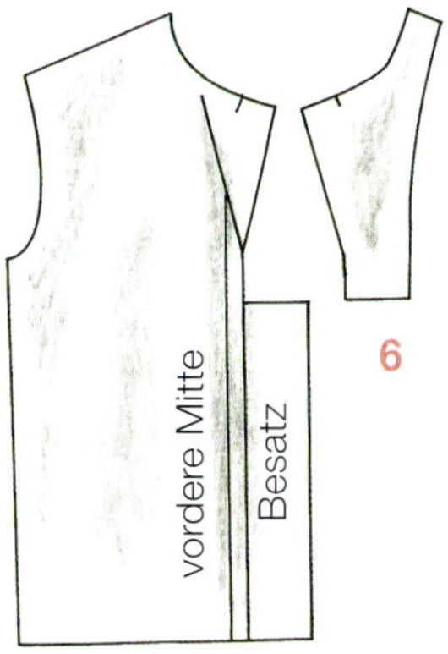

6

7

8

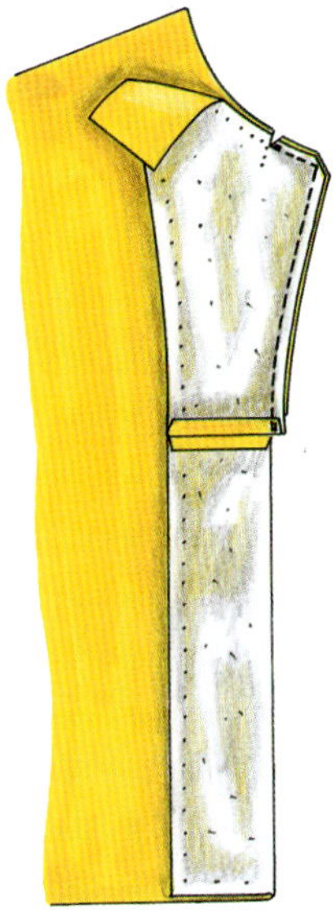
9

Der doppelt eingeschlagene Besatz

Um bei Blusen und bei anderen Kleidungsstücken aus leichten Stoffen auf die Einlage in der Verschlusskante verzichten zu können, kann der Besatz doppelt eingeschlagen werden. Im Schnitt ist an der vorderen Kante die doppelte Besatzbreite angeschnitten. In halber Besatzbreite ist die UMBRUCH-Linie eingezeichnet (10). Beim Zuschneiden am Besatz keine Nahtzugabe anschneiden.

Den Besatz zuerst an der UMBRUCH-Linie nach innen umheften. Bügeln. Dann den nun doppelt liegenden Besatz an der vorderen Kante nach innen umheften (11). Bügeln. Reicht bei einem solchen Verschluss der Kragen nicht bis zur vorderen Kante, zuerst den Besatz an der UMBRUCH-Linie nach innen umheften. Bügeln. Den nun doppelt liegenden Besatz nach außen wenden und die obere Besatzkante bis zum Kragenansatzzeichen auf die Ausschnittkante steppen.

10

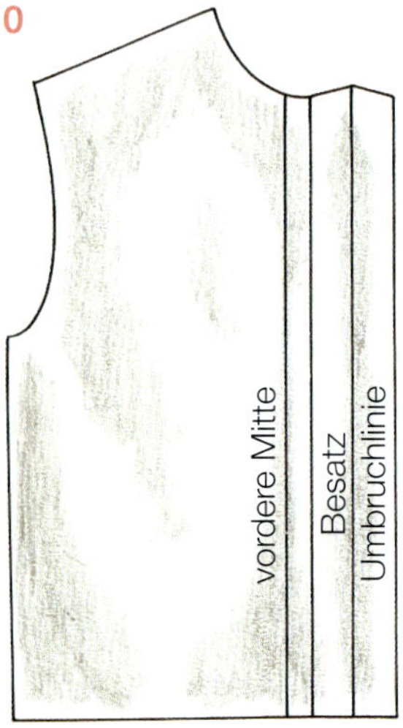

11

12

Nahtenden sichern. Nahtzugaben bis dicht zum letzten Steppstich einschneiden. Nahtzugaben entlang der Naht zurückschneiden, an den Ecken schräg abschneiden (12). Den Besatz nach innen wenden und die Kanten heften. Bügeln.

Wichtig: Verschlusskanten erst absteppen, wenn der Saum genäht ist, denn an der Saumkante liegt der Besatz immer über der Saumzugabe (siehe Säume an Ecken, Seite 74/75).

TIPP

Bei Stoffen mit zwei „schönen“ Seiten wird der doppelt eingeschlagene Besatz zur Blende, wenn Sie ihn an beiden Linien zur rechten Seite umheften.

VERDECKTE KNOPFVERSCHLÜSSE

Wenn ein Kleidungsstück mit Knöpfen geschlossen werden soll, die Knöpfe aber nicht sichtbar sein sollen, wird ein verdeckter Knopfverschluss genäht. Bei dünnen Stoffen kann die Knopflochleiste angeschnitten werden. Bei dickeren Stoffen wird die Knopflochleiste extra zugeschnitten und auf den Besatz gesteppt. Eine andere Möglichkeit: Die Knopflöcher werden nur in den Besatz eingearbeitet.

Der „klassische“ verdeckte Knopfverschluss

Bei sehr dicken Stoffen, bei denen eine separate Knopflochleiste auftragen würde, wird der Knopfverschluss besser in den Besatz der rechten Verschlusskante eingearbeitet. Auf der rechten Seite ist nur eine Stepplinie zu sehen.

In den Besatz sind die Knopflöcher und für den Eingriff eine Einschnittlinie ca. 2 cm neben der vorderen Kante eingezeichnet. Der Besatz wird mit Einlage verstärkt. Für den Eingriff benötigen Sie einen Futterstreifen, ca. 10 cm breit und ca. 4 cm länger als der Einschnitt.

So wird's gemacht:

Die Einschnittlinie mit Heftfaden auf die rechte Stoffseite übertragen. Den Futterstreifen rechts auf rechts über dem markierten Einschnitt so auf den Besatz stecken, dass die Futterkante an die vordere Kante trifft. Von der linken Besatzseite aus die markierte Einschnittlinie ½ cm breit umsteppen. Zwischen den Stepplinien einschneiden, in die Ecken bis dicht zur Stepplinie einschneiden (1). Futterstreifen durch den Einschnitt nach innen ziehen und an der vorderen Eingriffkante so festheften, dass die Ansatznaht genau im Bruch liegt. Kante bügeln und schmal absteppen. An der anderen Eingriffkante die Zugaben der Ansatznaht auseinanderbügeln. Den Futterstreifen um die Nahtzugaben legen und als Paspel so festheften, dass er den Eingriff ausfüllt. Paspel genau in der Ansatznaht feststeppen (2) oder von Hand annähen. Die kleinen Dreiecke an den Einschnittenden auf den Paspel steppen (3). Die Knopflöcher einarbeiten, dabei das Futter mitfassen. Den Besatz nach innen wenden. Kante heften, bügeln und wie im Schnitt eingezeichnet absteppen. Zwischen den Knopflöchern den Paspel an der vorderen Eingriffkante von Hand mit einigen Stichen annähen (4).

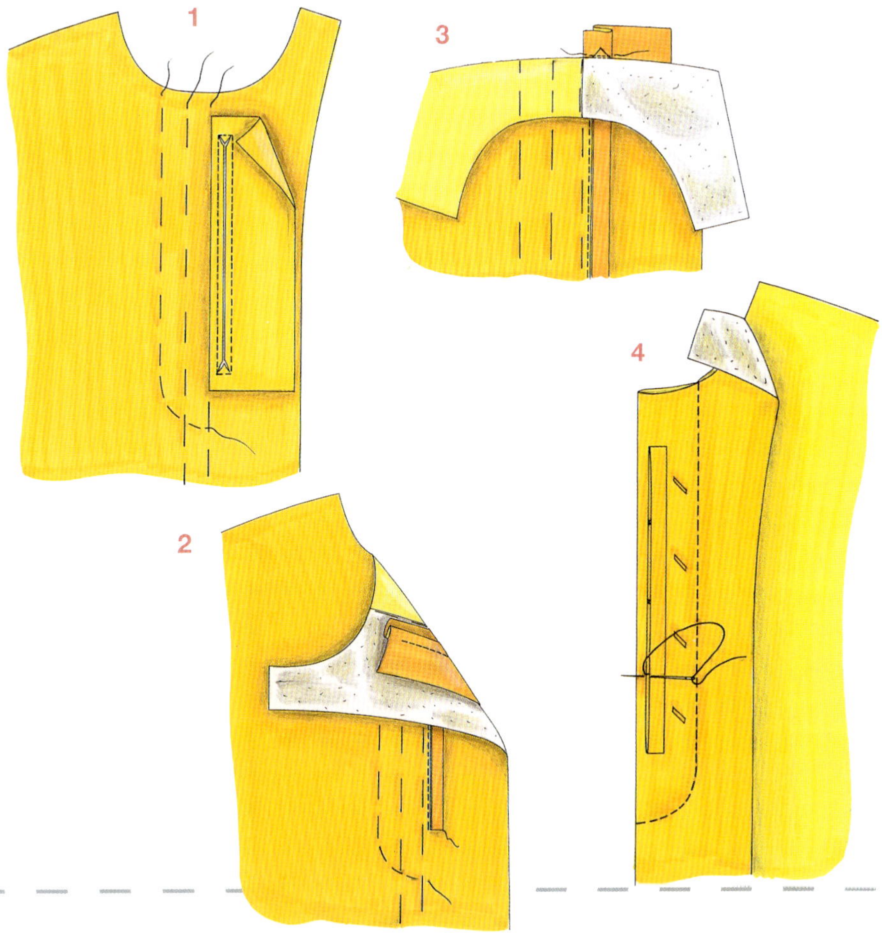

Der verdeckte Knopfverschluss mit angeschnittener Knopflochleiste

Bei diesem Knopfverschluss wird am rechten Vorderteil und am rechten Besatz an der vorderen Kante die Knopflochleiste angeschnittten.

Hinweis: Um sich das Zuschneiden zu erleichtern, Vorderteile und Besätze bei doppelter Stofflage zuschneiden, obwohl die Knopflochleiste am linken Vorderteil nicht benötigt wird. Sie wird dann beim Verstürzen der linken vorderen Kante abgeschnitten.

Rechte vordere Kante, Knopflochleiste:

Den Besatz rechts auf rechts auf das rechte Vorderteil legen. Vordere Kanten entlang der Linie RECHTS UMBRUCH und fortlaufend entlang der markierten Nahtlinie bis zum Beginn der Rundung (obere Kante) und bis zur unteren Kante aufeinanderstecken. Die Umbruchlinien zwischen den Querstrichen aufeinanderheften, ab dem oberen Querstrich bis zum Beginn der Rundung sowie ab dem unteren Querstrich bis unten steppen. Nahtanfang und -ende mit Rückstichen sichern (1).

Die Nahtzugaben und fortlaufend die angeschnittenen Knopflochleisten auseinanderbügeln. Die auf dem Besatz liegende Knopflochleiste festheften (2). Von der rechten Besatzseite aus die Knopflöcher nähen (3).

Dann die am Vorderteil angeschnittene Knopflochleiste in den Besatz legen und die Innenkanten der beiden Leistenteile aufeinanderheften (4).

Ausschnittkante und linke vordere Kante:

Den Besatz mit Knopflochleiste wieder rechts auf rechts auf das rechte Vorderteil legen, restliche vordere Kanten ab der Rundung und fortlaufend die oberen Kanten aufeinanderstecken.

Am linken Vorderteil die vorderen Kanten an der Linie LINKS KANTE aufeinanderstecken. Steppen. Nahtzugaben zurückschneiden bzw. an der linken vorderen Kante die angeschnittene Knopflochleiste abschneiden (5). Den Besatz nach innen wenden. Die Kanten bügeln.

Am rechten Vorderteil die Heftstiche an der vorderen Kante trennen. Die vorderen Kanten der Knopflochleiste zwischen den Knopflöchern von Hand mit ein paar Stichen aneinandernähen.

Nachdem die Jacke, wie in der Nähanleitung erklärt wird, fertiggenäht ist, die rechte Verschlusskante wie im Schnitt eingezeichnet absteppen.

1

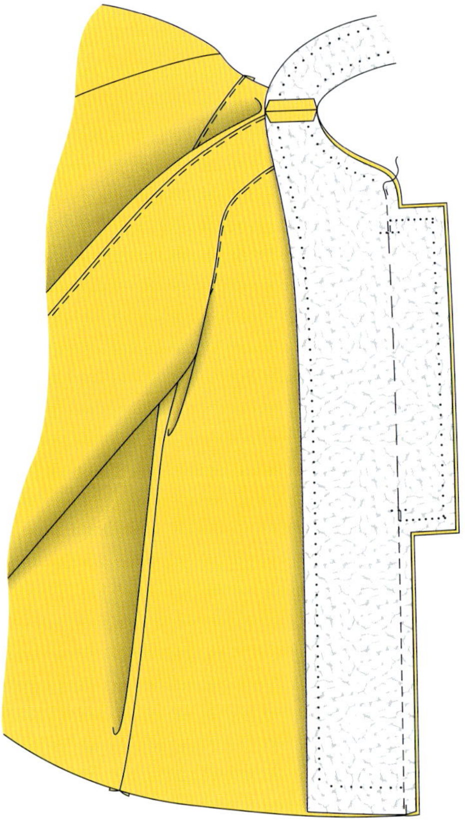

2

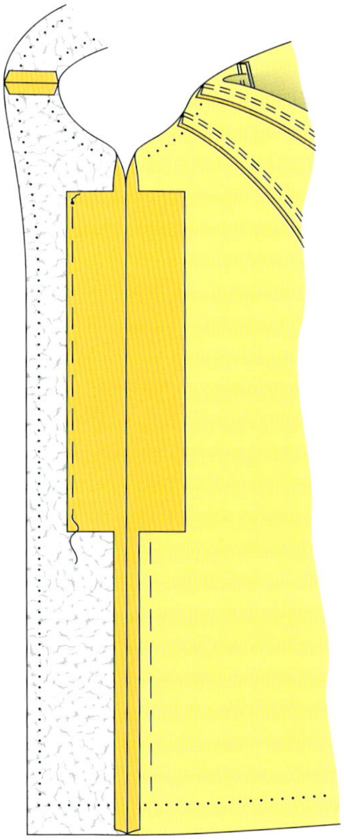

3

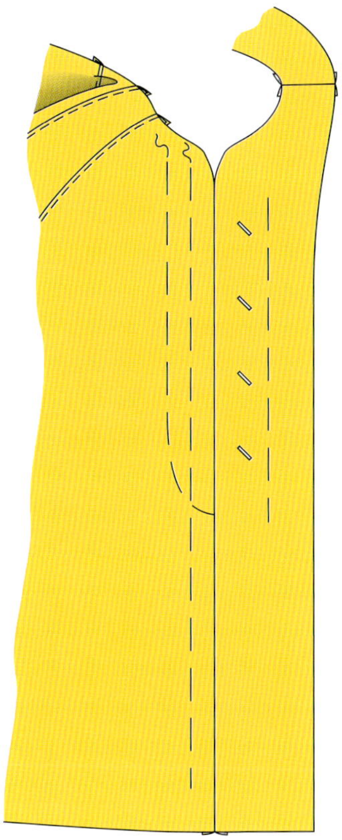

4

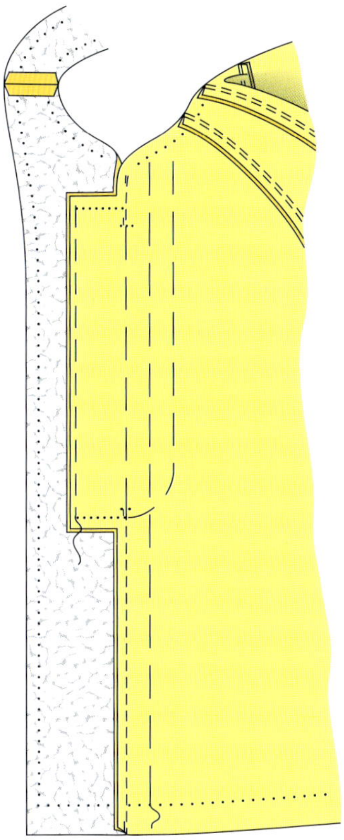

TIPP

Bei festen Stoffen, wie zum Beispiel Jeans, die Knopflochleiste aus einem farblich passenden Futterstoff nähen. Dazu an den Papierschnittteilen von Vorderteil und Besatz die Knopflochleiste 1 cm neben der vorderen Kante (Umbruch) abschneiden. Die abgeschnittenen Knopflochleisten aus Futterstoff zuschneiden und an das Vorderteil und den Besatz steppen. Die Zugaben in die Knopflochleisten bügeln. Dann den verdeckten Knopfverschluss wie erklärt nähen.

5

Der verdeckte Verschluss mit untergesteppter Knopflochleiste ...

Das ist die einfachste Art, einen verdeckten Verschluss zu nähen. Die Knopflochleiste wird unter die fertige Kante gesteppt. Bei dünnen Stoffen wird die Knopflochleiste im Stoffbruch, bei dicken Stoffen je einmal aus Stoff und Futter zugeschnitten.

So nähen Sie die Leiste:

Auf eine Leistenhälfte Einlage aufbügeln. Leiste der Länge nach zur Hälfte falten, rechte Stoffseite innen. Offene Kanten aufeinandersteppen, dabei zum Wenden ca. 5 cm Naht offen lassen. Nahtzugaben zurückschneiden, an den Ecken schräg abschneiden, an den Rundungen einschneiden (1). Leiste wenden. Kante heften, bügeln. Offene Nahtstelle zunähen.

Oder: Leistenteile aus Stoff und Futter rechts auf rechts aufeinanderstecken und steppen, dabei an einer Kante ca. 5 cm Naht zum Wenden offen lassen. Nahtzugaben zurückschneiden, an den Ecken schräg abschneiden, an den Rundungen einschneiden (2). Leiste wenden. Kanten heften, bügeln. Offene Nahtstelle zunähen.

Knopflöcher – von der rechten Leistenseite aus – einarbeiten. Leiste wie im Schnitt eingezeichnet unter die rechte Verschlusskante stecken und festheften. Rechte Verschlusskante absteppen, dabei die Leiste feststeppen. Leiste jeweils zwischen den Knopflöchern mit einem kleinen Fadensteg auf dem Besatz festnähen (3).

1

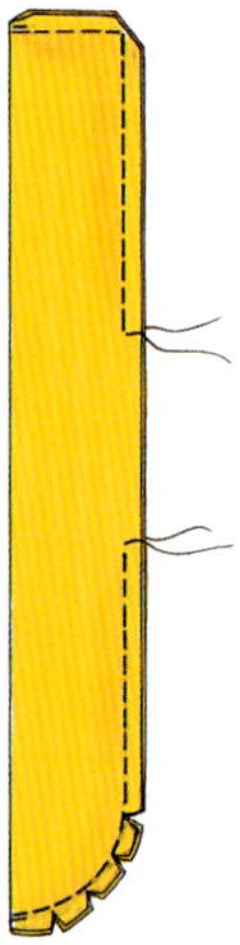

2

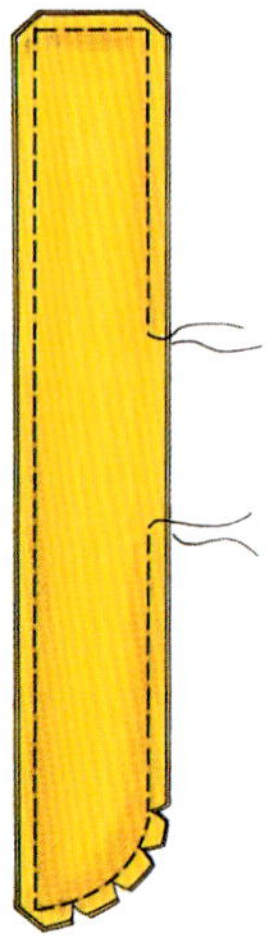

3

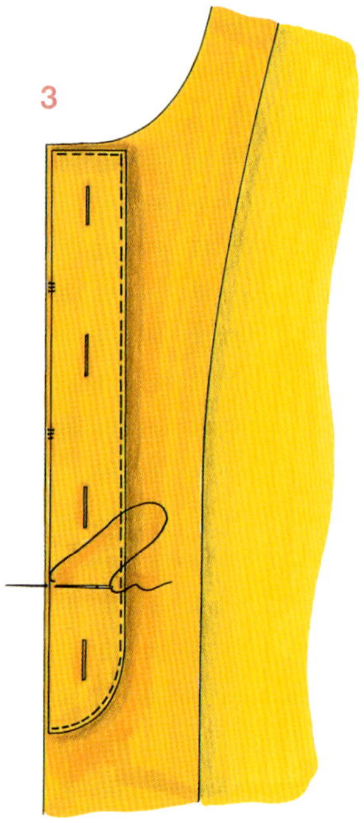

... mit angeschnittenem Besatz und angeschnittener Knopflochleiste

Dieser verdeckte Knopfverschluss wird bei Blusen gearbeitet. Die Knopflochleiste ist am Besatz angeschnitten.

Für die rechte und linke Verschlusskante sind unterschiedliche Linien in den Schnitt eingezeichnet (4). Am einfachsten ist es, wenn Sie zunächst beide Vorderteile gleich – mit Zugabe an der vorderen Kante – zuschneiden und später die linke Verschlusskante an der Linie LINKS KANTE abschneiden (siehe auch Zeichnung 8).

Die im Schnitt eingezeichneten Linien mit Heftfaden auf die rechte Stoffseite übertragen. Der Saum sollte bereits fertiggenäht sein.

Rechte Verschlusskante:

Die vordere Kante an der Linie RECHTS UMBRUCH nach innen umheften. Bügeln (5). Knopflöcher einarbeiten. Vordere Kanten an der Linie ANGESCHNITTENER BESATZ nach innen umheften. Kante bügeln und wie im Schnitt eingezeichnet absteppen (6). Knopflochleiste entlang der Stepplinie zur vorderen Kante hinbügeln (7).

Linke Verschlusskante

Die Verschlusskante an der Linie LINKS KANTE abschneiden (8). Vordere Kante an der Linie LINKS UMBRUCH nach innen umheften. Bügeln. Dann den nun doppelt liegenden Besatz nach innen umheften. Bügeln (siehe auch „doppelt eingeschlagener Besatz“ Zeichnung 11 von Seite 104).

4

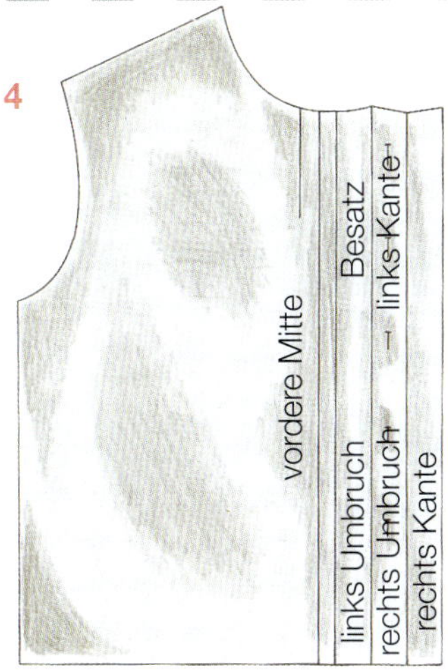

5

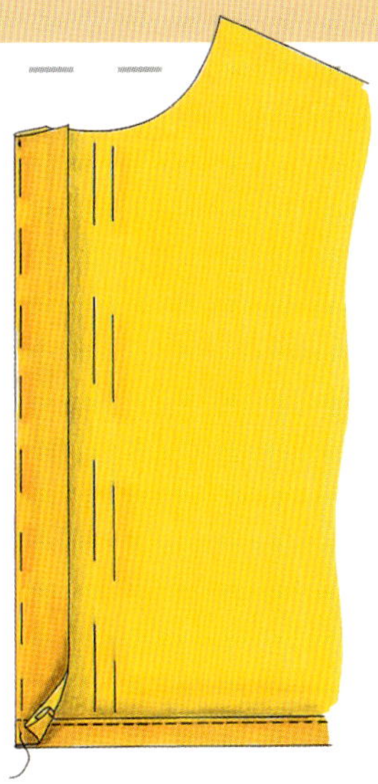

6

7

8

9

10

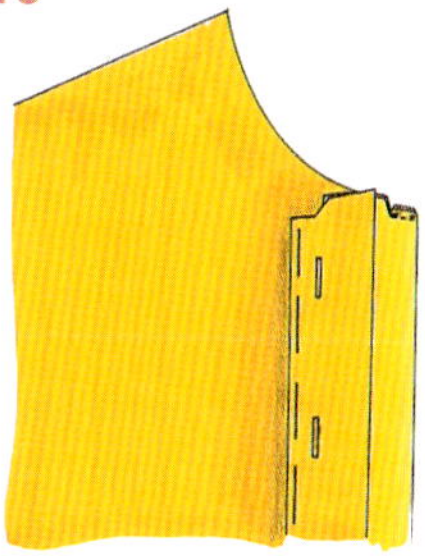

Wenn der Kragen nicht bis zur vorderen Kante reicht, ändert sich die Verarbeitung wie folgt: Die rechte Verschlusskante an der Linie RECHTS UMBRUCH nach außen wenden. Die oberen Kanten von der Bruchkante bis zum Kragenzeichen aufeinandersteppen. Nahtenden sichern. Die Zugaben bis dicht zum letzten Steppstich einschneiden, entlang der Naht schmal zurückschneiden (9). Dann die Kante entlang der UMBRUCH-Linie nach innen umheften, bügeln und die Knopflöcher einarbeiten.

Die vordere Kante an der Linie BESATZ nach außen falten. Die oberen Kanten ab der Bruchkante bis zum Kragenzeichen aufeinandersteppen. Nahtenden sichern. Die Nahtzugaben bis dicht zum letzten Steppstich einschneiden, entlang der Naht schmal zurückschneiden (10). Besatz nach innen umheften. Kante bügeln und wie im Schnitt eingezeichnet absteppen. Die Knopflochleiste entlang der Stepplinie zur vorderen Kante legen. Bügeln (wie bei Zeichnungen 6 und 7).

Die linke Verschlusskante an der UMBRUCH-Linie nach innen umheften. Bügeln. Den jetzt doppelt liegenden Besatz nach außen falten. Die oberen Kanten von der Bruchkante bis zum Kragenzeichen aufeinandersteppen. Nahtenden sichern. Nahtzugaben bis dicht zum letzten Steppstich einschneiden, entlang der Naht schmal zurückschneiden (siehe auch „doppelt eingeschlagener Besatz“, Zeichnung 12 von Seite 104). Den Besatz nach innen umheften. Kante bügeln.

POLOVERSCHLUSS

Soll eine Bluse oder ein Kleid keinen durchgehenden Knopfverschluss erhalten, wird ein Poloverschluss eingearbeitet. Beim klassischen Poloverschluss werden zwei Verschlussblenden eingesetzt. Aber auch mit einem Stoffstreifen oder einem Besatz kann ein Poloverschluss genäht werden.

Der „klassische" Poloverschluss

Voraussetzung fürs gute Gelingen ist, dass Sie schon beim Abzeichnen der Schnittteile exakt arbeiten und die Blendenansatzlinien korrekt auf die Stoffteile übertragen. Denn der Abstand zwischen den Blendenansatzlinien muss genau mit der fertigen Blendenbreite übereinstimmen.

Und so nähen Sie: Am Ende der Blendenansatznähte muss das Vorderteil eingeschnitten werden.

Wichtig: Um ein Ausreißen der Einschnitte zu vermeiden, ein Stück Vlieseline aufbügeln. Die Blendenteile zur Hälfte mit Vlieseline verstärken.

Die Blendenhälften mit Einlage rechts auf rechts auf die Blendenansatzlinien des Vorderteils stecken und bis zur Ecke feststeppen; keinen Stich länger oder kürzer! Nahtanfang und -ende durch Rückstiche sichern (1).

Die Nahtzugaben des Vorderteils in die Ecken bis dicht zum letzten Steppstich schräg einschneiden, dabei die Blenden nicht mitfassen (2).

Die Zugaben der Blendenansatznähte in die Blenden bügeln. Die Zugabe der anderen langen Blendenkanten nach innen umbügeln (3). Dabei darauf achten, dass die Blenden von der Ansatznaht bis zur umgebügelten Kante genau doppelt so breit sind wie der Abstand zwischen den beiden Blendenansatznähten. Falls erforderlich, die Zugaben der Blenden entsprechend breiter oder schmaler umbügeln.

Blenden der Länge nach zur Hälfte falten, linke Seite innen. Kanten heften, bügeln. Die inneren Blendenhälften an der Ansatznaht festheften (4) und von Hand annähen oder von der rechten Blendenseite aus alle Blendenkanten schmal absteppen, dabei die inneren Blendenhälften an der Ansatznaht feststeppen. Knopflöcher in die rechte Blende einarbeiten. Die rechte Blende Mitte auf Mitte auf die linke Blende stecken, untere Kanten aufeinanderheften. Untere Blendenkanten rechts auf rechts auf das Vorderteil stecken. Von der linken Seite aus die Zugabe des Vorderteils genau von Ecke bis Ecke auf die Blenden steppen.

1

2

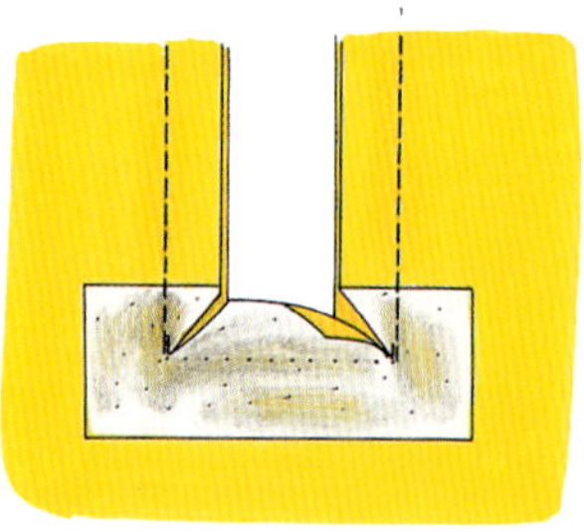

3

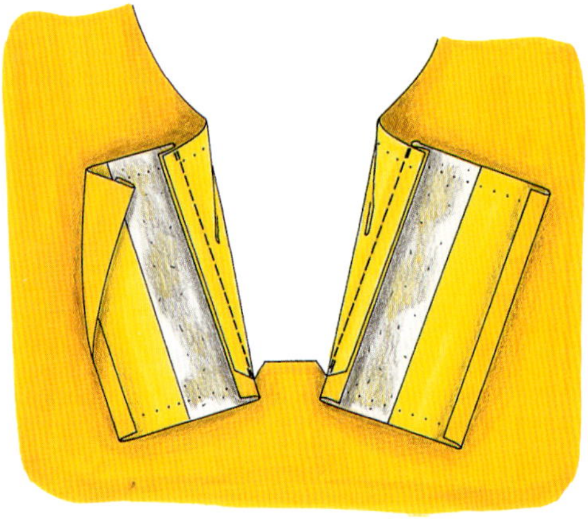

4

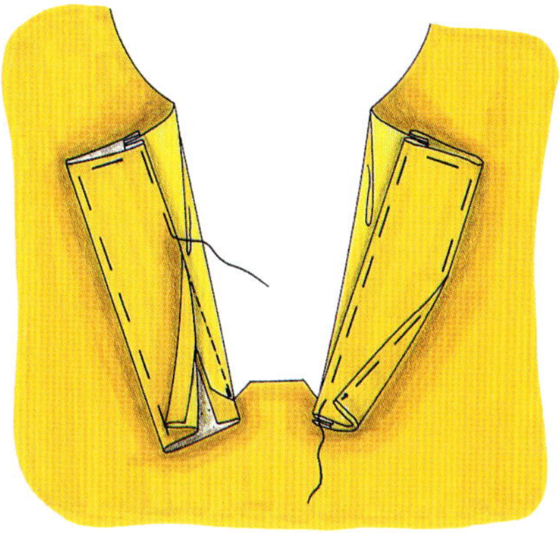

5

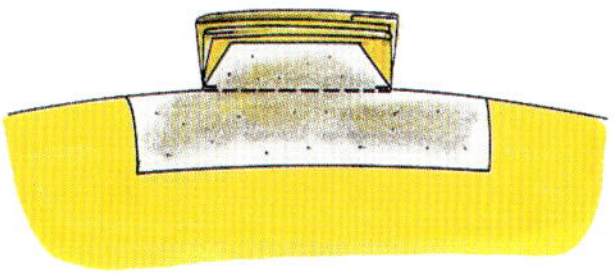

6

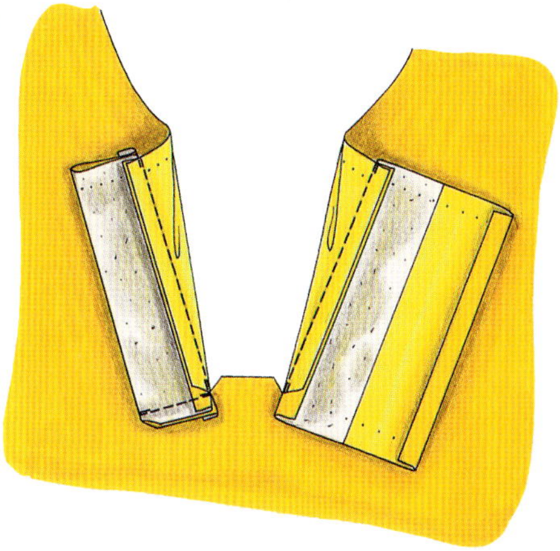

7

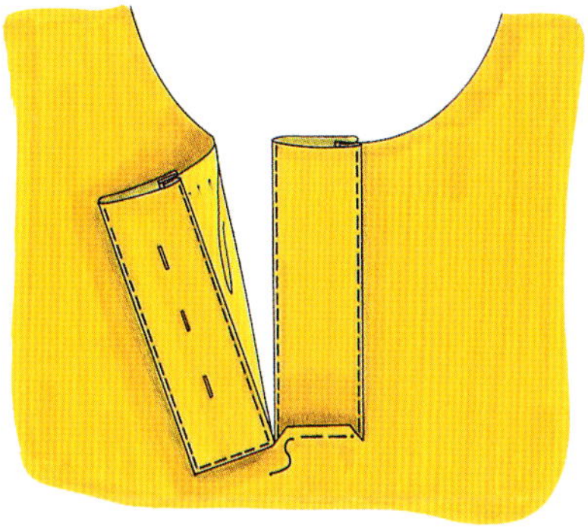

8

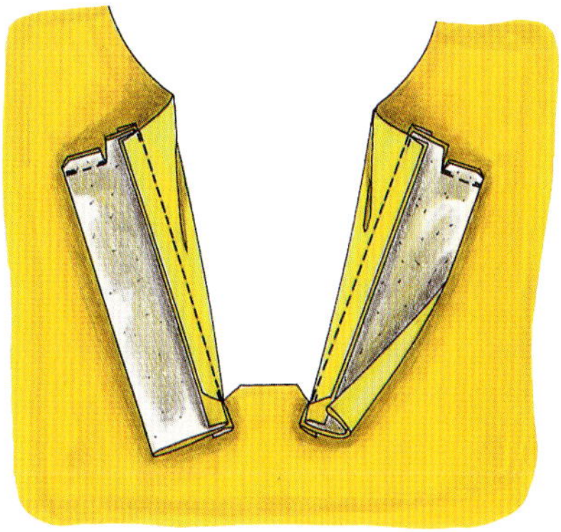

Nahtenden sichern (5). Die Zugaben zusammengefasst versäubern und nach unten bügeln. Von der rechten Vorderteilseite aus die Blenden wie im Schnitt eingezeichnet absteppen. Knöpfe annähen.

Damit bei dicken Stoffen das untere Verschlussende nicht „aufträgt“, werden die unteren Blendenkanten nicht eingesetzt, sondern aufgesteppt.

Dazu wird nach dem Ansteppen der Blenden an der rechten Blende die untere Kante verstürzt: Blende der Länge nach zur Hälfte falten, rechte Seite innen. Untere Kanten von der Bruchkante bis zur Naht aufeinandersteppen. Nahtzugaben zurückschneiden und an den Ecken schräg abschneiden (6). An der linken Blende bleibt die untere Kante offen. Blenden wenden. Kanten heften, bügeln. Die inneren Blendenhälften an der Ansatznaht festheften, von Hand annähen oder von der rechten Seite aus alle Blendenkanten schmal absteppen, dabei die inneren Hälften an der Ansatznaht feststeppen. Knopflöcher in die rechte Blende einarbeiten.

An der linken Blende die unteren Kanten zusammengefasst versäubern. Die Zugabe des Vorderteils auf die untere Kante der linken Blende heften (7). Die rechte Blende Mitte auf Mitte auf die linke Blende stecken, die Nahtzugabe des Vorderteils liegt zwischen den Blenden. Rechte Blende wie im Schnitt eingezeichnet feststeppen, dabei wird die Nahtzugabe des Vorderteils zwischen diesen Stepplinien mitgefasst.

Wichtig: Reicht der Kragen nur bis zur Blendenmitte, werden nach dem Ansteppen der Blenden die oberen Kanten bis zur Blendenmitte verstürzt. Dazu die Blenden der Länge nach zur Hälfte falten, rechte Seite innen. Die oberen Blendenkanten von der Bruchkante bis zur Mitte aufeinandersteppen. Nahtenden sichern. Die Zugaben bis dicht zum letzten Steppstich einschneiden, entlang der Naht schmal abschneiden (8). Blenden wenden, Kanten heften, bügeln. Dann die Blenden, wie links erklärt, fertignähen.

TIPP

Damit sich bei dehnbaren Stoffen die Blendenansatzkanten am Vorderteil nicht verziehen können, ca. 1 cm breite Vlieseline-Streifen (z. B. Nahtband oder Formband) aufbügeln.

Der Poloverschluss mit einem Stoffstreifen

Für diesen Poloverschluss muss die linke Vorderteilhälfte eingeschnitten werden. Der Einschnitt ist in halber gewünschter „Blendenbreite“ neben der vorderen Mitte. Die Länge des Einschnitts entspricht der fertigen Verschlusslänge. Außerdem benötigen Sie einen Stoffstreifen in doppelter „Blendenbreite“ und 2-mal so lang wie der Einschnitt plus Nahtzugaben an allen Kanten.

Damit das Einschnittende nicht ausreißen kann, ein Stück Vlieseline von links aufbügeln.

Die Einschnittkanten auseinanderziehen und rechts auf rechts schmal auf den Stoffstreifen steppen, dabei am Einschnittende so wenig Naht wie möglich absteppen (Pfeil Zeichnung 9).

Nahtzugaben in den Stoffstreifen bügeln. Am Stoffstreifen die Zugabe der anderen langen Kante so weit nach innen umbügeln, dass der Stoffstreifen genau doppelt so breit ist wie die fertige Blende. Stoffstreifen zur Hälfte falten, linke Seite innen. Die innere Kante an der Ansatznaht festheften (10). Bügeln.

Von der rechten Vorderteilseite aus den Stoffstreifen an allen Kanten schmal absteppen, dabei die innere Hälfte an der Ansatznaht feststeppen. An der rechten Schlitzkante den Stoffstreifen entlang der Ansatznaht nach innen umheften, am Schlitzende quer feststeppen (11). An der linken Schlitzkante steht der Stoffstreifen als Untertritt vor (12).

9

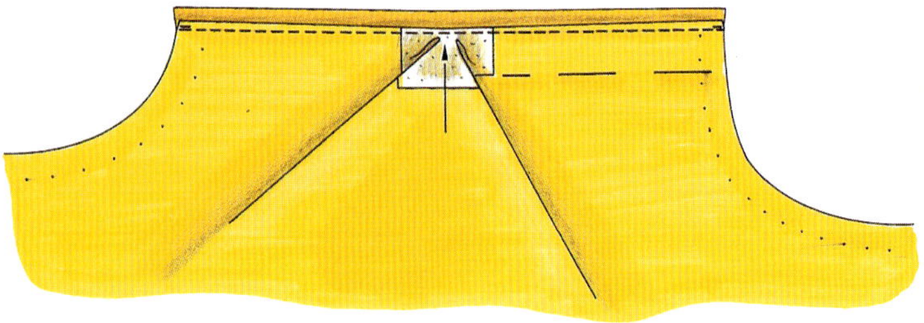

11

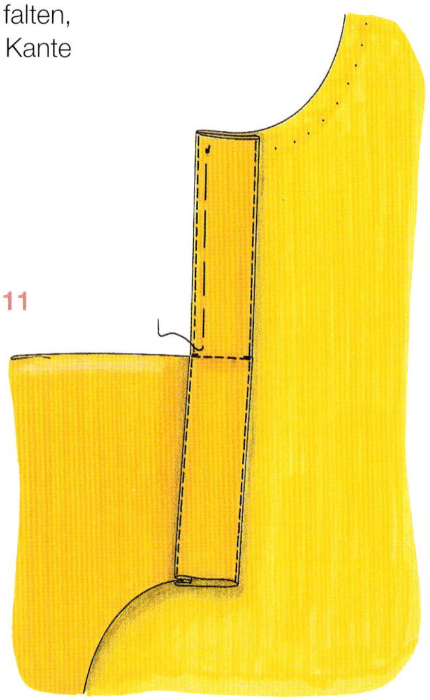

10

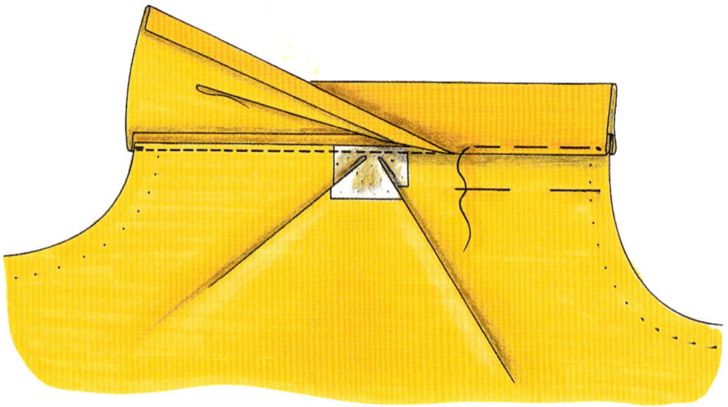

12

Der Poloverschluss mit Besatz

Bei diesem Poloverschluss muss in die linke Vorderteilhälfte eine Einschnittlinie eingezeichnet werden. Der Abstand des Einschnitts zur vorderen Mitte entspricht der halben fertigen „Blendenbreite“, die Länge der gewünschten Verschlusslänge. Außerdem benötigen Sie einen Besatzstreifen in 3-facher Blendenbreite plus Nahtzugaben und ca. 3 cm länger als der Einschnitt. Auch auf diesem Besatz markieren Sie sich die Einschnittlinie auf der linken Stoffseite in Blendenbreite plus Nahtzugabe neben der linken Kante. Über dieser markierten Einschnittlinie bügeln Sie einen Vlieseline-Streifen in doppelter Blendenbreite auf.

Die seitlichen und die unteren Besatzkanten versäubern. Den Besatz rechts auf rechts so auf das Vorderteil stecken, dass die Einschnittlinien aufeinandertreffen. Einschnittlinie schmal umsteppen, dabei am Einschnittende ca. zwei bis drei Stiche quer steppen. Zwischen den Stepplinien einschneiden, am Einschnittende in die Ecken schräg bis dicht zur Stepplinie einschneiden (13).

Den Besatz nach innen wenden. Die rechte Einschnittkante heften, bügeln und schmal absteppen (14). An der linken Einschnittkante den Besatz über den Einschnitt legen. Die Zugaben in den Besatz bügeln. Für den Untertritt den Besatz in Blendenbreite einschlagen. Kante heften. Die Besatzinnenkante an der Ansatznaht festheften (15). Bügeln.

Von der rechten Vorderteilseite aus den Untertritt (linke Schlitzkante) entlang der Besatzansatznaht schmal absteppen, dabei die innere Besatzhälfte feststeppen. Knopflöcher in die rechte Verschlusskante einarbeiten. Den Verschluss zustecken, am Verschlussende in Blendenbreite quer steppen, dabei den Besatz bzw. den Untertritt mitfassen (16).

13

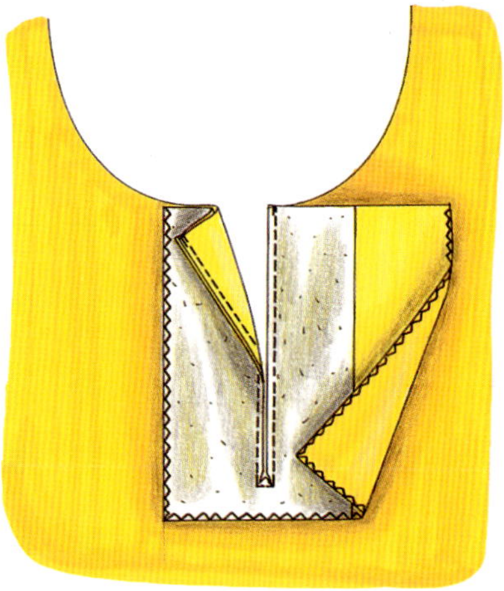

14

15

16

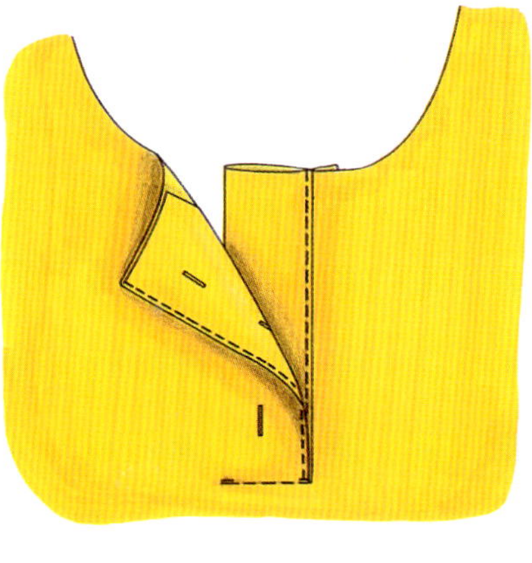

SCHLINGENVERSCHLUSS

Die „Röllchen“ für die Knopfschlingen können Sie mit einem Schrägstreifen selbst nähen oder eine schmale Schlauchtresse verwenden. Mit Knopfloch- oder Stickgarn können Sie Garnschlingen „sticken“ oder häkeln. Für ganz Eilige gibt es fertiges Schlingenband, das unter die fertige Verschlusskante gesteppt oder beim Verstürzen der Kante mitgefasst werden kann.

So nähen Sie das Röllchen:

Einen Schrägstreifen ca. 2½ bis 3 cm breit der Länge nach zur Hälfte falten, die rechte Seite innen. Ca. ½ cm neben der Bruchkante steppen. Zugaben schmal zurückschneiden. Zum Wenden gibt es zwei Möglichkeiten: an einem Ende des Schrägstreifens einen doppelten Faden oder Knopflochgarn befestigen. Faden in eine Stopf-nadel fädeln und fest verknoten (1). Anschließend die Nadel mit dem Öhr voran durch den Schrägstreifen schieben (2).

Oder den Schrägstreifen mit einer Wendenadel – eine Spezialnadel (Prym) mit schließbarem Häkchen – wenden. Dazu die Nadel in den Stoffstreifen schieben. Am Ende des Stoffstreifens den Stift des Häkchens durch den Stoff drücken (3).

Die Nadel vorsichtig durch den Stoffstreifen zurückziehen, dabei schließt sich das Häkchen, sodass der Stoff nicht herausrutschen kann (4).

1

2

3

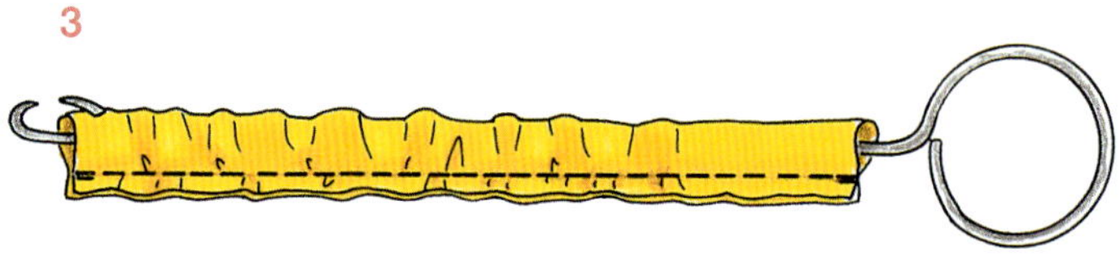

4

So nähen Sie den Schlingenverschluss mit einzelnen Schlingen ...

Bevor Sie das Röllchen oder die Tresse in einzelne Schlingen teilen, zur Kontrolle eine Schlinge auf die Kante stecken. Die Größe der Schlingen richtet sich nach der Knopfgröße. Als Faustregel gilt: der halbe Knopfumfang plus Nahtzugabe (5). Erst dann die restlichen Schlingen zuschneiden. Die Schlingen rechts auf rechts auf die Verschlusskante stecken und, damit sich die Schlingenenden nicht verschieben können, zusätzlich mit Klebeband festkleben (6). Den Besatz rechts auf rechts über den Schlingen auf die Verschlusskante stecken. Steppen. Nahtzugaben zurückschneiden. Den Besatz nach innen umheften, Kante bügeln (siehe auch Seite 102/103). Nach Wunsch kann die Kante abgesteppt werden.

... so mit fertigem Schlingenband:

Schlingenband rechts auf rechts so auf die Verschlusskante heften, dass die Schlingen an der markierten Nahtlinie beginnen und das Band auf der Nahtzugabe liegt (7). Besatz rechts auf rechts über dem

5

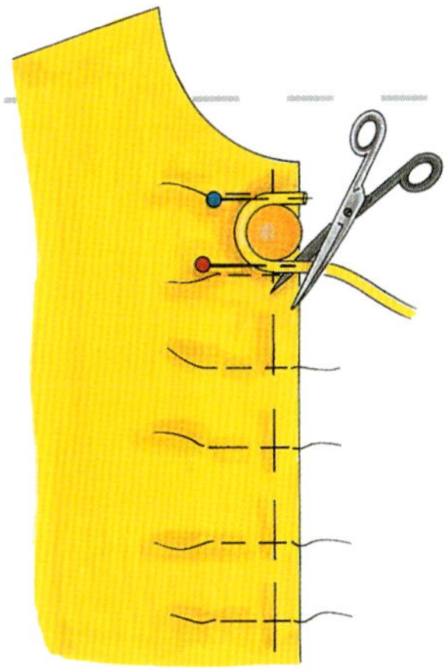

6

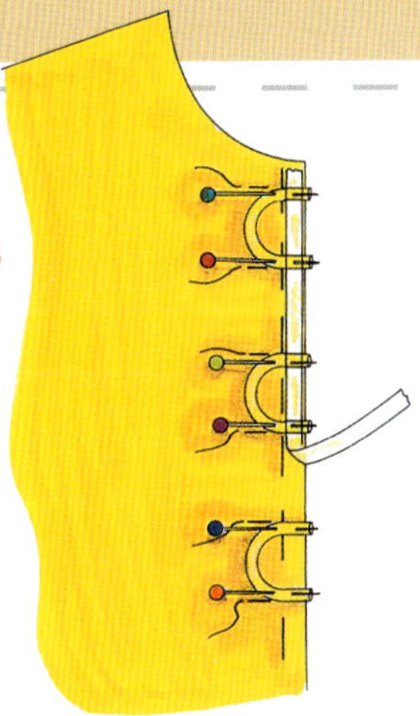

7

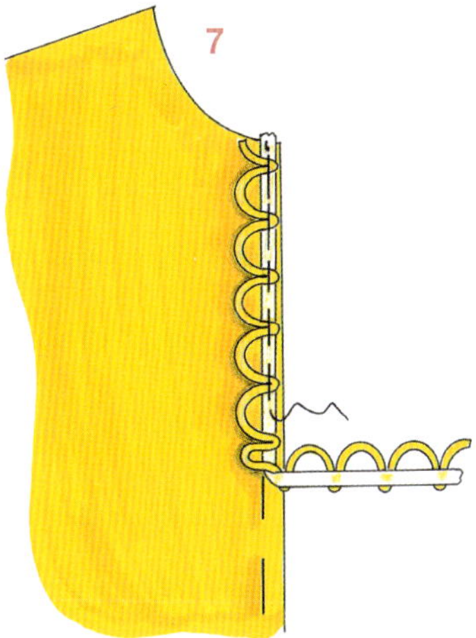

Band liegend auf die Verschlusskante heften. Steppen. Nahtzugaben zurückschneiden. Besatz nach innen umheften, Kante bügeln und nach Wunsch absteppen. Oder, noch schneller, die fertige Verschlusskante auf das Schlingenband steppen.

Garnschlingen

Wenn ein Schlitz an einer Bluse oder einem Kleid möglichst unauffällig geschlossen werden soll, wird eine Garnschlinge gestickt oder gehäkelt.

Für die gestickte Garnschlinge an der Kante einige Fäden spannen (8). Die Länge richtet sich, wie bei allen Schlingen, nach der Knopfgröße. Die Fäden dicht mit Knopflochstichen umsticken (9).

Für die gehäkelte Garnschlinge eine Luftmaschenkette mit der Häkelnadel oder mit den Fingern häkeln. Mit einem kleinen Rückstich beginnen, den Faden nur so weit durchziehen, dass eine ca. 10 cm lange Schlaufe stehen bleibt. Mit Zeigefinger und Daumen der linken Hand durch die Schlaufe fassen. Den Faden mit dem Mittelfinger greifen und durch die Schlaufe ziehen (10). Diese Schlaufe anziehen, bis die erste Schlaufe am unteren Ende sitzt. Dann die nächsten Schlaufen genauso häkeln (11). Wenn die gewünschte Schlingenlänge erreicht ist, die Nadel durch die letzte Schlaufe führen, den Faden anziehen und die Schlinge festnähen.

8

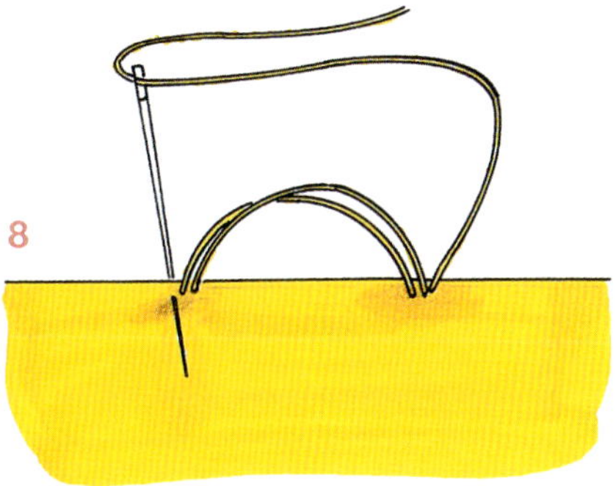

9

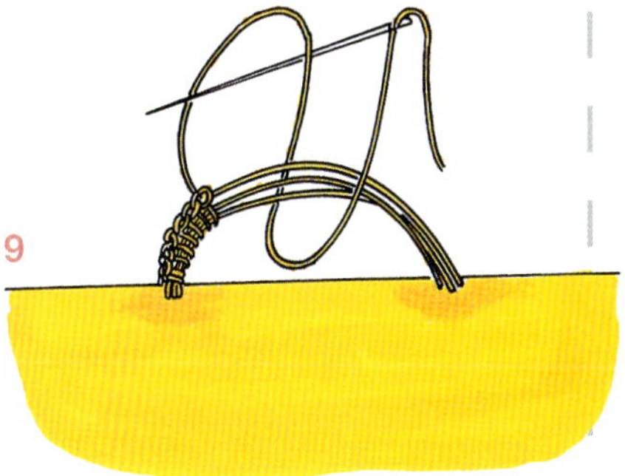

10

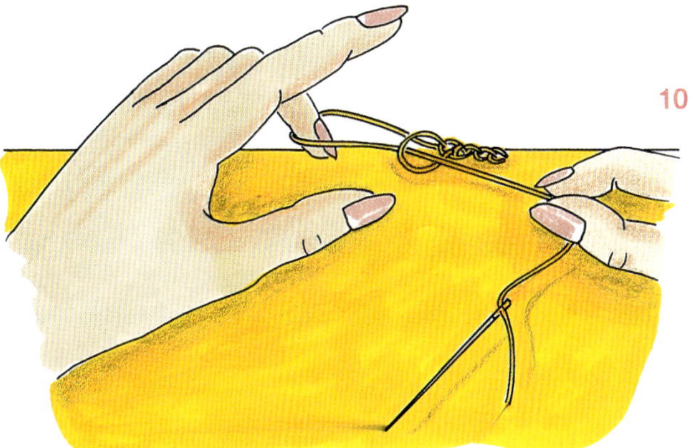

11

VERSCHLÜSSE

Haken und Ösen

Haken und Ösen werden immer dort angenäht, wo zwei Verschlusskanten haltbar, aber von der rechten Seite aus nicht sichtbar zusammengehalten werden sollen. Der Stoff sollte immer doppelt liegen und mit Vlieseline verstärkt sein. Haken und Ösen gibt es in unterschiedlichen Größen in Schwarz oder Silberfarben. Zu den meisten Hakenarten gibt es zweierlei Ösenformen: eine gerade, flache Öse für übereinanderliegende und eine runde Öse für aneinanderstoßende Verschlusskanten.

An übereinanderliegenden Verschlusskanten wird der Haken auf der Unterseite des Übertritts (= oben liegende Verschlusskante) und eine flache Öse auf der Oberseite des Untertritts (= unten liegende Kante) angenäht. Haken und Ösen mit dichten Überwendlings- oder mit Knopflochstichen annähen, dabei beim Annähen des Hakens nicht auf die rechte Stoffseite durchstechen (1).

1

2

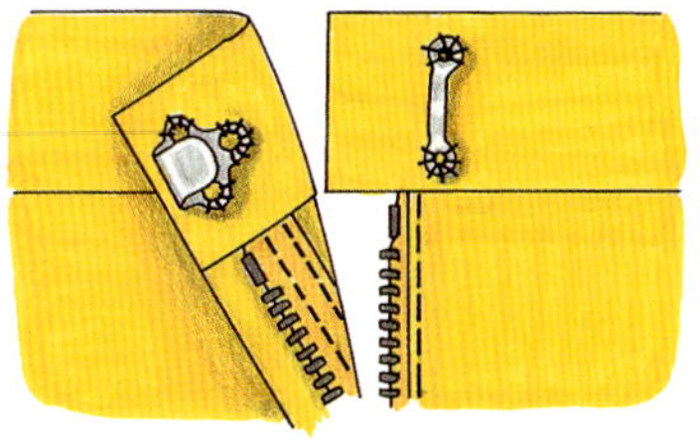

3

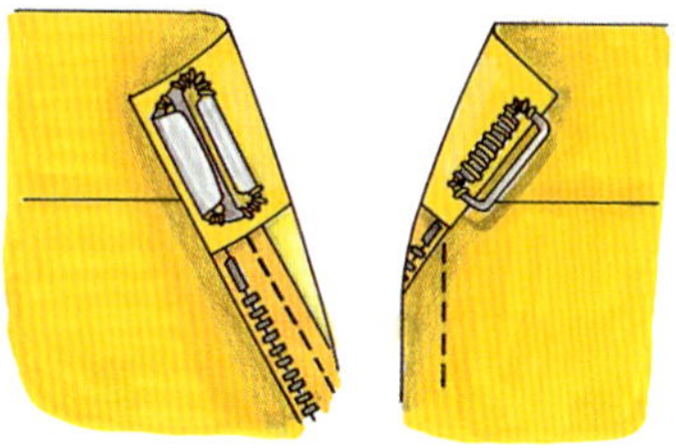

Zum Schließen von Rock- oder Hosenbund gibt es besonders stabile Haken und Ösen in unterschiedlichen Breiten (2).

Bei aneinanderstoßenden Verschlusskanten werden Haken und Öse auf der Innenseite angenäht, dabei liegt die Kante des Hakens dicht hinter der Verschlusskante, während die Öse ein klein wenig übersteht. Die Stiche dürfen auf der rechten Seite nicht zu sehen sein (3). Für einen Rockbund verwenden Sie stabile, breite Haken und Ösen (4).

4

Druckknöpfe

Druckknöpfe zum Annähen gibt es in unterschiedlichen Größen aus Metall in Schwarz und Silberfarben oder aus Kunststoff. Mit diesen Druckknöpfen können Verschlusskanten von außen nicht sichtbar geschlossen werden. Auch bei Druckknopfverschlüssen sollte der Stoff immer doppelt liegen und mit Vlieseline verstärkt sein. Die Druckknopfhälfte mit Dorn wird auf der Unterseite des Übertritts (= oben liegende Verschlusskante), die Druckknopfhälfte mit Näpfchen auf der Oberseite des Untertritts (= unten liegende Verschlusskante) angenäht.

So wird's gemacht: Auf der Unterseite des Übertritts die Annähstelle markieren. Das Druckknopfoberteil mit Überwendlingsstichen annähen. Dann die Annähstelle für die untere Druckknopfhälfte markieren. Dazu den Dorn der oberen Druckknopfhälfte mit Schneiderkreide einreiben und auf den Untertritt abdrücken.

5

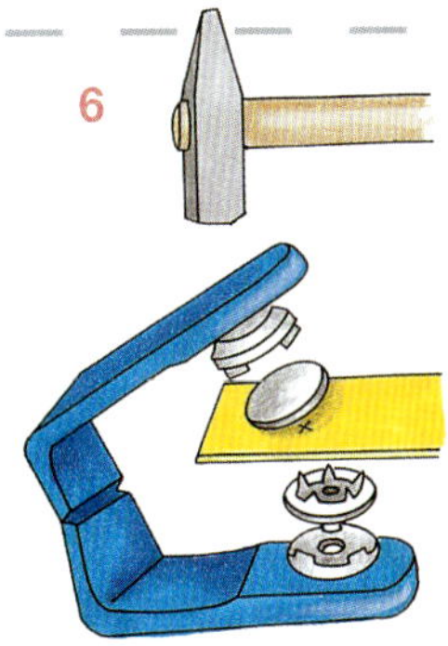

Bei Stoffen, auf denen dieser Kreidepunkt nicht zu sehen ist, mit einer Stecknadel durch den Dorn der oberen Druckknopfhälfte in den Untertritt stechen (5). Diesen Punkt mit Stecknadeln markieren.

Für alle, die auf einen attraktiven „Knopfverschluss“ nicht verzichten möchten, aber kein Knopfloch einarbeiten und keinen Knopf annähen möchten, gibt es vernietbare „Nähfrei“-Druckknöpfe in den unterschiedlichsten Farben und Größen als Fertigpackung (Prym) im Kurzwarenhandel. Die Druckknöpfe können mit einem Hammer (6) oder, noch schneller und einfacher, mit der Variozange (7) eingenietet werden. Eine genaue Anleitung liegt jeder Packung bei.

Wichtig: Markieren Sie die Befestigungsstellen für die Druckknöpfe immer auf beiden Verschlusskanten. Die Nähfrei-Druckknöpfe bestehen immer aus zwei Verschlussober- und zwei -unterteilen. Beim Vernieten der Druckknopfteile darauf achten, dass die Verschlusskappe des oberen Druckknopfteils auf der Oberseite des Übertritts, der Dorn auf der Unterseite ist. Vom unteren Druckknopfteil ist die Verschlussplatte auf der Unterseite des Untertritts, das Näpfchen auf der Oberseite.

Verschlussbänder

Es gibt drei verschiedene Arten von Verschlussbändern: mit Haken und Ösen für Kanten, die aneinandertreffen, mit Druckknöpfen oder Klettband für übereinanderliegende Verschlusskanten.

Haken- und Ösenband (8) wird jeweils unter die Verschlusskanten, also auf die Innenseite des Kleidungsstückes, genäht. Dabei darauf achten, dass die Häkchen mit der Stoffkante abschließen. Die Ösen dürfen etwas unter der Kante hervorschauen und müssen genau mit den Häkchen übereinstimmen.

Druckknopfband (9) besteht aus zwei Bandteilen: einem Band mit den Druckknopfoberteilen, dem anderen mit den -unterteilen. Das Band mit den Druckknopfoberteilen wird auf die Unterseite des Übertritts (= oben liegende Verschlusskante), das Band mit den Druckknopfunterteilen auf die Oberseite des Untertritts (= unten liegende Verschlusskante) genäht. Darauf achten, dass die Druckknopfteile genau aufeinanderpassen.

Klettband (10) besteht auch aus zwei Bandteilen: einem rauen Band mit kleinen Widerhaken – es wird auf die Oberseite des Untertritts genäht – und einem weichen Band mit samtartiger Oberfläche – es wird auf der Unterseite des Übertritts angenäht.

8

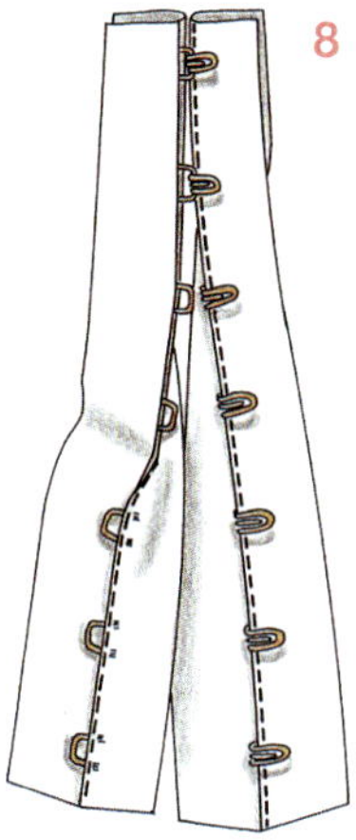

9

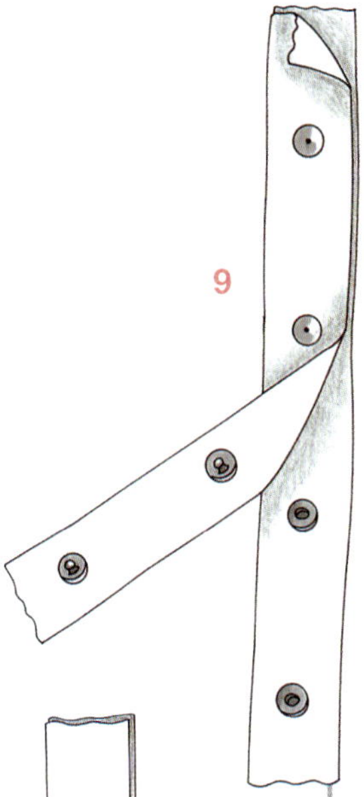

10

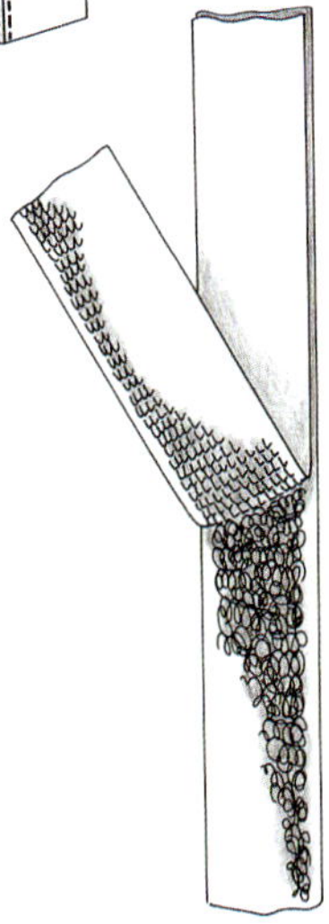

TIPP

Mit der Vario-Zange können nicht nur Druckknöpfe, sondern auch Jeansknöpfe, Nieten, Ösen und sogar Bundhaken eingenietet werden.

REISSVERSCHLÜSSE

Der Reißverschluss ist neben dem Knopf das wichtigste Verschlusselement. Reißverschlüsse können verdeckt als möglichst unauffällige Verschlüsse oder sichtbar als schmückende Details eingearbeitet werden.

Es gibt 4 Grundtypen: Den Standardreißer mit Spiralverschluss aus Synthetik oder mit Verschlusszähnchen aus Metall oder Synthetik. Den verdeckten Nahtreißverschluss mit Spiralverschluss aus Synthetik. Den Hosenreißverschluss mit Verschlusszähnchen und einem kleinen Sicherheitshaken an der Unterseite des Zippers, der ein Aufgehen des Reißverschlusses verhindert, und den teilbaren Reißverschluss, mit Spiralverschluss oder Verschlusszähnchen aus Metall oder Synthetik. Soll der Reißverschluss möglichst unauffällig eingearbeitet werden, sind Nahtreißverschlüsse oder Reißverschlüsse mit Spiralverschluss empfehlenswert, da sie weicher und biegsamer sind als die mit „Zähnchen". Beim Einnähen des Reißverschlusses darauf achten, dass an Ausschnitt- und Bundansatzkanten die Zähnchen bzw. die Spirale ca. 2 mm unterhalb der markierten Nahtlinie beginnen. Zum Einsteppen von Reißverschlüssen gibt es Spezial-Nähfüßchen. Mit diesen Füßchen können Sie problemlos links oder rechts neben den Zähnchen bzw. der Spirale des Reißverschlusses steppen.

1

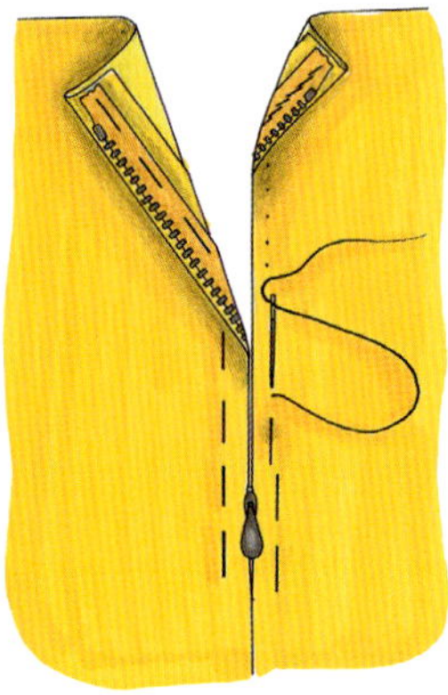

Der beidseitig verdeckte Reißverschluss

Diese Art, einen Reißverschluss einzunähen, ist die einfachste und gebräuchlichste. Dabei treffen die Schlitzkanten über der Mitte des Reißverschlusses aneinander.

Um einwandfreie Schlitzkanten zu erhalten, zunächst den Schlitz als Naht zuheften oder, noch besser, mit der Maschine mit großen Stichen zusteppen. Die Nahtzugaben auseinanderbügeln und den Schlitz wieder auftrennen. Kanten heften. Den Reißverschluss so unter die Schlitzkanten heften, dass die Zähnchen bedeckt sind.

So nähen Sie den Reißverschluss von Hand ein ...

Mit kleinen Rückstichen ca. ½ cm neben der Schlitzkante nähen, dabei auf der rechten Seite nur 1 bis 2 Gewebefäden erfassen, sodass nur kleine Vertiefungen entstehen (1). Faden nicht zu stark anziehen. Am Schlitzende innen quer zur zweiten Schlitzkante stechen.

... und so mit der Maschine

Den einseitigen Kantenstepp- oder Reißverschlussfuß einsetzen. Den Reißverschluss öffnen. Oben an der rechten Schlitzkante beginnen und bis ca. 5 cm vor das Reißverschlussende steppen. Nadel im Stoff stecken lassen. Den Reißverschluss schließen, dazu das Nähfüßchen anheben. Bis zum Reißverschlussende steppen. Am unteren Ende quer steppen, dann die zweite Reißverschlusshälfte ca. 5 cm feststeppen. Den Reißverschluss wieder öffnen und bis oben feststeppen (2).

2

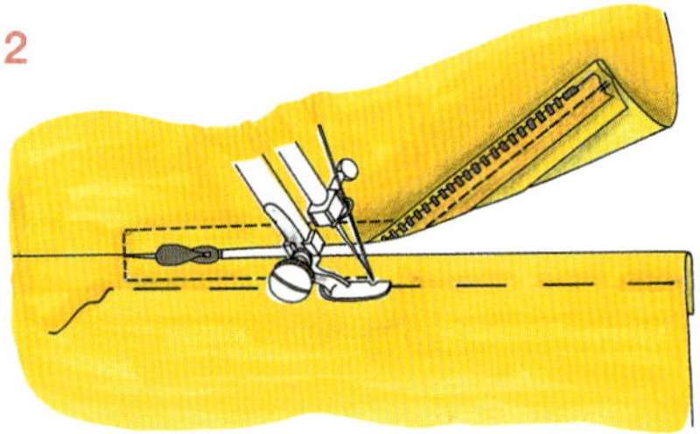

TIPP

Damit der Reißverschlussschlitz nicht einreißen kann, am unteren Schlitzende einen ca. 1 cm langen Riegel mit schmalem, dicht eingestelltem Zickzackstich nähen.

Der einseitig verdeckte Reißverschluss

Diese Art, einen Reißverschluss einzunähen, sieht man sehr häufig an Konfektionsmodellen. Er wird immer mit der Maschine eingenäht. Die Nahtzugabe an den Schlitzkanten sollte mindestens 2 cm breit sein.

So wird's gemacht:

Für den Reißverschlussschlitz an der rechten vorderen Rockbahn den Schlitzbesatz an der vorderen Mitte nach innen umheften. An der linken Schlitzkante den Besatz – damit der Reißverschluss später nicht hervorblitzen kann – 5 mm neben der vorderen Mitte nach innen umheften. Nahtzugaben der vorderen Mittelnaht auseinanderbügeln, zum Schlitzbeginn hin an der linken Rockbahn schräg verlaufend bis zur Untertrittkante. Schlitzkanten bügeln (1).

Die linke Schlitzkante dicht neben den Verschlusszähnchen auf das Reißverschlussband stecken und mit dem einseitigen Kantensteppfuß (Reißverschlussfuß) schmal feststeppen (2). Anschließend den Schlitz Mitte auf Mitte zustecken (3). Den Besatz der rechten Rockbahn auf dem zweiten Reißverschlussband feststecken, die Rockbahn nicht mitfassen. Reißverschluss auf den Besatz steppen (4). Von der rechten Rockseite aus die rechte Verschlusskante an der markierten Stepplinie bis zum Beginn der Rundung absteppen, dabei den Besatz feststeppen (5).

Den Schlitzuntertritt (6,a) der Länge nach zur Hälfte falten, rechte Seite innen. Untere Kanten aufeinandersteppen. Zugaben schmal zurückschneiden. Den Untertritt wenden. Bügeln. Die offenen Längskanten zusammengefasst versäubern.

Den Untertritt so unter die linke Schlitzkante stecken, dass die versäuberte Kante auf dem Reißverschlussband liegt (7). Von innen die Schlitzzugabe dicht neben der Stepplinie vom Reißverschluss auf den Untertritt steppen. An der rechten Rockbahn die restliche Schlitzkante absteppen, dabei den Untertritt feststeppen.

TIPP

Wie ein Reißverschluss in eine Hose eingenäht wird, finden Sie auf Seiten 195/196.

1
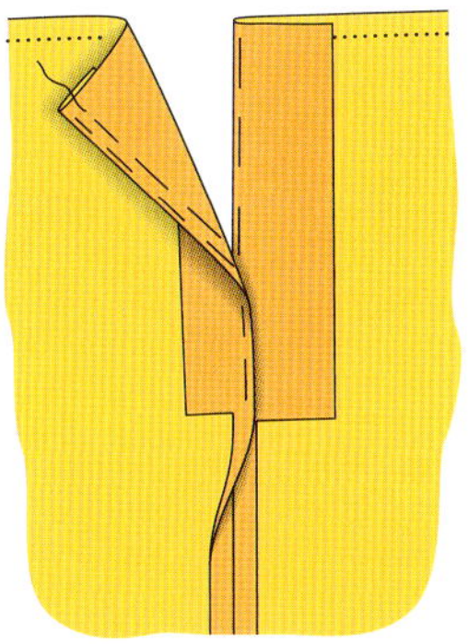

2
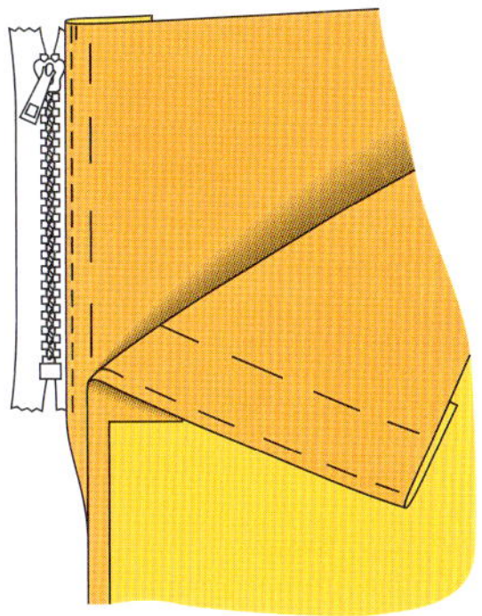

3
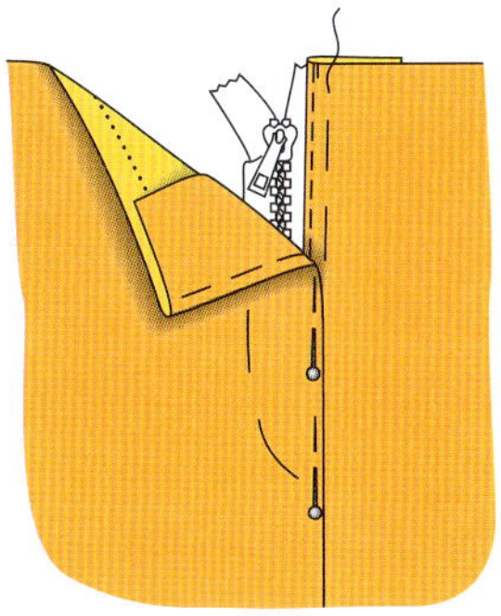

4
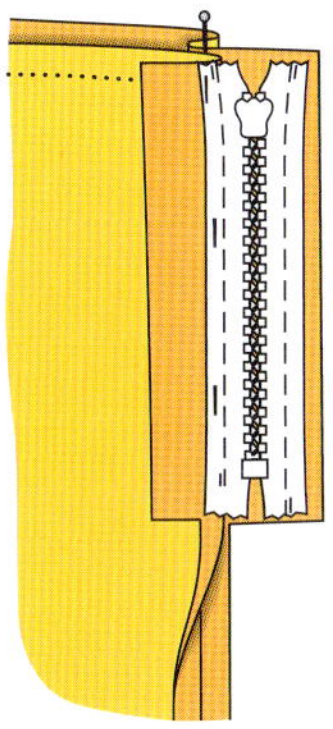

5
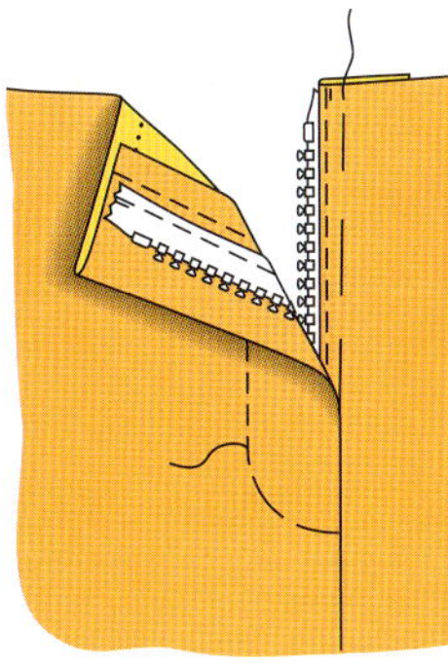

6
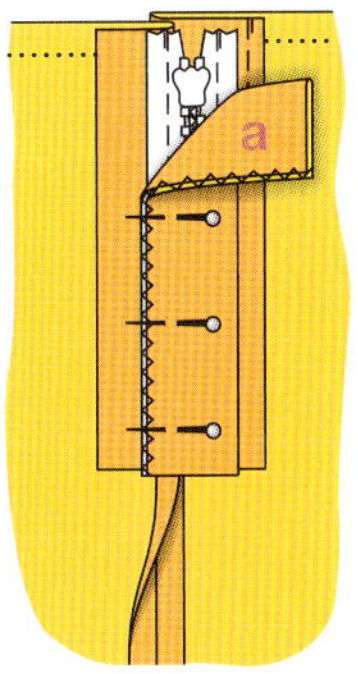

7

Der verdeckte Nahtreißverschluss

Diese Reißverschlüsse kennen Sie von der Konfektion. Immer dann, wenn vom Reißverschluss gar nichts zu sehen ist, nicht einmal die Ansatznaht, ist ein verdeckter Nahtreißverschluss eingenäht. Verdeckte Nahtreißverschlüsse gibt es in 22 cm, 40 cm und 60 cm Länge. Der Reißverschluss sollte aber mindestens 2 cm länger sein als der Reißverschlussschlitz. Zum Einnähen des Reißverschlusses ist ein spezielles Füßchen erforderlich, das es bei vielen modernen Nähmaschinen als Sonderzubehör gibt. Oder Sie verwenden das Nähfüßchen „YKK-verdeckt“ bzw. „Prym special“, das bei fast allen Maschinen passt. Eine genaue Montageanleitung liegt dem Füßchen bei. Der verdeckte Nahtreißverschluss wird immer eingenäht, bevor die Naht ober- bzw. unterhalb des Schlitzes gesteppt wird, also bei völlig offener Naht.

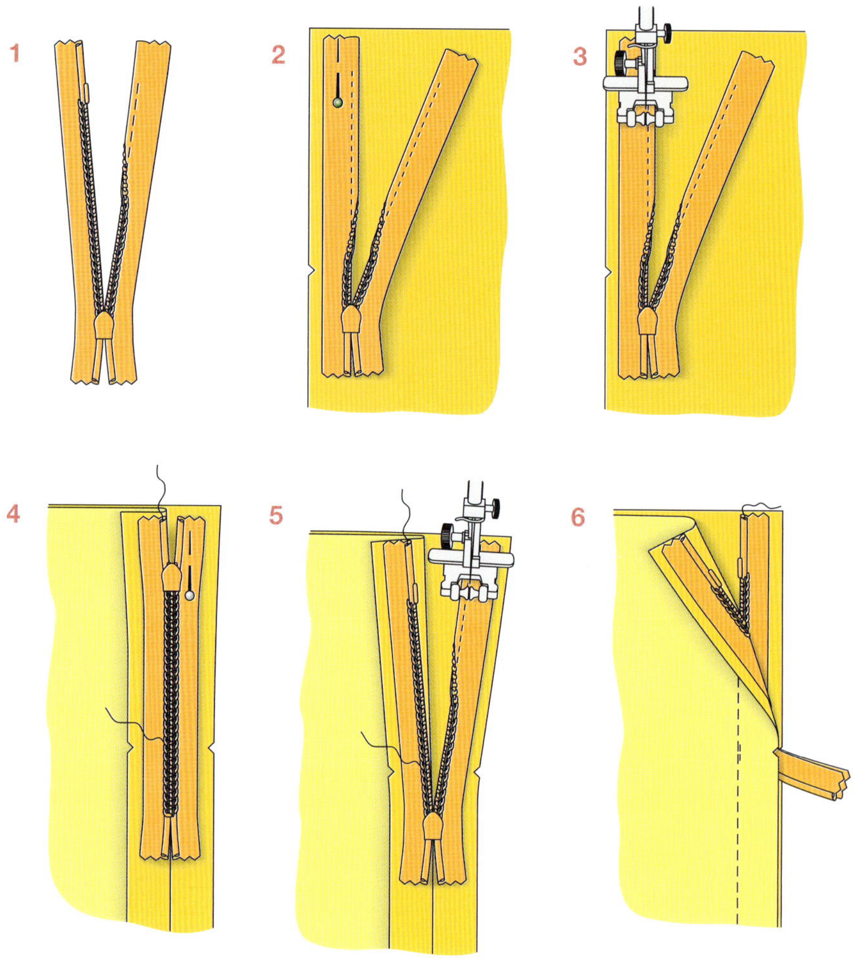

So wird's gemacht:

Reißverschluss öffnen und die Spirale mit dem Daumennagel glattdrücken, sodass die Nahtstelle zwischen Band und Spirale zu sehen ist (1). Den offenen Reißverschluss mit der Oberseite auf die rechte Stoffseite legen. Damit der Reißverschluss genau in der „Nahtlinie“ festgesteppt werden kann, den Abstand der Bandkante zur Stoffkante berechnen: Nahtzugabenbreite minus 1 cm Bandbreite = Abstand zur Stoffkante. Oberes Reißverschlussende im errechneten Abstand zur Stoffkante mit einer Stecknadel feststecken (2). Am markierten Schlitzende steht das untere Reißverschlussende über. Nähfüßchen so auf den Reißverschluss setzen, dass die Spirale in der Kerbe rechts neben der Nadel liegt (3). Reißverschluss von oben bis zum markierten Schlitzzeichen feststeppen. Den Reißverschluss schließen. Das zweite Reißverschlussband mit der Oberseite auf die rechte Stoffseite der zweiten Schlitzkante legen, oben mit einer Stecknadel feststecken (4). Den Reißverschluss wieder öffnen. Das Nähfüßchen so auf das obere Reißverschlussende setzen, dass die Spirale in der Kerbe links neben der Nadel liegt (5). Reißverschluss von oben bis zum Schlitzzeichen feststeppen. Den Reißverschluss schließen. Die Naht unterhalb des Reißverschlusses stecken, dabei das lose untere Reißverschlussende zur Nahtzugabe hin legen. Naht steppen, dabei möglichst dicht neben bzw. unterhalb der letzten Stiche der Reißverschlussnähte enden (6).

Der sichtbar eingesetzte Reißverschluss

Soll ein nicht teilbarer Reißverschluss sichtbar eingesetzt werden, muss zuerst der Schlitz mit einem Besatzstreifen verstürzt werden. Die Schlitzlänge richtet sich nach der Reißverschlusslänge, die Schlitzbreite nach der Breite der Verschlusszähnchen.

Die Schlitzmitte mit Heftfaden auf die rechte Stoffseite übertragen. Einen Stoff- oder Futterstreifen ca. 5 cm breit und 3 cm länger als den Schlitz zuschneiden und rechts auf rechts über der Schlitzmarkierung feststecken (1). Von der linken Seite aus die Schlitzmarkierung umsteppen, Abstand der Stepplinien = Breite der Reißverschlusszähnchen plus ca. 2 mm. Zwischen den Stepplinien einschneiden, am Schlitzende schräg bis dicht zu den Ecken einschneiden (2). Stoffstreifen nach innen umheften. Kante bügeln. Den Reißverschluss unter die Schlitzkanten heften und schmal feststeppen (3), dazu den einseitigen Kantensteppfuß in die Maschine einsetzen. Nach Wunsch die Schlitzkanten zusätzlich noch breiter absteppen.

Wenn auf der rechten Stoffseite keine Stepplinien zu sehen sein sollen, nähen Sie den Reißverschluss so ein: Den Schlitz wie bei Zeichnungen 1 und 2 mit einem Futterstreifen verstürzen. Den Reißverschluss unter die Schlitzkanten stecken (4). Von der linken Seite aus die Reißverschlussbänder auf den Futterstreifen und die Nahtzugaben stecken, dabei nicht auf die rechte Stoffseite durchstechen (5). Die Stecknadeln auf der rechten Seite wieder herausziehen. Mit dem einseitigen Kantensteppfuß die Zugaben vom Einschnitt bzw. den Futterstreifen genau in der Stepplinie auf die Reißverschlussbänder steppen (6).

TIPP

Damit das Schlitzende nicht einreißen kann, vor dem Feststeppen des Stoff- bzw. Futterstreifens ein ca. 4 x 4 cm großes Einlagestück von links über dem markierten Schlitzende aufbügeln.

1

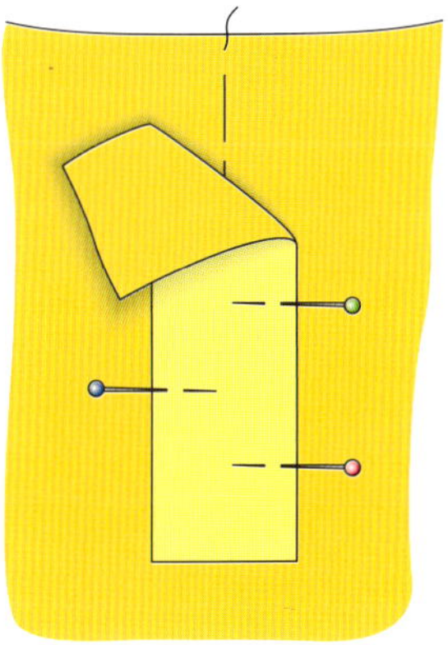

2

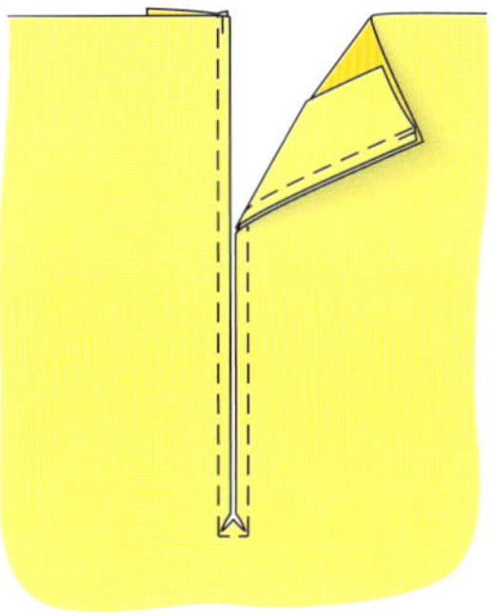

3

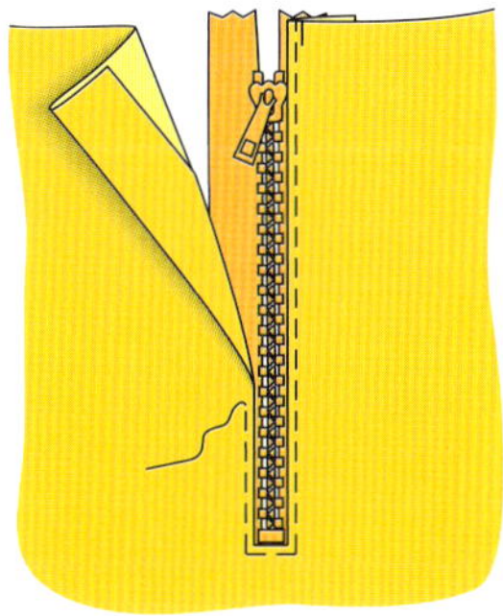

4

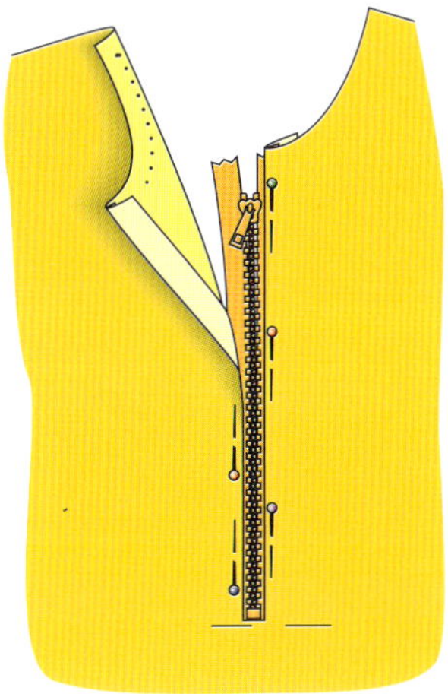

5

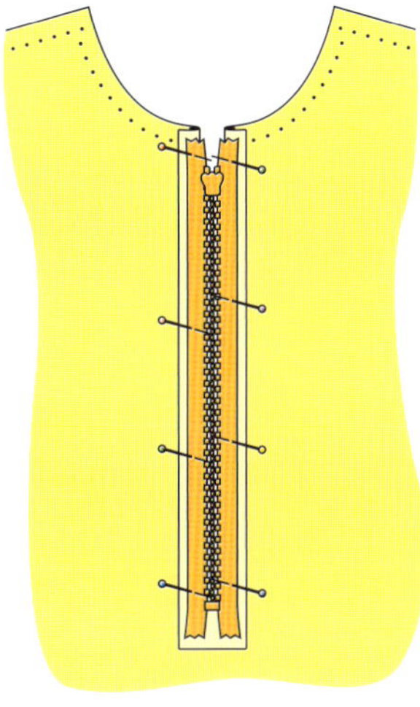

6

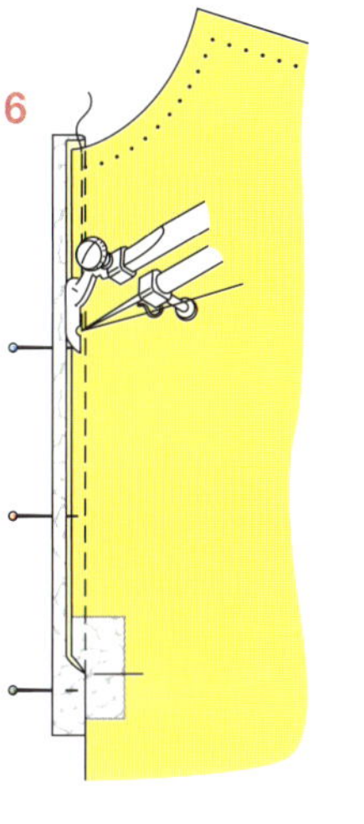

7

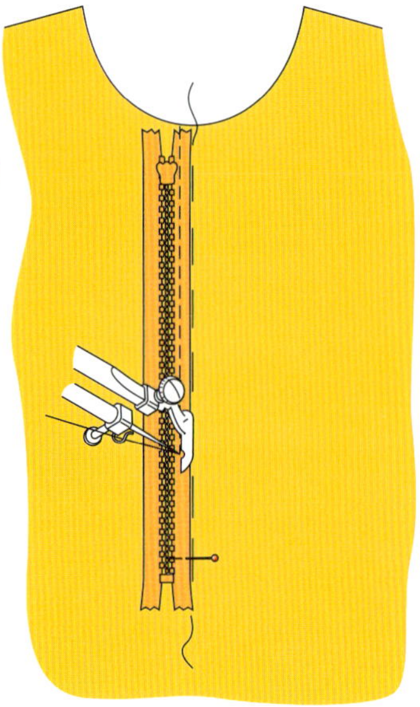

8

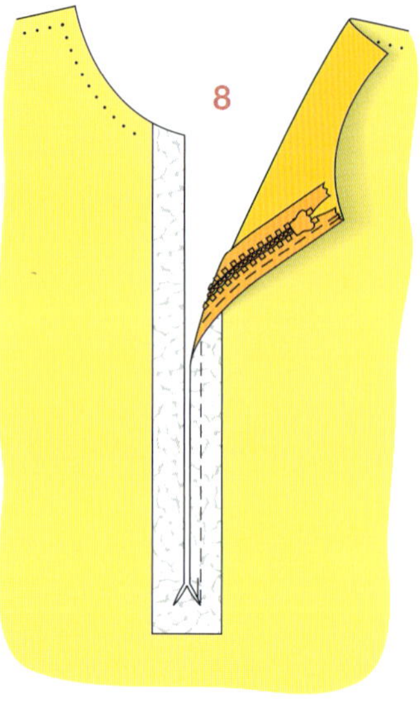

9

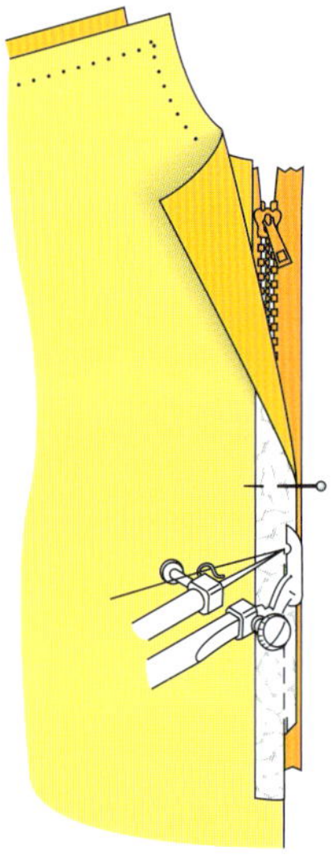

Extra-Tipp: Geübte Näherinnen können auf den Futterstreifen verzichten und den Reißverschluss direkt einstürzen:

Den Schlitz mit einem Heftfaden auf der rechten Stoffseite markieren. Einen 3 cm breiten Vlieselin-Streifen von links über der Markierung aufbügeln. Bei geschlossenem Reißverschluss die gesamte Bandbreite ausmessen. Den Reißverschluss mit der Oberseite so feststecken, dass eine Bandkante an die Markierung trifft. Das Reißverschlussband mit dem einseitigen Kantensteppfuß aufsteppen, Abstand der Stepplinie zur Bandkante = ¼ der gesamten Reißverschlussbreite (7). Den Stoff genau entlang der Schlitzmarkierung bis 1 cm vor das Ende der Stepplinie einschneiden, zum letzten Steppstich schräg einschneiden. Reißverschlussband nicht mitfassen. Vom Einschnittende aus zur anderen Seite genauso lang schräg einschneiden (8). Reißverschluss in den Einschnitt legen. Die andere Einschnittkante rechts auf rechts auf das zweite Reißverschlussband stecken und steppen, Abstand der Stepplinie zur Bandkante = ¼ der gesamten Reißverschlussbreite. Die Stepplinie beginnt genau am Ende des schrägen Einschnittes (9). Das kleine Dreieck am Einschnittende nach innen falten, auf den Reißverschlussbändern annähen.

Der teilbare Reißverschluss

Der teilbare Reißverschluss kann verdeckt oder sichtbar eingenäht werden.

Der untergesteppte Reißverschluss: Das ist die einfachste Art, einen teilbaren Reißverschluss einzunähen. Dabei ist das Reißverschlussband auf der Innenseite zu sehen.

Die fertige Kante ganz dicht neben den Verschlusszähnchen auf das Reißverschlussband heften und schmal feststeppen. Nach Wunsch kann die Kante zusätzlich noch einmal breiter abgesteppt werden.

Oder, wenn der Reißverschluss verdeckt sein soll, die Kante so auf den Reißverschluss heften, dass die Zähnchen bedeckt sind. Die Kante auf das Reißverschlussband steppen.

Der zwischengefasste Reißverschluss: Wenn das Reißverschlussband auf der Innenseite des Kleidungsstückes nicht sichtbar sein soll, wird der Reißverschluss zwischen Besatz und Oberstoff gefasst.

10

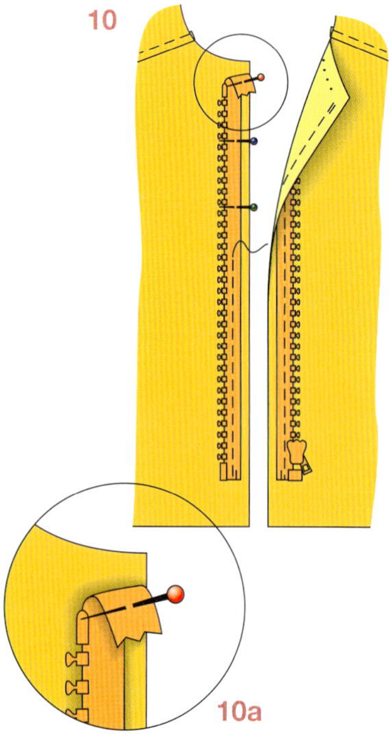

10a

11

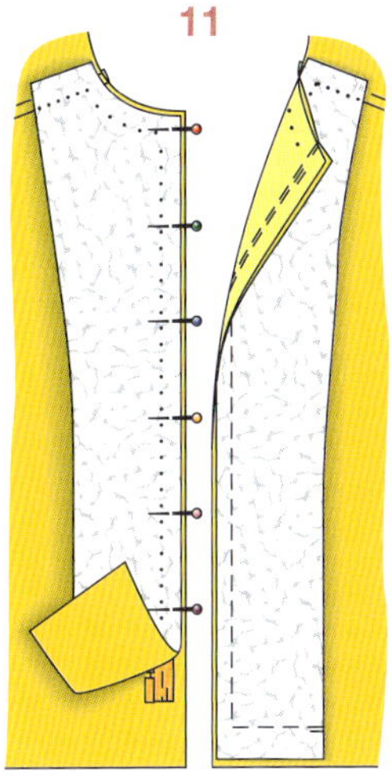

12

Der sichtbar eingenähte Reißverschluss: Die Reißverschlussbänder mit der Oberseite so auf die rechte Seite der Verschlusskanten stecken, dass die Zähnchen neben der markierten Nahtlinie liegen (10). Die oberen Bandenden schräg einschlagen (10a). Von der linken Stoffseite aus die Verschlusskanten auf die Reißverschlussbänder steppen (10). Den Besatz über den Reißverschlussbändern rechts auf rechts auf die vorderen Kanten legen, auf den Naht- und Saumzugaben feststecken. Von der Innenseite des Kleidungsstückes aus die vorderen Kanten genau in der Stepplinie vom Reißverschluss und fortlaufend die unteren Kanten entlang der markierten Saumlinie auf die Besätze steppen (11). Besatz nach innen wenden. Kanten heften, bügeln (12). Die Verschlusskanten nach Wunsch absteppen.

Der verdeckt eingesetzte Reißverschluss: An Oberstoff und Besatz die Saumzugabe und die Zugabe der Verschlusskante nach innen umheften. Bügeln. Die Reißverschlusshälften so unter die Verschlusskanten heften, dass die Zähnchen verdeckt sind. Die Besätze links auf links über den Reißverschluss bändern so festheften, dass die Zähnchen verdeckt sind. Dann von der rechten Seite aus die Verschlusskanten ¾ cm breit absteppen, dabei die Reißverschlussbänder und die Besätze feststeppen.

Reißverschlüsse kürzen

Reißverschlüsse gibt es zwar in sehr vielen, aber doch nicht in allen Längen. Teilbare Reißverschlüsse zum Beispiel gibt es von 25 cm bis 80 cm Länge jeweils im 5-cm-Sprung, nicht teilbare Reißverschlüsse gibt es ab 12 cm im 2-cm-Sprung bis 22 cm und von 25 cm bis 60 cm im 5-cm-Sprung. Wenn Sie eine andere Länge benötigen, einfach einen längeren Reißverschluss kaufen und dann auf die passende Länge kürzen.

Teilbare Reißverschlüsse am oberen Ende kürzen. Dazu die gewünschte Länge abmessen und die überflüssigen Zähnchen mit einer Zange aus dem Reißverschluss ziehen. Zähnchen aus Kunststoff zuerst durchkneifen, dann geht's einfacher (13). Reißverschlussband ca. 1,5 cm oberhalb des letzten Zähnchens abschneiden. Damit der Schieber nicht über das obere Reißverschlussende hinausrutscht, vor dem letzten Zähnchen von Hand einen festen Riegel nähen (14) und das Bandende einschlagen.

Nicht teilbare Reißverschlüsse werden am unteren Ende gekürzt. Dazu an der gewünschten Länge einen festen Riegel nähen (15) und den Reißverschluss ca. 1½ cm darunter abschneiden.

13

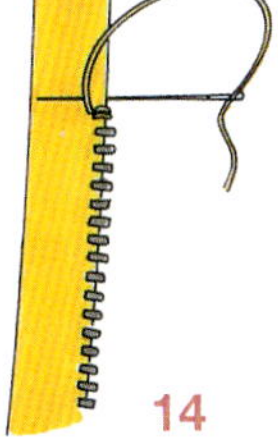

14

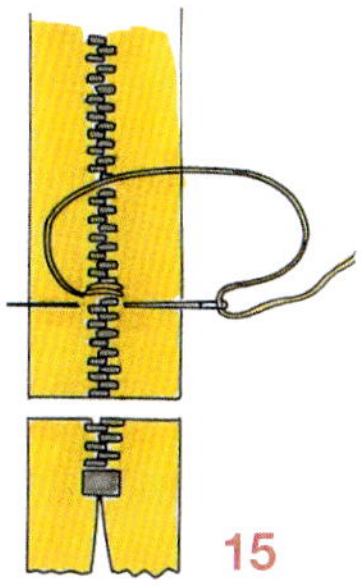

15

KRAGEN

Kragen gibt es in vielen Variationen. Ob groß oder klein, rund oder eckig, es gibt nur drei Kragengrundtypen: Flachkragen, das sind flach auf dem Kleidungsstück aufliegende Kragen, wie zum Beispiel der Bubikragen. Umlegekragen stehen zunächst am Halsausschnitt nach oben und legen sich dann auf das Kleidungsstück. Zu dieser Kragenform gehören der einfache Blusenkragen, der Reverskragen, der Schalkragen. Stehkragen stehen, wie der Name schon sagt, nach oben, können aber auch bis zur Ansatznaht nach unten gelegt werden, wie zum Beispiel der Hemdblusenkragen mit Steg oder der Rollkragen.

Allgemeines

- Der Kragen muss genau an den Halsausschnitt passen. Wenn sich bei der Anprobe der Halsausschnitt in der Weite geändert hat, muss auch der Kragen entsprechend weiter oder enger werden.
- Fast alle Kragen bestehen aus zwei Teilen: dem Oberkragen, das ist das Kragenteil, das beim Tragen oben liegt, und dem Unterkragen.
- In den meisten Fällen gibt es nur ein Kragenschnittteil. Nach diesem Schnittteil wird der Ober- und der Unterkragen zugeschnitten.
- Damit der Kragen schön fällt, benötigt der Oberkragen etwas mehr Weite und Länge. So kann er sich ohne zu spannen über den Unterkragen legen und die Kragenenden stehen nicht nach oben. Wie viel „Mehr" der Oberkragen benötigt, hängt von Kragenform und Stoff ab. Flache Kragen, dünne Stoffe brauchen weniger Mehrweite als stark gewölbte Kragen und dicke, voluminöse Stoffe. Schneiden Sie daher den Oberkragen an den Außenkanten mit etwas breiteren Nahtzugaben zu als den Unterkragen.
- Fast alle Kragen werden mit Einlage verarbeitet. In der Regel wird der Unterkragen mit Einlage verstärkt. Die Einlage (Vlieseline) wird im gleichen Fadenlauf und mit den gleichen Nahtzugaben zugeschnitten wie der Kragen. Sehr große Kragen, die sowohl hochgestellt als auch umgelegt getragen werden können, erhalten den richtigen „Stand" ohne steif zu wirken, wenn zusätzlich zur Einlage auf den Unterkragen Volumenvlies aufgebügelt oder aufgeheftet wird.

Kragen nähen

Einlage auf die linke Seite vom Unterkragen bügeln. Schnittkonturen auf die Kragenteile übertragen. Kragenteile rechts auf rechts aufeinanderlegen und zunächst die Nahtlinien der Ansatzkanten genau aufeinanderstecken (1).

Für die erforderliche „Mehrweite" des Oberkragens den Unterkragen gewölbt halten und die Kragenaußenkanten jeweils bis ca. 5 cm vor die Kragenecken aufeinanderstecken (2). Dann die Kragenecken gewölbt halten und die restlichen Kragenkanten aufeinanderstecken (3).

Die Kragenaußenkanten vom Unterkragen aus aufeinandersteppen. Die Nahtzugaben zurückschneiden, an den Ecken schräg abschneiden (4).

Wichtig: Wenn der Kragen nicht doppelt an den Halsausschnitt gesteppt wird (siehe Reverskragen), an den schmalen Kragenkanten nur bis zur markierten Ansatznaht steppen (4a).

1

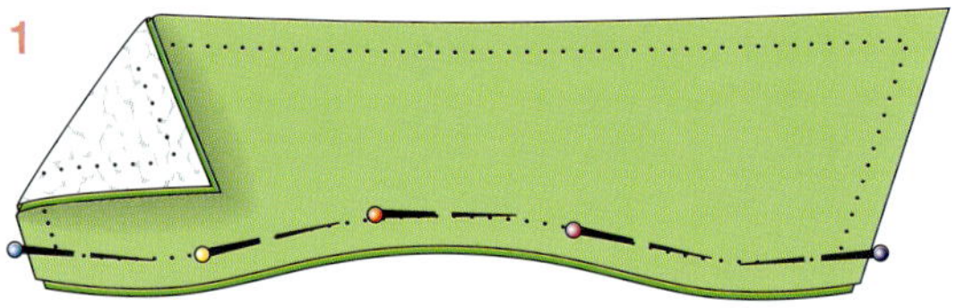

2

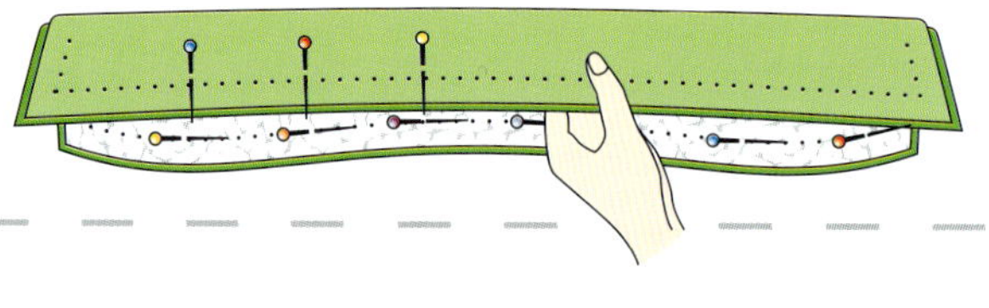

3

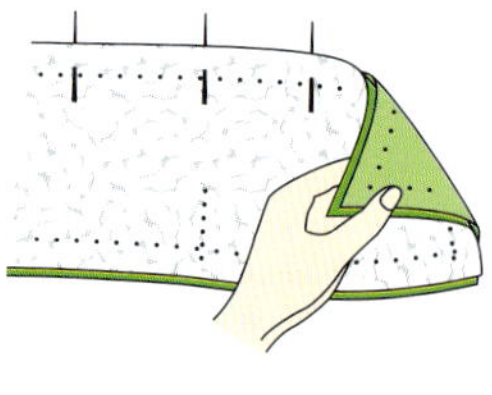

4

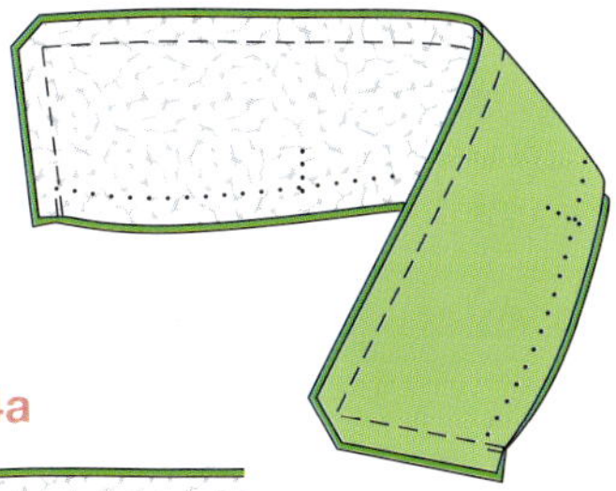

4a

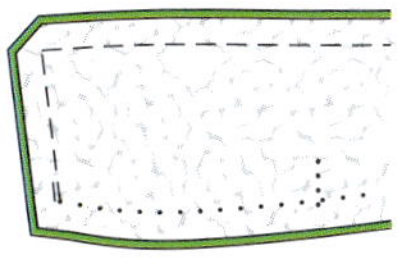

5

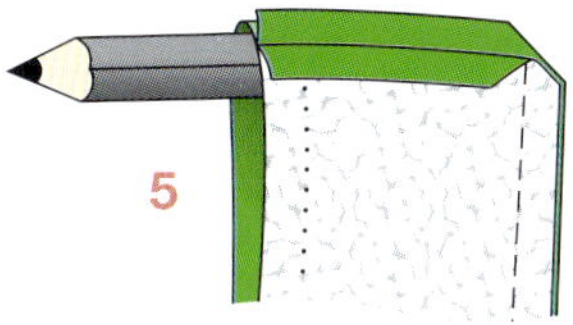

7

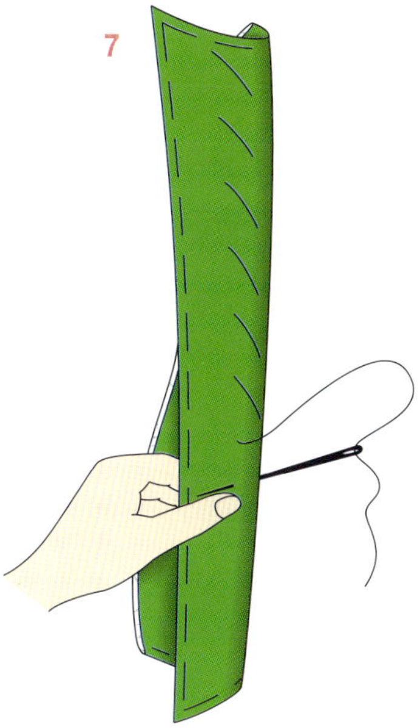

6

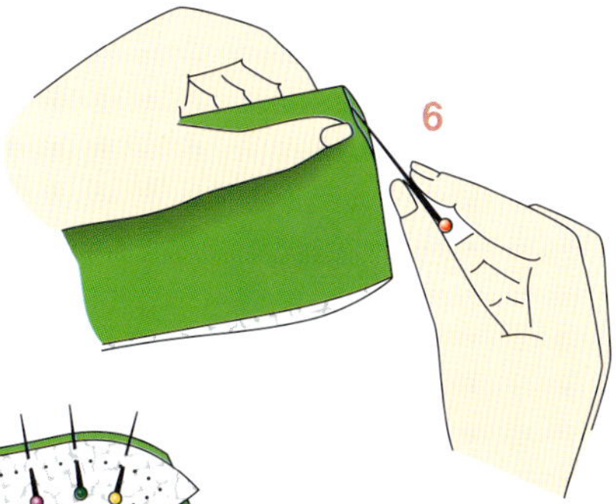

8

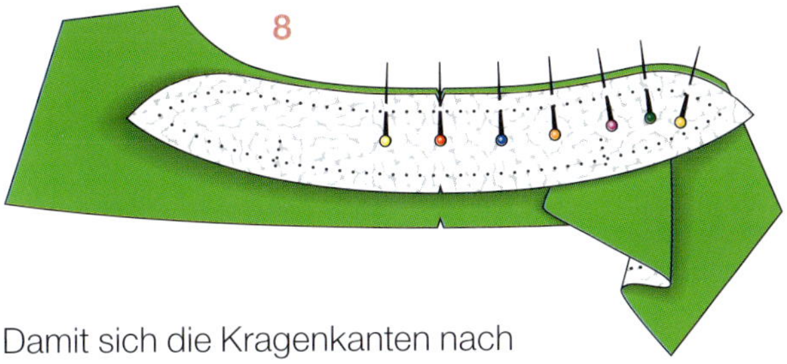

9

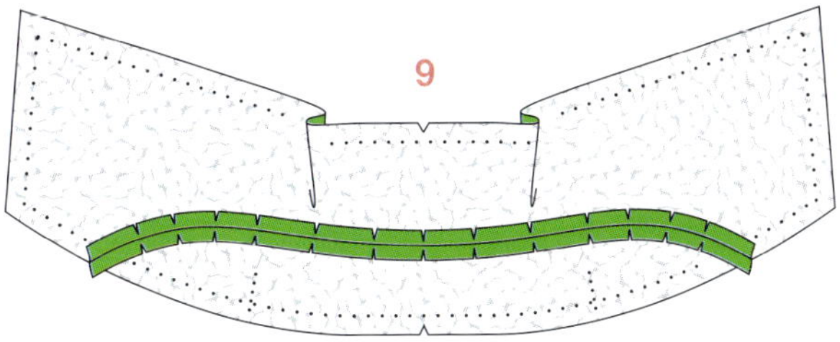

Damit sich die Kragenkanten nach dem Wenden gut bügeln lassen, die Nahtzugaben auseinanderbügeln. Am besten geht's auf einem Kantenholz, einem Kochlöffelstiel oder einem unglasierten Bleistift (5). Kragen wenden. Dabei die Kragenecken nicht von innen mit einem spitzen Gegenstand nach außen drücken, sondern von der rechten Kragenseite aus vorsichtig mit einer Stecknadel nach außen ziehen (6).

Kragenkanten so heften, dass die Naht knapp neben dem Bruch auf der Unterseite (Unterkragen) liegt. Bügeln. Unterkragen gewölbt halten und den Oberkragen mit schrägen Spannstichen auf den Unterkragen heften (7).

Kragen mit eingesetztem Steg

Dieser Kragen wird hauptsächlich bei Jacken genäht. Er hat eine perfekte Passform, ist aber etwas aufwendiger beim Nähen als ein einteiliger Kragen.

Auf den Unterkragen sowie auf beide Stegteile Einlage aufbügeln. Ein Kragenstegteil Mitte auf Mitte auf den Unterkragen legen, rechte Stoffseiten liegen aufeinander. Kragensteg in der Mitte feststecken, Nahtlinien treffen aufeinander. Jeweils von der Mitte ausgehend den Kragensteg auf den Unterkragen stecken (8). Das andere Stegteil genauso auf den Oberkragen stecken. Die Kragenstegteile auf die Kragenteile steppen. Nahtzugaben auf ½ cm Breite zurückschneiden, einschneiden und auseinanderbügeln (9). Dann den Kragen wie links erklärt verstürzen.

TIPP

Wenn Sie die Stecknadeln quer zur Nahtlinie so stecken, dass der Einstich genau die Nahtlinie trifft und der Ausstich möglichst dicht neben dem Einstich ist, können Sie vor dem Steppen von rechts kontrollieren, ob die Kragenteile glatt und ohne Fältchen aufeinanderliegen.

10

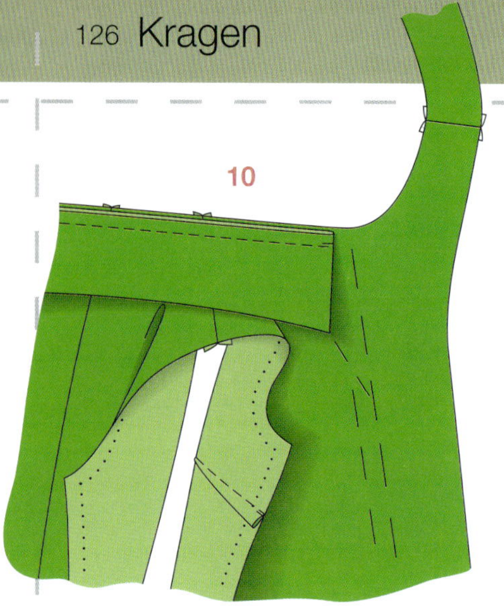

11

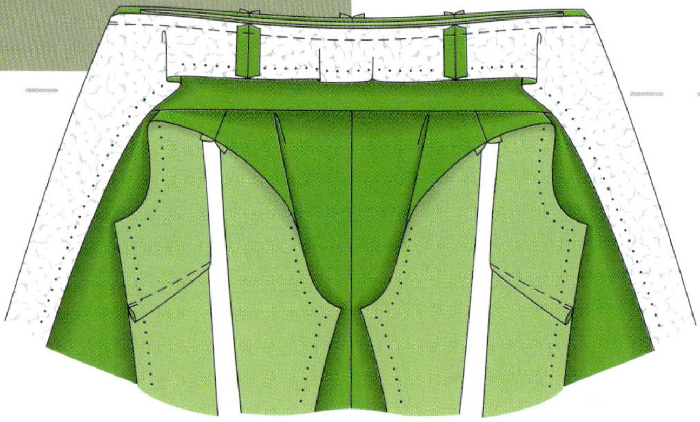

12

13

Kragen ansetzen

Es gibt mehrere Möglichkeiten, einen Kragen anzusetzen. Am einfachsten geht's, wenn der fertiggenähte Kragen beim Verstürzen des Halsausschnittes zwischengefasst wird. Flachkragen, wie zum Beispiel der Bubikragen, werden immer so angenäht. Bei Umlegekragen ist diese Methode jedoch nur bei dünnen, leichten Stoffen empfehlenswert.

Schulternähte am Besatz steppen. Nahtzugaben auseinanderbügeln. Am fertiggenähten Kragen die Ansatzkanten aufeinanderheften. Kragen rechts auf rechts so auf den Halsausschnitt heften, dass der Unterkragen unten liegt. Die schmalen Kragenkanten treffen dabei auf die Kragenansatzzeichen (10).

Den Besatz rechts auf rechts, über dem Kragen liegend, auf den Halsausschnitt stecken und steppen. Die Nahtzugaben zurückschneiden, einschneiden und an den Ecken schräg abschneiden (11). Besatz nach innen wenden. Kante heften, bügeln (12). Eventuell den Halsausschnitt von rechts entlang der Kragenansatznaht schmal absteppen.

Wenn der Besatz nur bis zur Schulternaht reicht oder noch vor der Schulternaht endet, einen ca. 4 cm breiten Schrägstreifen der Länge nach zur Hälfte falten, linke Seite innen, und über dem Kragen liegend auf den Halsausschnitt heften, dabei liegen die Enden des Schrägstreifens ca. 1 cm über den Besatzenden. Steppen.

Die Nahtzugaben zurückschneiden, einschneiden (13).

Besatz und Schrägstreifen nach innen umheften. Bügeln. Den Halsausschnitt von rechts entlang der Kragenansatznaht schmal absteppen oder den Schrägstreifen von Hand hohl annähen (siehe Säume, Seite 72).

Natürlich können Sie auch auf den Schrägstreifen verzichten. Die Zugaben der Kragenansatznaht werden dann zwischen den Besatzenden zusammengefasst versäubert, nach unten gebügelt und von rechts schmal festgesteppt.

Damit bei dicken, voluminösen Stoffen die Kragenansatznaht so wenig wie möglich aufträgt, werden Ober- und Unterkragen einzeln an den Halsausschnitt bzw. den Besatz gesteppt. Wie's gemacht wird, erklären wir beim Reverskragen.

Der Reverskragen

Beim Reverskragen werden Ober- und Unterkragen einzeln an den Halsausschnitt bzw. den Besatz gesteppt. Nur bei dünnen Stoffen, zum Beispiel für Blusen, wird auch der Reverskragen zwischengefasst. Die Kragenansatznaht kann rund oder eckig sein. Wie die Einlage aufgebügelt wird, finden Sie auf den Seiten 52 bis 54.

Der rund eingesetzte Reverskragen

Schulternähte am Besatz steppen. Nahtzugaben auseinanderbügeln.

Den Besatz rechts auf rechts auf die vorderen Kanten legen, entlang der UMBRUCH-Linie und am Kragenansatzzeichen feststecken. Vordere Kanten bis ca. 10 cm vor der Reversecke aufeinanderstecken (14). Für die erforderliche Mehrweite das Vorderteil an der Reversecke rund halten (siehe Seite 124, Zeichnung 3). Den Besatz an der Reversecke feststecken. Vorderteil ab dem Kragenansatzzeichen auf den Besatz steppen. Nahtenden sichern. Besatz noch nicht nach innen wenden, sondern rechts auf rechts auf dem Vorderteil liegen lassen.

Den fertiggenähten Kragen (siehe Seite 124/125) so zwischen Halsausschnitt und Besatz schieben, dass der Unterkragen auf dem Halsausschnitt liegt. Die schmalen Kragenkanten treffen dabei auf das Kragenansatzzeichen. Unterkragen rechts auf rechts auf den Halsausschnitt heften (15). Den Oberkragen auf den Besatz heften. Steppen.

Die Nahtzugaben – auch an den vorderen Kanten – zurückschneiden, an den Rundungen einschneiden, an den Ecken schräg abschneiden (16). Die Nahtzugaben der Kragenansatznähte auseinanderbügeln.

Besatz nach innen wenden. Vordere Kanten heften, dabei darauf achten, dass die Naht von unten bis zum Reversumbruch auf der Innenseite (Besatz), ab dem Reversumbruch auf der Unterseite des Revers (im Vorderteil) liegt. Bügeln. Das Vorderteil an der Reversumbruchlinie gewölbt halten. Den Besatz mit schrägen Spannstichen festheften (17). Die Kragenansatznähte aufeinanderstecken und von innen die Zugaben bis ca. 5 cm vor dem Reversumbruch aufeinandernähen.

Ist bei ungefütterten Kleidungsstücken für den rückwärtigen Halsausschnitt kein Besatz vorgesehen, die Zugaben der Unterkragenansatznaht an den Schulternähten einschneiden. Nahtzugaben am rückwärtigen Halsausschnitt in den Kragen bügeln. Den Oberkragen eingeschlagen an der Unterkragenansatznaht annähen. Die schmalen Besatzkanten auf den Zugaben der Schulternähte annähen. Bei gefütterten Kleidungsstücken die Zugabe des Oberkragens an den Besatzenden einschneiden. Am rückwärtigen Halsausschnitt den Oberkragen über die Nahtzugaben legen, feststecken und vom Unterkragen aus genau in der Ansatznaht mit Rückstichen annähen. Die schmalen Besatzkanten auf den Zugaben der Schulternähte annähen.

15

14

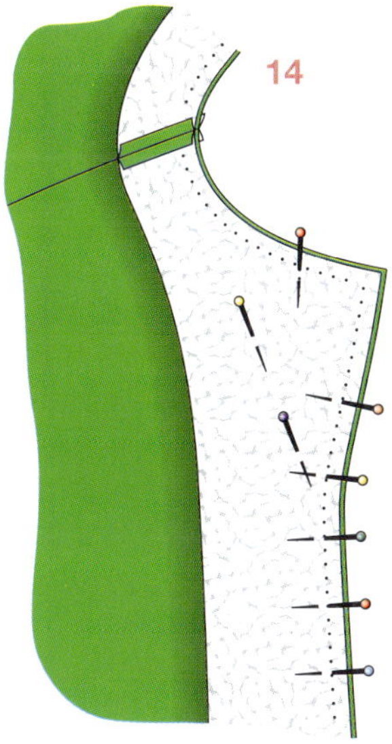

16

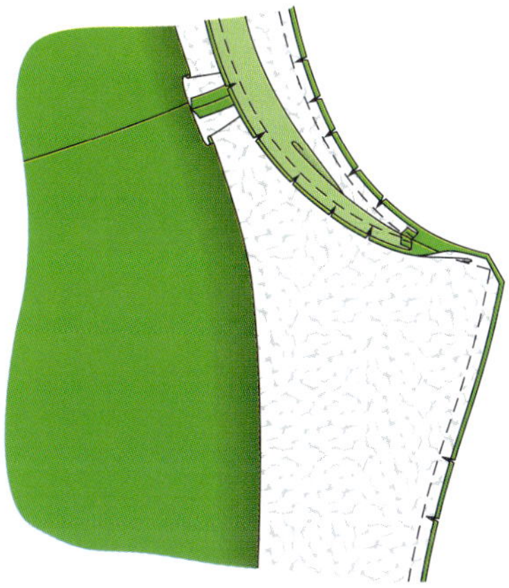

17

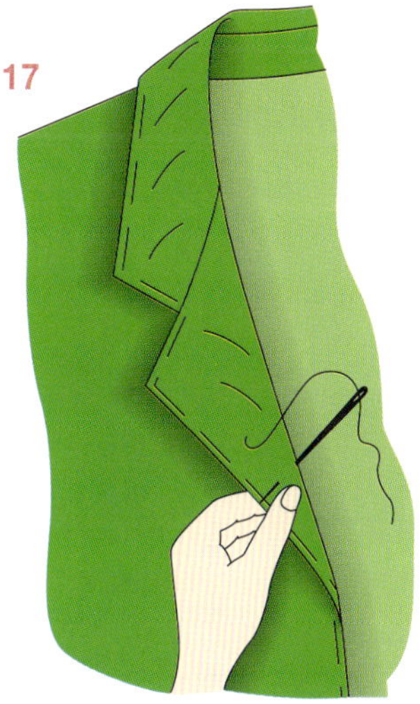

Der eckig eingesetzte Reverskragen

Die Kragenteile wie auf Seite 124/125 verstürzen, dabei an den vorderen Kanten nur bis zur markierten Kragenansatznaht steppen (1). Kragen wenden. Kanten heften, bügeln. An den Besätzen die Schulternähte steppen. Nahtzugaben auseinanderbügeln. Die vorderen Besätze rechts auf rechts auf die vorderen Kanten und fortlaufend bis zum Kragenansatzzeichen (Querstrich) auf die Vorderteile steppen (siehe auch Seite 129, Zeichnung 5). Besätze noch nicht nach innen wenden.

Den Kragen so zwischen Halsausschnitt und Besatz schieben, dass der Unterkragen auf dem Halsausschnitt liegt. Die schmalen Kragenkanten treffen jeweils auf das Kragenansatzzeichen. Den Unterkragen rechts auf rechts vom Kragenansatzzeichen bis zur Ecke auf den Halsausschnitt stecken, Nahtlinien treffen aufeinander. Den Oberkragen genauso auf den Besatz stecken. Steppen. Nahtanfang und -ende durch Rückstiche sichern (2).

An Vorderteilen und Besatz die Nahtzugaben in die Ecken bis dicht zum letzten Steppstich einschneiden. Den Unterkragen von Ecke bis Ecke auf den Halsausschnitt, den Oberkragen auf den Besatz stecken, steppen. Nahtanfang und -ende sichern (3). Nahtzugaben zurückschneiden – auch an den vorderen Kanten –, an den Ecken schräg abschneiden, an den Rundungen einschneiden. Die Nahtzugaben auseinanderbügeln. Besatz nach innen wenden.

Kanten heften, dabei darauf achten, dass an den vorderen Kanten die Naht von unten bis zum Reversumbruch dicht neben der Bruchkante auf der Innenseite (Besatz) und am Revers unter der Reverskante (im Vorderteil) liegt. Bügeln. Vorderteile an der Reversumbruchlinie gewölbt halten. Den Besatz mit schrägen Spannstichen auf den Vorderteilen festheften. Die Kragenansatznähte aufeinanderstecken (4). Von innen die Nahtzugaben von Ecke bis Ecke aufeinandernähen.

1

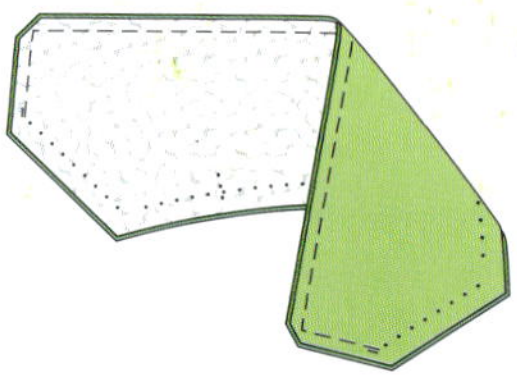

2

3

4

Der eckig eingesetzte Reverskragen mit Abnäher

Die Kragenteile wie beim eckig eingesetzten Reverskragen verstürzen und den Besatz bis zu den Kragenansatzzeichen auf die Vorderteile steppen. Besatz nicht nach innen wenden (5).

Die Vorderteile zwischen den Abnäherlinien ca. 5 cm einschneiden (6). Den Kragen so zwischen Jacke und Besatz schieben, dass der Unterkragen auf der Jacke liegt. Die verstürzten schmalen Kragenkanten treffen auf die Kragenansatzzeichen. Den Unterkragen jeweils ab dem Kragenansatzzeichen bis zur Ecke auf den Halsausschnitt stecken. Den Oberkragen jeweils ab dem Kragenansatzzeichen bis zur Ecke auf den Besatz stecken. Steppen. Nahtanfang und -ende durch Rückstiche sichern (7).

Die Nahtzugabe vom Besatz in die Ecke bis dicht zum letzten Steppstich einschneiden. Die Nahtzugaben der Unterkragenansatznaht auf 1 cm Breite zurückschneiden und auseinanderbügeln (am besten über einem Bleistift).

Unterkragen jeweils ab der rückwärtigen Mitte auf den Halsausschnitt stecken – der Querstrich vom Kragen trifft auf die Schulternaht, fortlaufend den Abnäher stecken. Steppen, dabei in der rückwärtigen Mitte beginnen. Fäden an der Abnäherspitze verknoten. Dann den Oberkragen zwischen den Einschnitten auf den Besatz stecken. Steppen. Nahtanfang und -ende sichern (8). Die Nahtzugaben – auch an den vorderen Kanten – zurückschneiden. Zugaben an den Ecken schräg abschneiden. Die Nahtzugaben der Kragenansatznähte auseinanderbügeln, die Abnäher flachbügeln. Zugaben der vorderen Kanten und der Reverskanten auseinanderbügeln. Besatz nach innen wenden und das Revers wie links erklärt fertignähen.

Der zwischengefasste eckige Reverskragen

Bei Blusen und Kleidern aus dünnen, weichen Stoffen kann der eckige Reverskragen auch zwischengefasst werden.

Den Kragen an den Außenkanten bis zur markierten Kragenansatzlinie verstürzen (wie auf Seite 124/125 erklärt).

Den Unterkragen rechts auf rechts von Ecke bis Ecke auf den Halsausschnitt stecken. Steppen. Nahtanfang und -ende sichern (9). Den Oberkragen über die Ansatznaht legen und ab der Ecke bis zur Schulternaht entlang der Kragenansatznaht festheften (10). Die Nahtzugabe der Vorderteile in die

5

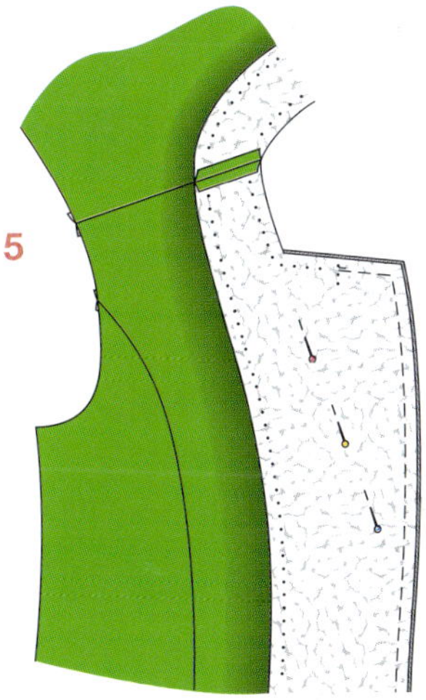

6

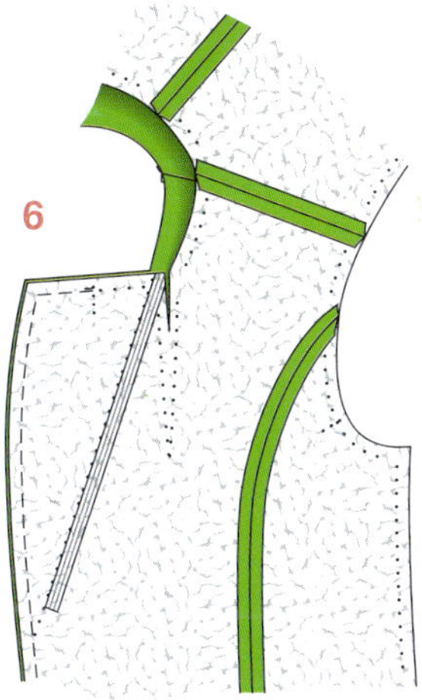

9

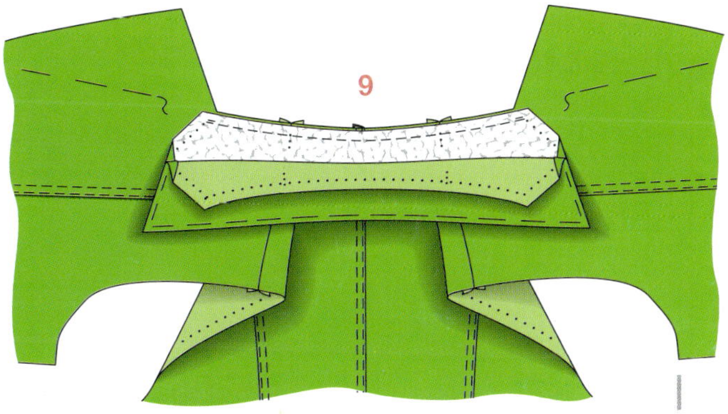

7

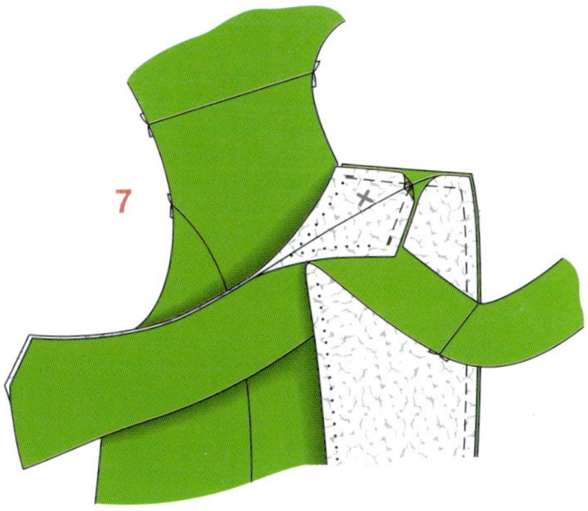

8

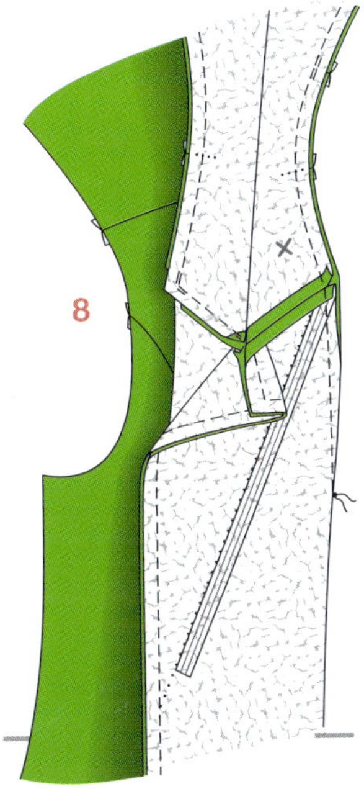

10

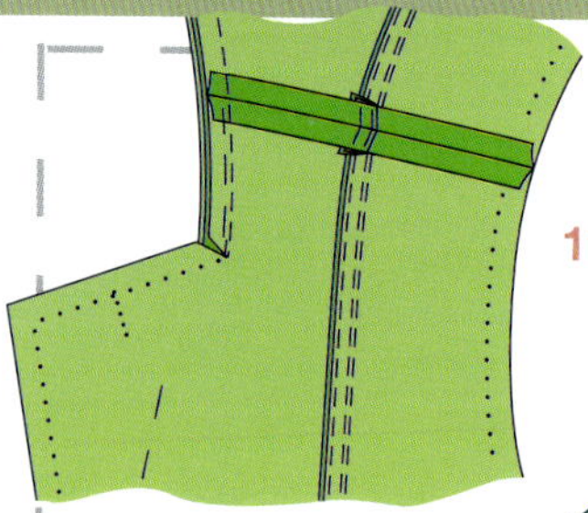
11

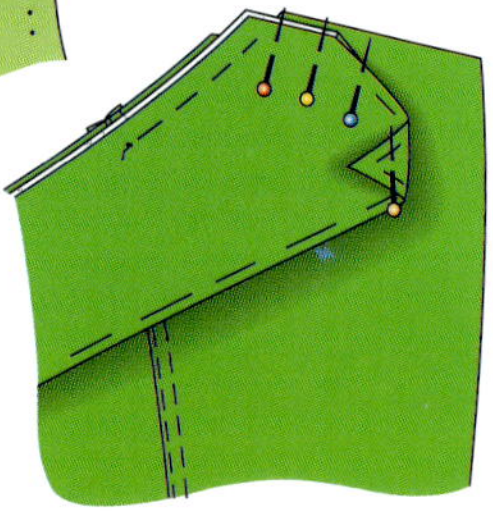
12

Ecke bis dicht zum letzten Steppstich einschneiden (11). Dann den Kragen ab der Ecke bis zum Querstrich auf die Vorderteile stecken. Die Kragenecken zurückschlagen und feststecken (12). Die Besätze rechts auf rechts auf die Vorderteile legen, vordere Kanten und fortlaufend die oberen Kanten bis zur Ecke auf den Vorderteilen feststecken, an den oberen Kanten wird der Kragen zwischengefasst (13). Von der linken Vorderteilseite aus die vorderen Kanten und fortlaufend die oberen Kanten bis zur Ecke aufeinandersteppen, die Naht endet genau an der Kragenansatznaht (14).

Die Nahtzugabe der Besätze in die Ecke bis dicht zum letzten Steppstich einschneiden. Die Besätze ab der Ecke bis zur Schulternaht über dem Kragen liegend feststecken (15) und von der linken Vorderteilseite aus, genau in der Kragenansatznaht, ab der Ecke bis zur Schulternaht feststeppen. Die Nahtzugaben auf ½ cm Breite zurückschneiden. Die Nahtzugaben von Halsausschnitt und Kragen an den Schulternähten bis dicht zur Kragenansatznaht einschneiden. Besätze nach innen wenden, Kanten heften, bügeln.

Die Zugaben der rückwärtigen Kragenansatznaht in den Kragen bügeln. Den Oberkragen eingeschlagen an der Kragenansatznaht annähen. Die Schulterkanten der Besätze eingeschlagen auf den Nahtzugaben der Schulternähte annähen (16).

Der Reverskragen mit Blende

Ein Kragenteil auf der Einlageseite mit einem kleinen Kreidekreuz markieren (= Oberkragen). Die Kragenteile rechts auf rechts aufeinanderlegen. Die Ansatzkanten aufeinanderstecken. Für die erforderliche Mehrweite des Oberkragens den Unterkragen gewölbt halten. Die äußeren Kragenlängskanten bis ca. 5 cm vor die Ecken aufeinanderstecken (17), die Nahtlinien treffen nicht aufeinander. Dann die restlichen Kragenaußenkanten aufeinanderstecken.

Kragenaußenkanten vom Unterkragen aus aufeinandersteppen, dabei vorne genau an der markierten Kragenansatznaht beginnen bzw. enden (18). Nahtzugaben zurückschneiden und auseinanderbügeln. Kragenteile links auf links aufeinanderlegen und vom Unterkragen aus so bügeln, dass die Naht dicht neben der Bruchkante zu sehen ist.

Nun die Blenden rechts auf rechts auf die vorderen Besatzkanten stecken. Steppen – dabei oben genau an der markierten Nahtlinie beginnen (19). Nahtzugaben auf 7 mm Breite zurückschneiden und in die Blenden bügeln. Die Schulterkanten der vorderen Besätze rechts auf rechts auf die Schulterkanten vom rückwärtigen Besatz steppen. Nahtzugaben auseinanderbügeln.

Den Besatz mit den Blenden rechts auf rechts auf die Vorderteile legen, an der oberen Kante die Blendenansatznaht auf dem Querstrich des Vorderteils feststecken, dazu die Zugaben der Blendenansatznaht in den Besatz legen. Obere Reverskanten und die vorderen Kanten bis unten aufeinanderstecken. Steppen, dabei oben genau an der Blendenan-

13

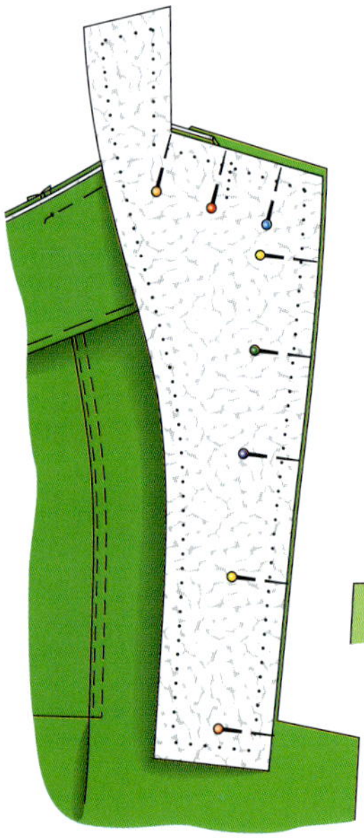

14

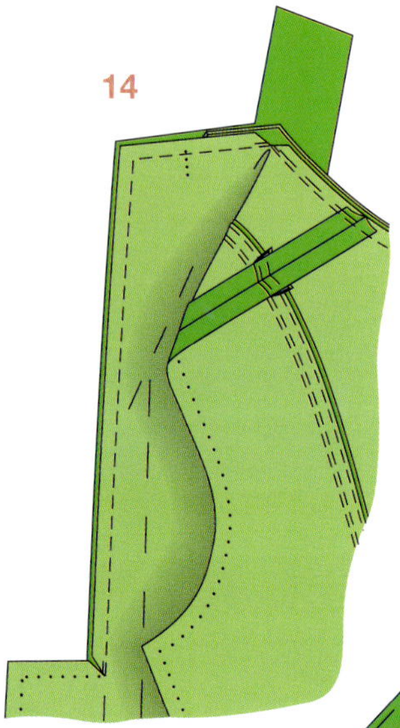

15

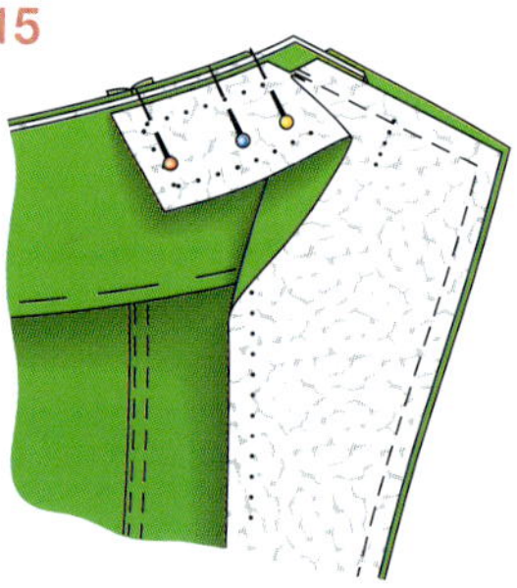

16

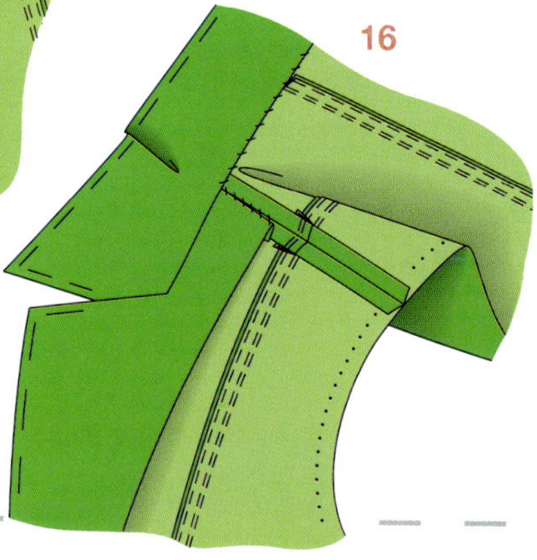

17
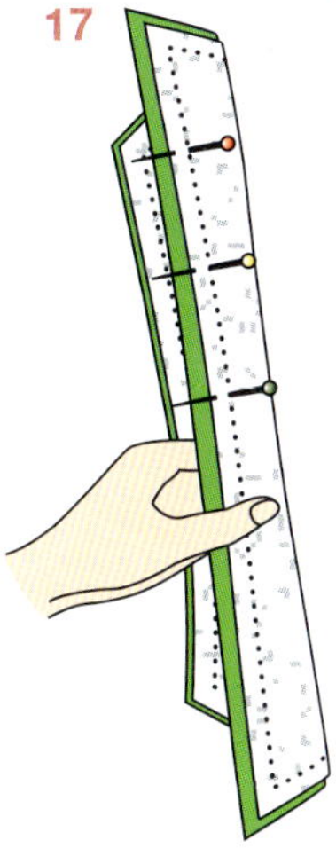

18
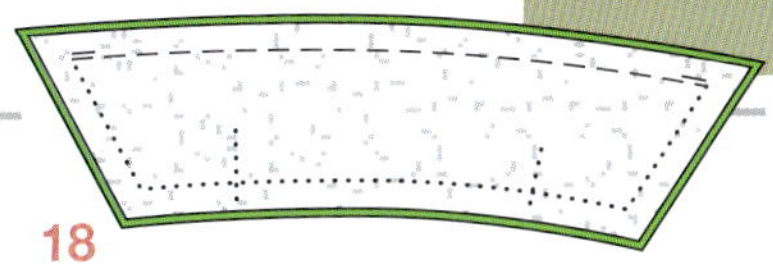

19
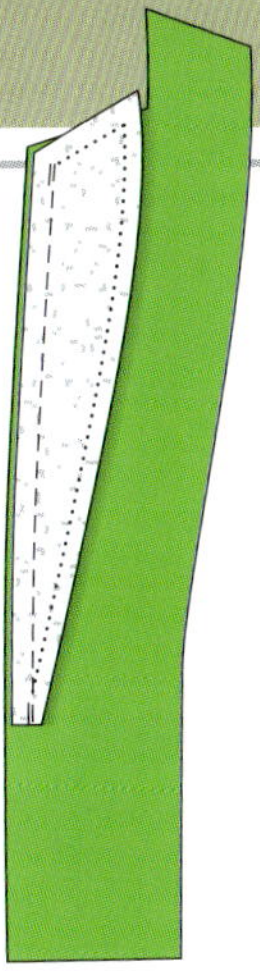

20
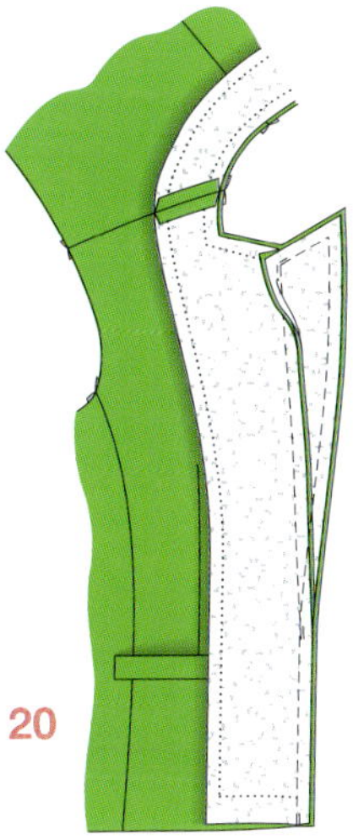

21
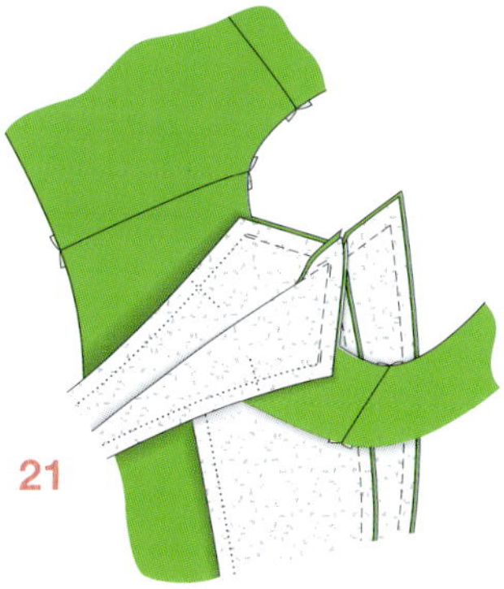

22

satznaht beginnen und die Zugaben der Blendenansatznaht nicht mitfassen. Nahtanfang und -ende durch Rückstiche sichern (20). Die Nahtzugabe der Vorderteile in die Ecke bis dicht zum letzten Steppstich einschneiden.

Den Kragen so zwischen Jacke und Besatz schieben, dass der Unterkragen auf der Jacke liegt. Den Unterkragen jeweils ab dem Querstrich bis zur Ecke auf den Halsausschnitt stecken. Den Oberkragen ab der Blendenansatznaht bis zur Ecke auf den Besatz stecken. Steppen. Nahtanfang und -ende sichern (21). Die Nahtzugaben der Vorderteile und des Besatzes in die Ecken bis dicht zum letzten Steppstich einschneiden.

TIPP

Damit beim Bügeln keine Glanzstellen entstehen, feine Wollstoffe immer unter einem Tuch bügeln. Ideal sind transparente Bügeltücher (Kurzwarenhandel).

Den Unterkragen zwischen den Einschnitten auf den Halsausschnitt, den Oberkragen auf den Besatz stecken. Steppen. Nahtanfang und -ende sichern (22). Nahtzugaben zurückschneiden, auch an den Reverskanten. Die Nahtzugaben der Kragenansatznähte auseinanderbügeln. Besatz nach innen wenden. Kanten bügeln: von unten bis zum Reversumbruch von der Besatzseite, ab dem Reversumbruch von der Vorderteilseite aus. Achten Sie dabei darauf, dass die Naht jeweils dicht neben der Bruchkante zu sehen ist. Die Kragenansatznähte genau aufeinanderstecken. Am rückwärtigen Halsausschnitt den Besatz noch einmal nach oben legen. Die Nahtzugaben dicht neben der Naht aufeinandernähen. Dann den Besatz wieder nach unten legen.

Auch so können Sie einen Reverskragen nähen

Den Unterkragen rechts auf rechts so auf den Halsausschnitt stecken, dass die markierte Nahtlinie der vorderen Kragenkanten genau auf den Kragenansatzzeichen (Querstriche) liegen. Steppen. Die Naht beginnt bzw. endet genau am Kragenansatzzeichen. Nahtenden sichern. Nahtzugaben zurückschneiden, einschneiden und auseinanderbügeln (23).

Den Oberkragen genauso auf den Besatz steppen. Oberkragen rechts auf rechts auf den Unterkragen legen. Kragenansatznähte aufeinanderstecken. Den Unterkragen gewölbt halten und den Oberkragen an den Außenkanten auf den Unterkragen stecken (wie bei den Zeichnungen 2 und 3 von Seite 124).

Kragenteile vom Unterkragen aus ab der Kragenansatznaht aufeinandersteppen, dabei die Zugaben der Kragenansatznähte

23
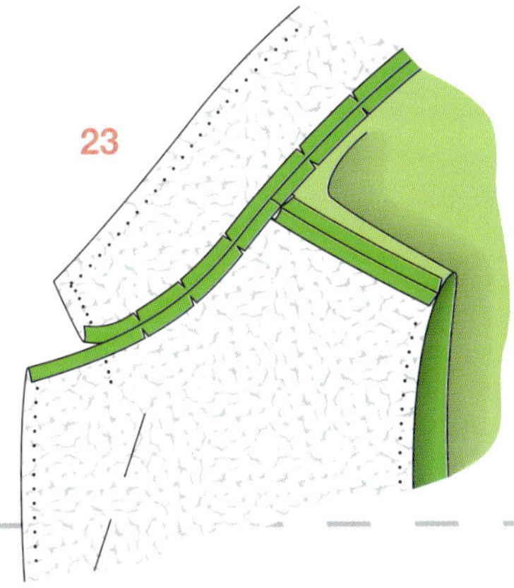

24

25

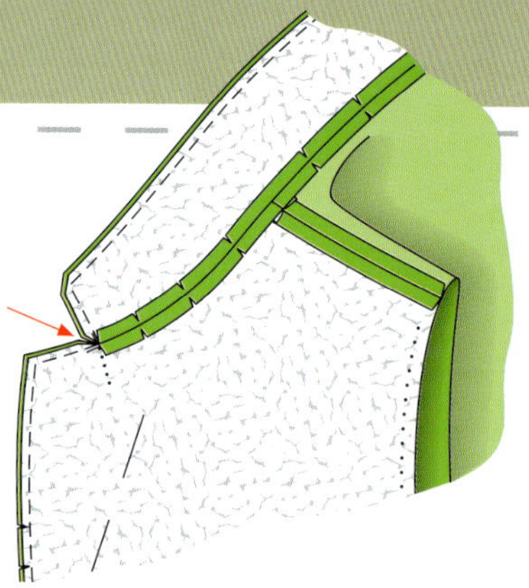

von Vorderteilen und Besatz nicht mitfassen (24). Besätze rechts auf rechts auf die vorderen Kanten legen, entlang der markierten UMBRUCH-Linie und bis ca. 10 cm vor der Reversecke feststecken. Für die erforderliche Mehrweite das Vorderteil an der Reversecke gewölbt halten und den Besatz an der Reversecke feststecken (siehe auch Zeichnung 3 von Seite 124). Von der Vorderteilseite aus die Kanten aufeinandersteppen, dabei genau am letzten Steppstich der Kragenansatznähte beginnen und die Zugaben der vorderen Kragenkanten nicht mitfassen.

Nahtzugaben zurückschneiden – auch am Kragen –, an den Ecken schräg abschneiden, an den Rundungen einschneiden. Nahtzugaben am Kragenansatzzeichen (Pfeil) keilförmig herausschneiden (25). Kragen wenden. Besätze nach innen wenden. Dann den Reverskragen wie auf Seite 128 erklärt fertignähen.

Wichtig: Ist die Kragenansatznaht nicht rund, sondern eckig, die Kragenteile zuerst vom Kragenansatzzeichen bis zur Ecke feststeppen. Nahtenden sichern. Die Zugabe von Halsausschnitt bzw. Besatz in die Ecke bis dicht zum letzten Steppstich einschneiden. Dann die Kragenteile ab der Ecke auf den Halsausschnitt bzw. den Besatz steppen.

Der Stehkragen

Ein Stehkragen braucht keine Mehrweite. Er kann aus zwei Teilen bestehen oder an der oberen Kante im Stoffbruch zugeschnitten sein, bis zur vorderen Kante reichen oder schon vorher enden. Entsprechend viele Möglichkeiten der Verarbeitung gibt es. Egal, welche Kragenverarbeitung Sie wählen, ein Kragenteil bzw. eine Kragenhälfte wird immer mit Einlage verstärkt.

Wenn der Kragen vor der Verschlusskante endet, am Kragenteil ohne Einlage die Zugabe der Ansatzkante nach innen umbügeln. Kragenteile rechts auf rechts aufeinanderlegen, vordere und obere Kanten aufeinandersteppen. Nahtzugaben zurückschneiden, an Rundungen einschneiden (1), an Ecken schräg abschneiden. Hat der Kragen an der oberen Kante Stoffbruch, werden nur die vorderen Kanten verstürzt. Dazu den Kragen an der Bruchlinie falten, rechte Seite innen. Am Kragenteil ohne Einlage die Zugabe der Ansatzkante nach oben legen, feststecken. Die vorderen Kanten aufeinandersteppen. Die Nahtzugaben zurückschneiden und an den Ecken schräg abschneiden (2). Den Kragen wenden. Die Kanten heften und bügeln. Den Besatz bis zum Kragenansatzzeichen rechts auf rechts auf den Halsausschnitt steppen. Nahtenden sichern.

Nahtzugaben bis dicht zum letzten Steppstich einschneiden, entlang der Naht schmal zurückschneiden (siehe auch Zeichnung 3 von Seite 102). Besatz nach innen wenden. Kanten heften und den Besatz am Halsausschnitt festheften.

Das Kragenteil mit Einlage rechts auf rechts auf den Halsausschnitt stecken. Steppen (3). Die Nahtzugaben zurückschneiden, einschneiden und in den Kragen

1

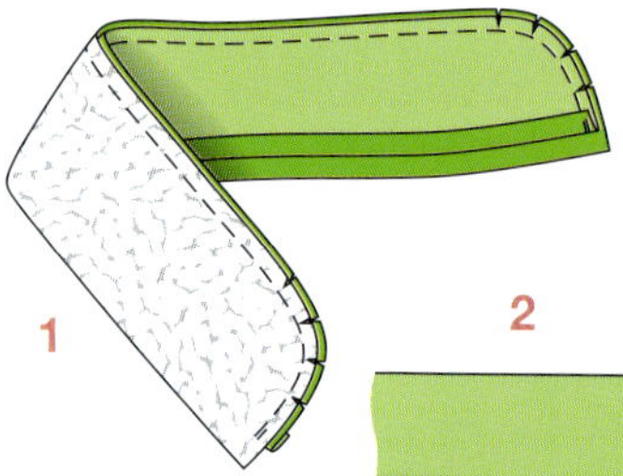

2

3

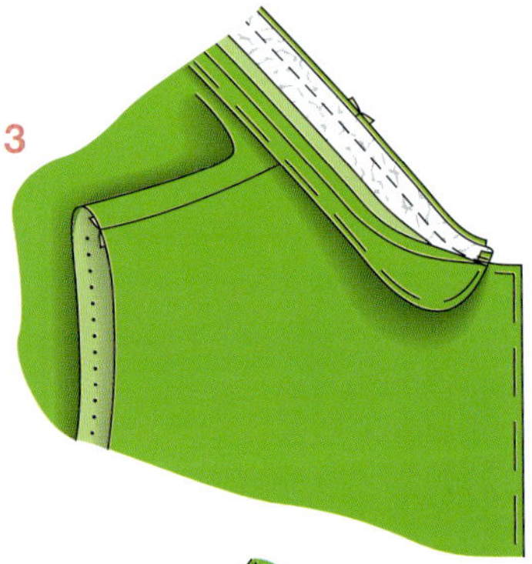

4

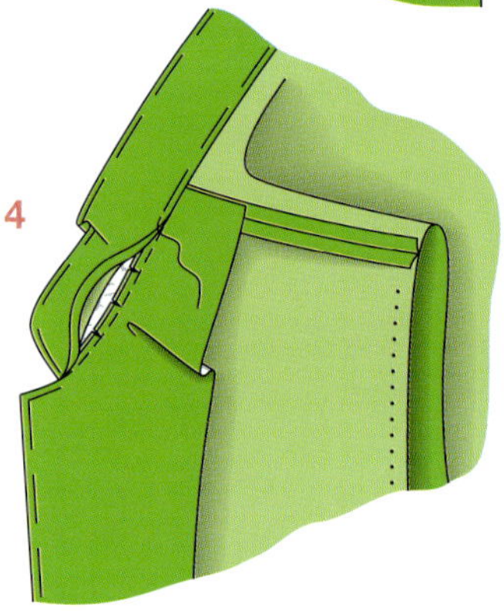

5

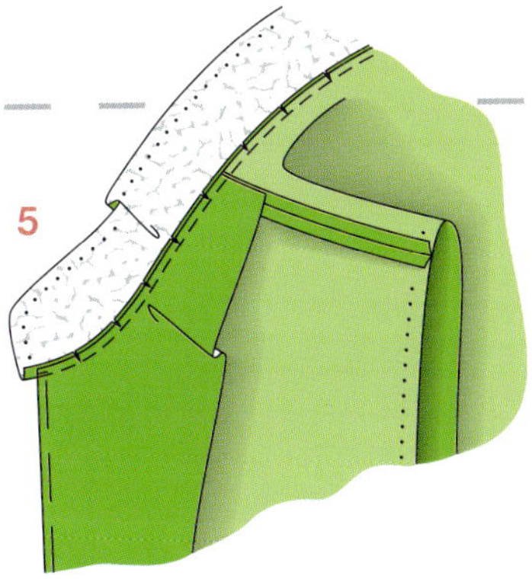

6

7

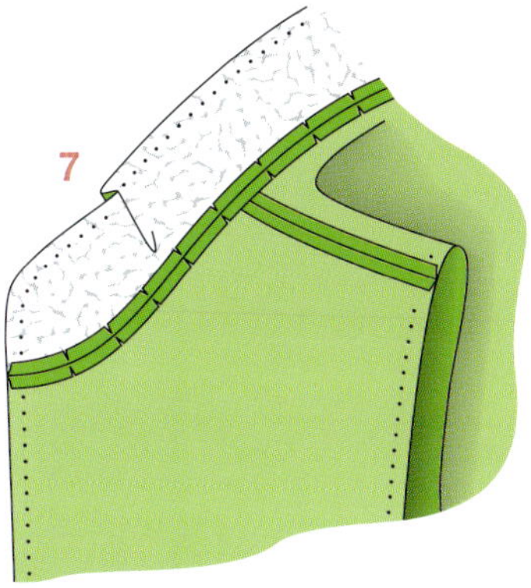

8

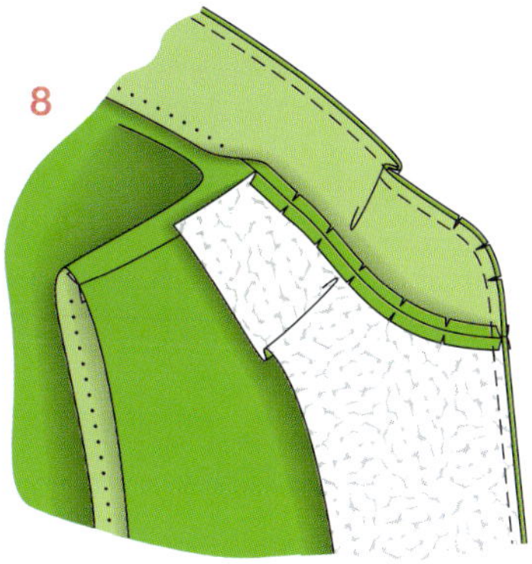

bügeln. Das Kragenteil ohne Einlage an der Ansatznaht festheften (4), von Hand annähen oder den Kragen von der Außenseite aus entlang der Ansatznaht schmal absteppen, dabei die innere Hälfte feststeppen.

Wichtig: Damit bei sehr dicken, voluminösen Stoffen die Kragenansatznaht nicht zu sehr aufträgt, ist es empfehlenswert, den Stehkragen wie beim Reverskragen siehe Seite 126/127, anzunähen.

Der Kragen endet mit der Verschlusskante: Das ist die einfachste Art, einen Stehkragen zu nähen.

Bei dünnen Stoffen den Besatz der Verschlusskanten nach innen umheften. Kante bügeln. Das Kragenteil mit der Einlage rechts auf rechts auf den Halsausschnitt steppen. Die Nahtzugaben zurückschneiden, einschneiden und in den Kragen bügeln (5). Am Kragenteil ohne Einlage die Zugabe der Ansatzkante nach innen umbügeln. Dieses Kragenteil rechts auf rechts auf das Kragenteil mit Einlage legen, Kanten aufeinanderstecken und steppen. Nahtzugaben zurückschneiden, an Rundungen einschneiden (6). Kragen wenden. Kanten heften, bügeln. Das innen liegende Kragenteil an der Ansatznaht festheften (siehe auch Zeichnung 4) und von Hand annähen. Oder den Kragen von der Außenseite aus an der Ansatznaht schmal absteppen, dabei das innen liegende Kragenteil feststeppen.

Wenn der Besatz nicht an der Verschlusskante angeschnitten ist, nähen Sie so: Kragenteil mit Einlage rechts auf rechts auf den Halsausschnitt steppen. Nahtzugaben zurückschneiden, einschneiden und auseinanderbügeln (7). Das Kragenteil ohne Einlage genauso auf die oberen Besatzkanten steppen. Nahtzugaben auseinanderbügeln. Besätze rechts auf rechts auf die Verschlusskanten stecken, fortlaufend die Kragenteile aufeinanderstecken. Dabei darauf achten, dass die Kragenansatznähte aufeinandertreffen. Steppen. Die Nahtzugaben zurückschneiden, an den Rundungen einschneiden (8). Kragen wenden, Besätze nach innen wenden, Kanten heften, bügeln. Kragenansatznähte aufeinanderstecken und von innen die Zugaben aufeinandernähen. Wird das Kleidungsstück gefüttert, die Zugabe des unverstärkten Kragenteils an den Besatzenden einschneiden. Kragen über die Zugaben der Kragenansatznaht legen, von rechts mit kleinen Rückstichen annähen.

Bei ungefütterten Kleidungsstücken die Zugaben der Kragenansatznaht zwischen den Besatzenden in den Kragen bügeln und das Kragenteil ohne Einlage eingeschlagen von Hand an der Ansatznaht annähen.

Der Hemdblusenkragen

Der Hemdblusenkragen hat immer einen Steg und reicht bis zur vorderen Kante. Der Kragensteg kann angesetzt werden oder angeschnitten sein.

Mit angesetztem Steg: Auf ein Kragenteil und ein Stegteil Einlage aufbügeln. Den Kragen nähen, wie auf Seite 124/125, Zeichnungen 1 bis 6 erklärt. Die Ansatzkanten aufeinanderheften. Kragen absteppen. Den Kragen rechts auf rechts von vorderer Mitte bis vorderer Mitte so auf das verstärkte Kragenstegteil stecken, dass der Unterkragen unten liegt. Am unverstärkten Stegteil die Zugabe der Ansatzkante nach innen um-

9

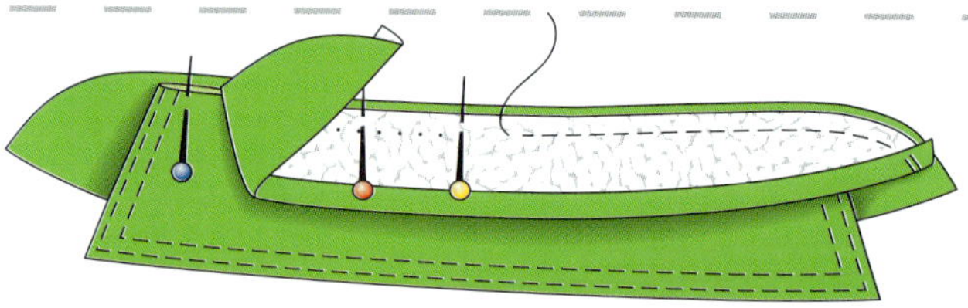

10

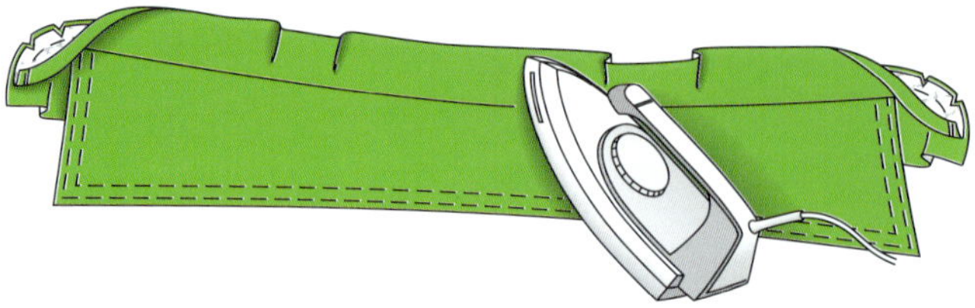

11

12

13

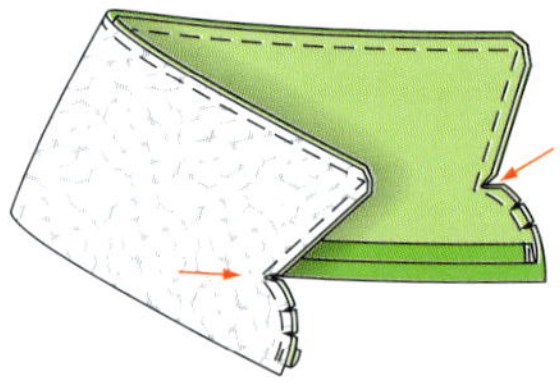

TIPP

Der Hemdblusenkragen bekommt mehr „Stand", wenn Sie auf alle Kragenteile Einlage aufbügeln. Schneiden Sie dann die Einlage für den Unterkragen bzw. das untere Stegteil im Längs-, für den Oberkragen bzw. das obere Stegteil im Querfadenlauf zu.

bügeln. Dieses Stegteil rechts auf rechts, über dem Kragen liegend, auf das verstärkte Stegteil stecken. Stegteile aufeinandersteppen (9). Die Nahtzugaben zurückschneiden, an den Rundungen einschneiden. Den Kragensteg noch nicht wenden, sondern zuerst das innere Stegteil über die Ansatznaht nach oben bügeln (10). Dann den Steg wenden. Bügeln. Das verstärkte Stegteil rechts auf rechts auf den Halsausschnitt stecken. Steppen. Nahtzugaben zurückschneiden, einschneiden (11). Nahtzugaben in den Kragensteg bügeln. Das unverstärkte Stegteil an der Ansatznaht feststecken und von Hand mit kleinen Stichen annähen. Oder: von der rechten Blusenseite aus alle Stegkanten schmal absteppen, dabei die innere Steghälfte an der Ansatznaht feststeppen (12).

Mit angeschnittenem Steg: Auf ein Kragenteil Einlage aufbügeln, das ist der Unterkragen. Am anderen Kragenteil die Zugabe der Ansatzkante nach innen umbügeln. Kragenteile rechts auf rechts aufeinanderlegen, die Ansatzkanten aufeinanderstecken. Für die erforderliche Mehrweite des Oberkragens die Kragenaußenkanten wie bei Zeichnungen 2 und 3, Seite 124, aufeinanderstecken. Kragenteile vom Unterkragen aus aufeinandersteppen. Die Nahtzugaben zurückschneiden, an den Ecken schräg abschneiden. In die Ecken (Pfeile) bis dicht zur Stepplinie einschneiden (13). Kragen wenden und wie beim Kragen mit angesetztem Steg erklärt annähen.

Der Rollkragen

Der Rollkragen wird immer ohne Einlage verarbeitet. Damit er schön fällt, sollte er bei gewebten Stoffen in schrägem Fadenlauf zugeschnitten werden. Bei Jersey und Strickstoffen wird er im Maschenlauf zugeschnitten. Hat der Rollkragen einen Verschluss, wird eine Kragenhälfte rechts auf rechts auf den Halsausschnitt gesteppt, dabei stehen die Zugaben der schmalen Kanten an der Verschlusskante über. Nahtzugaben zurückschneiden, einschneiden und in den Kragen bügeln. Die Zugabe der anderen langen Kragenkanten nach innen umbügeln (14).

Kragen zur Hälfte falten, rechte Seite innen. Schmale Kragenkanten aufeinandersteppen. Nahtzugaben zurückschneiden, an den Ecken schräg abschneiden (15).

14

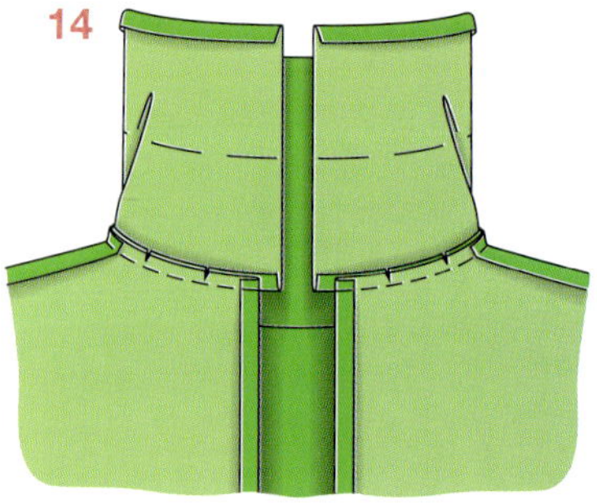

15

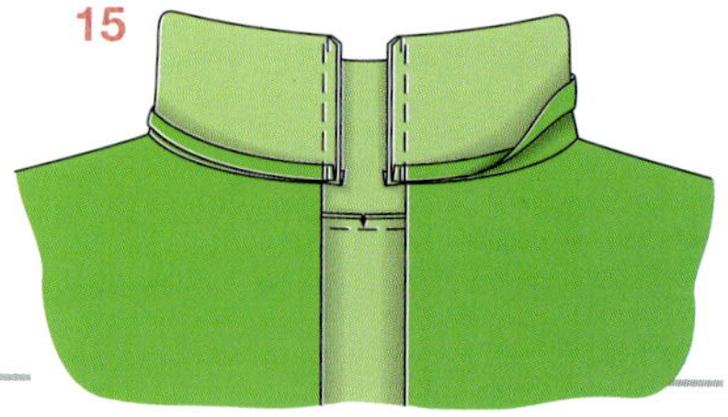

Den Kragen wenden. Kanten heften, bügeln. Die innere Kragenhälfte an der Ansatznaht feststecken und von Hand annähen.

Bei einem verschlusslosen Rollkragen die schmalen Kragenkanten rechts auf rechts aufeinandersteppen. Die Nahtzugaben auseinanderbügeln. Den Rollkragen zur Hälfte falten, linke Seite innen. Die Ansatzkanten aufeinanderstecken oder -heften. Den Rollkragen rechts auf rechts auf den Halsausschnitt stecken. Steppen. Die Nahtzugaben zusammengefasst versäubern und in das Vorder- und Rückenteil bügeln.

Der Bindekragen

Er kann in geradem oder schrägem Fadenlauf zugeschnitten werden. Der Halsausschnitt wird vor dem Ansetzen des Kragens bis zum Kragenansatzzeichen – es liegt je nach Bandbreite 1 bis 2 cm neben der vorderen Mitte – mit dem Besatz verstürzt (siehe Verschlusskanten, Seite 100, Zeichnung 3). Bindekragen rechts auf rechts auf den Halsausschnitt stecken. Steppen. Die überstehenden Bänder der Länge nach zur Hälfte falten, rechte Seite innen. Kanten aufeinandersteppen. Nahtzugaben zurückschneiden – auch an der Kragenansatznaht –, an den Ecken schräg abschneiden. An den Rundungen einschneiden. Bänder wenden; am besten geht's mit einem Kochlöffel (16). Bänder bügeln. Die Zugabe der Kragenansatznaht in den Kragen bügeln. Die innere Kragenhälfte eingeschlagen an der Ansatznaht feststecken, von Hand annähen.

Der Schalkragen

Beim Schalkragen ist der Oberkragen immer am Besatz angeschnitten. Der Unterkragen kann am Vorderteil bis zur Schulternaht angeschnitten sein oder er wird angesetzt.

Schalkragen mit angesetztem Unterkragen

Auf den Unterkragen und den Besatz wird Einlage aufgebügelt. Schulternähte am Kleidungsstück steppen. Nahtzugaben auseinanderbügeln. Den Unterkragen rechts auf rechts auf den Halsausschnitt steppen. Nahtzugaben zurückschneiden, einschneiden und auseinanderbügeln (17). Wird das Kleidungsstück nicht gefüttert, die Nahtzugaben von vorn bis zur Schulternaht auseinanderbügeln, am rückwärtigen Halsausschnitt in den Kragen bügeln (17a). Am Besatz bzw. dem Oberkragen die Mittelnaht steppen. Nahtzugaben auseinanderbügeln. Besatz rechts auf rechts auf die vorderen Kanten und fortlaufend auf den Unterkragen stecken. Steppen. Die Nahtzugaben zurückschneiden, an Rundungen einschneiden (18). Den Besatz nach innen wenden. Kanten heften, bügeln. Für die erforderliche Mehrlänge den Unterkragen gewölbt halten.

17

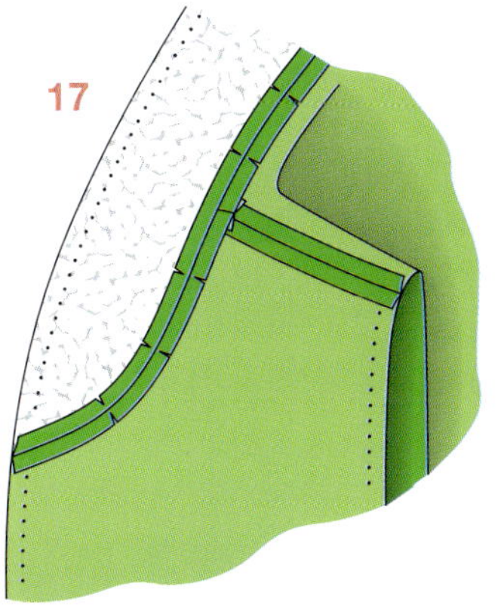

18

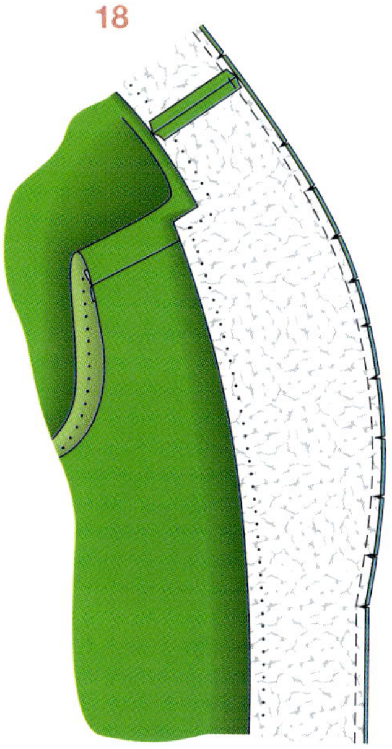

17a

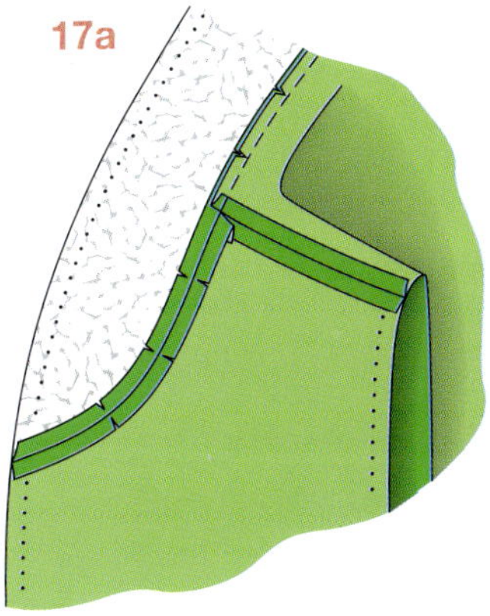

16

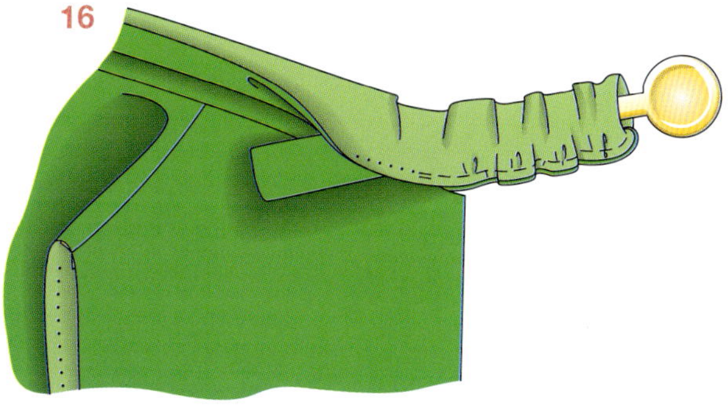

19
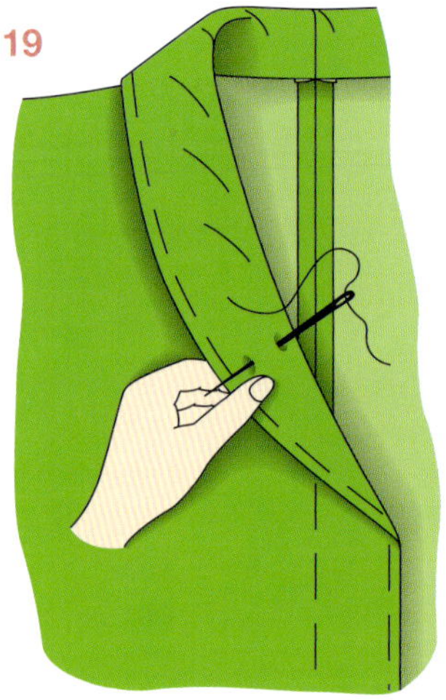

20
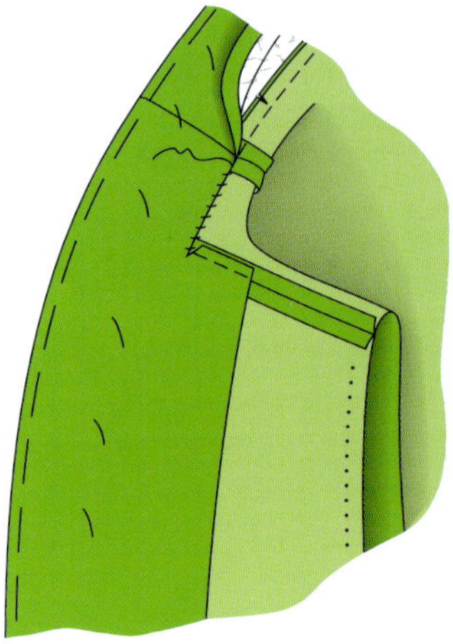

21
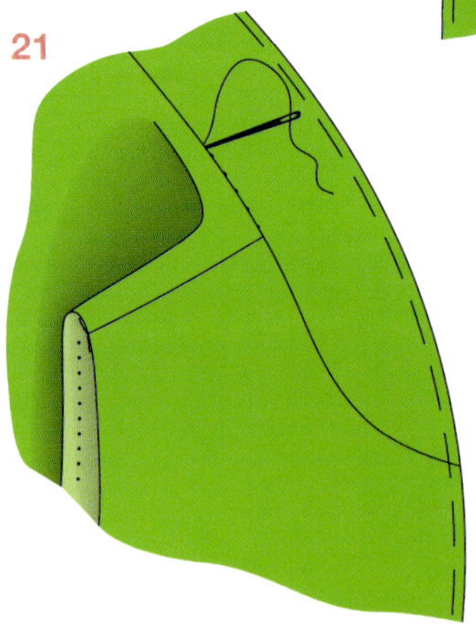

Den Besatz bzw. Oberkragen mit schrägen Spannstichen auf den Unterkragen und die Vorderteile heften (19).

Bei ungefütterten Kleidungsstücken den Besatz in die Ecken bis dicht zur markierten Nahtlinie einschneiden. Nahtzugaben zwischen den Einschnitten eingeschlagen an der Kragenansatznaht annähen. Den Besatz auf den Nahtzugaben der Schulternähte festnähen (20).

Wird das Kleidungsstück gefüttert, den Besatz am rückwärtigen Halsausschnitt über die Zugaben der Kragenansatznaht legen, feststecken und von rechts, genau in der Nahtrille, mit Rückstichen annähen (21). Den Besatz auf den Nahtzugaben der Schulternähte annähen.

Schalkragen mit angeschnittenem Unterkragen

Bei diesem Kragen wird der Unterkragen, das Vorderteil und der Besatz mit Einlage verstärkt, wobei für den Besatz eine leichtere Einlage, zum Beispiel Vlieseline H 180, verwendet wird. Die Einlageteile werden jeweils im gleichen Fadenlauf zugeschnitten wie die Stoffteile.

Zuerst werden die Schulternähte gesteppt. Die Naht endet genau an der Ecke der Kragenansatznaht. Nahtzugaben bis dicht zum letzten Steppstich (Pfeil) einschneiden (22). Die angeschnittenen Kragenteile rechts auf rechts aufeinanderlegen, die rückwärtige Mittelnaht steppen. Nahtzugaben auseinanderbügeln. Den Kragen von Ecke bis Ecke auf den Halsausschnitt steppen (23).

Die Nahtzugaben zurückschneiden, einschneiden und auseinanderbügeln. Zugaben der Schulternaht auseinanderbügeln (24).

Bei ungefütterten Kleidungsstücken die Zugaben der Kragenansatznaht in den Kragen bügeln. Dann den Besatz annähen, wie beim Schalkragen mit angesetztem Unterkragen erklärt.

Wichtig: Ist im Schnitt ein Abnäher eingezeichnet, der genau an der Kragenansatznaht endet, den Abnäher in der Mitte ca. 5 cm einschneiden.

22
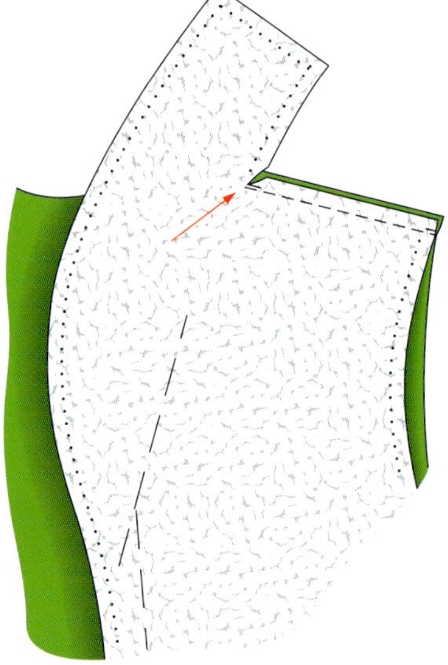

Schulternähte steppen (25). Nahtzugaben auseinanderbügeln. Am angeschnittenen Kragen die Mittelnaht steppen. Nahtzugaben auseinanderbügeln. Den Kragen rechts auf rechts auf den rückwärtigen Halsausschnitt stecken, fortlaufend den Abnäher stecken. Steppen, dabei an der rückwärtigen Mitte beginnen. Zugaben zurückschneiden, einschneiden (26).

Abnäher zur vorderen Kante bügeln. Bei ungefütterten Kleidungsstücken die Zugaben der Kragenansatznaht in den Kragen bügeln. Bei gefütterten Kleidungsstücken den Abnäher flachbügeln und die Zugaben der Kragenansatznaht auseinanderbügeln. Dann den Besatz annähen, wie beim Schalkragen mit angesetztem Unterkragen erklärt.

Ein paar Tipps

- An sehr spitzen Kragenecken beim Verstürzen an den Ecken zwei Stiche quer steppen.
- Bei dicken, voluminösen Stoffen die Nahtzugaben nicht gleichmäßig, sondern „stufig" zurückschneiden. Das heißt: die Zugabe des Unterkragens auf ca. 2 mm, die des Oberkragens auf 4 mm Breite abschneiden.
- Beim Wenden des Kragens die Ecken nicht mit der Schere oder einem anderen spitzen Gegenstand nach außen „bohren", sondern vorsichtig von rechts mit einer Stecknadel nach außen ziehen (siehe auch Zeichnung 6 von Seite 125).
- Kragen immer vom Oberkragen, Stehkragen von der außen liegenden Kragenseite aus absteppen.
- Kragenecken lassen sich problemlos absteppen, wenn Sie an den Ecken das Handmaß (siehe Seite 11) oder einen Streifen feste, dünne Pappe in Nährichtung unter das Füßchen (direkt neben der Nadel) legen.

23

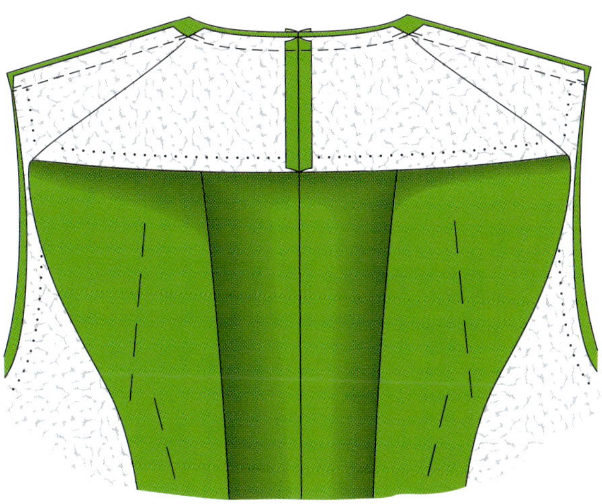

24

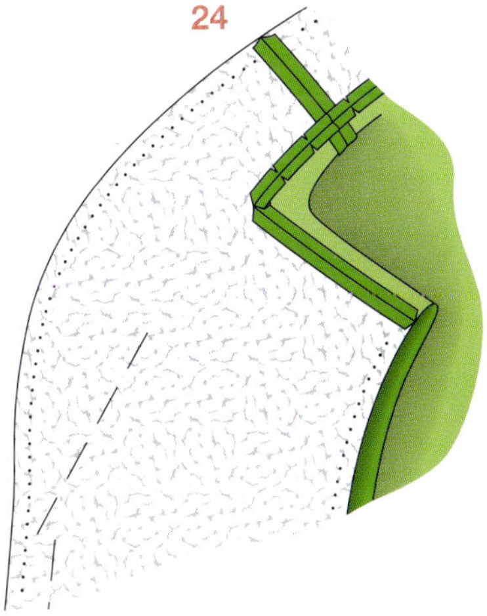

25

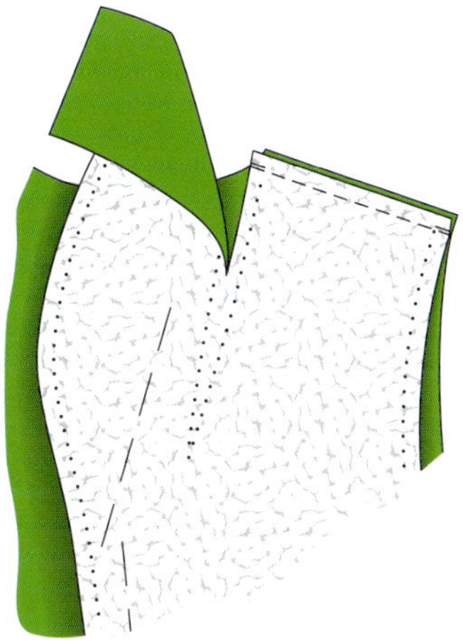

26

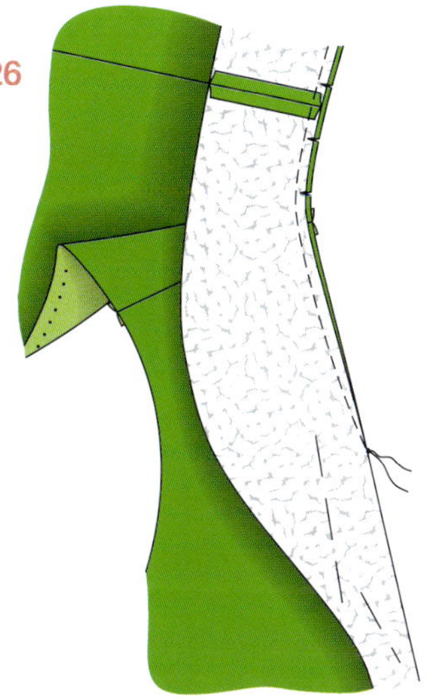

HALS- UND ARMAUSSCHNITTE VERSTÜRZEN

Ausschnittkanten können mit einem Besatz oder einem Schrägstreifen „verstürzt" werden. Der Ausdruck „verstürzen" ist die Zusammenfassung für eine Reihe von Arbeitsgängen und wird Ihnen in kurz gefassten Nähanleitungen immer wieder begegnen.

Deshalb hier die Arbeitsgänge im Einzelnen:

- Zwei Stoffteile rechts auf rechts aufeinandersteppen. Die Nahtzugaben danach schmal zurückschneiden.
- Stoffteile wenden (stürzen), sodass die Nahtzugaben zwischen beiden Stofflagen eingeschlossen sind.
- Kanten so heften, dass die Naht ganz dicht neben dem Bruch auf der Innen- bzw. Unterseite liegt. Bügeln.

Verstürzen mit Besatz

Für die Besätze gibt es Schnittteile oder sie sind in die Schnittteile von Vorder- und Rückenteil eingezeichnet und müssen als Extrateile vom Schnitt abgezeichnet werden. Die Besätze werden immer im gleichen Fadenlauf wie die zu verstürzende Kante aus Stoff zugeschnitten. Ausgenommen sind Paillettenstoffe, bei denen für die Besätze Futter verwendet wird. Besätze ringsum mit Nahtzugaben zuschneiden. Damit sich die Ausschnittkanten nicht verziehen können, werden die Besatzteile mit Vlieseline-Einlage verstärkt. Die Einlageteile mit Nahtzugabe zuschneiden und auf die linke Seite der Stoffteile bügeln (siehe auch Seite 52). Schnittkonturen auf die Besatzteile übertragen.

Der runde Halsausschnitt: Besatzteile aneinandersteppen, Nahtzugaben auseinanderbügeln, versäubern. Die Besatzinnenkante versäubern. Besatz rechts auf rechts auf den Halsausschnitt stecken. Steppen. Nahtzugaben zurückschneiden und an den Rundungen bis ca. 2 mm vor die Stepplinie einschneiden (1).

Wichtig: Wird der Ausschnitt nicht abgesteppt, die Nahtzugaben in den Besatz bügeln. Dabei dürfen keine Fältchen entstehen. Am besten geht's auf einem Bügelkissen (2) oder der Kante des Ärmelbügelbrettes. Dann den Besatz dicht neben der Ansatznaht auf die Nahtzugaben steppen (3).

Besatz nach innen wenden. Kante so heften, dass die Naht dicht neben dem Bruch auf der Innen-

1

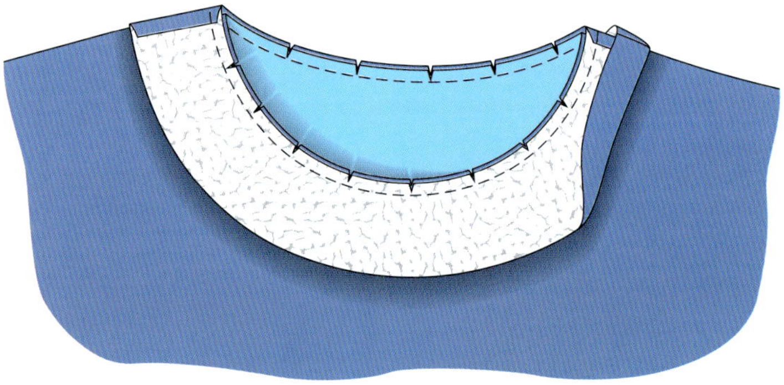

2

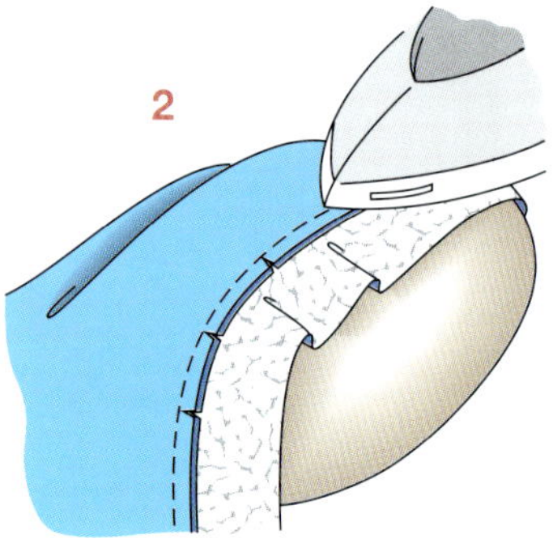

TIPP

Verstürzen Sie den Halsausschnitt vor dem Schließen der Seitennähte. Sie können dann den Ausschnitt zum Bügeln flach auf die Bügelunterlage legen.

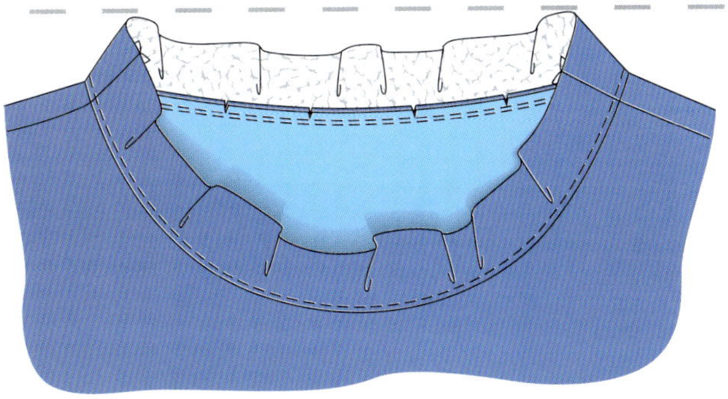

3

4

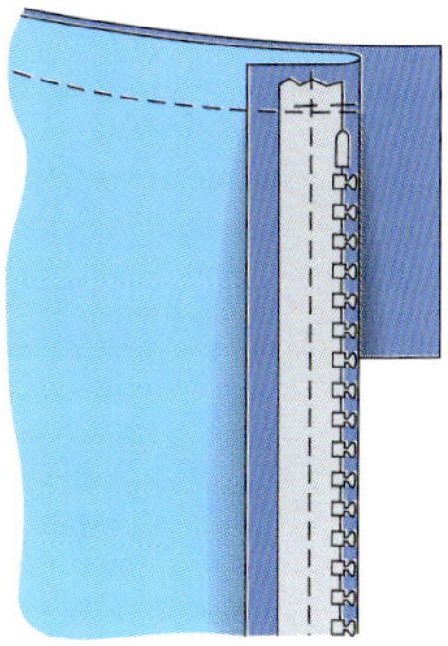

5

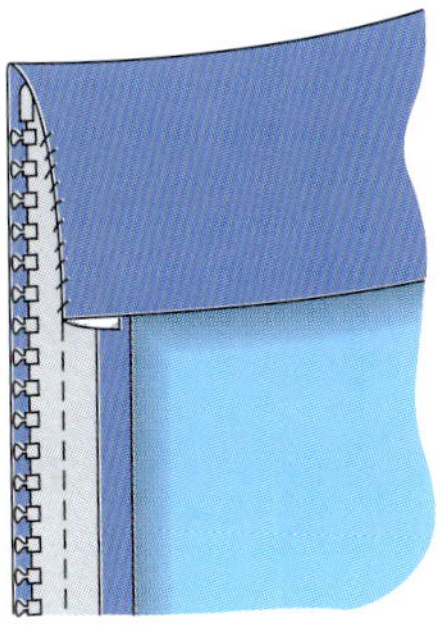

6

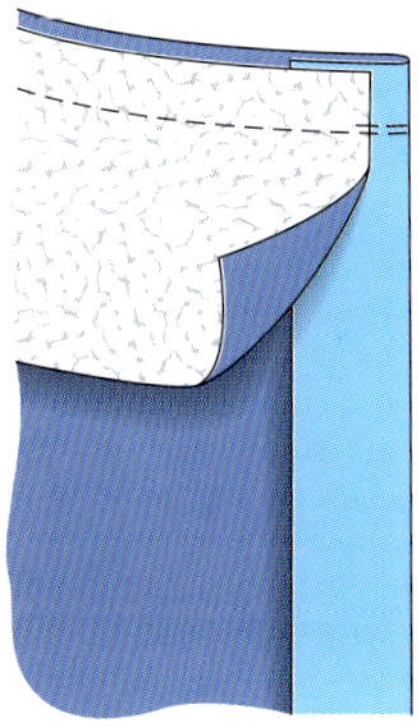

7

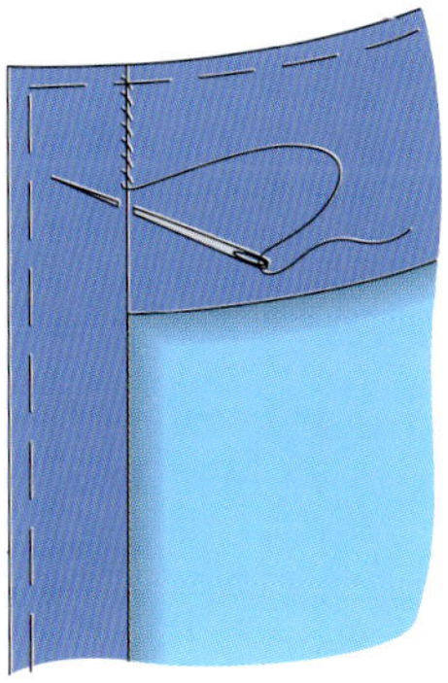

seite liegt und von der rechten Seite aus nicht zu sehen ist. Ausschnitt nach Wunsch absteppen. Besatz auf den Nahtzugaben der Schulternähte mit einigen Stichen festnähen. Reißverschlüsse werden vor dem Verstürzen der Ausschnittkante eingenäht. Beim Feststeppen des Besatzes stehen die Zugaben der schmalen Besatzkanten an der Schlitzkante über (4). Sie werden beim Nachinnenwenden des Besatzes eingeschlagen auf den Reißverschlussbändern angenäht (5).

Hat das Kleidungsstück eine Verschlusskante oder einen Schlitz mit angeschnittenem Besatz, zuerst den Besatz der Verschlusskante nach außen falten und dann den Ausschnittbesatz auf den Halsausschnitt stecken. Den Ausschnittbesatz so weit zurückschneiden, dass er ca. 1 cm über dem Besatz der Verschlusskante liegt (6). Den Besatz feststeppen. Die Nahtzugaben zurückschneiden. Den Besatz – auch an der Verschlusskante – nach innen umheften. Bügeln. Den Besatz der Verschlusskante auf dem Ausschnittbesatz annähen (7).

V-Ausschnitte und eckige Ausschnitte werden genäht, wie beim runden Halsausschnitt erklärt. Damit sich der Besatz nach innen wenden lässt, die Zugaben an der Spitze (8) bzw. an den Ecken bis dicht zur Stepplinie einschneiden.

8

TIPP

Mit Ärmelbrett, Frottierhandtuch und einer Mullbinde können Sie sich ein Bügelkissen im Handumdrehen selbst machen: Frottierhandtuch zu einer festen Rolle aufrollen, auf das Ärmelbrett legen und mit der Mullbinde festbinden.

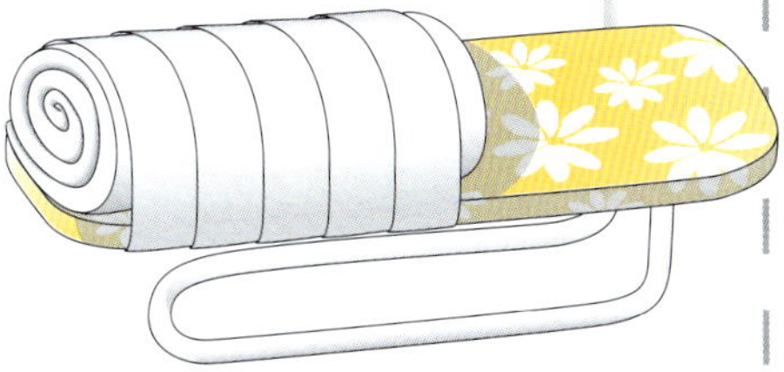

Armausschnitte werden, wie beim runden Halsausschnitt erklärt, mit einem Besatz verstürzt. Besonders praktisch ist es, wenn die Seitennähte von Kleidungsstück und Besatz in einem Arbeitsgang geschlossen werden. Denn Sie können dann die Weite an den Seitennähten regulieren, ohne den Besatz abtrennen zu müssen. Voraussetzung dafür ist, dass die Nahtzugaben der Seitennähte an Besatz und Kleidungsstück gleich breit sind.

So wird's gemacht:

Schulternähte an Kleidungsstück und Besatz steppen. Nahtzugaben versäubern und auseinanderbügeln. Besatzinnenkante versäubern. Besatz rechts auf rechts auf die Ausschnittkanten stecken. Steppen. Nahtzugaben zurückschneiden, an den Rundungen einschneiden und in den Besatz bügeln. Besatz dicht neben der Ansatznaht auf die Nahtzugaben steppen (wie bei Zeichnung 3, Seite 139). Seitennähte von Kleidungsstück und Besatz in einem Arbeitsgang steppen (9).

Die Nahtzugaben versäubern und auseinanderbügeln. Besatz nach innen wenden. Kante heften. Bügeln. Besatz auf den Nahtzugaben der Schulter- und Seitennähte annähen.

9

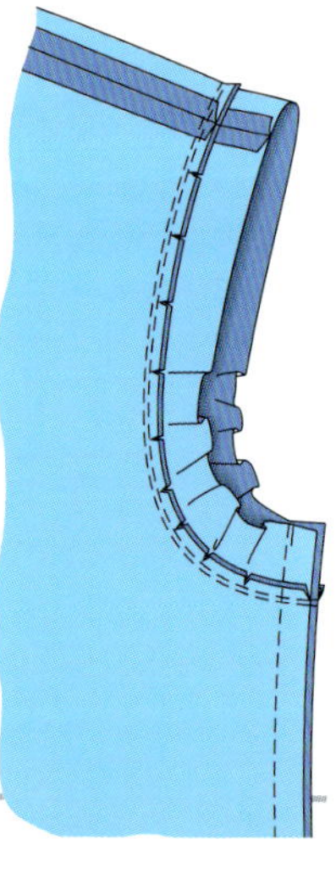

Schulter- und Armausschnittbesatz in einem

Bei den ärmellosen Modellen mit schmalen Schultern sind oft die Besätze für Hals- und Armausschnitte an einem Stück. Da aber nicht mehrere geschlossene Kreise zur gleichen Zeit gewendet werden können, müssen zunächst die Schulternähte offen bleiben.

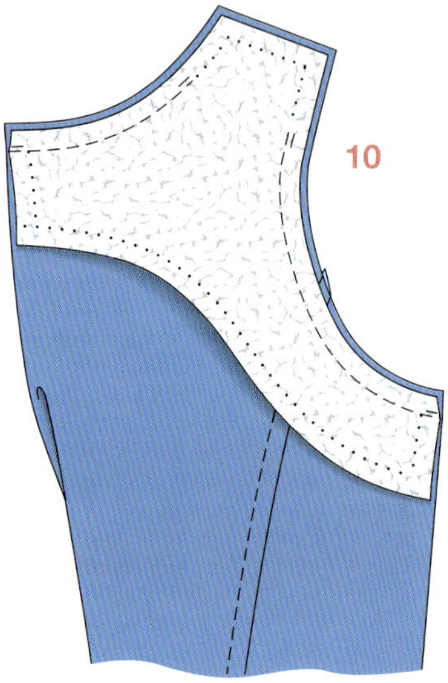

10

10a

So wird's gemacht:

An den Besätzen die unteren Kanten versäubern. Die Besätze rechts auf rechts auf die entsprechenden Ausschnittkanten legen. Hals- und Armausschnittkanten aufeinanderstecken, Nahtlinien treffen aufeinander. Steppen, dabei jeweils 3 cm unterhalb der markierten Schulterlinie beginnen bzw. enden. Nahtanfang und -ende durch Rückstiche sichern (10 und 10a). Die Nahtzugaben zurückschneiden, an den Rundungen mehrmals bis dicht zur Stepplinie einschneiden. Am Vorderteil den Besatz nach innen wenden, dazu die Schulterkanten zwischen Besatz und Vorderteil schieben. Die Schulterkanten des Vorderteils zwischen Besatz und Rückenteil in die Schulterkanten des Rückenteils schieben; die rechten Stoffseiten von Vorderteil und Rückenteil bzw. der Besätze treffen aufeinander. Das Vorderteil entlang der markierten Schulterlinie auf das Rückenteil stecken und steppen. Dann die Schulterlinien der Besätze aufeinanderstecken und steppen (11). Das Vorderteil an der Schulterkante ein Stück nach außen ziehen. Die Nahtzugaben der Schulternähte auseinanderbügeln – am besten geht es auf einem Kochlöffel (12). Anschließend die restlichen Hals- und Armausschnittkanten aufeinanderstecken und steppen (13). Vorderteil aus den Schulterkanten des Rückenteils ziehen, dabei wendet sich der rückwärtige Besatz nach innen. Hals- und Armausschnittkanten von der Besatzseite aus bügeln.

Vorderteil rechts auf rechts auf das Rückenteil legen, Seitennähte und fortlaufend die seitlichen Besatzkanten aufeinanderstecken. Steppen (14). Nahtzugaben auseinanderbügeln und versäubern. Besatz wieder nach innen falten und auf den Nahtzugaben der Seitennähte annähen. Die Hals- und Armausschnittkanten schmal und ¾ cm breit absteppen.

Schmale Schulterkanten (3 cm und weniger) nähen Sie so:

Besätze rechts auf rechts auf die entsprechenden Ausschnittkanten stecken und genau bis zu den markierten Schulternähten feststeppen. Nahtenden sichern. Nahtzugaben zurückschneiden, an Rundungen einschneiden. Besätze nach innen wenden, dazu die Schulterkanten zwischen Besatz und Kleidungsstück schieben. Ausschnittkanten heften. Bügeln. Schulterkanten des Kleidungsstückes rechts auf rechts aufeinandersteppen, dabei den Besatz nicht mitfassen (15). Nahtzugaben auseinanderlegen. Am Besatz die Zugaben der Schulternähte eingeschlagen mit Staffierstichen (siehe Seite 65) aneinandernähen (16).

11

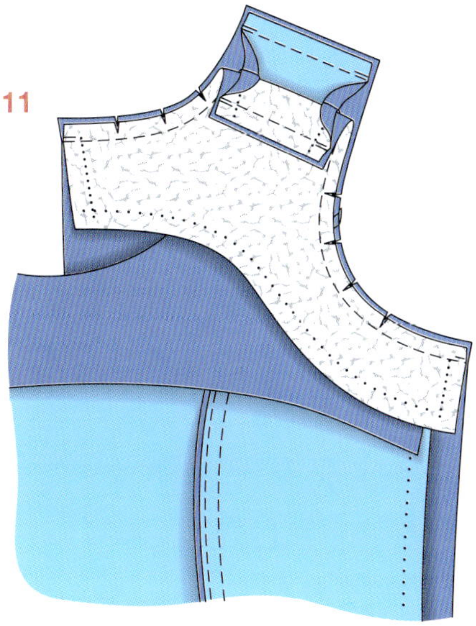

12

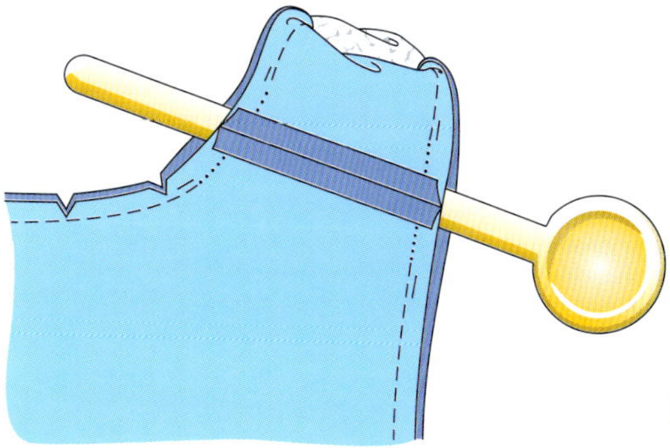

13

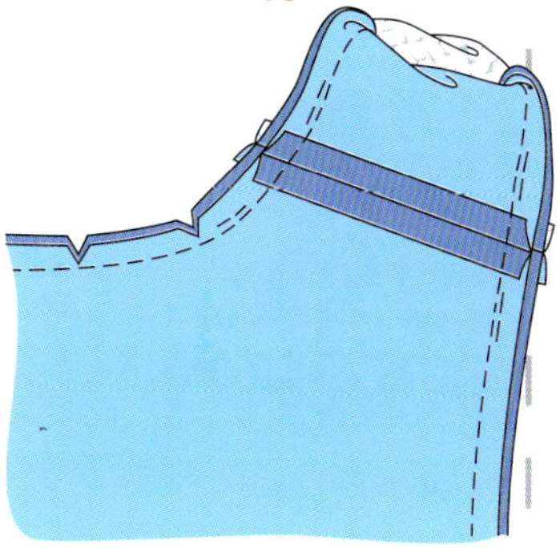

14

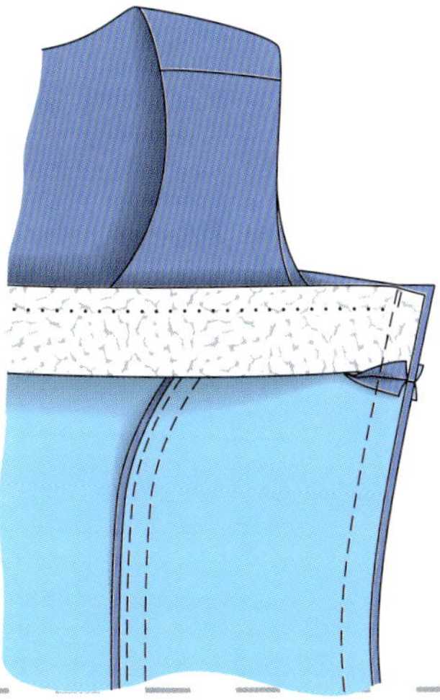

15

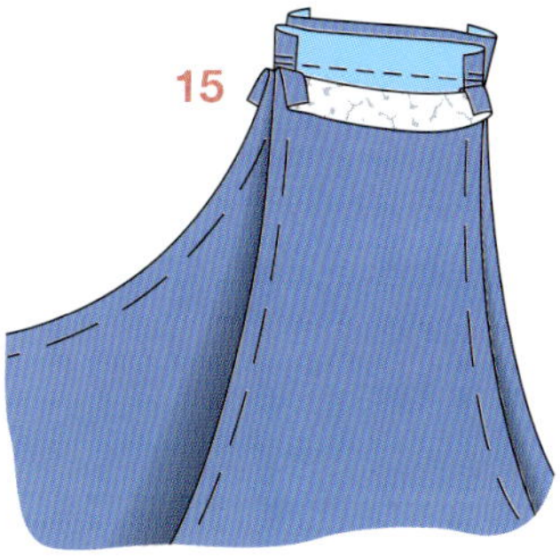

16

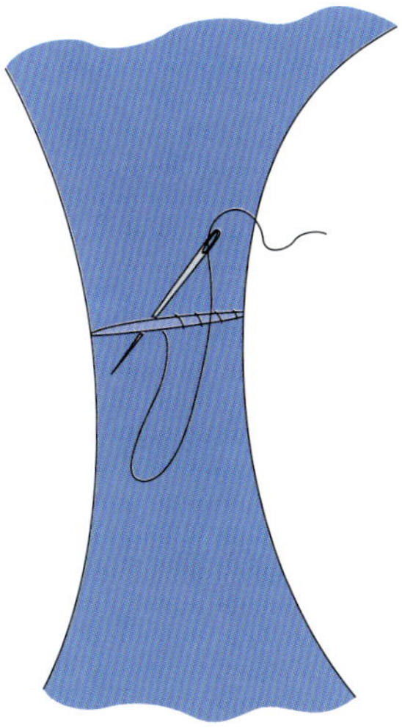

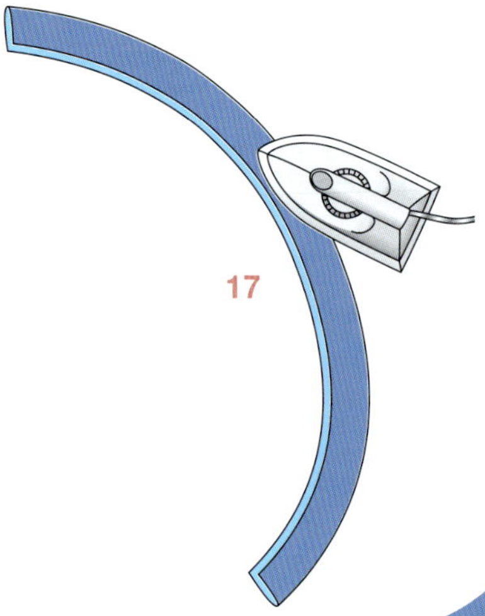

17

Ein paar Tipps vorweg:

- Damit sich die Ausschnittkanten beim Verstürzen mit Schrägband- bzw. -streifen nicht verziehen können, von links Vlieseline-Formband (siehe Seite 47) so aufbügeln, dass der Kettstich genau auf die markierte Nahtlinie trifft. Dabei darauf achten, dass der Ausschnitt flach auf der Bügelunterlage liegt.

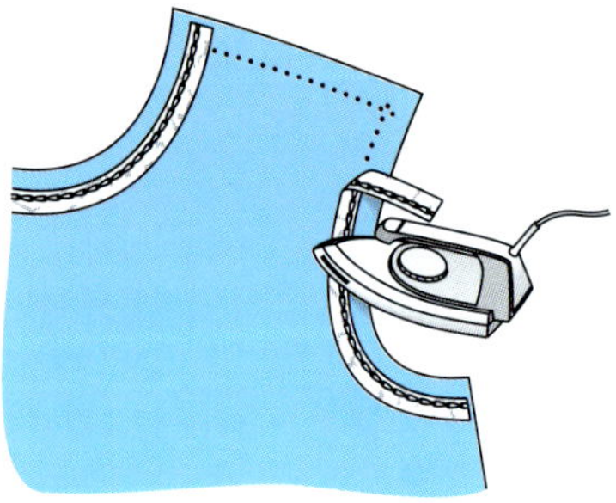

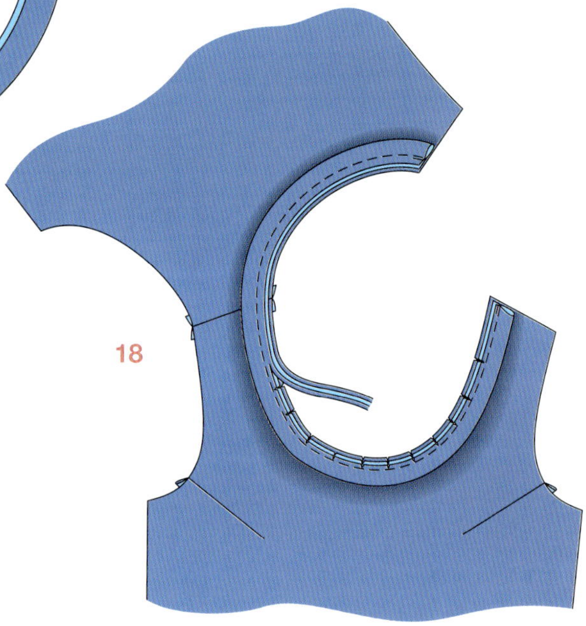

18

- Die Armausschnitte verstürzen, bevor die Seitennähte genäht werden.
- Bei Halsausschnittkanten ohne Verschluss zunächst nur eine Schulternaht steppen. Nahtzugaben auseinanderbügeln und versäubern.

Verstürzen mit Schrägstreifen

Ausschnittkanten können auch mit ca. 4 cm breitem Schrägband oder mit Schrägstreifen verstürzt werden. Schrägband aus Baumwolle oder Polyester/Baumwolle, matt oder stark glänzend (Duchesse-Schrägband) können Sie in vielen Farben kaufen. Zum Verstürzen ist das 4 cm breite ungefalzte Band empfehlenswert. Vorgefalzte Bänder müssen vor dem Verstürzen auseinandergefaltet und gebügelt werden. Schrägstreifen schneiden Sie aus Futter oder einem Stoffrest zu (siehe Seite 49).

So verstürzen Sie:

Um auf der Innenseite „saubere" Kanten zu haben, Schrägband bzw. -streifen der Länge nach zur Hälfte falten, linke Seite innen. Bügeln, dabei Schrägband bzw. -streifen der Ausschnittkante entsprechend in Form bügeln, das heißt, die Bruchkante dehnen, die offenen Kanten einhalten (17). Schrägband bzw. -streifen rechts auf rechts so auf die Ausschnittkante stecken, dass die Bruchkante ca. 1½ cm neben der markierten Nahtlinie liegt und die offenen Kanten auf der Nahtzugabe liegen. Von der linken Vorder- bzw. Rückenteilseite aus genau entlang der markierten Ausschnittlinie steppen. Nahtzugaben zurückschneiden, an den Rundungen einschneiden (18). Schrägband bzw. -streifen nach innen wenden. Kanten heften (19). Bügeln. Falls erforderlich, die zweite Schulternaht bzw. die Seitennähte steppen, dabei darauf achten, dass die Ausschnittkanten genau aufeinanderliegen (20). Nahtzugaben auseinanderbügeln, versäubern und von Hand an der Ausschnittkante annähen (21). Nach Wunsch die Ausschnittkanten absteppen.

An Innenecken den Schrägstreifen bis zur Ecke feststeppen. Schrägstreifen wie bei Zeich-

19

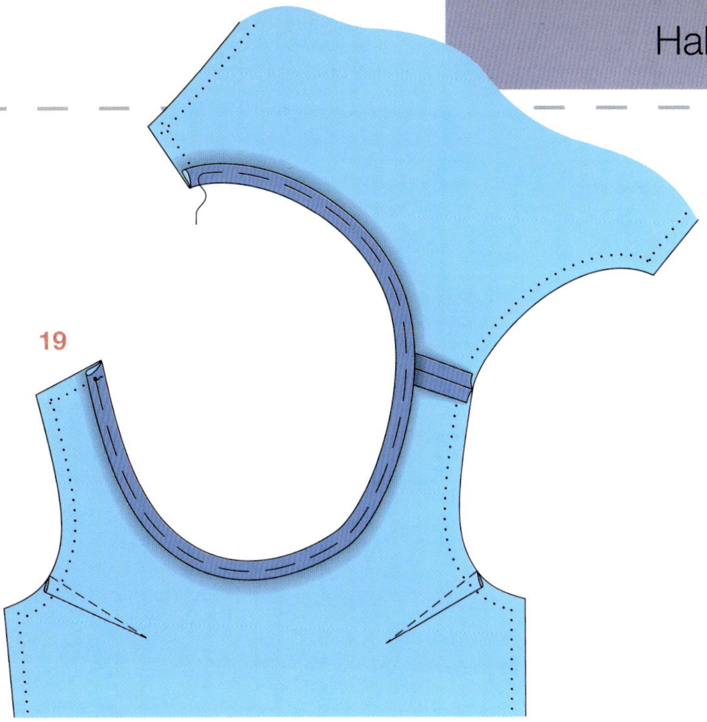

20

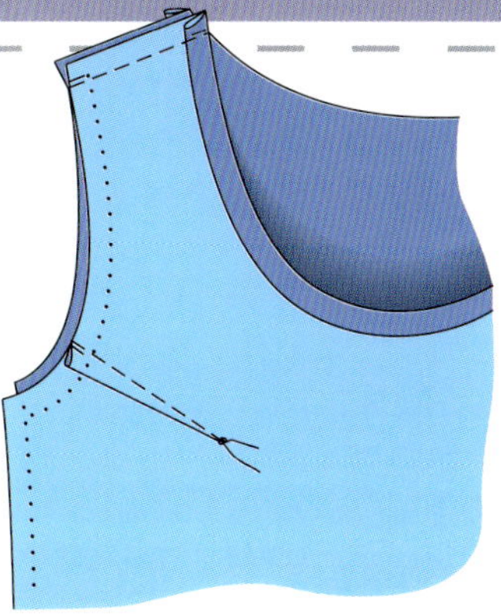

21

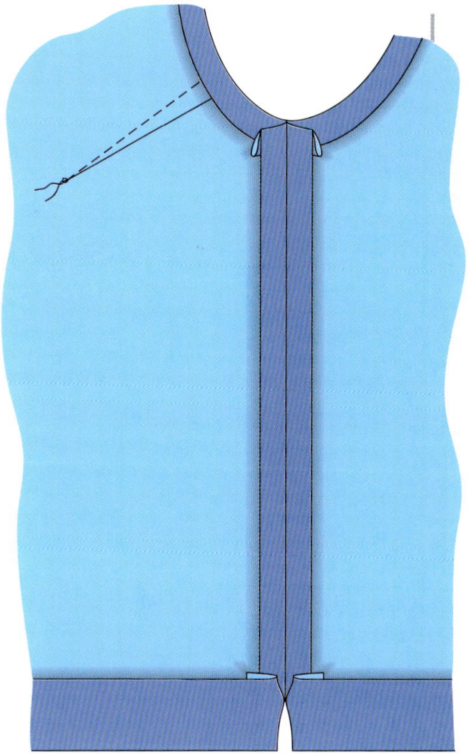

22

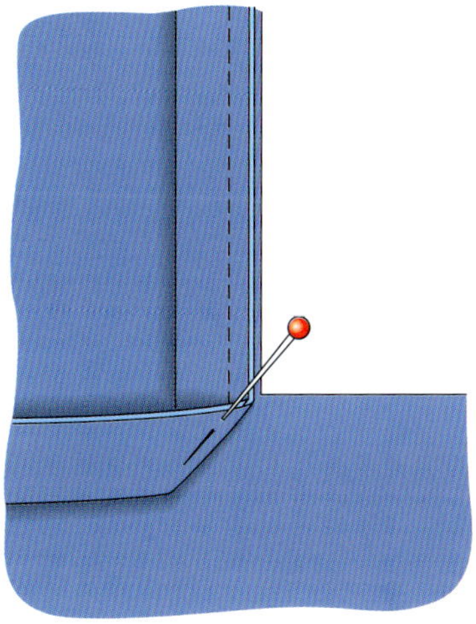

23

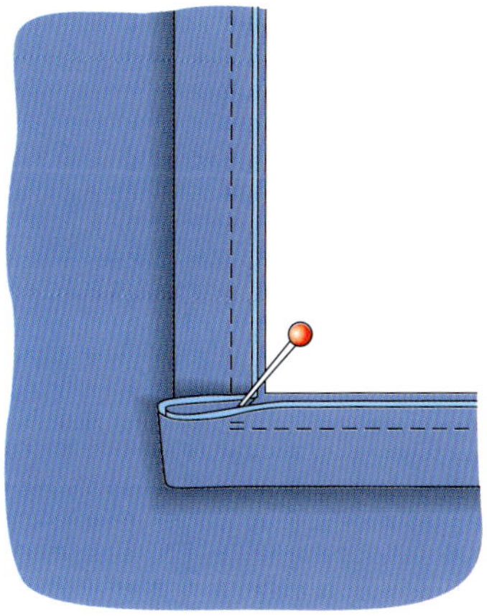

24

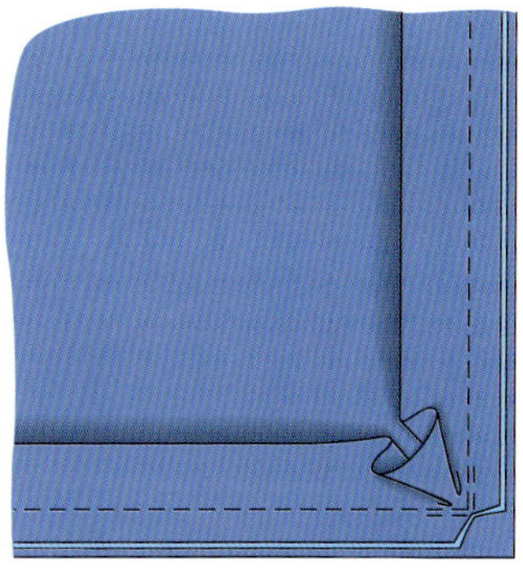

nung 22 falten, Bruchkante feststecken. Dann den Schrägstreifen wie bei Zeichnung 23 falten und ab der Ecke feststeppen. Schrägstreifen nach innen umheften.

Bügeln. Die Falte an der Ecke legen und annähen. Kante von rechts absteppen.

An Außenecken den Schrägstreifen bis zur Ecke feststeppen. Die Zugabe am Schrägstreifen bis dicht zum letzten Steppstich einschneiden, dann den Schrägstreifen ab dem Einschnitt feststeppen (24). Nahtzugaben an den Ecken schräg abschneiden. Schrägstreifen nach innen umheften, an der Ecke zur Falte legen und festnähen. Kante bügeln und von rechts absteppen.

AUSSCHNITTBLENDEN

Ausschnittblenden sind Blickpunkt und meist aus einem andersfarbigen Stoff. Sie können eingesetzt oder aufgesetzt werden.

Aufgesetzte Blenden

Das ist die einfachste Art, eine Blende zu nähen. Für die Blende gibt es ein Schnittteil, oder sie ist in den Schnitt eingezeichnet und muss als Extrateil abgezeichnet werden.

Die Blendenteile ringsum mit Nahtzugaben zuschneiden. Die Einlage für die Blende an der Außenkante ohne Zugabe zuschneiden und aufbügeln. Falls erforderlich, die Blendenteile aneinandersteppen. Die Zugabe der Blendenaußenkante nach innen umheften, dabei die Nahtzugaben an den Rundungen einschneiden. Bügeln. Blende mit der rechten Seite auf die linke Seite der Ausschnittkante stecken. Steppen. Die Nahtzugaben zurückschneiden, einschneiden (1). Blende nach außen wenden. Kante heften. Bügeln. Blende festheften (2) und von Hand annähen oder mit der Maschine feststeppen.

1

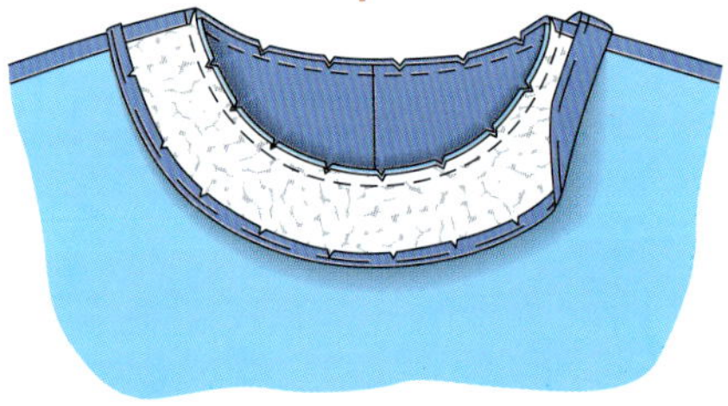

2

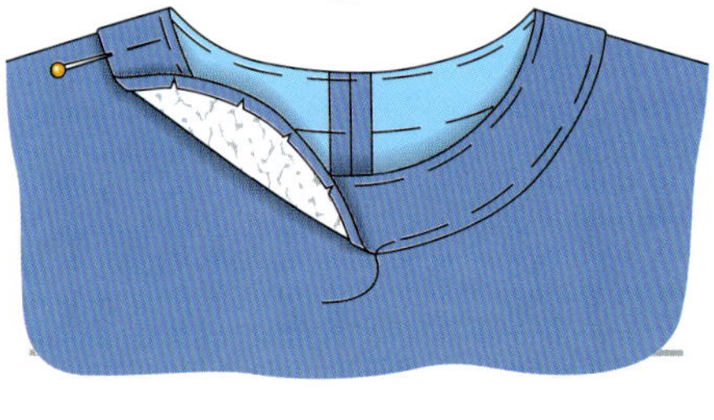

Eingesetzte Blenden

können aus gewebten, nicht dehnbaren oder aus dehnbaren Stoffen, wie zum Beispiel Rippenstrickstoff, genäht werden. Wie die Blende eingesetzt wird, richtet sich nach der Stoffart und danach, ob der Ausschnitt rund oder eckig ist.

Bei nicht dehnbaren Stoffen gibt es für die Blende ein Schnittteil, oder sie ist im Schnitt eingezeichnet. Die Blende dann an der mit NAHT gekennzeichneten Linie vom Schnitt abschneiden. Blendenteile je zweimal aus Stoff und einmal aus Vlieseline-Einlage rundum mit Nahtzugaben zuschneiden. Einlage auf die linke Seite der Blendenteile bügeln. Verstärkte Blendenteile aneinandersteppen. Nahtzugaben auseinanderbügeln. Die unverstärkten Blendenteile genauso aneinandersteppen.

Wichtig: Die unverstärkte Blende wird zum Besatz. Das heißt, bei einer Blende mit seitlichem Verschluss an der unverstärkten Blende die rechte Kante offen lassen, nicht die linke, wie an der verstärkten Blende.

Für einen runden Ausschnitt das verstärkte Blendenteil rechts auf rechts auf die Ausschnittkante stecken. Dazu genau an der markierten Nahtlinie einstechen und zur Nahtzugabe hin ausstechen. Dabei möglichst wenig Stoff auf die Nadel nehmen, denn nur genau an der markierten Nahtlinie sind Ausschnitt und Blende gleich weit. Blende festheften und -steppen. Die Nahtzugaben zurückschneiden, einschneiden und in die Blende bügeln (3).

Mit dem unverstärkten Blendenteil die Ausschnittkante verstürzen (siehe Seite 138). Dann die Blende an der Ansatznaht schmal absteppen oder genau in der Nahtrille von Hand mit Rückstichen durchnähen. Dabei die unverstärkte Blende festnähen.

Eine V-Blende wird so eingesetzt: Zuerst eine Hälfte des verstärkten Blendenteils ab der Spitze auf die Ausschnittkante stecken. Steppen (4). Die Nahtzugabe der Ausschnittkante an der Spitze bis dicht zum letzten Steppstich einschneiden (5). Die andere Blendenhälfte ab der Spitze feststecken und -steppen. Die Nahtzugaben zurückschneiden, an den Rundungen einschneiden. Nahtzugaben in das Vorder- und Rückenteil oder in die Blende bügeln, dazu die Zugabe der Blende an der Spitze schmal zurückschneiden. Dann die Ausschnittkante mit dem unverstärkten Blendenteil verstürzen (siehe Seite 138/139).

Eckige Blenden zunächst von einer Ecke bis zur nächsten Ecke feststecken und -steppen. Die Zugabe der Ausschnittkante bis dicht zum letzten Steppstich einschneiden (wie bei Zeichnung 5). Dann die Blende bis zur nächsten

3

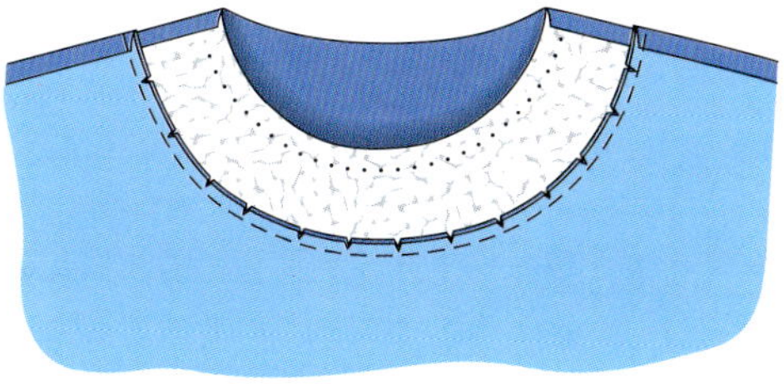

4

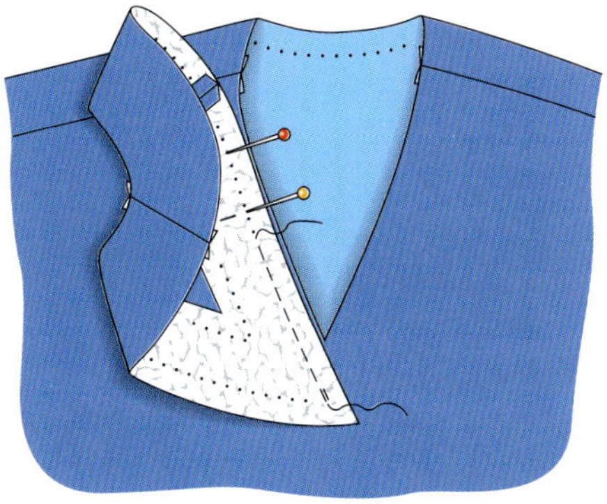

5

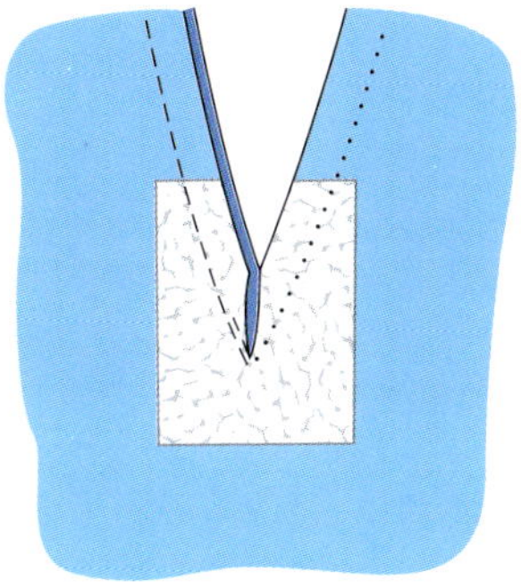

6

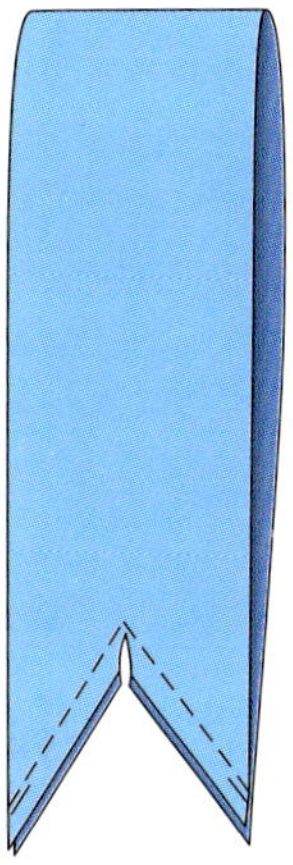

7

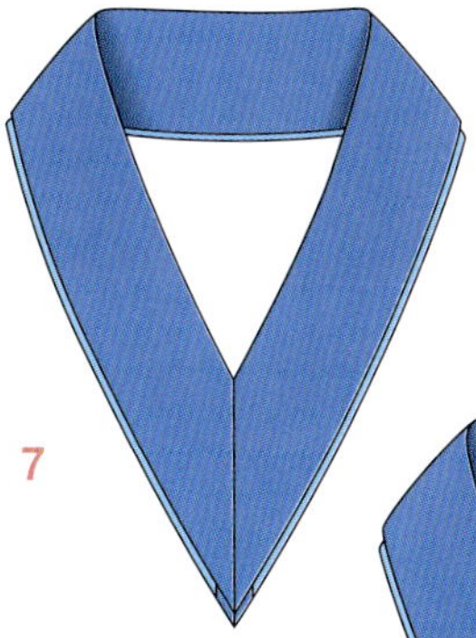

8

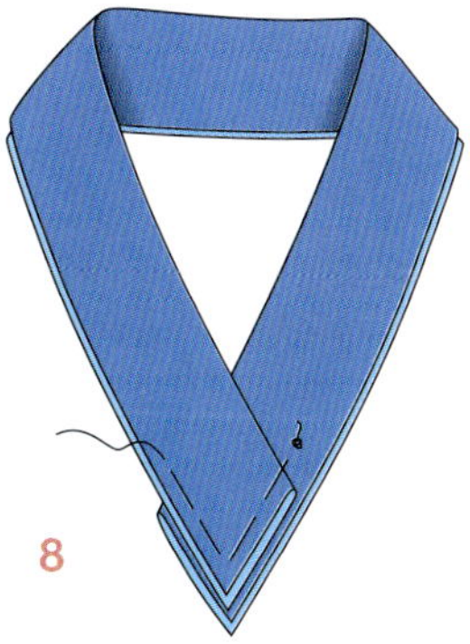

Ecke einsetzen, die Nahtzugabe einschneiden usw. Nahtzugaben in die Blende bügeln, dabei die Zugaben der Blende an den Ecken schräg zurückschneiden. Dann die Ausschnittkante mit dem unverstärkten Blendenteil verstürzen (siehe Seite 138/139).

Wichtig: Damit bei V-Blenden und eckigen Blenden die Spitze bzw. die Ecken der Ausschnittkanten nicht ausreißen können, von links ein Stück Vlieseline-Einlage aufbügeln.

Blenden aus dehnbaren Stoffen werden an der oberen Kante im Stoffbruch zugeschnitten. Für die Blende gibt es ein Schnittteil oder sie ist als „vermaßtes Teil" mit Zentimeterangaben unter der Rubrik ZUSCHNEIDEN in der Nähanleitung angegeben.

Für einen runden Ausschnitt die schmalen Blendenkanten rechts auf rechts aufeinandersteppen. Nahtzugaben auseinanderbügeln. Blende zur Hälfte falten, linke Seite innen. Offene Kanten aufeinanderstecken. Blende rechts auf rechts auf die Ausschnittkante stecken, dabei die Blende der Ausschnittkante entsprechend dehnen. Die Naht der Blende trifft auf die rückwärtige Mittelnaht oder eine Schulternaht. Steppen. Nahtzugaben zusammengefasst versäubern und in das Vorder- bzw. Rückenteil bügeln.

TIPP

Damit sich Ausschnittkanten beim Ansetzen der Blende nicht ausdehnen, Vlieseline- Formband (siehe Seite 136) oder einen ca. 2 cm breiten Vlieseline-Streifen von links über den markierten Nahtlinien aufbügeln.

Bei einer V-Blende muss zuerst die Spitze genäht werden, dabei die Zugaben in die Ecke bis dicht zur Stepplinie einschneiden (6). Dann die Blende zur Hälfte falten (7). Oder die Blende zuerst zur Hälfte falten und die Enden Mitte auf Mitte aufeinanderstecken und heften (8). Dann wird zunächst eine Blendenhälfte ab der Spitze auf die Ausschnittkante gesteppt und die Nahtzugabe der Ausschnittkante an der Spitze bis dicht zum letzten Steppstich eingeschnitten (siehe auch Zeichnungen 4 und 5). Erst jetzt die zweite Blendenhälfte ab der Spitze feststeppen. Nahtzugaben zusammengefasst versäubern und in das Vorder- bzw. Rückenteil bügeln.

Schmale eingesesetzte Blenden mit Knopfleiste

Die Blendenansatzkanten des Vorderteils und die Blenden mit 1 cm breiten Nahtzugaben zuschneiden. Einlagen auf die äußeren Blendenhälften bügeln. Zusätzlich am Vorderteil ein ca. 2 x 5 cm großes Einlagestück auf die untere Ecke der Blendenansatzkanten aufbügeln (siehe Zeichnung 2).

Die verstärkten Blendenhälften rechts auf rechts auf die Blendenansatzkanten des Vorderteils stecken, an der Ausschnittkante stehen die Blenden in Nahtzugabenbreite über. Blenden von oben bis zur markierten unteren Ecke auf das Vorderteil steppen (1). Die Nahtzugabe des Vorderteils in die Ecken bis dicht zum letzten Steppstich einschneiden (2).

Die Nahtzugaben der Blendenansatznähte in die Blenden bügeln. Die Zugaben der anderen langen Blendenkanten nach innen umbügeln (3). Blenden an der Umbruchlinie falten, rechte Seite innen. Die oberen Kanten aufeinanderstecken und -steppen. Nahtzugaben zurückschneiden und an den Ecken schräg abschneiden (4).

Blenden wenden. Kanten bügeln. Die inneren Blendenhälften über den Ansatznähten feststecken. Blenden entlang der vorderen Kante, der oberen Kante und der Ansatznaht schmal absteppen, dabei die inneren Hälften feststeppen (5).

Knopflöcher in die rechte Blende einnähen. Die rechte Blende Mitte auf Mitte auf die linke Blende legen, die unteren Kanten aufeinanderstecken (6).

Vorderteil an den unteren Enden der Blendenansatznähte nach oben legen, die Nahtzugabe vom Vorderteil von Einschnittende bis Einschnittende auf die Blenden stecken. Steppen (7). Die Nahtzugaben zusammengefasst versäubern und nach unten bügeln.

1

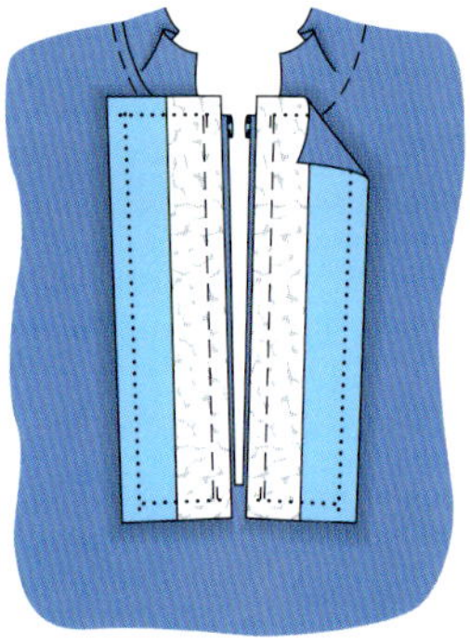

2

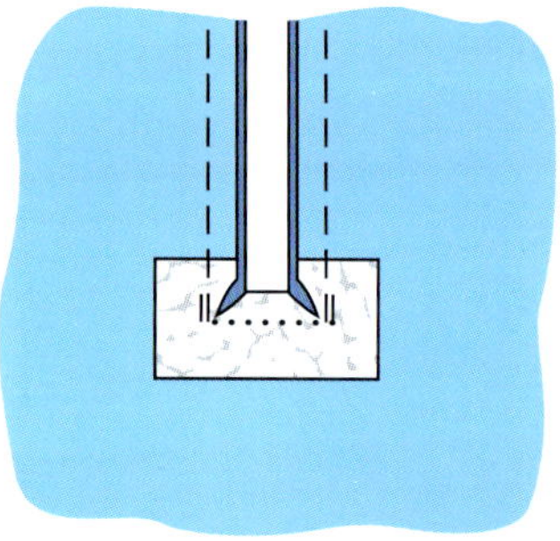

3

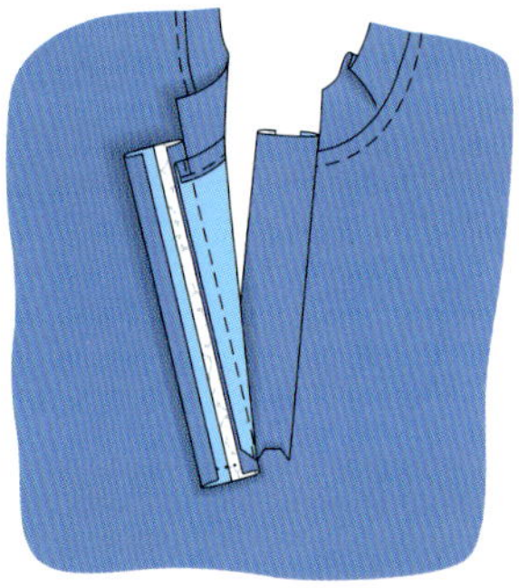

4

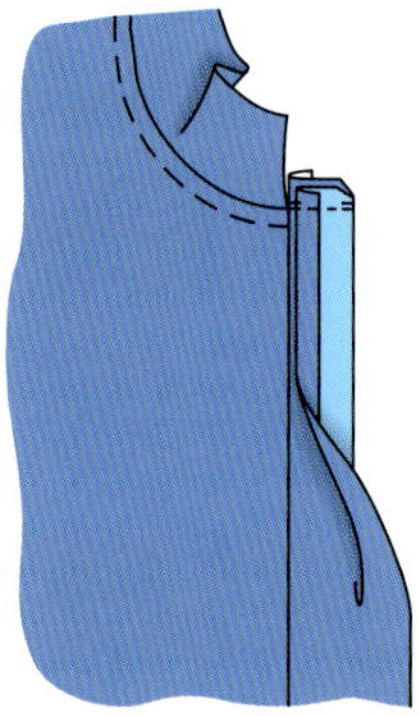

5

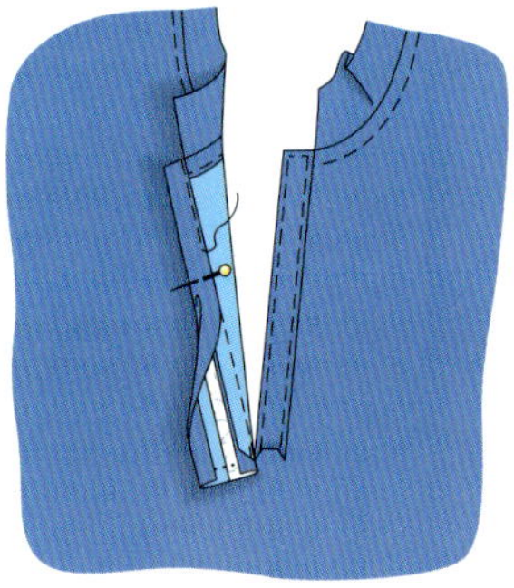

6

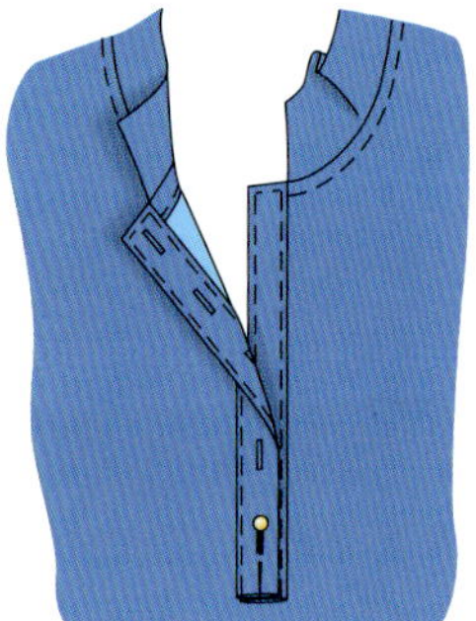

7

TIPP

Um die unteren Blendenenden exakt einsetzen zu können, müssen die Blenden so breit sein wie der Abstand zwischen den Ansatznähten am unteren Verschlussende. Sonst die Breite vor dem Verstürzen der oberen Kanten korrigieren.

Plastron

Plastron heißt der runde Einsatz, der Blusen und Kleidern einen Hauch von Nostalgie verleiht.

So wird's gemacht:

Die vorderen Plastronteile rechts auf rechts aufeinanderlegen, entlang der vorderen Mitte (Stoffbruch) vom Querstrich bis unten aufeinanderstecken. Steppen (1).

Vordere Plastronteile jeweils entlang der Naht beziehungsweise der vorderen Mitte links auf links falten. Naht und vordere Schlitzkanten bügeln. Die Schulterkanten der oben liegenden vorderen Plastronteile nach unten falten. Die Schulterkanten der unten liegenden vorderen Plastronteile rechts auf rechts auf einen rückwärtigen Plastronteil legen, Schulternähte stecken. Steppen (2). Die Nahtzugaben auseinanderbügeln.

Das zweite rückwärtige Plastronteil rechts auf rechts unter die Schulterkanten der anderen vorderen Plastronteile legen, Schulternähte stecken. Steppen (3).

Nahtzugaben auseinanderbügeln. Rückwärtige Plastronteile links auf links aufeinanderlegen. Plastronteile am Halsausschnitt und den Ansatzkanten aufeinanderheften.

Zunächst eine Plastronhälfte von der vorderen Mitte bis zur rückwärtigen Mitte auf das Kleid oder die Bluse stecken, rechte Stoffseiten liegen aufeinander. Steppen. Nahtanfang und -ende durch Rückstiche sichern (4). Die Nahtzugabe des Vorderteils in der vorderen Mitte bis dicht zum letzten Steppstich einschneiden (5).

Dann die zweite Plastronhälfte von der vorderen bis zur rückwärtigen Mitte auf das Kleid oder die Bluse stecken. Steppen (6).

TIPP

Vlieseline G 785 gibt es in Weiß, Schwarz und Nude. Bei leicht transparenten Stoffen vor dem Aufbügeln an einem Stoffrest testen, welche Farbe nicht bzw. am wenigsten rechts durchscheint. Gegebenenfalls die Einlage so aufbügeln, dass sie an der Ecke der Plastronansatzkante nur 2 bis 3 mm breit im Vorderteil liegt.

Die Nahtzugaben der Plastronansatznaht zusammengefasst versäubern und nach innen bügeln.

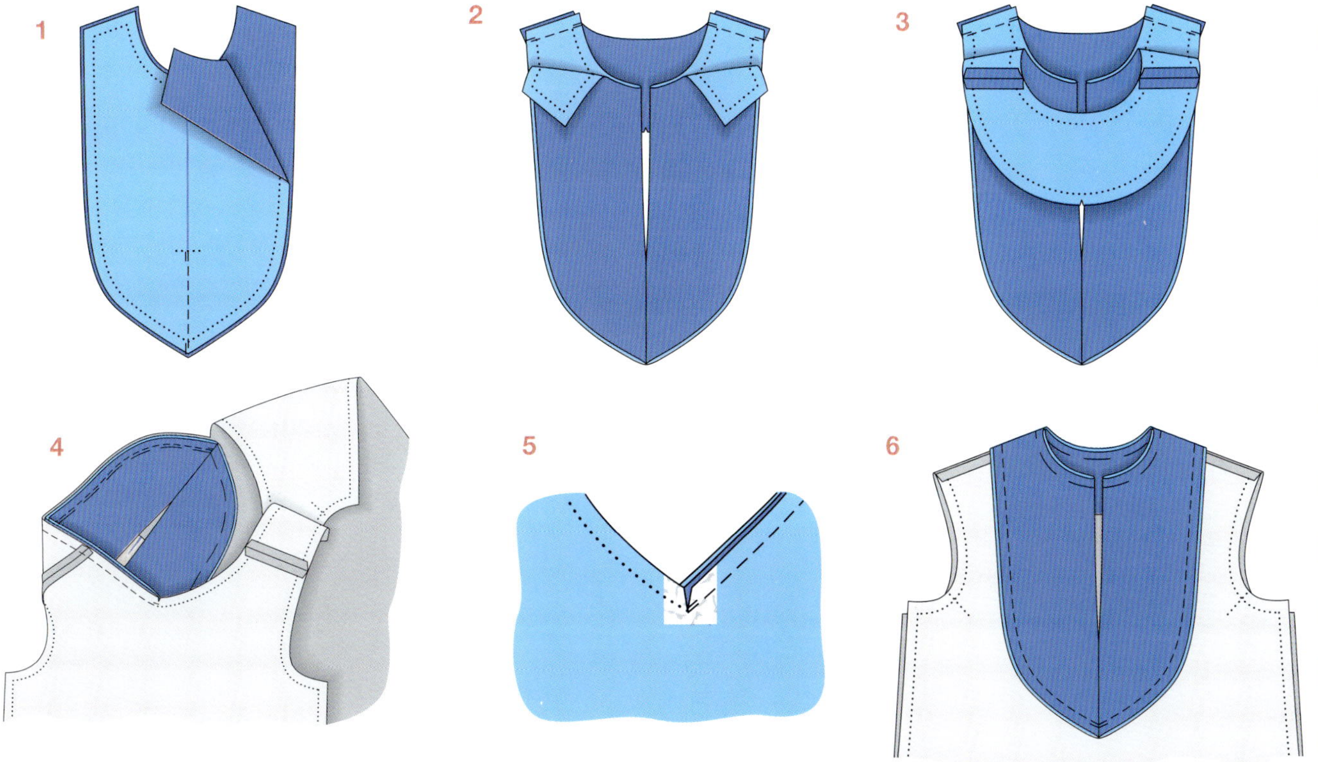

ÄRMELABSCHLÜSSE

Der Ärmelabschluss kann ein einfacher Saum (siehe Seite 72/73), ein Gummidurchzug, ein Aufschlag, ein verschlussloses Bündchen, eine einfache Manschette, eine Doppelmanschette oder eine Formmanschette sein.

Der Ärmelaufschlag

Ein Ärmelaufschlag kann an der unteren Ärmelkante angeschnitten oder ein Extrateil sein und angesetzt werden.

Der angeschnittene Aufschlag ist am einfachsten. Im Schnitt ist die Anstoßlinie, der Umbruch und der Saumumbruch eingezeichnet (1). Bei kurzen Ärmeln, die nach unten schmaler werden, wird zuerst der Aufschlag, dann die Ärmelnaht genäht. Saumkante versäubern. Untere Ärmelkante an der Linie UMBRUCH nach innen umheften. Kante bügeln, nach Wunsch absteppen. Die Saumzugabe feststeppen (2). Die untere Ärmelkante entlang der SAUM-UMBRUCH-Linie zur rechten Ärmelseite wenden. Kante heften, bügeln (3). Ärmelnaht steppen. Nahtzugaben versäubern, auseinanderbügeln und an der unteren Ärmelkante schräg eingeschlagen annähen.

Bei langen Ärmeln und, wenn die seitlichen Ärmelkanten gerade sind, erst die Ärmelnaht, dann den Aufschlag wie oben erklärt nähen. Eventuell den Aufschlag an der Ärmelnaht mit einigen Stichen festnähen.

Beim angesetzten Aufschlag gibt es mehrere Verarbeitungsmöglichkeiten:

- Der Aufschlag und die untere Ärmelkante werden ohne Saumzugabe zugeschnitten und die schmalen Aufschlagkanten werden dann rechts auf rechts aufeinandergesteppt. Die Nahtzugaben auseinanderbügeln. Aufschlag an der UMBRUCH-Linie falten, linke Seite innen. Bruchkante bügeln, nach Wunsch absteppen. Aufschlag mit der rechten Seite auf die linke Seite der unteren Ärmelkante stecken; Nähte und Nahtlinien treffen aufeinander. Steppen (4). Die Nahtzugaben zusammengefasst versäubern. Den Aufschlag zur rechten Ärmelseite wenden. Die Kanten heften. Bügeln. Eventuell die obere Aufschlagkante an der Ärmelnaht mit einigen Stichen annähen.
- Der Aufschlag wird ohne, die untere Ärmelkante mit Saumzugabe zugeschnitten. Die schmalen Aufschlagkanten werden rechts auf rechts aufeinandergesteppt. Die Nahtzugaben auseinanderbügeln. Aufschlag an der UMBRUCH-Linie falten, linke Seite

1

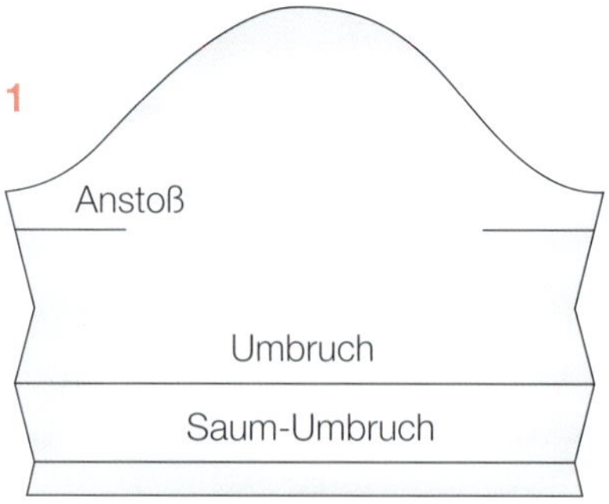

2

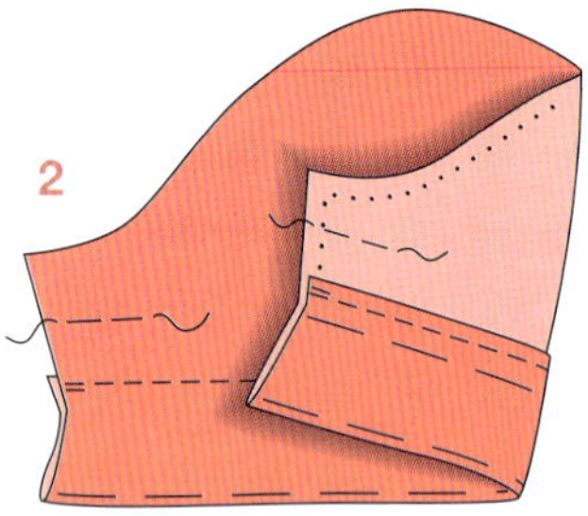

3

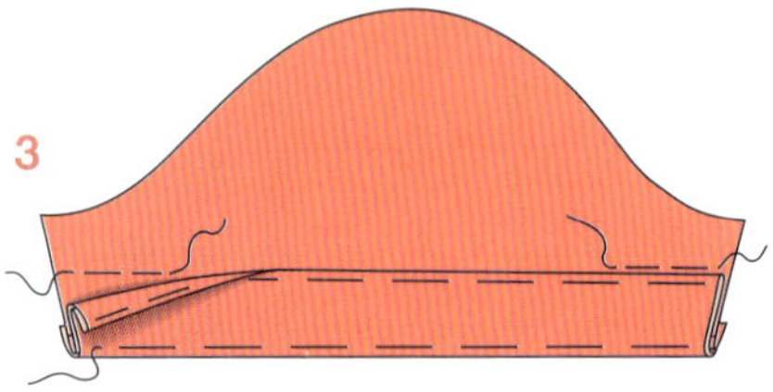

4

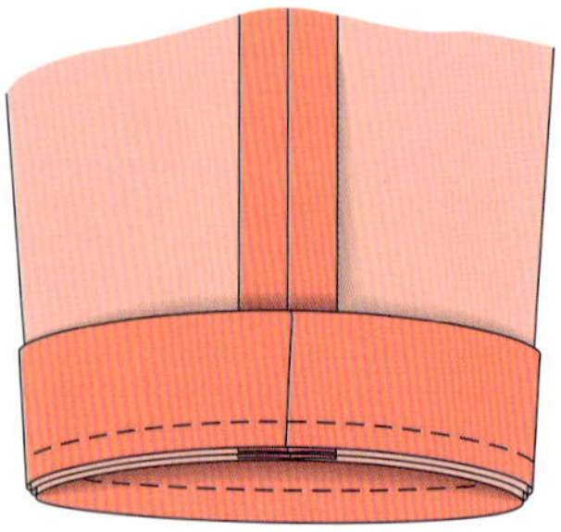

5

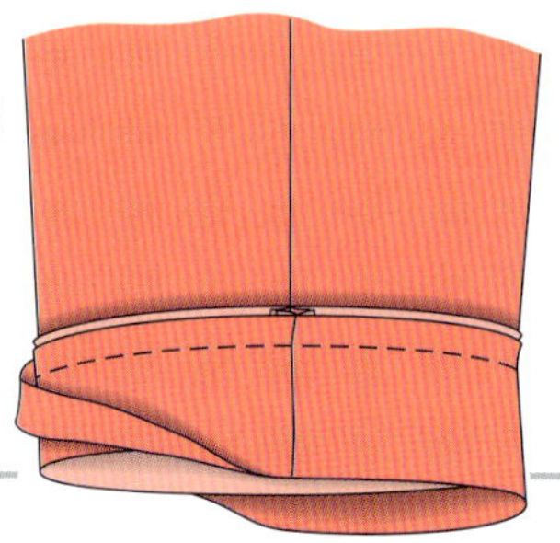

6

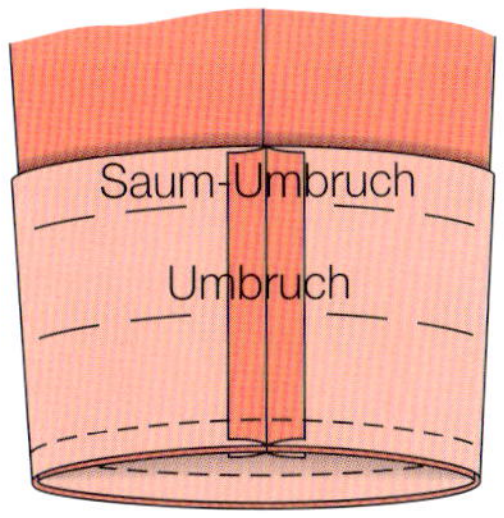

7

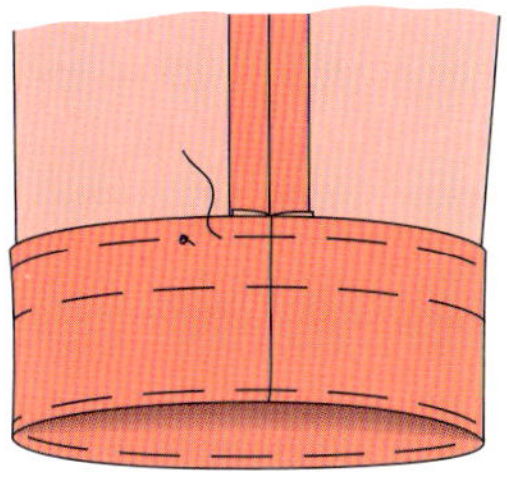

innen. Bruchkante bügeln, nach Wunsch absteppen. Offene Kanten zusammengefasst versäubern. Den Aufschlag rechts auf rechts so auf die markierte Saumlinie der unteren Ärmelkante stecken, dass die Bruchkante auf der Saumzugabe liegt. Nähte treffen aufeinander. Steppen (5). Aufschlag über die Ansatznaht legen. Saumzugabe des Ärmels nach innen umheften. Bügeln. Den Saum hohl annähen (siehe Seite 72). Eventuell den Aufschlag an der Ärmelnaht von Hand mit einigen Stichen festnähen.

- Die untere Ärmelnaht ist ohne, der Aufschlag mit Saumzugabe zugeschnitten. Die schmalen Aufschlagkanten rechts auf rechts aufeinandersteppen und die Nahtzugaben auseinanderbügeln. Aufschlag rechts auf rechts auf die untere Ärmelkante steppen; Nähte treffen aufeinander (6). Nahtzugaben auseinanderbügeln. Dann den Aufschlag an der UMBRUCH-Linie nach innen umheften und die Saumzugabe festheften (7). Kante bügeln, nach Wunsch absteppen. Den Saum nähen (siehe Seite 72/73). Aufschlag an der SAUM-UMBRUCH-Linie zur rechten Ärmelseite aufschlagen. Bruchkante heften, bügeln. Eventuell den Aufschlag mit einigen Stichen von Hand an der Ärmelnaht annähen.

Ärmel mit Gummidurchzug

Für den Gummidurchzug muss ein „Tunnel“ genäht werden. Dieser Tunnel sollte nur ca. 2 mm breiter sein als das Gummiband. Ist er zu breit, kann sich das Gummiband drehen.

Der einfache Gummidurchzug wird an der unteren Ärmelkante genäht. Dazu die Zugabe der unteren Ärmelkante nach innen umheften, Kante bügeln. Bei dicken Stoffen die Zugabe versäubern. Bei dünnen Stoffen die Zugabe einschlagen; fertige Breite = Gummibandbreite plus ½ cm. Von rechts die untere Ärmelkante absteppen – Gummibandbreite plus 2 mm. Zum Einziehen des Gummibandes an der Zugabe die Ärmelnaht trennen. Gummiband in gewünschter Weite abmessen und mit einer Sicherheitsnadel einziehen. Gummibandenden aufeinandernähen (8). Offene Nahtstelle zunähen.

Beim Gummidurchzug mit Rüsche gibt es mehrere Verarbeitungsmöglichkeiten:

- An der unteren Ärmelkante sind die doppelte Rüschenbreite und der Tunnel bereits angeschnitten. Zugabe der unteren Ärmelkante nach innen umbügeln. Untere Ärmelkante an der Umbruchlinie nach innen umheften und über den markierten Linien für den Gummidurchzug festheften. Bügeln. Von rechts entlang den markierten Linien absteppen. Zum Einziehen des Gummibandes auf der Innenseite die Naht zwischen den Stepplinien trennen. Gummiband in gewünschter Weite mit einer Sicherheitsnadel einziehen. Die Gummibandenden aufeinandernähen (9). Dann die offene Nahtstelle zunähen.
- Die Rüsche ist nicht doppelt angeschnitten. Der Tunnel für das Gummiband muss extra untergesteppt werden. Ärmelnaht steppen. Nahtzugaben versäubern und auseinanderbügeln. Untere Ärmelkante schmal säumen (siehe Roll-

8

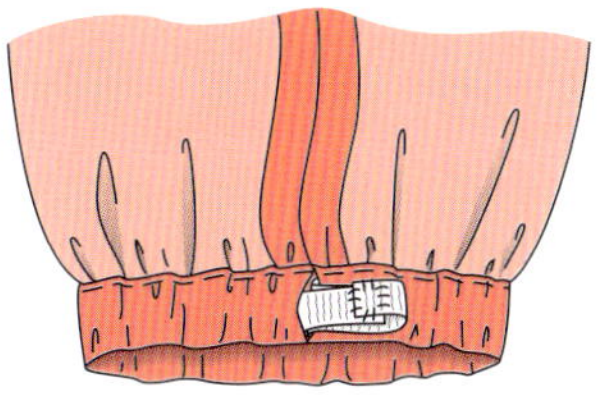

9

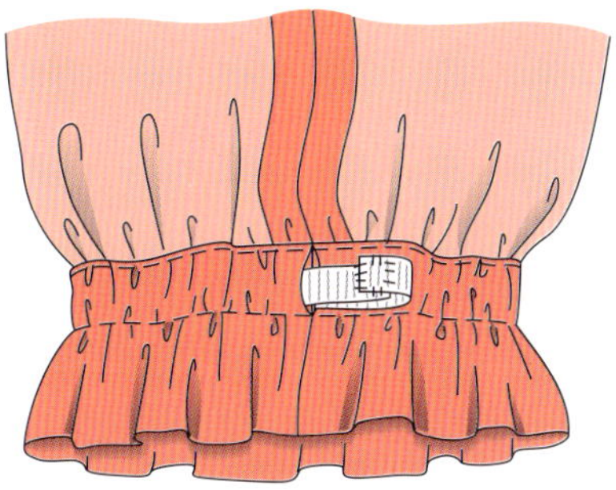

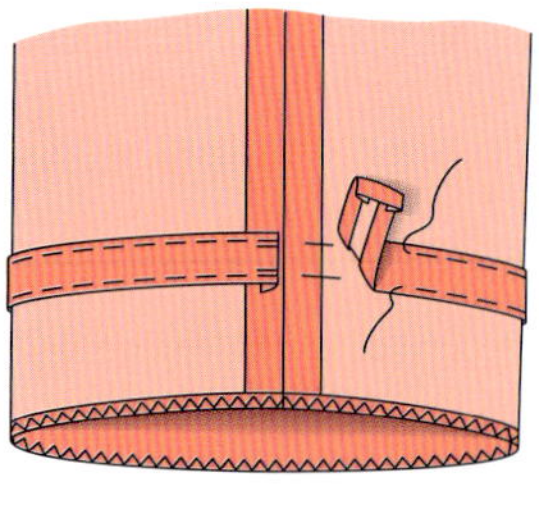

10

11

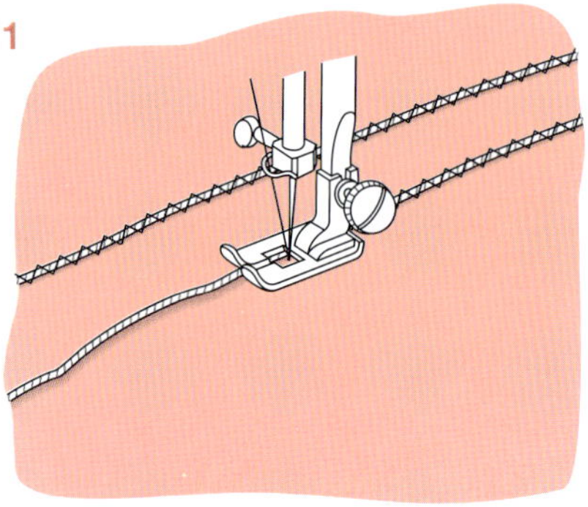

saum, Seite 72/73). Für den Tunnel einen Schrägstreifen zuschneiden – Gummibandbreite plus 5 mm plus Nahtzugaben. Nahtzugaben am Schrägstreifen umbügeln. Schrägstreifen links auf links über den markierten Stepplinien für den Gummidurchzug feststecken. Enden an der Ärmelnaht einschlagen. Den Schrägstreifen feststeppen (10). Gummiband in gewünschter Länge einziehen. Enden aufeinandernähen.

Schneller geht es, wenn Sie keinen Tunnel nähen, sondern an den markierten Stepplinien einen Gummifaden einnähen. Dazu von der linken Stoffseite aus entlang den markierten Stepplinien mit Zickzackstichen steppen und dabei den Gummifaden mitführen (11). Den Gummifaden auf die gewünschte Weite anziehen und die Enden fest verknoten.

12

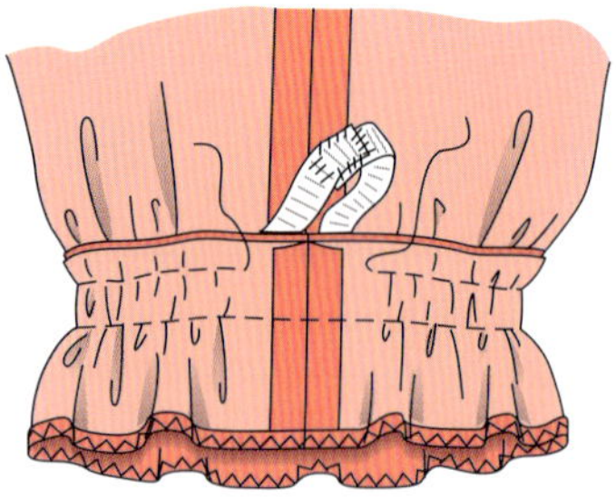

- Die Rüsche wird angesetzt. Die erforderliche Zugabe für den Gummidurchzug ist an der oberen Rüschenkante angeschnitten. Ärmelnaht steppen. Die Nahtzugaben auseinanderbügeln und versäubern. Schmale Rüschenkanten rechts auf rechts aufeinandersteppen. Nahtzugaben auseinanderbügeln. Rüsche säumen. Rüsche rechts auf rechts auf die untere Ärmelkante steppen. Nahtzugaben versäubern, in den Ärmel bügeln und von rechts in Gummibandbreite feststeppen. Dabei zum Einziehen des Gummibandes ca. 4 cm offen lassen. Gummiband in gewünschter Länge einziehen. Enden aufeinandernähen (12). Offene Nahtstelle zusteppen.

Ärmelbündchen

Ärmelbündchen haben keinen Verschluss. Sie können aus einem festen, nicht dehnbaren Stoff oder aus elastischen, dehnbaren Stoffen, zum Beispiel Rippenstrickstoff oder fertiger Bündchenware, genäht werden. Wenn Sie das Bündchen aus einem nicht dehnbaren Stoff nähen, muss es so weit sein, dass die Hand durchpasst.

13

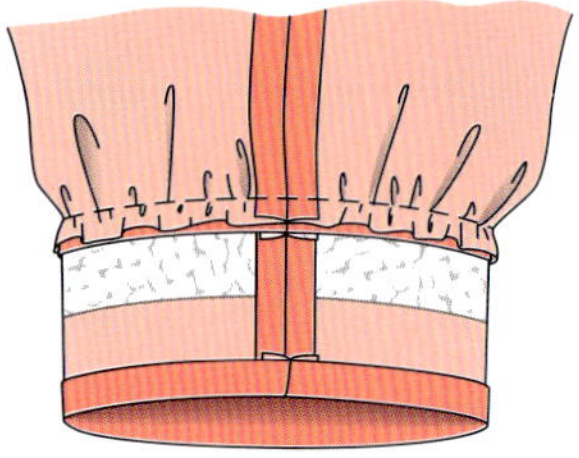

Das unelastische Bündchen wird zur Hälfte mit Vlieseline-Einlage verstärkt. Schmale Bündchenkanten aufeinandersteppen. Nahtzugaben auseinanderbügeln. Bündchenhälfte mit Vlieseline rechts auf rechts auf die untere Ärmelkante steppen; Nähte treffen aufeinander. Nahtzugaben in das Bündchen bügeln. Zugabe der anderen Bündchenkante umbügeln (13). Bündchen an der Umbruchlinie nach innen umheften, an der Ansatznaht festheften (14). Bügeln. Die innere Bündchenhälfte von Hand an der Ansatznaht festnähen oder das Bündchen von rechts an der Ansatznaht schmal absteppen, dabei die innere Hälfte feststeppen.

Das elastische Bündchen wird doppelt an die untere Ärmelkante gesteppt. Schmale Bündchenkanten rechts auf rechts aufeinandersteppen. Nahtzugaben auseinanderbügeln. Bündchen zur Hälfte falten, linke Seite innen. Bündchen an die untere Ärmelkante stecken (15). Bündchen auf Ärmelweite dehnen und feststeppen. Nahtzugaben zusammen versäubern.

14

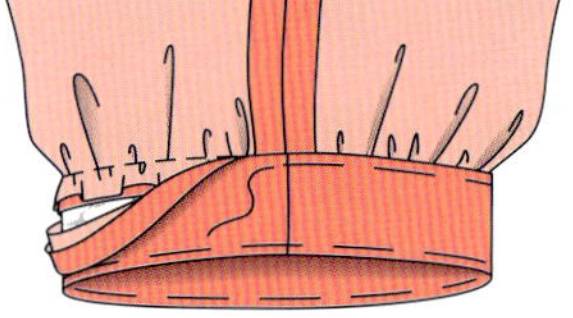

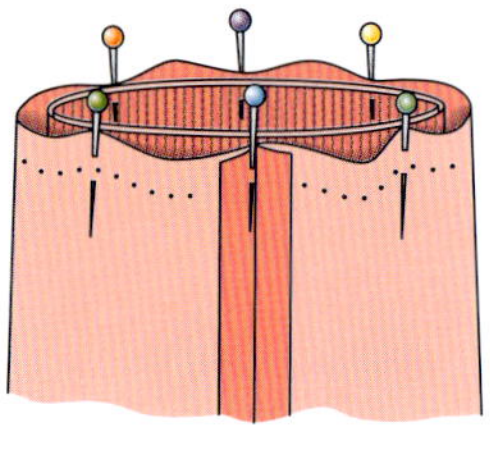

15

Wichtig: Damit das Bündchen beim Ansteppen nicht zu stark ausgedehnt wird, sollte die untere Ärmelkante nicht um mehr als 10 cm weiter sein als das Bündchen. Gegebenenfalls die untere Ärmelkante vor dem Ansteppen des Bündchens einreihen (siehe Seite 65).

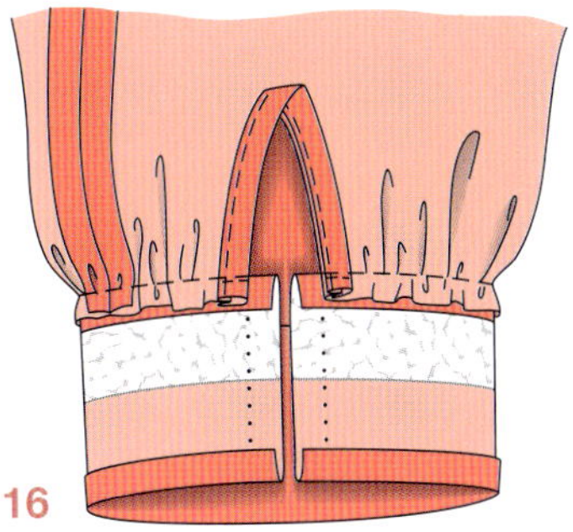
16

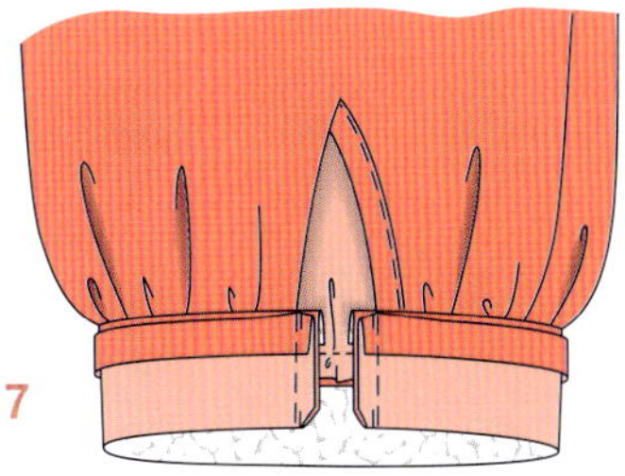
17

18
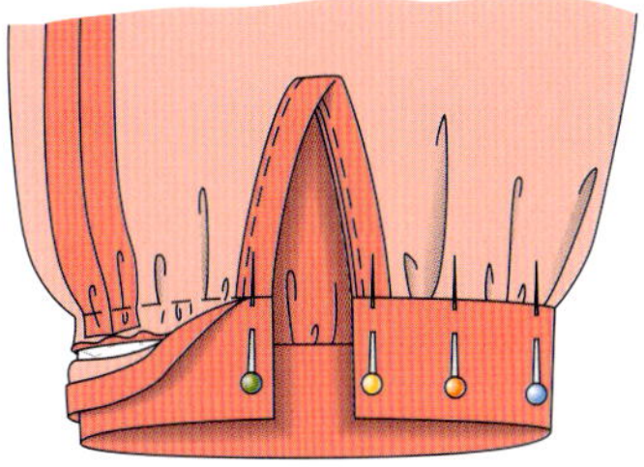

19
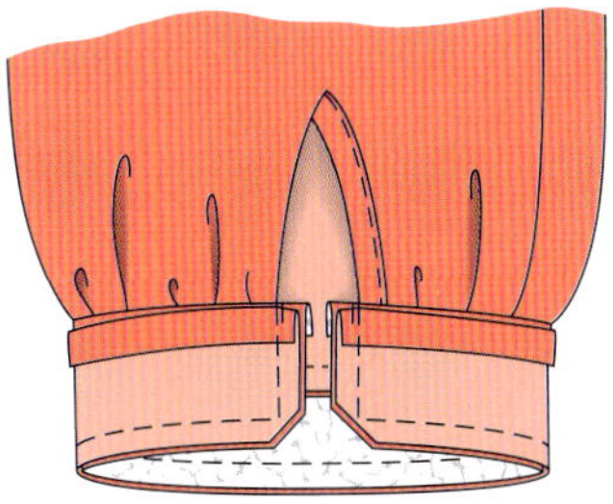

Die Manschette

kann mit Über- und Untertritt oder nur mit einem Untertritt genäht werden. Sie kann aber auch an beiden Seiten mit den Schlitzkanten enden. Der Untertritt ergibt sich dann automatisch beim Übereinanderlegen der Kanten.

Bei burda style Schnitten gibt es für die Manschette ein Schnittteil, oder sie ist als „vermaßtes Teil" mit Zentimeterangaben unter der Rubrik „Zuschneiden" angegeben. Diese Zentimeterangaben, zum Beispiel 22 cm lang, davon 3 cm Untertritt, 10 cm breit, fertige Breite 5 cm, sind ohne Nahtzugaben. Am besten, Sie zeichnen sich nach diesen Zentimeterangaben ein Schnittteil und schneiden dann die Manschette ringsum mit 1 bis 1½ cm Nahtzugabe zu.

Bevor Sie die Manschette nähen, müssen am Ärmel der Schlitz und die Ärmelnaht genäht und die untere Kante nach Schnittangabe in Fältchen gelegt oder eingereiht sein.

Die Manschette ohne Untertritt

Am Ärmel wird ein eingefasster Schlitz oder ein Hemdenschlitz genäht (siehe Seite 153 bis 155). Vlieseline-Einlage auf eine Manschettenhälfte bügeln. Die verstärkte Manschettenhälfte rechts auf rechts auf die untere Ärmelkante stecken, dabei die Nahtzugaben an den Schlitzkanten überstehen lassen. Steppen. Nahtzugaben in die Manschette bügeln. Die Zugabe der anderen langen Manschettenkante nach innen umbügeln (16). Manschette entlang der Umbruchlinie falten, rechte Seite innen. Schmale Kanten aufeinandersteppen. Nahtzugaben zurückschneiden, an den Ecken schräg abschneiden (17). Manschette wenden. Kanten heften. Bügeln. Die unverstärkte Manschettenhälfte an der Ansatznaht feststecken (18) und von Hand annähen. Oder: von rechts alle Manschettenkanten schmal absteppen, dabei die innere Hälfte an der Ansatznaht feststeppen.

Hat die Manschette an der unteren Kante keinen Bruch, sondern eine Naht, ein Manschettenteil, das äußere, mit Einlage verstärken. Dieses Manschettenteil rechts auf rechts auf die untere Ärmelkante stecken, dabei die Zugaben der seitlichen Kanten an den Schlitzkanten überstehen lassen. Steppen (siehe auch Zeichnung 16). Nahtzugaben in die Manschette bügeln. Am unverstärkten Manschettenteil die Zugabe der Ansatzkante nach innen umbügeln. Manschettenteile rechts auf rechts aufeinanderstecken, untere und seitliche Kanten aufeinandersteppen. Nahtzugaben zurückschneiden, an den Ecken schräg abschneiden (19). Manschette wenden. Kanten heften, bügeln. Das innere Manschettenteil an der Ansatznaht feststecken (wie bei Zeichnung 18), von Hand annähen oder von rechts alle Manschettenkanten schmal absteppen, dabei das innere Teil an der Ansatznaht feststeppen.

Die Manschette mit Untertritt

Am Ärmel wird der Schlitz verstürzt oder eingefasst (siehe Seiten 153 und 154).

Vlieseline-Einlage auf eine Manschettenhälfte bügeln. Die verstärkte Manschettenhälfte rechts auf rechts auf die untere Ärmelkante stecken, dabei den Untertritt an der rückwärtigen Schlitzkante – das ist die Kante, die näher an der Ärmelnaht ist – überstehen lassen. An der vorderen Schlitzkante steht die Nahtzugabe über. Steppen. Nahtzugaben in die Manschette bügeln. Die Zugabe der anderen langen Kante nach innen umbügeln (20). Manschette an der Umbruchlinie falten, rechte Seite innen. Schmale Kanten aufeinandersteppen. Die Nahtzugaben zurückschneiden, an den Ecken schräg abschneiden (21). Dann die Manschette, wie bei der Manschette ohne Untertritt erklärt, fertignähen.

20

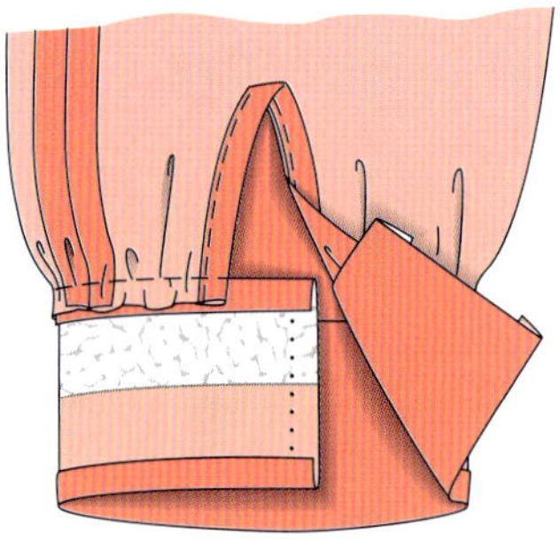

21

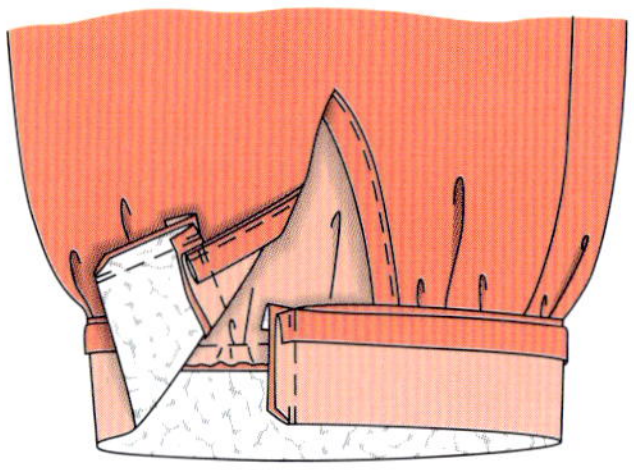

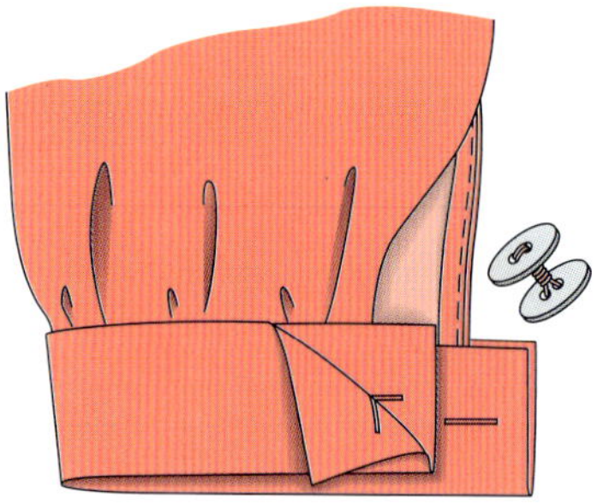

22

Die Doppelmanschette

hat an beiden Schlitzkanten einen Übertritt. Am Ärmel den Schlitz verstürzen oder einfassen (siehe Seiten 153 und 154). Beim eingefassten Schlitz wird der Einfass an beiden Schlitzkanten nach innen gelegt und festgesteckt.

Vlieseline-Einlage auf eine Manschettenhälfte bügeln. Diese Manschettenhälfte rechts auf rechts auf die untere Ärmelkante steppen, dabei den Übertritt an beiden Schlitzkanten überstehen lassen. Dann die Manschette nähen, wie bei der Manschette mit Untertritt erklärt.

Knopflöcher in beide Manschettenkanten einarbeiten. Dabei darauf achten, dass der Abstand zur markierten Bruchkante und zu den seitlichen Kanten bei allen Knopflöchern gleich ist. Manschette an der Bruchlinie falten und die Manschette mit Manschettenknöpfen oder einem Doppelknopf schließen. Für den Doppelknopf zwei Knöpfe mit einem Fadensteg aneinandernähen (22).

Die Formmanschette

Für diese Manschette gibt es ein Schnittteil. Pro Ärmel die Manschette zweimal zuschneiden. Am Ärmel einen „falschen Schlitz" (Seite 155) nähen.

Auf ein Manschettenteil Vlieseline-Einlage aufbügeln. Hat die Manschette einen Schlingenverschluss, die Schlingen auf die vordere Kante dieses Manschettenteils heften (siehe auch Schlingenverschluss, Seite 114/115). Am unverstärkten Manschettenteil die Nahtzugabe der Ansatzkante nach innen umbügeln. Manschette verstürzen. Das heißt, die Manschettenteile rechts auf rechts aufeinandersteppen, dabei die Ansatzkante offen lassen. Nahtzugaben zurückschneiden, an den Ecken schräg abschneiden (23). Manschette wenden. Kanten heften, bügeln.

Das verstärkte Manschettenteil rechts auf rechts auf die untere Ärmelkante stecken; die seitlichen Manschettenkanten liegen auf den Schlitzenden. Steppen. Nahtzugaben zurückschneiden, in die Manschette bügeln. Das unverstärkte Manschettenteil an der Ansatznaht feststecken und von Hand annähen (24).

23

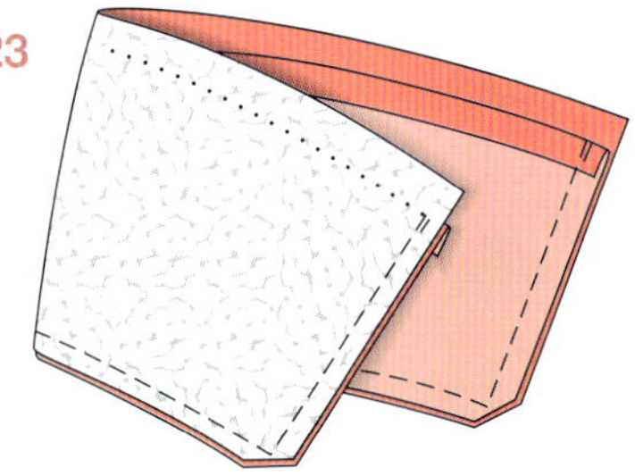

24

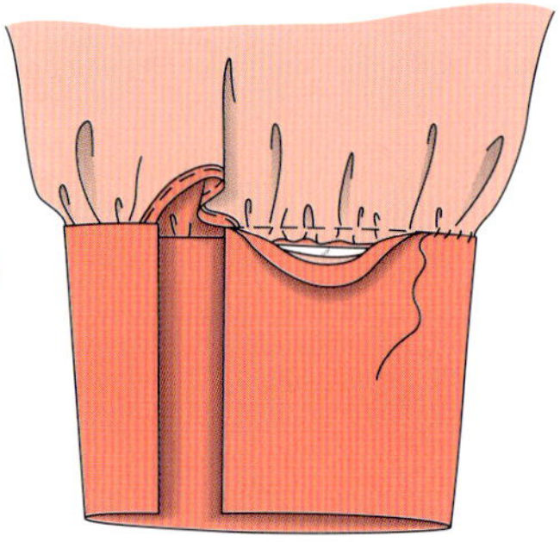

ÄRMELSCHLITZE

Es gibt viele verschiedene Möglichkeiten, einen Ärmelschlitz zu nähen. Bei sehr schmalen Ärmeln ist ein Schlitz erforderlich, damit die Hand durchpasst. Schlitze können aber auch Schmuck- bzw. Stilelement sein, zum Beispiel bei einem klassischen Kostümärmel. Bei Manschettenärmeln wird immer ein Schlitz genäht. Egal, welchen Schlitz Sie nähen, Sie sollten vorher stets die Ärmellänge kontrollieren.

Verstürzter Schlitz

Dieser Schlitz wird bei Manschettenärmeln dann genäht, wenn die Schlitzkanten nur aneinanderstoßen und die Manschette nicht mit den Schlitzkanten endet (1).

Zum Verstürzen benötigen Sie einen Stoffstreifen in geradem Fadenlauf, ca. 4 cm breit und 4 cm länger als der fertige Schlitz. Am Ärmel entlang der markierten EINSCHNITT-Linie einen Heftfaden einziehen. Den Stoffstreifen rechts auf rechts über der Einschnittmarkierung feststecken (2).

Von der linken Ärmelseite aus die Einschnittmarkierung schmal umsteppen, dabei am oberen Ende ca. 2 bis 3 Stiche quer steppen. Zwischen den Stepplinien bis kurz vor das Schlitzende einschneiden und in die Ecken schräg einschneiden (3).

Den Stoffstreifen nach innen umheften. Schlitzkanten bügeln, schmal absteppen (4). Den Stoffstreifen mit Zickzackstichen versäubern oder eingeschlagen feststecken und schmal feststeppen.

Eine hübsche Variante: Der Stoffstreifen wird zur Blende. Einfach den Stoffstreifen mit der rechten Seite auf die linke Ärmelseite steppen, einschneiden, nach außen wenden und eingeschlagen feststeppen (5).

1

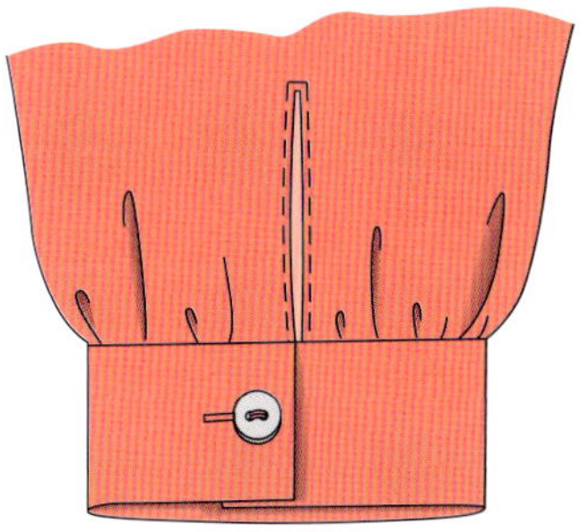

2

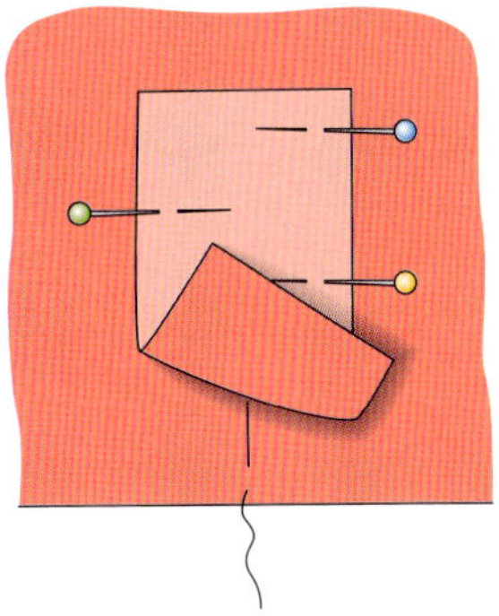

3

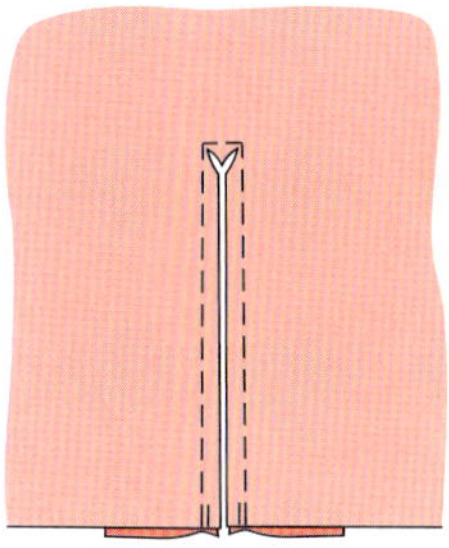

4

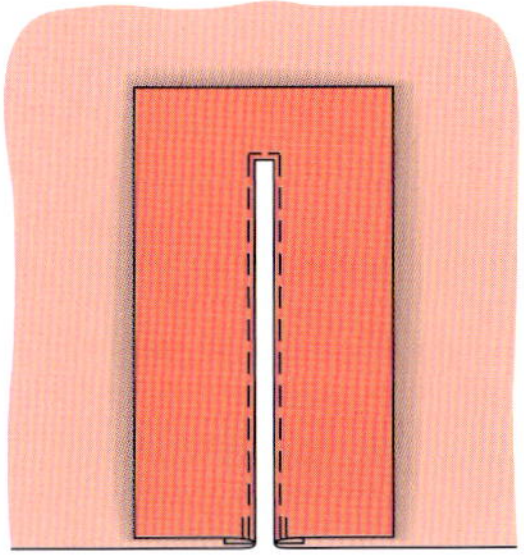

5

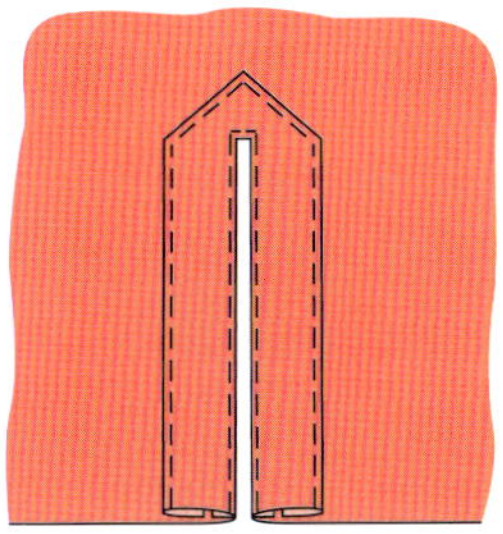

Eingefasster Schlitz

Das ist der Schlitz, der am häufigsten bei Blusen und Hemden genäht wird. Die Manschettenkanten enden mit den Schlitzkanten (6).

Zum Einfassen benötigen Sie einen Stoffstreifen in doppelter Schlitzlänge und 4-mal so breit wie die fertige Einfassbreite. Er kann für weiche, dünne Stoffe in geradem Fadenlauf zugeschnitten werden. Bei festen, dickeren Stoffen, zum Beispiel Popeline oder Flanell, ist ein Schrägstreifen besser geeignet.

Ärmel an der Einschnittlinie einschneiden. Einschnittkanten auseinanderziehen und rechts auf rechts schmal auf den Einfassstreifen steppen. Dabei am Einschnittende (Pfeil) so wenig Naht wie möglich absteppen (7). Nahtzugaben in den Einfassstreifen bügeln. Die andere lange Kante vom Einfassstreifen so umbügeln, dass der Abstand zwischen Bruchkante und Ansatznaht gleichmäßig doppelt so breit ist wie die fertige Einfassbreite (8). Einfassstreifen zur Hälfte nach innen falten und an der Ansatznaht feststecken (9). Einfassstreifen von Hand festnähen oder von der rechten Ärmelseite aus schmal an der Ansatznaht absteppen, dabei die innere Hälfte feststeppen. Am oberen Schlitzende den Einfassstreifen schräg aufeinandersteppen. An der vorderen Schlitzkante – das ist die Kante, die weiter von der seitlichen Ärmelkante entfernt ist – den Einfassstreifen nach innen legen, feststecken (10). An der rückwärtigen Schlitzkante steht der Einfass als Untertritt vor.

Der klassische Hemdärmelschlitz

Auch bei diesem Schlitz endet die Manschette mit den Schlitzkanten (11). Wichtig ist, dass Sie den Schlitz am rechten und linken Ärmel gegengleich arbeiten. Dabei gilt immer: Die Einschnittkante, die näher an der Ärmelnaht liegt, ist der Untertritt.

Für die Blende einen Stoffstreifen in geradem Fadenlauf zuschneiden: doppelte Blendenbreite plus Nahtzugabe und 5 cm länger als die markierte Einschnittlinie.

Ärmel an der markierten Einschnittlinie einschneiden und für den Untertritt am Schlitzende ½ cm schräg einschneiden. Die Schlitzkante für den Untertritt

6

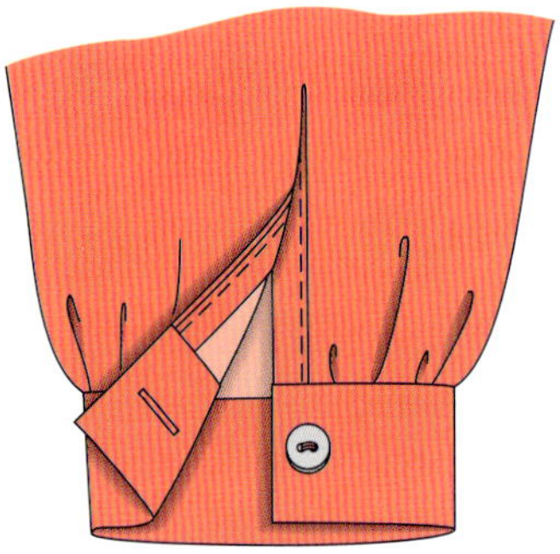

7

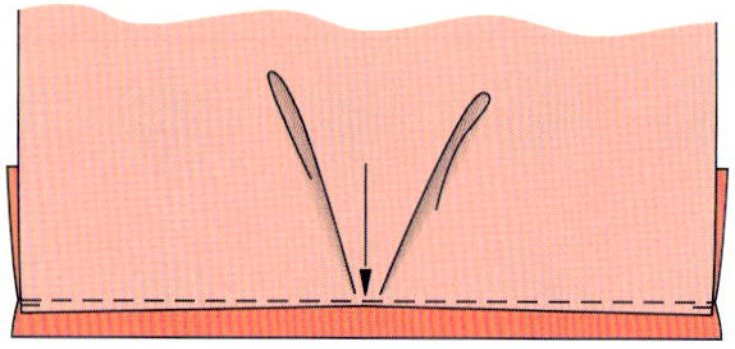

8

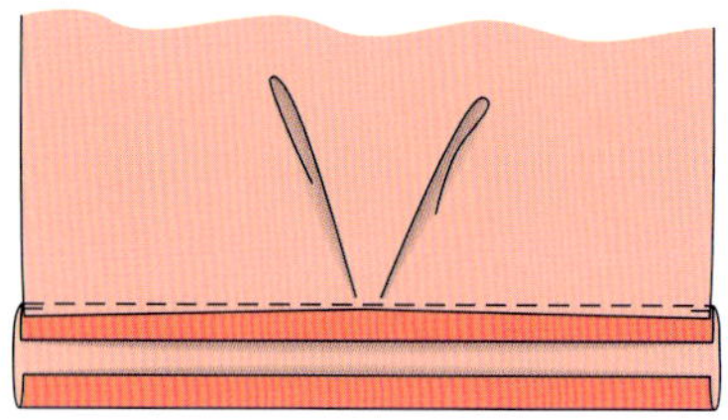

9

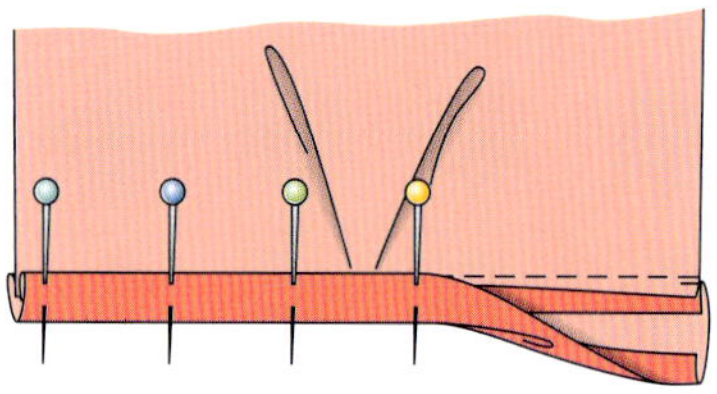

10

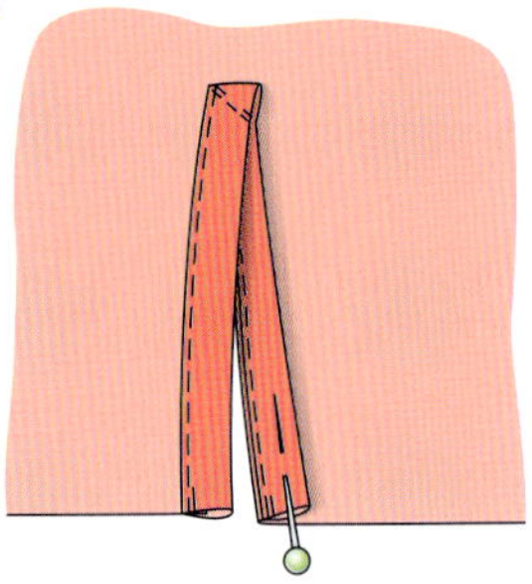

11

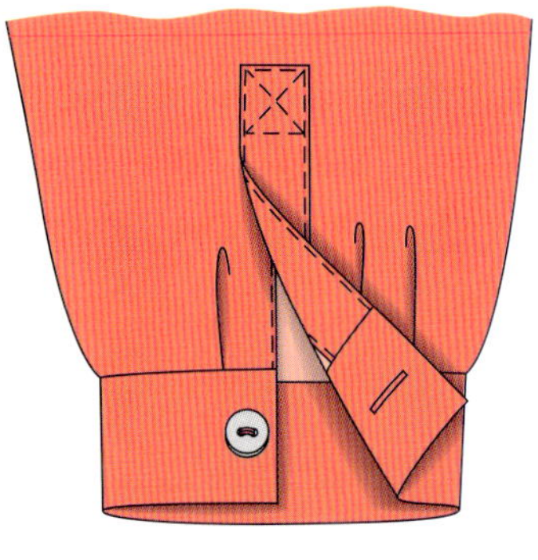

12

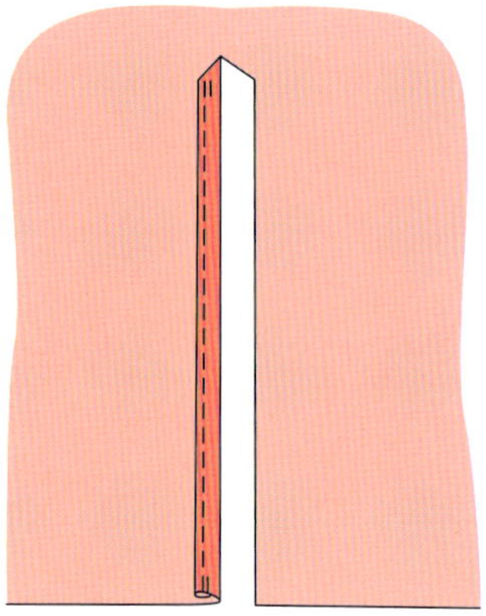

13

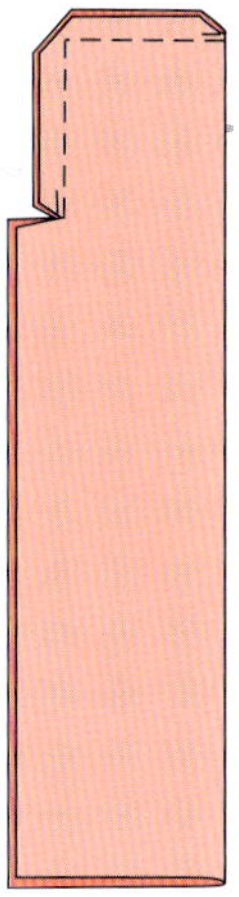

14

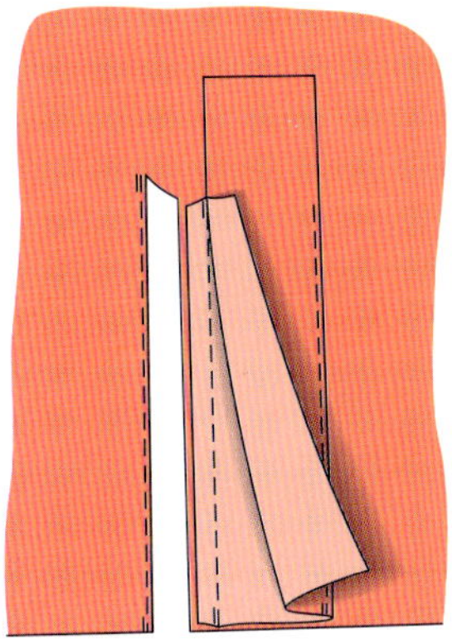

15

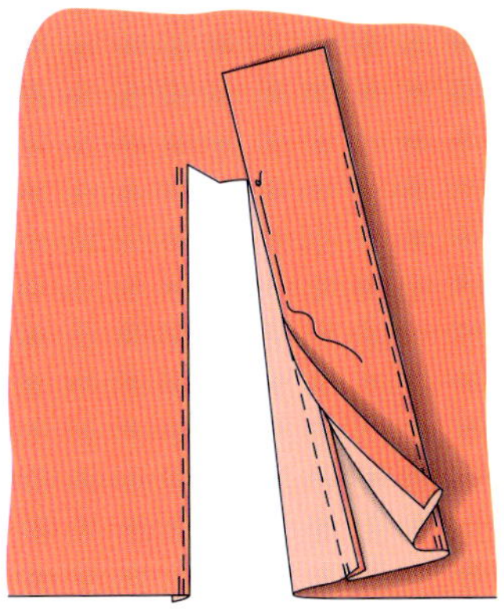

16

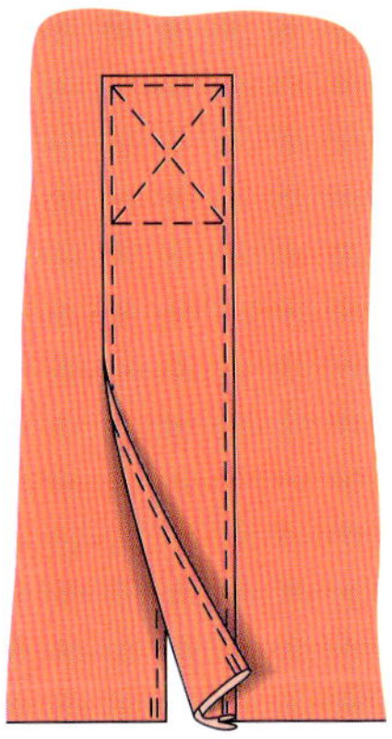

zweimal so schmal wie möglich einschlagen und feststeppen (12). Die Blende längs falten, rechte Seite innen. Die oberen Kanten in gewünschter Blendenbreite schmal aufeinandersteppen, fortlaufend die langen Kanten 3 cm aufeinandersteppen. Nahtende sichern. Bis dicht zum letzten Steppstich einschneiden und die Nahtzugaben zurückschneiden (13). Blende wenden, bügeln. Die Bruchkante von unten bis 3 cm vor dem Blendenende schmal absteppen. Die äußere Blendenhälfte rechts auf rechts dicht neben der vorderen, unversäuberten Einschnittkante feststeppen (14). Die Nahtzugabe vom Ärmel am Nahtende bis dicht zum letzten Steppstich einschneiden. Nahtzugaben in die Blende bügeln. Die innere Blendenhälfte eingeschlagen an der Ansatznaht festheften (15). Von der rechten Ärmelseite aus die Blende an der Ansatznaht schmal absteppen, dabei die innere Hälfte feststeppen. Fortlaufend das obere Blendenende schmal auf den Ärmel steppen, dann die Blende über Kreuz und am Schlitzende quer absteppen (16).

Wichtig: Die Zeichnungen zeigen den Schlitz für den rechten Ärmel. Am linken Ärmel den Schlitz gegengleich nähen.

Der „falsche" oder rollierte Schlitz

Das ist die einfachste und schnellste Art, einen Schlitz zu nähen (17). Er wird bei kurzen und ¾-langen Ärmeln sowie bei Ärmeln mit Formmanschetten eingearbeitet.

Bei diesem Schlitz gibt es keinen Einschnitt. An der unteren Ärmelkante wird nur im Schlitzbereich die Nahtzugabe zweimal bis dicht zur markierten Nahtlinie eingeschnitten (18). Abstand zwischen den Einschnitten ca. 4 bis 5 cm. Zugabe zwischen den Einschnitten nach innen umbügeln, einschlagen und schmal feststeppen (19) oder von Hand annähen. Beim Ansteppen der Manschette die schmalen Kanten der Schlitzzugaben mitfassen.

17

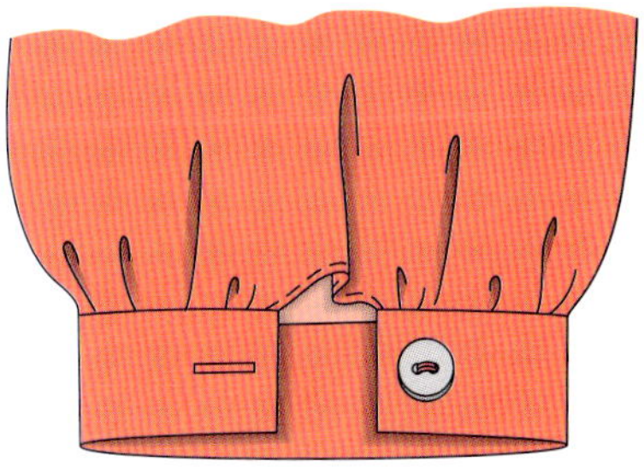

18

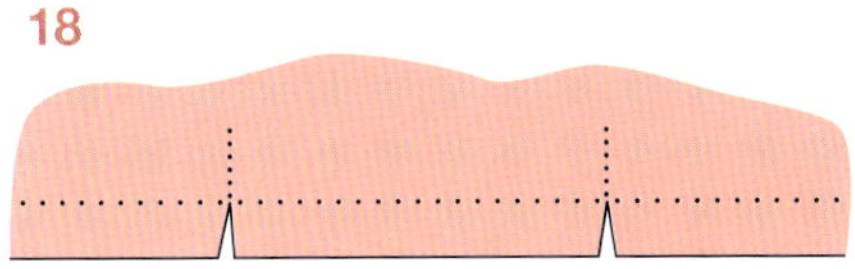

19

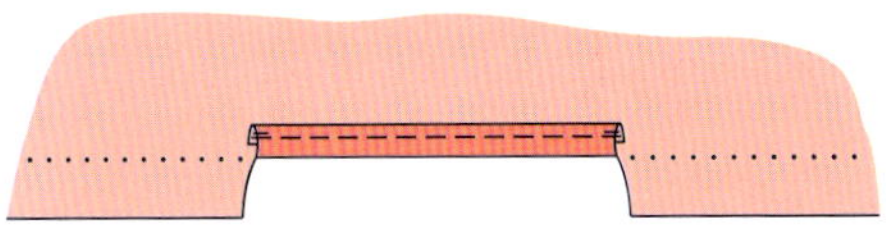

Ärmelschlitze im Abnäher

Wenn bei einem langen Ärmel mit Längsabnäher die untere Kante nicht so weit ist, dass die Hand durchpasst, wird ein „Abnäherschlitz“ genäht. Er wird mit einem Reißverschluss oder mit Schlingen und Knöpfen geschlossen.

Der Reißverschlussschlitz: Am Abnäher ist der Schlitzbeginn durch einen Querstrich (Schlitzzeichen) markiert. Den Ärmel rechts auf rechts so falten, dass die Abnäherlinien aufeinandertreffen.

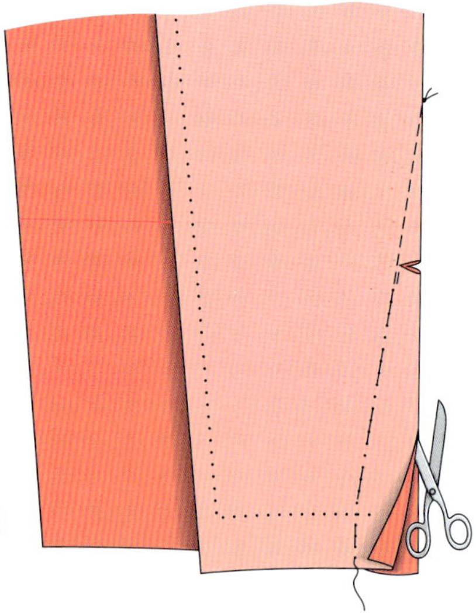

1

2

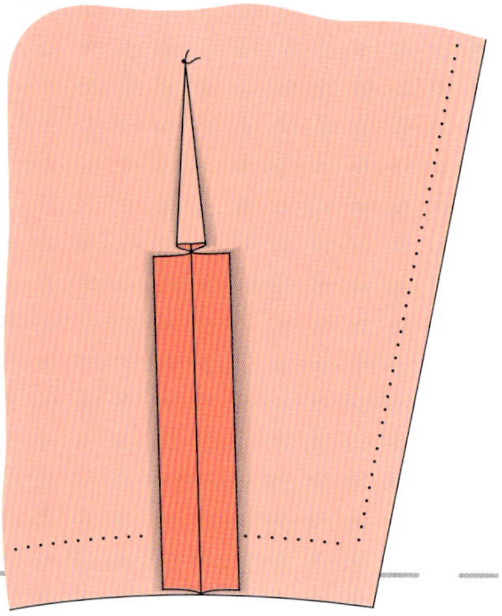

Abnäher heften, dabei auch den Schlitz als Naht zuheften. Abnäher vom Querstrich bis zur Spitze steppen. Nahtenden sichern. Abnäher ca. 1 cm oberhalb vom Querstrich bis dicht zur Stepplinie einschneiden und von unten bis zum Einschnitt in der Mitte aufschneiden (1). Nahtzugaben auseinanderbügeln, Abnäher flachbügeln. Die Nahtzugaben auf ca. 1½ bis 2 cm Breite zurückschneiden (2) und versäubern. Heftstiche am Schlitz trennen. Schlitzkanten heften. Den Reißverschluss ab der markierten Saumlinie unter die Schlitzkanten nähen (siehe auch Seite 118). Die Enden der Reißverschlussbänder auf dem Abnäher annähen. Den Ärmelsaum nähen (siehe Seite 72/73). Die Saumzugabe auf den Reißverschlussbändern annähen (3).

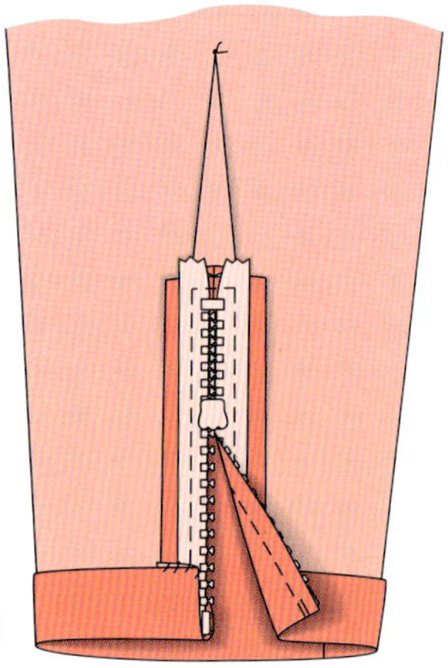

3

Der Schlingenverschluss wird am rechten und linken Ärmel gegengleich genäht. Die Schlingen werden an der vorderen Schlitzkante – das ist die Kante, die weiter von der Ärmelnaht entfernt ist – angenäht.

Für die vordere Schlitzkante benötigen Sie als Besatz einen ca. 3 cm breiten Stoffstreifen in geradem Fadenlauf, ca. 2 cm länger als der Schlitz; für die Schlingen einen Schrägstreifen. Wie Sie die Schlingen nähen, finden Sie auf Seite 114. Außerdem benötigen Sie noch zwei ca. 2 cm breite Vlieseline-Streifen in Schlitzlänge.

Am Abnäher die Schlitzlänge markieren. Den Abnäher von unten bis zum Schlitzzeichen ½ cm neben der vorderen Abnäherlinie einschneiden. Für den Untertritt vom Einschnittende bis unten in gleichmäßigem Abstand zur anderen Abnäherlinie eine Linie einzeichnen. Entlang dieser Linie einschneiden, oben bis zur Mitte des Untertritts quer einschneiden. Von der linken Stoffseite aus die Einlagestreifen aufbügeln: an der vorderen Schlitzkante über der markierten Nahtlinie, am Untertritt entlang der Abnäherlinie (4). Die Knopfschlingen rechts auf rechts auf die vordere Schlitzkante heften (siehe auch Seite 114). Den Besatz rechts auf rechts über den Schlingen feststecken, ab dem Schlitzzeichen feststeppen (5). Obere Besatzkante nach unten legen, feststecken (6). Den Abnäher ab dem Schlitzzeichen steppen. Nahtenden sichern (7). Besatz nach innen wenden. Schlitzkante heften. Für den Untertritt die rückwärtige Schlitzkante 1 cm neben der markierten Abnäherlinie nach innen umheften. Kanten bügeln und den Abnäher zur vorderen Ärmelkante bügeln (8). Die Ärmelnaht steppen. Heftstiche am Schlitz trennen. Den Saum nähen (siehe Seite 74, Zeichnung 9). Den Schlitz zustecken und den Abnäher am oberen Schlitzende festnähen. Knöpfe am Untertritt annähen.

4

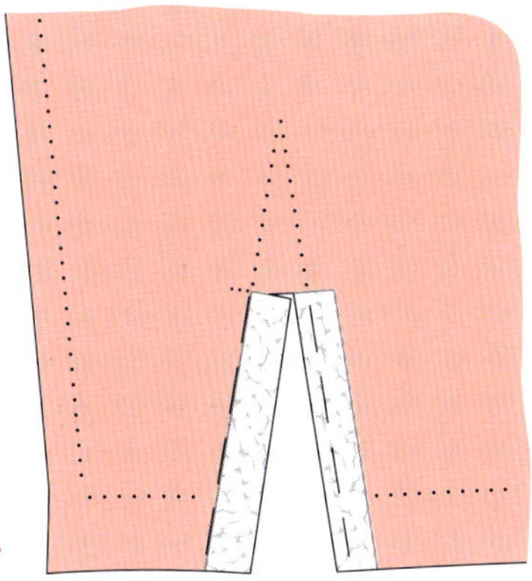

5

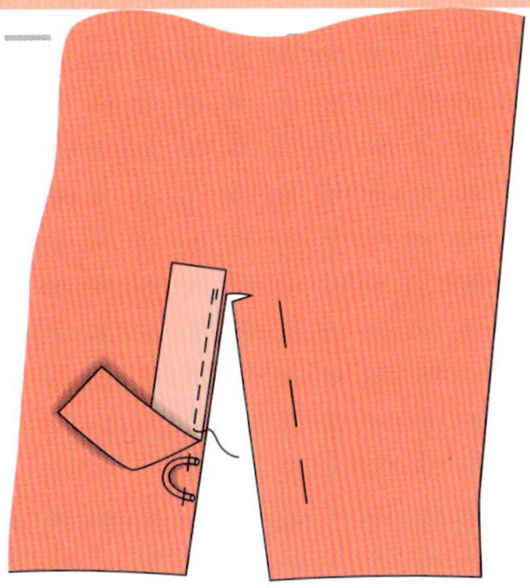

6

7

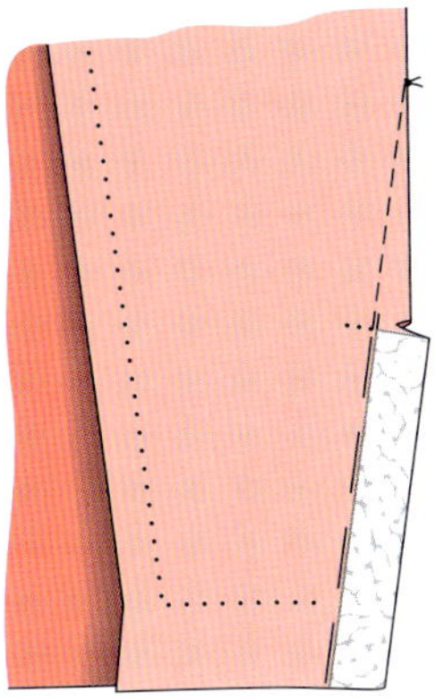

8

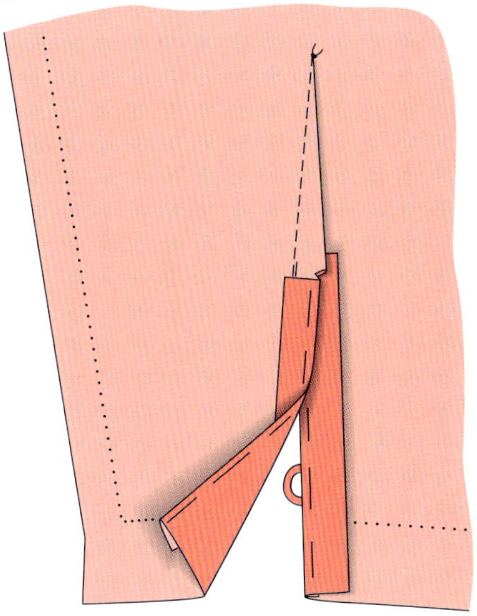

Der Schlitz im Zweinahtärmel

Dieser Schlitz wird an Blazern und Kostümjacken eingearbeitet. Es gibt zwei Möglichkeiten: die „klassische", bei der ein echter Schlitz genäht wird, und die „falsche", bei der der Schlitz nur schmückendes Detail ist.

Der „klassische Ärmelschlitz" ist an der unteren Ärmelkante offen. Am Schnittteil des Oberärmels ist der Besatz, am Schnittteil des Unterärmels der Untertritt mit Besatz angeschnitten.

Am Ärmel zuerst die vordere Ärmelnaht steppen. Nahtzugaben auseinanderbügeln. Auf die untere Ärmelkante (Saum) und die Besätze Vlieseline-Einlage aufbügeln. Die rückwärtige Ärmelnaht heften und den Schlitz als Naht zuheften. Naht von oben bis zum Schlitzzeichen steppen. Nahtenden sichern. Schlitz geheftet lassen (1). Die Nahtzugabe des Unterärmels in die Ecke schräg bis dicht zur Stepplinie einschneiden (2).

1

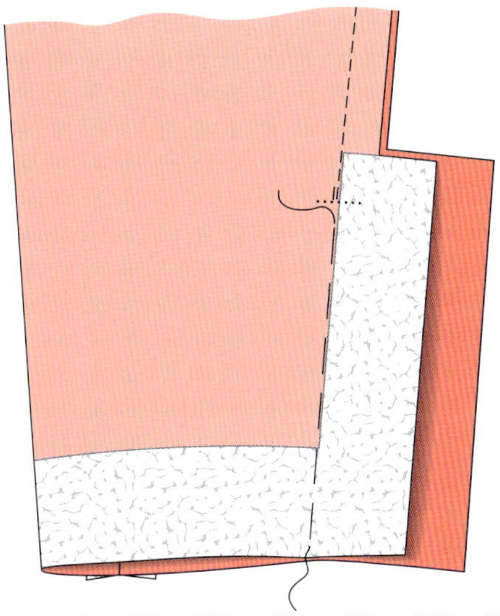

2

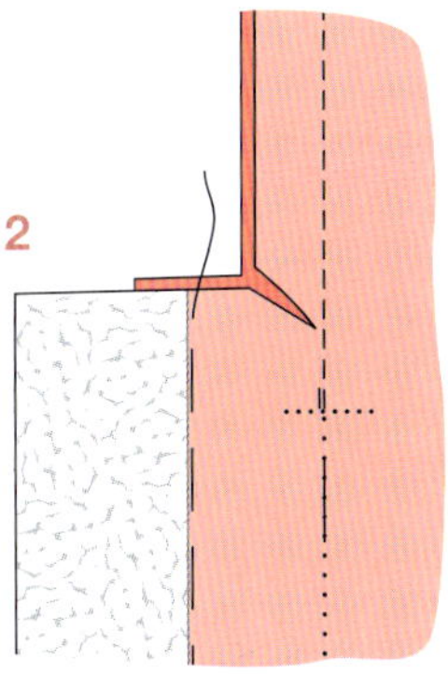

TIPP

An Röcken, Jacken und Mänteln wird der einseitige Schlitz genäht, wie beim klassischen Ärmelschlitz erklärt.

Die Nahtzugaben von oben bis zum Einschnitt auseinanderbügeln. Zugaben am Schlitz in den Oberärmel bügeln. Am Untertritt den Besatz umbügeln (3). Die Heftstiche am Schlitz trennen. Den Ärmelsaum nähen, dabei an den Schlitzkanten Briefecken (siehe Seite 75) nähen. Am oberen Schlitzende den Untertritt auf dem Besatz des Oberärmels festnähen (4). Knöpfe annähen, dabei den Untertritt mitfassen.

Wichtig: Sind Knopflöcher vorgesehen, werden sie in den Oberärmel eingearbeitet, bevor der Untertritt am Schlitzende auf dem Besatz festgenäht wird. Der Besatz muss dann so breit sein, dass er beim Nähen der Knopflöcher mitgefasst wird. Paspelknopflöcher (Seite 96/97) werden vor dem Steppen der rückwärtigen Ärmelnaht eingearbeitet.

Der „falsche Ärmelschlitz“ ist an der unteren Ärmelkante geschlossen. Am Oberärmel ist der Besatz, am Unterärmel der Untertritt angeschnitten.

Rückwärtige Ärmelnaht heften, dabei den Schlitz als Naht zuheften. Ärmelnaht von oben bis zum Schlitzzeichen steppen. Nahtenden sichern. Schlitz geheftet lassen. Die oberen und seitlichen Kanten von Untertritt und Besatz aufeinandersteppen. Die Zugabe des Unterärmels in die Ecke bis dicht zur Stepplinie einschneiden (5). Nahtzugaben von oben bis zum Einschnitt auseinanderbügeln, Zugaben am Schlitz in den Oberärmel bügeln. Vordere Ärmelnaht steppen. Nahtzugaben auseinanderbügeln. Saum nähen. Die Heftstiche am Schlitz trennen. Am Saum die Schlitzkante festnähen (6). Knöpfe annähen, dabei den Untertritt mitfassen.

3

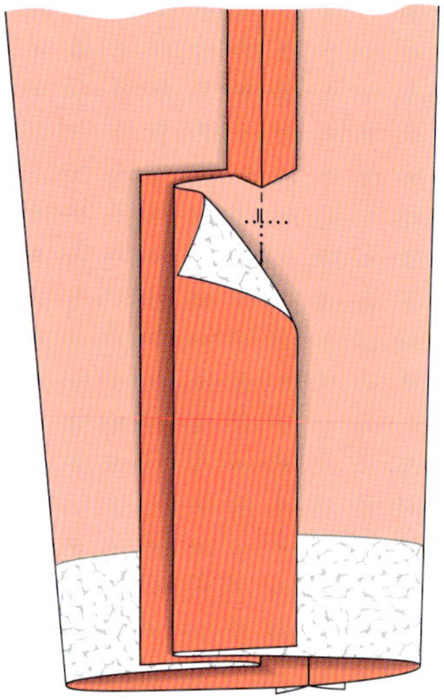

4

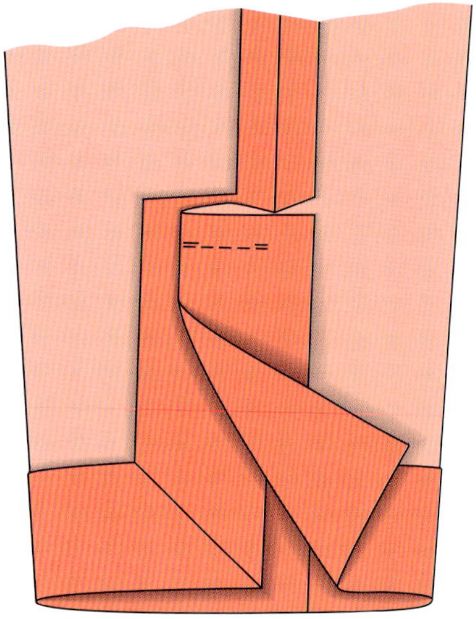

5

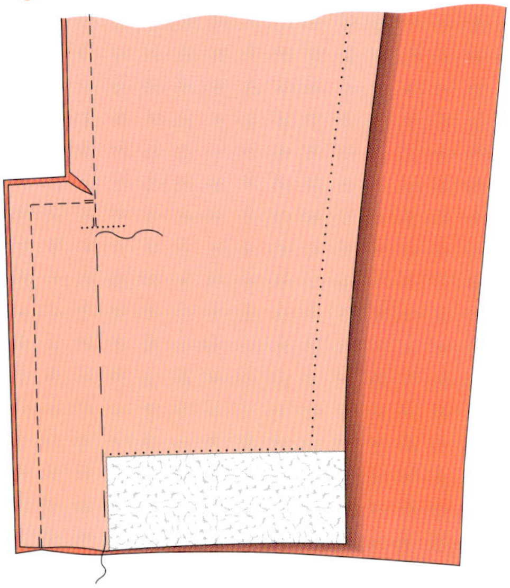

6

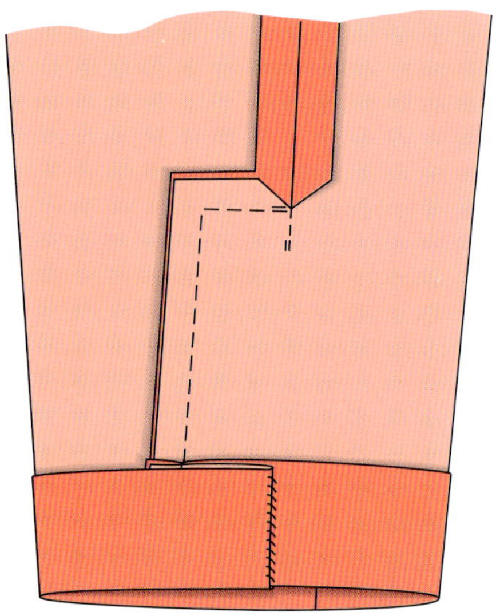

ÄRMEL

Es gibt drei Grundformen: 1. Eingesetzte Ärmel, einteilig oder als Zweinahtärmel. Beide Ärmelformen können ganz glatt, mit ein wenig Einhaltweite oder eingereiht eingesetzt werden. Je nach Höhe der Ärmelkugel werden die Ärmel vor oder nach dem Steppen der Seitennähte eingesetzt. 2. Raglanärmel, sie können einteilig sein und haben dann oft einen Schulterabnäher, oder zweiteilig mit Schulternaht. Am Raglanärmel können aber auch Schulterpassen angeschnitten sein. 3. Angeschnittene Ärmel, dazu gehören Fledermausärmel und Kimonoärmel.

Eingesetzte Ärmel

Ärmel mit normaler, hoher Ärmelkugel, egal, ob einteilig oder Zweinahtärmel, werden immer eingesetzt, nachdem die Seiten- und Ärmelnähte gesteppt und gebügelt sind.

Zum Einhalten der Ärmelkugel von · bis · zu beiden Seiten der markierten Nahtlinie mit großen Stichen steppen (1). Die Unterfäden der Stepplinien noch nicht anziehen.

Den Ärmel rechts auf rechts auf den Armausschnitt stecken, dabei zunächst nur die Ärmeleinsetzzeichen (Querstriche) von Ärmel und vorderem Armausschnitt aufeinanderstecken.

Den Ärmel im unteren Bereich des Armausschnittes glatt feststecken (2), das heißt, weder Ärmel noch Armausschnitt dürfen eingehalten werden.

Wichtig: Bei einteiligen Ärmeln trifft die Ärmelnaht auf die Seitennaht. Bei Zweinahtärmeln trifft die untere Ärmelnaht nie auf die Seitennaht, sondern der Querstrich des Unterärmels. Bei Modellen mit Teilungsnähten treffen Ärmel- und Teilungsnähte nur sehr selten aufeinander.

Dann das Schulterzeichen (Querstrich) der Ärmelkugel an der Schulternaht bzw. am Schulterzeichen feststecken. Erst jetzt die Unterfäden der Stepplinien so weit anziehen, bis die Ärmelkugel in den Armausschnitt passt. Die eingehaltene Weite verteilen, dabei dürfen keine Fältchen entstehen. Ärmel feststecken (3) und von der Ärmelseite aus einheften (4). Das Kleidungsstück anziehen und den Ärmelsitz kontrollieren (siehe Anprobe, Seite 63).

1

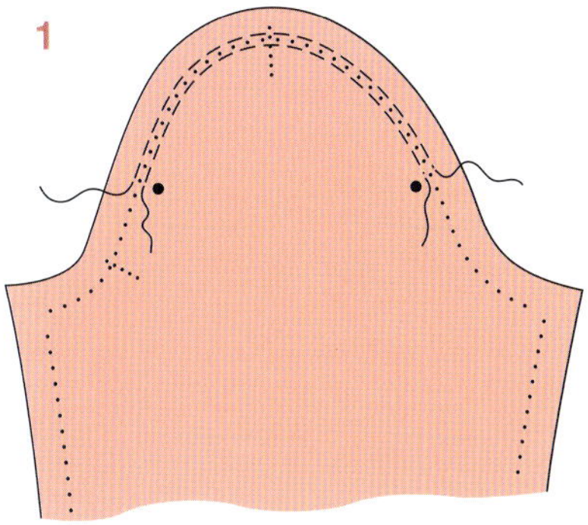

2

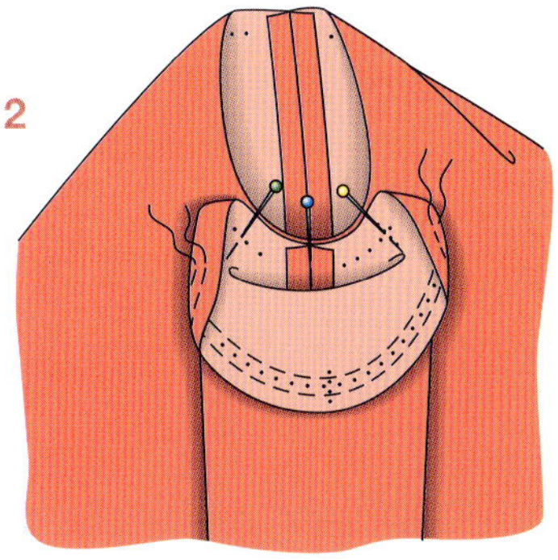

3

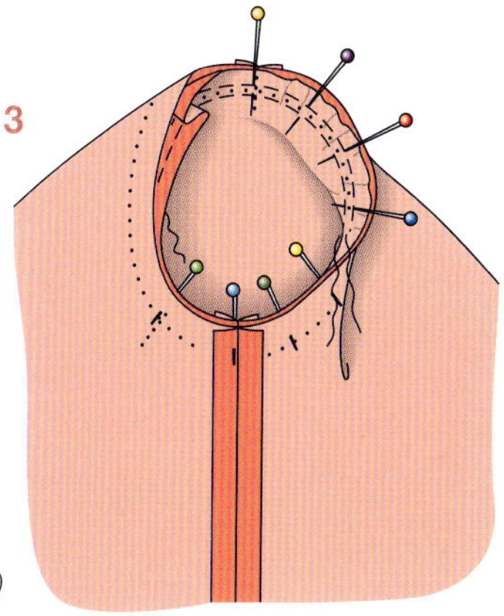

4

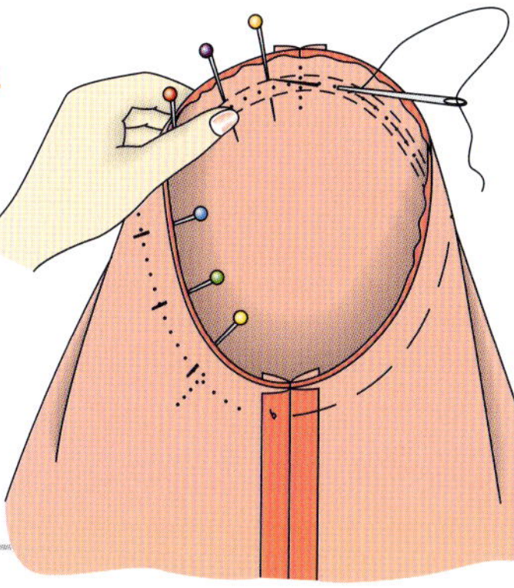

5

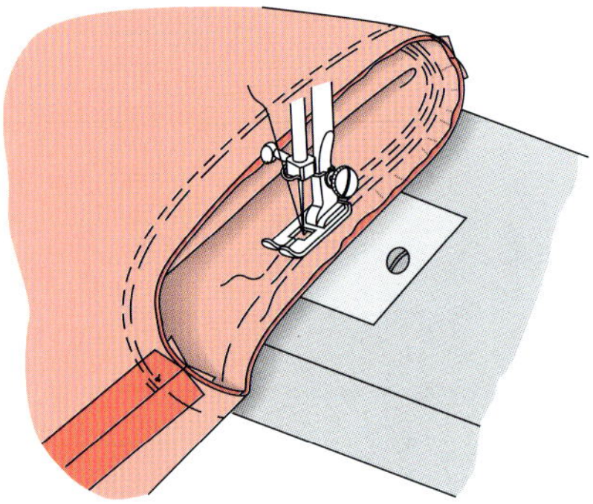

6

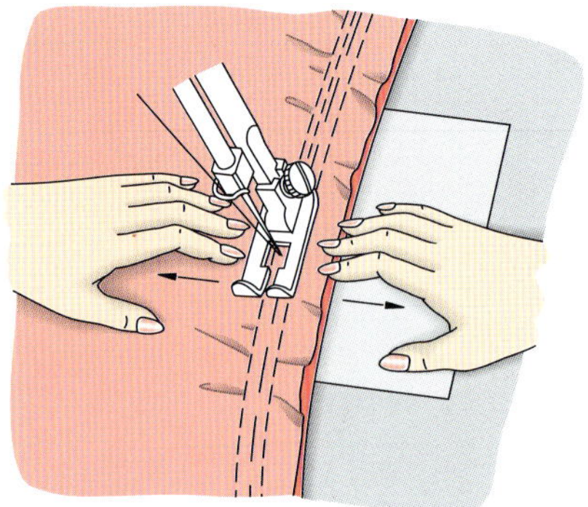

7

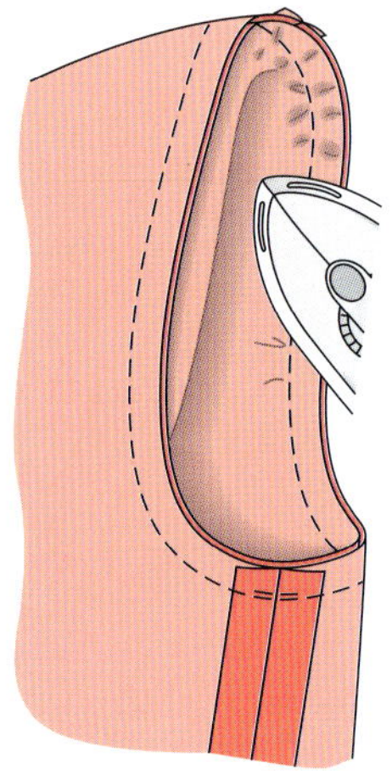

8

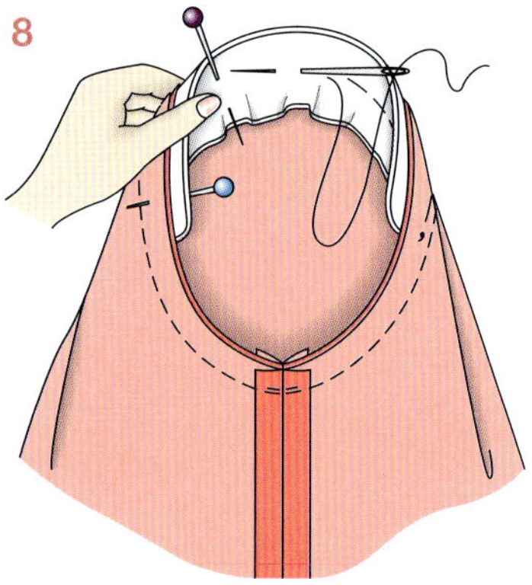

9

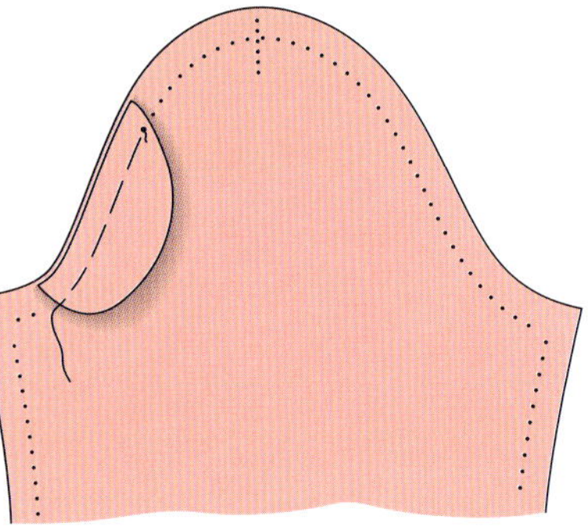

Den Ärmel von der Ärmelseite aus einsteppen (5), dabei an der Seiten- bzw. Ärmelnaht beginnen. Damit sich der Heftfaden gut entfernen lässt, dicht neben den Heftstichen steppen.

Wichtig: Um Fältchen bei der Einhaltweite zu vermeiden, den Armausschnitt nicht dehnen, sondern die Weite mit beiden Händen seitlich, zur Stoffkante bzw. in den Ärmel, glattziehen (6).

Die Nahtzugaben auf 1 cm Breite zurückschneiden und zusammengefasst versäubern. Die Ärmeleinsetznaht weder in den Ärmel noch in das Vorder- und Rückenteil bügeln, sondern nur vorsichtig vom Ärmel aus bügeln (7), dabei wird die Einhaltweite eingebügelt.

Noch ein paar Tipps:

- Der Armausschnitt kann sich beim Einsetzen des Ärmels nicht ausdehnen, wenn Sie einen schmalen Streifen Einlage, zum Beispiel aufbügelbares Vlieseline-Naht- oder Formband, über den markierten Nahtlinien aufbügeln.
- Perfekt sitzen Ärmel, wenn Sie einen ca. 20 cm langen und 6 cm breiten Streifen aus Watteline oder weichem Volumenvlies im Bereich der Ärmelkugel von der Ärmelseite aus dicht neben der Ansatznaht auf der Nahtzugabe festnähen (8). Die Watteline bzw. das Volumenvlies in den Ärmel legen.
  Oder bei Ärmeln mit sehr wenig Einhaltweite schon vor dem Einsetzen der Ärmel die Ärmelkugel mit dünnem Volumenvlies leicht auspolstern (siehe Seite 62).
- Ein „Fisch" verhindert ein Einbrechen des Ärmels im Bereich des Ärmeleinsetzzeichens. Dazu ein ca. 10 x 10 cm großes Stoffstück in schrägem Fadenlauf zuschneiden. Dieses Stoffstück ab dem Beginn der Rundung auf den Ärmel stecken, die Ecken abrunden und den überstehenden Stoff entlang der Ärmelkante abschneiden. Den „Fisch" entlang der markierten Ärmeleinsetznaht festheften (9).

Ärmel mit flacher Ärmelkugel können je nach Ärmelform vor oder nach dem Steppen der Seiten- und Ärmelnähte eingesetzt werden. Welche Verarbeitungsmöglichkeit bei Ihrem Ärmel zutrifft, können Sie selbst feststellen. Falten Sie den Ärmel so, dass die Nähte in der Ärmelmitte aneinandertreffen. Ergibt sich an den Ärmelnähten eine Rundung (10), kann der Ärmel, wie beim Ärmel mit normaler Ärmelkugel erklärt, nach dem Steppen der Nähte eingesetzt werden. Ergibt sich eine Spitze (10a), wird der Ärmel vor dem Steppen der Nähte angesetzt.

So wird's gemacht: Den Ärmel rechts auf rechts auf den Armausschnitt stecken; die Querstriche an Ärmel und Vorderteil treffen aufeinander. Das Schulterzeichen vom Ärmel trifft auf die Schulternaht bzw. das Schulterzeichen der Passe. Ärmel von der Ärmelseite aus heften und steppen (11). Nahtzugaben auseinanderbügeln oder zusammengefasst versäubern, in das Vorder- und Rückenteil bügeln und von rechts feststeppen. Seiten- und Ärmelnähte steppen (12).

Ärmel mit gerader oder nur leicht gewölbter oberer Kante werden immer vor dem Steppen der Nähte angesetzt.

Ärmel zwischen den Querstrichen auf das Vorder- und Rückenteil stecken. Ärmeleinsetzzeichen treffen aufeinander. Das Schulterzeichen vom Ärmel trifft auf die Schulternaht bzw. das Schulterzeichen der Passe. Ärmel feststeppen. Die Naht beginnt bzw. endet genau an den markierten Nahtlinien der Ärmelnaht (13).

Seitennähte ab dem Querstrich steppen, dabei dürfen die Nahtzugaben der Ärmel nicht mitgefasst werden (14). Die Ärmelnähte steppen, dabei genau an der Ärmelansatznaht beginnen und die Zugaben der Seitennähte nicht mitfassen (15). Nahtzugaben der Seiten- und Ärmelnähte auseinanderbügeln. Zugaben der Ärmelansatznaht auseinander- oder in das Vorder- bzw. Rückenteil bügeln.

Eingereihte Ärmel werden je nach Form der Ärmelkugel eingesetzt oder vor dem Steppen der Nähte angesetzt. Die Nahtzugaben der Ärmeleinsetznaht werden je nach Modell in das Vorder- und Rückenteil = flacher Puffärmel mit optischer Schulterverbreiterung oder in den Ärmel gebügelt = hochstehender Puffärmel.

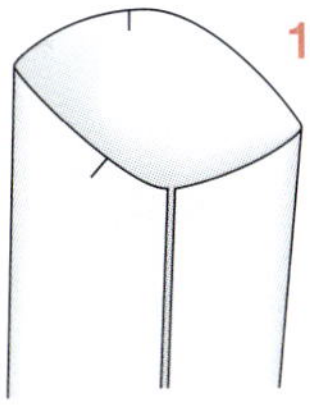
10

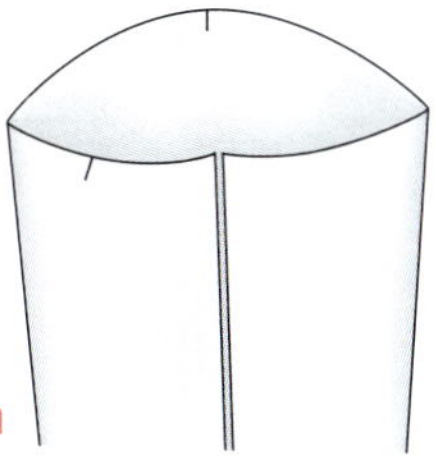
10a

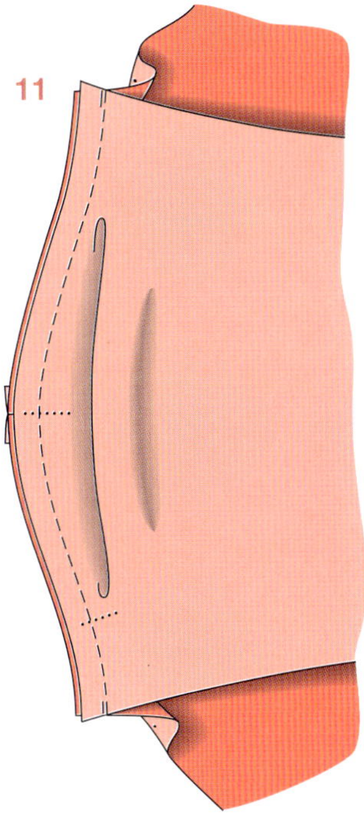
11

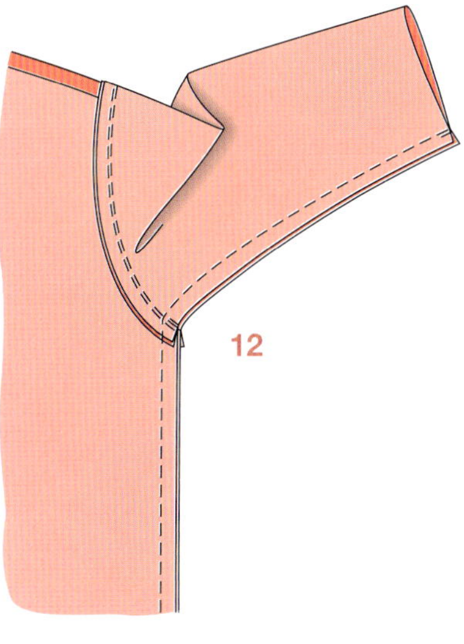
12

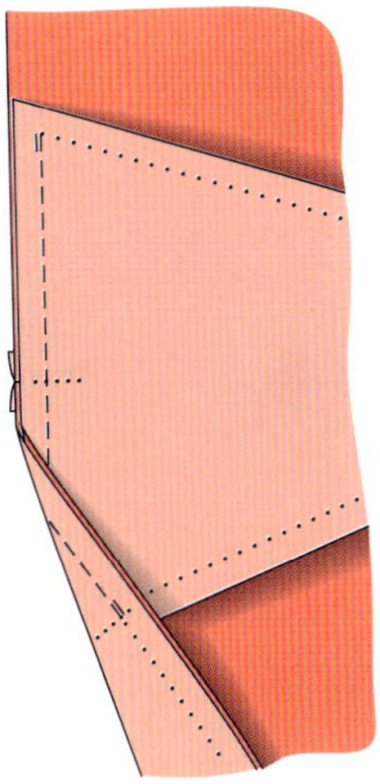
13

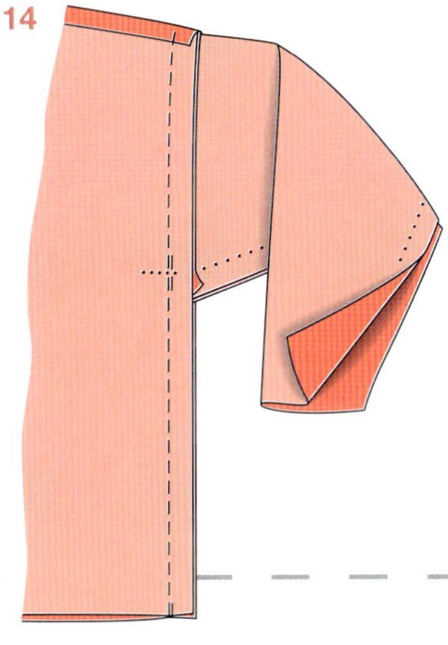
14

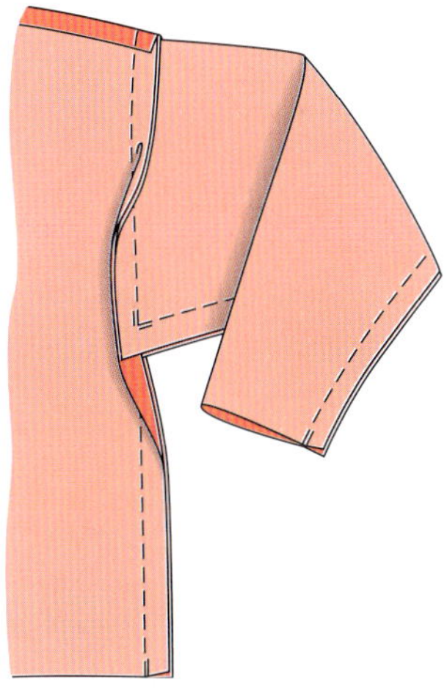
15

Raglanärmel

Der Raglanärmel, egal ob einteilig (1) oder zweiteilig (2), kann je nach Ärmelform vor oder nach dem Steppen der Seitennähte eingesetzt werden. Welche Reihenfolge bei Ihrem Ärmel zutrifft, können Sie so feststellen: Beim zweiteiligen Ärmel legen Sie die Kanten der unteren Ärmelnaht aneinander, einen einteiligen Ärmel falten Sie so, dass die Ärmelnähte aneinandertreffen. Ergibt sich an den Ärmelnähten eine Rundung, wird der Ärmel nach, ergibt sich eine Spitze, wird er vor dem Steppen der Nähte angesetzt (siehe Zeichnungen 10 und 10a, Seite 161).

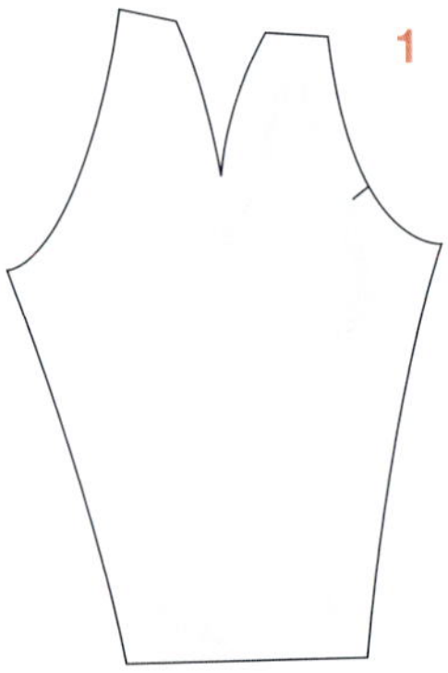
1

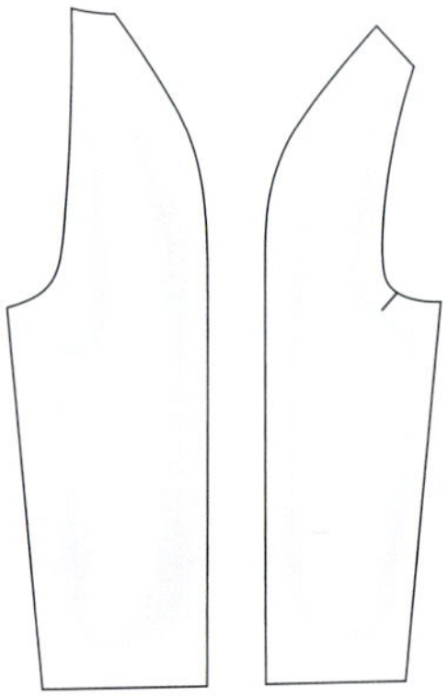
2

Der eingesetzte Raglanärmel

Beim einteiligen Raglanärmel zuerst den Abnäher steppen und flachbügeln. Dann die Ärmelnaht steppen. Bügeln.

Ärmel rechts auf rechts auf den Armausschnitt stecken; Ärmeleinsetzzeichen, Seiten- und untere Ärmelnähte sowie Nahtlinien treffen aufeinander. Ärmel von der Ärmelseite aus einheften und -steppen. Nahtenden sichern (3). Nahtzugaben jeweils von oben bis zum Beginn der Rundung auseinanderbügeln. Oder, wenn die Raglannaht abgesteppt werden soll, die Nahtzugaben dahin bügeln, wo später abgesteppt wird.

3
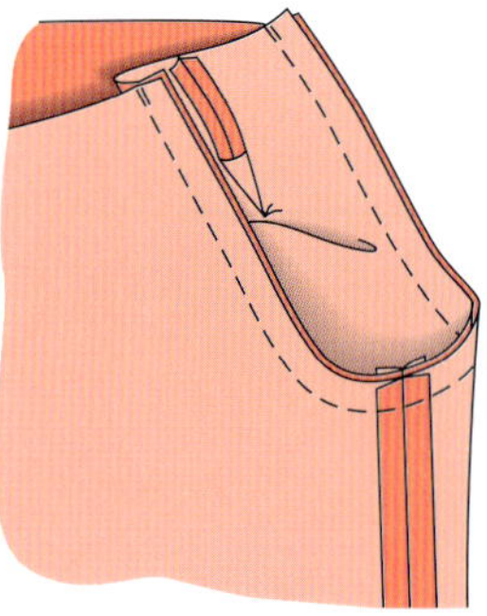

Beim zweiteiligen Raglanärmel die untere Naht steppen. Bügeln. Dann den Ärmel, wie beim einteiligen Raglanärmel erklärt, auf den Armausschnitt steppen. Zuletzt die obere Ärmelnaht heften und steppen.

Der angesetzte Raglanärmel

Beim zweiteiligen Raglanärmel das vordere Ärmelteil rechts auf rechts auf das Vorderteil stecken, Ärmeleinsetzzeichen und Nahtlinien treffen aufeinander. Das rückwärtige Ärmelteil rechts auf rechts auf das Rückenteil stecken. Ärmel festheften und -steppen (4). Nahtzugaben auseinanderbügeln oder nach einer Seite bügeln und von rechts feststeppen. Die Seiten- und untere Ärmelnaht in einem Arbeitsgang steppen. Bügeln. Zuletzt die obere Ärmelnaht steppen. Bügeln.

Beim einteiligen Raglanärmel, falls erforderlich, zuerst den Abnäher steppen und flachbügeln (siehe Seite 70). Dann den Ärmel rechts auf rechts auf das Vorderteil (Ärmeleinsetzzeichen beachten) und das Rückenteil stecken, heften und steppen. Nahtzugaben auseinanderbügeln oder zusammen in eine Richtung bügeln und von rechts feststeppen. Seiten- und Ärmelnaht in einem Arbeitsgang steppen. Bügeln.

4
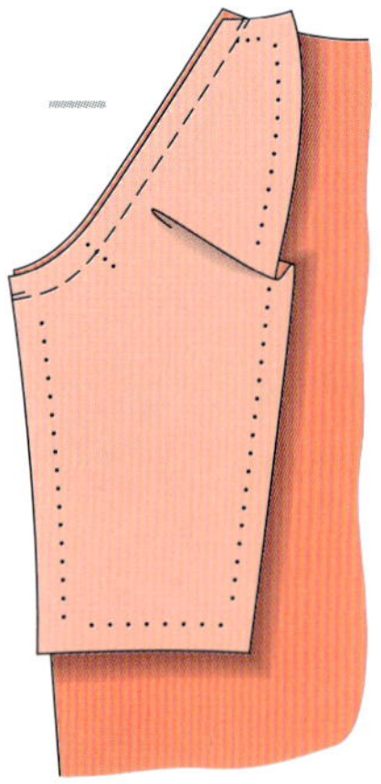

TIPP

Ideal zum Bügeln der Schulternähte bei Raglanärmeln ist ein Bügelkissen.

Raglanärmel mit angeschnittener Schulterpasse

Dieser Raglanärmel ist immer zweiteilig und wird nach dem Steppen der Seiten- und unteren Ärmelnähte eingesetzt. Die Passen- bzw. Ärmeleinsetznaht kann rund (5) oder eckig (5a) sein. Hat die Passe eine Mittelnaht, wird sie vor dem Ansetzen der Ärmel gesteppt.

5

5a

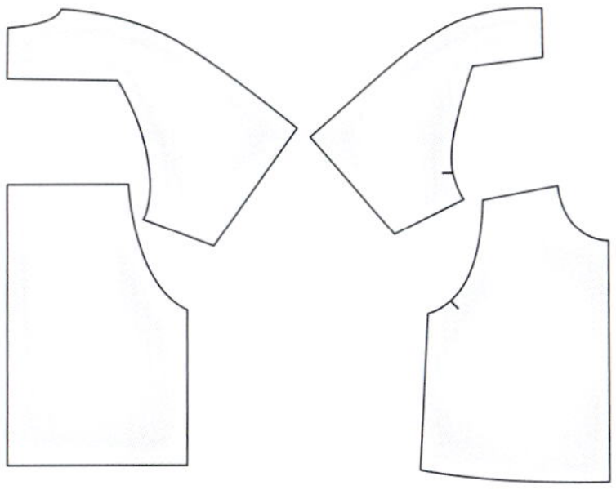

6

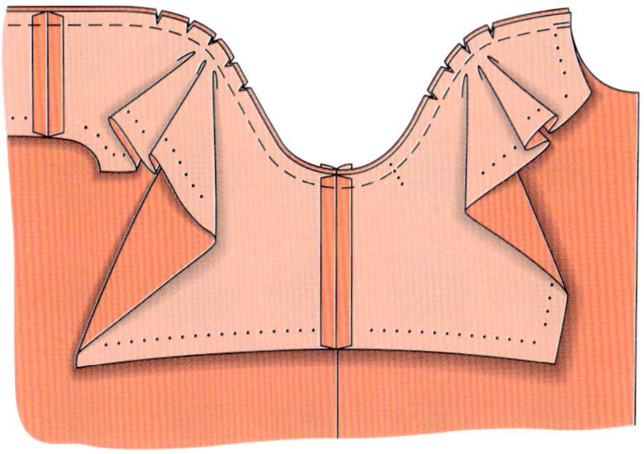

7

Bei einer „runden“ Passenansatznaht nähen Sie so: Ärmel und fortlaufend die Passenteile rechts auf rechts auf die Vorderteile und das Rückenteil stecken; dabei zuerst die unteren Ärmelnähte und Seitennähte, dann die Ärmeleinsetzzeichen aufeinanderstecken. Ärmel von der Ärmelseite aus festheften und -steppen. Nahtzugaben an den Rundungen einschneiden (6) und in die Passe bügeln. Dann die oberen Ärmelnähte steppen. Bügeln.

Bei einer „eckigen“ Passenansatznaht nähen Sie so: Ärmel rechts auf rechts, von Ecke bis Ecke, auf den Armausschnitt stecken; untere Ärmelnähte und Seitennähte sowie die Ärmeleinsetzzeichen treffen aufeinander. Ärmel von der Ärmelseite aus einheften und -steppen. Die Naht beginnt bzw. endet genau an der Ecke. Die Nahtzugabe vom Ärmel jeweils in die Ecke bis dicht zum letzten Steppstich schräg einschneiden. Dann die Passenteile ab den Ecken festheften und -steppen (7). Nahtzugaben der Passenansatznähte in die Passe bügeln. Passenteile nach Wunsch bis zu den Ecken absteppen. Obere Ärmelnähte steppen. Bügeln.

Der Fledermausärmel

ist die einfachste Ärmelform. Der Ärmel ist an Vorder- und Rückenteil angeschnitten. Durch die Rundung an den Seiten- bzw. unteren Ärmelnähten sollten die Nahtzugaben nicht breiter als 1½ cm sein.

Die Seiten- und fortlaufend die unteren Ärmelnähte, dann die Schulter- und fortlaufend die oberen Ärmelnähte steppen. Nahtzugaben auseinanderbügeln, dabei die Nahtzugaben an den Rundungen mehrmals einschneiden (8) oder zusammengefasst versäubern und nach einer Seite bügeln.

8

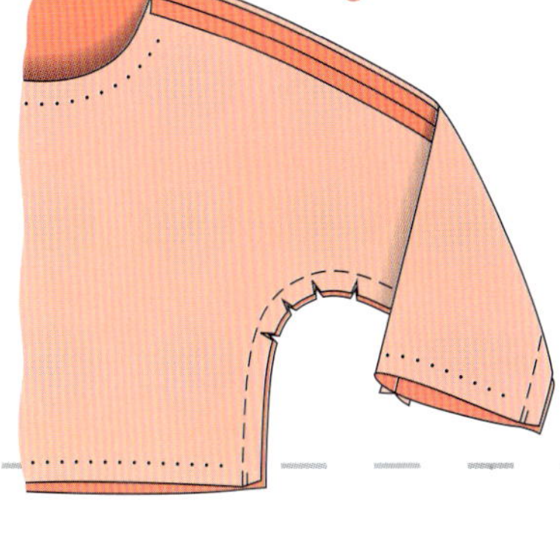

Der Kimonoärmel

Das ist die schwierigste Art, einen Ärmel zu nähen. Denn um die erforderliche Bewegungsweite zu erhalten, muss ein Keil (Zwickel) eingesetzt werden. Dabei ist es besonders wichtig, dass Sie die in den Schnittteilen eingezeichneten Passzeichen und Nahtzahlen exakt auf die Stoffteile übertragen. Nur dann kann der Keil richtig eingesetzt werden.

An Vorder- und Rückenteil sind die Ärmelteile angeschnitten. Je nach Modell kann der Keil viereckig, rautenförmig oder dreieckig sein. Besonders bequem sitzt der Keil mit angeschnittenem Unterärmelteil (9).

Wichtig: Das Vorder- und Rückenteil muss in die Spitze eingeschnitten werden. Damit die Einschnitte nicht ausreißen, von links ein Stück Einlage über den markierten Nahtlinien aufbügeln.

Sie können den Keil entweder einsetzen ...

Die Seitennaht bis zur Ecke steppen. Nahtenden sichern (10). Nahtzugaben auseinanderbügeln.

Den Keil von der Seitennaht bis zur Spitze des Einschnitts rechts auf rechts auf das Rückenteil stecken, gleiche Nahtzahlen treffen aufeinander. Steppen. Nahtenden sichern (11). Das Rückenteil in die Spitze dicht neben der Naht bis dicht zum letzten Steppstich einschneiden (12). Dann das Rückenteil vom Einschnittende bis zur unteren Ärmelkante rechts auf rechts auf den Keil stecken und steppen (13). Das Vorderteil genauso auf den Keil steppen. Erst jetzt wird die Schulter- bzw. die obere Ärmelnaht gesteppt.

... oder untersteppen

Das ist etwas einfacher. Sie benötigen dann für den Einschnitt an Vorder- und Rückenteil einen Besatz. Den Besatz zeichnen Sie sich in den Schnitt ein: Abstand zu den Keilansatzlinien 2 cm. Den Besatz schneiden Sie zweimal aus Stoff oder Futter zu.

Besätze rechts auf rechts über den markierten Keilansatznähten feststecken und -steppen. Zwischen den Stepplinien einschneiden, in die Spitze bis dicht zur Stepplinie einschneiden (14). Besätze nach innen umheften. Kan-

9

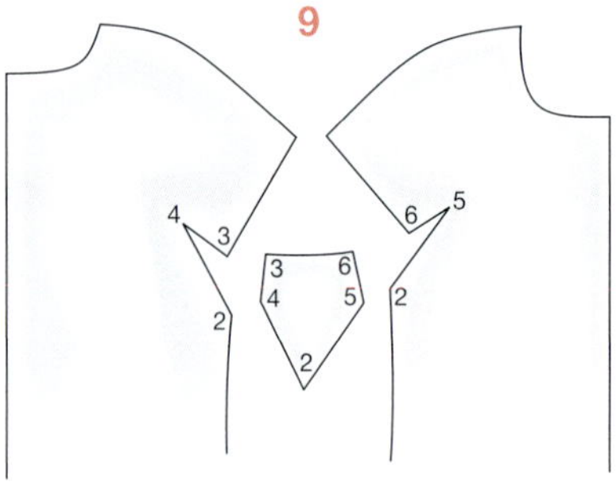

10

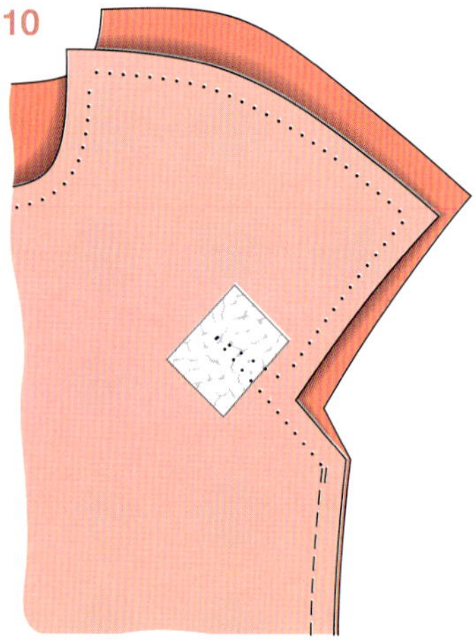

11

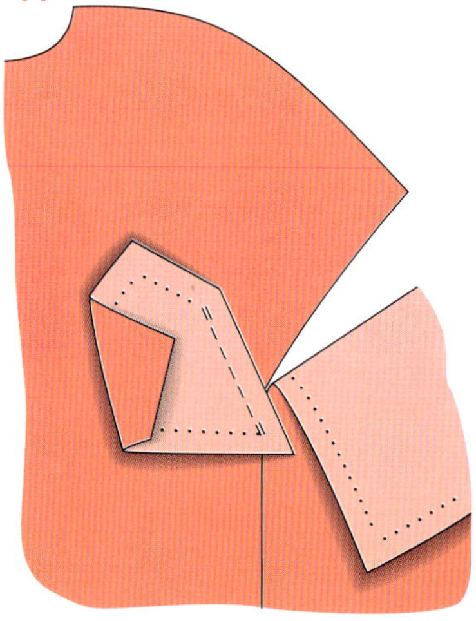

12

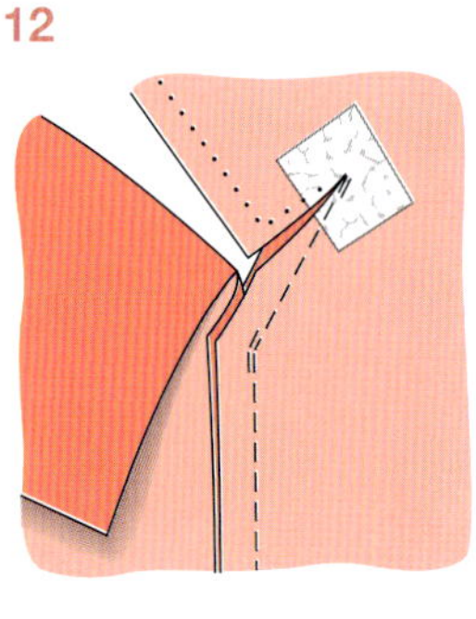

13

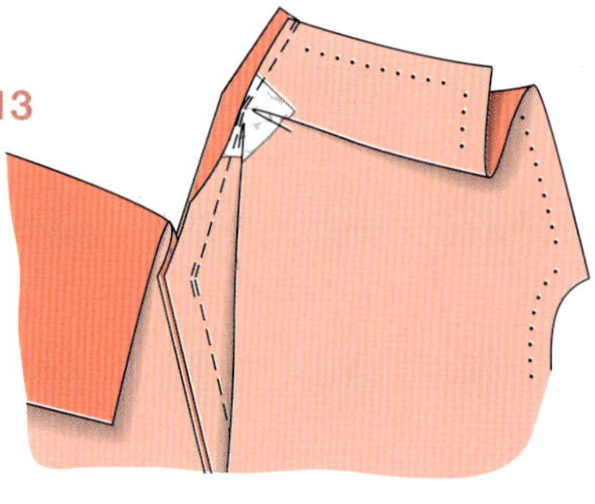

ten bügeln (15). Die Seitennähte steppen. Nahtzugaben auseinanderbügeln. Die Einschnittkanten auf den Keil heften, dabei auf die Nahtzahlen achten, und schmal feststeppen (16). Dann die Schulter- bzw. die oberen Ärmelnähte steppen. Bügeln.

14

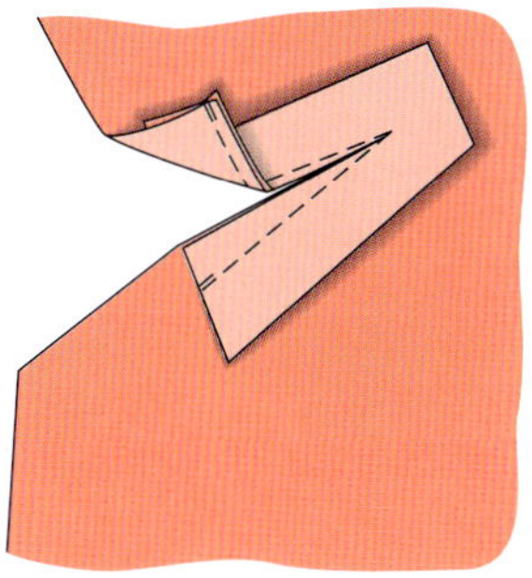

15

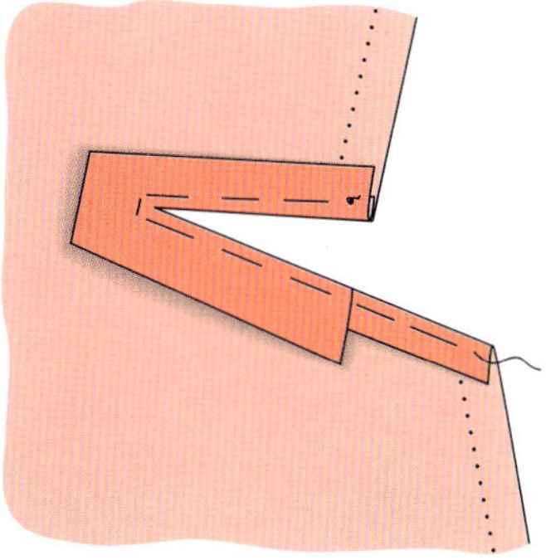

16

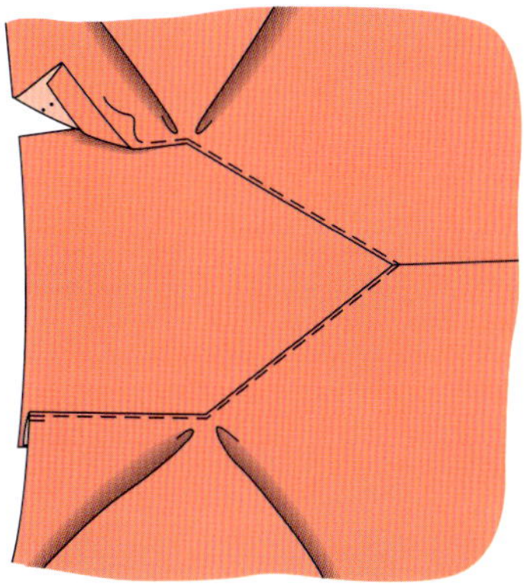

Der Dolman-Ärmel

Dieser Ärmel wird eckig eingesetzt. Das obere Stück der seitlichen Ärmelkanten (= Ärmelnaht) wird bis zum Querstrich zur Ärmelansatznaht (17).

Damit an Vorder- und Rückenteil die Ecken nicht einreißen können, von links ein Stück Vlieseline-Einlage über den markierten Nahtlinien aufbügeln.

Schulternähte steppen. Bügeln. Den Ärmel von Ecke bis Ecke auf das Vorder- und Rückenteil stecken; Ärmeleinsetzzeichen treffen aufeinander. Das Schulterzeichen vom Ärmel trifft auf die Schulternaht. Ärmel festheften und -steppen. Die Naht beginnt bzw. endet genau an der Ecke (18). Die Seitennaht steppen, dann die Ärmelnaht vom Querstrich bis unten steppen. Die Nahtzugaben von Vorder- und Rückenteil jeweils in die Ecke bis dicht zum letzten Steppstich einschneiden (19). Nahtzugaben der Seiten- und Ärmelnaht auseinanderbügeln. Ärmel wenden, linke Stoffseite innen. Ärmel ab der Ecke rechts auf rechts auf das Vorderteil stecken. Der Querstrich trifft auf die Seitennaht. Steppen (20). Dann den Ärmel genauso auf das Rückenteil steppen.

17

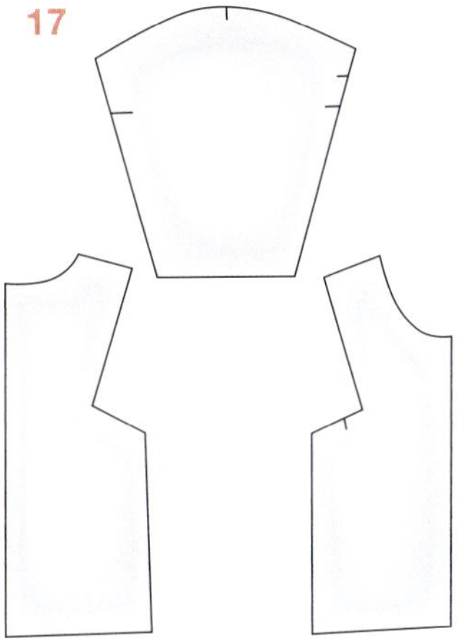

18

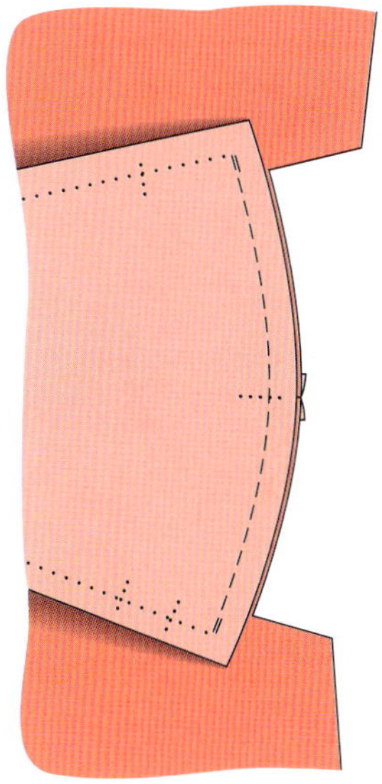

19

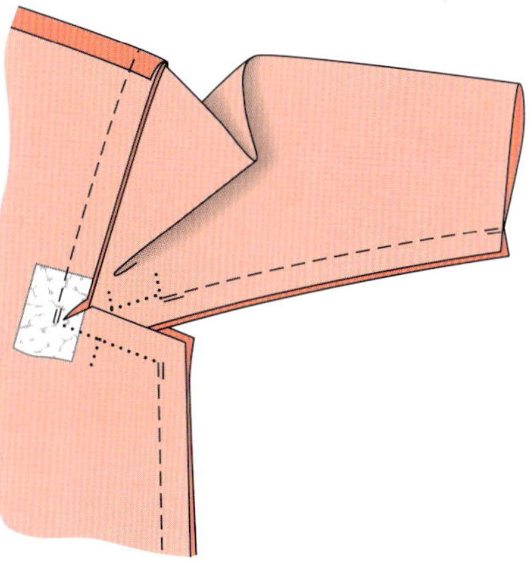

20

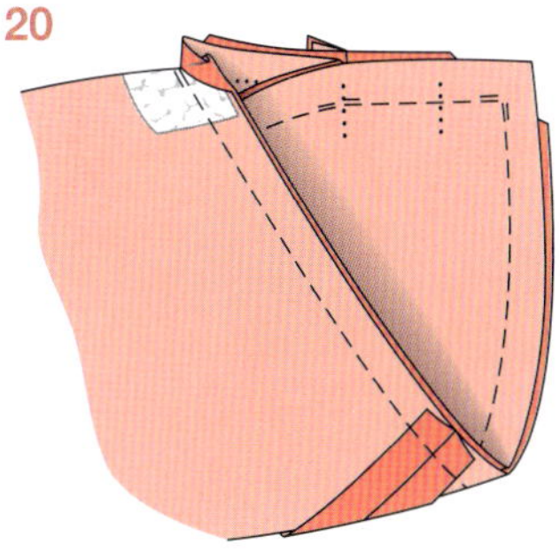

SCHULTERPOLSTER

Schulterpolster gibt es in unterschiedlichen Größen, Formen und mehr oder weniger dick. Je nachdem, ob die aktuelle modische Silhouette gerade und/oder breite Schultern favorisiert oder schmale, schräg nach unten fallende Schultern bevorzugt, sind Polster erforderlich. Mit Schulterpolstern können Sie aber auch kleine Haltungsschäden ausgleichen.

Die Form der Polster richtet sich nach dem Ärmel und der Schulterbreite. Für Modelle mit eingesetzten Ärmeln mit hoher Ärmelkugel werden normale Schulterpolster (1) verwendet. Für stark verbreiterte Schultern und Ärmel mit flacher Ärmelkugel sowie bei Raglanärmeln und allen angeschnittenen Ärmelformen sind die runden Raglanpolster (2) richtig.

1

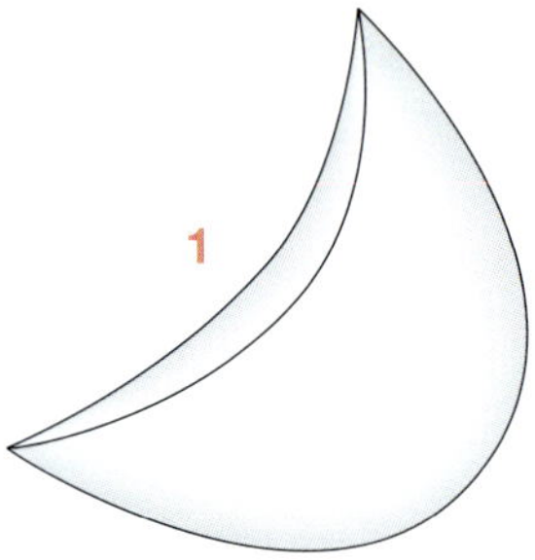

2

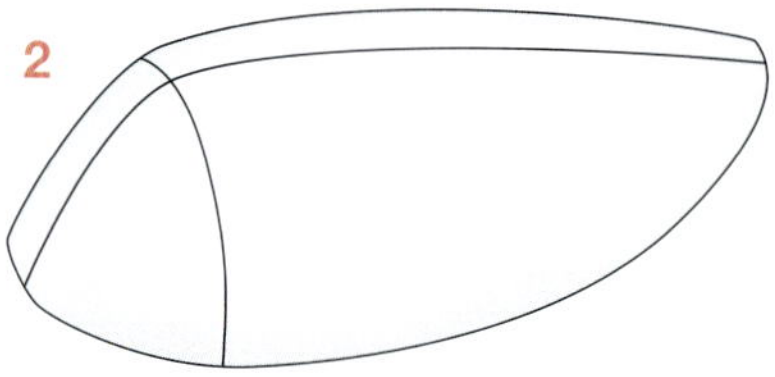

Normale Schulterpolster

werden so in das Kleidungsstück gesteckt, dass die Polsterkante ca. 1 cm in den Ärmel ragt. Ist das Polster nicht gleichmäßig abgerundet, ist die längere „Rundung“

3

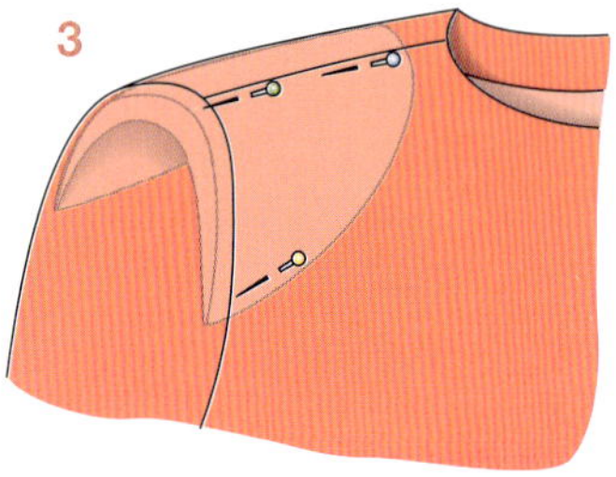

4

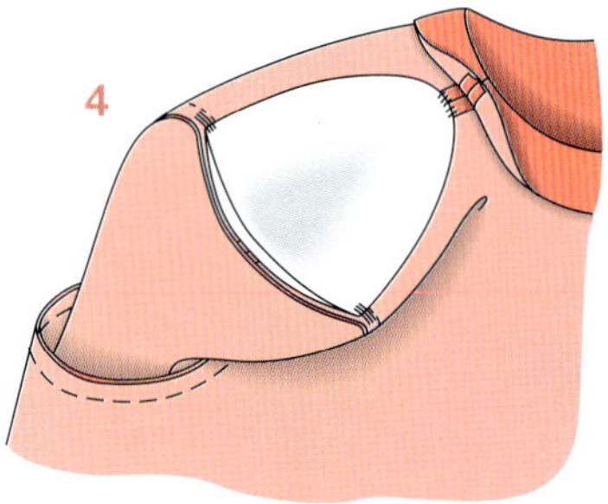

hinten. Schulterpolster von außen an der Schulternaht feststecken (3). Schulterpolster auf den Nahtzugaben der Schulternähte festnähen. Die Enden der Polster mit einem kleinen Fadensteg auf der Nahtzugabe der Ärmeleinsetznaht befestigen (4).

Raglanpolster

werden bei Modellen mit normal breiter Schulter so festgesteckt, dass die Wölbung des Polsters auf der Schulter- bzw. der Armkugel sitzt. Bei Modellen mit Schulterverbreiterung die Polster so feststecken, dass die Rundung der oberen Ärmel- bzw. der Schulternaht auf die Rundung des Polsters trifft. Schulterpolster von außen an der Schulternaht feststecken (5), von innen auf den Zugaben der Schulternaht festnähen.

5

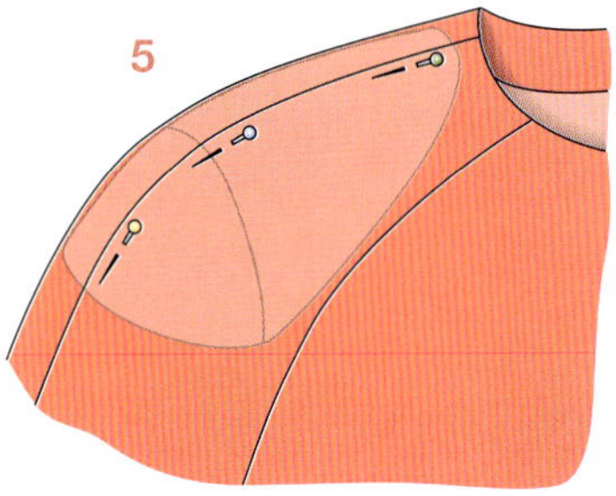

Schulterpolster selbst gemacht

Wenn im Fachhandel die „richtigen“ Polster gerade nicht zu haben sind, unser Tipp: selbst nähen! An Material brauchen Sie feste Einlage, zum Beispiel Vlieseline M 12 oder Filz, und zum Auspolstern Volumenvlies oder Watteline, für Raglanpolster können Sie auch Füllwatte verwenden.

So werden normale Schulterpolster genäht ...

Nach der Schemazeichnung A die Schnittteile 1 und 2 in Originalgröße zeichnen – Karogröße 2 x 2 cm. Die Einlage- bzw. Filzteile je 2-mal

6

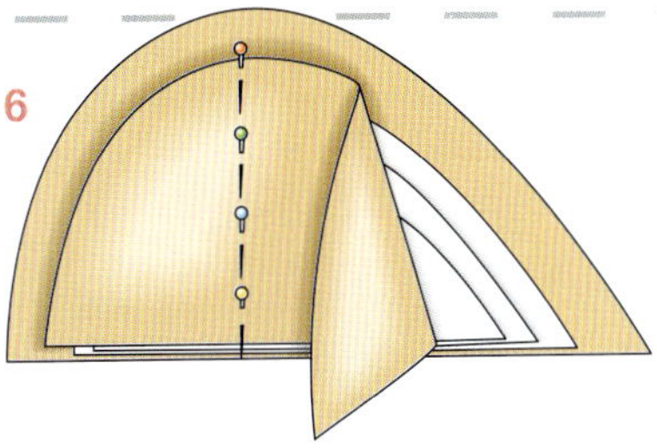

7

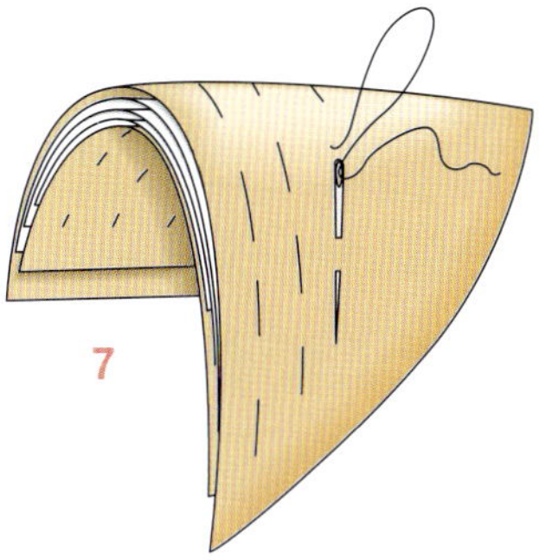

8

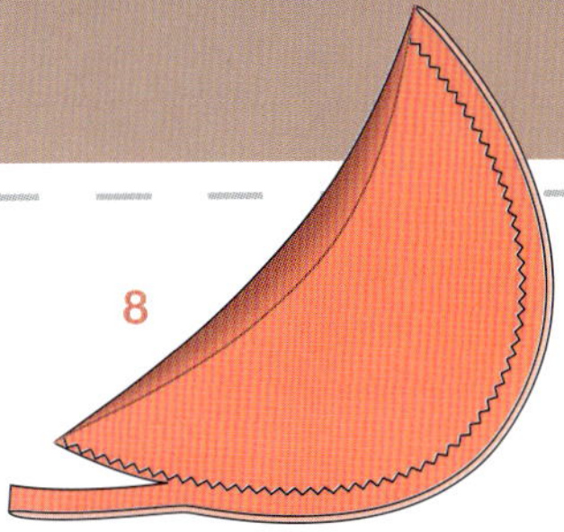

9

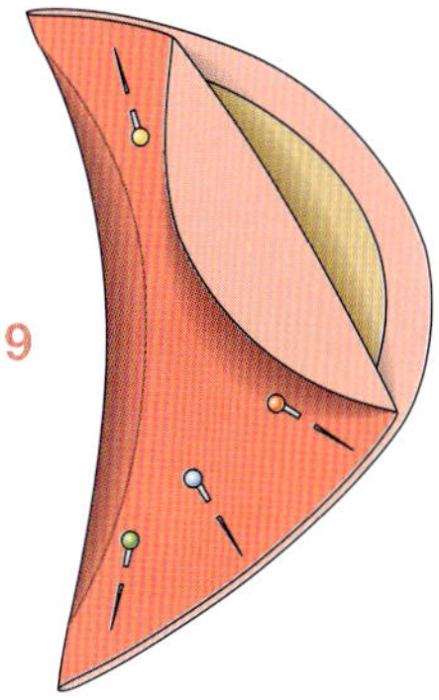

nach diesen Schnittteilen zuschneiden. Zum Auspolstern Watteline oder Volumenvlies mehrmals nach Teil 2 zuschneiden, die einzelnen Lagen jeweils an der abgerundeten Kante etwas kleiner zuschneiden. Dann die Polsterteile so auf Teil 1 stecken, dass das kleinste Teil oben liegt. Die geraden Kanten treffen aufeinander. Zuletzt Teil 2 feststecken (6). Zum Aufeinandernähen der einzelnen Lagen das Polster rund halten, durch alle Lagen stechen (7).

Sollen die Polster in ein Kleid, eine Bluse oder eine ungefütterte Jacke eingearbeitet werden, überziehen Sie sie mit einem Stoff- oder Futterrest: Den Stoff- bzw. Futterrest nach Teil 1 an der geraden Kante im Stoffbruch zuschneiden; an der runden Kante mit ca. 2 cm Nahtzugabe. Den Stoff bzw. das Futter um die Polsterkante legen, feststecken (8).

Dicht neben der Polsterkante mit Zickzackstichen steppen. Die Nahtzugaben dicht neben den Stichen abschneiden (9).

... und so Raglanpolster

Nach der Schemazeichnung B die Schnittteile 1, 2 und 3 in Originalgröße zeichnen – Karogröße 2 x 2 cm. Teile 1 und 2 je 4-mal, Teil 3 2-mal im Bruch aus Einlage oder Filz zuschneiden. Teile 1 und 2 nahtzahlengemäß mit Zickzackstichen aneinandernähen. Dann die Mittelnaht steppen (10). Die Form mit Watteline oder Füllwatte auspolstern. Das untere Polsterteil (Teil 3) an der Linie EINSCHNITT einschneiden, von unten auf das Polster stecken und die Einschnittkanten dabei übereinanderschieben. Das Polster der Form entsprechend rund halten und die Teile aufeinandernähen (11).

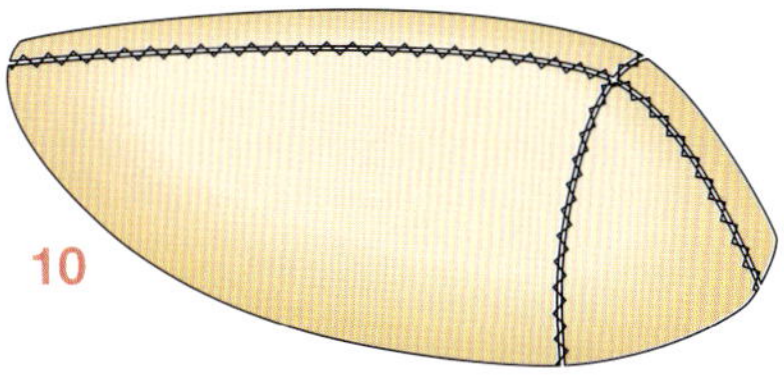

10

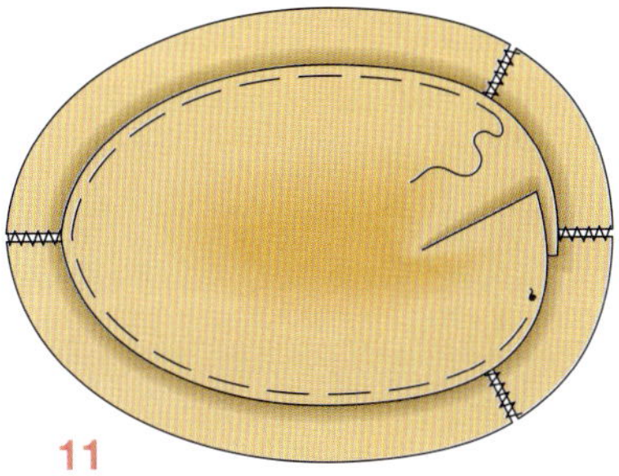

11

Soll das Polster überzogen werden, die Teile 1 und 2 ringsum mit 1 cm Nahtzugabe aus einem Stoff- oder Futterrest zuschneiden. Teil 3 an allen Kanten ca. 3 cm größer zuschneiden. Die Teile 1 und 2 nahtzahlengemäß aneinandersteppen, dann die Mittelnaht steppen. Die Futter- bzw. Stoffteile mit der linken Seite auf die entsprechenden Polsterteile stecken, das untere Teil über dem Einschnitt zur Falte legen. Die Stoff- bzw. Futterkanten mit Zickzackstichen aufeinandersteppen. Die Zugaben dicht neben den Stichen abschneiden.

TIPP

Schnell und einfach lassen sich Schulterpolster vor der Wäsche herausnehmen, wenn Sie sie nicht einnähen, sondern mit Klettband befestigen.

A: Schulterpolster

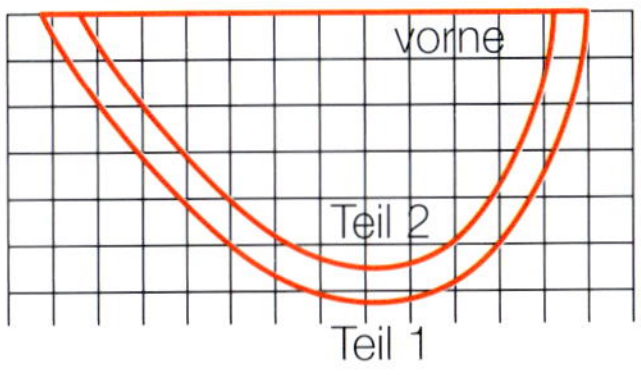

B: Raglanpolster

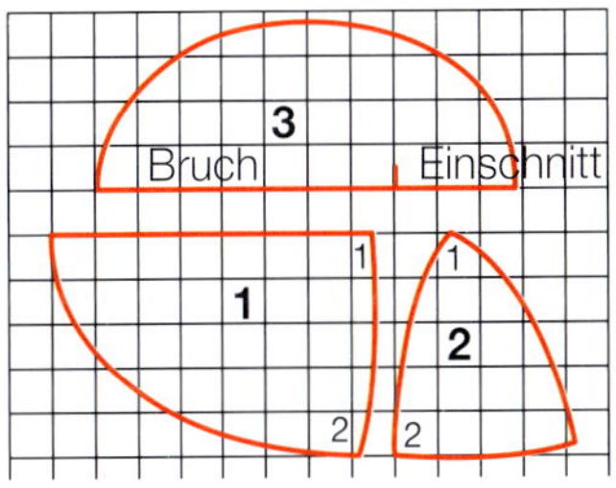

FALTEN

Es gibt einseitige Falten, Kellerfalten und Quetschfalten. Falten können gelegt, von oben bis unten eingebügelt oder plissiert sein. Weitere Faltenarten sind Godets und Biesen.

Falten auf dem Stoff markieren

In burda style Schnitten sind Falten so eingezeichnet, wie sie von der rechten Stoffseite aus zu sehen sind, das heißt, sie werden von der rechten Stoffseite aus in Pfeilrichtung gelegt. Die Linie am Pfeilanfang ist der Faltenbruch, die Linie an der Pfeilspitze die Faltenanstoßlinie. Den Abstand zwischen diesen beiden Linien nennt man die Faltentiefe (1).

Die Faltenlinien mit einem Kopierrädchen und Kopierpapier vom Schnittteil auf die linke Stoffseite übertragen (siehe auch Kopieren auf Seite 50). Damit diese Linien auch auf der rechten Stoffseite zu sehen sind, entlang den Rädellinien Heftfäden einziehen.

Falten bügeln

Um Falten exakt bügeln zu können, werden sie von links geheftet. Dazu den Stoff rechts auf rechts so falten, dass der markierte Faltenbruch auf die Anstoßlinie trifft. Faltenlinien von oben bis unten aufeinanderheften und, wenn die Falte ein Stück weit zugesteppt wird, schon von oben bis zur Querlinie (Pfeil) steppen. Nahtenden sichern (siehe auch Zeichnung 4). Falte in Pfeilrichtung legen und von rechts unter einem Tuch bügeln.

Bei geraden Faltenlinien können Sie auf das Heften der Falten ver-

1

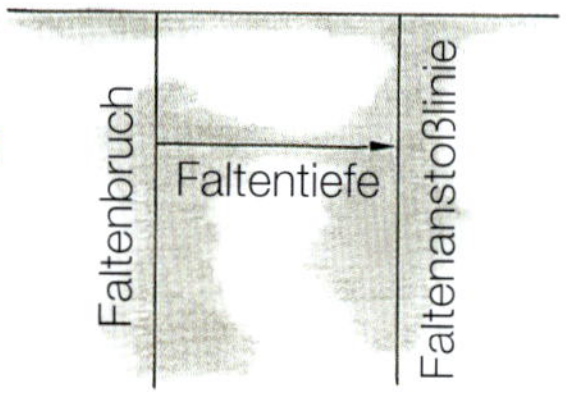

2

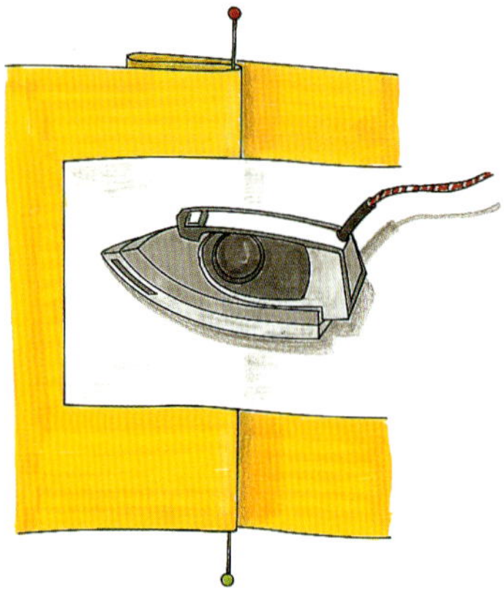

3

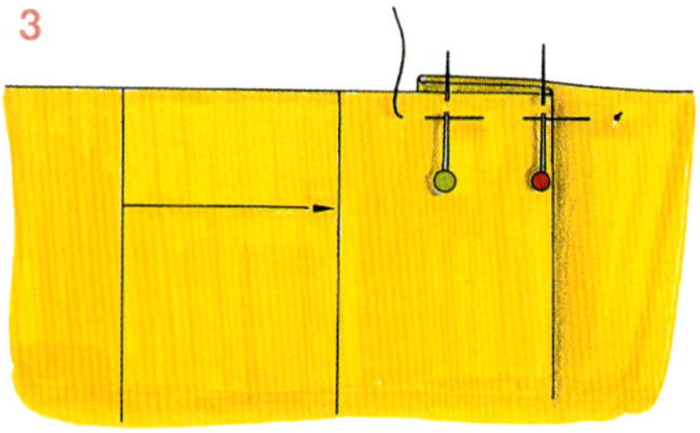

4

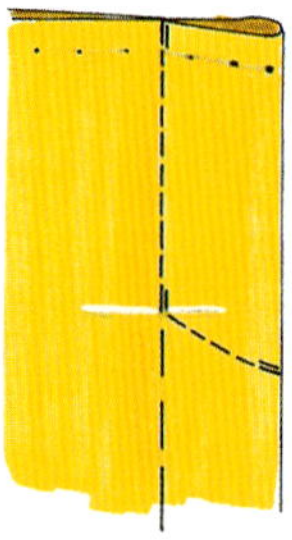

5

TIPP

Verwenden Sie zum Markieren von Faltenbruch und -anstoßlinie verschiedenfarbiges Nähgarn. Sie können dann die Faltenlinien nicht verwechseln.

zichten. Stoff mit der rechten Seite nach oben auf die Bügelunterlage legen. Falte in Pfeilrichtung legen, den Faltenbruch oben und unten an der Anstoßlinie feststecken. Falte unter einem Tuch bügeln (2).

Wichtig: Bei einzelnen Falten oder Faltengruppen den Saum nach, bei Rundum-Faltenröcken den Saum vor dem Einbügeln der Falten nähen.

Einseitige Falten

Diese Falten werden, wie der Name schon sagt, in eine Richtung gelegt. Ist bei einem Rock nur eine Falte in der vorderen oder rückwärtigen Mitte, wird sie auch Golffalte genannt.

Wird die Falte nur gelegt, den Faltenbruch von der rechten Stoffseite aus auf die Anstoßlinie stecken. Falte festheften (3).

Wird die Falte gebügelt, die Faltenlinien rechts auf rechts aufeinanderstecken und heften. Soll die Falte gesteppt werden, von oben bis zur Querlinie (Pfeil) steppen. Die Nahtenden sichern. Damit die Falte nicht ausreißen kann, die Faltentiefe dann ab dem letzten Steppstich in einem leichten Bogen bis zum Falteninnenbruch aufeinandersteppen (4).

Falte von der rechten Stoffseite aus in Pfeilrichtung legen. Bügeln. Faltentiefe an der oberen Kante festheften (5).

Die Quetschfalte

Die Quetschfalte besteht aus zwei einseitigen Falten, die gegeneinander eingelegt werden (6). Auf der Innenseite stoßen die Faltentiefen aneinander (6a). Die einzelnen Falten werden, wie bei der einseitigen Falte, nur gelegt oder geheftet bzw. gesteppt und gebügelt.

6

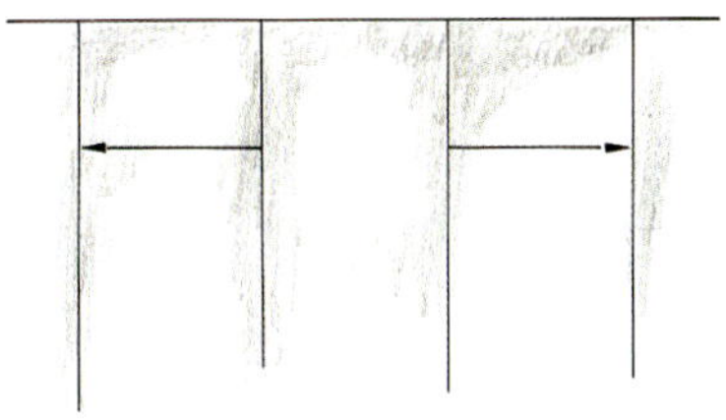

6a

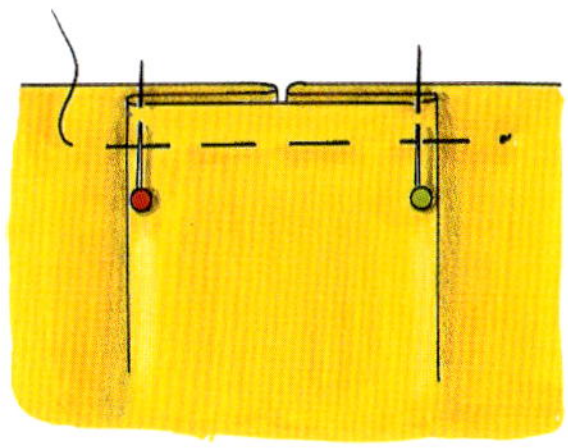

7

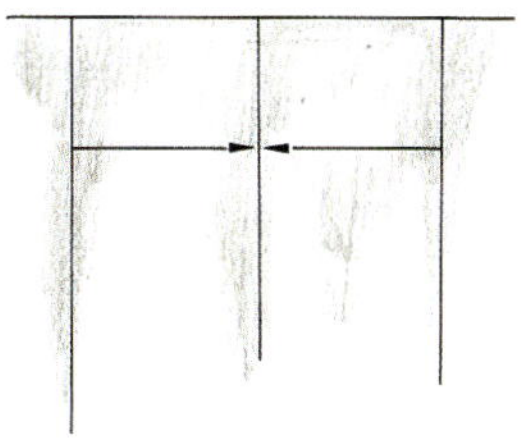

7a

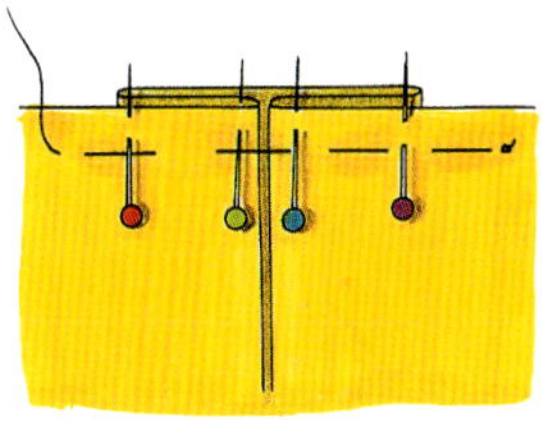

8

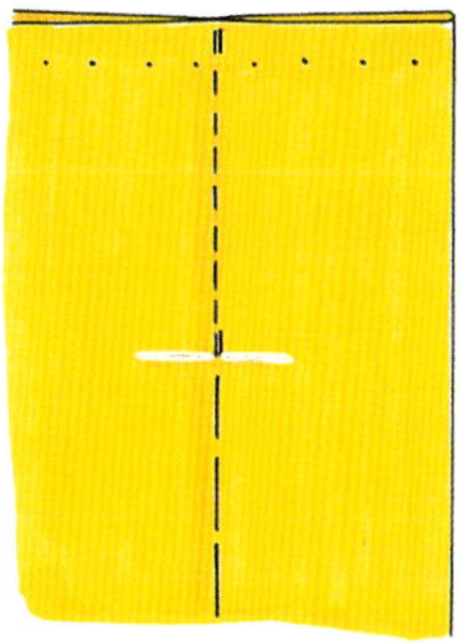

9

Die Kellerfalte

Bei der Kellerfalte treffen die Faltenbrüche in der Mitte der Faltentiefe aneinander (7).

Wird die Falte nur gelegt, die Faltenbrüche von rechts in Pfeilrichtung legen und feststecken. Die Faltentiefen an der oberen Kante festheften (7a).

Wird die Falte gebügelt, den Stoff rechts auf rechts so falten, dass die Faltenbruchlinien aufeinanderliegen und von oben bis unten aufeinanderheften. Wenn die Falte gesteppt werden soll, von oben bis zur Querlinie (Pfeil) steppen. Nahtenden sichern (8). Falte so bügeln, dass die zusammengehefteten Faltenbrüche genau in der Mitte der Faltentiefe liegen. Damit die Falten nicht ausreißen können, die Faltentiefen jeweils ab dem Nahtende halbrund aufeinandersteppen (9). Falten an der oberen Kante festheften.

Die Kellerfalte mit extra Faltenboden

wird an Nähten eingearbeitet. Jeweils eine halbe Faltentiefe ist angeschnitten. Der Faltenboden wird als gerader Stoffstreifen, mit Naht- und Saumzugaben, zugeschnitten. Der Faltenboden wird erst an die Faltentiefen gesteppt, wenn die Säume genäht sind.

10

11

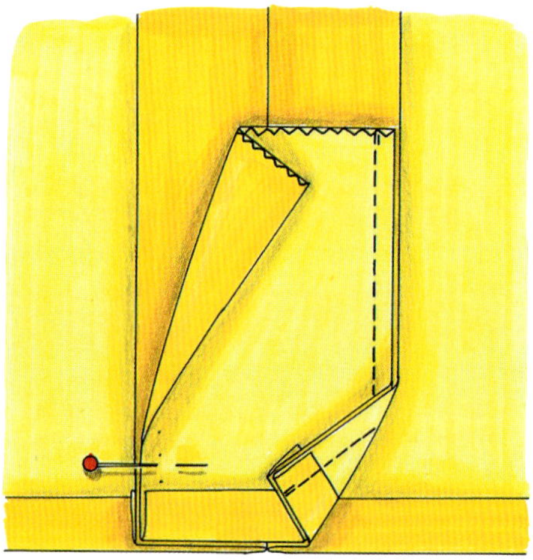

12

13

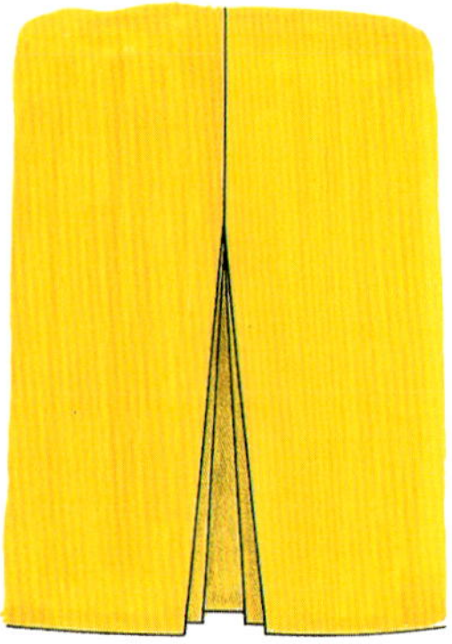

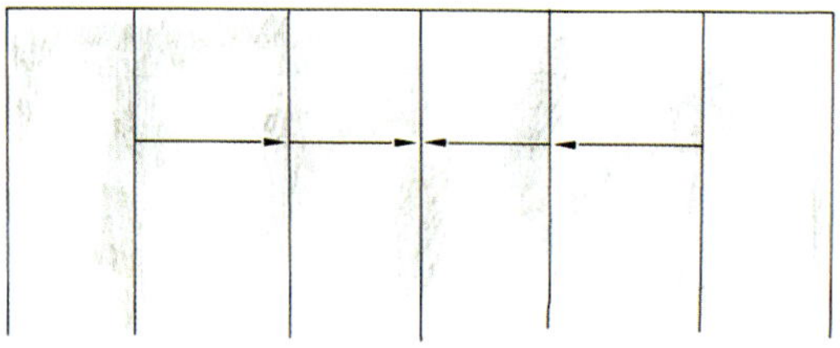

14

15

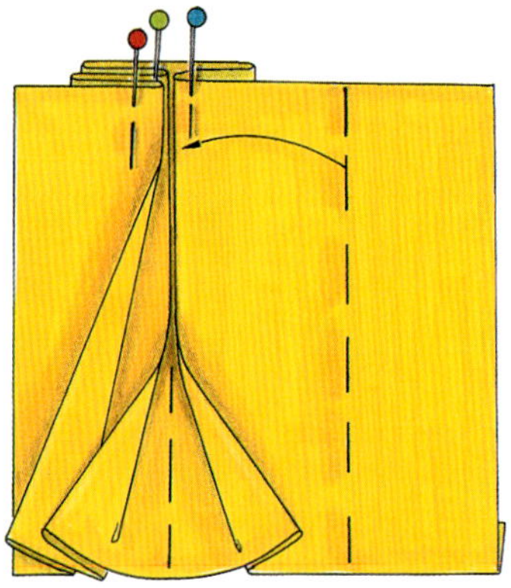

16

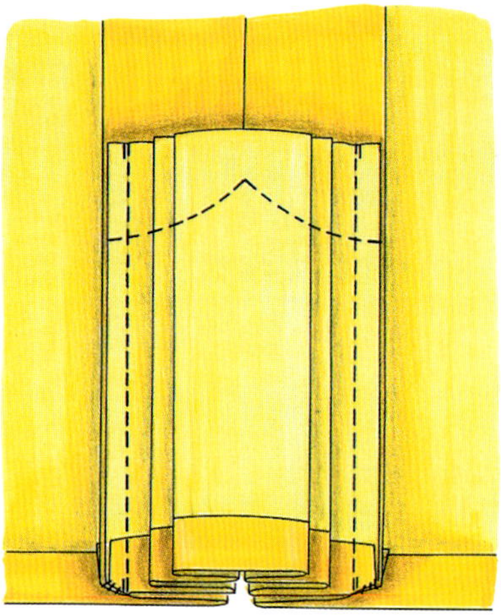

Die Stoffteile rechts auf rechts aufeinanderstecken, Naht heften, fortlaufend die Falte als Naht zuheften. Naht von oben bis zur Querlinie (Pfeil) steppen (10). Nahtzugaben bzw. Faltentiefen auseinanderbügeln. Obere Kante des Faltenbodens versäubern. Faltenboden rechts auf rechts auf die Faltentiefen stecken, dabei darauf achten, dass die Saumkanten genau aufeinanderliegen. Faltenboden feststeppen (11). Um ein Ausreißen der Falte zu verhindern, die Faltentiefen ab dem Nahtende halbrund auf den Faltenboden steppen (siehe Zeichnung 9, Seite 169). Heftstiche trennen. Damit die Nahtzugaben an der Saumkante nicht „vorblitzen“, werden sie eingeschlagen und dann von Hand gegeneinandergenäht (12).

Die Nahtzugaben zusammengefasst versäubern.

Die Fächerfalte

Die Fächerfalte (13) ist eine schicke Variante der Kellerfalte. Beim Faltenboden liegen zwei oder mehr Kellerfalten übereinander (14).

Wichtig: Verwenden Sie für das Fächerteil nur dünne, leichte Stoffe, da sehr viele Stofflagen übereinanderliegen.

Falten des Fächerteils von der rechten Stoffseite aus legen, dabei an der mittleren Falte beginnen (15). Bügeln. Das fertige Fächerteil, wie bei der Kellerfalte mit Faltenboden erklärt, feststeppen (16).

17

18

Die Diorfalte

Die Diorfalte ist eigentlich gar keine Falte, sondern ein Schlitz, der mit einem Stoffstück, dem Untertritt, unterlegt wird (17). Sie wird an schmalen Röcken genäht, um die nötige Gehweite zu erhalten.

Wichtig: Der Rock muss gefüttert sein, da der Untertritt auf das Futter genäht wird.

Den Untertritt schneiden Sie ca. 20 cm breit und 5 cm länger als den Schlitz mit Saumzugabe in geradem Fadenlauf zu.

Am Rock den Schlitz und den Saum nähen (siehe Seite 74/75). Saum am Futter nähen (siehe Seiten 182 bis 184). Am Untertritt die Saumzugabe umbügeln, an den Seiten leicht abrunden. Saum nähen. Restliche Kanten versäubern. Untertritt unter dem Schlitz auf das Futter steppen (18).

TIPP

Wenn Sie die Fliege nicht sticken möchten, können Sie auch ein kleines Dreieck aus Leder oder einen Stoffrest applizieren (siehe Seite 222).

Die Fliege

Die Fliege ist ein kleines gesticktes Dreieck, das als Schmuck und zur Sicherung von Schlitzen gestickt wird. Die Fliege ist ein typisches Detail der Diorfalte. Aber auch an Falten oder Paspeltaschen können Sie eine Fliege sticken.

So wird's gemacht:

Markieren Sie am Schlitzende ein gleichseitiges Dreieck auf der rechten Stoffseite. Eine Breitseite des Dreiecks liegt über dem Schlitzende. Dreieck umsteppen. Dann die Fliege wie bei Zeichnungen 19 bis 22 mit Stick- oder Knopflochgarn sticken. Wichtig ist, dass Sie außerhalb der Markierung ein- bzw. ausstechen und die Fäden nicht zu fest anziehen.

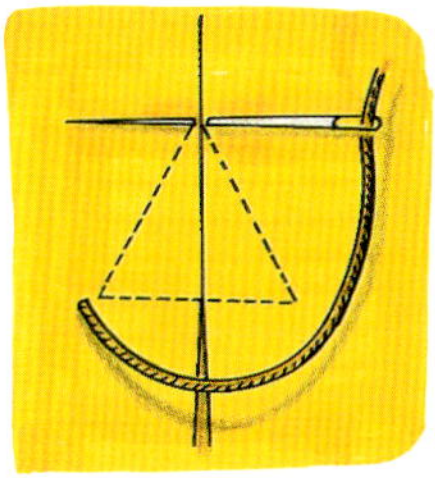

19

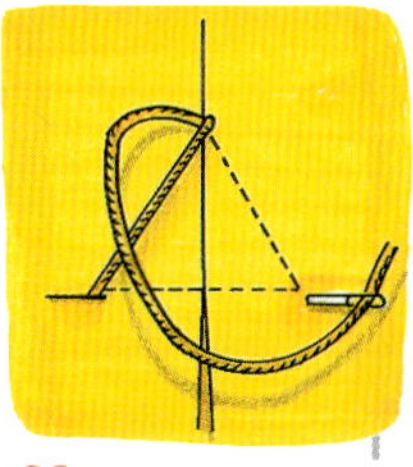

20

21

22

Godets

Godets sind keilförmige Stoffteile, die angeschnitten oder eingesetzt werden.

Angeschnittene Godets:
Je nachdem, wie die Godets fallen sollen, wird die Naht vor oder nach dem Saum genäht.

Soll das Godet rund fallen, die Naht steppen. Die Nahtzugaben am Beginn des Godets einschneiden. Zugaben auseinanderbügeln und versäubern. Den Saum nähen (1). Soll das Godet nach innen fallen, zuerst den Saum, dann die Naht nähen. Dabei darauf achten, dass die Saumkanten genau aufeinanderliegen.

Die Nahtzugaben am Beginn des Godets einschneiden. Zugaben von oben bis zum Einschnitt auseinanderbügeln, versäubern. Am Godet die Zugaben zusammengefasst versäubern, dabei die Zugaben an der Saumkante schräg einschlagen (2).

Eingesetzte Godets:
Die Godets werden erst eingesetzt, wenn die Säume genäht sind.

Die Naht bis zum Godetansatzzeichen (Querstrich) steppen. Eine Godetlängskante rechts auf rechts an eine Schlitzkante steppen, dabei darauf achten, dass die Saumkanten genau aufeinanderliegen (3). Die andere Godetlängskante an die andere Schlitzkante steppen (4). Die Nahtzugaben an den Saumkanten einschlagen und gegeneinandernähen (siehe auch Zeichnung 12 von Seite 170). Die Nahtzugaben versäubern.

1

2

3

4

Biesen

Biesen sind schmale, ca. 2 mm breite, gesteppte Fältchen. In den burda style Schnitten ist für jede Biese eine Linie eingezeichnet. Die erforderliche Zugabe für die Biesen ist im Schnitt jedoch nicht enthalten. Das heißt, für Teile, an denen Biesen gesteppt werden sollen, wird zunächst ein viereckiges Stoffstück zugeschnitten. Diese Zentimeterangaben (Höhe = Papierschnittteil plus Nahtzugaben, Breite = Papierschnittteil plus Nahtzugaben plus ½ cm pro Biese) sind unter der Rubrik „Zuschneiden" angegeben.

Auf der rechten Stoffseite die Bruchkante für die erste Biese mit Heftfaden markieren: Abstand zur Kante = Nahtzugabe + ½ Biesenbreite + am Schnittteil abgemessener Abstand (5). Stoff an dieser Linie falten, linke Seite innen. Bruchkante bügeln und schmal absteppen (6). Dann die Bruchkante für die nächste Biese markieren. Dazu ab der Stepplinie den Biesenabstand + halbe Biesenbreite abmessen. Bruchkante bügeln, Biese nähen. Alle weiteren Biesen genauso abmessen, bügeln und nähen.

Wenn alle Biesen genäht sind, stecken Sie das Schnittteil so auf den Stoff, dass die Biesen aufeinandertreffen (7) und schneiden das Teil mit Nahtzugabe zu.

Sehr schmale Biesen, ca. 1 mm, werden auch Haarbiesen genannt. Sie können wie oben erklärt genäht werden. Schneller und einfacher geht's mit einem speziellen Biesennähfuß, einer Zwillingsnadel und einem Einlauffaden (Knopflochgarn). Sie können dann nicht nur gerade Biesen nähen, sondern jedes beliebige Muster, von Wellen

5

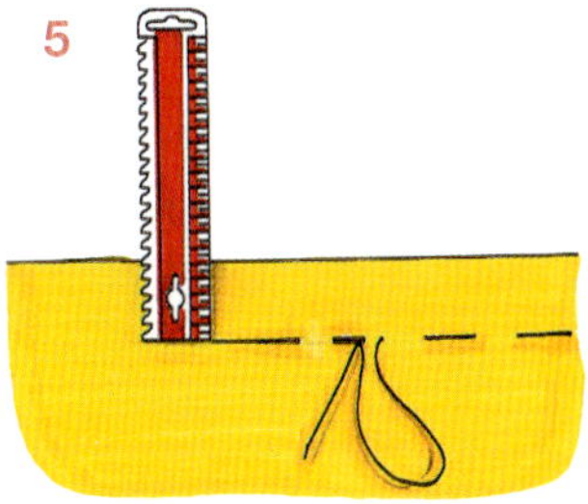

6

8

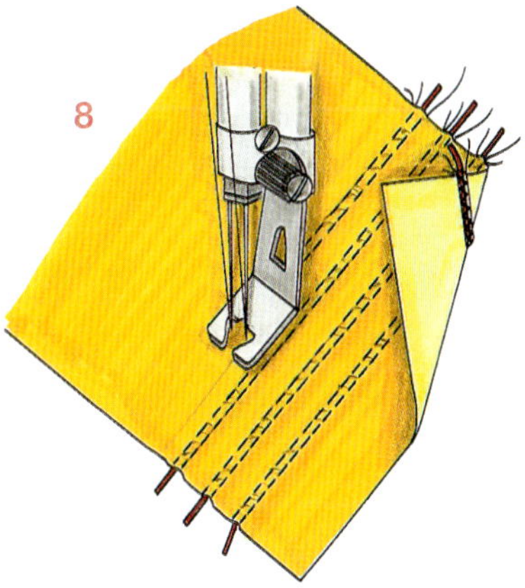

über Kreise bis hin zu einzelnen Motiven.

So wird's gemacht:

Zwillingsnadel und Biesenfuß einsetzen. Zwei Oberfäden einfädeln. Biese mit Heftfaden markieren oder mit Zauberkreide aufzeichnen. Von der rechten Stoffseite aus steppen, dabei auf der Stoffunterseite den Einlauffaden mitführen (8). Haarbiesen auf einer weichen Unterlage von der linken Stoffseite aus bügeln.

7

Der Faltenrock

Einen Faltenrock können Sie mit ein wenig Denksport auch ohne Schnitt nähen. Sie benötigen drei Maße: Hüftweite, Taillenweite und Rocklänge. Damit der Rock nicht zu eng wird, geben Sie bei der Hüftweite 4 cm, bei der Taillenweite 2 cm Bequemlichkeitsweite zu.

Falten ausrechnen

Das Grundmaß für die Berechnung ist die Hüftweite.

Hüftweite plus Zugabe geteilt durch Faltenbreite ergibt die Faltenanzahl, oder, falls die Rechnung nicht aufgeht, Hüftweite plus Zugabe geteilt durch Faltenanzahl ergibt die Faltenbreite.

Beispiele:

Hüftweite 92 cm + 4 cm Zugabe = 96 cm.

96 cm Hüftweite : 6 cm Faltenbreite = 16 Falten.

96 cm Hüftweite : 8 cm Faltenbreite = 12 Falten.

96 cm Hüftweite : 10 cm Faltenbreite = 9,6 Falten.

Da 9,6 Falten nicht machbar sind, müssen Sie umgekehrt rechnen: 96 cm Hüftweite : 10 Falten = 9,6 cm Faltenbreite.

Stoffverbrauch

Die Faltentiefe ist meist doppelt so breit wie die Faltenbreite. Das heißt, unabhängig von der Faltenbreite und der Faltenanzahl benötigen Sie für die Gesamtweite die Hüftweite mit 4 cm Bequemlichkeitszugabe mal drei. Ausgehend von 96 cm Hüftweite (davon 4 cm Bequemlichkeitszugabe) ergibt das 288 cm Gesamtweite.

Diese Gesamtweite müssen Sie je nach Stoffbreite in 2 oder 3 Rockbahnen aufteilen.

Wichtig: Damit die Ansatznähte der Rockbahnen in der Mitte der Faltentiefen liegen, muss die Faltenanzahl immer durch die Zahl der Rockbahnen teilbar sein, zum Beispiel bei zwei Rockbahnen durch zwei, bei drei durch drei.

Beispiele:

Bei 140 cm Stoffbreite haben Sie 280 cm Gesamtweite (= 2 Rockbahnen) zur Verfügung. In diesem Fall müssten Sie wegen 8 cm (mit Nahtzugaben 12 cm) eine dritte Rockbahn kaufen. Das wäre jedoch sehr ungünstig. In diesem Fall ist es besser, die fehlenden Zentimeter von den Faltentiefen abzuziehen: 280 cm Gesamtweite – 96 cm Hüftweite (davon 4 cm Bequemlichkeitszugabe) – 4 cm Nahtzugaben = 180 cm. Dieser Betrag, durch die Faltenanzahl geteilt, ergibt die Faltentiefe: 180 cm : 16 Falten = 11,25 cm Faltentiefe.

Bei 90 cm Stoffbreite rechnen Sie genauso: 3-mal die Rocklänge ergibt 270 cm Gesamtweite. Da jedoch 16 Falten bei 3 Rockbahnen nicht möglich sind, müssen Sie die Faltenanzahl entsprechend ändern. Sie muss durch 3 teilbar sein. Dann Faltenbreite und Faltentiefe neu berechnen.

Faltenbreite = Hüftweite 96 cm : 15 Falten = 6,4 cm. Faltentiefe = Gesamtweite weniger Hüftweite und Nahtzugabe (bei 3 Rockbahnen 6 cm) geteilt durch Faltenanzahl: 270 cm – 96 cm – 6 cm = 168 cm : 15 Falten = 11,2 cm.

Wichtig:
Beim Stoffeinkauf zur Rocklänge die Naht- und Saumzugaben dazurechnen und den Bund nicht vergessen.

Taillenweite berechnen
Die Differenz zwischen Taillen- und Hüftweite wird gleichmäßig auf die Falten verteilt, das heißt, sie wird bei den Faltenbreiten abgezogen und an den Faltentiefen dazugerechnet.

Beispiel:
Hüftweite 96 cm und Taillenweite 64 cm ergibt eine Differenz von 32 cm. Bei 16 Falten sind das 2 cm pro Falte. Die Faltenbreite ist dann nicht mehr 6 cm, sondern 4 cm und die Faltentiefe nicht 11,25 cm, sondern 13,25 cm.

Rockbahnen zuschneiden
Messen Sie entlang einer Webkante die Rocklänge plus Naht- und Saumzugabe ab und schneiden Sie fadengerade quer durch den Stoff bis zur anderen Webkante. Dann die zweite oder dritte Rockbahn genauso zuschneiden.

An den Rockbahnen den Saum nähen (siehe Seite 72/73).

Falten auf die Rockbahnen zeichnen
Rockbahnen mit der linken Stoffseite nach oben auf den Tisch legen. Die Hüftlinie mit Schneiderkreide oder Heftfaden markieren. Dazu vom oberen Rand aus die Hüfttiefe (ca. 18 cm) plus 1 cm Nahtzugabe für die Bundansatznaht abmessen. Falten aufzeichnen, dabei mit einer halben Faltentiefe plus Nahtzugabe beginnen. Dann abwechselnd Faltenbreite und Faltentiefe aufzeichnen und wieder mit einer halben Faltentiefe plus Nahtzugabe enden (Zeichnung 1 zeigt eine Rockbahn bei 140 cm Stoffbreite und 16 Falten).

Rockbahnen aneinandernähen
Falten heften und bügeln wie bei der einseitigen Falte (siehe Seite 169, Zeichnungen 4 und 5) erklärt. Rockbahnen aufeinanderstecken, rechte Stoffseite innen. Nähte steppen, dabei für den Reißverschluss eine Naht nur vom Saum bis zur Hüftlinie und dann quer bis zur Faltenanstoßlinie steppen (2). Nahtzugaben versäubern.

Damit der Rock schön fällt, schneiden Sie den Taillenrand in der vorderen und rückwärtigen Mitte 1½ cm tiefer, zu den Seiten hin verlaufend, aus. Den Bund an den Taillenrand heften und den Rock anprobieren. Ist der Rock nicht überall gleichmäßig lang, die obere Rockkante entsprechend tiefer ausschneiden. Falls der Rock durch das Ausschneiden am oberen Rand etwas zu weit geworden ist, das Zuviel an Weite an den Faltentiefen zugeben.

2

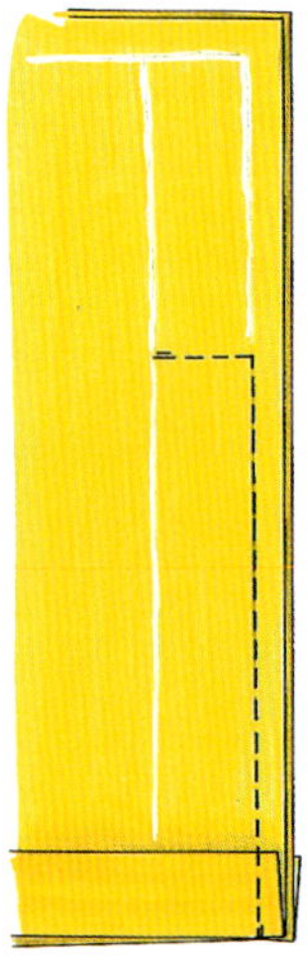

3

1

4

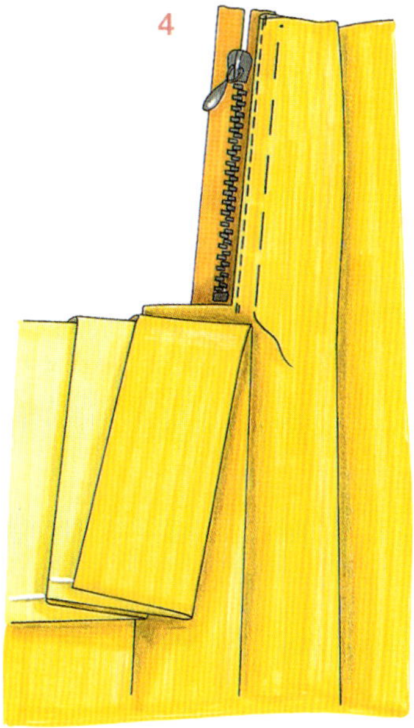

5

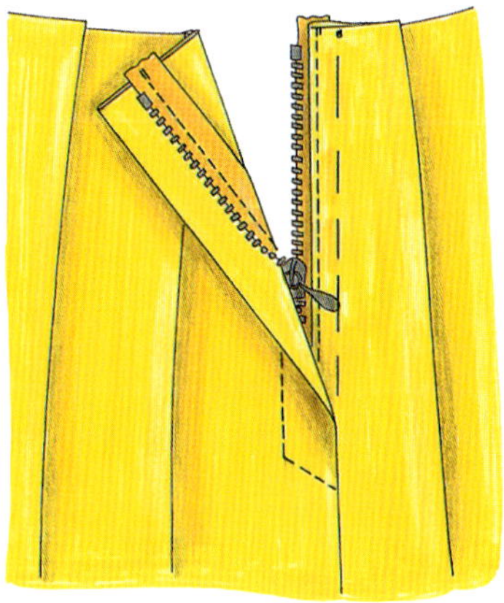

Reißverschluss einnähen

Der Reißverschluss wird einseitig verdeckt in den Schlitz genäht. Die Faltentiefe der rückwärtigen Schlitzkante bis ½ cm vor die markierte Faltenanstoßlinie einschneiden. Faltentiefe ½ cm neben der markierten Faltenlinie nach innen umheften. Bügeln (3). Reißverschluss dicht neben den Verschlusszähnchen unter die Schlitzkante heften, schmal feststeppen (4). An der anderen Schlitzkante die Falte so auf den Reißverschluss heften, dass der Faltenbruch auf die Faltenanstoßlinie trifft. Die zweite Reißverschlusshälfte feststeppen. Am Schlitzende schräg steppen (5). Bund annähen, wie auf den Seiten 177/178 erklärt.

Plissee

Plissees sind Falten, die in Plissieranstalten maschinell eingepresst werden. Die Dauerhaftigkeit (Permanenz) der Plissees hängt von der Zusammensetzung des Stoffes ab. Stoffe aus Naturfasern – Leinen, Baumwolle, Wolle, Seide – und zellulosische Chemiefasern – Viskose, Acetat – lassen sich nicht dauerhaft plissieren. Am haltbarsten sind Plissees in synthetischen Chemiefasern, z. B. Polyester oder Fasermischungen mit Polyester. Dabei gilt: je höher der Polyesteranteil, umso haltbarer sind die Plissees. Auch Triacetat, eine zellulosische Chemiefaser, kann dauerhaft plissiert werden.

3-fach-Plissee: Die Faltentiefe ist 2-mal so breit wie die Faltenbreite. Es wird die 3-fache Stoffmenge benötigt. Stoffbahnen in geradem Fadenlauf zuschneiden (1).

Sparplissee: Hier wird an den Faltentiefen gespart. Die Faltentiefe ist 1½-mal so breit wie die Faltenbreite. Dabei wird die 2½-fache Stoffmenge benötigt. Die Stoffbahnen im geraden Fadenlauf zuschneiden (2).

Sonnenplissee: Die Falten werden nach unten strahlenförmig breiter. Zum Plissieren ist ein Halbkreis oder ein Kreisausschnitt erforderlich (3).

TIPP

Plissierte Kleidungsstücke aus Naturfasern sollten nur chemisch gereinigt werden.

1

2

3

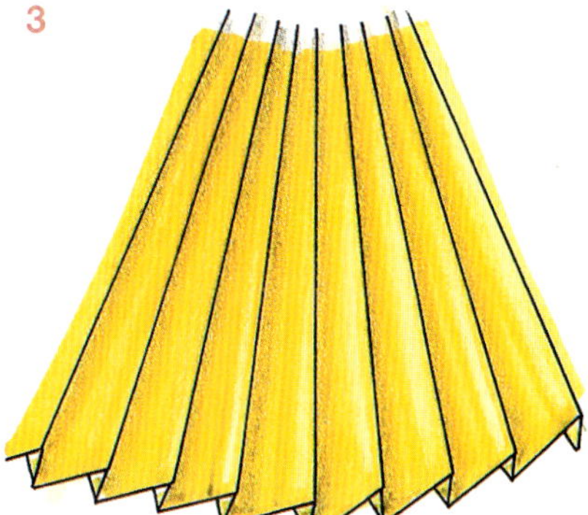

5

Stehplissee sind schmale, ca. ½ cm breite Falten wie bei einer Ziehharmonika. Stehplissee wird für Kragen oder Falteneinsätze verwendet und kann im schrägen oder geraden Fadenlauf zugeschnitten werden (4).

4

Außerdem gibt es die sogenannten Sonderplissees. Dazu gehören Kellerfalten, Quetschfalten und Faltengruppen.

Zum Plissieren geben Sie der Plissieranstalt die gewünschte Plisseeart und bei Rundum-Faltenröcken die Hüftweite an. An den Stoffbahnen müssen die Säume bereits genäht sein. Ausnahme ist Sonnenplissee, bei dem der Saum erst nach dem Plissieren genäht wird (siehe Seite 73).

In vielen Stoffgeschäften gibt es bereits fertig plissierte Rockbahnen. Damit ist ein Plisseerock (5) im Nu fertig. Sie müssen nur die Rockbahnen aneinandersteppen, an die obere Kante einen Bund aus farblich passendem Stoff annähen und anschließend ein Gummiband einziehen.

Noch schneller geht's, wenn Sie einen fertigen „Elastikbund" an die obere Rockkante nähen (siehe Seite 180/181).

Stiftelband

Das Kräusel- oder Stiftelband ist ein Faltenzugband, ähnlich wie die Gardinenbänder. Mit ihm können kleine Fältchen, die früher in mühsamer Handarbeit, der traditionellen Stifteltechnik, gelegt wurden, schnell und einfach genäht werden. Es gibt zweierlei Bänder: ein festes Band, für das die 3-fache Weite benötigt wird, und ein elastisches Band, mit Gummifäden als Zugfäden.

Das feste Stiftelband entlang der Nahtmarkierung feststecken. Band an der oberen und unteren Kante und zwischen den Zugfäden feststeppen. Zugfäden auf das gewünschte Maß anziehen (1). Die Weite gleichmäßig verteilen. Fadenenden verknoten. Damit die Fältchen nicht verrutschen, von rechts noch einmal entlang den Stepplinien steppen.

Mit dem elastischen Stiftelband geht's noch schneller, denn es wird an eine fertige Kante genäht. Das Band von innen entlang der Kante feststecken. Band an der oberen und unteren Kante und zwischen den Zugfäden feststeppen. Die Zugfäden auf das gewünschte Maß anziehen und die Fadenenden verknoten.

TIPP

Das Futter sollten Sie nicht zu eng nähen, damit der Schwung der Falten nicht behindert wird.

1

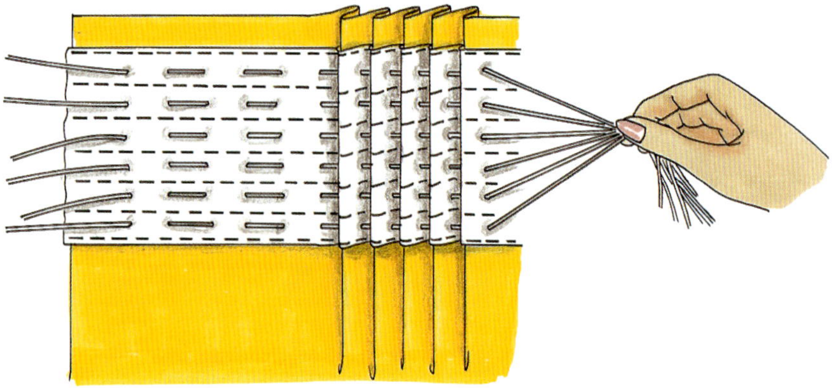

BUNDVERARBEITUNG

Der Bund ist der Taillenabschluss an Rock oder Hose. Es gibt verschiedene Möglichkeiten, einen Bund zu nähen: Er kann gerade, in Form geschnitten, mit Gummizug oder angeschnitten sein. Außerdem gibt es fertigen Elastikbund. Wenn Sie den Rock füttern, wird zuerst das Futter, dann der Bund genäht. Aufhänger werden immer vor, Gürtelschlaufen können vor oder nach dem Bund angenäht werden. Beim geraden Bund und beim Formbund wird für den Verschluss ein Untertritt benötigt. Ist der Verschluss in der vorderen Mitte, steht der Untertritt an der linken, ist der Verschluss in der rückwärtigen Mitte, steht der Untertritt an der rechten Schlitzkante über. Bei einem seitlichen Verschluss ist der Untertritt an der rückwärtigen Schlitzkante.

Der gerade Bund

Bei burda style Schnitten gibt es für den Bund ein Schnittteil, oder er ist als „vermaßtes Teil“ mit Zentimeterangaben unter der Rubrik „Zuschneiden“ angegeben. Diese Zentimeterangaben, zum Beispiel 75 cm lang, davon 3 cm Untertritt, 6 cm breit, fertige Breite 3 cm, sind ohne Nahtzugaben. Am besten, Sie zeichnen sich nach diesen Zentimeterangaben ein Schnittteil und schneiden dann den Bund im geraden Fadenlauf ringsum mit 1 bis 1½ cm Nahtzugabe zu.

Der Bund wird immer mit Einlage verstärkt. Je nachdem, welche Einlage Sie verwenden, gibt es unterschiedliche Methoden, den Bund zu nähen.

1

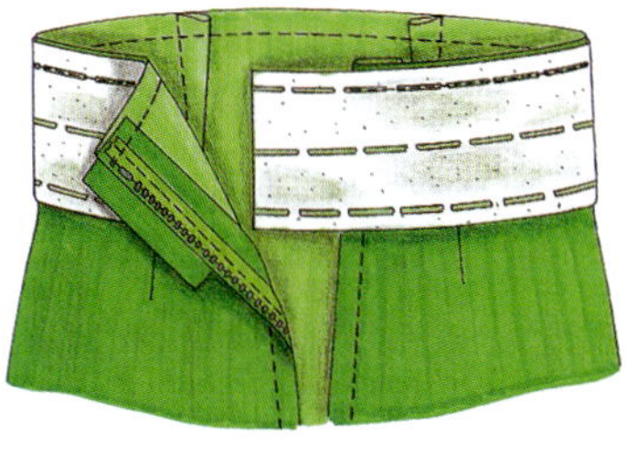

Mit Bundfix oder Stanzband geht's schnell und einfach, denn die Nahtlinien und die obere Bruchkante sind durch vorgestanzte Linien gekennzeichnet. Bundfix gibt's in verschiedenen Breiten und Ausführungen, beide Seiten gleich breit, oder eine Seite schmaler; in diesem Fall wird die schmalere Seite zuerst angenäht.

Bundfix auf die linke Bundseite bügeln. Bund rechts auf rechts auf die obere Kante stecken, dabei den Rock bzw. die Hose etwas einhalten und an einer Schlitzkante den Untertritt, an der anderen Schlitzkante die Nahtzugabe überstehen lassen. Bund genau in der Mitte der Stanzlinie feststeppen (1). Bund nach oben legen und die Nahtzugaben in den Bund bügeln. Die Zugabe der anderen langen Bundkante nach innen umbügeln (2). Bund zur Hälfte falten, die rechte Stoffseite ist innen. Die schmalen Bundkanten aufeinandersteppen. Die Nahtzugaben zurückschneiden, an den Ecken schräg abschneiden (3). Bund wenden. Die innere Bundkante an der Ansatznaht feststecken, am Untertritt die Kanten aufeinanderstecken (4).

Bund ringsum schmal absteppen, dabei die innere Hälfte an der Ansatznaht feststeppen und die Untertrittkanten aufeinandersteppen. Oder die Bundinnenseite von Hand an der Ansatznaht annähen und die Untertrittkanten gegeneinandernähen.

2

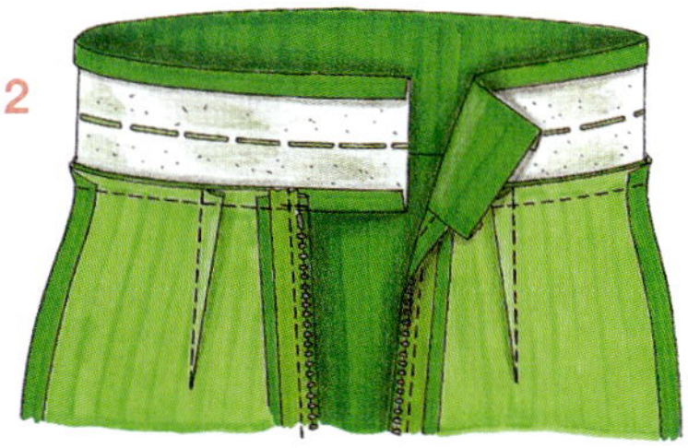

3

4

5

Bei dicken Stoffen die innere Bundkante nicht einschlagen, sondern versäubern und über die Ansatznaht legen, feststecken. Am Untertritt die Kanten eingeschlagen aufeinandernähen und an der anderen Schlitzkante den Bund ca. 3 cm eingeschlagen festnähen. Dann von der rechten Seite aus genau in der Nahtrille der Bundansatznaht steppen, dabei die innere Bundhälfte feststeppen (5). Bund mit Knopf und Knopfloch oder Haken und Ösen schließen (siehe Seite 116).

Auch mit Ripsband kann ein Bund verstärkt werden. Die Ripsbandbreite entspricht der fertigen Bundbreite. Den Stoffbund rechts auf rechts auf die obere Kante heften, dabei den Rock bzw. die Hose etwas einhalten und den Untertritt an einer Schlitzkante überstehen lassen. An der anderen Schlitzkante den Bund nahtbreit überstehen lassen. Steppen.

Das Ripsband dicht neben der Ansatznaht auf die Nahtzugaben steppen – das Ripsband endet dabei vor den Zugaben der schmalen Bundkanten (6). Bund über das Ripsband nach oben bügeln. Ripsband festheften (7). Dann den Bund, wie beim Bund mit Stanzband erklärt, fertignähen.

Ein Konfektionstrick

Diese Konfektionsmethode ist für alle Frauen interessant, deren Weitenmaße nicht ständig konstant sind. Weitenänderungen sind dadurch leicht. Voraussetzung dafür ist, dass der Bund Seitennähte hat.

Den Rockbund ca. 12 cm länger zuschneiden als in der Anleitung angegeben. Bundeinlage aufbügeln. Rückwärtige Mittelnaht am Rock steppen und den Reißverschluss einnähen. Abnäher steppen. Abnäher im Futter steppen. Bund rechts auf rechts an die obere Kante der vorderen Rockbahn steppen, dabei die Rockkante ca. 1 cm einhalten.

Den Bund an den seitlichen Kanten abschneiden. Den restlichen Bund an die obere Kante der rückwärtigen Rockbahnen steppen, dabei die Rockkanten jeweils ca. ½ cm einhalten, an der rechten Schlitzkante 3 bis 4 cm für den Untertritt, an der linken 1 cm Zugabe überstehen lassen.

An die oberen Bundkanten die Futterrockteile steppen. Nahtzugaben der Bundansatznähte in die Bundteile bügeln (8). Dann die Seitennähte ohne Unterbrechung am Rock, am Bund und am Futter steppen (9). Die Nahtzugaben auseinanderbügeln. Zum Aufeinandersteppen der schmalen rückwärtigen Bundkanten den Bund zur Hälfte falten, rechte Stoffseite innen. Bund wenden und in der Mitte falten. Die innen liegende

6

7

8

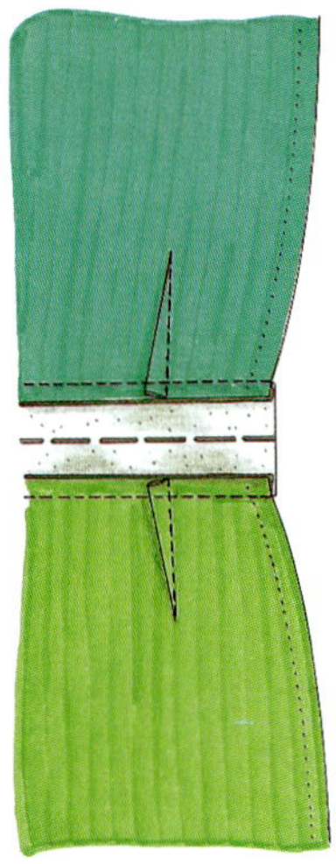

9

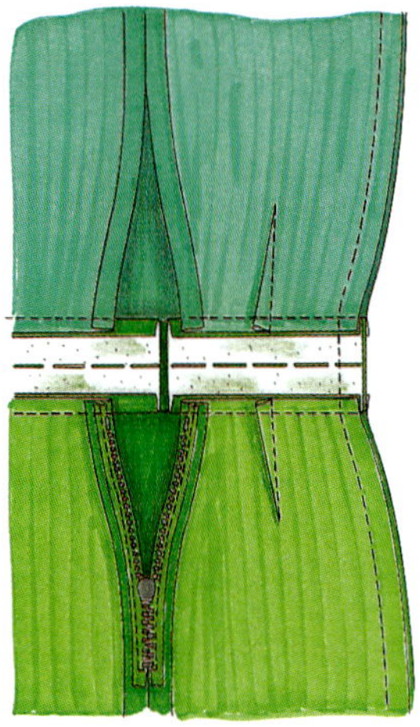

10

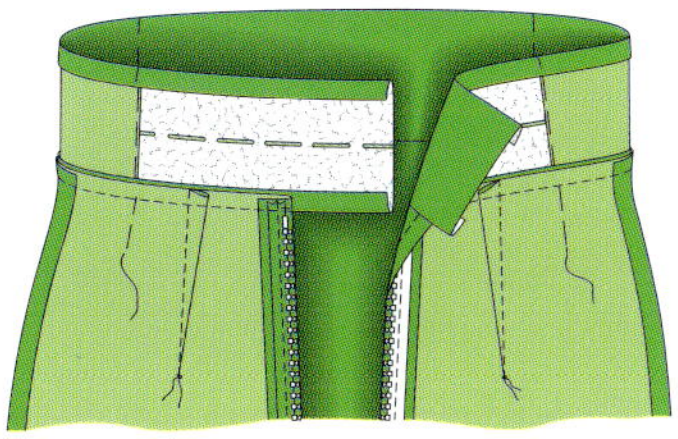

11

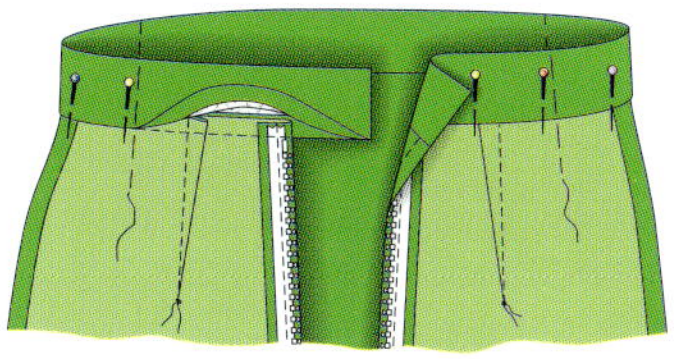

12

Bundhälfte an der Ansatznaht feststecken. Von der rechten Rockseite aus genau in der Nahtrille der Bundansatznaht steppen, dabei die innere Bundhälfte feststeppen. Das ist die einzigen Quernaht, die bei einer späteren Weitenänderung getrennt werden muss.

Sehr bequem und praktisch, der Bund mit seitlichen Gummizügen:

Dazu an den Schnittteilen der vorderen und rückwärtigen Rockbahn in der Taille 1 bis 1½ cm Weite – verlaufend bis zur Hüfte – zugeben. Das ergibt eine Mehrweite von 4 bzw. 6 cm. Den Bund entsprechend verlängern. Den Rock – bis auf den Bund – fertignähen und an der oberen Rockkante jeweils 5 cm vor bzw. nach der Seitennaht den Beginn des Gummizuges markieren. Diese Punkte genau auf den Bund übertragen (dazu den Bund an die obere Rockkante stecken) und die Einlage – ausgenommen der Stellen für die Gummizüge – aufbügeln. Bund rechts auf rechts auf die obere Rockkante steppen, dabei an den Verschlusskanten den Bund überstehen lassen. Bund nach oben legen und die Zugaben in den Bund bügeln. Zugabe der anderen langen Bundkante nach innen umbügeln (10). Dann die schmalen Bundkanten verstürzen. Bund zur Hälfte falten. Die innere Bundhälfte an der Ansatznaht feststecken. In den Gummizugbereichen – 5 cm zu beiden Seiten der Seitennähte – von der rechten Rockseite aus genau in der Nahtrille der Bundansatznaht steppen, dabei die innere Bundhälfte feststeppen (11). Bei schmalen Gummibändern den Bund in diesen Bereichen entsprechend oft absteppen. Gummibänder einziehen und jeweils ein Ende feststeppen (12). Die anderen Gummibandenden zunächst mit Sicherheitsnadeln befestigen. Den Rock anprobieren, dann auch diese Gummibandenden feststeppen. Bund zwischen den Gummizügen in der Nahtrille der Ansatznaht absteppen, dabei die innere Bundhälfte feststeppen.

Der Formbund

ist der Körperform angepasst. Für den Formbund gibt es immer einen Schnitt. Jedes Teil wird 2-mal aus Stoff und 1-mal aus Einlage ringsum mit Nahtzugaben zugeschnitten.

So wird's gemacht:

Einlage auf die linke Seite der Bundteile bügeln. Verstärkte Bundteile aneinandersteppen, Verschlusskante offen lassen. Unverstärkte Bundteile aneinandersteppen; darauf achten, dass bei einem seitlichen Verschluss nicht die linke Kante, sondern die rechte Kante offen bleibt, da dieses Bundteil als Besatz verwendet wird. Das verstärkte Bundteil rechts auf rechts an die Rockkante stecken, dabei an einer Schlitzkante den Untertritt, an der anderen den Bund nahtbreit überstehen lassen. Steppen. Bund nach oben legen und die Nahtzugaben in den Bund bügeln (1).

Am unverstärkten Bundteil (Besatz) die Nahtzugaben der Ansatzkante nach innen umbügeln. Die Bundteile rechts auf rechts aufeinanderstecken, die oberen und seitlichen Kanten aufeinandersteppen. Nahtzugaben zurückschneiden, an der oberen Kante mehrmals einschneiden, Ecken schräg abschneiden (2). Bund wenden, Kanten heften, bügeln.

1

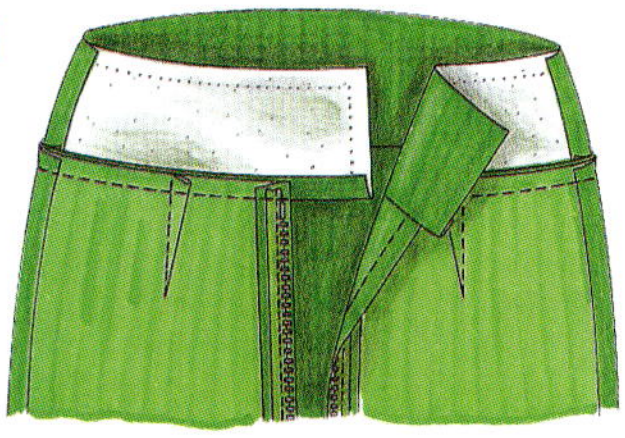

2

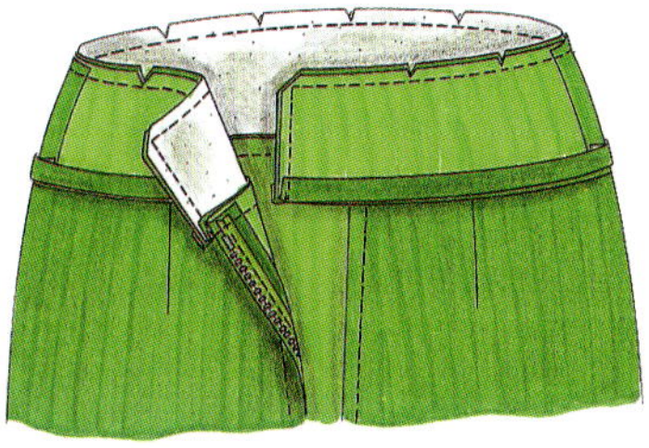

TIPP

Bei dicken Stoffen die Bundinnenkante nicht einschlagen, sondern versäubern, über die Ansatznaht legen und feststecken. Bund von rechts genau in der Nahtrille der Ansatznaht absteppen, dabei die innere Bundhälfte feststeppen.

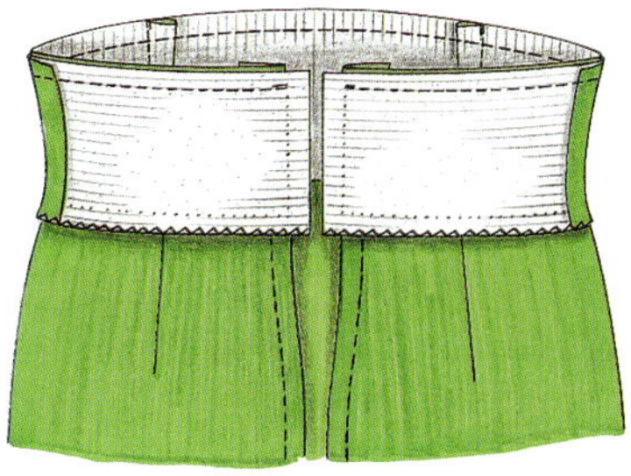

1

2

3

Das unverstärkte Bundteil an der Ansatznaht festheften, am Untertritt die Kanten aufeinanderheften. Die innere Bundhälfte von Hand an der Ansatznaht annähen (3) oder den Bund von der rechten Rockseite aus an allen Kanten schmal absteppen, dabei die innere Hälfte an der Ansatznaht feststeppen und am Untertritt die offenen Kanten aufeinandersteppen.

3

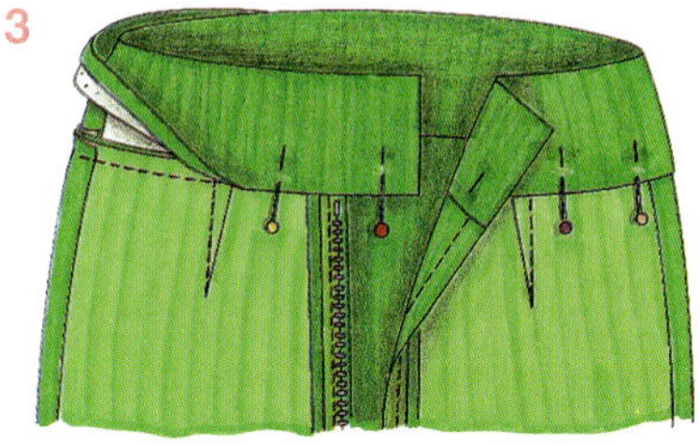

Angeschnittener Bund

Damit der angeschnittene Bund den richtigen „Stand" bekommt, wird die Rock- bzw. Hosenkante und der Besatz mit Einlage verstärkt. Am besten mit Vlieseline H 410 (siehe auch Seite 52/53). Für die obere Rock- bzw. Hosenkante die Einlage im Längsfadenlauf, für die Besätze im Querfadenlauf zuschneiden. Die Einlage auf die linke Seite der entsprechenden Stoffteile bügeln. An Rock bzw. Hose die Abnäher (siehe Seite 70/71) und Nähte steppen. Bügeln. Den Reißverschluss einnähen (siehe Seite 118/119). Am Besatz die Nähte steppen, Verschlusskante offen lassen. Die untere Besatzkante versäubern. Den Besatz rechts auf rechts auf die obere Kante heften, dabei an den Verschlusskanten die Zugabe der seitlichen Besatzkanten überstehen lassen. Steppen (1). Die Nahtzugaben zurückschneiden, in den Besatz bügeln und von rechts schmal feststeppen (2). Besatz nach innen umheften, Kante bügeln. Die schmalen Besatzkanten eingeschlagen auf den Reißverschlussbändern annähen. Die untere Besatzkante an den Nähten und Abnähern von Hand festnähen (3).

Bund mit Gummizug

Bei verschlusslosen Röcken oder Hosen wird ein Bund mit Gummizug genäht. Der Bund wird nicht mit Einlage verstärkt. Er kann angeschnitten sein oder angesetzt werden. Wird nur ein Gummiband eingezogen, sollte der fertige Bund ca. 2 mm breiter sein als das Gummiband. Wenn der Bund zu breit ist, kann sich das Gummiband drehen. Werden mehrere Gummibänder eingezogen, wird der Bund entsprechend oft abgesteppt. Pro Gummiband müssen ca. 2 mm zur Bundbreite dazugerechnet werden.

Der angeschnittene Bund: Die obere Kante muss mindestens so weit sein wie die Hüftweite plus 5 cm Bequemlichkeitszugabe. Die obere Kante an der Umbruchlinie nach innen umheften. Bügeln. Bei dünnen Stoffen die Zugabe einschlagen, bei dicken Stoffen versäubern und feststecken. Dann von der rechten Seite aus die Kante absteppen – Gummibandbreite plus 2 mm! Zum Einziehen des Gummibandes auf der Innenseite eine Naht trennen. Damit das Gummibandende nicht in den Durchzug rutscht, wird es festgesteckt (1). Die Gummibandenden aufeinandernähen (2). Offene Nahtstelle zunähen.

Der angesetzte Bund ist ein gerader Stoffstreifen, der mindestens so weit sein muss wie die Hüftweite plus 5 cm Bequemlichkeitszugabe. Ist die Kante, an die der Bund angesetzt werden soll, weiter, wird sie der Bundlänge entsprechend eingereiht oder in Falten gelegt. Die Breite richtet sich nach dem Gummiband.

1

2

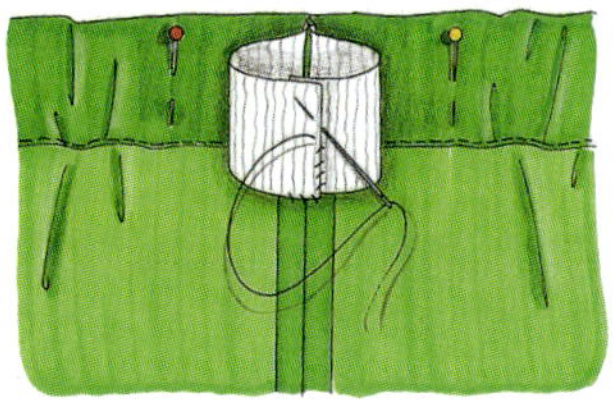

3

Die schmalen Bundkanten zusammensteppen, Nahtzugaben auseinanderbügeln. Eine Bundkante rechts auf rechts auf die obere Kante steppen. Bund nach oben legen und die Nahtzugaben in den Bund bügeln. Zugabe der anderen Bundkante nach innen umbügeln. Bund zur Hälfte nach innen falten. Innere Bundkante an der Ansatznaht feststecken (3). Von der rechten Seite aus genau in der Nahtrille der Ansatznaht steppen, dabei die innere Bundhälfte feststeppen. Das Gummiband, wie beim angeschnittenen Bund erklärt, einziehen.

Elastikbund

gibt's in verschiedenen Breiten und Materialien, die mehr oder weniger dehnbar sind. Am besten, Sie messen die Bundlänge am Körper ab: Den Elastikbund um die Taille legen, dehnen, bis er die gewünschte Weite hat, dann mit ca. 5 cm Nahtzugabe abschneiden.

Schmale Bundkanten rechts auf rechts aufeinandersteppen. Nahtzugaben auseinanderbügeln und an der oberen Kante festnähen. Die Nahtzugaben auseinanderbügeln. An Rock bzw. Hose die Nähte steppen, bügeln. Obere Kante versäubern. Um beim Ansteppen die Weite gleichmäßig verteilen zu können, werden Rock- bzw. Hosenkante und Bund jeweils in 8 gleiche Teile eingeteilt – mit Stecknadeln markieren (1). Bund mit der linken Seite auf die rechte Stoffseite der Rock- bzw. Hosenkante stecken, dabei treffen die Markierungen genau aufeinander. Die Naht vom Bund trifft auf die rückwärtige Mitte. Bund mit einem Elastik- oder Zickzackstich annähen, dabei den Bund auf Rockweite dehnen (2).

Wichtig: Ist die obere Rockkante viel weiter als der Bund, wird die Kante eingereiht oder in Falten gelegt – fertige Weite = Hüftweite plus 5 cm.

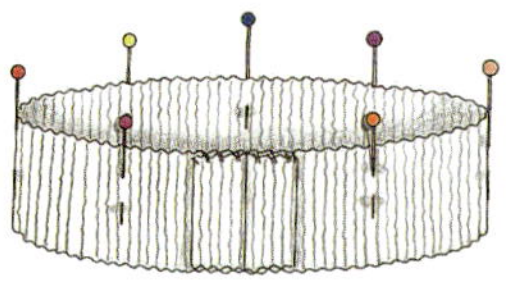

1

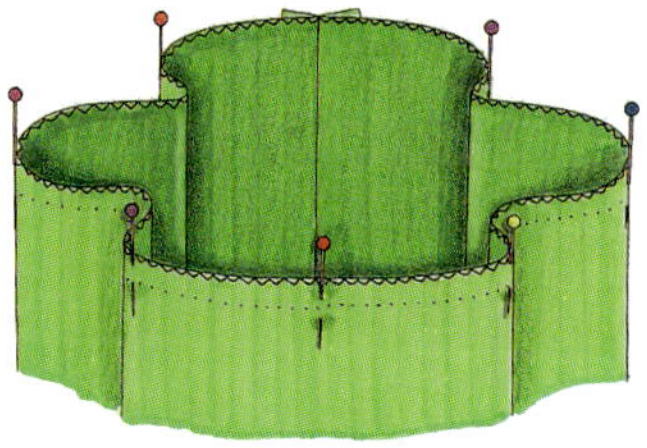

2

FUTTER

Die Entscheidung, ob Sie ein Kleidungsstück füttern oder nicht, hängt von Ihren individuellen Ansprüchen, Ihrer Tragegewohnheit und vor allem vom verwendeten Stoff ab. Es ist unumstritten, dass zum Beispiel ein Wollmantel mit Futter besser und glatter fällt und sich leichter anziehen lässt, als wenn Sie ihn ungefüttert auf einem Wollkleid tragen. Auch bei Kleidern und Röcken haben Sie sicher schon die Erfahrung gemacht, dass sie ohne Futter beim Gehen an den Strümpfen „kleben", und andererseits ein Jerseykleid seine Pullibequemlichkeit und Leichtigkeit einbüßt, wenn Sie es abfüttern. Die „schnelle" Lösung für beide: Tragen Sie einen separaten Unterrock darunter. Wenn Sie ihn in einem neutralen Hautton nähen, können Sie ihn zu mehreren Kleidungsstücken tragen.

Futterstoffe

gibt es von sehr weich und anschmiegsam bis steif, von leicht bis schwer, aus verschiedenen Fasern bzw. Fasermischungen, uni in vielen Farben, gemustert und in den unterschiedlichsten Preisgruppen.

Für Kleider und Röcke ist ein weicher, leichter Futtertaft empfehlenswert.

Für Jacken und Mäntel können Sie ebenfalls einen weichen, leichten Futtertaft oder den etwas schwereren und dickeren Futtersatin verwenden.

Soll ein Kleidungsstück durch das Futter „Stand" bekommen, zum Beispiel ein Abendkleid, ist ein fester, steifer Futtertaft richtig.

TIPP

Wenn Sie das Futter mit einer Zackenschere zuschneiden, können Sie auf das Versäubern der Nahtzugaben verzichten.

Mit wattiertem Steppfutter können Sie ein Kleidungsstück winterwarm abfüttern.

Wenn Sie lange Freude an Ihrem Selbstgenähten haben möchten, sollten Sie nicht das preiswerteste Futter verwenden, sondern ein Qualitätsprodukt wählen, das guten Tragekomfort und Strapazierfähigkeit garantiert, wie zum Beispiel Neva'viscon (70% Viskose, 30% Polyester), Venezia (75% Triacetat, 25% Polyamid) oder Japonette (100% Viskose). Diese Futterstoffe sind weich, anschmiegsam, mit guten Gleiteigenschaften und laden sich nicht elektrostatisch auf, also kein Kleben und Klettern an Oberstoff oder Strümpfen.

Soll ein Kleidungsstück aus dehnbarem Stoff gefüttert werden, zum Beispiel ein Jerseykleid, bleibt die Pullibequemlichkeit erhalten, wenn Sie Stretchfutter (von Colsman, 96% Acetat, 4% Lycra, nur chemische Reinigung) oder dehnbares Wirkfutter, zum Beispiel Matamin (100% Polyamid, antistatisch ausgerüstet) verwenden. Auch für separate Unterröcke ist Wirkfutter bestens geeignet.

Röcke füttern

Das Futter wird in den Rock eingenäht, bevor der Bund angesetzt wird.

Futter zuschneiden:
In der Regel wird das Rockfutter mit 1½ bis 2 cm breiten Naht- und Saumzugaben nach denselben Schnittteilen wie der Stoffrock zugeschnitten.

Ausnahmen sind:
Röcke mit Hüftpassentaschen – für den Futterzuschnitt werden die Schnittteile von vorderer Rockbahn und seitlicher Hüftpasse so aufeinandergesteckt oder geklebt, dass der Tascheneingriff an der Seitennaht an die Anstoßlinie der Hüftpasse trifft. An der oberen Kante bildet sich ein kleiner Abnäher (1). Dieser Abnäher wird am Futter eingezeichnet und genäht oder nur als Falte gelegt.

Röcke mit Faltengruppen – das Futter wird ohne Falten zugeschnitten. Dazu am Papierschnitt die Falten in Pfeilrichtung zulegen und feststecken. An der oberen

1

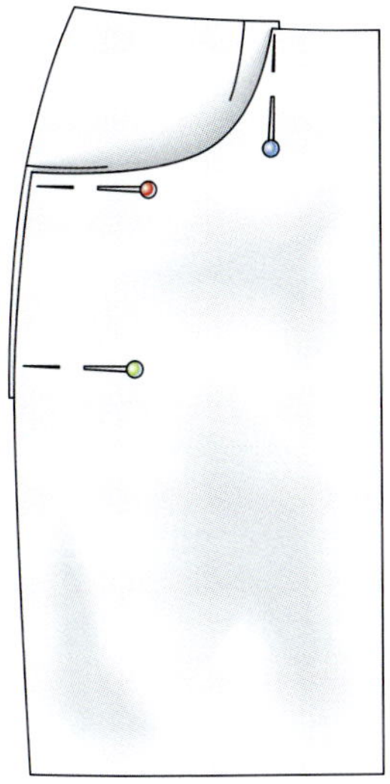

2

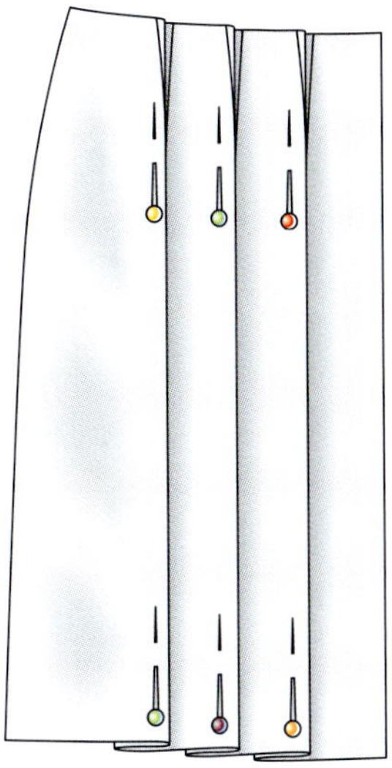

3

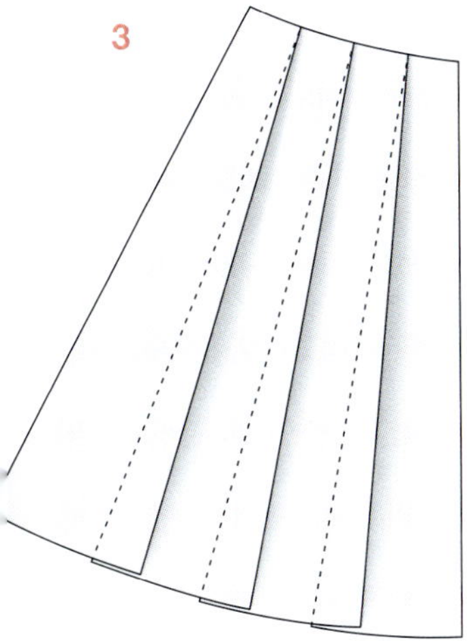

4

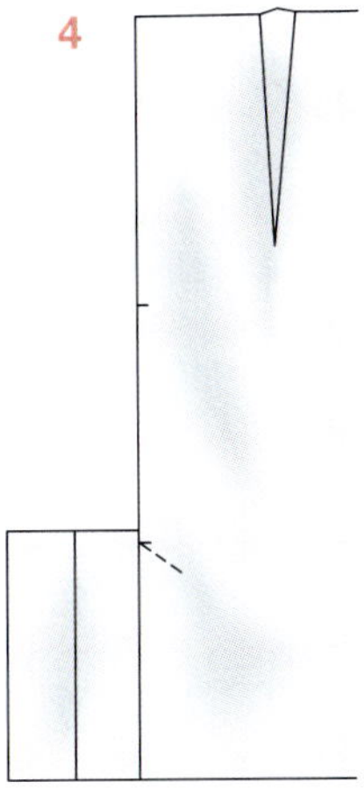

5

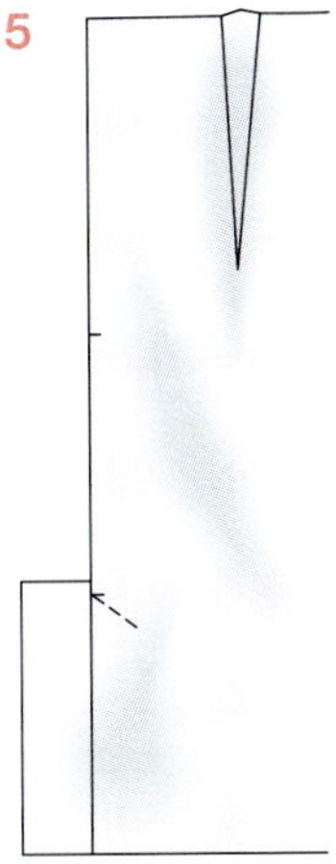

Kante ergeben sich beim Zulegen der Falten kleine Abnäher (2), die beim Nähen des Futters nicht berücksichtigt werden. Diese geringe Mehrweite kann beim Einnähen des Futters eingehalten werden. Gehschlitze an den Seitennähten garantieren die nötige, bequeme Schrittweite.

Rundum-Faltenröcke – das Futter wird nach einem schmalen oder leicht ausgestellten Rockschnitt zugeschnitten. An den Seitennähten gibt's dann ca. 15 cm hohe Gehschlitze.

Glockenröcke – das Futter kann genauso weit wie der Stoffrock zugeschnitten werden, oder die Weite wird am Schnitt reduziert. Dazu das Schnittteil mehrmals von der Saumkante bis dicht zur oberen Kante einschneiden und die Einschnittkanten an der Saumkante übereinanderschieben (3). Dabei darauf achten, dass der Schnitt in Hüfthöhe noch mindestens so weit ist, wie die Hüftweite plus 4 cm Bequemlichkeitszugabe. Für das Futter kann aber auch der Schnitt von einem ausgestellten Rock verwendet werden.

Röcke mit einseitig verdecktem Schlitz – der Futterzuschnitt richtet sich nach der Schlitzverarbeitung. Ist am Schnitt auch für den Untertritt ein Besatz angeschnitten (4), wird das Futter an beiden Schlitzkanten ohne Besatz bzw. Untertritt zugeschnitten. Ist für den Untertritt kein Besatz vorgesehen (5), wird auch das Futter an den Schlitzkanten mit Untertritt bzw. Besatz zugeschnitten.

So nähen Sie das Futter

Abnäher steppen oder als Falte legen und feststecken. Nähte steppen, dabei den Reißverschlussschlitz offen lassen.

Wichtig: Wenn am Rock der Reißverschluss in der linken Seitennaht ist, beim Futterrock – von der rechten Futterseite aus gesehen – den Reißverschlussschlitz in der rechten Seitennaht offen lassen, denn das Futter wird so eingenäht, dass die rechte Futterseite dem Körper zugewandt ist.

Bei Röcken ohne Schlitz, bei Röcken mit Faltengruppen und bei Faltenröcken am Futterrock in den Seitennähten ca. 15 bis 20 cm lange Gehschlitze offen lassen. Bei Röcken mit Schlitz am Futter die entsprechende Naht in Schlitzlänge offen lassen.

Nahtzugaben am Futter versäubern und auseinanderbügeln. Abnäher zur vorderen bzw. rückwärtigen Mitte bügeln. Futter links auf links in den Rock stecken. Nähte treffen aufeinander. Futter an der oberen Rockkante festheften, auf den Reißverschlussbändern eingeschlagen annähen (siehe Zeichnung 6, Seite 184). Nachdem der Bund (siehe Seiten 177 bis 179) und der Rocksaum (siehe Seiten 72 bis 75) genäht ist, wird der Futtersaum genäht. Das Futter sollte ca. 2 cm kürzer sein als der Rock. Am Futter den Saum doppelt einschlagen, fertige Breite ca. 2 cm, und schmal feststeppen.

Damit die Gehschlitze an den Seitennähten nicht ausreißen, werden kleine Futterdreiecke unter die Schlitzenden gesteppt.

Dazu Futterecken, ca. 5 x 5 cm groß, zuschneiden (7). Diese Vierecke zu Dreiecken falten und die offenen Kanten zusammengefasst versäubern (8). Die Dreiecke unter die gespreizten Schlitzkanten stecken. Die Schlitzkanten schmal absteppen, dabei die Dreiecke feststeppen (9).

6

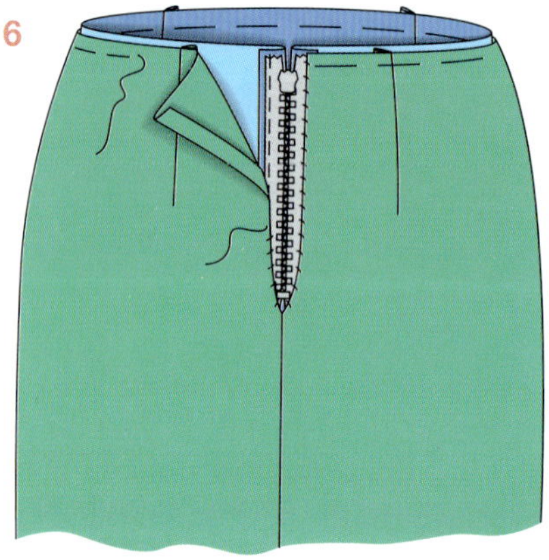

7

8

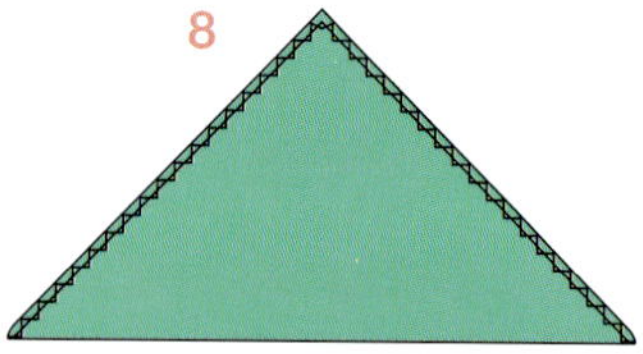

9

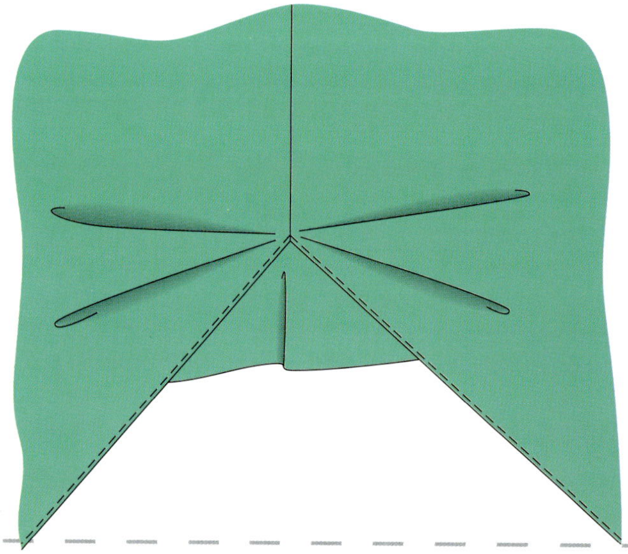

Futter an Schlitzen

Je nachdem, welchen Schlitz Sie eingearbeitet haben, wird das Futter angenäht. Der Futtersaum ist bereits genäht.

Beim einfachen Schlitz kann das Futter auf den Nahtzugaben der Schlitzkanten angenäht werden. Dazu das Futter am Schlitzende feststecken und ca. 1 cm schräg einschneiden (10). Das Futter einschlagen, feststecken und von Hand auf den Nahtzugaben festnähen (11).

Oder das Futter wird nur am Schlitzbeginn und -ende mit Fadenstegen auf den Naht- bzw. Saumzugaben befestigt. Die Zugaben vom Futterschlitz werden vorher nach innen umgebügelt und festgesteppt (12).

Beim einseitig verdeckten Schlitz mit Besatz am Untertritt wird das Futter so angenäht: Die Naht von Oberstoff und Futter am Schlitzende aufeinanderstecken, dabei das Futter ein klein wenig anschieben. Futter eingeschlagen auf dem Besatz vom UNTERTRITT feststecken.

Die andere Schlitzkante 1 cm unterhalb vom Schlitzende quer bis ½ cm vor die Untertrittkante abschneiden. Futter in die Ecke (Pfeil) ½ cm schräg einschneiden (13). Futter eingeschlagen auf dem Untertritt und dem Besatz der anderen Schlitzkante feststecken (14). Das Futter mit Staffierstichen (siehe Seite 65) annähen.

Ist am Rock der Schlitzuntertritt ohne Besatz, muss das Futter so angenäht werden: Die Naht von Rock und Futter am Schlitzende aufeinanderlegen. Am Fut-

10

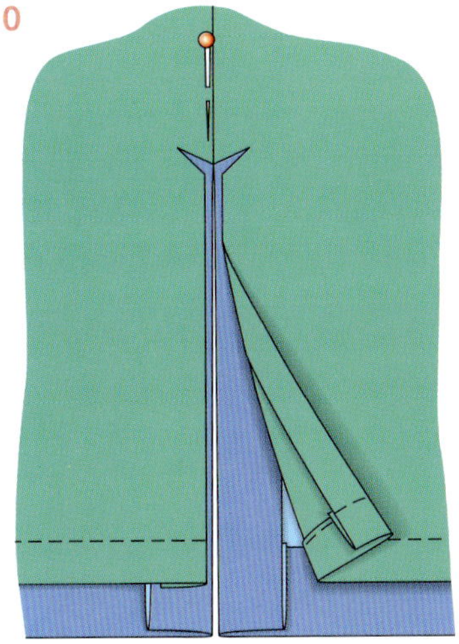

ter die Besätze der Schlitzkanten in die gleiche Richtung legen wie am Rock, dazu die Nahtzugabe vom Futterrock ca. 1 cm oberhalb vom Schlitz einschneiden. Dann die Nähte am Schlitzende aufeinanderstecken, dabei das Futter ein wenig anschieben. Am Schlitz die oben liegende Futterrockbahn nach oben legen. Die unten liegende Futterrockbahn eingeschlagen auf der Zugabe vom Untertritt feststecken und von Hand annähen (15).

Die Futterrockbahn wieder nach unten legen und 1 cm unterhalb vom Schlitzende quer bis ½ cm vor die Untertrittkante einschneiden. Bis zur Saumkante ½ cm neben der Untertrittkante abschneiden. Futter in die Ecke (Pfeil) ½ cm schräg einschneiden (16).

11

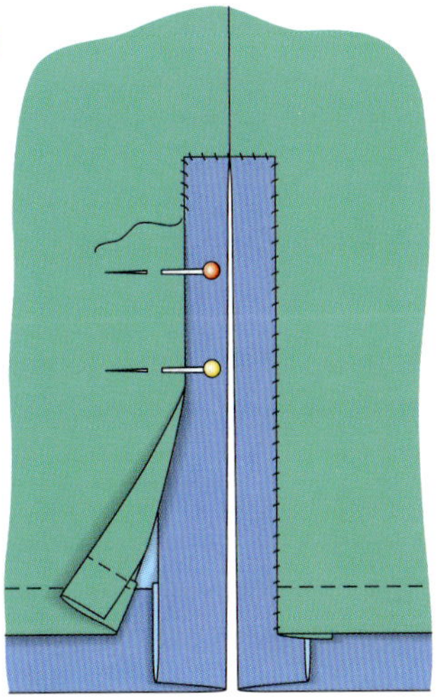

12

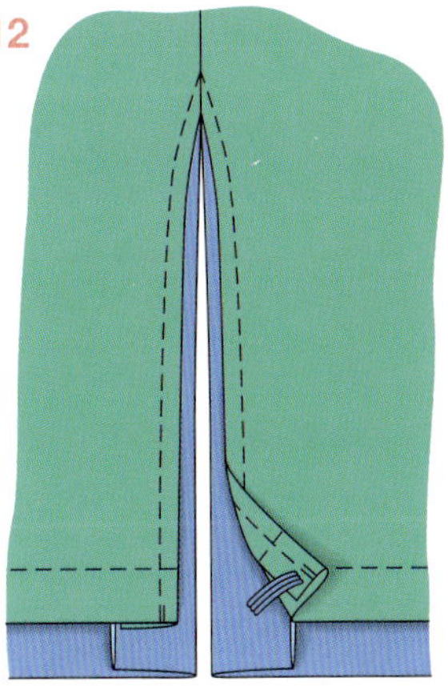

13

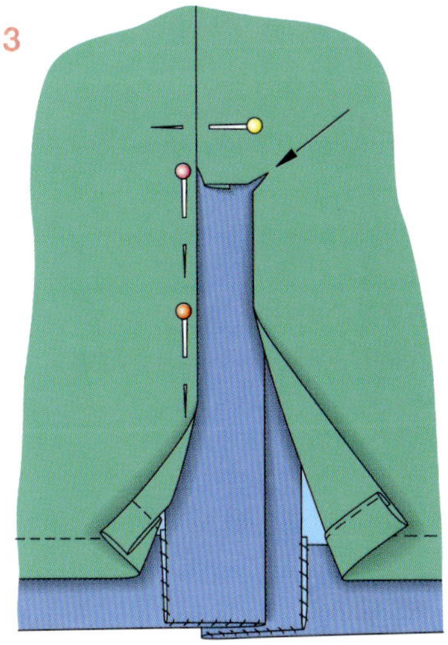

14

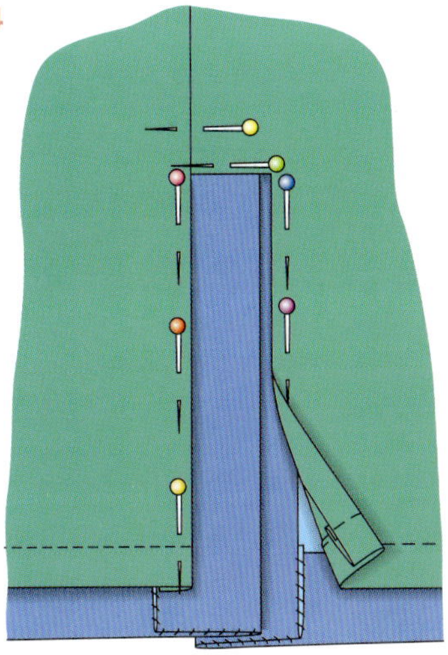

15

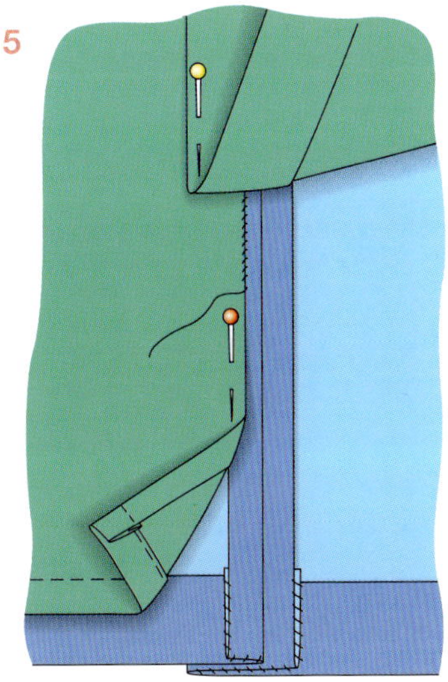

16

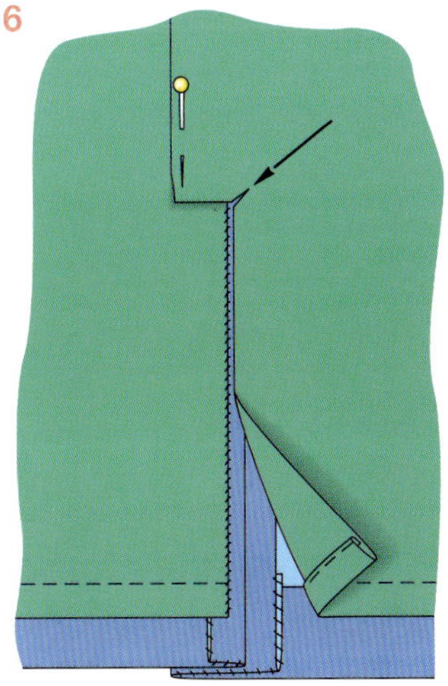

17

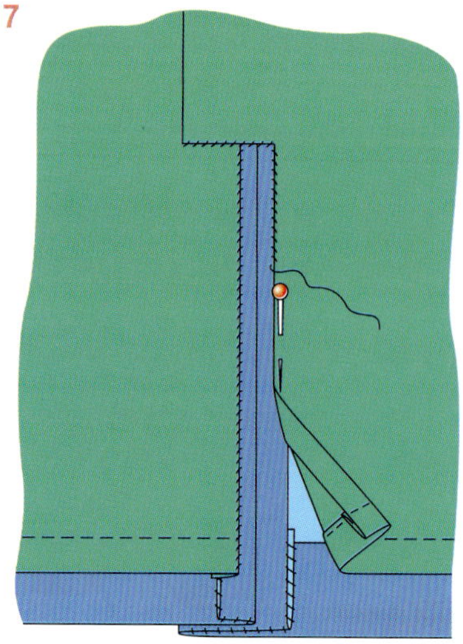

18

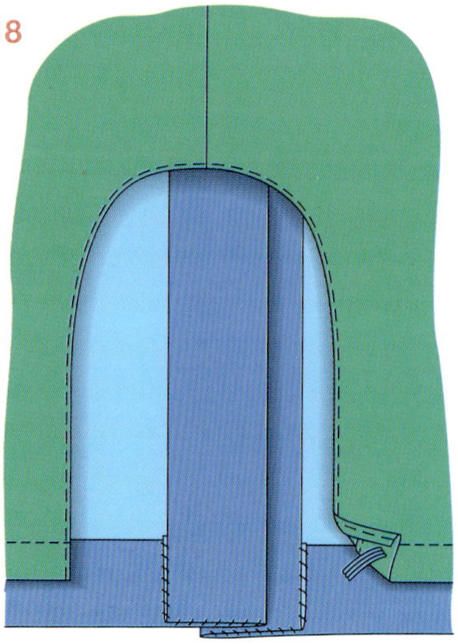

Das Futter eingeschlagen auf dem Untertritt und dem Besatz feststecken. Futter von Hand annähen (17).

Ganz Eilige können aber auch auf eine Schlitzverarbeitung am Futter verzichten. Damit das Futter am Schlitz nicht „hervorblitzen" kann, wird das Futter im Schlitzbereich halbrund ausgeschnitten. Dazu schon vor dem Futterzuschnitt das Schnittteil ca. 5 cm neben den Schlitzkanten in Schlitzlänge abschneiden, dabei die Ecken abrunden. Die „Schlitzkanten" am Futter umbügeln, feststeppen. Futter oberhalb vom Schlitz und auf den Saumzugaben mit Fadenstegen annähen (18).

Der separate Unterrock mit Gummizug

Sie benötigen dazu nur ein Futterstück – Länge = Rocklänge plus 5 cm, Breite = Hüftweite plus 8 cm – und 2 cm breites Gummiband in Taillenweite.

Das Futterstück der Länge nach zur Hälfte falten. Die Kanten 2 cm breit aufeinandersteppen = rückwärtige Mittelnaht. Die Nahtzugaben auseinanderbügeln, versäubern. Die obere Kante versäubern und für den Gummidurchzug 3 cm breit nach innen umbügeln. Die Bruchkante 2,2 cm breit absteppen. Zum Einziehen des Gummibandes auf der Innenseite die Mittelnaht trennen. Gummiband einziehen und die Enden aufeinandernähen (siehe Seite 180/181). An der unteren Kante das Futter 2 cm breit nach innen umbügeln, einschlagen und schmal feststeppen. Fertig ist der Unterrock.

Hosenröcke füttern

Auch in einen Hosenrock wird das Futter vor dem Ansetzen des Bunds eingenäht.

Futter zuschneiden

Das Futter nach denselben Schnittteilen wie den Stoffrock mit 1½ cm Nahtzugabe zugeschneiden.

Ausnahmen sind:
Hosenröcke mit Faltengruppen – zum Futterzuschnitt werden am Papierschnitt die Falten zugelegt. Ergeben sich dabei an der oberen Kante kleine Abnäher, wird diese Mehrweite beim Einnähen des Futters eingehalten.

Hosenröcke mit Hüftpassentaschen – vor dem Futterzuschnitt die Papierschnittteile von vorderer Hosenrockbahn und Hüftpassenteil so aneinanderkleben, dass die Tascheneingriffkanten direkt aneinandertreffen. An der oberen Kante ergibt sich ein Abnäher. Dieser Abnäher kann am Futter genäht oder zur Falte gelegt werden.

Futter nähen

Abnäher am Futter steppen oder zur Falte legen. Nähte steppen, dabei den Reißverschlussschlitz wie beim Stoffrock offen lassen.

Wichtig: Ist beim Hosenrock der Verschluss in der linken Seitennaht, am Futter den Schlitz in der rechten Seitennaht offen lassen, denn das Futter wird so eingenäht, dass die rechte Seite zum Körper hin getragen wird.

Nahtzugaben auseinanderbügeln und versäubern. Futter links auf links in den Hosenrock stecken, Nähte treffen aufeinander. Bei einem seitlichen Reißverschluss das Futter eingeschlagen auf den Reißverschlussbändern annähen.

Ist der Reißverschluss in der vorderen Mitte verdeckt eingenäht, das Futter so annähen: Am Schlitzende die Mittelnaht von Stoff und Futter aufeinanderstecken. An der Kante mit Untertritt das Futter in Untertrittbreite neben der markierten vorderen Mitte nach innen wenden, auf dem Reißverschlussband feststecken (19). Die andere Futterkante 1 cm oberhalb vom Schlitzende bis zu den Reißverschlusszähnchen einschneiden, in die Ecke ¾ cm schräg einschnei-

19

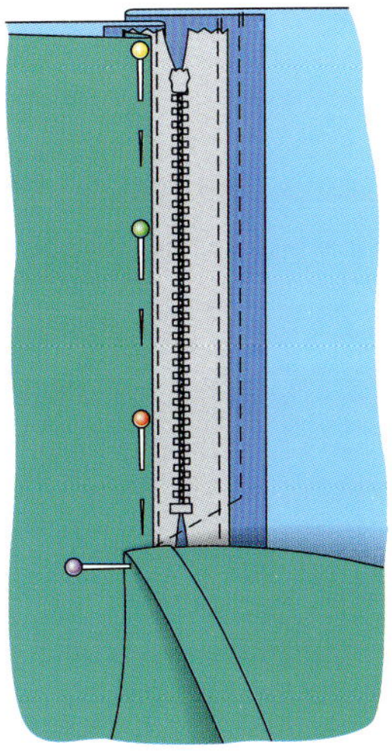

20

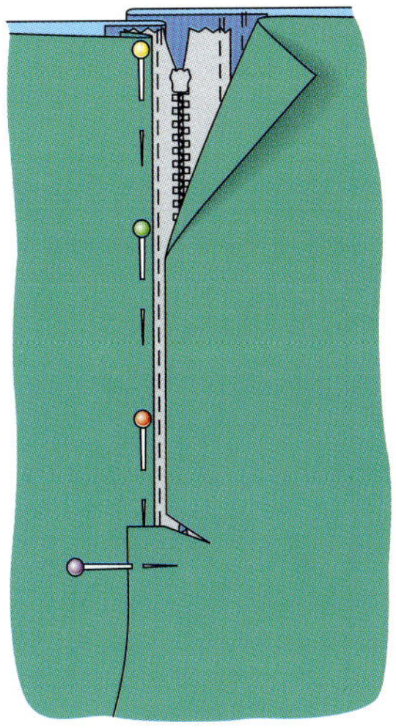

21

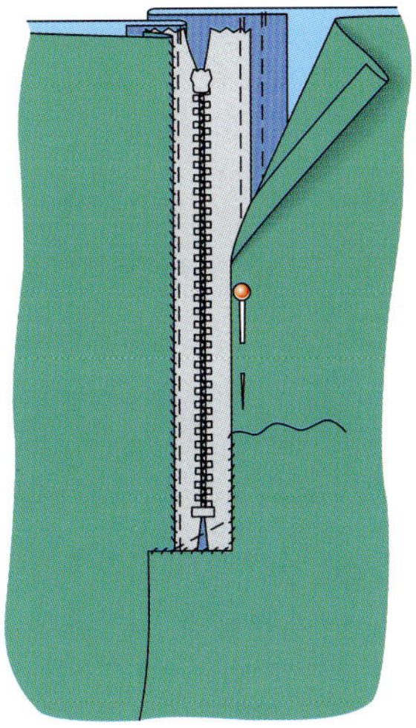

den (20). Dann das Futter eingeschlagen auf den Reißverschlussbändern annähen (21).

Obere Kanten von Hosenrock und Futter aufeinanderheften. Für den Saum das Futter 2 cm oberhalb der markierten Saumlinie nach innen umbügeln. Saumzugabe einschlagen und schmal feststeppen.

Ein separater „Unterrock" ist praktisch. Bei 140 cm Stoffbreite benötigen Sie 2-mal die Rocklänge plus 10 cm für Saum und Gummidurchzug sowie 2 cm breites Gummiband in Taillenweite.

Auch dazu werden am Papierschnitt die Falten zugelegt bzw. bei einer Hüftpasse die Schnittteile aneinandergeklebt. Damit Sie auf einen Verschluss verzichten können, muss das Futter in der Taille so weit sein wie an der Hüfte. Dazu verlängern Sie die Seitennaht ab der Hüfte gerade nach oben und lassen die Abnäher einfach weg (22). Beim Zuschneiden geben Sie an der oberen Kante für den Gummidurchzug insgesamt 5 cm zu. Nachdem Sie alle Nähte gesteppt haben, bügeln Sie die obere Kante 3 cm breit nach innen um und steppen die Bruchkante

22

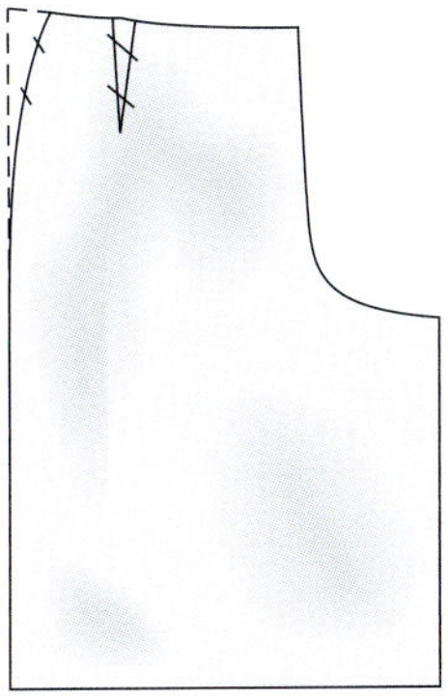

23

für den Gummidurchzug 2,2 cm breit ab. Zum Einziehen des Gummibandes auf der Innenseite eine Naht trennen. Gummiband in Taillenweite einziehen. Enden aufeinandernähen. An den unteren Kanten das Futter 2 cm breit umbügeln, einschlagen und schmal feststeppen (23).

Westen füttern, der Trick mit der Wende

Westen werden ringsum mit Futter verstürzt. Das hört sich im ersten Moment schwieriger an, als es ist. Voraussetzung fürs gute Gelingen ist, dass die Westenteile aus Stoff und Futter exakt übereinstimmen.

Zuschneiden

Die Westenteile aus Stoff und Futter ringsum mit exakt gleich breiten Nahtzugaben zuschneiden. Die Stoffwestenteile an den Verschluss- und Ausschnittkanten mit Vlieseline-Einlage (zum Beispiel H 180 oder G 785, siehe Seite 53) verstärken.

Ist im Schnitt für die vordere Kante ein Besatz vorgesehen, wird das Futtervorderteil abzüglich Besatzbreite zugeschnitten. Dabei zum Futterzuschnitt am Schnittteil den eingezeichneten BESATZ abschneiden bzw. das Schnittteil an der FUTTER-Linie auseinanderschneiden, oder, wenn weder Besatz- noch Futterlinie eingezeichnet sind, das Schnittteil vom Besatz auf das Vorderteil legen, die Besatzinnenkante auf das Vorderteil übertragen und dann das Vorderteil an dieser Linie ausei-

1

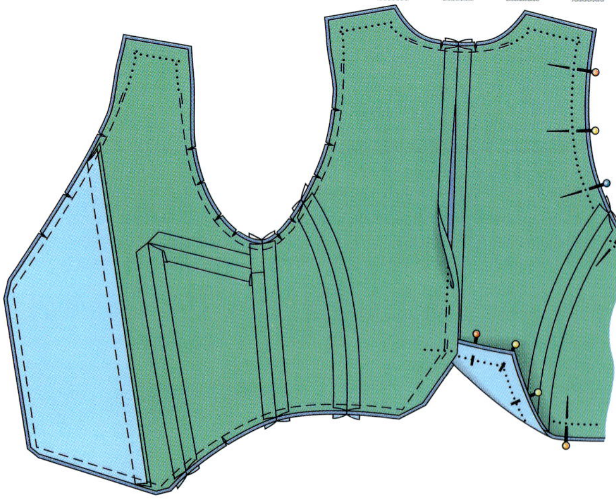

2

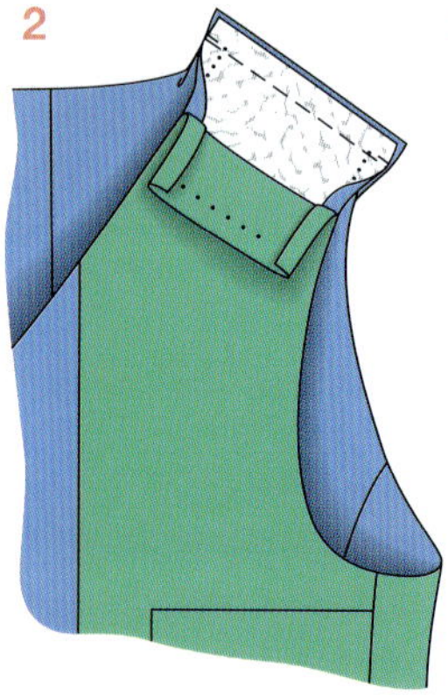

3

4

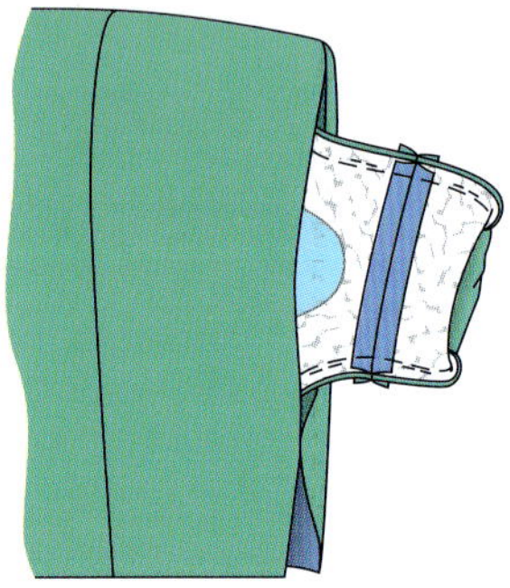

nanderschneiden. Den Besatz 2-mal ringsum mit Nahtzugaben zuschneiden. Besätze mit Vlieseline-Einlage verstärken und an die Futtervorderteile steppen.

So nähen Sie die Weste:

An den Westenteilen aus Stoff und Futter alle Nähte, bis auf die Schulternähte, steppen, dabei in der rückwärtigen Mittelnaht (siehe Zeichnung 1) oder in einer Seitennaht ca. 15 cm zum Wenden offen lassen.

Nahtzugaben auseinanderbügeln. Das Futter rechts auf rechts auf die Weste stecken, die Nähte und Nahtlinien treffen aufeinander. Ausschnittkanten, vordere Kanten und untere Kanten aufeinanderstecken und steppen, dabei ca. 3 cm vor den markierten Schulternahtlinien beginnen bzw. enden. An rückwärtigen Schlitzkanten Stoff und Futter jeweils bis zum Schlitzende aufeinandersteppen, dabei die Zugaben der gegenüberliegenden Schlitzkante nicht mitfassen. Die Nahtzugaben zurückschneiden, an den Rundungen einschneiden, an den Ecken schräg abschneiden (1).

Die Weste durch die offene Nahtstelle der Futterweste (rückwärtige Mittelnaht oder Seitennaht) wenden. Kanten heften, bügeln. Vorderteile aus Stoff rechts auf rechts auf das Stoffrückenteil legen, Schulternähte steppen, dabei das Futter nicht mitfassen (2).

In die offene Nahtstelle des Futters greifen, eine der bereits genähten Schulternähte durch die Öffnung nach außen ziehen. Die Schulternaht der Futterweste stecken. Steppen (3).

Das Vorderteil ein Stück aus der Schulterkante des Rückenteils herausziehen. Die Nahtzugaben der Schulternähte auseinanderbügeln (am besten geht's auf einem Kochlöffel, siehe Zeichnung 12, Seite 141). Die offenen Nahtstellen an Hals- und Armausschnittkante aufeinandersteppen (4). Die Schulterkante wieder durch die Öffnung zurückschieben. Dann die zweite Schulternaht genauso steppen. Zuletzt die offene Nahtstelle an der Seiten- bzw. rückwärtigen Mittelnaht von Hand zunähen.

Das Kleidfutter

Es gibt zwei Methoden, ein Kleid zu füttern: Das Futter wird von Hand auf den Ausschnittbesätzen angenäht oder die Ausschnittkanten werden direkt mit dem Futter verstürzt.

Futter zuschneiden

Das Futter wird nach denselben Schnittteilen wie der Stoff zugeschnitten. Sind am Kleid für die Ausschnittkanten Besätze vorgesehen, wird das Futter jedoch abzüglich Besatzbreite zugeschnitten. Dazu die Schnittteile für die Besätze auf die entsprechenden

TIPP

Auch Westen mit Kragen können nach dem gleichen Prinzip verstürzt werden. Anstelle der Schulternähte die Seitennähte offen lassen.

1

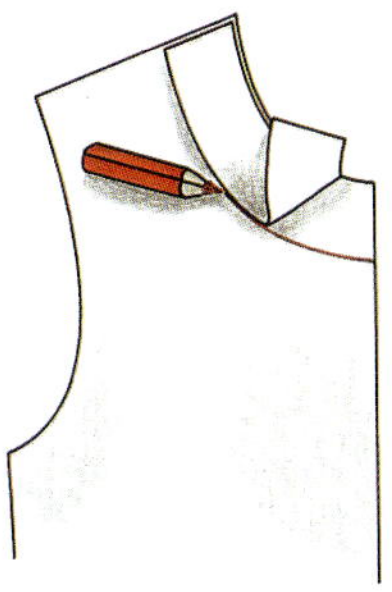

3

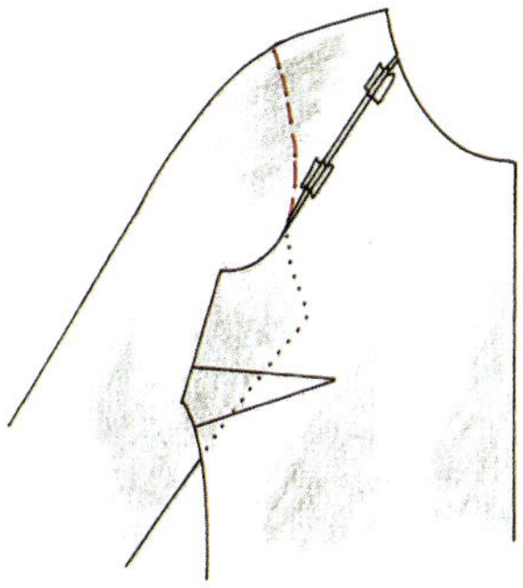

Ausschnittkanten von Vorder- und Rückenteil legen, die Besatzinnenkante auf die Schnittteile übertragen (1). Die Schnittteile an diesen Linien abschneiden. Ärmel werden nicht gefüttert.

Bei angeschnittenen Ärmeln an den Schnittteilen von Vorder- und Rückenteil die Schulterbreite lt. Maßtabelle markieren und von diesem Punkt aus den Armausschnitt bis zur Seitennaht einzeichnen (2).

Bei Raglanärmeln an der Schulternaht bzw. am Schulterabnäher die Schulterbreite markieren. Den einteiligen Raglanärmel in der Abnähermitte einschneiden und bis zur unteren Ärmelkante auseinanderschneiden. Die Schnittteile von Vorder- und Rückenteil jeweils ab der Ausschnittkante bis zum Beginn der Rundung an die Ansatzkanten der Ärmelteile kleben, dann einen „normalen" Armausschnitt einzeichnen (3).

Futter an allen Kanten – auch am Saum – mit 1 bis 1½ cm breiten Zugaben zuschneiden.

2

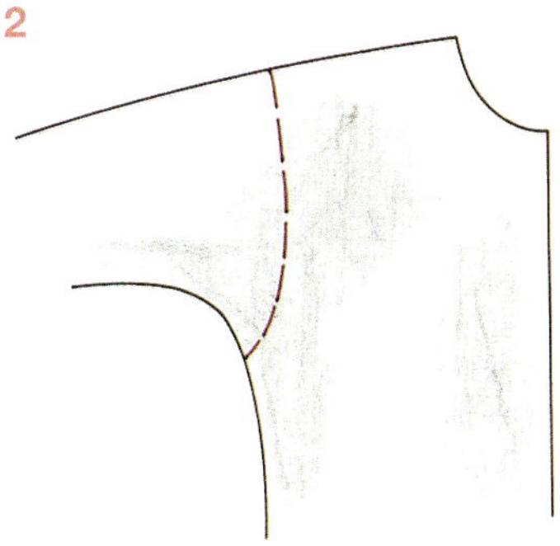

So nähen Sie das Futter von Hand an die Besätze ...:

Das Kleid ist fertiggenäht und gebügelt. Am Futterkleid Abnäher und Nähte steppen. Nahtzugaben versäubern und auseinanderbügeln. Am Saum das Futter 2 cm oberhalb der markierten Saumlinie nach innen umbügeln. Futter einschlagen und schmal feststeppen. Bei Kleidern mit Ärmeln die Armausschnittkanten vom Futter versäubern.

Futter links auf links in das Kleid stecken. Abnäher und Nähte treffen aufeinander. Futter eingeschlagen auf den Besätzen feststecken, dabei die Nahtzugabe vom Futter mehrmals einschneiden. Futter eingeschlagen auf den Reißverschlussbändern – ca. ¾ cm neben den Verschlusszähnchen – feststecken. Futter von Hand mit Staffierstichen (siehe Seite 65) einnähen (4).

Bei Kleidern mit Ärmeln die Armausschnittkanten vom Futter mit einem Fadensteg auf den Nahtzugaben der Seiten- und Schulternähte bzw. auf den Schulterpolstern annähen (5).

So verstürzen Sie Ausschnittkanten mit dem Futter ...:

Bei Kleidern mit Ärmeln geht's ganz einfach, denn es wird nur der Halsausschnitt verstürzt.

4

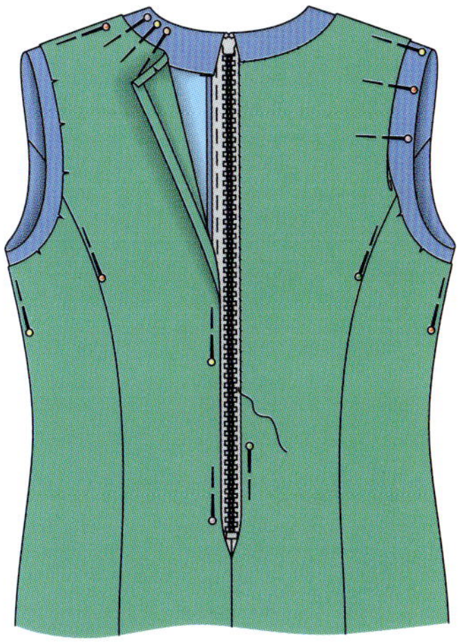

5

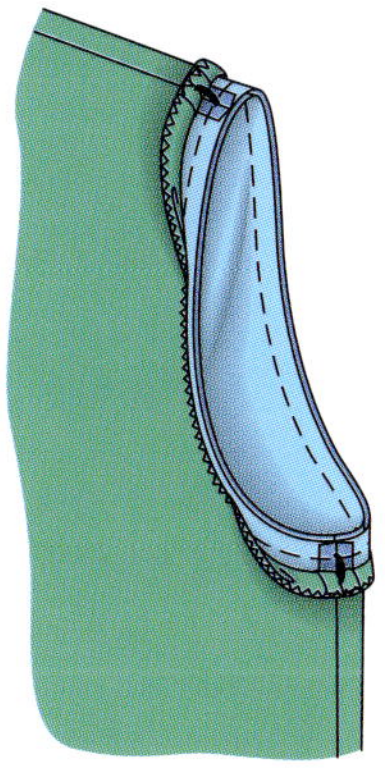

Das Kleid ist bis auf den Reißverschluss und den Halsausschnitt fertiggenäht. Am Futter Abnäher und Nähte steppen. Nahtzugaben versäubern und auseinanderbügeln. Armausschnittkanten versäubern und den Saum nähen.

Futter rechts auf rechts über das Kleid ziehen. Die Halsausschnittkanten aufeinanderstecken, die Schulternähte treffen aufeinander. Am Futterrückenteil die Nahtzugaben des Reißverschlussschlitzes ½ cm neben der markierten Nahtlinie zur linken Futterseite falten und feststecken (6, Seite 190). Am Kleid die Nahtzugaben des Reißverschlussschlitzes nach außen falten und über dem Futter liegend am Halsausschnitt feststecken. Die Halsausschnittkanten von Kleid und Futter aufeinandersteppen (7). Die Nahtzugaben zurück-

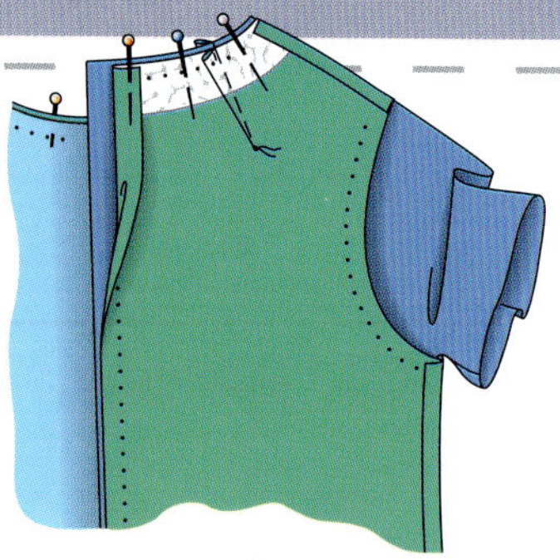
6

7

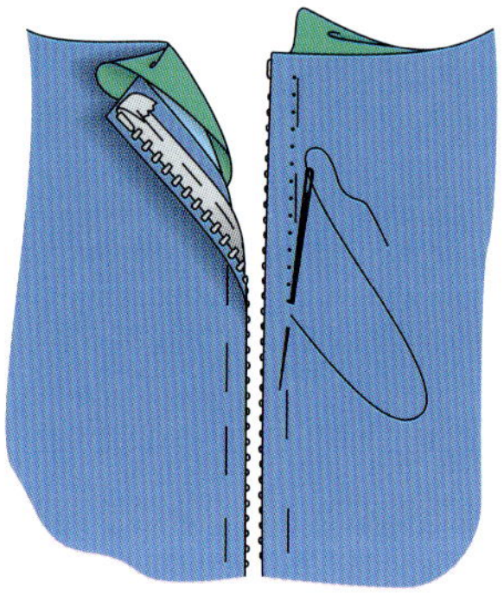
8

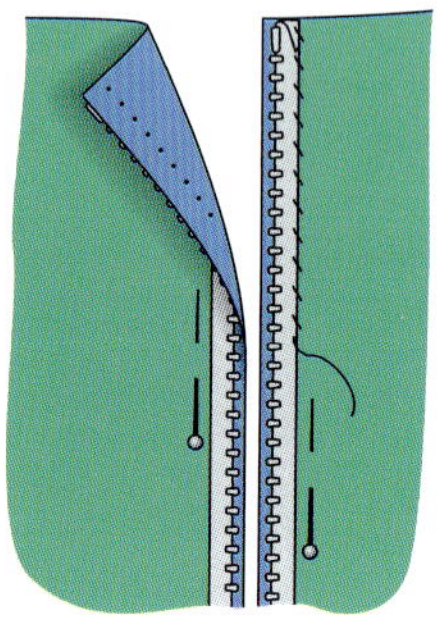
9

schneiden, an den Rundungen bis dicht zur Stepplinie einschneiden. Futter und Nahtzugaben vom Reißverschlussschlitz nach innen wenden. Kanten heften, bügeln. Den Reißverschluss ab der Halsausschnittkante unter die rückwärtigen Schlitzkanten heften, die oberen Bandenden einschlagen. Reißverschluss einnähen (8). Das Futter eingeschlagen auf den Reißverschlussbänden annähen (9). Die Armausschnittkanten vom Futter mit Fadenstegen auf den Nahtzugaben der Seiten- bzw. Schulternähte annähen (wie bei Zeichnung 5, Seite 189).

Bei ärmellosen Kleidern werden Halsausschnitt und Armausschnitte in einem Arbeitsgang mit dem Futter verstürzt. Damit das Kleid gewendet werden kann, müssen zum Verstürzen der Ausschnittkanten beide Schulter- und die Seitennähte von Kleid und Futter offen sein.

So wird's gemacht:

Die Futterteile rechts auf rechts auf die entsprechenden Kleidteile legen, die Arm- und Halsausschnittkanten aufeinanderstecken. Nahtlinien treffen aufeinander. Am Futterrückenteil die Nahtzugaben des Reißverschlussschlitzes ½ cm neben der markierten Nahtlinie zur linken Futterseite falten und feststecken (siehe auch Zeichnung 6).

Am Kleid die Nahtzugaben des Reißverschlussschlitzes nach außen falten und über dem Futter liegend am Halsausschnitt feststecken. An Vorder- und Rückenteil die Hals- und Armausschnittkanten aufeinandersteppen, dabei jeweils ca. 3 cm vor der markierten Schulterlinie beginnen bzw. enden. Nahtzugaben zurückschneiden, an den Rundungen einschneiden (10). Das Vorderteil wenden.

Die Schulterkanten des Vorderteils zwischen Stoff und Futter in die Schulterkanten des Rückenteils schieben, die rechten Stoff- bzw. Futterseiten liegen aufeinander. Das Vorderteil entlang den markierten Schulterlinien auf das Rückenteil stecken und steppen. Dann die Schulterlinien der Futterteile aufeinanderstecken und steppen (11).

Das Vorderteil an den Schulterkanten ein Stück nach außen

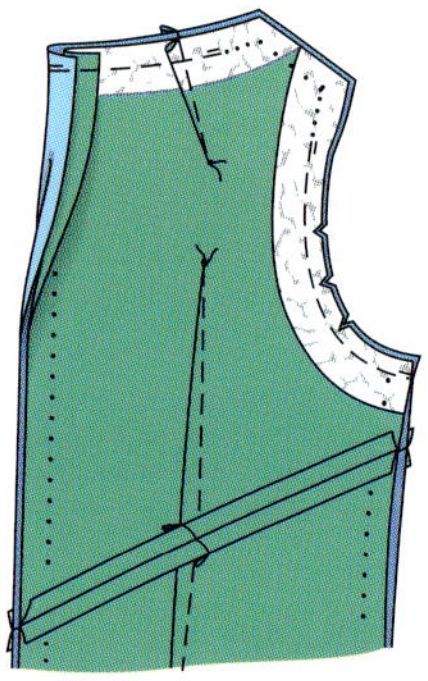
10

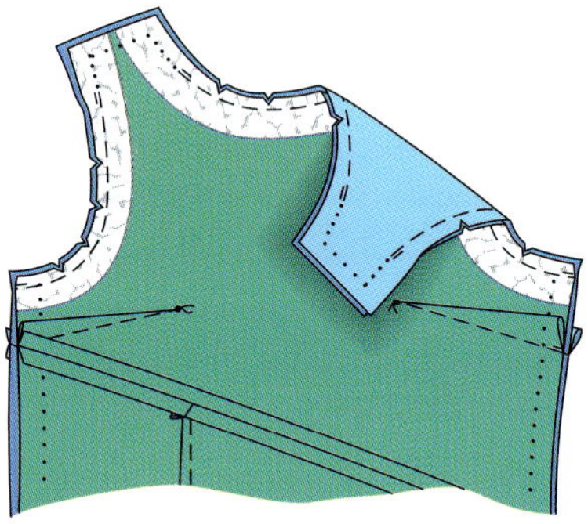

11

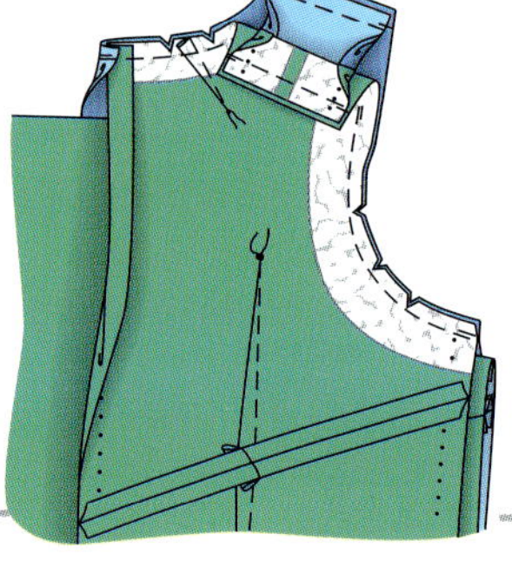

12

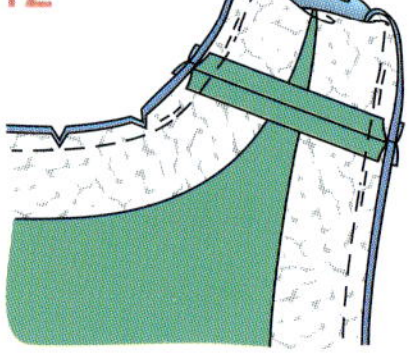

ziehen und die Nahtzugaben auseinanderbügeln (siehe auch Zeichnung 12 von Seite 141). Die restlichen Ausschnittkanten aufeinanderstecken und steppen (12). Vorderteil aus den Schulterkanten des Rückenteils ziehen, dabei wendet sich das Futter des Rückenteils nach innen. Die Ausschnittkanten von der Futterseite aus bügeln. Die Seitennähte von Kleid und Futter in einem Arbeitsgang nähen. Den Reißverschluss einnähen und das Futter auf den Reißverschlussbändern annähen.

Jacken und Mäntel füttern

Das Futter wird erst eingenäht, wenn das Kleidungsstück fertiggenäht und sorgfältig gebügelt ist. Das Futter kann von Hand oder mit der Maschine eingenäht werden. Egal für welche Methode Sie sich entscheiden, das Futter muss exakt zugeschnitten und genäht werden. Das heißt, Änderungen, die sich bei der Anprobe ergeben haben, müssen beim Futter berücksichtigt werden.

Futter zuschneiden

Folgende Punkte müssen Sie beachten:

- Das Futter wird nach denselben Schnittteilen wie der Stoff, jedoch abzüglich Besatzbreite zugeschnitten. Dazu die Schnittteile an der mit BESATZ bzw. FUTTER gekennzeichneten Linie auseinanderschneiden. Oder, wenn weder eine Besatz- noch eine Futterlinie eingezeichnet ist, angeschnittene Besätze an der Umbruchlinie nach außen falten bzw. die Schnittteile der Besätze so auf die entsprechenden Papierschnittteile legen, dass die Ausschnitt- bzw. Verschlusskanten aufeinandertreffen. Die Besatzinnenkanten auf die Schnittteile übertragen (1) und die Schnittteile an dieser Linie auseinanderschneiden.

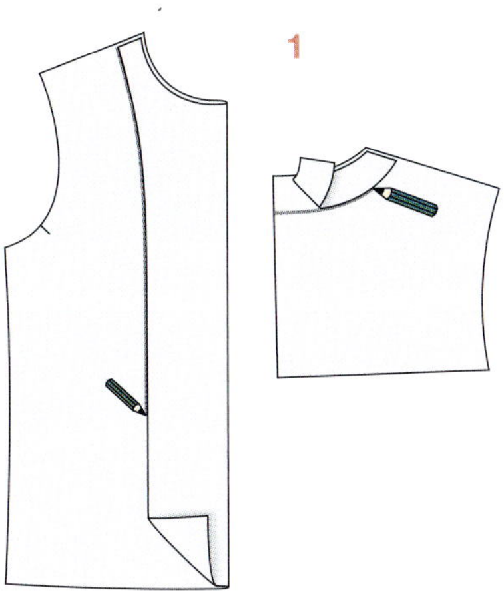
1

- Bei Modellen mit einseitig verdecktem Schlitz (siehe klassischer Ärmelschlitz, Seite 157/158) das Futter ohne Schlitzbesatz bzw. -untertritt zuschneiden. Dazu an den Papierschnittteilen die Schlitzzugaben an den Linien ANSTOSS bzw. UMBRUCH nach innen falten oder abschneiden.
- Für die Bewegungsfalte in der rückwärtigen Mitte an der Mittelnaht 3 cm Nahtzugabe anschneiden oder das Schnittteil für das Rückenteil ca. 2 cm neben der Bruchkante auf dem Futter feststecken.
- Futter an allen Kanten – auch an Saum und Ärmelsaum – mit 1 bis 1½ cm breiten Nahtzugaben zuschneiden.

Wichtig: Wenn Sie das Futter auch am Saum mit der Nähmaschine annähen möchten (siehe Extra-Tipp), am Futtervorderteil die Saumzugabe so anzeichnen: an der vorderen Kante 4 cm, an der Seitennaht 1½ cm als flach verlaufenden Bogen (2). Bei vorderen Teilungsnähten am besten das mittlere und das seitliche Vorderteil zunächst mit 4 cm Saumzugabe zuschneiden und nach dem Steppen der Teilungsnähte die Saumzugabe entsprechend zurückschneiden.

Futter nähen

Für die Bewegungsfalte die rückwärtige Mittelnaht jeweils ab der oberen und unteren Kante sowie in der Taille ca. 6 cm steppen. Hat das Futter eine rückwärtige Mittelnaht, die Nahtzugaben von oben bis unten 1 cm breit aufeinandersteppen (3).

Falte nach einer Seite bügeln. Abnäher und alle Nähte steppen. Bügeln. Ärmel einsetzen.

Wichtig: Ist für den rückwärtigen Halsausschnitt kein Besatz vorgesehen, die Schulternähte nur bis zur markierten Nahtlinie der vorderen Futterkante steppen. Bügeln.

2

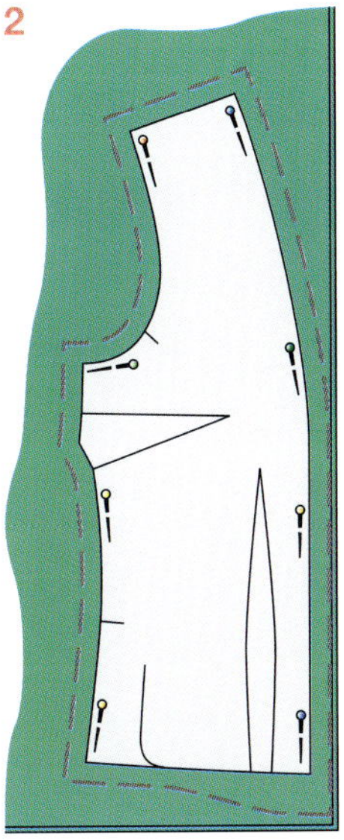

3

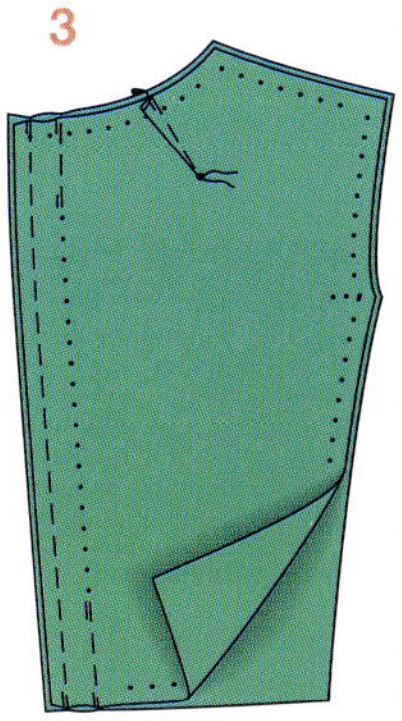

Soll das Futter an der Saumkante lose bleiben, am Futter die Saumzugabe ca. 2 cm oberhalb der markierten Saumlinie nach innen umbügeln, einschlagen und feststeppen.

So nähen Sie das Futter ein

An Jacke bzw. Mantel die Heftstiche an den vorderen Kanten trennen. Futter rechts auf rechts auf den Besatz stecken, Schulternähte und Nahtlinien treffen aufeinander. Steppen (4).

Zugaben in das Futter bügeln. Futter links auf links in die Jacke bzw. den Mantel legen.

Untere Ärmelkanten:

Die Futterärmel links auf links in die Stoffärmel ziehen. Untere Kanten von Stoff- und Futterärmel jeweils an der Ärmelnaht gegeneinander einschlagen und feststecken (5).

Durch die untere Jacken- bzw. Mantelkante zwischen Stoff und Futter greifen, die eingeschlagenen unteren Ärmelkanten festhalten und nach außen ziehen.

Die Stecknadel an der unteren Ärmelkante entfernen, dabei die Kanten gut festhalten. Anschließend die unteren Ärmelkanten rechts auf rechts aufeinanderstecken. Steppen (6).

Die Saumzugabe vom Ärmel wieder am Bügelbruch nach oben falten und von Hand locker annähen. Bei schmalen Zweinahtärmeln genügt es, die Saumzugaben an den Ärmelnähten anzunähen. Von der rechten Jackenseite aus die Stoffärmel nach außen ziehen, dabei ziehen sich die Futterärmel von selbst in die Stoffärmel.

Futtersaum:

Untere Besatzkanten auf der Saumzugabe feststecken, fortlaufend die untere Futterkante entlang der unteren Jacken- bzw. Mantelkante einschlagen. Die Bruchkante vom Futter im flachen Bogen ca. 2 cm nach oben schieben. Untere Besatzkante und Futter auf der Saumzugabe annähen (7).

4

5

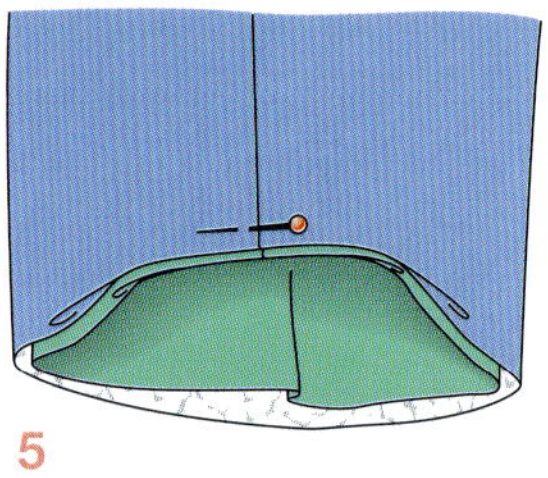

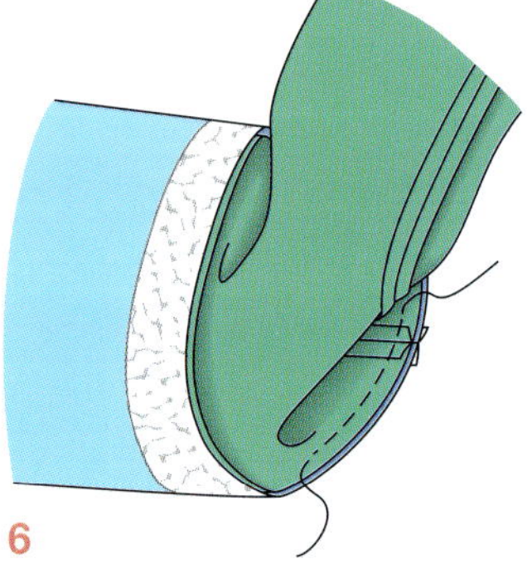

6

7

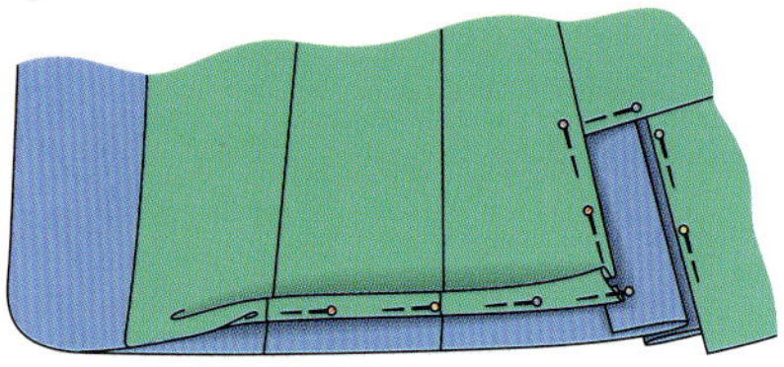

9

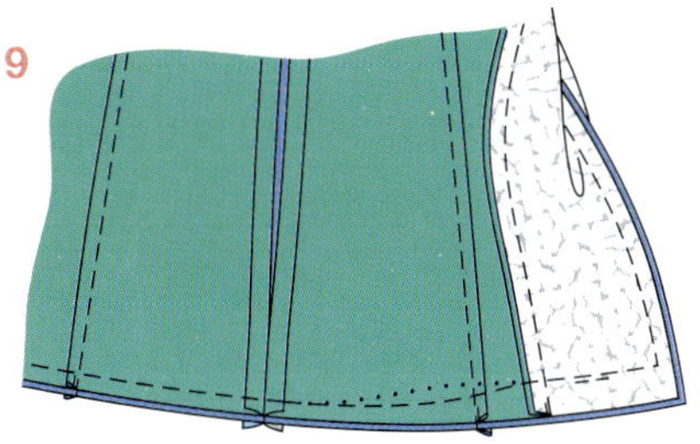

8

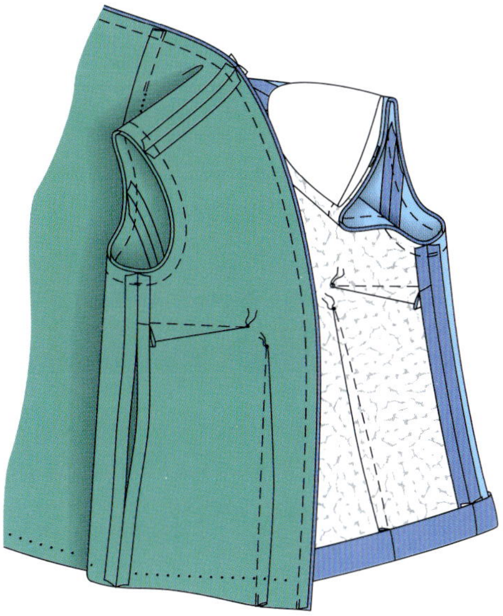

10

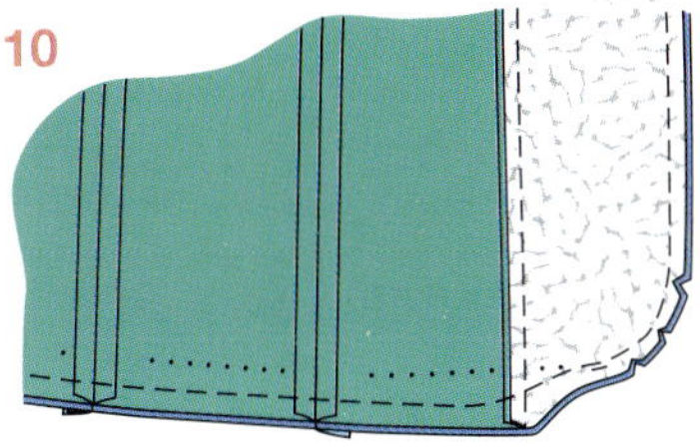

11

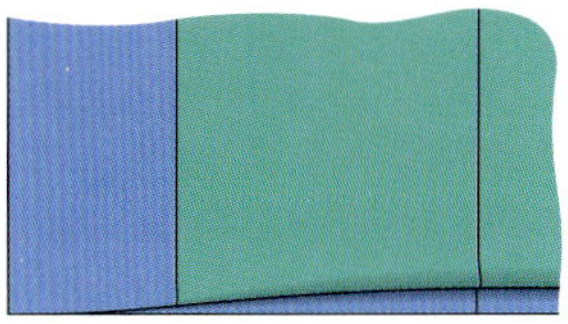

Extra-Tipp Die Konfektionsmethode

Profis nähen das Futter auch am Saum mit der Maschine an. Voraussetzung dazu ist die 4 cm breite Saumzugabe am Futtervorderteil (siehe Futter zuschneiden, Zeichnung 2, Seite 191).

Futter nähen

Jacke bzw. Mantel fertignähen, dabei jedoch die Säume nur bügeln, aber noch nicht annähen.

Abnäher und Nähte am Futter steppen, dabei in einer Seitennaht zum Wenden ca. 20 cm offen lassen. Ärmel einsetzen.

An Jacke bzw. Mantel die Heftstiche an den vorderen Kanten und am Saum wieder trennen.

Futter einnähen

Futter rechts auf rechts auf die Besätze steppen (8). An den vorderen Kanten den Besatz noch einmal nach außen wenden, die Saumzugaben nach unten legen. Untere Besatzkanten entlang der Saumkante (Bügelbruch) auf die Vorderteile stecken. Die untere Futterkante auf die untere Jackenkante stecken; die markierten Saumlinien von Futter und Stoff treffen nicht aufeinander.

Steppen, dabei genau in der Besatzansatznaht beginnen, im flachen Bogen zur Saum- bzw. Futterkante hin steppen und die Futter- und Saumkanten ca. 1 cm breit aufeinandersteppen. An der anderen vorderen Kante genauso enden (9).

Die Saumzugaben zurückschneiden, an den Ecken schräg abschneiden, an Rundungen einschneiden (10).

Jacke bzw. Mantel durch die offene Nahtstelle in der Futterseitennaht wenden. Saumzugabe von Jacke bzw. Mantel entlang der bereits gebügelten Saumkante nach oben falten und ca. 1 cm unterhalb der Futteransatznaht festheften.

Jacke bzw. Mantel noch einmal durch die offene Nahtstelle am Futter wenden. Die Saumzugabe von Hand locker annähen. Jacke bzw. Mantel wieder wenden. Die Saumkante vom Futter bügeln, die Bruchkante liegt ca. 2 cm oberhalb der Jackenkante bzw. Mantelkante (11).

Futter am Ärmelsaum annähen (siehe Zeichnungen 5 und 6). Zuletzt die offene Nahtstelle in der Futterseitennaht von Hand sorgfältig zunähen.

AUFHÄNGER UND GÜRTELSCHLAUFEN

Aufhänger werden benötigt, um Röcke auf einen Kleiderbügel zu hängen. Auch bei Jacken und Mänteln sollte ein Aufhänger nicht fehlen, denn nicht immer ist ein Kleiderbügel zur Hand. Die Aufhänger können Sie aus Futterschrägstreifen selbst nähen oder eine schmale Schlauchtresse verwenden.

Aufhänger aus Schrägstreifen

Einen Schrägstreifen, ca. 2½ bis 3 cm breit, der Länge nach zur Hälfte falten, rechte Seite innen. Ca. ½ cm neben der Bruchkante steppen. Zugaben schmal zurückschneiden. Zum Wenden an einem Ende einen Faden befestigen. Faden in eine Stopfnadel fädeln und fest verknoten. Nadel mit dem Öhr voran durch den Schrägstreifen schieben. Oder den Schrägstreifen mit einer Wendenadel wenden (siehe auch Zeichnungen 1 bis 4 von Seite 114). Das Röllchen bügeln.

So können Sie den Schrägstreifen ebenfalls wenden: Ziehen Sie den Ober- und Unterfaden so weit aus der Maschine, dass die Fadenenden ca. 5 cm länger sind als der Schrägstreifen. Legen Sie die Fäden nicht wie gewohnt hinter die Nadel, sondern vor die Nadel in die Mitte des Schrägstreifens. Dann falten Sie den Schrägstreifen der Länge nach zur Hälfte, die Fäden liegen an der Bruchkante (1). Steppen. Die Zugaben schmal zurückschneiden. An den mitgeführten Fäden ziehen, und der Schrägstreifen wendet sich. Das Röllchen bügeln.

1

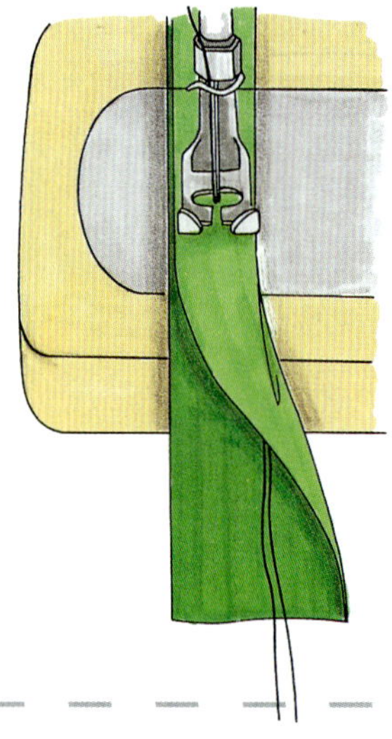

2

Aufhänger für den Rock

Für einen Rock sollten die Aufhänger ca. 8 cm länger als die doppelte Bundbreite sein. Die Aufhänger werden vor dem Annähen des Bundes auf der Innenseite der oberen Rockkante festgesteckt – bei gefütterten Röcken über dem Futter – und beim Feststeppen des Bundes mitgefasst.

Üblich sind zwei Aufhänger. Dazu die fertiggenähten Aufhänger zur Hälfte falten und die Enden genau über den Seitennähten feststecken (2).

Besser sind jedoch vier Aufhänger, jeweils ca. 5 cm neben den Seitennähten.

Oder, wenn Sie diese langen Aufhänger nicht mögen, weil sie doch einmal aus dem Rockbund herausschauen könnten, stecken Sie je einen Aufhänger – Länge = doppelte Bundbreite plus ca. 8 cm – so fest, dass die Enden jeweils gleich weit von der Seitennaht entfernt sind (3).

3

4

TIPP

Für Jacken und Mäntel gibt es auch fertige Aufhänger als Kettchen oder aus Leder, die zuletzt in das fertige Kleidungsstück eingenäht werden.

Aufhänger für Jacken und Mäntel

Für eine Jacke oder einen Mantel sollte der Aufhänger ca. 8 cm lang sein. Er wird beim Ansteppen des Kragens (4) bzw. bei kragenlosen Modellen beim Ansteppen des Futters mitgefasst.

Für schwere Jacken und Mäntel reicht jedoch ein einfacher Aufhänger nicht aus, er könnte reißen. Haltbarer ist ein geflochtener Aufhänger. Wie's gemacht wird, zeigen die Zeichnungen 5a bis e.

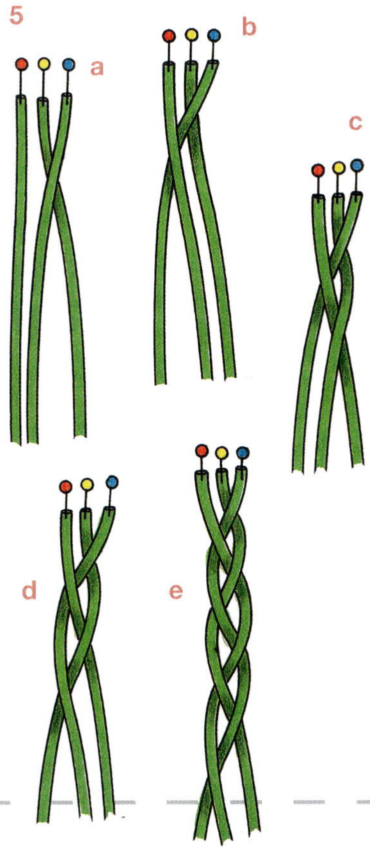

Gürtelschlaufen

halten den Gürtel an der richtigen Stelle: Bei Röcken vier Schlaufen – jeweils über den Abnähern oder zwischen Seitennaht und vorderer bzw. rückwärtiger Mitte. Bei Hosen kommt eine fünfte Schlaufe in der rückwärtigen Mitte dazu. Bei Kleidern und Mänteln zwei Schlaufen, jeweils an den Seitennähten, oder noch eine dritte Schlaufe in der rückwärtigen Mitte.

Damit sich der Gürtel gut einziehen lässt, müssen die Schlaufen ca. 3 cm – davon 2 cm zum Annähen – länger sein als die Gürtelbreite. Schlaufen an Rock- oder Hosenbund sollten ca. 1 cm länger sein als die Bundbreite.

Zugeschnitten wird ein langer Streifen für alle Schlaufen in doppelter Schlaufenbreite plus Nahtzugaben. Streifen rechts auf rechts der Länge nach zur Hälfte legen und in gewünschter Schlaufenbreite entlang der Bruchkante steppen (1). Nahtzugaben zurückschneiden und auseinanderbügeln. Streifen mit Nadel und Faden oder mit der Wendenadel nach rechts umdrehen (siehe Schlingenverschluss, Seite 120, Zeichnungen 1 bis 4). Bügeln, dabei die Naht in die Streifenmitte legen. Kanten schmal absteppen. Danach den Streifen in gleich lange Schlaufen schneiden, dazu die Schnittstellen markieren (2).

TIPP

Sollen Gürtelschlaufen möglichst unauffällig sein, zum Beispiel an Seitennähten bei Kleidern oder Mänteln, werden sie gestickt oder gehäkelt (siehe Garnschlingen, Seite 115, Zeichnungen 8 bis 11).

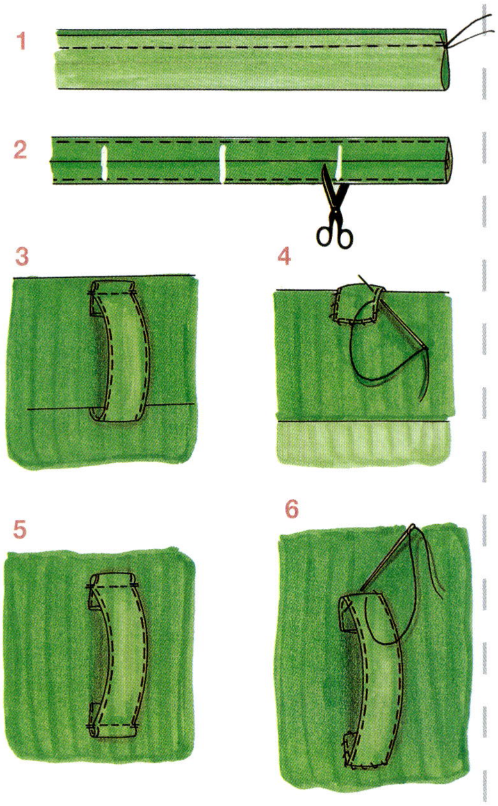

Sollen die Schlaufen mit dem Bund angenäht werden, jeweils ein Schlaufenende rechts auf rechts auf die obere Rock- bzw. Hosenkante stecken. Bund annähen (siehe Seite 177/178), dabei die Schlaufenenden feststeppen. Das andere Schlaufenende eingeschlagen auf die obere Bundkante steppen (3) oder um die obere Bundkante legen und von Hand annähen (4). Werden die Schlaufen auf das fertige Kleidungsstück genäht, beide Enden eingeschlagen aufsteppen (5) oder von Hand annähen (6).

HOSENVERARBEITUNG

Eine Hose zu nähen ist nicht schwierig. Voraussetzung für den guten Sitz der Hose ist die richtige Schnittgröße. Sie richtet sich nach der Hüftweite (siehe Maßnehmen, Seite 22/23). Aber auch der Stoff kann die Passform beeinflussen. Eine Hose aus dehnbarem Stoff (Stretchstoff) ist weniger problematisch als eine aus festem Gabardine. Eine Hose, für die wir in der Nähanleitung unelastische Stoffe angegeben haben, können Sie problemlos aus Stoffen mit Elastikanteil nähen, sie wird dadurch nur bequemer. Dagegen ist Vorsicht geboten, wenn elastische Stoffe angegeben sind. Der Schnitt ist dann der Dehnbarkeit des Stoffes angepasst. Das heißt, die Hose kann bei einem unelastischen Stoff nicht nur unbequem, sondern auch viel zu eng sein.

Die Hose zuschneiden

Der richtige Fadenlauf ist für den korrekten „Fall" der Hose besonders wichtig. Legen Sie daher die Schnittteile immer so auf den Stoff, dass der eingezeichnete Fadenlauf parallel zu den Webkanten bzw. zur Bruchkante des Stoffes verläuft (siehe Seite 43). Niemals, um Stoff zu sparen, die Hosenteile leicht schräg zuschneiden, denn dann können Nähte und Bügelfalten nach einer Seite drehen.

Als Naht- und Saumzugaben empfehlen wir: 4 – 5 cm am Saum, 1½ – 2 cm an Seiten- und inneren Beinnähten, an der rückwärtigen Mittelnaht oben – falls Sie Weite zugeben müssen – ca. 3 cm, auslaufend bis zum Beginn der Rundung, 1 – 1½ cm an allen anderen Kanten und Nähten.

Die Schnittkanten (Naht- und Saumlinien) und alle in den Schnittteilen eingezeichneten Linien, außer dem Fadenlauf, auf die Stoffteile übertragen. Die vordere Mitte, die Linie für den Untertritt und, falls vorhanden, die Bügelfalte, alle Faltenlinien und Taschenlinien mit Heftfaden auf die rechte Stoffseite übertragen (siehe auch Seite 50/51).

Die Hose nähen

Die richtige Reihenfolge ist wichtig:

Bügelfalte in die vorderen Hosenteile einbügeln. Dazu die Hosenteile an der markierten Bügelfalte falten oder, wenn keine Bügelfalte eingezeichnet war, die Hosenteile der Länge nach so zur Hälfte falten, dass die innere Beinnaht auf der Seitennaht liegt. Die Bruchkante von oben bis 10 cm oberhalb der Saumlinie einbügeln, dabei muss die Bruchkante ganz gerade liegen (1).

Abnäher steppen (siehe Seite 70/71), zur vorderen bzw. rückwärtigen Mitte bügeln. Taschen nähen (siehe Seiten 76 bis 93). Falls erforderlich, Falten legen und festheften (siehe Seite 168).

Seitennähte: Die vorderen Hosenteile rechts auf rechts auf die rückwärtigen Hosenteile legen, Seitennähte heften. Steppen (2). Nahtzugaben auseinanderbügeln und versäubern.

1

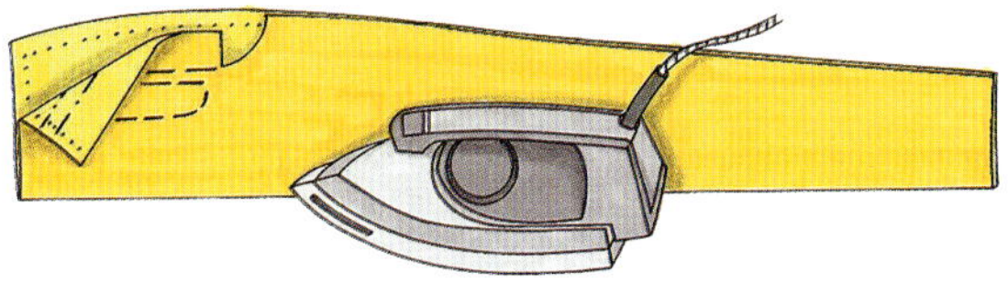

2

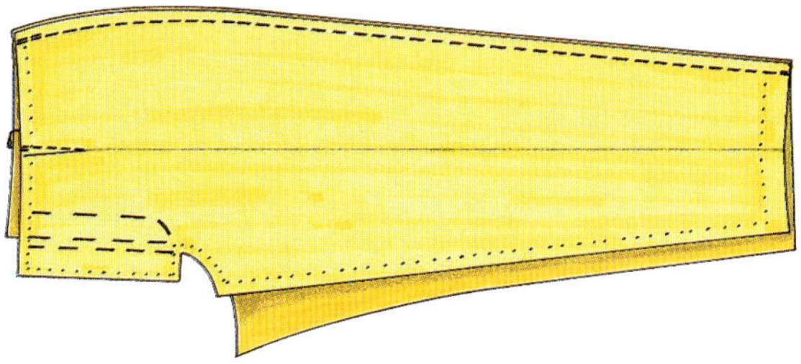

3

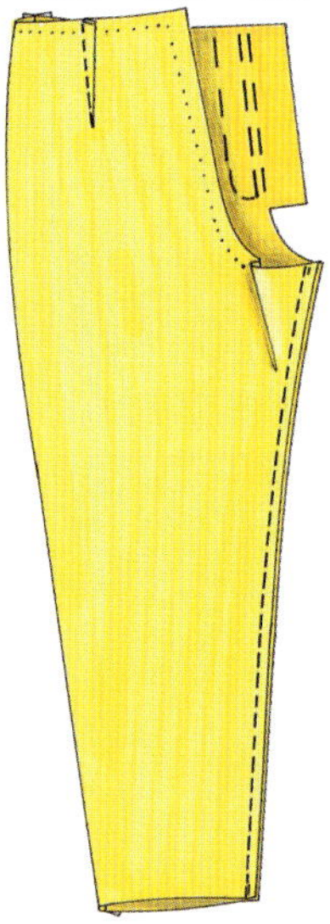

4

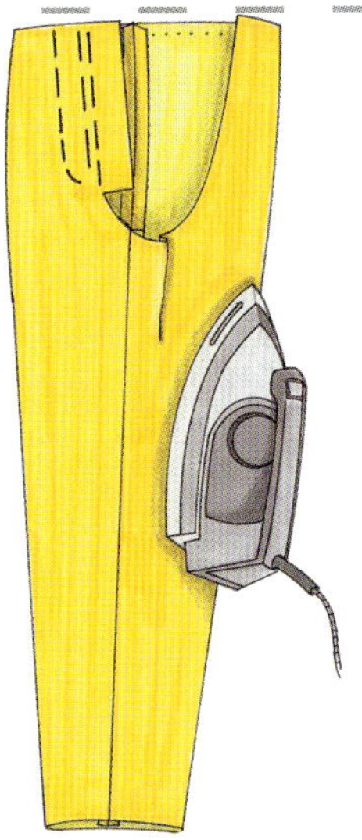

5

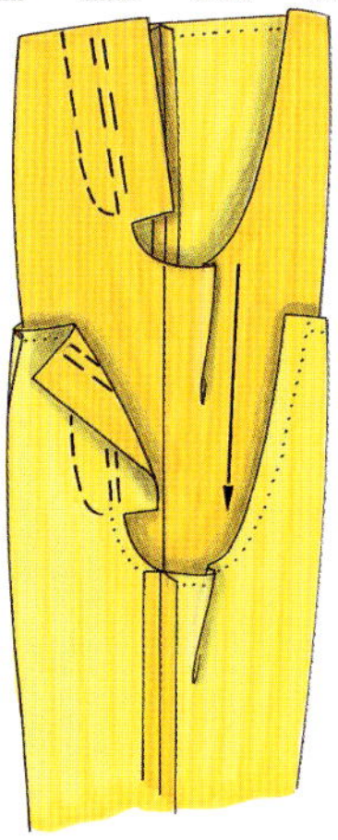

6

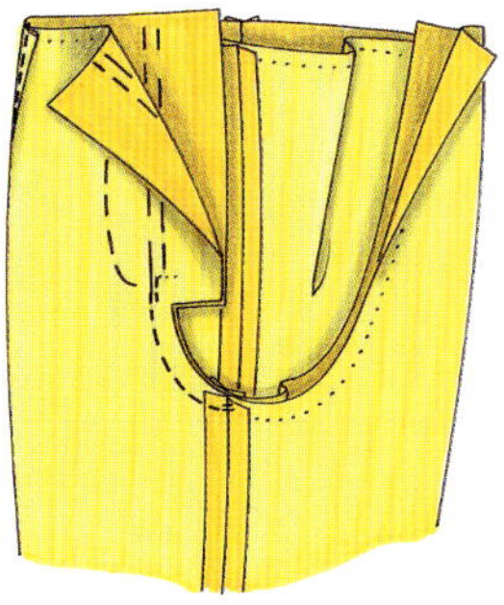

Innere Beinnähte: Die Hosenteile der Länge nach zur Hälfte falten, rechte Seite innen. Innere Beinnähte heften, dabei darauf achten, dass die Hosenteile von der unteren Kante bis etwa Kniehöhe (Querstrich) glatt aufeinanderliegen. Ab Kniehöhe das rückwärtige Hosenteil leicht dehnen. Steppen (3). Nahtzugaben auseinanderbügeln und versäubern.

Wichtig: Hat die Hose einen Aufschlag, sind die Nähte bei nach unten enger oder weiter werdenden Hosenbeinen am Aufschlag nicht gerade, sondern leicht gezackt. Beim Steppen der Nähte exakt entlang den markierten Nahtlinien steppen. Nur so legt sich der Aufschlag glatt um das Hosenbein.

TIPP

Wenn Sie noch nie eine Hose genäht haben oder, wenn Sie beim Kauf einer Hose bereits festgestellt haben, dass Ihnen Hosen nicht gut passen, zunächst eine Probehose nähen.
Wie Sie eine Hose figurgerecht korrigieren können, zeigen wir Ihnen auf Seiten 201 bis 207.

Bügelfalte in die rückwärtigen Hosenteile einbügeln. Dazu die Hosenteile wenden, rechte Seite außen, und so auf die Bügelunterlage legen, dass die innere Beinnaht auf die Seitennaht trifft und die Bügelfalte des vorderen Hosenteils ganz gerade liegt. Bügelfalte von oben bis ca. 10 cm vor die markierte Saumlinie in das rückwärtige Hosenteil bügeln (4).

Vordere Mittelnaht: An beiden Hosenteilen die Zugabe der Mittelnaht und den Besatz versäubern. Ein Hosenteil wenden, linke Seite außen. Hosenteile so ineinanderschieben, dass die rechten Stoffseiten aufeinandertreffen (5). Vordere Mittelnaht vom Schlitzzeichen bis zur inneren Beinnaht heften, Nahtlinien treffen aufeinander. Steppen. Nahtenden sichern (6).

Reißverschluss: Damenhosen schließen von rechts nach links. Das heißt, an der rechten vorderen Hosenkante den Besatz an der markierten vorderen Mitte nach innen umheften. An der linken Kante den Besatz für den UNTERTRITT ½ bis ¾ cm neben der vorderen Mitte nach innen umheften, dabei die Nahtzugabe am Besatzende (Pfeil) bis ca. ½ cm vor die Naht einschneiden. Kanten bügeln (7). Den Untertritt (linke Schlitzkante) dicht neben den Verschlusszähnchen auf das Reißverschlussband heften, mit dem einseitigen Kantensteppfuß (Reißverschlussfuß) schmal feststeppen (8).

7

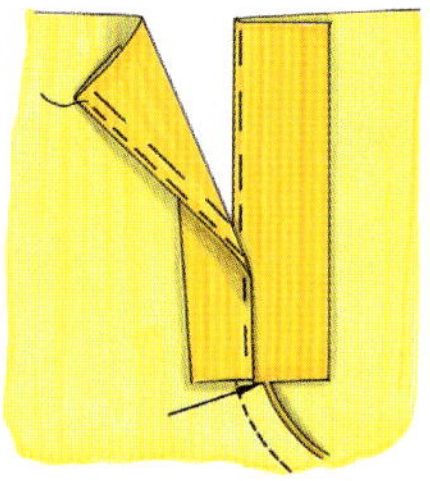

8

9

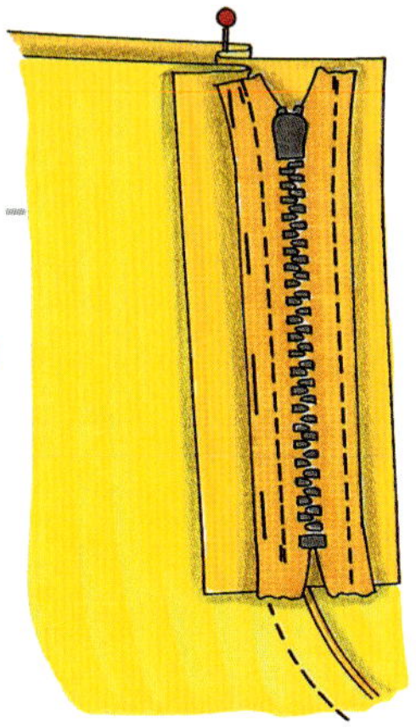
10

Den Schlitz Mitte auf Mitte zustecken (9). Den Besatz der rechten Verschlusskante auf das Reißverschlussband stecken, dabei die Hose nicht mitfassen. Reißverschluss auf den Besatz steppen (10).

Von der rechten Hosenseite aus die rechte Verschlusskante an der markierten Stepplinie absteppen, dabei den Besatz feststeppen (11).

Extra-Tipp:
Ganz professionell ist der Schlitz mit Untertritt. Einfach einen Stoffstreifen – 6 cm breit und ca. 3 cm länger als der Schlitz – längs falten, rechte Seite innen. Die unteren Kanten ab der Bruchkante halbrund aufeinandersteppen (12). Den überstehenden Stoff ½ cm neben der Stepplinie abschneiden. Untertritt wenden. Kanten bügeln. Die langen Kanten zusammengefasst versäubern. Den Untertritt so unter die linke Schlitzkante stecken, dass die mit Zickzackstichen versäuberte Kante über dem Reißverschlussband liegt (13).

Wichtig: Wenn Sie den Schlitz mit Untertritt nähen möchten, die rechte Schlitzkante zunächst nur bis zum Beginn der Rundung absteppen. Und: Der Untertritt darf, ab der markierten vorderen Mitte gemessen, nur so weit vorstehen wie der am Bund vorgesehene Untertritt.

Von der Innenseite aus den Besatz der linken Schlitzkante dicht neben der Reißverschlussansatznaht auf den Untertritt steppen (14), dazu den einseitigen Kantensteppfuß verwenden. Dann die restliche rechte Verschlusskante absteppen, dabei den Untertritt mitfassen.

11

12

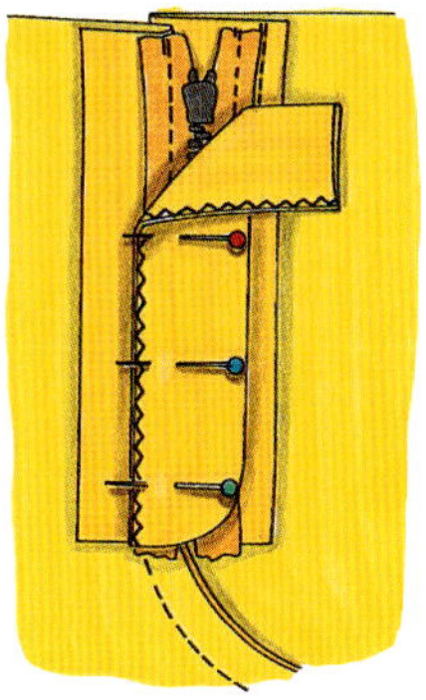
13

Bund: Die Bundteile, wie auf Seiten 177/178 erklärt, an die oberen Hosenkanten steppen, dabei den Bund an der rechten Schlitzkante in Nahtzugabenbreite, an der linken in Untertrittbreite überstehen lassen. Die rückwärtigen Bundkanten versäubern.

Rückwärtige Mittelnaht: Hosenteile wieder ineinanderschieben, rechte Stoffseiten liegen aufeinander. Rückwärtige Mittelnaht heften, fortlaufend die schmalen Bundkanten aufeinanderheften. Steppen (15). Da die Mittelnaht stark strapaziert wird, die Naht zweimal steppen oder mit der „Stretch-Dreifachnaht" (siehe auch Seite 66) steppen. Die Nahtzugaben von oben bis zum Beginn der Rundung auseinanderbügeln. Oben die Nahtzugaben auf der Bundinnenseite festnähen.

Den Bund mit Knopf und Knopfloch (siehe Seiten 94/95, 100) oder mit Haken und Öse (siehe Seite 116) schließen.

Untere Hosenkanten: An der unteren Hosenkante kann ein einfacher oder eingeschlagener Saum (siehe Seite 72/73) genäht werden. Die Saumkante kann zusätzlich mit einem Stoßband verstärkt werden. Dazu das Stoßband an die markierte Saumlinie treffend auf die Saumzugabe stecken. Die Enden an der inneren Beinnaht übereinanderlegen. Beide Kanten vom Stoßband schmal feststeppen (16). Dann den Saum nähen.

Bei Hosen mit Aufschlag die unteren Kanten an der UMBRUCH-Linie nach innen umheften. Bügeln. Saumzugabe von Hand hohl annähen oder feststeppen. Untere Hosenkante an der SAUMUMBRUCH-Linie nach außen wenden. Kante heften, bügeln (siehe Seite 148). Aufschlag an den Sei-

TIPP

Als Bundverschluss gibt es auch Haken und Ösen zum Vernieten. Eine genaue Anleitung liegt der Packung bei.

14

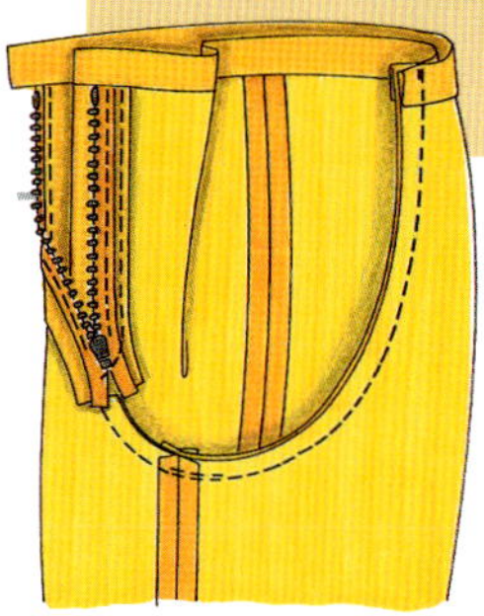

15

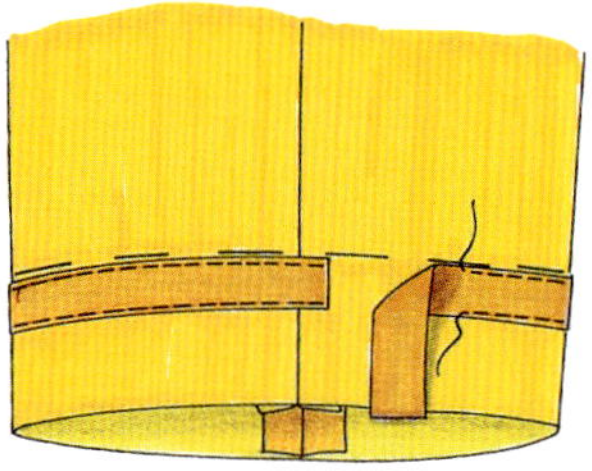

16

ten- und inneren Beinnähten mit einigen Stichen annähen.

Falls erforderlich, die Bügelfalten an den unteren Hosenkanten einbügeln.

Die Herrenhose

wird, bis auf eine Ausnahme – dem Schlitz – wie eine Damenhose genäht. Nicht nur, dass der Schlitz bei Herrenhosen von links nach rechts schließt, sondern auch der Zuschnitt und die Verarbeitung ist etwas anders.

Die Herrenhose wird grundsätzlich mit Untertritt genäht und die linke Verschlusskante mit einem Besatz verstürzt. Dazu die vorderen Hosenteile an den Schlitzkanten mit 1½ – 2 cm breiten Nahtzugaben zuschneiden.

Für den Untertritt gibt es ein Schnittteil. Der Untertritt wird insgesamt dreimal zugeschnitten: zweimal für den Untertritt und einmal für den Besatz der linken Schlitzkante. Bei dicken Stoffen den Untertritt einmal aus Stoff und zweimal aus Futter (= Unterseite vom Untertritt und Besatz) zuschneiden.

So nähen Sie den Herrenhosenschlitz:

Die Besatzinnenkante versäubern. Den Besatz rechts auf rechts auf die linke Schlitzkante stecken, von oben bis zum Schlitzzeichen steppen. Nahtenden sichern (17). Nahtzugaben von oben bis ca. 1 cm vor das Nahtende zurückschneiden. Untere Besatzkante am letzten Steppstich nach oben legen, feststecken (17a). Die Hosenbeine rechts auf rechts ineinanderschieben (siehe auch Zeichnung 5, Seite 197). Die vordere Mittelnaht vom Schlitzzeichen bis zur inneren Beinnaht heften. Steppen. Nahtenden sichern (18).

Den Besatz der linken Schlitzkante nach innen umheften. An der rechten Schlitzkante die Nahtzugabe ¾ cm neben der markierten vorderen Mitte nach innen umheften, dabei die Nahtzugabe bis ca. ½ cm vor den letzten Steppstich der Mittelnaht einschneiden (Pfeil). Kanten bügeln (19). Die rechte Schlitzkante dicht neben den Verschlusszähnchen auf das Reißverschlussband heften, mit dem einseitigen Kantensteppfuß (Reißverschlussfuß) schmal feststeppen. Den Schlitz Mitte auf Mitte zustecken. Von innen das andere Reißverschlussband auf dem Besatz der rechten Schlitzkante feststecken, dabei die Hose nicht mitfassen, und feststeppen. Von der rechten Hosenseite aus die linke Verschlusskante an der markierten Stepplinie absteppen, dabei am Beginn der Rundung enden und den Besatz feststeppen (siehe auch Zeichnungen 8 bis 11, Seite 197/198). Die Untertrittteile rechts auf rechts aufeinanderlegen, die Außenkanten aufeinandersteppen. Nahtzugaben zurückschneiden, an der Rundung einschneiden. Untertritt wenden. Kanten heften, bügeln.

17

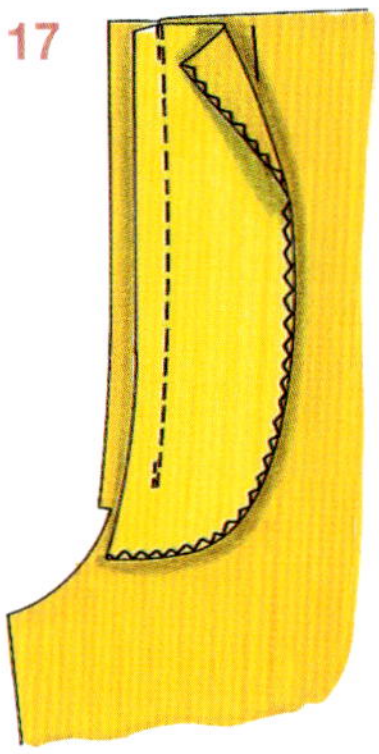

17a

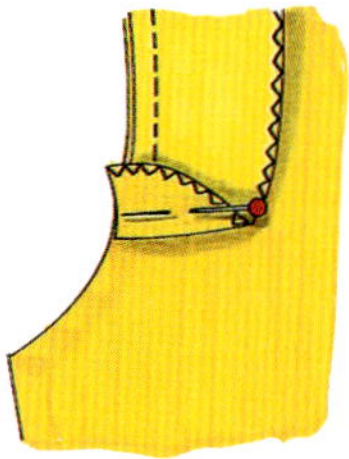

18

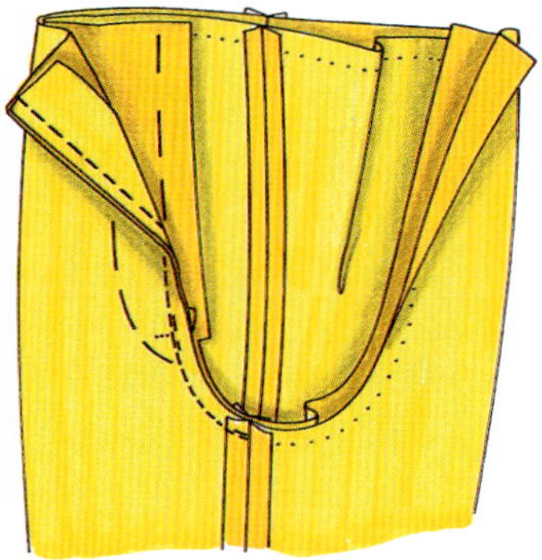

19

Offene Kanten zusammengefasst versäubern. Den Untertritt so unter die rechte Schlitzkante stecken, dass die mit Zickzackstichen versäuberte Kante über dem Reißverschlussband liegt. Von innen die Zugabe der rechten Schlitzkante dicht neben der Ansatznaht vom Reißverschluss auf den Untertritt steppen – am besten geht's mit dem einseitigen Kantensteppfuß (siehe auch Seite 198/199, Zeichnungen 13 und 14). Schlitz noch einmal Mitte auf Mitte zustecken. Die restliche linke Schlitzkante absteppen, dabei den Untertritt mitfassen. Fäden nach innen ziehen und verknoten.

1

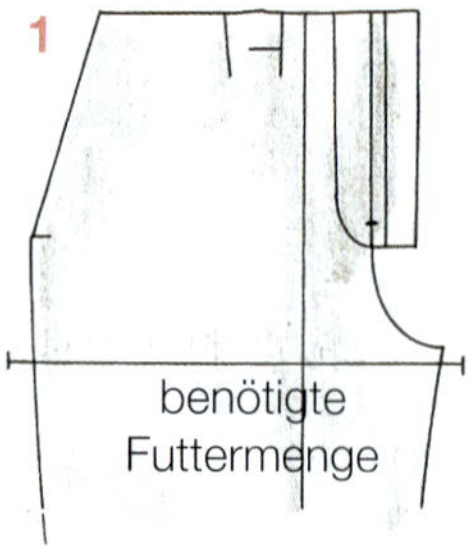

2

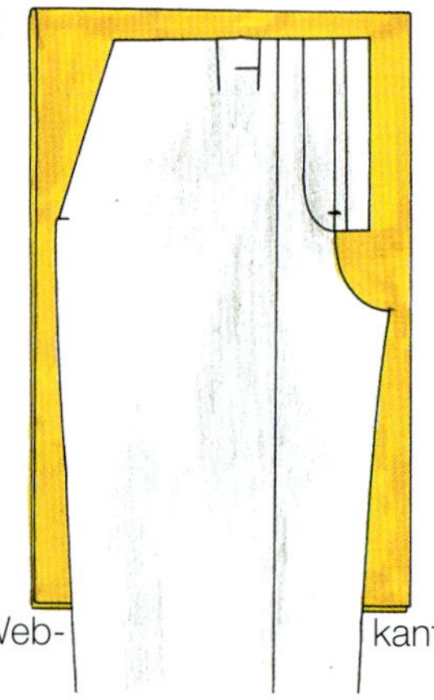

3

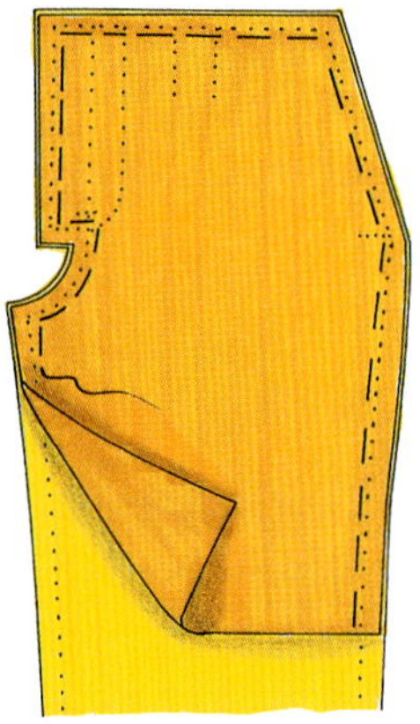

4

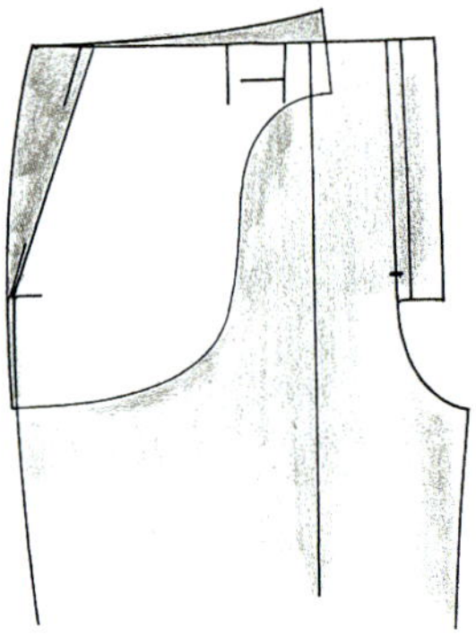

Hosen füttern

In burda style Nähanleitungen sind Hosen fast immer ungefüttert. Wenn Sie auf diesen Tragekomfort nicht verzichten möchten, erklären wir Ihnen hier, wie Sie Hosen füttern können.

Futter nur im vorderen Hosenteil:

Das ist die gebräuchlichste Art, eine Hose zu füttern. Dabei reicht das Futter nur bis etwa Kniehöhe. Wie viel Futter Sie benötigen, können Sie am vorderen Hosenteil abmessen (1).

Zum Zuschneiden des Futters das Schnittteil des vorderen Hosenteils so auf das Futter legen, dass die obere Kante (Taille) an der Bruchkante liegt. Die Webkanten des Futters werden zur unteren Kante (2). Das Futter mit den gleichen Nahtzugaben zuschneiden wie die Stoffteile. Die Nahtlinien und die im Schnittteil eingezeichneten Markierungen auf das Futter übertragen. Die Futterteile mit der rechten Seite auf die linke Stoffseite der vorderen Hosenteile stecken und ringsum festheften (3). Dann Stoff und Futter wie eine Stofflage nähen.

Die Hose ganz füttern:

Diese Futterverarbeitung ist bei Leder obligatorisch. Aber auch wenn Sie beim ersten Tragen einer neuen Hose feststellen, dass der Stoff unangenehm auf der Haut ist oder an den Strümpfen klebt, können Sie eine Hose so füttern.

Das Futter wird wie die Hose (ohne Bund) zugeschnitten. Bei Hüftpassentaschen vor dem Zuschneiden das Schnittteil des vorderen Hosenteils so auf die Hüftpasse kleben, dass der Tascheneingriff an der Seitennaht auf die markierte Anstoßlinie trifft (4). An der oberen Kante entsteht ein Abnäher, der am Futter als Fältchen gelegt wird.

Futterhose nähen, bügeln und links auf links in die fertige Hose stecken; Nähte treffen aufeinander. Futter eingeschlagen an der Bundansatznaht feststecken. Am Schlitz das Futter wie beim Hosenrock, Seite 186/187, Zeichnungen 19 bis 21 gezeigt, feststecken. Futter von Hand an der Bundansatznaht und den Reißverschlussbändern annähen. Den Saum der Futterhose eingeschlagen feststeppen (siehe Seite 73, Zeichnung 5). Die Futterhose sollte ca. 2 cm kürzer sein als die Hose.

HOSENKORREKTUREN

Bei keinem Kleidungsstück ist die perfekte Passform so schwierig wie bei einer Hose. Denn jede Figur ist anders, auch wenn die Körpermaße mit den Tabellenmaßen und die am Schnitt nachgemessenen Kontrollmaße (siehe Seite 23) genau übereinstimmen. Damit Sie eine gut sitzende Hose nähen können, zeigen wir Ihnen hier, wie Sie eine bereits fertiggenähte Hose und den Hosenschnitt Ihrer individuellen Figur anpassen können.

Korrekturen, die sich beim Maßnehmen ergeben

Die Länge: Wenn Sie größer oder kleiner sind als in der Maßtabelle angegeben, den Schnitt Ihrer Körpergröße entsprechend kürzen oder verlängern (wie es gemacht wird, finden Sie auf den Seiten 24 bis 27).

Die Weite: Wenn Ihre Hüft- oder Taillenweite nicht genau mit den Tabellenmaßen übereinstimmt, schon am Schnitt die entsprechenden Änderungen vornehmen (siehe auch Seite 30).

Die Sitzhöhe ist ein Kontrollmaß und wird in den Maßtabellen nicht aufgeführt. Messen Sie am Körper Ihre Sitzhöhe wie auf Seite 23 gezeigt. Am Papierschnitt des rückwärtigen Hosenteils zeichnen Sie eine Hilfslinie im rechten Winkel zum Fadenlauf so ein, dass Sie am „tiefsten" Punkt der Mittelnaht endet. Von dieser Hilfslinie aus messen Sie die Sitzhöhe (1).

Wichtig: Die Sitzhöhe kann sich modellbedingt ändern. Nur bei hautnah sitzenden Hosen sitzt auch die Schrittnaht (Mittelnaht) eng am Körper. Bei Bundfaltenhosen und bei lässig weiten Hosen ist die Schrittnaht mehr oder weniger tief ausgeschnitten, sodass die Sitzhöhe vom Schnitt insgesamt etwas länger sein muss als das Körpermaß.

Auch so können Sie die Sitzhöhe prüfen: Kleben Sie die Schnittteile an der inneren Beinnaht aneinander und halten Sie das Schnittteil an Ihre Figur.

Ist die Sitzhöhe zu kurz, schneiden Sie die Schnittteile vom vorderen und rückwärtigen Hosenteil ca. 15 cm unterhalb der Taille quer auseinander und fügen die fehlende Länge gleichmäßig ein (2). Ist die Sitzhöhe zu lang, stecken Sie das Zuviel an Länge in Hüfthöhe als gleichmäßige Querfalte ab (3).

Die Oberschenkelweite ist bei figurnahen Hosen und wenn Sie starke Oberschenkel haben ein wichtiges Kontrollmaß. An den Papierschnittteilen wird dicht unterhalb der Mittelnaht gemessen. Als Faustregel gilt: gemessene Weite plus 4 cm. Bis zu 1½ cm fehlende Weite wird am rückwärtigen Hosenteil nur an der inneren Beinnaht – verlaufend bis Kniehöhe – zugegeben (4). Ist die Differenz größer, können Sie auch an den Seitennähten etwas Weite zugeben oder, wenn Sie stark nach vorn gewölbte Oberschenkel haben, den Schnitt ändern wie auf Seite 207, Zeichnungen 24 und 25, angegeben.

1

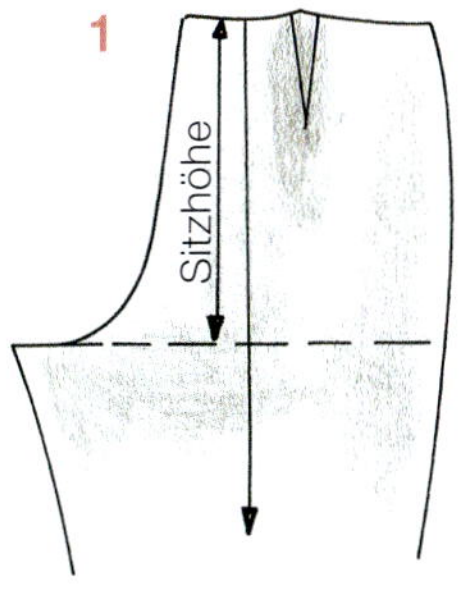

2

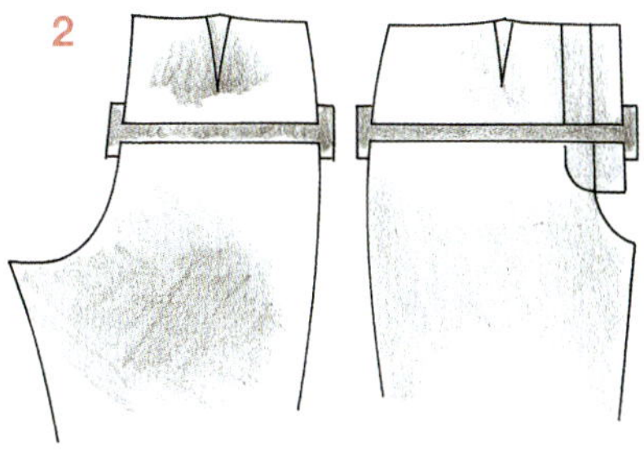

3

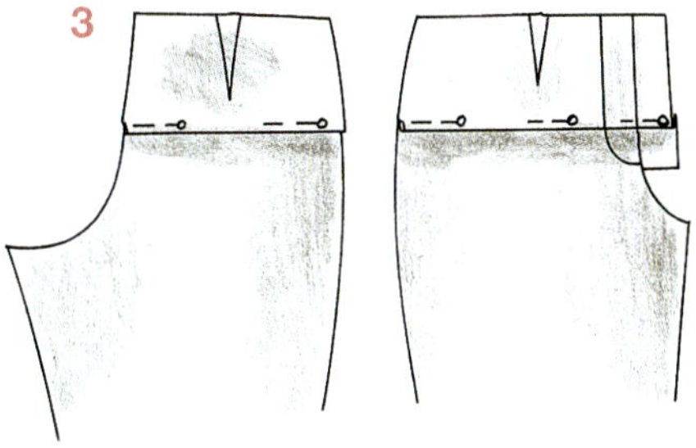

4

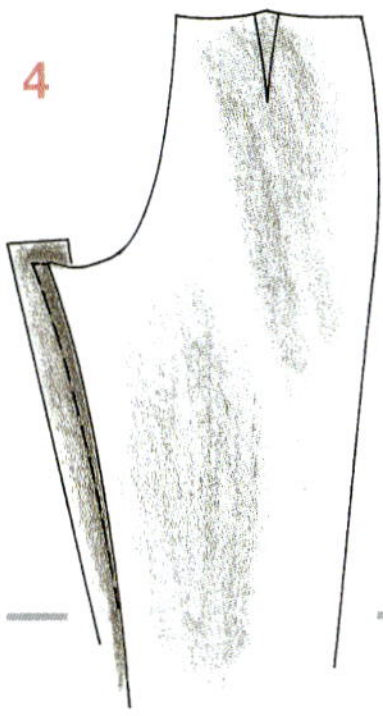

Figur- und haltungsbedingte Korrekturen

Auch wenn Sie den Schnitt genau auf Ihre Maße abgestimmt haben, kann es sein, dass bei der Anprobe noch Korrekturen erforderlich sind. Zum Beispiel, wenn Sie einen stark ausgeprägten oder einen sehr flachen Po haben, wenn Ihre Hüften sehr flach, gut gepolstert oder, was sehr häufig vorkommt, nicht ganz gleich sind. An einer bereits fertigen Hose können solche Korrekturen nicht immer zur vollen Zufriedenheit durchgeführt werden.

Deshalb unser Tipp: Wenn Sie noch nie eine Hose genäht haben oder wenn Sie beim Kauf einer Hose bereits festgestellt haben, dass Sie Passformprobleme haben, zunächst eine Probehose nähen. Wählen Sie dafür eine preiswerte, dem gewünschten Stoff möglichst ähnliche Qualität, denn auch der Stoff kann die Passform beeinträchtigen. Die Probehose wird zugeschnitten (siehe Seiten 196 bis 198) und genäht. Auf den Reißverschluss können Sie verzichten, denn der Schlitz wird zur Anprobe nur Mitte auf Mitte zugesteckt. Auch der Bund muss nicht genäht werden. Für die Probehose genügt als Bundersatz ein Ripsband in der entsprechenden Breite.

Wichtig: Tragen Sie zur Anprobe möglichst die Schuhe, die Sie auch später anziehen werden, denn die Absatzhöhe verändert die Körperhaltung und damit auch den Sitz der Hose. Und: Lassen Sie sich bei der Anprobe helfen, denn es ist nicht möglich, den Sitz der Hose hinten zu kontrollieren bzw. die Passformkorrekturen abzustecken, ohne sich dabei zu verdrehen.

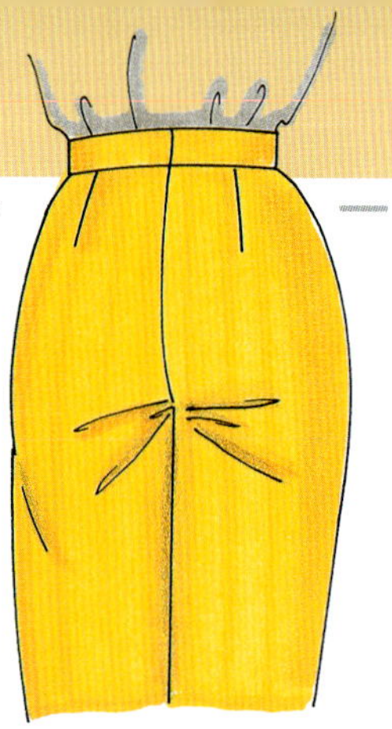
1

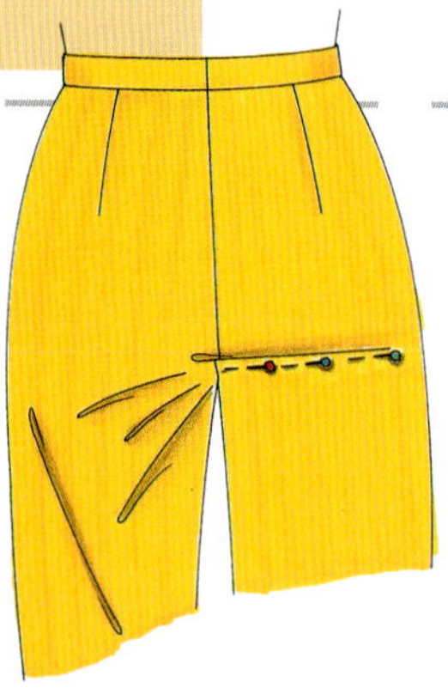
2

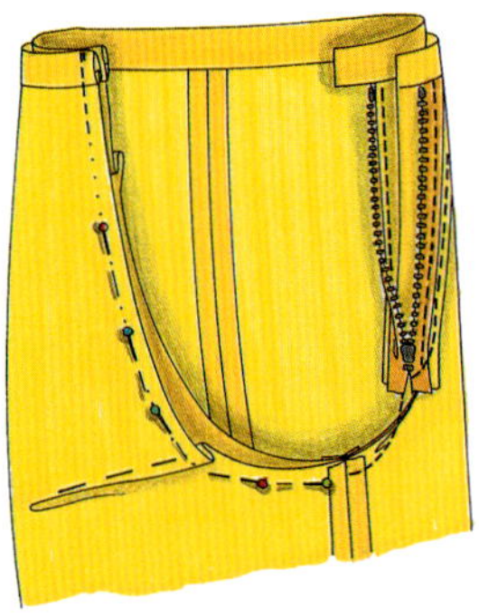
3

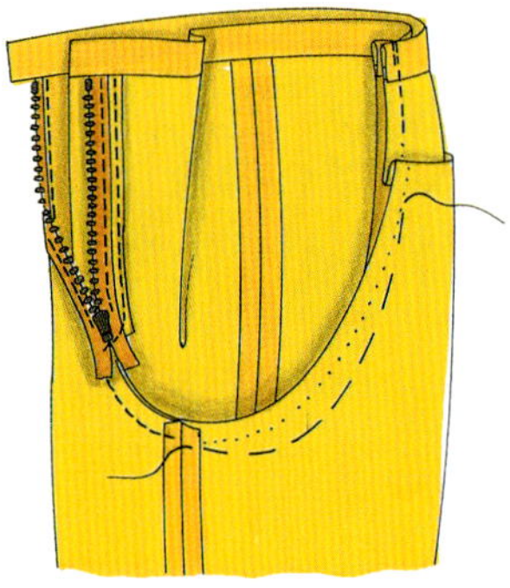
4

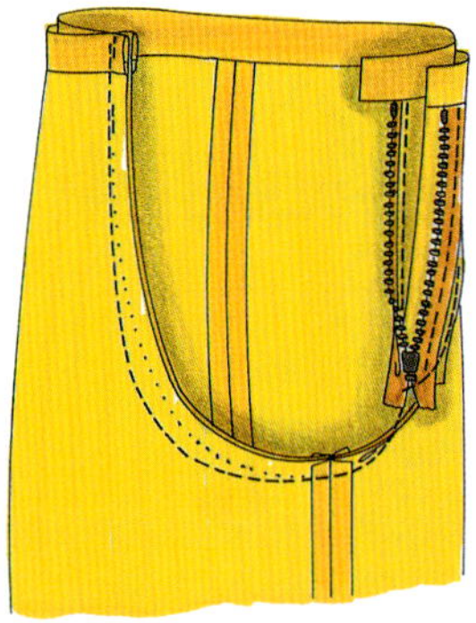
5

Die Hose sitzt perfekt, wenn sie bei normaler Körperhaltung glatt und faltenfrei fällt. Es können sich aber auch Schrägzüge oder Falten bilden. Wir zeigen Ihnen hier, wie Sie die Hose richtig abstecken und den Schnitt entsprechend korrigieren können. Nach diesem exakt auf Ihre Figur abgestimmten „Maßschnitt" schneiden Sie dann die Hose zu.

Querfalten unterhalb des Pos

Diese Querfalten (1) bilden sich bei einem flachen Po. Am rückwärtigen Hosenteil muss die Rundung etwas tiefer ausgeschnitten und die Mittelnaht gekürzt werden.

Eine bereits fertiggenähte Hose ändern Sie so:

Das „Zuviel" an Länge an einem Hosenbein von der Mittelnaht bis zur Seitennaht verlaufend als Querfalte abstecken (2). Diese Querfalte zugesteckt lassen und die Mittelnaht von der inneren Beinnaht bis kurz unterhalb des Bundes trennen. Die Hosenbeine rechts auf rechts so ineinanderschieben, dass das abgesteckte Hosenteil außen ist. Die Hosenteile von der abgesteckten Seite aus so aufeinanderstecken, wie sie sich durch die enger gewordene Rundung von selbst legen; dabei die sich an der überstehenden (nicht abgesteckten) Hosenhälfte bildende Überlänge vorsichtig nach oben schieben. Die ursprüngliche Nahtlinie der abgesteckten Hosenhälfte mit Stecknadeln auf die darunterliegende, überstehende Hosenhälfte übertragen (3). An der unten liegenden (nicht abge-

TIPP

Geheftete Nähte können sich dehnen. Exakter lässt sich die Passform prüfen, wenn Sie zur Anprobe mit großen Stichen steppen.

steckten) Hosenhälfte entlang der Stecknadelmarkierung einen Heftfaden einziehen (4), dabei das abgesteckte Hosenteil nicht mitfassen. Alle Stecknadeln entfernen. Die Hosenbeine rechts auf rechts entlang der ursprünglichen Mittelnaht aufeinanderstecken, dann entlang der neuen Mittelnaht steppen (5). Das „Zuviel" an Nahtzugabe abschneiden.

Probieren Sie die Hose sicherheitshalber noch einmal an. Falls sich unterhalb des Bundes noch etwas Überlänge ergeben sollte, stecken Sie das „Zuviel" an Länge unterhalb der Bundansatznaht verlaufend bis zur Seitennaht ab und setzen den Bund entsprechend tiefer.

... und so können Sie den Schnitt korrigieren:

Prüfen Sie zunächst, ob der Fadenlauf genau in der Mitte des Hosenteils eingezeichnet ist. Falten Sie dazu das Schnittteil der Länge nach so zur Hälfte, dass die innere Beinnaht bis etwa Kniehöhe auf der Seitennaht liegt (6). Der Bruch ist die Mitte. Falls erforderlich, zeichnen Sie den Fadenlauf entlang der Bruchlinie ein. Dann zeichnen Sie 3 Änderungslinien (unterbrochene Linien) in den Schnitt ein:

- In Schritthöhe eine Querlinie, genau im rechten Winkel zum Fadenlauf.
- In der Abnähermitte eine senkrechte Linie bis zur Querlinie oder, wenn kein Abnäher vorhanden ist, von der oberen Hosenkante ausgehend in der Mitte zwischen Seiten- und Mittelnaht.
- Schräg von der Mittelnaht bis zum Kreuzungspunkt Fadenlauf/Querlinie.

Das Schnittteil an der Querlinie auseinander- und an den beiden anderen Linien jeweils von der Kante ausgehend einschneiden (7). Am schrägen Einschnitt die untere Kante – keilförmig verlaufend – ca. 1½ cm über die obere schieben, festkleben. Die Spitze an der Fadenlauflinie bleibt unverändert. Am senkrechten Einschnitt die Kanten oben ½ cm – keilförmig verlaufend bis zur unteren Kante – übereinanderkleben (8). Oberes Papierschnittteil so auf das untere kleben, dass die Kanten an der Seiten- und der rückwärtigen Mittelnaht aneinanderstoßen. Im Bereich des Fadenlaufs liegen die Teile übereinander. Dieser Betrag entspricht der reduzierten Länge (9). Die durch das Kürzen entstandene „Ecke" an der rückwärtigen Mitte ausgleichen. Dazu Papier unter die Ecke kleben und die neue Nahtlinie harmonisch gerundet einzeichnen. Wenn nötig auch die Seitennaht an der Querlinie ausgleichen. Bei einem abnäherlosen Hosenteil an der Seitennaht oben den ½ cm wieder zugeben, um den die Kanten des senkrechten Einschnittes übereinandergelegt wurden. Den Fadenlauf des unteren Hosenteils bis zur oberen Kante verlängern. Der ursprüngliche Fadenlauf des oberen Hosenteils wird ungültig (10).

6
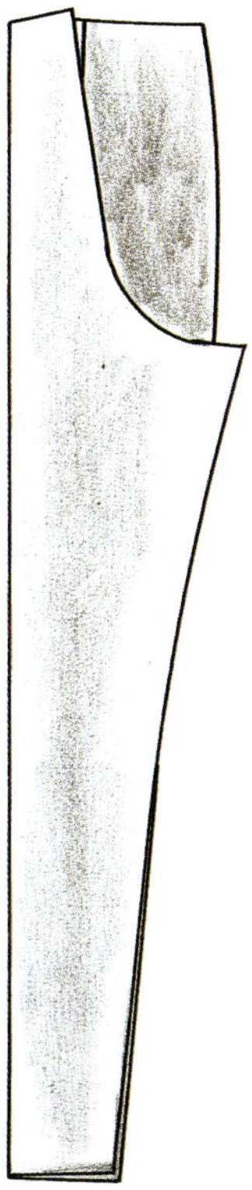

7
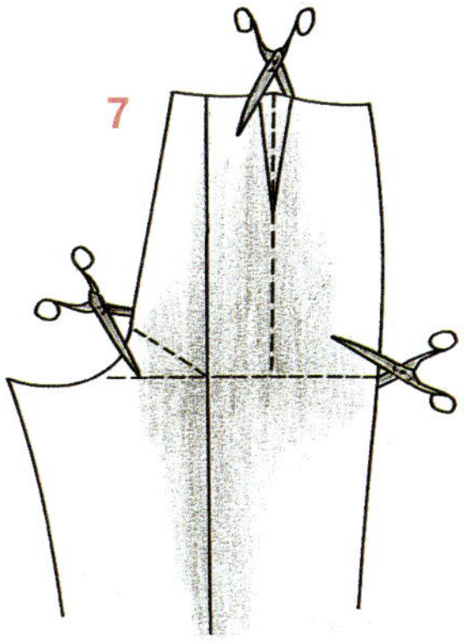

8
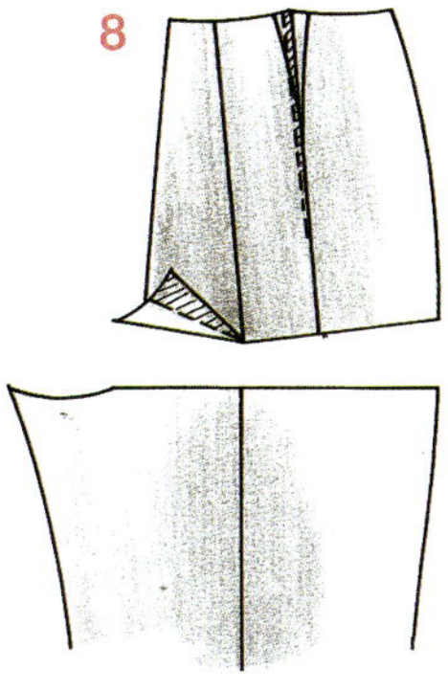

9
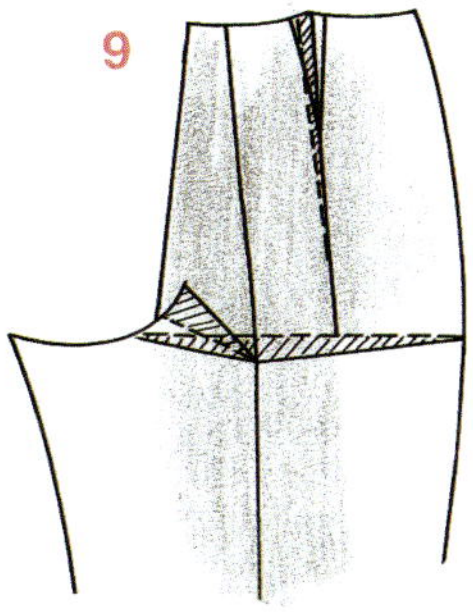

10
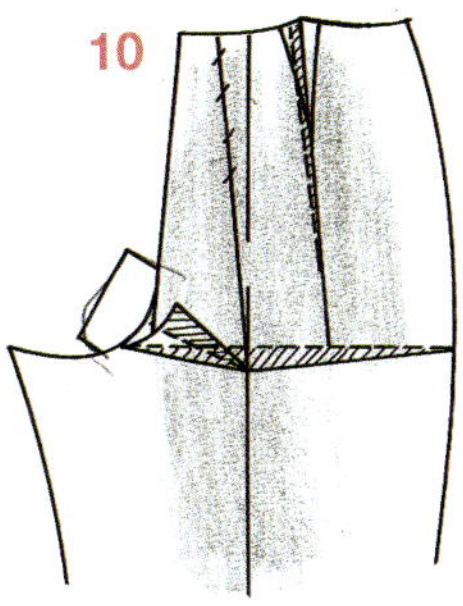

Die Hose spannt am Po, die Seitennähte werden nach hinten, die Bundansatznaht wird nach unten gezogen

Dieser Passformmangel (11) tritt immer dann auf, wenn der Po etwas dicker ist als im Schnitt vorgesehen.

An einer fertigen Hose kann die fehlende Weite nur an den Seitennähten und an den inneren Beinnähten der rückwärtigen Hosenteile und etwas Länge an der Ansatznaht des Bundes zugegeben werden.

Bei der Probehose schneiden Sie von der stärksten Stelle des Pos ausgehend der Länge nach vom Bund bis etwa Kniehöhe und quer bis dicht zu den Seitennähten ein. Die Einschnittkanten stecken Sie auf Stoffstreifen fest (12).

Den Schnitt ändern Sie so:

Zeichnen Sie zunächst den Fadenlauf genau in der Mitte des rückwärtigen Hosenteils ein (siehe Zeichnung 6 von Seite 203). Zum Einfügen der fehlenden Weite zeichnen Sie zwei Änderungslinien (unterbrochene Linien) in den Schnitt ein:

- In Kniehöhe eine waagrechte Linie, genau im rechten Winkel zum Fadenlauf.
- Von der Abnäherspitze bis zum Kreuzungspunkt Fadenlauf/Knielinie.

Das Schnittteil genau in der Abnähermitte und fortlaufend entlang der Änderungslinie bis zur Knielinie und an der Knielinie jeweils bis dicht zu den seitlichen Kanten einschneiden (13). In Höhe der Abnäherspitze die fehlende Weite – keilförmig verlaufend bis zur Knielinie – einfügen. Den Abnäher neu einzeichnen, die Spitze liegt genau in der Mitte der Zugabe. Eventuell auch an der inneren Beinnaht etwas Weite zugeben (14).

Zum Einfügen der Länge eine waagrechte Änderungslinie im rechten Winkel zum Fadenlauf so einzeichnen, dass sie durch die Abnäherspitze verläuft. Eine senkrechte Linie in der Mitte zwischen Seitennaht und Abnäher einzeichnen. Das Schnittteil an der waagrechten Linie von der rückwärtigen Mitte bis dicht zur Seitennaht und an der senkrechten Linie von oben bis dicht zum waagrechten Einschnitt einschneiden. Die Länge am waagrechten Einschnitt keilförmig verlaufend einfügen: an der rückwärtigen Mittelnaht 1 bis 2 cm, am senkrechten Einschnitt noch ½ bis 1 cm, an der Seitennaht keine Zugabe.

Durch diese Änderung ergibt sich am senkrechten Einschnitt der für einen dicken Po erforderliche zweite Abnäher. Da der ursprüngliche Abnäher durch die Weitenzugabe sehr tief wurde, reduzieren Sie diesen Abnäher um die Hälfte der Weitenzugabe und geben diesen Betrag beim neuen Abnäher dazu. Zeichnen Sie den neuen Abnäher ca. 2 bis 3 cm kürzer ein als den ursprünglichen Abnäher. Den „Knick“ an der Seitennaht gleichen Sie aus. Den Fadenlauf des unteren Hosenteils bis zur oberen Kante verlängern. Der Fadenlauf im oberen Hosenteil wird ungültig (15).

11

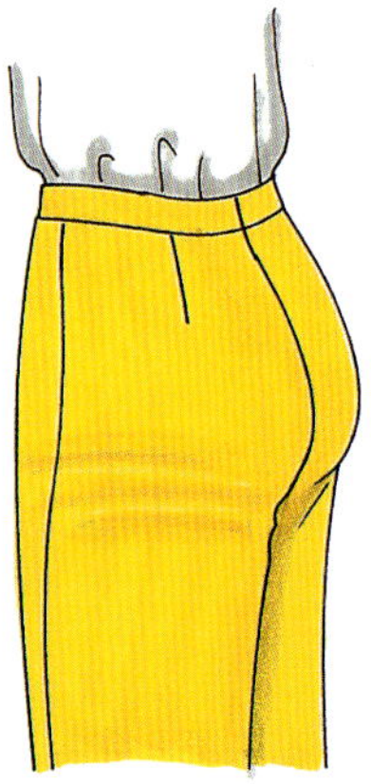

12

13

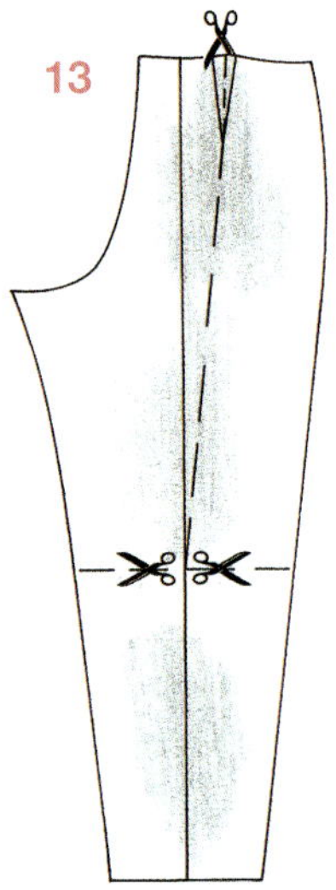

14

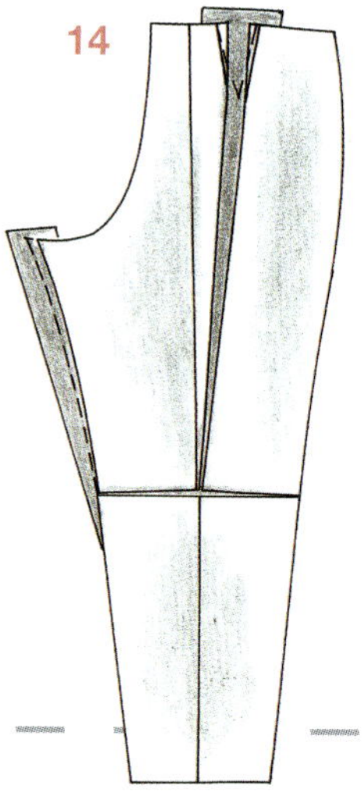

15

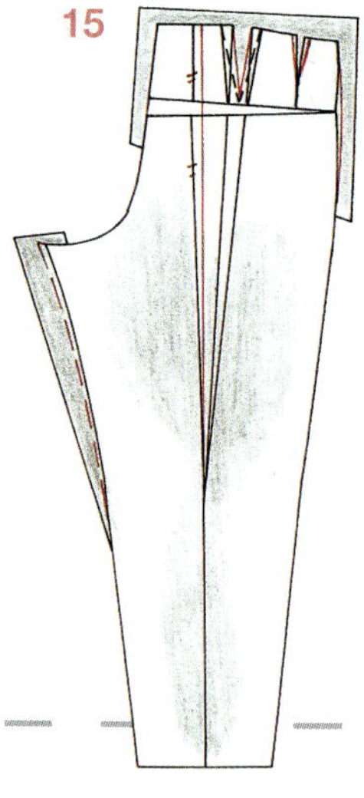

Die Mittelnaht „kneift“ am Po

Im Gegensatz zur vorhergegangenen Änderung ist in diesem Fall die Hose nicht zu eng, sondern nur an der Mittelnaht ein wenig zu kurz.

Bei einer fertigen Hose an den inneren Beinnähten der rückwärtigen Hosenteile etwas Weite zugeben und die Mittelnaht tiefer ausschneiden. Aber Vorsicht: nicht gleich den Stoff abschneiden, sondern die Naht zunächst nur tiefer heften, denn 1 cm kann schon zuviel sein.

Bei der Probehose schneiden Sie von der rückwärtigen Mittelnaht ausgehend bis dicht zu den Seitennähten ein, fügen die erforderliche Länge ein und stecken die Einschnittkanten auf einem Stoffstreifen fest. Eventuell an der inneren Beinnaht des rückwärtigen Hosenteils noch etwas Weite zugeben.

Den Schnitt schneiden Sie von der rückwärtigen Mittelnaht bis dicht zur Seitennaht ein und fügen die fehlende Länge – keilförmig verlaufend bis zur Seitennaht – ein. An der Seitennaht entsteht ein kleiner „Knick“, den Sie mit Lineal und Bleistift ausgleichen (16). Der Fadenlauf oberhalb des Einschnitts wird ungültig.

Eventuell auch an der inneren Beinnaht des rückwärtigen Hosenteils ein wenig Weite, verlaufend bis Kniehöhe, zugeben.

Die Bügelfalten drehen nach außen

Die Hose ist im Bereich der Seitennaht zu kurz (17) und zieht nach oben. Ursache dafür ist die sogenannte „hohe Hüfte“.

Eine bereits fertiggenähte Hose können Sie so regulieren: Trennen Sie den Bund noch einmal ab. An der Seitennaht geben Sie

16

im Bereich der Hüfte etwas Weite zu. In der vorderen und rückwärtigen Mitte verlegen Sie die Bundansatznaht ½ bis 1 cm nach unten, an den Seitennähten so weit als möglich nach oben. Falls durch diese Änderung die Hose im Schritt zu kurz wird, können Sie die Mittelnaht um den Betrag tiefer ausschneiden, um den die Bundansatznaht in der vorderen und rückwärtigen Mitte nach unten verlegt wurde.

Die Probehose schneiden Sie ca. 10 cm unterhalb der Taille quer bis ca. 10 cm vor die vordere bzw. rückwärtige Mitte ein und trennen die Seitennähte ein Stück auf. Die Einschnittkanten ziehen Sie so weit auseinander, bis die Bügelfalte gerade fällt, legen einen Stoffstreifen unter und stecken die Kanten darauf fest (18).

Den Schnitt ändern Sie so:

In das vordere und rückwärtige Hosenteil zwei Änderungslinien einzeichnen:

- Eine waagrechte ca. 10 cm unterhalb der Taille, genau im rechten Winkel zum Fadenlauf.
- Eine senkrechte, Abstand zur Mitte ca. 1/8 Hüftweite minus 4 cm.

17

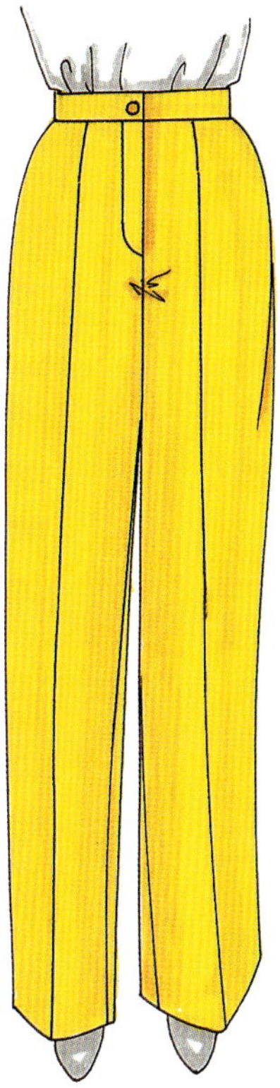

18

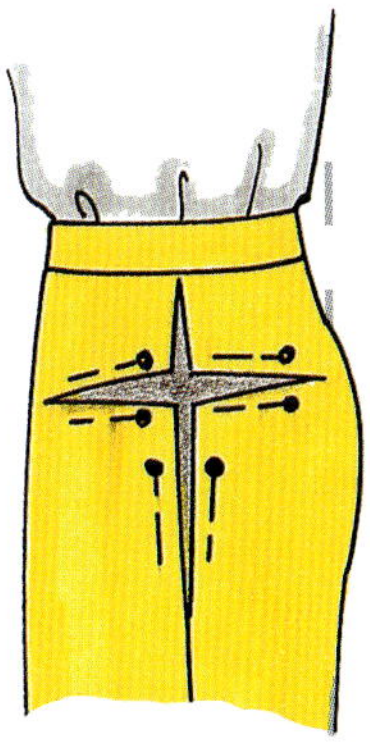

19

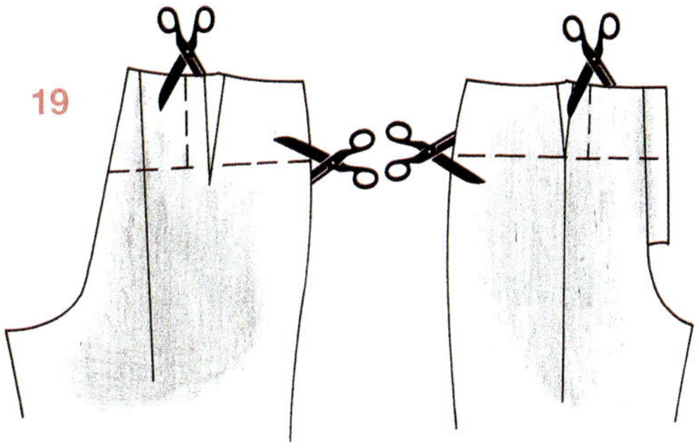

Schnittteile an der waagrechten Änderungslinie von der Seitennaht bis zur senkrechten Linie und von oben an der senkrechten Linie einschneiden (19). Am waagrechten Einschnitt an der Seitennaht – verlaufend bis zum senkrechten Einschnitt – die erforderliche Länge einfügen. Die Kanten der senkrechten Einschnitte drehen sich übereinander. Diesen Betrag abmessen und an den Seitennähten wieder dazugeben (20, Seite 206). Im Bereich der Hüfte die erforderliche Weite zugeben.

20

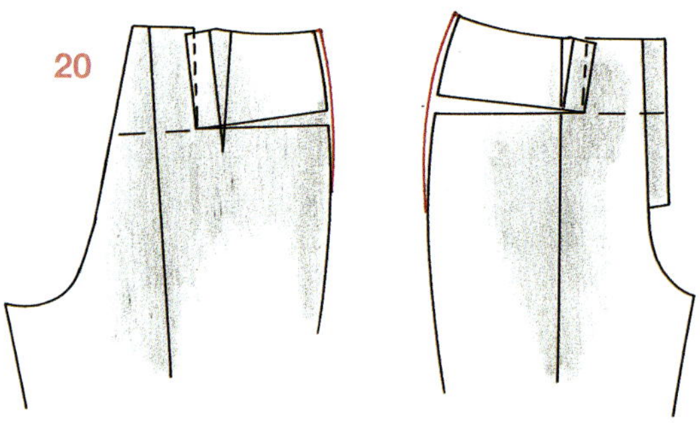

21

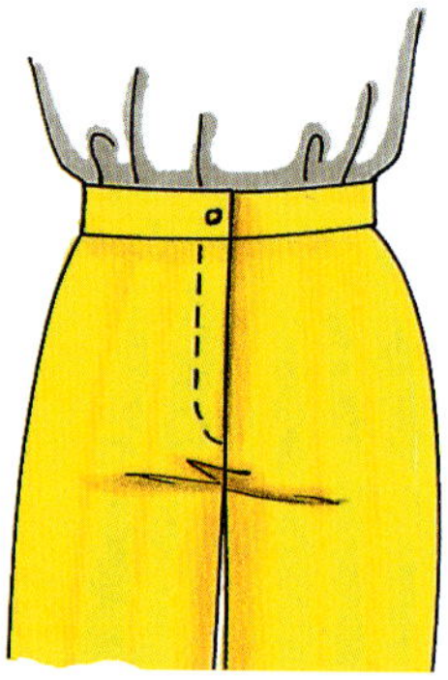

21a

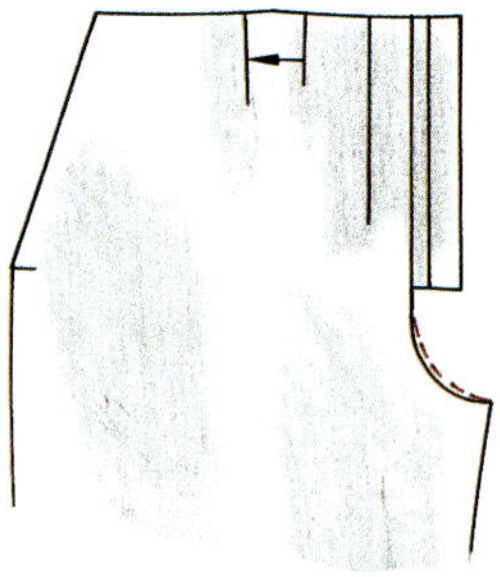

Die Bügelfalten drehen nach innen

Die Hüften sind sehr flach, dadurch „hängt" die Hose an den Seitennähten durch.

Die Änderungen erfolgen genau entgegengesetzt wie bei der nach außen drehenden Bügelfalte erklärt.

Spannungsfältchen vorn, unterhalb vom Schlitz

Diese Korrektur (21) ist einfach und schnell gemacht. Die Rundung der vorderen Mittelnaht muss etwas flacher werden (21a). Wie viel, das müssen Sie ausprobieren. Am besten, Sie zeichnen die Mittelnaht zunächst ein klein wenig flacher – ein halber Zentimeter kann schon zu viel sein – heften die Naht und probieren die Hose noch einmal an.

Die Hose hängt vorn durch

Ursache dafür ist eine leicht nach vorn geneigte Haltung und/oder ein flacher Bauch. Das vordere Hosenteil muss gekürzt werden.

Bei einer fertigen Hose stecken Sie das „Zuviel" an Länge als Querfalte – verlaufend bis zur Seitennaht – unterhalb der Bundansatznaht ab und setzen den Bund entsprechend tiefer.

Auch an der Probehose stecken Sie das „Zuviel" an Länge als Querfalte ab.

22

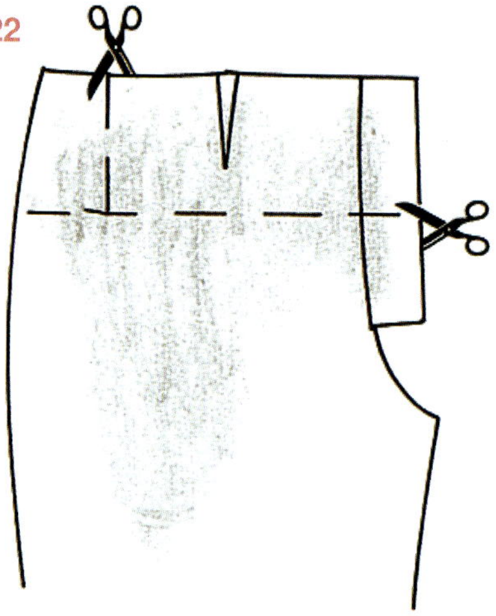

Den Schnitt ändern Sie so:

Eine waagrechte Änderungslinie ca. 12 bis 14 cm unterhalb der Taille und eine senkrechte Änderungslinie ca. 8 cm neben der Seitennaht einzeichnen (22).

Von der vorderen Mitte bis dicht zur Seitennaht und an der senkrechten Linie bis dicht zum waagrechten Einschnitt einschneiden. Die Einschnittkanten von der vorderen Mitte bis zum senkrechten Einschnitt gleichmäßig um den erforderlichen Betrag übereinanderlegen. Vom senkrechten Einschnitt bis zur Seitennaht die Länge keilförmig verlaufend reduzieren. Am senkrechten Einschnitt legen sich die Kanten übereinander. Diesen Betrag abmessen und an der Seitennaht wieder dazugeben (23).

23

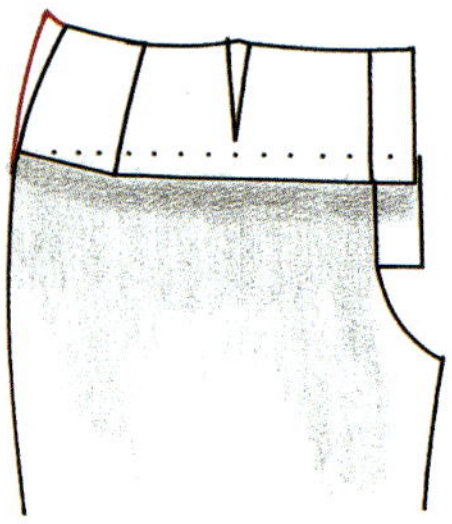

Die Hose spannt über den Schenkeln und zieht die Nähte nach vorn

Ursache dafür sind starke, nach vorn gewölbte Oberschenkel.

Bei einer fertigen Hose kann die Weite nur an den Seiten- und inneren Beinnähten herausgelassen werden.

Die Probehose schneiden Sie in der Mitte des vorderen Hosenteils ein und stecken die Einschnittkanten auf einem Stoffstreifen fest.

Den Schnitt ändern Sie so:

Am vorderen Hosenteil die Mitte einzeichnen. Dazu das Hosenteil so falten, dass die innere Beinnaht auf die Seitennaht trifft. Die Bruchkante ist die Mitte. In das Schnittteil drei waagrechte Änderungslinien – genau im rechten Winkel zur Mitte – einzeichnen: in Schritthöhe, in Kniehöhe und genau in der Mitte. Das Schnittteil an der senkrechten Linie von oben bis zur unteren Linie und an den waagrechten Linien jeweils bis dicht zu den seitlichen Kanten einschneiden (24). Zwischen dem oberen und dem mittleren waagrechten Einschnitt fügen Sie am senkrechten Einschnitt gleichmäßig die erforderliche Weite ein. Vom oberen waagrechten Einschnitt bis zur oberen Kante und vom mittleren Einschnitt bis zum unteren Einschnitt verläuft diese Zugabe keilförmig (25). Den „Knick“ an der oberen Hosenkante harmonisch ausgleichen. Den neuen Fadenlauf genau in der Mitte der Zugabe einzeichnen.

Die Hose spannt am Bauch oder lässt sich nicht schließen, die Bundansatznaht wird nach unten gezogen

Ein starker Bauch ist die Ursache für diesen Passformmangel.

An einer fertigen Hose kann die fehlende Weite nur an den Seitennähten und etwas Länge an der Bundansatznaht herausgelassen werden.

Die Probehose schneiden Sie von oben bis etwa Kniehöhe in der Mitte und ca. 15 cm unterhalb der Taille quer bis dicht zur Seitennaht ein. Die erforderliche Weite bzw. Länge einfügen und die Einschnittkanten auf Stoffstreifen feststecken.

Den Schnitt ändern Sie so:

Markieren Sie zuerst am Schnittteil die Mitte. Dazu das Schnittteil so falten, dass die innere Beinnaht auf die Seitennaht trifft.

Die fehlende Länge fügen Sie so ein: Circa 15 cm unterhalb der Taille eine waagrechte Änderungslinie – genau im rechten Winkel zur Mitte – und eine senkrechte Änderungslinie ca. 10 cm neben der Seitennaht einzeichnen. Schnittteil an der waagrechten Linie von der vorderen Mitte bis dicht zur

24

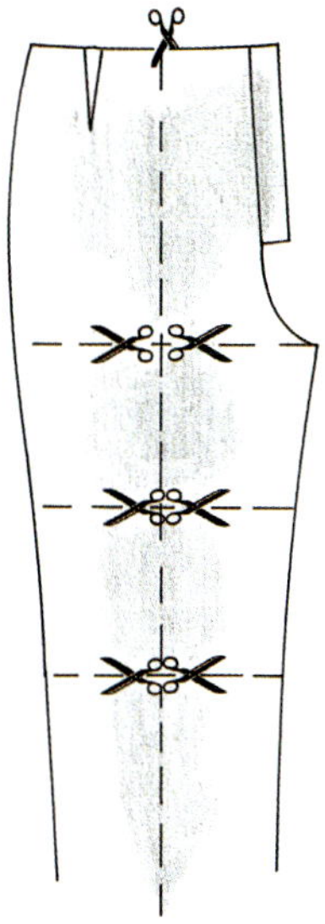

25

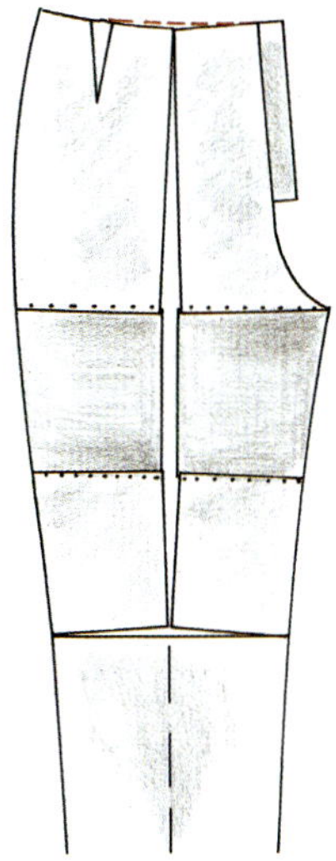

26

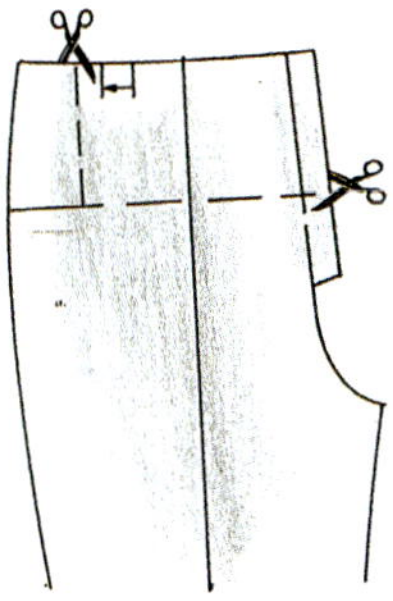

27

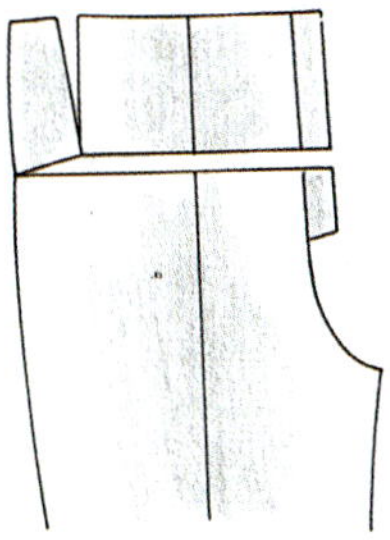

28

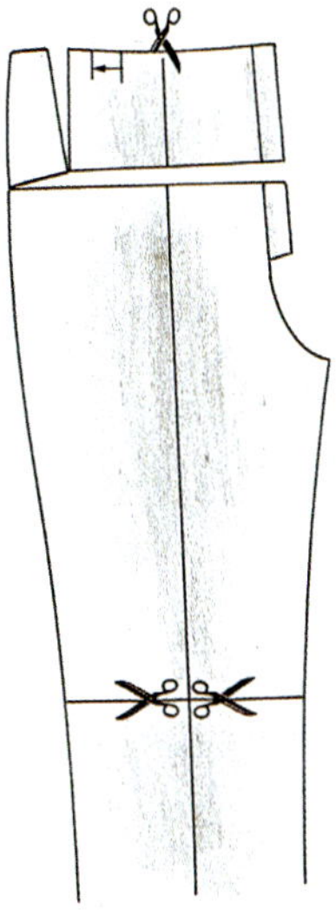

29

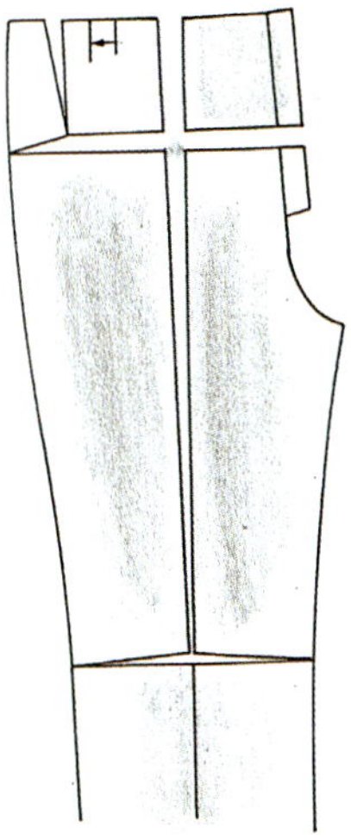

Seitennaht und an der senkrechten Linie bis dicht zum waagrechten Einschnitt einschneiden (26). Am waagrechten Einschnitt von der vorderen Mitte bis zum senkrechten Einschnitt gleichmäßig die erforderliche Länge einfügen. Vom senkrechten Einschnitt bis zur Seitennaht verläuft diese Zugabe keilförmig. Die senkrechten Einschnittkanten legen sich auseinander. Diesen Betrag genau abmessen (27).

Die noch fehlende Weite so zugeben: eine waagrechte Änderungslinie in Kniehöhe – genau im rechten Winkel zur Mitte – einzeichnen. Schnittteil in der Mitte von oben bis zur waagrechten Änderungslinie und an der waagrechten Änderungslinie jeweils bis dicht zur Seitennaht einschneiden (28). Die noch fehlende Weite – keilförmig verlaufend bis zum waagrechten Einschnitt – einfügen. Die waagrechten Einschnittkanten drehen sich auseinander (29). Achten Sie darauf, dass dies gleichmäßig ist, sonst gerät die Hose aus der „Balance“. Den Fadenlauf des unteren Hosenteils bis zur oberen Kante verlängern.

GÜRTEL

Gürtel sind modische Accessoires und wechseln ihr Aussehen so schnell wie die Mode selbst. Bei aller Vielfalt gibt es jedoch nur drei Grundtypen: den weichen Bindegürtel, den man zum Knoten schlingt, den festen Gürtel, auch „Montagegürtel" genannt, der mit einer Schließe geschlossen wird, und den Formgürtel.

Der Bindegürtel

Für diesen Gürtel benötigen Sie einen geraden Stoffstreifen in Taillenweite plus mindestens 40 cm zum Binden. Bei burda style Schnitten ist die Länge und Breite unter der Rubrik Zuschneiden angegeben, zum Beispiel 120 cm lang und 8 cm breit, fertige Breite 4 cm. Die Nahtzugaben müssen zugegeben werden. Bindegürtel sind immer ohne Einlage.

Stoffstreifen der Länge nach zur Hälfte falten, rechte Seite innen. Die schmalen und die langen Kanten aufeinandersteppen, dabei in der Mitte ein Stück Naht zum Wenden offen lassen. Die Nahtzugaben zurückschneiden, an den Ecken schräg abschneiden (1). Gürtel mit einem Kochlöffel wenden (2). Die Ecken an den Gürtelenden nicht mit einer Schere nach außen drücken, sondern von rechts mit einer Stecknadel herausziehen (3). Gürtel bügeln, dabei darauf achten, dass die Nähte genau an den Kanten liegen. Den Gürtel ringsum schmal absteppen, die offene Nahtstelle zusteppen. Oder, wenn der Bindegürtel nicht abgesteppt wird, die offene Nahtstelle von Hand zunähen.

1

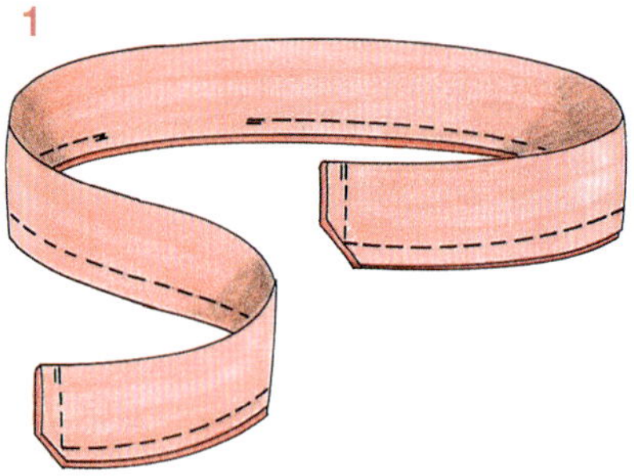

2

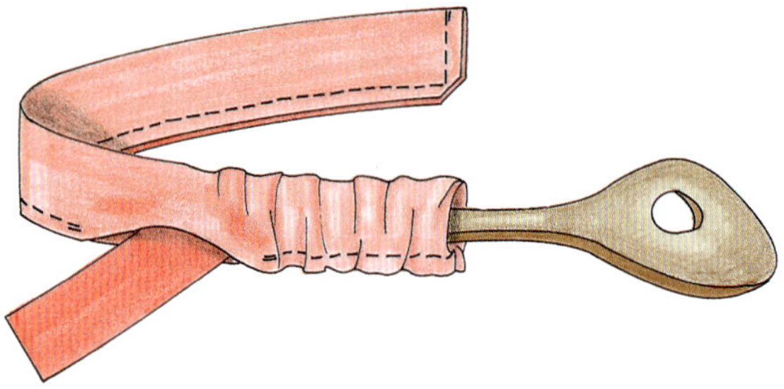

3

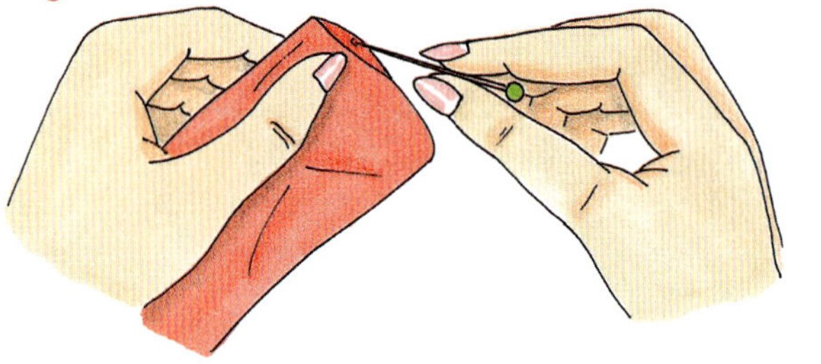

Bei runden oder spitzen Gürtelenden werden zuerst die langen Kanten rechts auf rechts aufeinandergesteppt, dabei in der Mitte ein Stück Naht zum Wenden offen lassen. Nahtzugaben auseinanderbügeln. Den Gürtel so falten, dass die Naht genau in der Gürtelmitte liegt. Die schmalen Enden der gewünschten Form entsprechend aufeinandersteppen. Nahtzugaben zurückschneiden, an Ecken schräg abschneiden (4), an Rundungen einschneiden (4a). Gürtel wenden. Bügeln, dabei darauf achten, dass die Naht genau in der Gürtelmitte liegt. Die offene Nahtstelle zunähen.

4

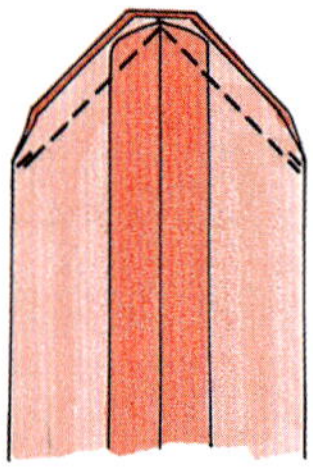

4a

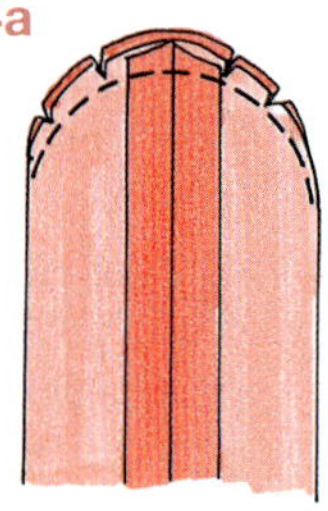

TIPP

Mit einer Schablone werden beide Gürtelenden gleich. Dazu die gewünschte Form aus festem Papier ausschneiden. Die Schablone auf die Gürtelenden stecken und entlang der Kante steppen.

Der Montagegürtel

Dieser Gürtel – er ist ca. 15 cm länger als Taillenweite – wird immer mit einer sehr festen Einlage verarbeitet. Ideal dazu ist „Schabrackeneinlage“, eine aufbügelbare, steife Einlage (Vlieseline/Freudenberg, im Kurzwarenhandel, in Bastel- und Dekogeschäften erhältlich). Schabrackeneinlage wird immer ohne Nahtzugaben zugeschnitten.

Es gibt zwei Methoden, einen Montagegürtel zu nähen:

Die herkömmliche, mit viel „Handarbeit“...

Sie brauchen zwei Stoffstreifen in Gürtelbreite und -länge plus Nahtzugaben an allen Kanten. Die Schabrackeneinlage – ohne Nahtzugabe – auf die linke Seite des äußeren Gürtelteils bügeln. Nahtzugaben entlang der Einlagekante nach innen umheften (5), dabei an Ecken die Zugaben wie bei Zeichnungen 6 und 6a gezeigt einschlagen. Am inneren Gürtelteil die Zugaben so nach innen umheften, dass dieses Teil ca. 2 mm schmaler ist als der fertige Gürtel. Bügeln. Gürtelteile links auf links aufeinanderstecken (7). Gürtel von der rechten Seite aus ringsum schmal absteppen, dabei das innere Gürtelteil feststeppen.

5

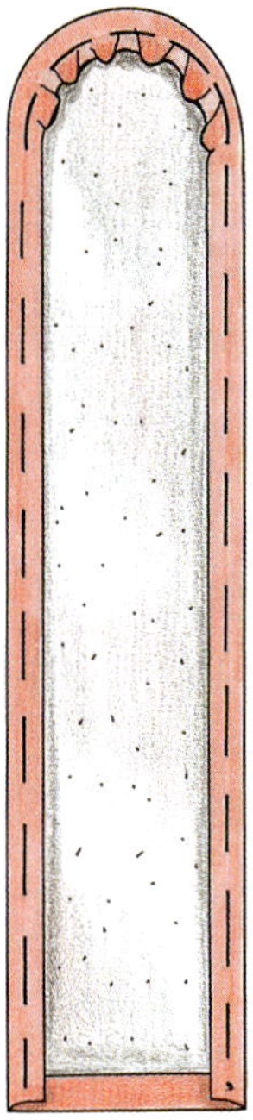

6

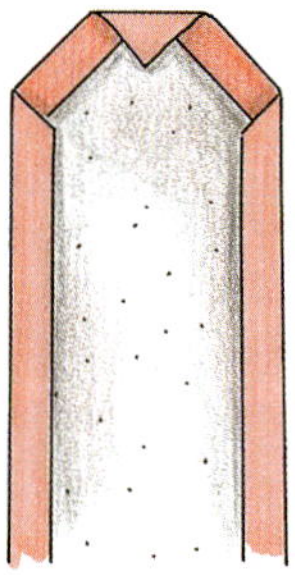

6a

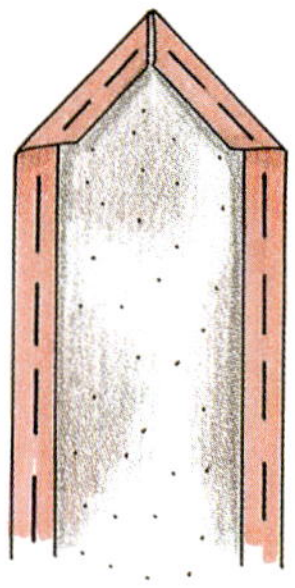

7

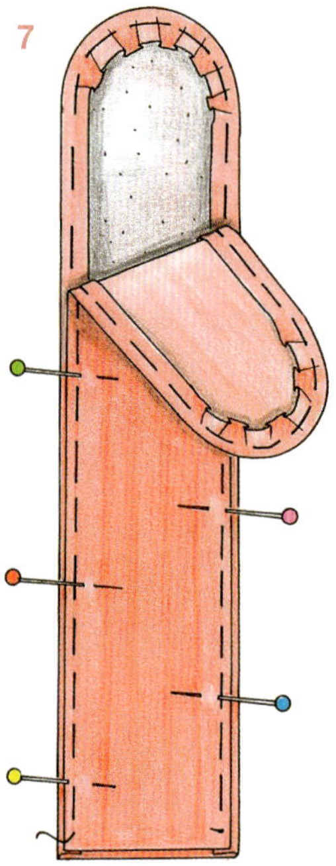

8

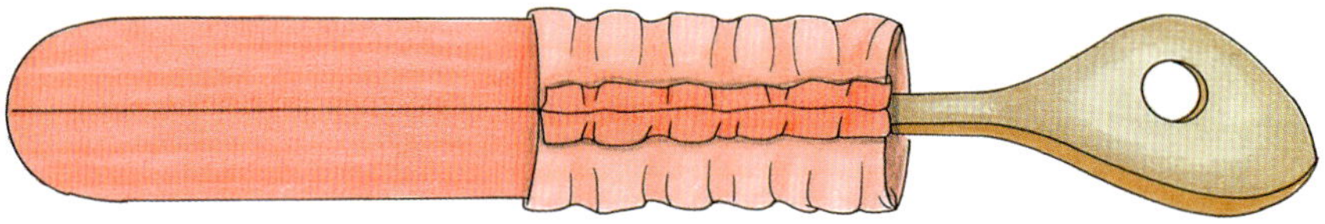

9

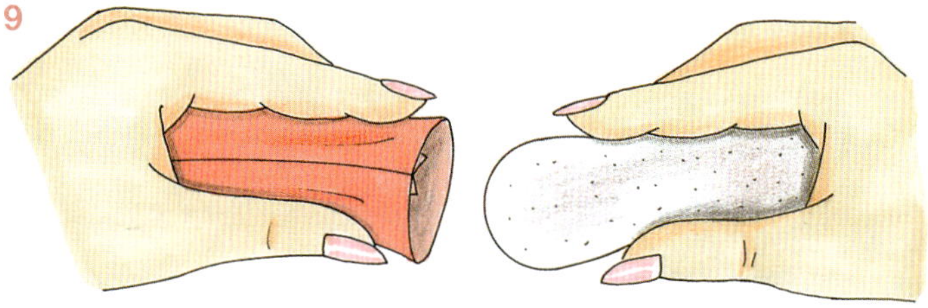

... und die „schnelle“

Sie benötigen einen Stoffstreifen in doppelter Gürtelbreite plus Nahtzugaben an allen Kanten und Schabrackeneinlage in der fertigen Gürtelbreite ohne Nahtzugaben. Den Stoffstreifen der Länge nach rechts auf rechts zur Hälfte falten und die langen Kanten aufeinandersteppen. Den Gürtel so falten, dass die Naht genau in der Gürtelmitte liegt. Nahtzugaben auseinanderbügeln. An einem Ende die schmalen Kanten der gewünschten Gürtelform entsprechend aufeinandersteppen. Am besten geht’s, wenn Sie dabei die Einlage als „Schablone“ verwenden. Die Nahtzugaben zurückschneiden, an den Ecken schräg abschneiden, an den Rundungen einschneiden (siehe auch Bindegürtel, Zeichnungen 4 und 4a). Den Gürtel mit einem Kochlöffel wenden (8). Bügeln. Die Schabrackeneinlage so in den Gürtel schieben, dass die Seite mit der Haftmasse auf der Naht liegt (9). Den Gürtel bügeln, dabei wird die Einlage festgebügelt. Gürtel ringsum absteppen.

Gürtelschließe mit Dorn annähen

Ca. 3 cm vom offenen Gürtelende entfernt ein kleines Loch einschneiden und mit einem Pfriem formen oder mit einer Lochzange einstanzen. Dieses Loch mit Knopflochstichen (siehe Seite 95) umnähen (10). Den Dorn durch das Loch schieben. Das Gürtelende um den Steg legen und mit Überwendlingsstichen auf der Gürtelrückseite annähen (11) oder das Gürtelende mit Zickzackstichen versäubern und feststeppen (11a). Am anderen Ende die Ösen einstanzen: eine genau der Taillenweite entsprechend, die restlichen im Abstand von ca. 3 cm. Wie die Ösen eingestanzt werden, ist in der Packungsbeilage erklärt.

10

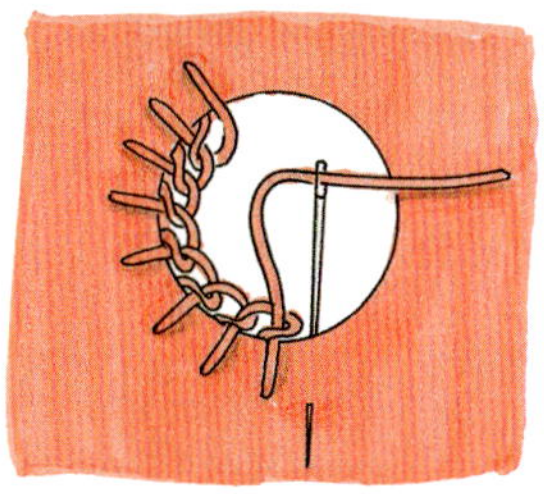

11

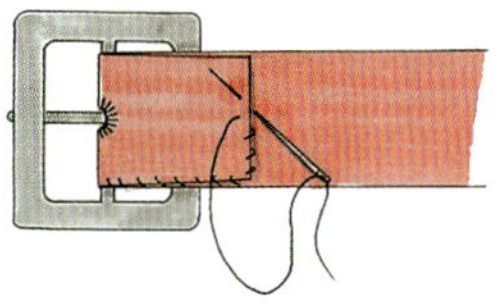

11a

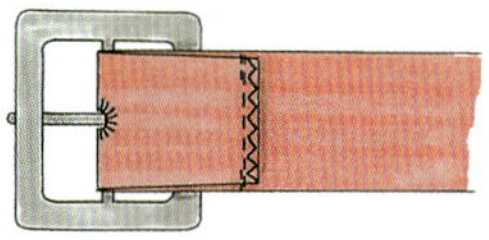

12

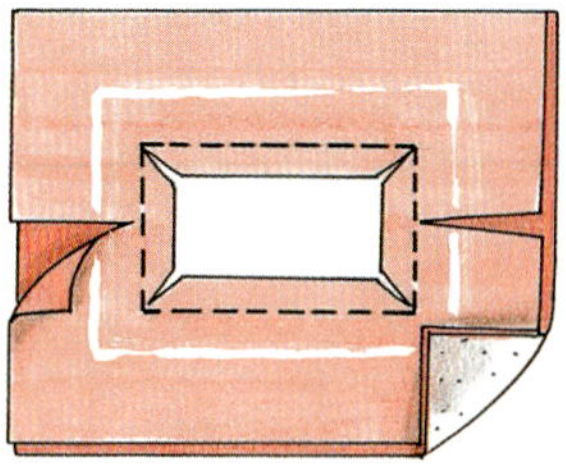

13

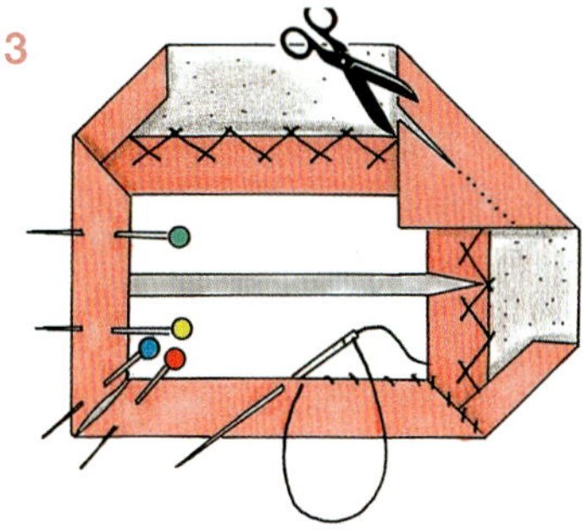

Gürtelschließe mit Stoff beziehen

Wenn Sie zum Gürtel keine passende Schließe finden, können Sie eine Schließe selbst mit Stoff beziehen – der Steg wird dabei nicht bezogen.

Zwei Stoffteile – bei dünnen Stoffen auf das äußere Stoffteil Vlieseline bügeln – rechts auf rechts aufeinanderlegen und die Umrisse der Schließe mit Schneiderkreide oder Bleistift auf dem Stoff markieren. Die innere Markierung mit kleinen Stichen nachsteppen. Den Stoff innerhalb der Stepplinie bis auf ½ cm Nahtzugabenbreite ausschneiden und in die Ecken schräg einschneiden. Für den Steg eine Stofflage an den Schmalseiten bis dicht zur Stepplinie einschneiden (12).

Das Stoffteil wenden, rechte Seite außen. Die Schließe zwischen die verstürzten Stoffteile legen, dabei liegt die Naht am Innenrand der Schließe. Die für den Steg eingeschnittene Stofflage auf Schließenbreite zurückschneiden, mit Textilklebstoff festkleben oder mit Hexenstichen auf dem unten liegenden Stoff annähen. Die Stiche dürfen auf der rechten Stoffseite nicht zu sehen sein. Das andere Stoffteil an den Ecken einschlagen und abschneiden. Dann dieses Stoffteil um die Schließenkante legen, einschlagen und mit kleinen Stichen an der inneren Naht annähen (13). Die Stiche dürfen auf der rechten Schließenseite nicht zu sehen sein.

TIPP

Schnell und einfach geht's mit den beziehbaren Gürtelschließen von Prym. Sie sind im Kurzwarenhandel und in den Stoffabteilungen der Kaufhäuser erhältlich.

Der Formgürtel

ist, wie der Name schon sagt, der Körperform angepasst. Für diesen Gürtel gibt es immer ein Schnittteil. Er wird mit fester Einlage, zum Beispiel Schabrackeneinlage, genäht. Sie können aber auch mehrere Lagen Vlieseline H 250 übereinanderbügeln.

Den Formgürtel nähen, wie beim Montagegürtel erklärt. Einziger Unterschied: Bei der schnellen Methode werden die Gürtelteile rechts auf rechts aufeinandergesteppt – die gerade schmale Kante bleibt offen.

BÜGELN

„Gut gebügelt ist halb genäht." Diese alte Schneiderregel hat auch heute noch Gültigkeit. Denn richtiges Bügeln ist genauso wichtig wie korrektes Nähen.

Bügelzubehör

Ein Bügeleisen mit Temperaturregler ist beim Nähen unentbehrlich. Am besten ist ein Dampfbügeleisen, mit dem Sie sowohl trocken als auch mit Dampf bügeln können. Das Bügeleisen sollte eine glatte Sohle haben. Damit Sie die Sohle nicht verkratzen, zum Abstellen keine raue, harte Unterlage verwenden und nicht über Stecknadeln bügeln. Auf keinen Fall Verunreinigungen mit einem Messer abkratzen, sondern zum Reinigen einen speziellen Bügeleisenreiniger verwenden. Bei leichten Verschmutzungen hilft auch Essigwasser. Praktisch ist eine separate Teflonsohle, die am Bügeleisen befestigt wird. Sie schont nicht nur die Bügeleisensohle, sondern verhindert auch, dass sich beim Bügeln Glanzstellen bilden. Die Teflonsohle ersetzt aber bei sehr empfindlichen Stoffen das Bügeltuch nicht.

Ein Bügelbrett und ein Ärmelbügelbrett, zum Bügeln von Ärmelnähten und schmalen Teilen, die nicht über das große Bügelbrett gezogen werden können. Praktisch zum Bügeln von runden Nähten und von Ärmeleinsetznähten ist ein Bügelkissen, das es in unterschiedlichen Größen gibt. Praktisch für die Hobbyschneiderei ist ein kleines Handkissen, das auf das Ärmelbügelbrett gesteckt werden kann (1).

Ein Bügeltuch sollten Sie immer dann verwenden, wenn Sie empfindliche Stoffe von rechts bügeln. Besonders praktisch ist ein durchsichtiges Bügeltuch aus Baum-

1

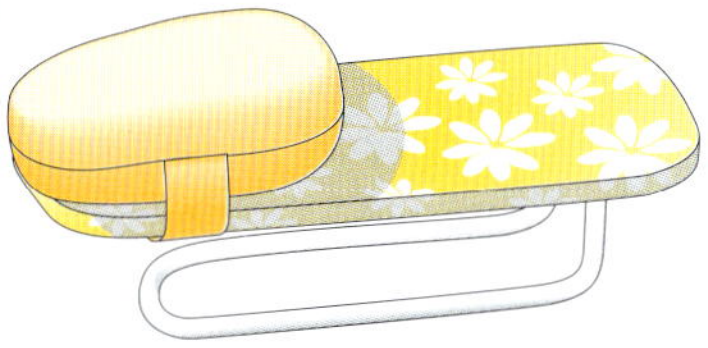

wollbatist. Sie sehen genau, wo und was Sie bügeln, sodass keine ungewollten Falten oder Kniffe entstehen. Wenn Sie kein Dampfbügeleisen haben, wird das Bügeltuch angefeuchtet. Aber auch zum Aufbügeln von manchen Vlieseline-Einlagen wird ein feuchtes Bügeltuch benötigt (siehe Seiten 52 bis 54).

Bügeltemperatur

Die Bügeltemperatur richtet sich nach dem Material. Baumwolle und Leinen können sehr heiß gebügelt werden, während Chemiefasern keine große Hitze vertragen (siehe auch „Kleine Stoffkunde" von Seiten 12 bis 16). Bei Mischgeweben richtet sich die Bügeltemperatur immer nach der empfindlichsten Faser. Am besten machen Sie zuerst an einem Stoffrest eine Bügelprobe. Achten Sie dabei auch darauf, wie der Stoff auf Feuchtigkeit reagiert.

Leinen, Baumwolle, Wolle, Trevira und Diolen brauchen unbedingt Feuchtigkeit, um glatt zu werden. Manche Stoffe müssen anschließend noch trockengebügelt werden. Denn wenn noch eine „Restfeuchtigkeit" im Stoff verbleibt, kann es vorkommen, dass sich beim Auskühlen Beulen oder Wellen bilden.

Wichtig: Von rechts trockenbügeln immer mit Tuch! Stoffe mit hohem Faserflor, zum Beispiel Flausch, Kamelhaar, Velours usw., dürfen nur mit wenig Druck von links mit Dampf und anschließend nicht trockengebügelt werden, da sonst der Flor flachgedrückt wird.

Seide, Viskose und Acetat können trockengebügelt werden, sind jedoch schneller glatt, wenn Sie mit Dampf bügeln. Beim Bügeln mit einem feuchten Tuch ist aber Vorsicht geboten. Wenn es zu nass ist, können sich hässliche Wasserflecken bilden, die sich nicht mehr entfernen lassen. Am besten, Sie bügeln das Tuch zuerst ab, sodass es nur noch leicht feucht ist. Diese Feuchtigkeit reicht zum Bügeln noch aus und es gibt keine Wasserränder. Wenn Sie mit dem Dampfbügeleisen bügeln, vorsichtshalber immer ein trockenes Tuch dazwischenlegen.

Metallfäden vertragen nur sehr wenig Hitze und gar keine Feuchtigkeit. Sie werden matt.

Bügeltechnik

Bügeln Sie nach jedem Arbeitsgang. Zum Beispiel Abnäher, bevor Sie die Nähte steppen, und Nähte, bevor Sie den Saum umbügeln.

Bei Stoffen mit hohem Faserflor (Flausch, Velours) einen Stoffrest mit der Florseite nach oben auf das Bügelbrett legen. Die feinen Härchen greifen dadurch ineinander und können nicht flachgedrückt werden.

Geheftete Nähte zur Anprobe nur leicht anbügeln, sodass keine festen Brüche entstehen, denn wenn Sie ändern müssen, könnte es sein, dass sich die Bügelbrüche nicht mehr restlos entfernen lassen.

Geheftete Kanten nur leicht anbügeln, denn die Heftfäden können unschöne Abdrücke hinterlassen.

Auch über Stecknadeln sollten Sie nicht bügeln. Stecknadeln verkratzen nicht nur die Bügeleisensohle, sondern können auch Abdrücke hinterlassen.

Kreidelinie vor dem Bügeln vorsichtig ausbürsten.

Abnäher nach einer Seite oder flachbügeln (siehe Seite 70/71).

Nähte zuerst flachbügeln (1), dann die Zugaben auseinanderbügeln (2). Die Nahtzugaben bei runden Teilungsnähten mehrmals einschneiden. Das Teil zum Auseinanderbügeln der Nahtzugaben so auf das Bügelbrett legen, dass die Naht dicht neben der Kante auf dem Bügelbrett liegt (3), oder ein Bügelkissen verwenden.

Bei weichen, empfindlichen Stoffen können sich die Ränder der Naht- oder Saumzugaben nicht auf die rechte Seite durchdrücken, wenn Sie beim Bügeln Papierstreifen unter die Zugaben legen (4).

Haben sich trotz aller Vorsicht die Naht- bzw. Saumkanten durchgedrückt, noch einmal vorsichtig unter den Kanten bügeln (5). Reicht das nicht aus, die Naht noch einmal flachbügeln, dann wieder vorsichtig, wie oben beschrieben, auseinanderbügeln.

Legen Sie Nähte, gerade Kanten und Falten immer glatt und gerade auf die Bügelunterlage. Keinesfalls den Stoff beim Bügeln dehnen.

Halsausschnitte und andere Rundungen beim Bügeln so auf die Bügelunterlage legen, wie sie fertig aussehen sollen.

Um Glanzstellen zu vermeiden, immer nur von links bügeln. Muss von rechts gebügelt werden, ein Bügeltuch verwenden.

Sollten Sie einmal „Glanz gebügelt" haben, legen Sie ein mehrfach gefaltetes feuchtes Tuch auf die Stelle und bügeln Sie noch einmal ohne Druck. Nicht trockenbügeln, sondern das Tuch entfernen, solange es noch dampft, und den Stoff leicht bürsten. Bei einem Dampfbügeleisen können Sie auf das Tuch verzichten. Das Eisen dicht über die Glanzstelle halten und reichlich Dampf ausströmen lassen. Stoff leicht bürsten. Oder das Kleidungsstück aufhängen und von der linken Seite aus möglichst viel Dampf durch das Gewebe strömen lassen. Dadurch stellen sich die flachgepressten Härchen wieder auf und die Glanzstelle verschwindet.

1
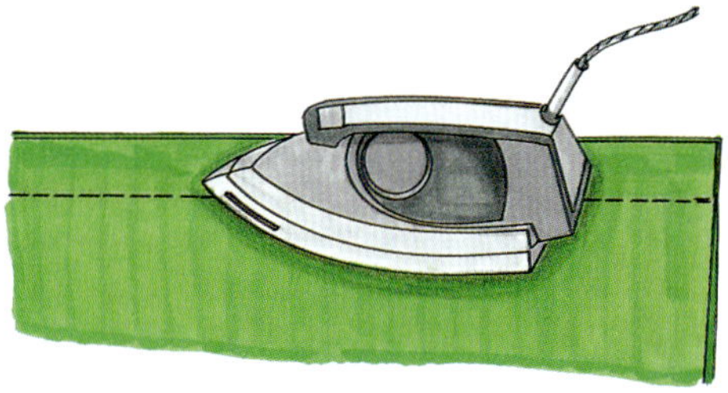

2

3
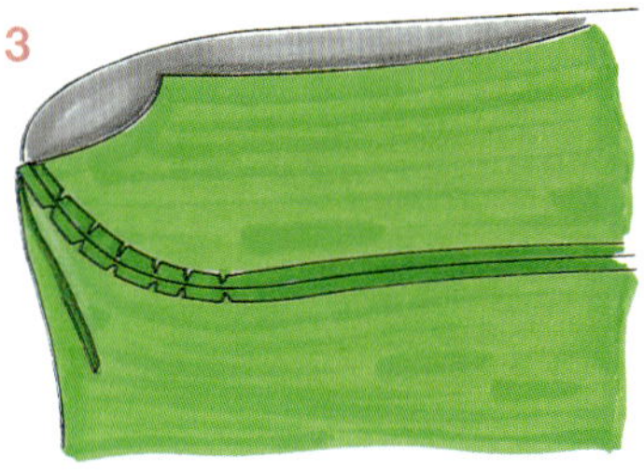

4

5

MIEDERSTÄBCHEN

Miederstäbchen geben trägerlosen Kleidern und Korsagen unsichtbaren Halt und sind Garant dafür, dass nichts rutscht.

Miederstäbchen aus Stahl werden für Mieder verwendet, die besonders stabil sein sollen. An den Enden der Metallstäbchen befinden sich Abschlusskappen. Außerdem gibt es Plastikstäbchen und das sehr flexible Stäbchenband (Rigilene) als Meterware. Miederstäbchen benötigen immer einen „Tunnel“ oder Überzug aus Stoff oder Futter. Miederstäbchenband kann direkt auf die Nahtzugaben genäht werden.

So wird ein Miederstäbchenband eingenäht:

An den mittleren Vorderteilen die Mittelnaht steppen (rechts auf rechts). Seitliche Vorderteile an die mittleren Vorderteile steppen (= vordere Teilungsnähte). Nahtzugaben auseinanderbügeln. Die Länge der Teilungsnähte abmessen. Vom Miederstäbchenband 2 Teile jeweils 6 mm kürzer als die Teilungsnahtlänge abschneiden, die Enden leicht abrunden. Das Miederstäbchenband auf die Nahtzugaben der Teilungsnähte legen und feststecken (1). Miederstäbchenband auf den Nahtzugaben feststeppen, dabei die Vorderteile nicht mitfassen (1a).

So werden Miederstäbchen befestigt:

Die Nähte wie beim Miederstäbchenband erklärt nähen. Die Länge der Teilungsnähte abmessen. Miederstäbchen 6 mm kürzer als die Teilungsnahtlänge abschneiden. Bei Plastikstäbchen die Enden mit der Schere abrunden, bei Metallstäbchen die Stäbchenkappen an den Enden anbringen.

Für den „Tunnel“ Schrägstreifen aus Stoff oder Futter in Nahtlänge und so breit wie die auseinandergebügelten Nahtzugaben zuschneiden. Die Enden gegen Durchscheuern mit Einlage verstärken. Die Schrägstreifen über den auseinandergebügelten Nahtzugaben feststecken, die Enden jeweils 3 mm unterhalb der markierten Rock- bzw. Büstenansatznaht einschlagen (2). Schrägstreifen 5 mm neben der Naht auf die Nahtzugaben steppen (wie bei Zeichnung 1a). Oberes Schrägstreifenende von Hand auf den Nahtzugaben annähen. Miederstäbchen in den Tunnel einschieben (2a). Unteres Tunnelende zunähen.

Für den Überzug einen Schrägstreifen aus Stoff oder Futter in Nahtzugabenlänge und doppelter Stäbchenbreite plus 1½ cm zuschneiden. Schrägstreifen der Länge nach zur Hälfte falten, rechte Seite innen. Offene Längskanten 5 mm breit aufeinandersteppen, ein schmales Ende zusteppen. Schrägstreifen mit dem Miederstäbchen wenden, dabei stülpt sich der Schrägstreifen über das Miederstäbchen (3). Das untere Ende des Bezugs einschlagen und zunähen. Das überzogene Miederstäbchen auf die Nahtzugabe legen und von Hand locker annähen (3a).

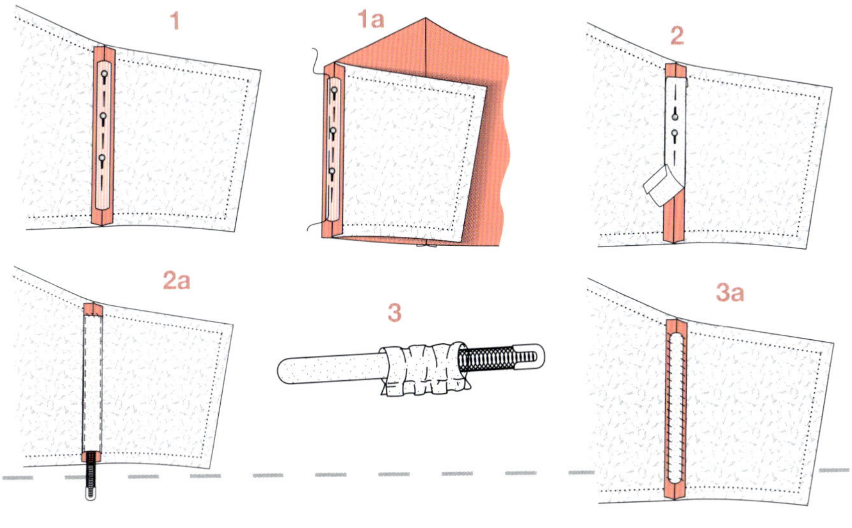

TIPP

Damit sich beim Bügeln die Miederstäbchen nicht zur rechten Seite durchdrücken, von links auf einer weichen Bügelunterlage bügeln. Muss von rechts gebügelt werden, ein flauschiges, weiches Bügeltuch verwenden.

RÜSCHEN UND VOLANTS

Rüschen sind gerade Stoffstreifen, die eingereiht werden, während Volants kreisrund sind.

Rüschen

Rüschen können angesetzt oder aufgesteppt werden. Um die erforderliche Länge zu erhalten, müssen fast immer mehrere Stoffstreifen aneinandergesteppt werden. Achten Sie darauf, dass Sie alle Streifen in gleichem Fadenlauf bzw. gleicher Musterrichtung zuschneiden und dass bei karierten oder gestreiften Stoffen die unteren Kanten auf dem gleichen Karo bzw. Streifen liegen.

Die einfache Rüsche

Diese Rüsche wird an die untere Kante gesteppt oder beim Verstürzen einer Kante, zum Beispiel an Halsausschnitt oder Kragen, mitgefasst.

Die untere Rüschenkante schmal eingeschlagen feststeppen oder einen Rollsaum nähen (siehe Seite 72/73).

Die obere Rüschenkante wird eingereiht. Dazu 2-mal mit großen Stichen steppen. Um die eingereihte Weite gleichmäßig verteilen zu können, an der Rüsche 4 bis 8 gleich lange Teile abmessen und markieren. Auch an der Kante, an die die Rüsche angenäht werden soll, entsprechend viele, gleich lange Teile markieren. Die Rüsche rechts auf rechts an den Markierungen feststecken (1). Die Unterfäden der Stepplinien festhalten und die Rüsche auf die erforderliche Weite zusammenschieben. Die eingereihte Weite gleichmäßig verteilen (2).

Wichtig: An Rundungen und Ecken muss die Rüsche etwas mehr zusammengeschoben werden, damit sie am Außenrand genügend Weite hat (3).

An der unteren Rock- oder Ärmelkante wird die Rüsche zwischen den Reihlinien festgesteppt. Die Zugaben versäubern, in den Rock bzw. Ärmel bügeln und von rechts feststeppen. Soll die Rüsche beim Verstürzen mitgefasst werden, heften Sie sie zwischen den Reihlinien fest.

Die Rüsche mit Köpfchen

Diese Rüsche wird immer aufgesteppt. An beiden Rüschenkanten einen schmalen Saum oder einen Rollsaum nähen (siehe Sei-

1

3

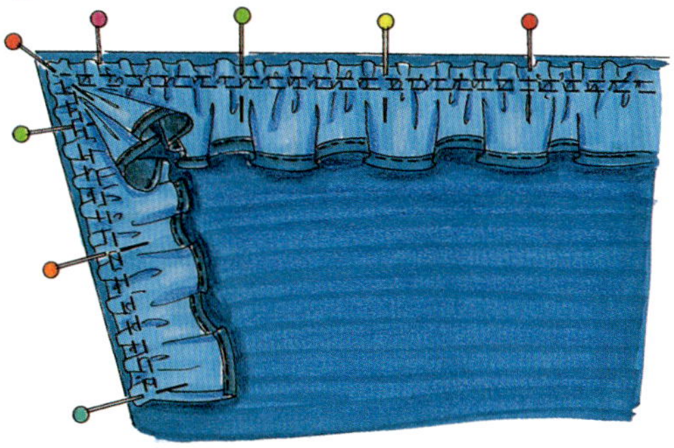

2

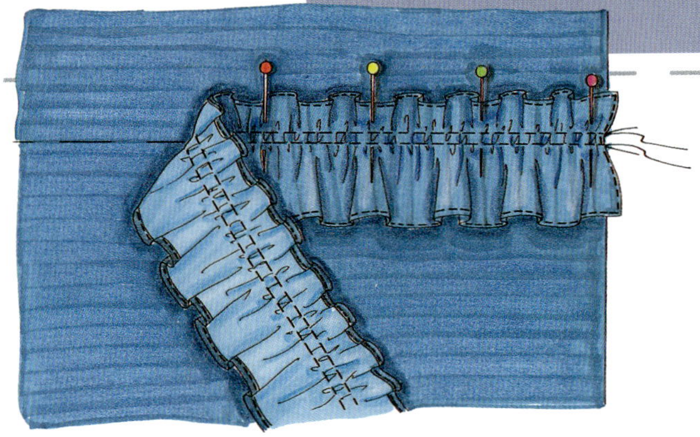
4

te 72/73). Zum Einreihen entlang einer Kante, der „Köpfchenbreite“ entsprechend 2-mal mit großen Stichen steppen. Die Unterfäden der Stepplinien festhalten und die Rüsche auf die gewünschte Weite zusammenschieben. Eingereihte Weite gleichmäßig verteilen. Die Rüsche mit der linken Seite so auf die rechte Seite des Kleidungsstückes stecken, dass die markierte Ansatzlinie zwischen den Reihfäden liegt (4). Die Rüsche zwischen den Reihfäden feststeppen. Die Einreihfäden trennen.

Dirndl-Rüschen

Im Bereich der alpenländischen Trachten gibt es verschiedene Dirndl-Rüschen, die aus Tresse, Satin- oder Samtbändern oder aus selbst genähten Schlauchblenden hergestellt und von Hand aufgenäht werden.

Für die Schlauchblenden benötigen Sie einen Stoffstreifen in doppelter Blendenbreite plus Nahtzugabe. Die Länge richtet sich nach der Rüschenart. Den Stoffstreifen falten Sie der Länge nach zur Hälfte, rechte Seite innen, und steppen die langen Kanten in Nahtzugabenbreite aufeinander. Nachdem Sie den Stoffstreifen gewendet haben (siehe Seite 114), bügeln Sie ihn so, dass die Naht in der Blendenmitte liegt.

Die Herzrüsche

Für die Herzrüsche (5) auf der Rückseite des Bandes – Sie benötigen ca. die 1½-fache Länge – jeweils im Wechsel an den Rändern und genau in der Mitte Punkte markieren; Abstand zwischen den Punkten = halbe Bandbreite. Beginnen Sie mit einem kleinen Rückstich am Punkt in der Rüschenmitte. Dann stechen Sie in die zwei sich an den Außenkanten gegenüberliegenden Punkte ein und ziehen den Faden straff an. Alle drei Punkte mit einigen Rückstichen zusammennähen. Am nächsten Punkt in der Rüschenmitte wieder einen kleinen Rückstich machen, dabei darf sich der Faden nicht spannen. In die zwei sich an den Außenkanten gegenüberliegenden Punkte einstechen usw. (5a).

5

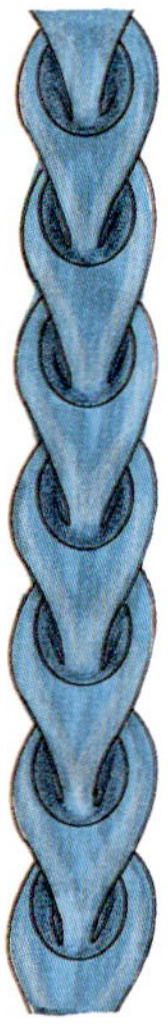

5a

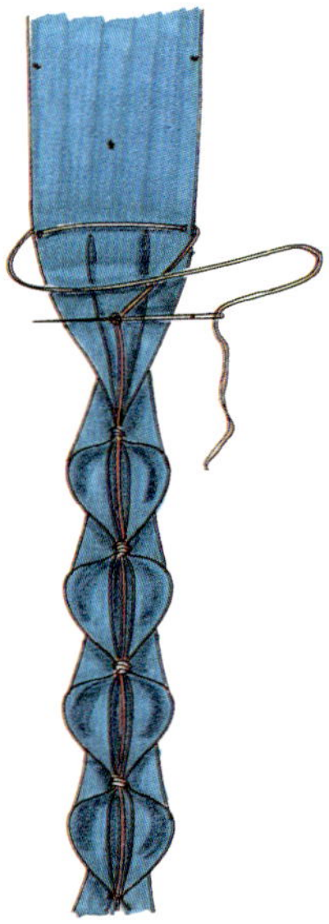

Die Zickzackrüsche

Für diese Rüsche benötigen Sie ein weiches Band, eine Tresse oder eine schräg zugeschnittene Schlauchblende, jeweils in 3-facher Länge.

Von Rand zu Rand in Zickzackform einen doppelten Faden mit kleinen Vorstichen einziehen. Auf dem Faden das Band bzw. die Schlauchblende zusammenschieben, die Weite gleichmäßig verteilen (6).

Die Rosenrüsche

kann nur aus einem Band mit zwei schönen Seiten oder aus einer Schlauchblende genäht werden. Sie benötigen die 3-fache Länge.

Band in Quetschfalten (siehe Seite 169) legen. Faltentiefe = doppelte Bandbreite. Falten in der Bandmitte feststeppen. Die oben liegenden Falten jeweils in der Mitte mit einigen Stichen zusammennähen (7).

6

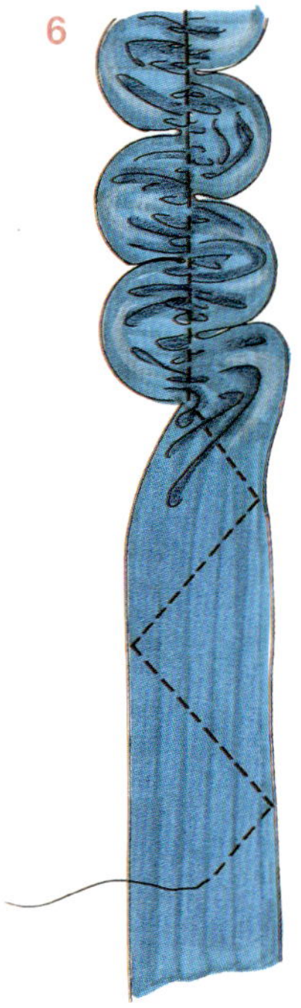

7

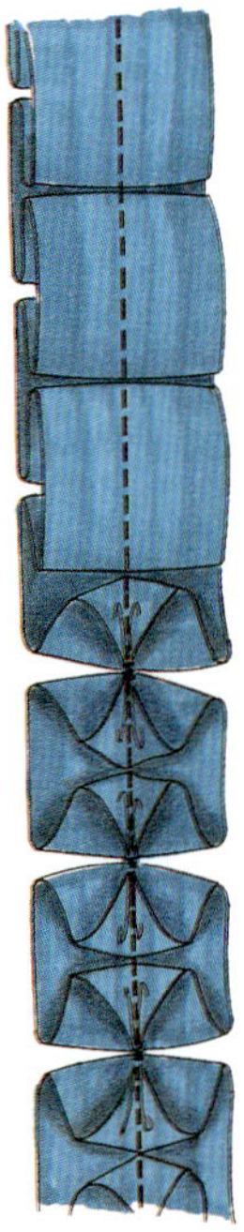

TIPP

Wenn Sie ein Kleidungsstück mit einem Volant schmücken wollen, können Sie den Schnitt selbst herstellen: Am Kleidungsstück die Kante ausmessen, an die der Volant angesetzt werden soll, das entspricht dem Kreisumfang des inneren Kreises. Einen Kreis mit entsprechendem Umfang aufzeichnen (Radius = Umfang geteilt durch 6,28).
In gleichmäßigem Abstand zu dieser Linie die Volantaußenkante aufzeichnen. Wenn die Ansatzkante sehr lang ist, einen Volant mit kleinerem Innenkreis aufzeichnen und entsprechend oft zuschneiden.

Volants

Für Volants gibt es bei burda style Schnitten immer ein Schnittteil (8). Die Innenkante des Kreises ist die Ansatzkante. Je kleiner der innere Kreis, umso glockiger fällt der Volant.

Soll der Volant an einem Ende schmal auslaufen, müssen Sie den inneren Kreis spiralförmig zuschneiden (9).

Wichtig: Die Ansatzkante des Volants nur mit 1 cm Nahtzugabe zuschneiden. Bei einer breiteren Nahtzugabe lässt sich der Volant nicht mehr faltenlos ansteppen.

Muss ein Volant aus mehreren Kreisen zusammengesetzt werden, schneiden Sie die einzelnen Kreise jeweils an einer Stelle mit geradem Fadenlauf auf und steppen dann die Einschnittkanten aneinander (10).

An der Volantaußenkante einen Rollsaum von Hand oder mit der Maschine nähen (siehe Seite 72/73).

Ist der Volant an der unteren Kante von Rock oder Ärmel, wird er rechts auf rechts festgesteppt – dabei die Zugabe vom Volant mehrmals einschneiden. Die Nahtzugaben zusammengefasst versäubern, in den Rock bzw. Ärmel bügeln und von rechts feststeppen.

Bei übereinanderliegenden Volants, zum Beispiel an einem Ärmel, die Ansatzkante der Volants versäubern. Die Volants rechts auf rechts feststeppen, die Nahtzugabe mehrmals einschneiden. Volants nach unten bügeln (11).

An Ausschnittkanten werden Volants beim Einfassen mitgefasst. Dazu die Volants mit der linken Seite auf die rechte Seite der Ausschnittkante heften (Einfassen, siehe nächste Seite).

8

9

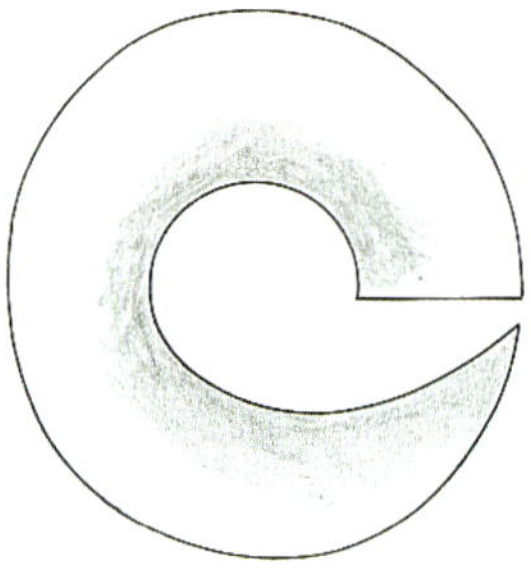

10

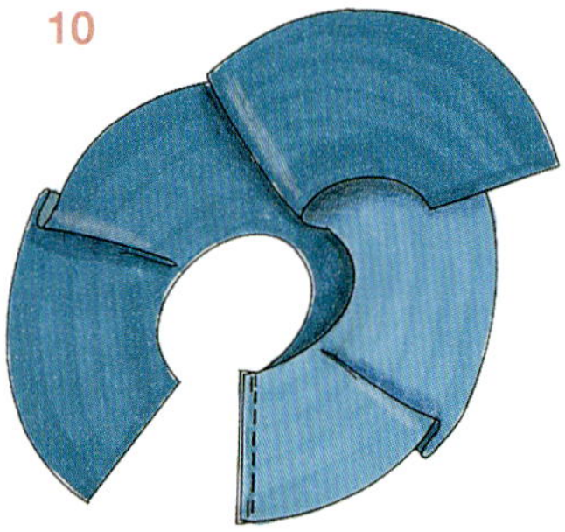

11

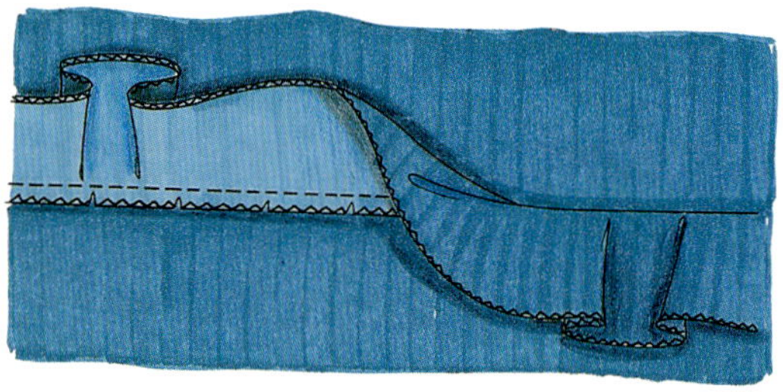

EINFASSEN

Einfassen bedeutet: Ein Schrägstreifen, ein Schrägband oder eine Tresse wird um eine Kante gelegt. Die Kante, die eingefasst werden soll, ist immer ohne Nahtzugabe.

Schrägstreifen müssen Sie selbst zuschneiden. Wie es gemacht wird, siehe Seite 49. Die Schrägstreifenbreite = 4-fache fertige Einfassbreite. Am besten wäre ein langer Streifen. Um Stoff zu sparen, werden aber fast immer mehrere kurze Streifen zugeschnitten und dann aneinandergenäht. Dazu die Streifen rechts auf rechts so aufeinanderlegen, dass sie einen rechten Winkel bilden. Kanten im geraden Fadenlauf aufeinandersteppen (1). Zugaben auseinanderbügeln (2).

Schrägband gibt's in vielen Farben und in unterschiedlichen Breiten im Kurzwarenhandel. Das Schrägband kann glatt (3) oder vorgebügelt (4) sein. Bei dem ungebügelten Schrägband benötigen Sie das Band in 4-facher, beim vorgebügelten in doppelter fertiger Einfassbreite.

Tresse ist ein schmiegsames, weiches geflochtenes Band. Tresse gibt es von hochglänzend bis matt in unterschiedlichen Breiten und in vielen Farben. Die Tresse muss immer doppelt so breit sein wie der fertige Einfass.

Mit Schrägstreifen und ungebügeltem Schrägband fassen Sie so ein …

Schrägstreifen bzw. -band rechts auf rechts auf die Stoffkante legen, in Einfassbreite (¼ Bandbreite) feststeppen (5). Band über die Kante legen und auf der Innenseite eingeschlagen an der Ansatznaht feststecken. Schrägband von Hand annähen (6) oder von rechts schmal absteppen, dabei die innere Hälfte feststeppen (7).

An Außenecken nicht bis zur Ecke steppen, sondern der fertigen Einfassbreite entsprechend vorher enden. Naht mit Rückstichen sichern. An der Ecke das Band feststecken (8). Dann das Band wie bei Zeichnung 9 falten und feststeppen. Band über die Ansatznaht legen (10), entlang der Stoffkante nach innen falten und eingeschlagen an der Ansatznaht feststecken, dabei an der Ecke eine Falte legen. Band von Hand annähen oder von rechts schmal feststeppen (siehe auch Zeichnungen 6 und 7).

An Innenecken die Einfassbreite mit Schneiderkreide entlang der Stoffkante markieren. In die Ecke

1
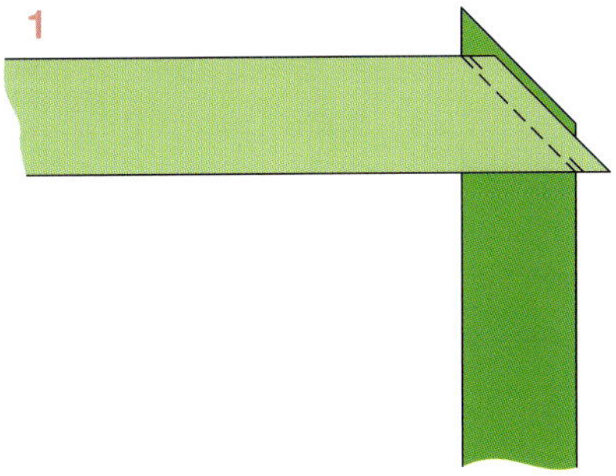

2
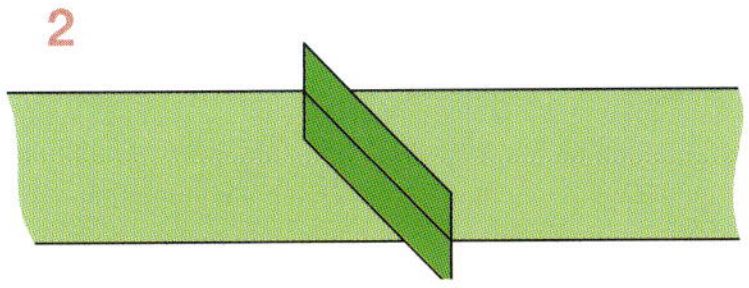

3

4
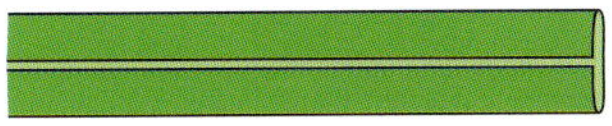

5

6
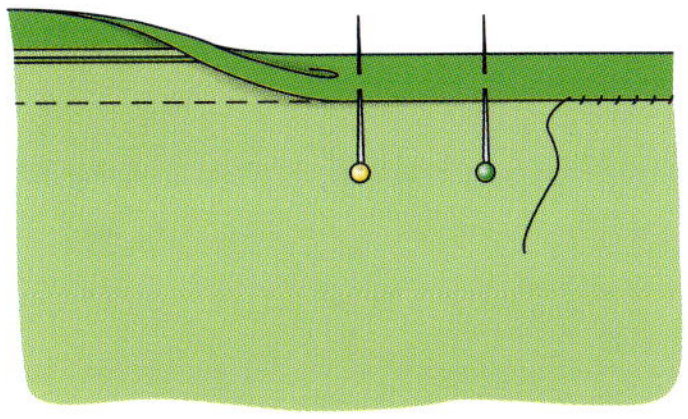

7
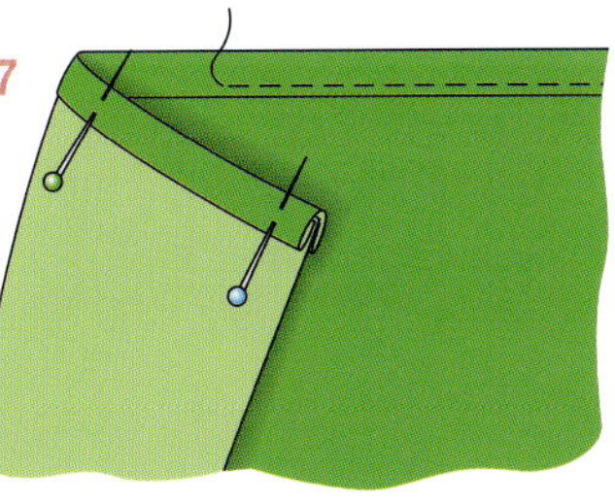

8
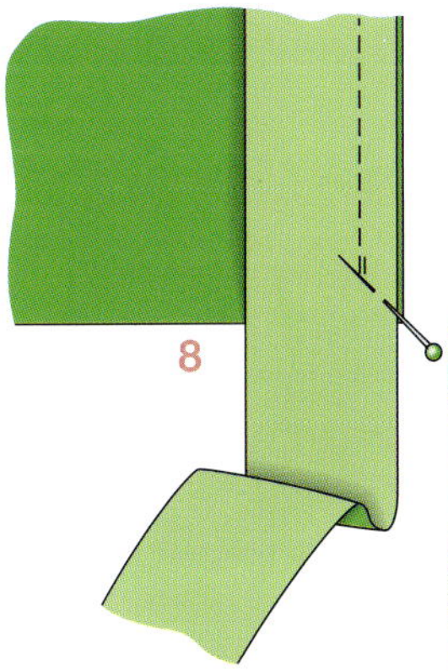

9
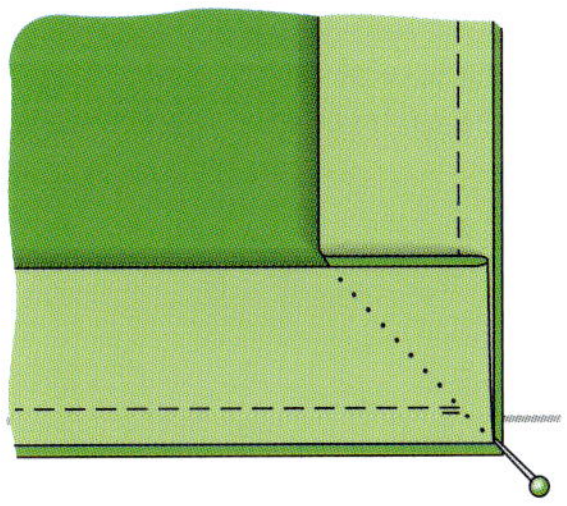

10
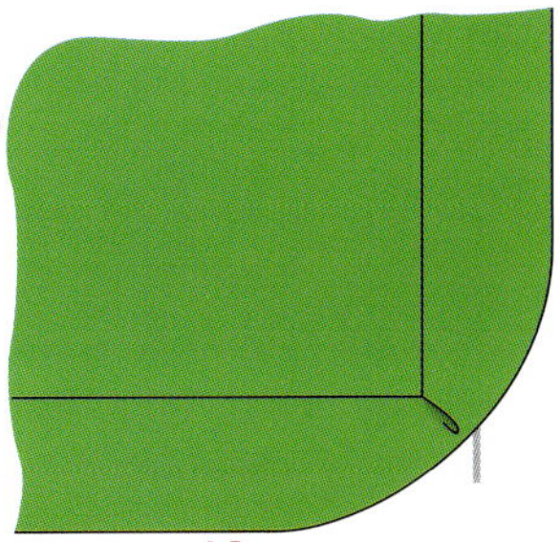

12
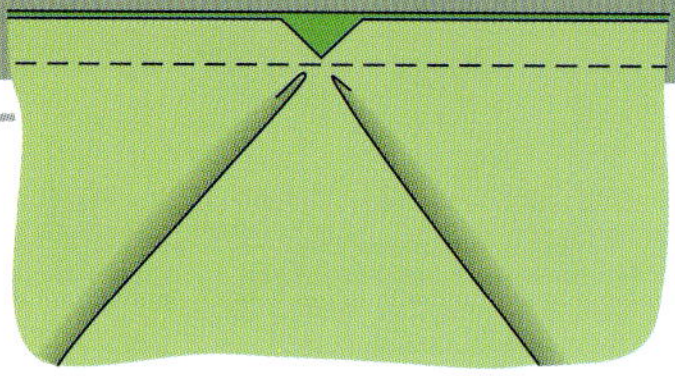

13
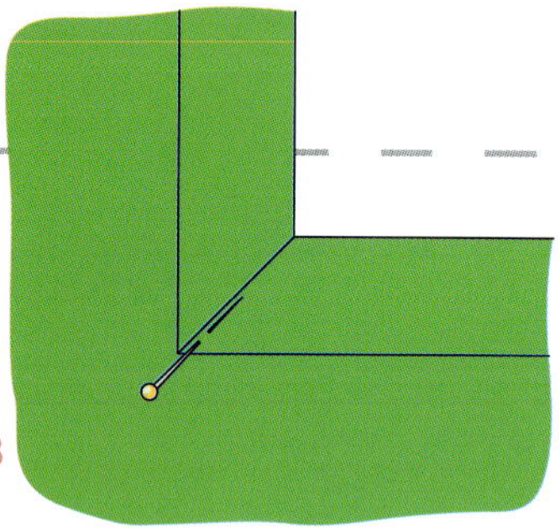

11
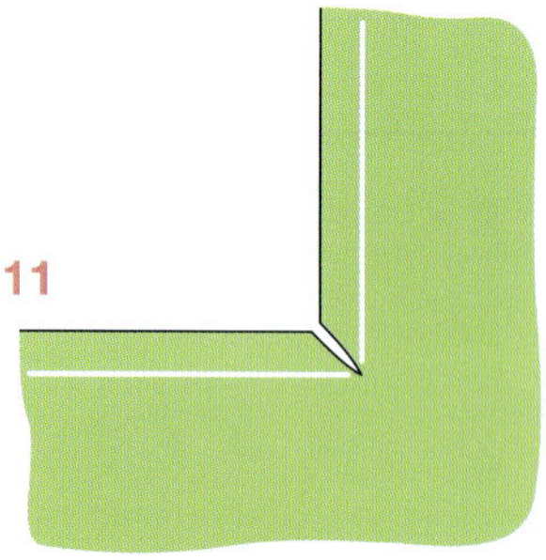

14
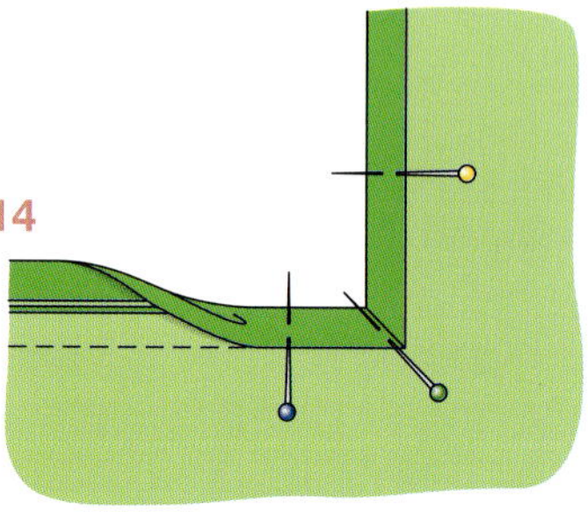

15
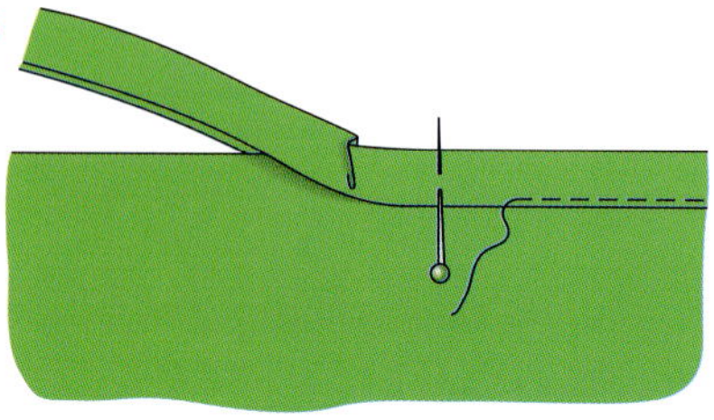

16
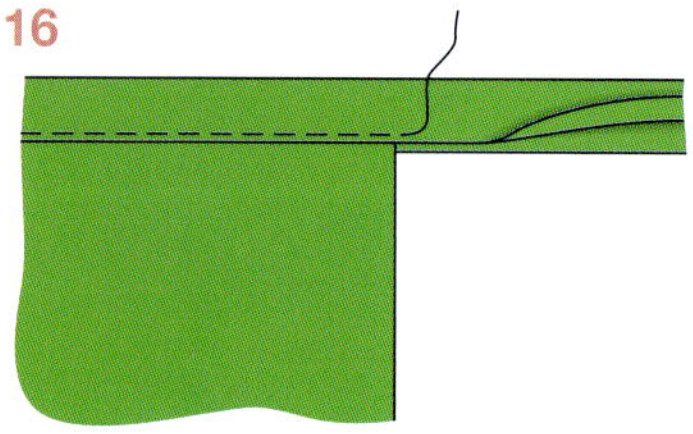

17
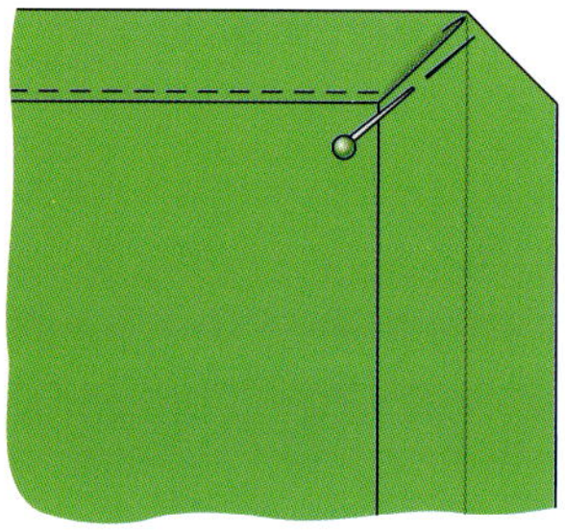

18
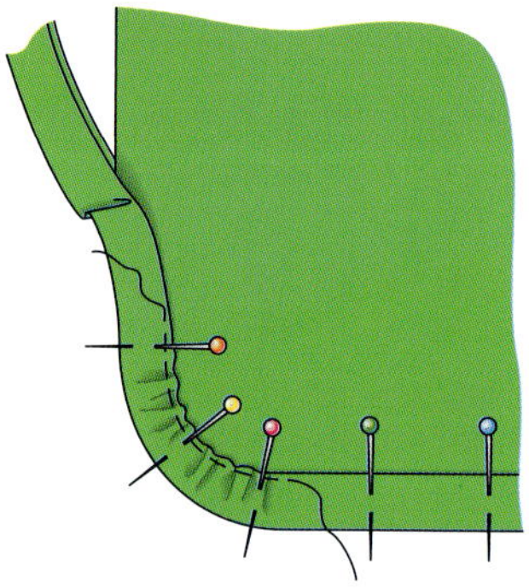

bis dicht zur Markierung schräg einschneiden (11). Die Stoffkante rechts auf rechts in Einfassbreite auf das Band steppen, dafür den Stoff an der Ecke auseinanderziehen (12). Das Band über die Ansatznaht legen, dabei an der Ecke zur Falte legen und feststecken (13). Dann das Band entlang der Stoffkante nach innen falten und eingeschlagen an der Ansatznaht feststecken, dabei an der Ecke auch auf der Innenseite eine Falte legen (14). Band von Hand annähen oder von rechts feststeppen (wie bei Zeichnungen 6 und 7).

An Außenrundungen das Band beim Feststeppen einhalten, an Innenrundungen das Band entsprechend dehnen.

... und so mit vorgebügeltem Schrägband und mit Tresse

Schrägband bzw. Tresse der Länge nach zur Hälfte falten, bügeln. Die Kante zwischen die gefaltete Tresse schieben. Tresse feststecken und schmal feststeppen (15).

An Außenecken die Tresse bis zur Kante feststeppen (16). An der Ecke die Tresse zur Falte legen (17) und feststeppen.

Bei Innenecken die Einfassbreite mit Schneiderkreide oder Heftfaden markieren. In die Ecke bis dicht zur Markierung einschneiden (wie bei Zeichnung 11). Die Tresse auseinanderfalten und so auf die rechte Stoffseite stecken, dass die Stoffkante genau unter dem „Mittelbruch" liegt. An der Ecke eine Falte legen und feststecken (wie bei Zeichnung 13). Die Tresse am „Mittelbruch" nach innen legen, feststecken, an der Ecke eine Falte legen. Von der rechten Seite aus die Tresse schmal feststeppen.

An Innenrundungen die Tresse dehnen. An Außenrundungen die Tresse einhalten. Am besten geht's, wenn Sie an den Außenkanten der Tresse einen Faden mit kleinen Vorstichen einziehen und die Tresse auf diesem Faden der Rundung entsprechend zusammenschieben (18).

TIPP

Die Ecke kann nicht einreißen, wenn Sie von links ein Stück Vlieseline-Einlage aufbügeln.

PASPEL

Paspel sind kleine, meist kontrastfarbene „Wülste“, die an Kanten oder Nähten vorblitzen.

Paspelbänder gibt es in vielen Farben mit unterschiedlich dicken Wülsten. Sie können das Paspelband aber auch selbst machen. Dazu benötigen Sie eine Kordel in gewünschter Wulstdicke und Schrägstreifen oder Tresse in doppelter Wulstbreite plus 3 cm Nahtzugabe. Den Schrägstreifen bzw. die Tresse falten Sie der Länge nach zur Hälfte und schieben die Kordel an die Bruchkante. Dann steppen Sie die Bruchkante mit dem einseitigen Kantensteppfuß (Reißverschlussfuß) entlang der Kordel ab (1).

Zwischengefasste Paspel

Paspelband rechts auf rechts so auf die Nahtzugabe stecken oder heften, dass der Wulst neben der markierten Nahtlinie in dem Teil liegt. An Ecken das Band bis dicht zum Wulst einschneiden. Paspel dicht neben dem Wulst mit dem einseitigen Kantensteppfuß feststeppen (2).

Die Stoffteile rechts auf rechts aufeinanderstecken. Entlang der Paspelansatznaht mit dem einseitigen Kantensteppfuß steppen (3). An Kragen oder Ausschnittkanten die Nahtzugaben schmal zurückschneiden. Kragen wenden bzw. Besatz nach innen wenden. Kanten heften – der Paspel steht an den Kanten vor – , bügeln und schmal absteppen (4). Ist der Paspel an einer Naht, die Nahtzugaben nach einer Seite bügeln und von rechts, dicht neben dem Paspel, schmal feststeppen (5).

Kanten mit Paspel versäubern

Das ist die schnellste Art, eine Ausschnitt- oder Verschlusskante zu nähen. Paspelband rechts auf rechts so auf die Kanten stecken, dass der Wulst neben der markierten Nahtlinie in dem Teil liegt. Paspelband mit dem einseitigen Kantensteppfuß dicht neben dem Wulst feststeppen. Die Nahtzugabe bis dicht zur Stepplinie zurückschneiden (6). Paspelband nach innen umheften, der Wulst steht an der Kante über. Die Kante von rechts, dicht neben der Paspelansatznaht, schmal absteppen.

Wichtig: Bei einem selbst gemachten Paspel aus Schrägstreifen vorher die offenen Kanten versäubern.

TIPP

Wenn Sie einen flachen Paspel haben möchten, lassen Sie die Kordel einfach weg. Auch das Absteppen der Tresse bzw. des Schrägstreifens können Sie sich sparen. Heften Sie einfach den zur Hälfte gebügelten Streifen so fest, dass die Bruchkante um die gewünschte Paspelbreite neben der markierten Nahtlinie liegt.

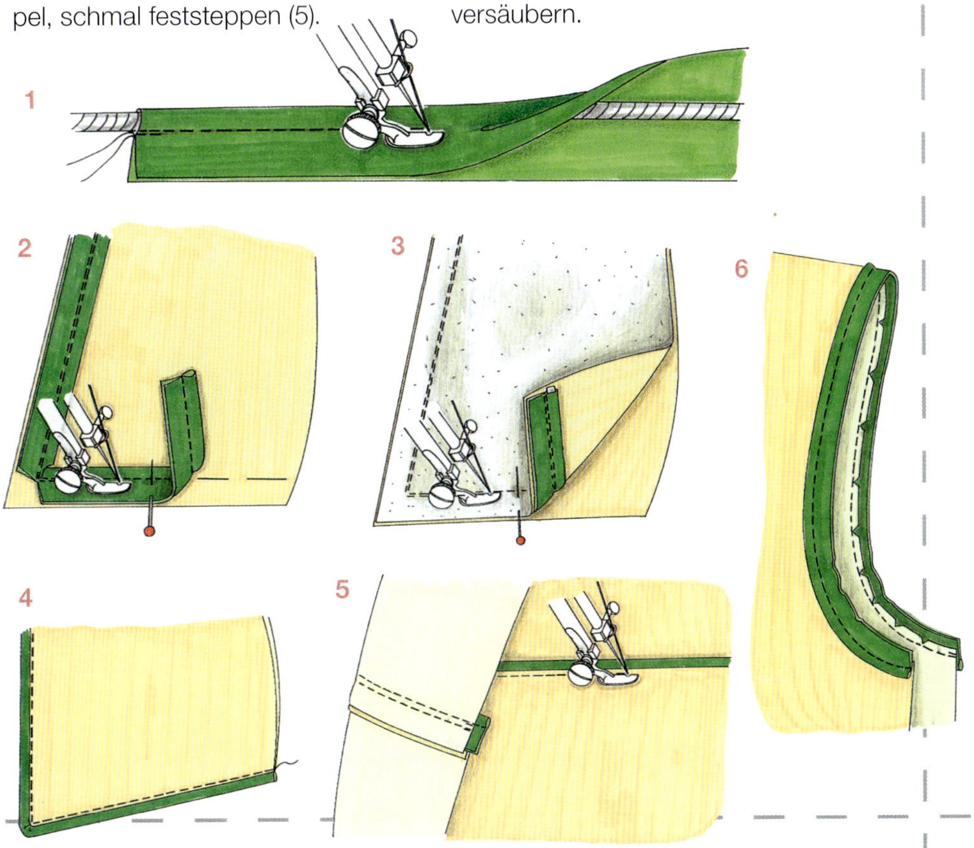

HOHLSAUM

Hohlsäume, einst eine klassische Handarbeit für Wäsche, sorgen auch an Blusen, Kleidern und Röcken für raffinierte Durchblicke. Für alle, die lieber nähen als sticken, gibt es fertige Hohlsaumborten, die an den gewünschten Stellen eingesetzt werden können.

Der gestickte Hohlsaum

Voraussetzungen dafür sind: ein Stoff in Leinwand- bzw. Tuchbindung, die Kante, an der der Hohlsaum gestickt werden soll, ist fadengerade, und die Längs- und Querfäden des Stoffes sind gleich dick.

So wird's gemacht:

Im gewünschten Abstand zur Kante in Hohlsaumbreite die Gewebefäden herausziehen. Damit sich keine weiteren Gewebefäden lockern können, werden die Durchbruchkanten mit dem Hohlsaumstich umstickt. Dabei an der unteren Kante beginnen und von links nach rechts sticken: mit der Nadel ein Fadenbündel umfassen, dabei die Fäden genau abzählen. Denn nur bei gleicher Fadenanzahl pro Bündel wird der Hohlsaum gleichmäßig. Neben dem letzten Längsfaden von innen nach außen in den Stoff stechen; Stichtiefe ca. 2 bis 3 Gewebefäden. Stickfaden anspannen.

Das nächste Fadenbündel umfassen. Nach dem letzten erfassten Längsfaden von innen nach außen in die Durchbruchkante einstechen usw. Nachdem die erste Kante fertig ist, die zweite Kante genauso umsticken, dabei jeweils dieselben Längsfäden zu einem Bündel zusammenfassen (1).

An Ecken werden die Fäden nicht bis zum Stoffrand ausgezogen, sondern 1½ bis 2 cm vor dem Ende des Hohlsaums abgeschnitten. Die Fäden am Hohlsaumende vorsichtig ausziehen und mit kleinen Vorstichen auf der linken Stoffseite festheften. Die Kante dicht mit Überwendlings- oder Festonstichen (siehe Seite 69) umsticken (2). Die überstehenden Fadenenden dicht neben den Stichen abschneiden.

Durch Einweben eines Stickfadens können Hohlsäume noch verziert werden. Zum Beispiel so: zwei Fadenbündel auf die Nadel nehmen, Faden durchziehen. Das hintere dieser beiden Bündel auf die Nadel nehmen, Faden durchziehen. Dann die nächsten zwei Fadenbündel auf die Nadel nehmen usw. (3).

2

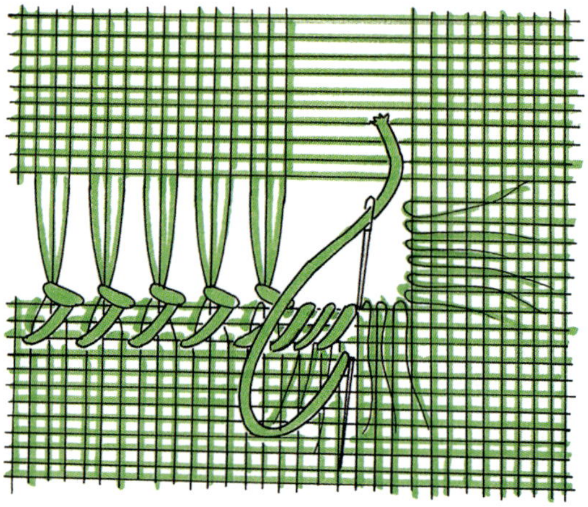

1

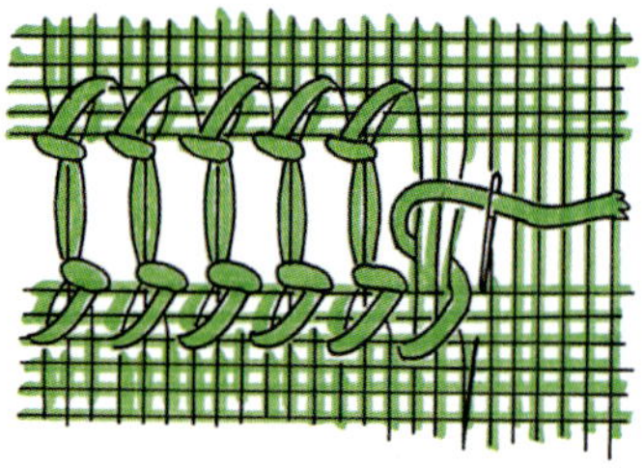

3

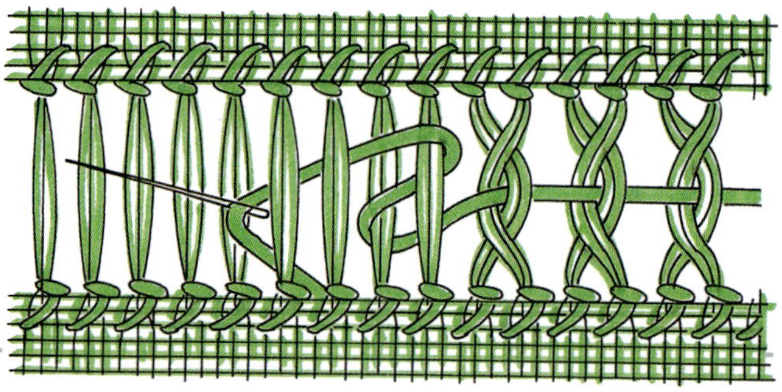

Hohlsaumborten

Hohlsaumborten gibt es in unterschiedlichen Breiten und in vielen Farben. Die Borten können unter- oder aufgesteppt werden.

Die untergesteppte Hohlsaumborte

Die Ansatzlinien in Bortenbreite auf der rechten Stoffseite markieren. Genau in der Mitte der beiden markierten Linien einschneiden. Die Kanten versäubern, nach innen umheften. Bügeln. Kanten auf die Hohlsaumborte heften und schmal feststeppen (4). An Ecken bis dicht zur Markierung schräg einschneiden. Den Stoff entlang den markierten Linien zur linken Stoffseite umbügeln. Zuerst die äußere Kante auf die Borte heften (5). Die Borte auf der linken Seite zur Falte legen, dabei die Borte an der Ecke einschneiden. Die Falte festnähen (6). Dann die zweite Stoffkante auf die Borte heften. Die Kanten schmal auf die Borte steppen.

Die aufgesteppte Hohlsaumborte

Das ist die einfachste und schnellste Methode, einen Hohlsaum zu nähen. Die Borte auf die rechte Stoffseite stecken und entlang den Bortenkanten feststeppen (7). Von der linken Seite aus den Stoff genau zwischen den Stepplinien einschneiden.

Die Stoffkanten entlang der Ansatznaht umbügeln (8). Von rechts entlang den Bortenkanten mit dicht eingestelltem Zickzackstich steppen. Den überstehenden Stoff und die Zugabe der Borte vorsichtig dicht neben den Zickzackstichen abschneiden (9).

5

4

6

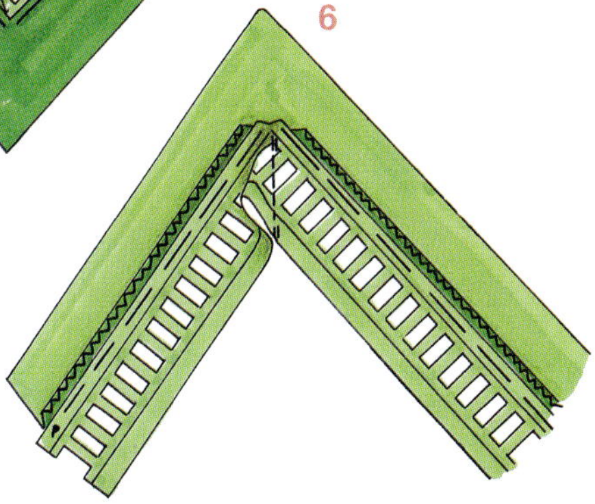

7

8

9

SMOKSTICKEREI

Smok – eine Schmuckfaltenstickerei – ist eine traditionelle Handarbeitstechnik, bei der kleine Fältchen durch Zierstiche zusammengehalten werden. Smokpartien können entweder angeschnitten sein oder angesetzt werden. Zum Smoken eignen sich weich fallende, dünne Stoffe. Wie viel Stoff Sie zum Smoken benötigen, ist von der Tiefe der Fältchen und von der Stoffart abhängig. Die 1½-fache Weite sollte es mindestens sein. Gestickt wird mit Perlgarn oder Sticktwist.

Diese Vorarbeiten sind wichtig

Damit die Fältchen ganz gleichmäßig werden, auf der linken Stoffseite Punktreihen markieren. Die Punktreihen müssen mit dem Fadenlauf übereinstimmen. Die Punkte mit einem spitzen Bleistift oder einem farbigen Kreidestift und Lineal aufzeichnen. Der Abstand der Punkte zueinander und der Reihenabstand muss gleich sein und die Punkte müssen genau untereinander sein. Meist beträgt der Abstand der Punkte und Reihen jeweils 1 cm. Ist der Abstand der Punkte innerhalb einer Reihe größer, werden die Fältchen tiefer und Sie benötigen mehr Stoff.

Jetzt werden in jede Punktreihe Reihfäden eingezogen. Diese Reihfäden sollten ca. 15 cm länger als die Punktreihen und reißfest sein. Genäht wird mit Vorstichen, auf der linken Stoffseite, von rechts nach links. Das Fadenende verknoten. Beim ersten Punkt jeder Reihe einen kleinen Rückstich machen, damit der Knoten nicht durch das Gewebe rutschen kann. Dann geht's mit Vorstichen weiter: Am Punkt einstechen, genau in der Mitte zwischen zwei Punkten ausstechen, am Punkt einstechen usw. (1). Sind alle Reihfäden eingezogen, den Stoff auf die erforderliche Weite gleichmäßig zusammenschieben, dabei bilden sich markante Längsfältchen. Jeweils zwei Fadenenden miteinander verknoten oder um eine festgesteckte Stecknadel wickeln (2).

Die Fältchen können mit Stiel-, Kreuz- oder Hexenstichen überstickt werden. Hier: Stielstiche. Von links ausstechen, die beiden ersten Fältchen mit Rückstich zusammenfassen. Durchs zweite Fältchen schräg nach oben stechen, schräg nach oben durchs dritte Fältchen usw. (3).

So entsteht das Wabenmuster:

Bei dieser querelastischen Smokstickerei werden immer zwei Reihen in einem Arbeitsgang von links nach rechts gestickt. Die ersten beiden Fältchen mit einem Rückstich zusammenfassen (4).

Mit der Nadel in das zweite Fältchen einstechen, die Nadel im Fältchen nach unten führen. In der zweiten Smokreihe ausstechen (5). Das zweite und dritte Fältchen zusammenfassen (6).

Die Nadel in das dritte Fältchen einstechen, im Fältchen nach oben führen, in der ersten Smokreihe ausstechen (7). Das dritte und vierte Fältchen zusammenfassen (8).

Im vierten Fältchen einstechen, die Nadel im Fältchen nach unten führen und in der zweiten Smokreihe ausstechen. Das vierte und fünfte Fältchen zusammenfassen usw. (9).

1
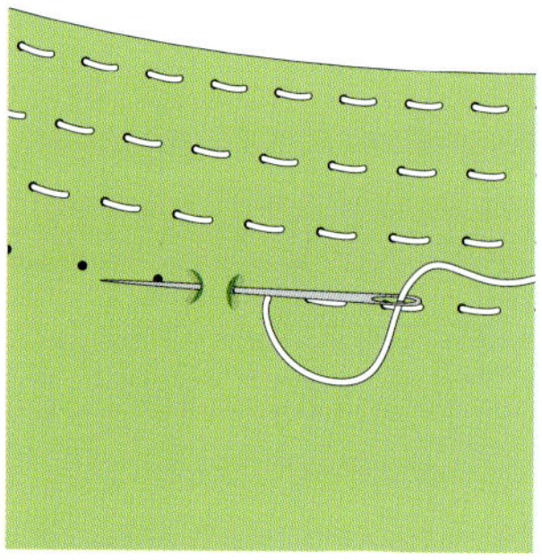

2
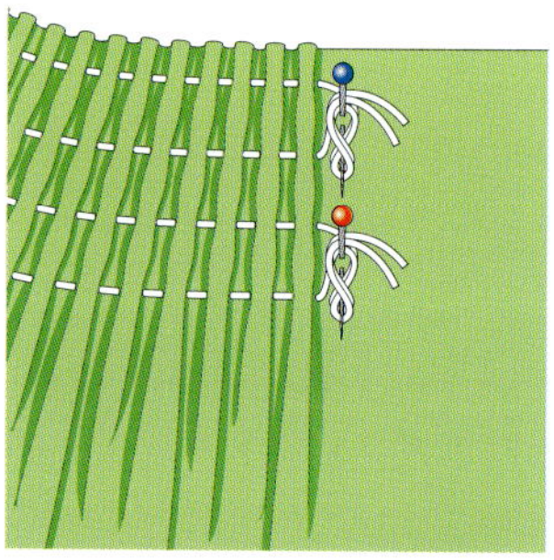

3
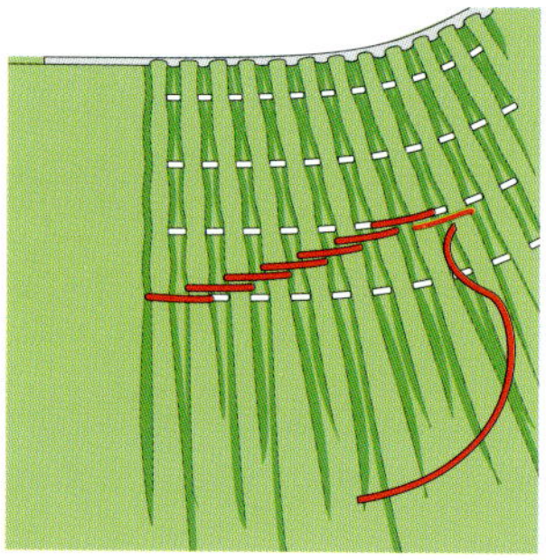

4

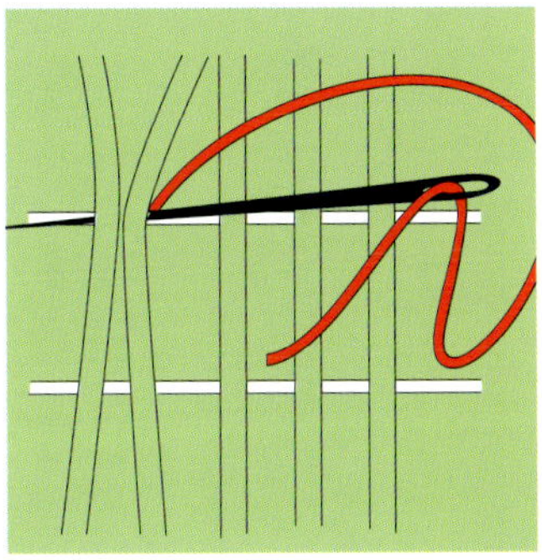

5

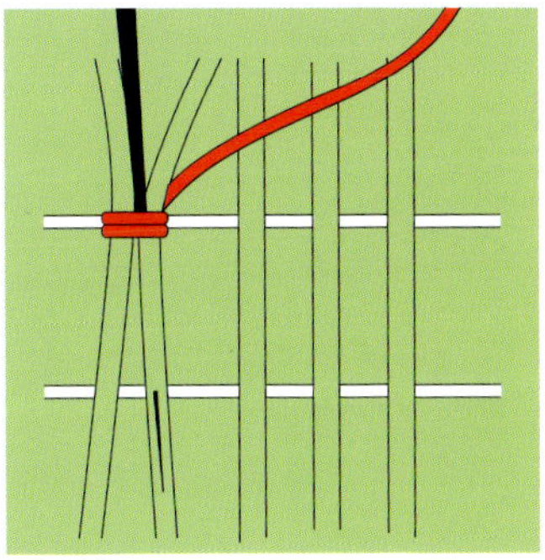

6

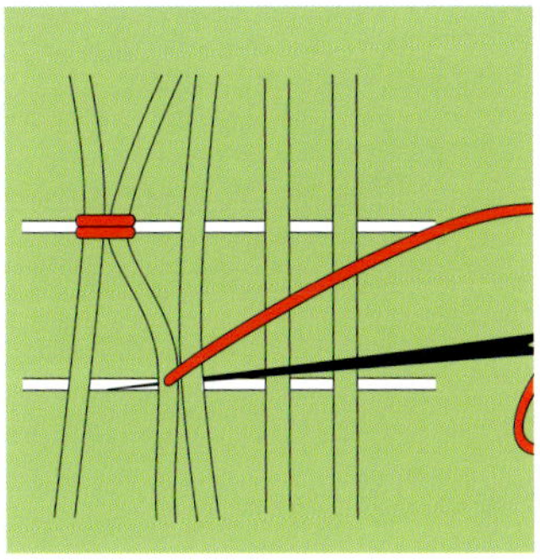

7

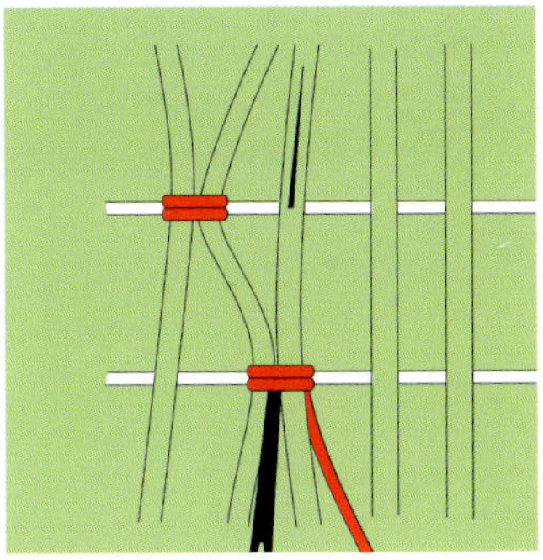

8

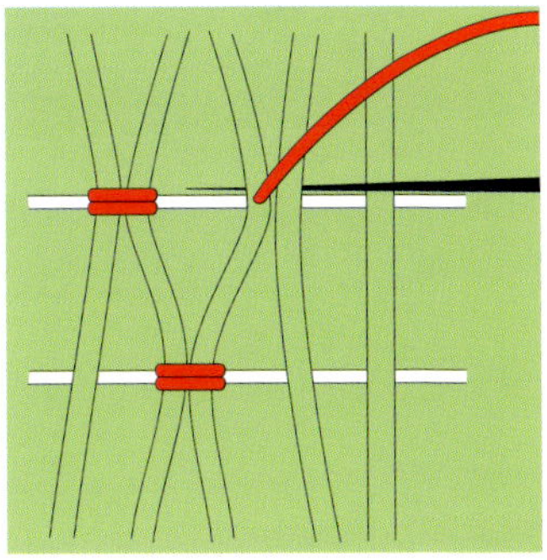

9

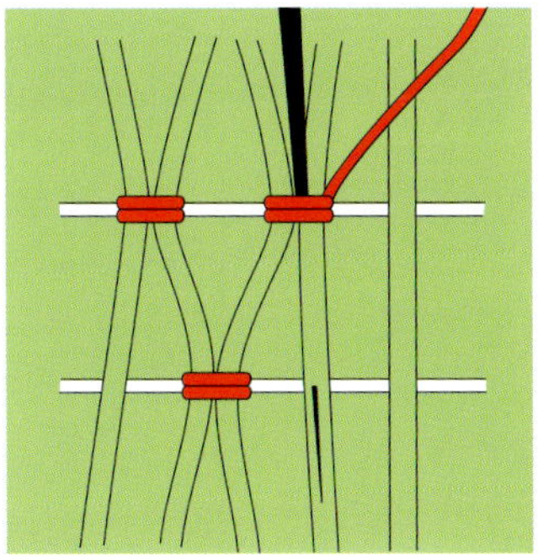

EXTRA-TIPP

Ein selbst gemachtes Aufbügelmuster hilft Ihnen, ein sauberes Ergebnis zu erhalten. Zeichnen Sie mit einem Bügelmusterstift (Prym) Punktreihen in gleichmäßigem Abstand auf ein Pergamentpapier. Bei runden Ausschnitten oder Formen das Papier bis oben einschneiden und sperren. Dann oben an den Stoff heften und unten mit Stecknadeln feststecken. Das Muster nach Anleitung des Stiftes aufbügeln.

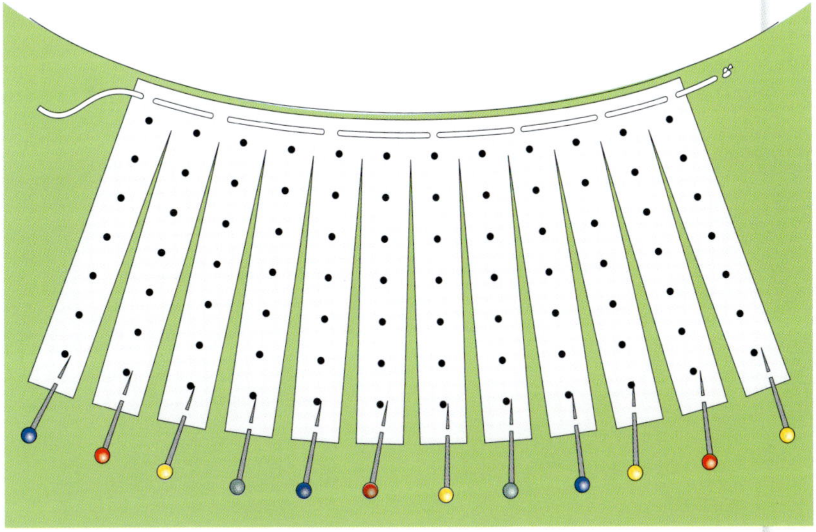

APPLIZIEREN

Applizieren bedeutet: ein Motiv aufnähen. Mit Applikationen können Sie nicht nur ein Kleidungsstück effektvoll schmücken, sondern auch defekte Stellen, zum Beispiel bei Kinderkleidung, dekorativ kaschieren. Die Motive können Sie fertig kaufen, selbst entwerfen oder aus einem hübsch gemusterten Stoffrest ausschneiden.

So applizieren Sie

Selbst entworfene Motive zunächst seitenverkehrt auf die linke Stoffseite zeichnen. Die Linien nachsteppen (1). Damit der Applikationsstoff nicht franst, Einlage, zum Beispiel Vlieseline H 180, auf die linke Seite bügeln. Den Applikationsstoff von rechts über der Konturlinie festheften. Von der linken Seite aus die Kontur mit kleinem Zickzackstich nachnähen.

1

2

3

Von rechts den Applikationsstoff dicht neben den Stichen abschneiden (2). Dann die Motivkante noch einmal mit dicht eingestelltem Zickzackstich absteppen. Soll die Kante plastisch wirken, beim Absteppen einen „Einlauffaden" mitfassen (3). Sie können auch die Kanten mit farbiger Gutta (spezielle Konturfarbe der Seidenmalerei) übermalen. Das ergibt eine plastische Wirkung und es verhindert ein Ausfransen der Kanten.

Wichtig: Bei übereinanderliegenden Motiven zuerst das unten liegende Teil applizieren.

Wenn Sie ein Motiv aus einem gemusterten Stoff applizieren möchten, das Motiv zunächst großzügig ausschneiden und von links Vlieseline aufbügeln. Das Motiv auf die gewünschte Stelle heften und mit Zickzackstichen aufnähen. Den überstehenden Stoff dicht neben den Stichen abschneiden. Wie oben beschrieben, fertignähen.

4

5

TIPP

Schneller und einfacher geht's mit Vliesofix-Haftvlies. Die Motive können damit dauerhaft aufgebügelt werden. Eine genaue Anleitung liegt der Packung bei.

Raffinierte Durchblicke können Sie mit Tüllapplikationen erzielen. Dazu das Motiv auf die rechte Stoffseite zeichnen und den Applikationsstoff – den Tüll – auf die linke Stoffseite heften. Motivkonturen von rechts mit dicht eingestelltem Zickzackstich nachsteppen, dabei, falls die Kanten plastisch wirken sollen, einen Einlauffaden mitfassen. Den Stoff innerhalb des Motivs dicht neben den Stichen ausschneiden, dabei den Tüll nicht einschneiden (4).

Ganz einfach geht's mit Spitzenmotiven. Sie werden von rechts mit dicht eingestelltem Zickzackstich aufgesteppt. Der darunter liegende Stoff wird dicht neben den Zickzackstichen vorsichtig ausgeschnitten (5).

VERARBEITUNG VON SPEZIELLEN STOFFEN

Manche Stoffarten erfordern eine besondere Aufmerksamkeit und Sorgfalt bei der Verarbeitung. Hier verraten wir Ihnen Tipps und Tricks zum Zuschneiden, Nähen und zur Pflege dieser Stoffe und von Leder.

Samt, Chenille und Nicki

Alle Samtarten, vom Baumwollsamt über Seidensamt bis hin zum Pannesamt und alle samtartigen Stoffe, wie Chenille und Nicki-Stoffe, haben eines gemeinsam: Durch den Flor – so nennt man die feinen Härchen, die die Stoffoberfläche bilden – sind sie sehr empfindlich und müssen entsprechend sorgfältig verarbeitet werden.

Zuschneiden

- Alle Stoffarten mit Flor haben eine Strichrichtung. Wenn Sie mit den Fingerspitzen parallel zu den Webkanten über den Stoff streichen, können Sie die Strichrichtung fühlen: Legen sich die Härchen widerstandslos, so ist das die Richtung „mit dem Strich". Sträuben sich die Härchen, so ist das die Richtung „gegen den Strich" (1).
- Bei burda style Modellen, für die Stoffe mit Strichrichtung vorgesehen sind, ist die Strichrichtung am Zuschneideplan mit einem Pfeil gekennzeichnet.
- Alle Schnittteile müssen in gleicher Richtung auf den Stoff gelegt werden, das heißt, die unteren Kanten aller Schnittteile zeigen in eine Richtung.

Als Faustregel gilt: Stoffe mit hochstehendem Flor werden gegen den Strich, Stoffe mit flachliegendem Flor (zum Beispiel Pannesamt) mit dem Strich zugeschnitten.

Nahtlinien übertragen

Das Übertragen der Schnittkonturen mit Kopierpapier und Kopierrädchen sollten Sie unbedingt vorher ausprobieren, denn es könnte sein, dass sich die Linien auf die rechte Stoffseite durchdrücken. Wenn das der Fall ist, kommen Sie leider um das Zeit raubende „Durchschlagen" nicht herum (siehe Seite 51).

Bügeln

- Grundsätzlich gilt: Vor dem Bügeln an einem Stoffrest eine Bügelprobe machen.
- Die Bügeltemperatur richtet sich nach dem Material: Baumwollsamt zum Beispiel verträgt viel Hitze (Bügeleiseneinstellung Wolle/Baumwolle), während Seidensamt oder Synthetiks nur mit mäßiger Hitze gebügelt werden können.
- Stoffe mit hochstehendem Flor werden mit Dampf, Stoffe mit flachliegendem Flor, zum Beispiel Pannesamt, ohne Dampf gebügelt. Lassen Sie das Bügeleisen mit möglichst wenig Druck in Strichrichtung über den Stoff gleiten.
- Vorsicht beim Bügeln mit Dampf! Ein Dampfbügeleisen ist nicht geeignet, denn durch die Dampfdüsen ist der Dampfaustritt und der Bügeldruck nicht an allen Stellen gleichmäßig. Verwenden Sie zum Bügeln mit Dampf ein feuchtes Tuch und ein normales Bügeleisen.
- Besonders wichtig: die richtige Bügelunterlage. Am besten verwenden Sie ein Stück Samt und legen es mit der Florseite nach oben auf die Bügelunterlage. Die feinen Härchen vom Stoff greifen zwischen die Härchen der Bügelunterlage und können dadurch nicht flachgedrückt werden. Auch ein Biberbetttuch oder ein weiches Frottiertuch ist als Bügelunterlage geeignet. Ideal ist ein Drahtbügelbrett (2) – im Schneiderfachhandel erhältlich. Die Anschaffung lohnt sich aber nur, wenn Sie sehr viel Samt oder samtähnliche Stoffe nähen.
- Auch so können Sie Samt und samtähnliche Stoffe bügeln: Das Bügeleisen – Dampfbügeleisen nur mit leerem Tank! – mit der Bügelfläche nach oben in das Ärmelbrett einhängen (3). Das Bügeleisen mit einem mehrfach

1

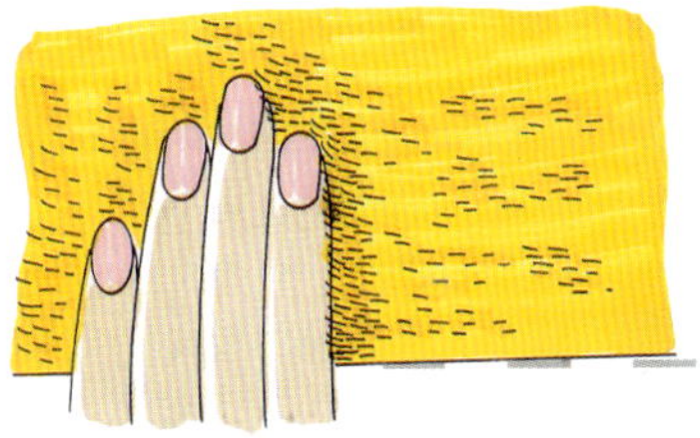

2

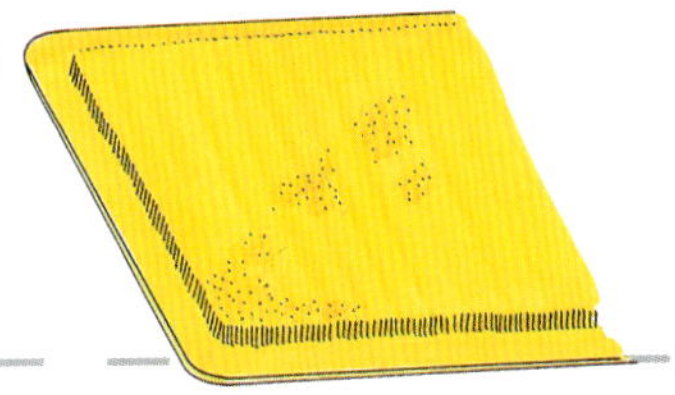

3

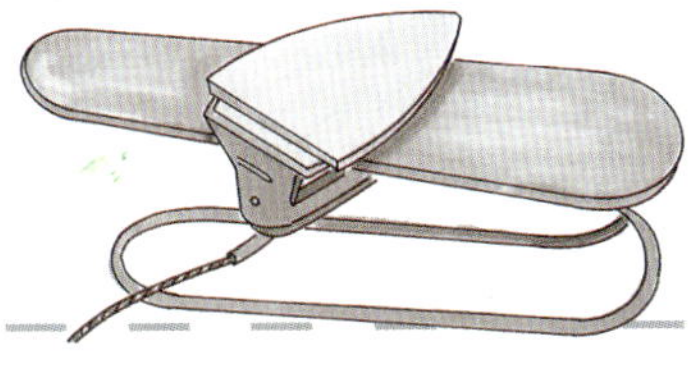

gefalteten nassen Tuch bedecken. Dann den Samt mit der linken Seite auf das Tuch legen. Damit die Nähte glatt werden, vorsichtig von rechts mit einer Kleiderbürste mit Naturborsten klopfen – Nylonbürsten sind ungeeignet, sie könnten schmelzen. Den Samt entfernen, solange das Tuch noch dampft.

Nähen

- Verwenden Sie zum Heften auf keinen Fall das grobe Heftgarn – es könnte den empfindlichen Flor verletzen –, sondern Nähgarn und eine dünne Nadel. Auch in die Nähmaschine eine feine Nadel mit einwandfreier Spitze einsetzen.
- Flor auf Flor verschiebt sich gern beim Steppen. Stecken Sie deshalb Stecknadeln quer zur Nahtlinie oder heften Sie die Stofflagen zu beiden Seiten der markierten Nahtlinie aufeinander – am besten mit schrägen Spannstichen (siehe Seite 64). Steppen Sie dann genau zwischen den Heftlinien und möglichst immer in Strichrichtung.
- Vorsicht: Trennstellen bleiben bei vielen Samtarten sichtbar. Sie sollten deshalb immer zuerst an einem Stoffrest ausprobieren, wie sich Ihr Stoff beim Nähen verhält. Gegebenenfalls sollten Sie zunächst ein Probemodell aus Nessel oder einem anderen preiswerten Stoff nähen, eventuell Korrekturen auf den Schnitt übertragen und erst anschließend den gewünschten Stoff zuschneiden.
- Sollte Ihre Maschine den Stoff schlecht transportieren (unregelmäßige Stiche), legen Sie ihn einfach zwischen Seidenpapier. Es lässt sich nach dem Steppen mühelos entfernen. Auch ein Teflonfüßchen erleichtert das Steppen, denn die Unterseite ist glatter als bei einem herkömmlichen Füßchen und gleitet daher leichter. Ideal ist ein doppelter Stofftransport, mit dem viele moderne Nähmaschinen bereits ausgestattet sind. (Näheres dazu lesen Sie im Anleitungsheft Ihrer Nähmaschine).
- Auch beim Trennen der Heftfäden können Sie den Flor verletzen. Deshalb den Heftfaden nicht auf einmal herausziehen, sondern nach einigen Stichen zerschneiden und Stück für Stück entfernen.
- Maschinenknopflöcher lassen sich problemlos einarbeiten, wenn Sie oben und unten Organza mitfassen. Die feinen Härchen können sich dadurch nicht im Transporteur der Nähmaschine verfangen und auch das Füßchen gleitet problemlos. Den Organza schneiden Sie vorsichtig bis dicht an die Stiche zurück. Noch ein Vorteil dieser Methode: Die Knopflöcher bekommen durch diese zusätzliche Einlage festen Halt.
- Bei Nicki-Stoffen und Elastiksamt bitte auch die Hinweise für Jersey, Strickstoffe und elastische Stoffe, Seiten 228 bis 231, beachten.

Pflege

- Nicki-Stoffe und Samt können gewaschen werden. Aber Vorsicht! Die Teile zum Waschen immer umdrehen, sodass die linke Seite außen ist. In der Waschmaschine im Wollwaschgang oder von Hand bei 30 Grad waschen. Nicht reiben, rubbeln oder wringen. Teile auch nicht schleudern, sondern in ein Frottiertuch wickeln und die Nässe vorsichtig herausdrücken. Nicki und Elastiksamt liegend trocknen. Wer auf Nummer sicher gehen möchte, lässt chemisch reinigen.
- Chenille und Cloqué-Samt können nicht selbst gewaschen werden. Sie müssen unbedingt in die Reinigung.
- Wenn Sie Samt, Chenille oder Nicki nicht gleich verarbeiten möchten, zum Lagern mit der Florseite nach innen über einer Papprolle aufrollen. Keinesfalls zusammenfalten, es könnten Brüche entstehen, die sich nicht mehr ausbügeln lassen.
- Soll ein Kleidungsstück aus diesen empfindlichen Stoffen im Koffer auf Reisen gehen, können Sie Knitterfalten vermeiden, indem Sie das Kleidungsstück in Seidenpapier einwickeln und beim Zusammenfalten Seidenpapier dazwischenlegen.

TIPP

Chenille reagiert auf Reibung sehr empfindlich, das heißt, an Stellen, die stärker beansprucht werden, reibt sich der Flor ab. Er wird haltbarer, wenn Sie alle Teile mit Vlieseline H 180 oder G 785 verstärken. Diese weichen Einlagen verändern weder Griff noch Fall, binden jedoch die feinen Härchen auf der Stoffrückseite, sodass der Flor nicht so schnell abgewetzt wird.

Organza und Chiffon

Transparente Stoffe wie Organza und Chiffon – das dünnste, leichteste Gewebe – verlangen exakte Nähte, denn auch das „Innenleben" wird außen sichtbar. Eine „saubere" Verarbeitung ist daher wichtig.

Zuschneiden

- Organza vor dem Zuschneiden bügeln. Chiffon immer auf einer rutschhemmenden Unterlage, zum Beispiel einem Leintuch, zuschneiden.
- Zum Feststecken der Schnittteile nur dünne Stecknadeln mit einwandfreier Spitze verwenden oder die Schnittteile mit Klebeband festkleben.

Nahtlinien übertragen

Weder bei Organza noch bei Chiffon können Sie die Schnittkonturen (Naht- und Saumlinien) und die Markierungen in den Schnittteilen mit Kopierrädchen und -papier übertragen. Die Linien wären dann auf der rechten Stoffseite sichtbar. Sie kommen leider um das Zeit raubende „Durchschlagen" nicht herum (siehe Seite 51).

Bügeln

- Chiffon und Organza kräuseln sich, wenn sie mit Wasser in Berührung kommen. Auf das Dampfbügeleisen sollten Sie daher verzichten. Bügeln Sie diese Stoffe ohne Dampf mit mäßig warmem Eisen.
- Achten Sie darauf, dass die Bügeleisensohle keine Kratzer hat, damit könnten Sie diese zarten Stoffe verletzen. Falls die Sohle Ihres Bügeleisens nicht mehr ganz glatt ist, legen Sie Seidenpapier zwischen Stoff und Bügeleisen oder verwenden Sie eine Teflonsohle.

Einlage

- Auch diese zarten Stoffe können Sie schnell und einfach mit den aufbügelbaren Gewebeeinlagen Vlieseline G 785 (von Freudenberg, erhältlich in Weiß, Schwarz und Nude) verstärken. Vorher an einem Stoffrest testen, welche Farbe am wenigsten durchscheint.
- Oder Sie verwenden als Einlage Organza – für Chiffon möglichst in der gleichen Farbe. Schneiden Sie die Organzaeinlage im gleichen Fadenlauf und mit den gleichen Nahtzugaben zu wie das zu verstärkende Teil.

Nähen

- Verwenden Sie zum Heften und Steppen feines Nähgarn (Maschinenstick- und -stopfgarn) und eine dünne Nadel. Achten Sie dabei darauf, dass die Spitze nicht defekt ist.
- Steppen Sie mit kleiner Stichеinstellung (Stichlänge 1½ bis 2 mm).
- Nicht über Stecknadeln steppen, das kann bei diesen feinen Geweben Löcher ergeben.
- Beim Steppen Seidenpapier unter den Stoff legen, denn auch der Transporteur der Nähmaschine kann das zarte Gewebe verletzen.
- Um ein „sauberes Innenleben" des Kleidungsstückes zu erhalten, müssen die Nähte sehr sorgfältig versäubert werden. Problemlos geht's mit einer Overlockmaschine. Wenn Sie keine Overlockmaschine haben, die Nähte als Kappnaht oder Doppelnaht nähen (siehe Seite 66/67). Dabei darauf achten, dass die innen liegende, eingeschlossene Nahtzugabe genau an die Bruchkante (Kappnaht) bzw. die Naht (Doppelnaht) trifft.
- Auch diese Nahtverarbeitungen sind möglich:
  Stoffteile rechts auf rechts aufeinanderlegen, Naht steppen. Die Nahtzugaben auseinanderbügeln. Zugaben auf 1 cm Breite zurückschneiden, einschlagen – fertige Breite ½ cm – und schmal feststeppen (1).
  Ganz Eilige bügeln die Nahtzugaben nicht auseinander, sondern steppen ½ cm neben der Nahtlinie die Zugaben mit Zickzackstichen aufeinander und schneiden dann die Zugaben dicht neben den Zickzacksti-

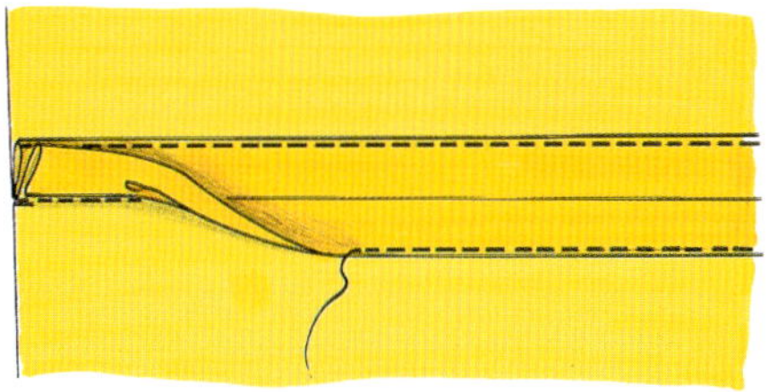
1

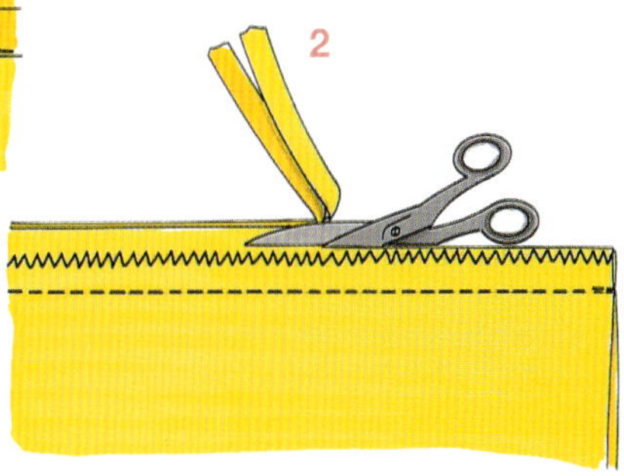
2

chen ab (2). Aber Vorsicht! Diese schnelle Naht sollten Sie nur anwenden, wenn Ihre Maschine beim Versäubern ein schönes Stichbild hat.

- Bei Abnähern können die Fadenenden an der Abnäherspitze nicht vernäht oder verknotet werden, es wäre von rechts sichtbar. Hier hilft ein Trick: Fädeln Sie den Oberfaden der Maschine aus. Den Unterfaden fädeln Sie „rückwärts", das heißt an der Nadel beginnend, als Oberfaden ein. Oberhalb der Fadenspannung muss der Faden etwas länger sein als der Abnäher. Beim Steppen des Abnähers beginnen Sie an der Spitze, ohne Rückstich. Es kann nichts aufgehen, denn Sie nähen ja nur mit einem Faden. Da es nicht gerade einfach ist, beim Abnäher an der Spitze zu beginnen, ist es empfehlenswert, vorher an einem Stoffrest einen Probeabnäher zu nähen.
- Auch Säume müssen sehr sorgfältig verarbeitet werden. Bei weit schwingenden Röcken gilt: je schmaler, umso schöner. Ein Rollsaum – von Hand oder mit der Maschine – ist bestens geeignet (siehe Seite 72/73). Bei Blusen und Faltenröcken schlagen Sie die Saumzugabe doppelt ein und steppen sie schmal fest.

Pflege

Reinseidener Organza und Chiffon gehören unbedingt in die Reinigung. Synthetische Fasern können gewaschen werden. Am besten nur von Hand, dabei nicht reiben oder rubbeln, sondern nur vorsichtig ausdrücken. Tropfnass aufhängen, auf keinen Fall schleudern.

Strickstoffe und feiner Jersey

Diese Stoffe sollten so verarbeitet werden, dass die Dehnfähigkeit des Materials erhalten bleibt. burda style Modelle aus Jersey oder Strickstoff sollten Sie immer aus einem möglichst ähnlichen Stoff nähen. Nicht nur, weil diese Stoffe weich und anschmiegsam sind und dadurch der Körperlinie folgen, sondern auch, weil die Schnitte der Dehnbarkeit des Stoffes angepasst sind. Durch einen gewebten, festen Stoff ändert sich nicht nur die Optik des Modells, sondern es kann zu eng sein.

Zuschneiden

- Beim Zuschneiden müssen Sie auf den Maschenlauf achten. Wie beim Selbstgestrickten laufen die Maschen in Längsrichtung (1), also mit der Längskante. Der in den Schnittteilen eingezeichnete Fadenlauf entspricht dem Maschenlauf.
- Legen Sie die Schnittteile so auf den Stoff, dass die unteren Kanten in die gleiche Richtung zeigen. Denn durch die Maschenbildung kann es sein, dass die Farbe in einer Richtung etwas matter wirkt als in der anderen. Bei groben Strickstoffen sieht man, wie beim Handgestrickten, was bei einer Masche oben und unten ist.
- Bei groben Strickstoffen nur Stecknadeln mit Glasköpfchen verwenden. Sie rutschen nicht so leicht durch die Maschen.

Nahtlinien übertragen

Die Nahtlinien können mit burda style Kopierpapier und Kopierrädchen übertragen werden. Bei sehr groben Strickstoffen kann es sein,

1

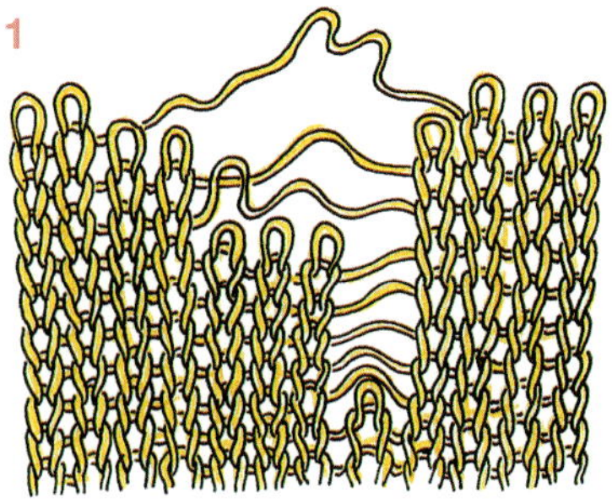

dass die punktierten Linien nicht zu sehen sind. Verwenden Sie dann anstelle des Rädchens die stumpfe Seite eines Messers oder einen nicht mehr funktionierenden Kugelschreiber.

Bügeln

- Grundsätzlich gilt: Vor dem Bügeln an einem Stoffrest eine Bügelprobe machen.
- Bügeln Sie möglichst nicht quer, sondern immer in Maschenrichtung (Längsrichtung).
- Die Bügeltemperatur richtet sich nach der Faser (siehe Stoffkunde, Seiten 12 bis 16).

Einlage

- Damit Blenden, Kragen, Besätze und Manschetten in Form bleiben, eine weiche, aufbügelbare Einlage verwenden.

TIPP

Ob die Nadel eine einwandfreie Spitze hat, können Sie an einer feinen Strumpfhose testen. Stechen Sie in den Strumpf. Bleibt die Spitze hängen, ist sie defekt.

- Die Armausschnittkanten können sich beim Einsetzen der Ärmel nicht ausdehnen, wenn Sie Vlieseline-Formband, einen weichen, mit Kettstich verstärkten Einlageschrägstreifen, aufbügeln. Der Kettstich trifft auf die Nahtlinie (2). Auch Halsausschnittkanten, die nicht dehnbar bleiben sollen, bekommen so den nötigen Halt.

Nähen

- Zum Steppen sehr feiner Jerseys eine Jerseynadel verwenden. Sie hat eine abgerundete Spitze und kann dadurch die feinen Maschen nicht verletzen.
- Damit die Dehnbarkeit des Materials erhalten bleibt, die Nähte mit flach eingestelltem Zickzackstich (Stichlänge ca. 3 mm, Stichbreite ½ bis 1 mm) steppen. Viele Nähmaschinen haben auch spezielle Elastikstiche für dehnbare Stoffe. Näheres dazu finden Sie im Anleitungsheft Ihrer Nähmaschine.
- Schulternähte dürfen sich nicht dehnen. Fassen Sie deshalb beim Steppen ein Nahtband mit (3). Oder bügeln Sie vor dem Steppen Vlieseline-Kantenband (einen 2 cm breiten Einlagestreifen mit eingearbeiteten Längsfäden) auf.

2

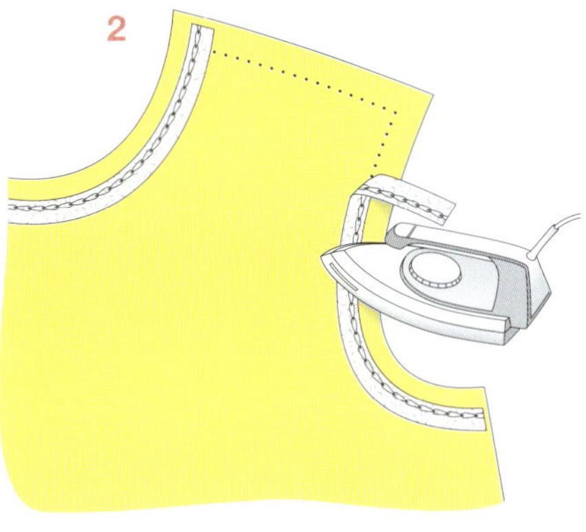

3

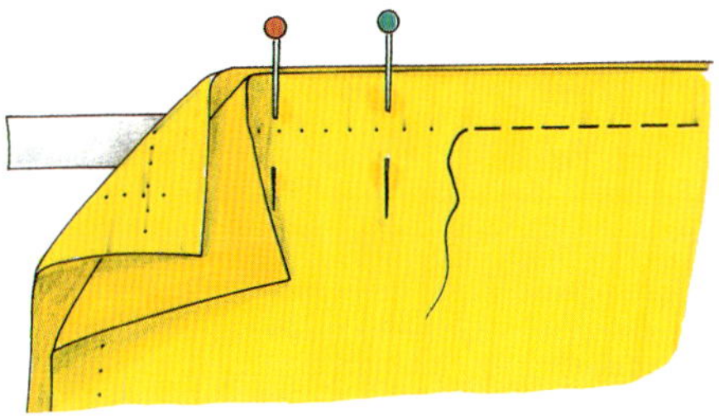

4

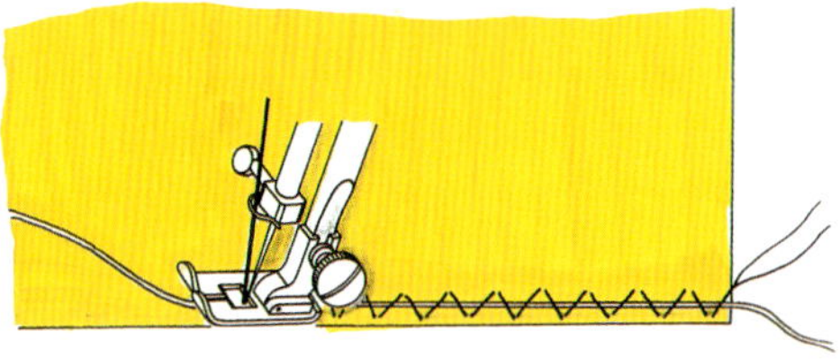

5

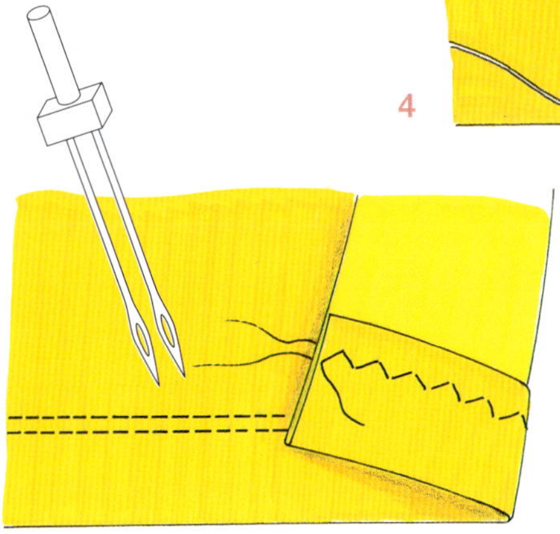

6

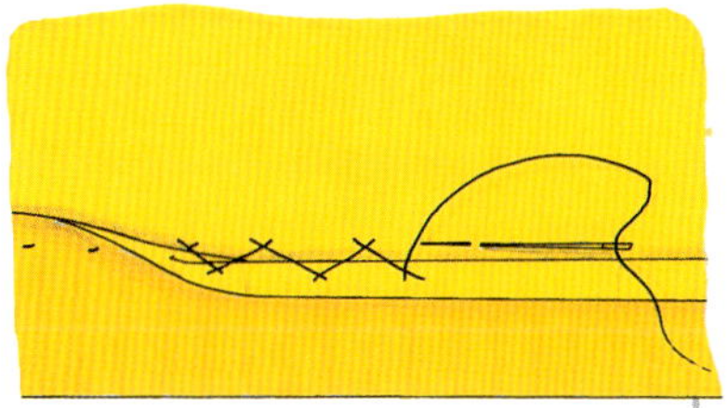

- Sehr weiche, grobmaschige Strickstoffe lassen sich besser nähen, wenn Sie jeweils auf das Teil, das beim Steppen unten liegt, Vlieseline-Formband über den Nahtlinien aufbügeln.
- Die Naht- und Saumzugaben versäubern Sie mit großen Zickzack- oder Overlockstichen. Dehnen sich dabei die Stoffränder aus, fassen Sie einfach einen Faden mit (4). An diesem Faden können Sie die Kanten wieder auf die ursprüngliche Länge zusammenschieben und anschließend flachbügeln. Rollen sich die Kanten ein, versäubern Sie nicht genau an der Kante, sondern ca. ½ cm daneben. Gut geeignet ist der elastische Zickzackstich.
- Säume bleiben dehnbar, wenn Sie sie von rechts mit einer Zwillingsnadel steppen (zwei Oberfäden, ein Unterfaden). Auf der Oberseite des Stoffes entstehen zwei nebeneinander liegende Stepplinien, auf der Unterseite elastische Zickzackstiche (5).
- Handgenähte Säume bleiben dehnbar, wenn Sie mit Hexenstichen nähen (6).
- Knopflöcher lassen sich problemlos einarbeiten, wenn Sie ein Stück Organza mitfassen. Der Stoff kann sich dadurch beim Steppen nicht verziehen und das Knopfloch bekommt zusätzlichen Halt. Den Organza schneiden Sie vorsichtig bis dicht an die Stiche zurück.

7

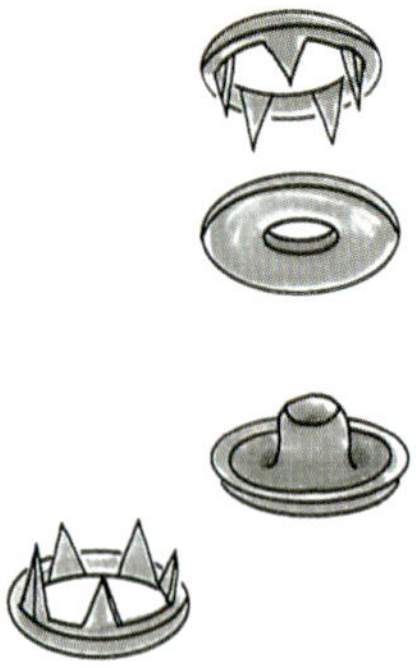

- Wenn Sie Druckknöpfe einnieten möchten, verwenden Sie Jersey-Druckknöpfe, bei denen Sie kein Loch vorstanzen müssen (7). Die Stellen, an denen die Druckknöpfe eingenietet werden, auf jeden Fall mit Einlage verstärken.

Pflege

Die Pflege richtet sich nach dem Material. Baumwolle und Synthetiks können gewaschen werden. Dabei gilt: je grober die Maschen, umso schonender behandeln. Jersey und Strickstoffe aus hochwertiger Wolle (Schurwolle) gehören in die chemische Reinigung.

Die Overlock-Maschine – ideal zum Nähen von Jersey und Strickstoffen

Die Nähte sind elastisch und werden in einem Arbeitsgang genäht und versäubert.

Genäht wird mit vier Fäden – zwei Nadelfäden und zwei Greiferfäden. Als Greiferfäden sind für Strickstoffe elastische Bauschgarne (erhältlich in gut sortierten Kurzwarengeschäften und in Ihrem Overlock-Geschäft) besonders gut geeignet.

Bei einer Overlock-Maschine mit Differenzialtransport können Sie den Strickstoff beim Nähen etwas einhalten. Die Naht darf jedoch nicht kürzer werden – Einstellung an einem doppelt liegenden Stoffrest ausprobieren. Damit sich die Nähte beim späteren Tragen des Kleidungsstückes nicht ausdehnen, beim Nähen Nahtband mitfassen. Mit einem speziellen Bandannähfuß (Pfaff) geht's ganz einfach. Die Führung für das Band stellen Sie am Nähfüßchen der Bandbreite entsprechend ein, sodass es beim Nähen vom Messer nicht beschädigt werden kann.

Wenn Sie eine Overlock-Maschine der ersten Generation, also noch ohne Differenzialtransport, besitzen, können Sie ein Ausdehnen der Nähte verhindern, indem Sie vor dem Nähen Vlieseline-Formband aufbügeln.

Das sollten Sie beachten:

Beim Zuschneiden: Teile mit Nahtzugabe = Nahtbreite + Abschneidezugabe zuschneiden.

Beim Heften: Sie sollten auf keinen Fall da heften, wo später genäht wird, denn beim Trennen des Heftfadens würden Sie die Overlocknaht beschädigen. Heften Sie daher ca. ½ cm neben der geplanten Overlocknaht (8).

Beim Nähen: Stecknadeln dürfen auf keinen Fall übernäht werden, da dabei die Messer beschädigt werden. Stecknadeln müssen vor den Messern entfernt werden.

8

Overlock-Maschinen können nicht rückwärtsnähen. Nahtenden, die nicht mehr übernäht werden, können Sie so sichern: Maschine stoppen, wenn die Nadeln am Stoffrand sind. Nähfuß anheben, zwei Stiche ohne Stoff nähen. Stoff umdrehen und mit der Unterseite nach oben so unter das Nähfüßchen schieben, dass die untere Stoffkante genau vor den Nadeln liegt. Nähfuß senken und noch einmal eine kurze Naht zurücknähen. Dabei darauf achten, dass das Messer die erste Naht nicht beschädigt.

Wenn an einem Kleidungsstück kein Saum genäht werden soll, ist es sinnvoll, an der unteren Kante zu beginnen. Die Fäden müssen nicht vernäht werden, wenn Sie alle Fäden vor die Nadeln legen und in die ersten Stiche einnähen.

Bei „endlosen" Nähten, zum Beispiel beim Versäubern einer Besatzinnenkante und beim Annähen eines Halsausschnittbesatzes oder eines Bündchens, wird der Nahtanfang 2 bis 3 cm übernäht und dann schräg nach außen genäht. Das Nahtende ist ausreichend gesichert, wenn Sie ein oder zwei Fäden fest anziehen. Dadurch bildet sich ein Knoten und die Fäden können abgeschnitten werden.

Damit an Rundungen die Naht nicht wellig wird, den Stoff nicht ziehen, sondern auf dem Tisch neben dem Füßchen drehen.

Um dicke Nahtkreuzungen zu vermeiden, eine Naht nach vorn, die andere nach hinten legen. Bei dicken Stoffen ist dies besonders wichtig.

Mehr Infos zum Nähen mit der Overlock-Maschine finden Sie ab Seite 240.

Elastische Stoffe

Elastische Stoffe enthalten elastische Fäden, zum Beispiel Lycra. Nach dem Dehnen „springen" die Stoffe wieder in ihre ursprüngliche Form zurück. Das heißt, sie sind formstabil.

Dehnbare Stoffe wie Jersey, Strickstoffe und Pannesamte, die auf der Rückseite wie gestrickt aussehen, werden durch Lycra formstabil und noch dehnbarer. Sie eignen sich für alle Kleidungsstücke, die hautnah sitzen sollen und dabei die Bewegungsfreiheit nicht einschränken dürfen.

Gewebte Stoffe werden durch Lycra in eine oder in beide Richtungen elastisch. Sie eignen sich nicht für Bodys oder Leggings, geben aber figurnahen, schmal geschnittenen Modellen ein hohes Maß an Bequemlichkeit.

Wichtig: Für Modelle aus elastischen Stoffen sollten Sie sich unbedingt an die Stoffempfehlung halten, sonst wird's zu eng. Denn die Schnitte sind der Elastizität des Stoffes angepasst.

Zuschneiden

Achten Sie darauf, dass die Dehnrichtung stimmt. Steghosen müssen in Längsrichtung, Hosen ohne Steg sollen in Querrichtung elastisch sein.

Ideal für Hosen sind Stoffe mit Quer- und Längselastizität. Bei schmalen Röcken und figurnahen Jacken geben querelastische Stoffe Bequemlichkeit.

Nahtlinien übertragen

Zum Markieren der Nahtlinien kein Kopierrädchen mit spitzen Metallzähnchen verwenden. Sie könnten den Stoff beschädigen. Nehmen Sie ein Kopierrädchen mit Plastikzähnchen oder einen stumpfen Messerrücken. Auch mit einem Kugelschreiber, der keine Tintenflüssigkeit mehr enthält, können Sie die Nahtlinien kopieren.

Bügeln

- Die Bügeltemperatur richtet sich danach, mit welcher Faser Lycra verarbeitet wurde.
  Viskose-Lycra- oder Synthetik-Lycra-Stoffe vertragen nur wenig Hitze. Sie sollten nur mit lauwarmem Eisen so wenig wie möglich gebügelt werden. Auch Seide-Lycra nur mäßig warm bügeln.
  Baumwolle-Lycra- und Wolle-Lycra-Gemische dagegen können auch unter einem Tuch mit Dampf gebügelt werden. Sie sollten aber auf jeden Fall vorher eine Bügelprobe machen. Achten Sie dabei darauf, ob die Elastizität und die Struktur des Stoffes nach dem Bügeln erhalten bleibt.
- Stoffe mit Elastikanteil können beim Bügeln stark einlaufen. Deshalb unser Tipp: vor dem Zuschneiden den gesamten Stoff bügeln. Bei einem nicht abgebügelten Stoff könnte es sein, dass Sie beim Nähen eine böse Überraschung erleben: Der Stoff wellt. Denn die Stoffteile, die gebügelt wurden, haben sich etwas zusammengezogen.

Einlage

Einlage wird nur dort verarbeitet, wo die Dehnbarkeit nicht erwünscht ist, zum Beispiel an Kragen, Manschetten, Ausschnitt- und Verschlusskanten. Verwenden Sie für Stoffe, die nur wenig gebügelt werden dürfen, Vlieseline G 785, für Stoffe, die mit Dampf gebügelt werden können, Vlieseline G 405.

Nähen

- Zum Nähen setzen Sie eine Jerseynadel oder noch besser eine Stretchnadel ein. Beide Nadeln haben eine leicht abgerundete Spitze. Dadurch können die feinen Lycrafäden nicht zerstört werden.
- Nähte sollen elastisch bleiben. Das gelingt am besten mit einer Overlock-Maschine (siehe auch Jersey und Strickstoffe und „Overlocknähen" ab Seite 240). Wenn Sie keine Overlock-Maschine haben, können Sie die Nähte auch mit flach eingestelltem Zickzackstich steppen. Achten Sie dabei darauf, dass die Fadenspannung nicht zu fest eingestellt ist. Viele Maschinen haben auch spezielle Stiche für elastische Stoffe. Näheres dazu finden Sie im Anleitungsheft Ihrer Nähmaschine.
- Auch wenn Sie die Nähte mit einer Zwillingsnadel steppen, bleiben sie elastisch. Die Nahtzugaben können nicht auseinandergebügelt werden.
- Säume bleiben elastisch, wenn Sie sie von rechts mit der Zwillingsnadel feststeppen (siehe Zeichnung 5, Seite 229).

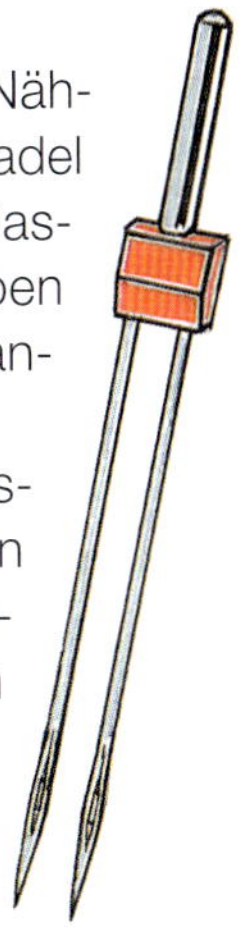

Pflege

Für alle Stoffe mit Lycra-Anteil gilt: milde Waschmittel verwenden und nicht in den Wäschetrockner. Die Waschtemperatur richtet sich danach, mit welchen Fasern Lycra verarbeitet wurde. Beim Chemischreinigen darf auf keinen Fall gechlort werden.

Falsche Pelze

Je nach Länge der Haardecke werden sie als Teddyplüsch, Pelzimitat oder Funfur bezeichnet. Falsche Pelze gibt es in vielen Farben, bunt gemustert und als täuschend echte Nachahmungen edelster Felle. Die Verarbeitung ist bei allen Pelzimitaten gleich.

Zuschneiden und Nahtlinien übertragen

- Pelzimitate werden immer mit dem STRICH zugeschnitten. Das heißt, wenn Sie mit den Fingerspitzen über die Stoffoberfläche streichen, legen sich die Härchen widerstandslos. Beim fertigen Kleidungsstück muss der Strich von oben nach unten verlaufen.
- Pelzimitate mit kurzem Flor können Sie bei doppelter Stofflage zuschneiden. Dazu den Stoff der Länge nach falten, rechte Seite innen. Alle Schnittteile in einer Richtung (Strichrichtung) auf den Stoff stecken und ringsum die Naht- und Saumzugaben mit Schneiderkreide aufzeichnen. Teile an diesen Linien ausschneiden. Die Schnittkonturen (Naht- und Saumlinien) und die in den Schnittteilen eingezeichneten Linien und Markierungen mit einem Kopierrädchen und burda style Kopierpapier auf die linke Stoffseite übertragen (siehe auch Seite 50).
- Pelzimitate mit sehr hohem, langem Flor schneiden Sie bei einfacher Stofflage zu. Bei Schnittteilen, die im Stoffbruch zugeschnitten werden sollen, können Sie sich das Zuschneiden erleichtern, wenn Sie diese Teile noch einmal vom Bogen abzeichnen und dann die Schnittteile an der mit Stoffbruch gekennzeichneten Kante aneinanderkleben.
  Schnittteile auf die linke Stoffseite stecken. Die Naht- und Saumzugaben rings um die Papierschnittteile auf den Stoff zeichnen. Da ein Markieren der Schnittkonturen mit dem Kopierrädchen nicht möglich ist, auch die Schnittkonturen mit einem weichen Bleistift auf den Stoff zeichnen.
  Beim Zuschneiden von links mit der Schere oder einer Rasierklinge nur das Gewebe, nicht den Flor durchschneiden. Dann die Schnittkanten auseinanderziehen (1). Das hat nicht nur den Vorteil, dass der Flor unbeschädigt bleibt, sondern auch, dass es beim Zuschneiden nicht unnötig fusselt.

1

Bügeln

Fellimitate sehr vorsichtig von links mit wenig Druck bügeln. Damit sich die Härchen nicht flachpressen, als Unterlage ein Stück Fellimitat verwenden, das Sie mit der Florseite nach oben auf das Bügelbrett legen.

Wichtig: Vor dem Bügeln an einem Stoffrest eine Bügelprobe machen.

TIPP

Verwenden Sie nicht die normalen Stecknadeln, sondern die etwas längeren „Schwesternnadeln" (48 mm lang).

Einlage

- Bei kurzhaarigen Pelzimitaten können Sie aufbügelbare Vlieseline verwenden. Sie sollten aber auf jeden Fall als Bügelunterlage ein Stück Pelzimitat verwenden und vorher unbedingt eine Bügelprobe machen.
- Bei langhaarigen Pelzimitaten ist ein Aufbügeln der Einlage nicht möglich. Hier sollten Sie Näheinlagen, zum Beispiel Vlieseline L 11, verwenden. Die Einlage wird immer mit Nahtzugabe zugeschnitten, ausgenommen sind die Einlagekanten, die an eine Umbruchlinie treffen. Einlage auf die linke Seite der entsprechenden Stoffteile heften. An Umbruchlinien, zum Beispiel bei einem angeschnittenen Besatz, die Einlagekante mit Hexenstichen annähen (siehe Seite 65). Bei großen Flächen sowie an Kragen und Revers wird die Einlage zusätzlich „aufpikiert". Dazu mit schrägen Spannstichen (siehe Seite 64) in auf- und absteigenden Reihen die Einlage auf den Stoff nähen, dabei am Stoff nur wenige Fäden erfassen. Kragen und Revers „fallen" besonders schön, wenn Sie dabei den Stoff über die Fingerkuppen der linken Hand gewölbt halten: Am

Revers parallel zur Umbruchlinie, am Unterkragen von der Mitte ausgehend in schrägen Reihen pikieren.

Nähen

- Steppen Sie möglichst immer in Strichrichtung.
- Die Teile können sich beim Steppen nicht verschieben, wenn Sie zusätzlich zu den Heftstichen Stecknadeln quer zur Naht stecken (siehe auch Zeichnung 13 von Seite 67).
  Die eingenähten Härchen zupfen Sie von rechts vorsichtig mit einer Stecknadel heraus (2).
- Wenn Sie die Teile nicht aufeinanderheften, sondern nur stecken, können Sie das Einnähen der Härchen vermeiden, indem Sie mit einer geschlossenen Schere oder einer langen Stopfnadel die Härchen beim Steppen zwischen die Stofflagen schieben (3).
- Um ein Auftragen der Nahtzugaben zu vermeiden, können Sie den Flor an den Nahtzugaben kurz zurückschneiden.
- Nähte, die nicht stark beansprucht werden, zum Beispiel die Mittelnaht an einem Kragen, können Sie auch mit der sogenannten „Zickzacknaht“ steppen. Dazu die Nahtzugaben auf die Breite des Zickzackstiches zurückschneiden. Während des Steppens die Härchen mit einer Stopfnadel oder einer Schere nach innen schieben.
- Bei langhaarigen Pelzimitaten sollten Sie auf Knopflöcher verzichten und Pelzhaken, Pelzhaken-Clips oder große Druckknöpfe verwenden.
  Bei kurzhaarigen Pelzimitaten können Sie auch Maschinenknopflöcher einarbeiten. Damit die Maschine beim Nähen der Knopflöcher nicht im Flor hängen bleibt, den Stoff zwischen Organza legen. Nachdem das Knopfloch genäht ist, den Organza vorsichtig dicht neben den Stichen abschneiden.

Pflege

Kurzhaarige Pelzimitate können gewaschen werden. Dabei immer die rechte Fellseite nach innen wenden. Teile von Hand vorsichtig ausdrücken oder im Schonwaschgang bei niedriger Temperatur waschen. Wer kein Risiko eingehen möchte, lässt chemisch reinigen. Langhaarige Pelze gehören in die chemische Reinigung.

2

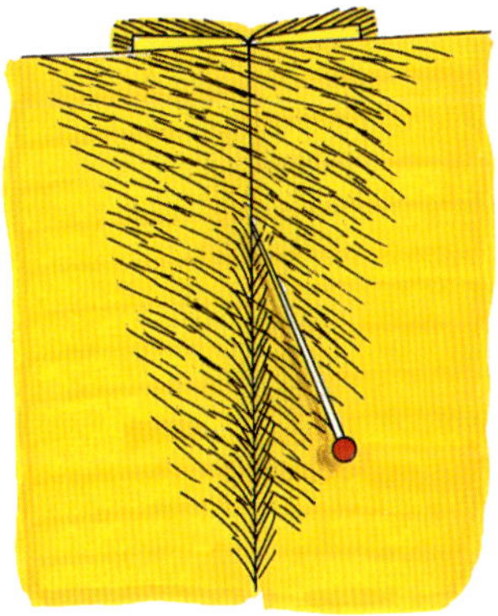

3

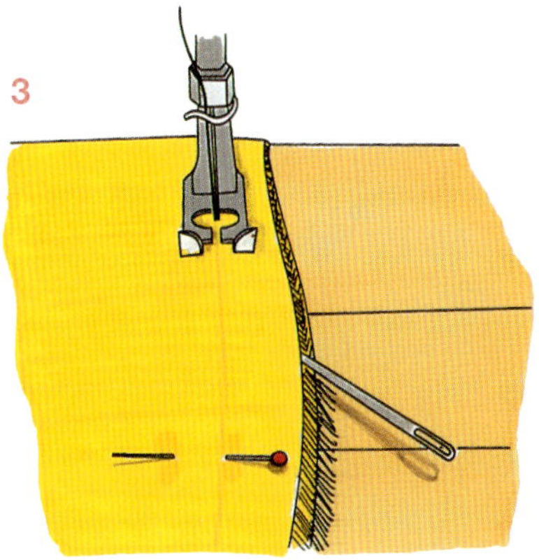

Lammfell

Egal, ob echtes Leder mit Fellabseite oder Lederimitat: Zugeschnitten wird bei einfacher Lage von der Lederseite aus. Am einfachsten pausen Sie alle Schnittteile zweimal vom Bogen ab, so erhalten Sie je ein rechtes und ein linkes Teil. Die Schnittteile für den Kragen und den Kragensteg kleben Sie in der rückwärtigen Mitte aneinander.

Beachten Sie auch die Hinweise für Leder (Seite 234).

Zuschneiden

Legen Sie alle Schnittteile auf die Lederseite und fixieren Sie die Schnittteile mit möglichst wenig Stecknadeln (Einstiche können sichtbar bleiben) oder mit Klebeband. Zeichnen Sie rund um die Papierschnittteile die Zugaben auf. Vorsicht: Nehmen Sie keine normale Schneiderkreide, sondern „Zauberkreide“ (siehe Tipp). An allen offenkantigen Nähten geben Sie 5 mm dazu. Die Saumkanten, auch an den Ärmeln, erhalten keine Zugabe, alle anderen Kanten

TIPP

Mit Zauberkreide (Prym) können Sie Linien und Markierungen auf der rechten Seite aufzeichnen. Die Linien verschwinden nach ca. 24 Stunden von selbst, beim Darüberbügeln sogar sofort.

1
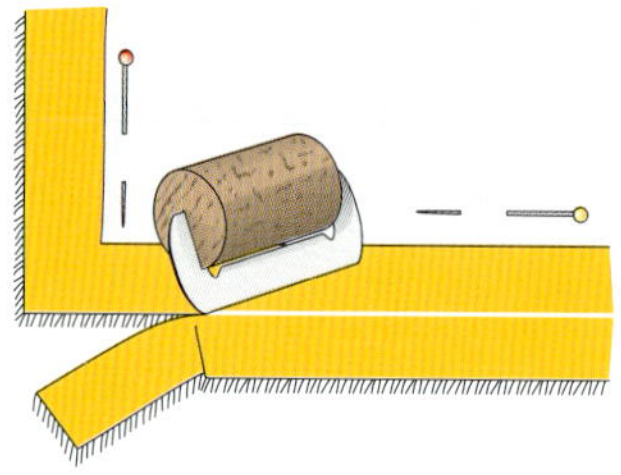

2

3
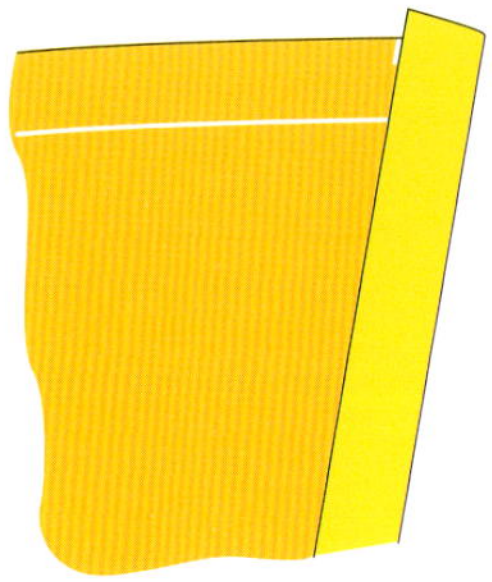

4

5
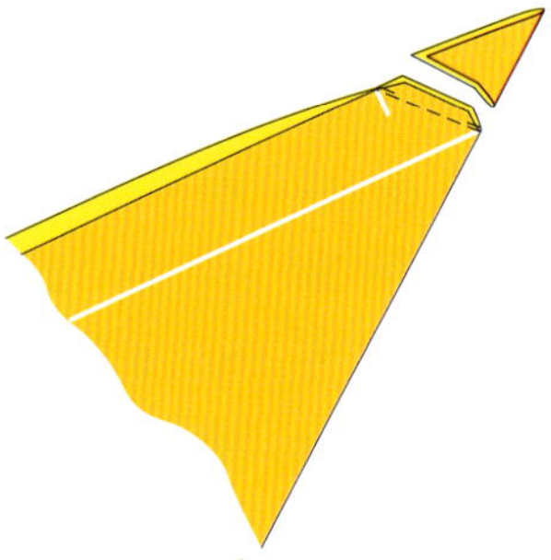

und Nähte 1½ cm. Schneiden Sie die Teile entlang diesen Linien aus. Dabei nur die Lederseite durchschneiden, nicht die Fellhaare – am besten mit einer spitzen, scharfen Schere oder einer Rasierklinge, die Sie sicherheitshalber in einem Korken fixieren (1). Durch den exakten Zuschnitt können Sie auf das Markieren der Nahtlinien verzichten. Nur die Querstriche markieren Sie durch Mini-Einschnitte im Bereich der Nahtzugaben.

Nähen von Kragen und Reversecken

Auf der Lederseite an den Kragen- und Reversecken die Bruchkante 1½ cm (Nahtzugabenbreite) neben der Kante mit Zauberkreide aufzeichnen (2). An der vorderen Kante die Zugabe zur Lederseite hin falten, die Kante der Nahtzugabe auf der Zugabe der oberen Kante mit einem Kreidestrich markieren (3). Die Zugabe wieder auffalten. Dann die Zugabe der oberen Kante zur Lederseite hin falten und die Kante der Nahtzugabe auf der Zugabe der vorderen Kante markieren. Zugabe wieder auffalten. Von diesen beiden Markierungen aus jeweils eine Kreidelinie zur markierten Kragen- bzw. Reversecke einzeichnen (4). Den Kragen bzw. das Revers so falten, dass die Kreidelinien aufeinandertreffen, die Fellseite liegt innen. Kreidelinien aufeinandersteppen. Die Nahtzugaben auf ca. 2 mm Breite zurückschneiden (5).

Leder und Lederimitate

Aus Leder und Lederimitaten können Sie jedes Modell nachnähen, das aus unelastischen, nicht dehnbaren Stoffen angeboten wird. Je nach Größe der Häute müssen dann in das Modell entsprechend viele, für Leder typische, Teilungsnähte eingearbeitet werden.

Die nachfolgenden Angaben beziehen sich auf Leder. Lederimitate werden im Prinzip genauso verarbeitet.

Wichtig, bevor Sie beginnen

- Nähte können nicht mehr aufgetrennt werden, da die Stiche sichtbar bleiben. Deshalb unsere Empfehlung: Nähen Sie das gewünschte Kleidungsstück zunächst aus Nessel oder einem anderen preiswerten Stoff. So können Sie bei der Anprobe eventuelle Änderungen abstecken und auf den Papierschnitt übertragen. Nach diesem auf Ihre Figur abgestimmten „Maßschnitt" schneiden Sie dann die Lederteile zu.
- Für Leder können keine exakten Verbrauchsangaben gemacht werden, da Lederhäute verschieden geformt und unterschiedlich groß sind. Oft haben die Häute auch mangelhafte dünne Stellen, die nicht verwendet werden können – oder sie haben sogar Löcher.
- Die Größe der Lederhäute wird in Quadratfuß (1 qfs = 30 x 30 cm) angegeben. In burda style Anleitungen finden Sie die für das Originalmodell benötigte Anzahl der Lederhäute und die Ledermenge in qfs.
- Um genau festzustellen, wie viel Leder Sie benötigen, nehmen Sie

1

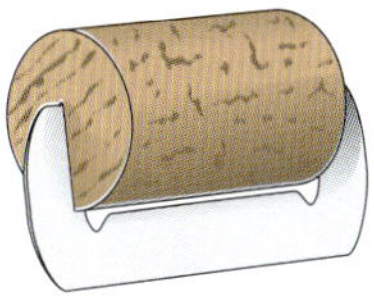

2

den kompletten Papierschnitt zum Einkauf mit. Komplett heißt, dass Sie auch für die vermaßten Teile, wie zum Beispiel Bund und Gürtel, die nicht auf dem Schnittbogen sind, einen Papierschnitt anfertigen. Notieren Sie sich auf den einzelnen Schnittteilen, wie oft sie zugeschnitten werden.

Zuschneiden und Nahtlinien übertragen

- Vor dem Zuschneiden markieren Sie alle dünnen und löchrigen Stellen der Häute auf der linken Lederseite.
- Die Schnittteile auf die linke Lederseite legen. Denken Sie dabei daran, dass manche Teile, zum Beispiel Ärmel, gegengleich zugeschnitten werden. Das heißt, das Schnittteil muss einmal mit der beschrifteten Seite nach oben und einmal mit der beschrifteten Seite nach unten auf dem Leder liegen.
- Sie können die Schnittteile möglichst Platz sparend auf das Leder legen. Beachten Sie aber dabei, dass sich eine Lederhaut in Längsrichtung weniger dehnt als in Querrichtung. Sie sollten daher nie, um zu sparen, ein Vorderteil längs, das andere quer zuschneiden.
- Veloursleder hat eine Strichrichtung. Mit dem Strich zugeschnitten ergibt eine helle Schattierung, gegen den Strich eine dunkle. In der Regel wird Veloursleder mit dem Strich zugeschnitten. Das heißt, am fertigen Kleidungsstück verläuft die Strichrichtung von oben nach unten.
- Nachdem alle Schnittteile auf dem Leder platziert sind, werden sie mit Klebestreifen festgeklebt. Auf keinen Fall Stecknadeln verwenden, die Stiche bleiben sichtbar.
- Rings um die Schnittteile die Naht- und Saumzugaben mit einem weichen Bleistift oder Kugelschreiber aufzeichnen – exakt gleich breite Nahtzugaben erleichtern später das Nähen. Auch die Schnittkanten (Naht- und Saumlinien) zeichnen Sie auf das Leder. Zum Übertragen der in den Schnittteilen eingezeichneten Linien und Markierungen legen Sie Kopier- oder Kohlepapier mit der färbenden Seite nach unten zwischen Schnitt und Leder. Dann zeichnen Sie diese Linien mit einem Kugelschreiber nach.

3

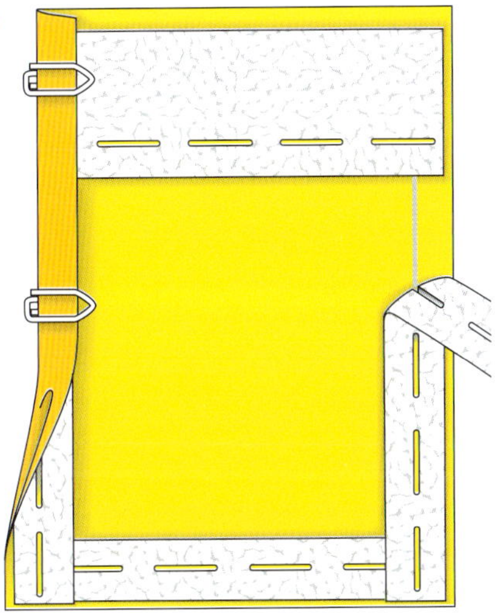

- Leder mit einer scharfen Schere oder einer Rasierklinge (1) zuschneiden. Besonders gut geeignet ist ein Rollschneider (2). Aber Vorsicht! Mit dem Rollschneider (Prym) nicht auf dem „guten“ Tisch schneiden, er würde Spuren hinterlassen. Als Unterlage ein Holzbrett, dicke Pappe, ein Stück Linoleum (PVC-Bodenbelag) oder eine spezielle Schneideunterlage für Rollschneider verwenden.

Bügeln

- Bevor Sie bügeln, unbedingt an einem Reststück eine Bügelprobe machen.
- Leder möglichst nur von der linken Seite bei mäßiger Hitze und ohne Dampf bügeln. Legen Sie immer ein trockenes Bügeltuch auf das Leder.

Einlage

- Für Leder können Sie Vlieseline H 180, LE 420 oder die Gewebeeinlage G 785 verwenden. Diese Einlagen werden bei mäßiger Hitze aufgebügelt. Das Leder bleibt schmiegsam und weich. Dünnes, weiches Leder kann mit diesen Einlagen ganzflächig fixiert werden.
- Kanten, die umgebügelt werden, zum Beispiel an Taschen und Schlitzen, werden gerade und dehnen sich nicht aus, wenn Sie Kantenfix (von Vlieseline/Freudenberg) so aufbügeln, dass die ausgestanzte Linie genau über der Naht- bzw. Kantenmarkierung liegt. An der Stanzlinie legen sich die Kanten fast von selbst (3). Wichtig: Kantenfix – außer an Besätzen – nicht in voller Breite verwenden, sondern ca. 1 cm neben der Stanzlinie abschneiden.

TIPP

Ledernähte
mit etwas größerer Sticheinstellung (Stichlänge ca. 3 mm) steppen. Denn mit kleinen Stichen wird die Naht nicht haltbarer, sondern im Gegenteil: Das Leder wird dadurch perforiert und die Nähte können reißen.

- Vorsicht: Da jedes Leder, bedingt durch die unterschiedlichen Gerb- und Färbeverfahren, auf Hitze unterschiedlich reagiert, vor dem Aufbügeln der Einlage unbedingt eine Bügelprobe machen.

Nähen

- Bei Leder bleiben Nadeleinstiche sichtbar. Auf das Heften sollten Sie daher verzichten. Stecken Sie die Teile nur im Bereich der Nahtzugaben aufeinander oder klemmen Sie die Teile mit Büroklammern fest.
- Bei weichen Lederqualitäten steppen Sie mit einer normalen Maschinennadel, Stärke 80. Für dickeres Leder ist eine Spezial-Ledernadel mit geschliffener Dreikantspitze empfehlenswert.
- Wenn Ihre Maschine nicht richtig transportiert und somit keine gleichmäßigen Stiche macht, hilft ein Teflonfüßchen. Falls Sie kein Teflonfüßchen haben, steppen Sie einfach über Seidenpapier, es lässt sich anschließend mühelos entfernen. Oder, das ist allerdings ein wenig zeitintensiv, bügeln Sie schmale Vlieseline-Schrägstreifen oder das Vlieseline-Formband über den Nahtmarkierungen auf das Leder. Durch diese Einlagestreifen gleitet das Nähmaschinenfüßchen problemlos und zudem wird das Leder im Nahtbereich stabiler, sodass vor allem bei sehr dünnem Leder die Nähte vor einem Ausreißen geschützt sind.
- Beim Steppen von Nähten, die besonders stark strapaziert werden, zum Beispiel die Mittelnaht einer Hose, unbedingt ein Nahtband mitfassen.
- Unentbehrlich beim Nähen von Leder ist ein Klebestift (Pritt, Tesa, UHU usw.). Er ersetzt das Heften, zum Beispiel beim Aufsteppen von Taschen oder beim Einnähen von Reißverschlüssen. Der Klebestift hinterlässt keine Rückstände an der Nadel.
- Mit einem Textilklebstoff, wie Rudolfix oder Gütermann Klebenaht HT2, können Saumzugaben oder eingeschlagene Kanten festgeklebt werden, wenn diese hinterher nicht abgesteppt werden sollen.

Spezielle Ledernähte

- Dünnes Leder kann wie Stoff genäht werden. Das heißt, Nähte werden rechts auf rechts gesteppt, auseinander- oder nach einer Seite gebügelt. Damit die Nahtzugaben liegen bleiben, werden sie festgeklebt oder von rechts festgesteppt. Kragen und andere Kanten können verstürzt werden.
- Bei allen Lederarten werden die innen liegenden Hälften von Bund und Manschetten nicht eingeschlagen angenäht, sondern das innen liegende Teil wird über die Ansatznaht gelegt, von rechts dicht neben der Ansatznaht festgesteppt und dann dicht neben der Stepplinie abgeschnitten (4).
- Bei dickem Leder werden Nähte offenkantig gesteppt. Das heißt, ein Teil ist ohne Zugabe, das andere mit. Auf der Innenseite des Teils, das ohne Nahtzugabe zugeschnitten wurde, mit einem Bleistift die Zugabenbreite des anderen Teils markieren. Teile von der linken Seite aus mit dem Klebestift aufeinanderkleben, dann von rechts steppen (5).
- Kanten werden nicht verstürzt, sondern aufeinandergesteppt. Dazu werden zunächst die Teile mit Nahtzugabe zugeschnitten. Die Kante des oben liegenden Teils – zum Beispiel bei einem Kragen der Oberkragen, bei einer Verschlusskante das Vorderteil – einschlagen und festkleben. Das andere Teil links auf links auf die Zugabe kleben, dann vom oben liegenden (eingeschlagenen) Teil aus steppen. Die überstehende Zugabe vorsichtig dicht neben den Stichen abschneiden (6).

4

5

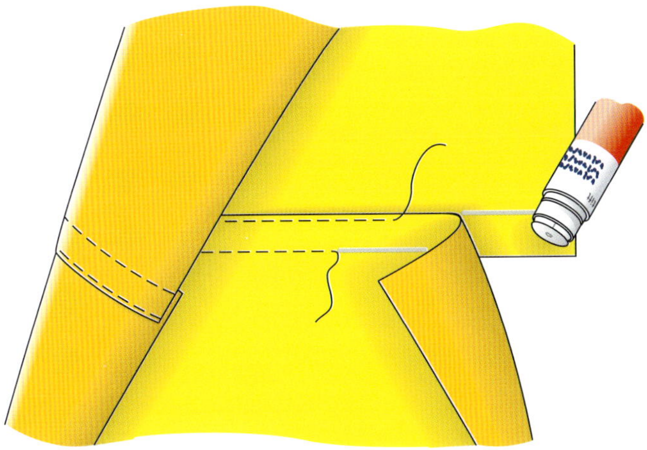

6

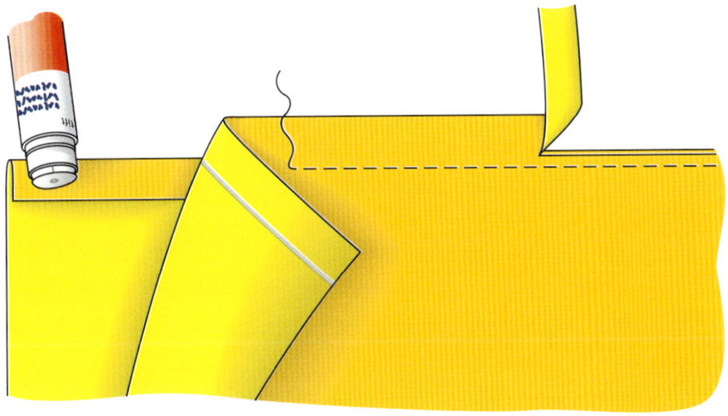

7

Oder, wenn dazu das Leder zu hart ist, die Kanten links auf links aufeinanderkleben, in Zugabenbreite aufeinandersteppen. Die Zugaben dicht neben den Steppstichen abschneiden.

- Knopflöcher: Schnell und einfach sind gesteppte Knopflöcher. Dazu die Knopflochmarkierung umsteppen, zwischen den Stepplinien einschneiden (7). Fertig.

Sie können die Knopflöcher aber auch mit der Maschine „sticken" (siehe Seite 95) oder Paspelknopflöcher einarbeiten. Wie's gemacht wird, haben wir auf Seite 97 erklärt. Der Besatz wird jedoch nicht eingeschlagen angenäht, sondern das Knopfloch wird von rechts schmal umsteppt. Den Besatz schneiden Sie innerhalb der Stepplinie so schmal wie möglich zurück.

- Knöpfe werden immer mit einem Gegenknopf angenäht (siehe Seite 100, Zeichnung 5). Wenn Sie Druckknöpfe einnieten möchten, unbedingt zur Verstärkung ein Stück Leder unterlegen oder die Einnietstellen mit Vlieseline verstärken.

Beschichtete Stoffe

Ob mattglänzend in Metallic, hochglänzend gelackt oder gummiert, die Verarbeitung dieser beschichteten Stoffe ist im Wesentlichen gleich.

Zuschneiden

- Verwenden Sie zum Befestigen der Schnittteile auf dem Stoff am besten Klebestreifen. Nadeleinstiche hinterlassen auf beschichteten Stoffen bleibende Spuren.
- Entlang den Papierschnittkanten die Zugaben mit Schneiderkreide, Bleistift oder einem Kugelschreiber aufzeichnen – gleich breite Nahtzugaben erleichtern das Nähen.
- Zum Zuschneiden einen Rollschneider (Prym) und eine spezielle Schneideunterlage für Rollschneider, ein Holzbrett, dicke Pappe oder ein Stück Linoleum verwenden.

Schnittkonturen auf den Stoff übertragen

- Zum Übertragen der Schnittkonturen (Naht- und Saumlinien) und der in den Schnittteilen eingezeichneten Linien und Markierungen Kopierpapier und einen ausgedienten Kugelschreiber oder einen stumpfen Messerrücken verwenden. Die Zähnchen des Kopierrädchens könnten nämlich bleibende Spuren hinterlassen.
- Querstriche (Passzeichen) oder Schlitzzeichen markieren Sie durch kurze Einschnitte im Bereich der Nahtzugaben.
- Entlang den Linien, die auch auf der rechten Seite sichtbar sein müssen, nähen Sie mit einer dünnen Nadel und Nähgarn mit großen Stichen.

Kleben statt heften

- Unentbehrlich beim Nähen von beschichteten Stoffen sind Klebestifte, zum Beispiel Pritt, UHU, Tesa usw. Sie ersetzen das Heften. Sie können zum Beispiel Reißverschlüsse vor dem Einsteppen festkleben und Saumzugaben nach innen umkleben. Aber Vorsicht: immer zuerst an einem Stoffrest testen, denn auch Klebestifte können Lösungsmittel enthalten, die die Beschichtung zerstören.

Nähen

- Stecken Sie vor dem Steppen die Teile nur im Bereich der Nahtzugaben rechts auf rechts aufeinander oder klemmen Sie die Stoffteile mit Büroklammern zusammen. Wenn Sie auf das Heften der Nähte nicht verzichten möchten, nähen Sie dicht neben der Nahtlinie auf der Nahtzugabe mit einer feinen Nadel und Nähgarn.
- In die Nähmaschine eine feine Nadel, am besten eine Microtexnadel (Nadelstärke 70), einsetzen.
- Nähte mit mittlerer Stichlänge ca. 2½ bis 3 mm steppen. Zu kleine Stiche perforieren den Stoff und die Nähte können dann reißen.

Ziersteppinien

- Sie werden immer auf der rechten Stoffseite gesteppt. Aber auf manchen Beschichtungen klebt selbst ein auf vielen Stoffen gleitwilliges Nähfüßchen mit Teflonsohle. Hier hilft feines Sandpapier (erhältlich in Handwerker- und Hobbyläden). So wird's gemacht: Zum Absteppen der Nähte vom Sandpapier einen geraden Streifen in gewünschter Stepplinienbreite abschneiden. Das Sandpapier mit der rauen Seite so auf die rechte Stoffseite legen, dass eine Kante an die Naht trifft. Entlang der anderen Kante steppen (1). Auch für runde Ziersteplinien eine Schablone anfertigen. Die restlichen Stepplinien auf die Schablone aufzeichnen. Schablone auf das Stoffteil legen, die Außenkanten mit Büroklammern festklemmen, entlang der Schablonenkante steppen. Die Schablone entlang der nächsten markierten Stepplinie abschneiden, auf das Teil legen. Steppen. Die restlichen Stepplinien genauso steppen (2).

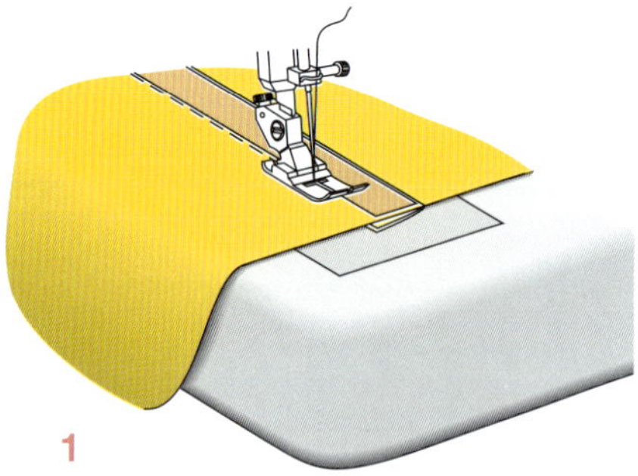
1

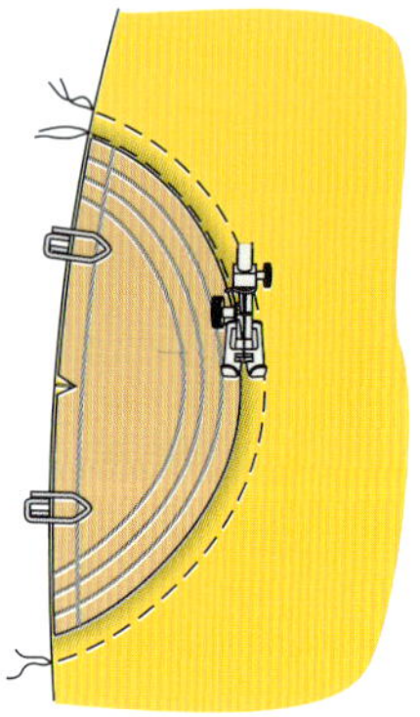
2

Bügeln

- Beschichtete Stoffe möglichst wenig bügeln und wenn, dann nur von links, mit geringer Bügeltemperatur. Vorher unbedingt an einem Stoffrest testen!

Doubleface – der Stoff mit zwei Gesichtern

Dieser Stoff besteht aus zwei Stofflagen, die miteinander verbunden sind. Damit Sie das fertige Kleidungsstück drehen und wenden können, wie Sie wollen, brauchen Sie beim Nähen ein wenig Geduld. Denn alle Kanten werden von Hand genäht und auch die Nähte benötigen etwas mehr Zeit. Voraussetzung für diese „echte" Doubleface-Verarbeitung ist, dass Sie einen Stoff wählen, bei dem sich die beiden Stofflagen gut voneinander trennen lassen.

Die Vorbereitung

- Teile ringsum mit 1 bis 1½ cm breiten Zugaben zuschneiden.
- Die Schnittkonturen mit Heftfaden auf die Stoffteile übertragen, dabei aber nicht durch beide Stofflagen stechen, sondern nur die jeweils oben liegende Stofflage erfassen.
- Bei Revers jeweils am Querstrich (Reversende) in Nahtzugabenbreite einschneiden.
- Die Stofflagen an den Reverskanten, an den vorderen Kanten und den Saumkanten – auch am Rückenteil – vorsichtig ca. 2½ bis 3 cm voneinander trennen, dazu die Verbindungsfäden zwischen den Stofflagen vorsichtig durchschneiden (1).

1

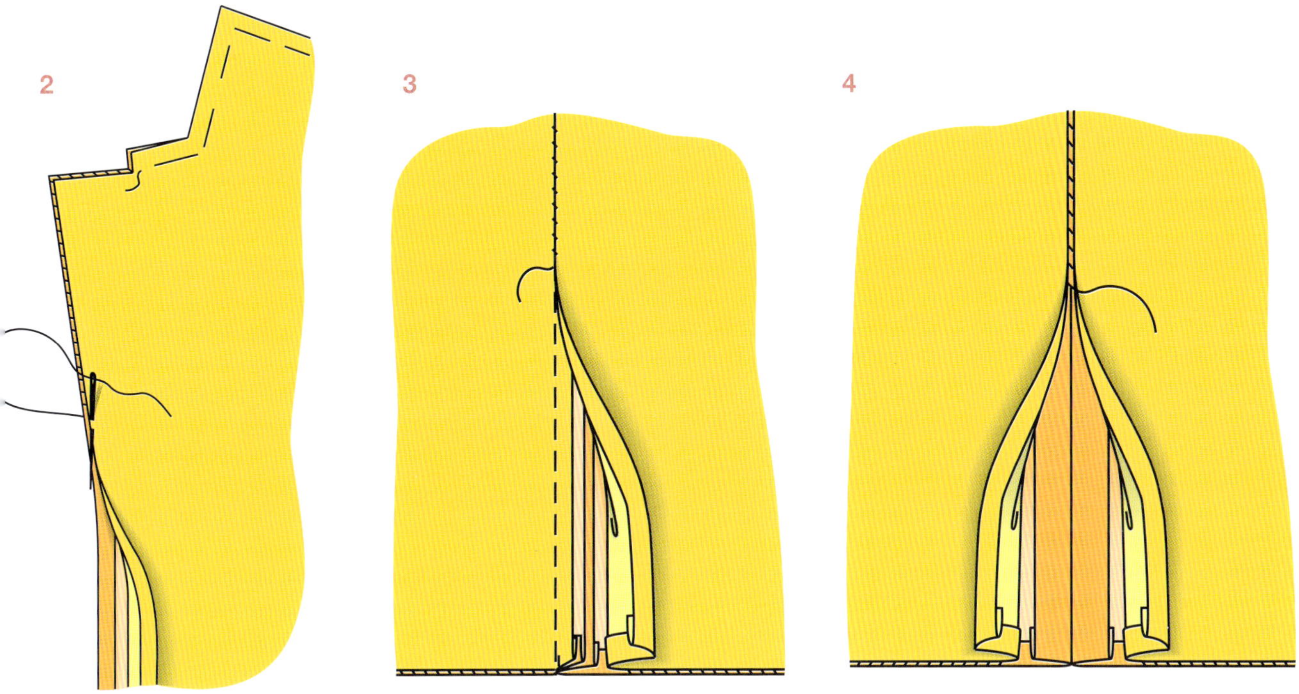

An den Vorderteilen, Seiten- und Schulternähten und, falls das Rückenteil mit Mittelnaht zugeschnitten ist, an einem Rückenteil entlang der Mittelnaht die Stofflagen voneinander trennen. An Kragen, Ärmeln und Taschen die Stofflagen ringsum trennen.

Nähen

- Kanten: Die Nahtzugaben der Reverskanten, der vorderen Kanten und der Saumkanten – auch an Rückenteilen und Ärmeln – nach innen bügeln und von Hand, jeweils bis dicht zur markierten Nahtlinie der Seitennähte bzw. der rückwärtigen Mittelnaht und der Ärmelnähte, gegeneinandernähen: in eine Kante einstechen, die Nadel ca. 3 mm in der Kante führen, ausstechen. Genau gegenüber der Ausstichstelle in die andere Kante einstechen, die Nadel in der Kante führen, ausstechen. Gegenüber einstechen usw. (2).
- Kappnaht: Teile rechts auf rechts aufeinanderlegen, Nähte steppen, dabei jeweils an den Kanten, an denen die Stofflagen getrennt wurden, nur die äußere Stofflage erfassen. An der rückwärtigen Mittelnaht und an den Seitennähten jeweils an der Saumkante beginnen und darauf achten, dass sich die Saumkanten nicht verschieben. Nahtzugaben in das Teil bügeln, an dem die Stofflagen getrennt wurden. Die Nahtzugaben stufig zurückschneiden: die obere auf ca. ½ cm, die mittlere auf ¾ cm, die untere auf 1 cm. Die beim Steppen nicht mitgefasste Stofflage über die Nahtzugaben legen, eingeschlagen an der Stepplinie feststecken und von Hand annähen (3).
- Flachnaht: Kreuzen sich zwei Nähte, zum Beispiel Ärmelnaht und Ärmeleinsetznaht, muss eine Naht, die Ärmelnaht, als Flachnaht genäht werden. Dazu die Ärmel längs falten. Die Ärmelnaht der beiden aufeinanderliegenden Stofflagen gleicher Farbe steppen. Die Nahtzugaben auseinanderbügeln. An den beiden anderen Stofflagen die Zugaben eingeschlagen von Hand mit kleinen Stichen gegeneinandernähen (4).

TIPP

Mit eine Schablone werden Rundungen gleichmäßig. Dazu die Rundung vom Papierschnitt auf feste Pappe übertragen. Die Schablone auf 1 cm Breite zurückschneiden, zwischen die Gewebelagen schieben und die Zugaben entlang der Schablonenkante umbügeln.

OVERLOCKNÄHTE

Overlock-Maschinen erkennt man auf den ersten Blick an ihrem eigenwilligen Äußeren. Sie vereinen die ausgereifte Technik von Haushaltsnähmaschinen und Industriemaschinen. So groß die Auswahl bei den Overlock-Maschinen auch ist, in der Variabilität der Stiche und im Perfektionsanspruch sind sich alle einig. Der feine, oft so kleine Unterschied liegt in der Ausstattung: Je nach Typ und Fabrikat werden sie mit bis zu fünf Fäden und mit unterschiedlich vielen Sticharten angeboten. Jede Stichart kann ganz gezielt eingesetzt werden und liefert immer ein unverwechselbares Stichbild.

Das zeichnet die Overlocks aus:

Alles auf einmal – das ist die Spezialität der Overlock! Mit jedem Stich erledigt sie mehrere Arbeitsgänge: Sie näht zwei Stoffteile zusammen, schneidet ab und versäubert gleichzeitig die Kanten. Manche Maschinen säumen sogar noch automatisch. Die Nähte der Overlock sind äußerst strapazierfähig und flexibel. Transparente, leichte oder auch dehnbare Materialien lassen sich dank gleichmäßigem Stofftransport mühelos verarbeiten.

Der Transport: Der Stofftransport erfolgt über das harmonische Zusammenspiel von Transporteurzähnchen, Stichplatte und Nähfuß. Der Differenzialtransport verhindert, so vorhanden, ein Dehnen und Kräuseln der Nähte.

Die Messer: Das bewegliche obere Messer und das fest stehende untere Messer werden wie eine Schere im Rhythmus der Nadelbewegungen gegeneinandergeführt und beschneiden so während des Nähens den Stoff.

Die Greifer: Der obere und der untere Greifer führt jeweils einen Faden; beide übernehmen somit die Aufgabe einer Spule. Die Fäden werden beim Arbeiten miteinander verschlungen, jedoch nur der Nadelfaden wird letztlich durch den Stoff geführt.

Die Kettelfinger: Je nach Modell verfügt die Overlock-Maschine über einen oder zwei Kettelfinger, um die herum die Overlockstiche gebildet werden. Unter Kettelfinger versteht man zwei zinkenartige Ausbildungen, die seitlich an der Innenkante der Stichplatte angebracht sind. Manche Maschinen besitzen noch zusätzlich einen Kettelfinger am Nähfuß.

Das unterscheidet die Overlocks:

Die 4-fädige Overlock hat zwei Greifer, einen oberen und einen unteren, und zwei Nadeln. Dadurch, dass die 4-Faden-Überwendlichnaht mit zwei Nadeln genäht wird, bekommt die Naht zusätzliche Stabilität. Ansonsten sieht die Naht der 3-fädigen Overlocknaht zum Verwechseln ähnlich. Arbeitet man nur mit einer Nadel, entsteht eine 3-fädige Overlocknaht. Mit einer 4/3/2-fädigen Overlock-Maschine gelingen auch 2-fädige Überwendlichnähte.

Die 4-fädige Overlock mit Coverstich hat drei Greifer, einen oberen und einen unteren, einen Doppelkettenstichgreifer und zwei Nadeln. Mit dieser Overlock kann zusätzlich ein Coverstich genäht werden.

Wichtig: Nur wenn Ihre Maschine über einen Coverstich verfügt, können Sie auch innerhalb eines Stoffstückes nähen, zum Beispiel einen breiten Saum nähen.

Die 5-fädige Overlock verfügt über drei Greifer, einen oberen, einen unteren und einen sogenannten Doppelkettenstichgreifer. Die 5-fädigen Overlocks sind mit mindestens einem Coverstich ausgestattet. Die meisten Maschinen verfügen jedoch über drei verschiedene Coverstiche. Die Coverstiche werden mit zwei oder drei Nadeln genäht und immer mit dem Doppelkettenstichgreifer. Die 5-fädige Sicherheitsnaht setzt sich aus einem Kettenstich und einer 3-fädigen Überwendlichnaht zusammen. Aber auch 4/3/2-fädige Überwendlichnähte können mit dieser Overlock genäht werden.

Stichlänge und Schnittbreite

Um in nähtechnischer und optischer Hinsicht ein optimales Ergebnis zu erreichen, muss bei jedem Stoff die Sticheinstellung neu und individuell vorgenommen werden. Es empfiehlt sich daher, vorher einige Probenähte zu steppen. Zur Einstellung selbst muss der erfahrenen Hobbyschneiderin wenig erklärt werden. Sie entspricht in etwa der des Zickzackstichs bei der Nähmaschine. Grundsätzlich bleibt noch zu erwähnen, dass bei jeder Veränderung der Sticheinstellung die Fadenspannung überprüft und gegebenenfalls neu eingestellt werden muss.

Die Stichlänge:

Unter der Stichlänge versteht man den Abstand zwischen zwei Nadeleinstichen, der je nach Maschinentyp unterschiedlich ist und bei ½ mm beginnt. Als Faustregel gilt: leichte Stoffe kürzere und schmalere Stiche, schwere, feste Stoffe längere und breitere Stiche. Damit Sie keine unliebsamen Überraschungen erleben, vorher unbedingt an einem Stoffrest testen!

Wichtig: Stellen Sie die Stiche nicht zu kurz ein! Dies gilt besonders bei empfindlichen Stoffen wie Organza oder Taft. Zu enge Sticheinstellung kann dazu führen, dass der Stoff schon bei geringer Beanspruchung an der Nahtlinie ausreißt. Kurze Stiche können zudem zu unschönen Kräuseln in der Naht führen. Und: Zu kurz eingestellte Stiche können zum Stoffstau führen, weil der Stoff nicht mehr schnell genug transportiert werden kann und sich die Stiche auf dem Kettelfinger stauen.

Die Stichlänge wird mit dem Stichlängeneinsteller oder -wähler eingestellt. Nähere Informationen dazu finden Sie in der Bedienungsanleitung Ihrer Overlock-Maschine.

Die Schnittbreite

Unter der Schnittbreite versteht man den Abstand zwischen der Stoffkante und dem Nadelfaden. Bei einer Overlock, die mit zwei Nadeln arbeitet, geht man dabei vom linken Nadelfaden aus. Inwieweit sich die Schnittbreite verändern lässt, hängt vom jeweiligen Modell ab.

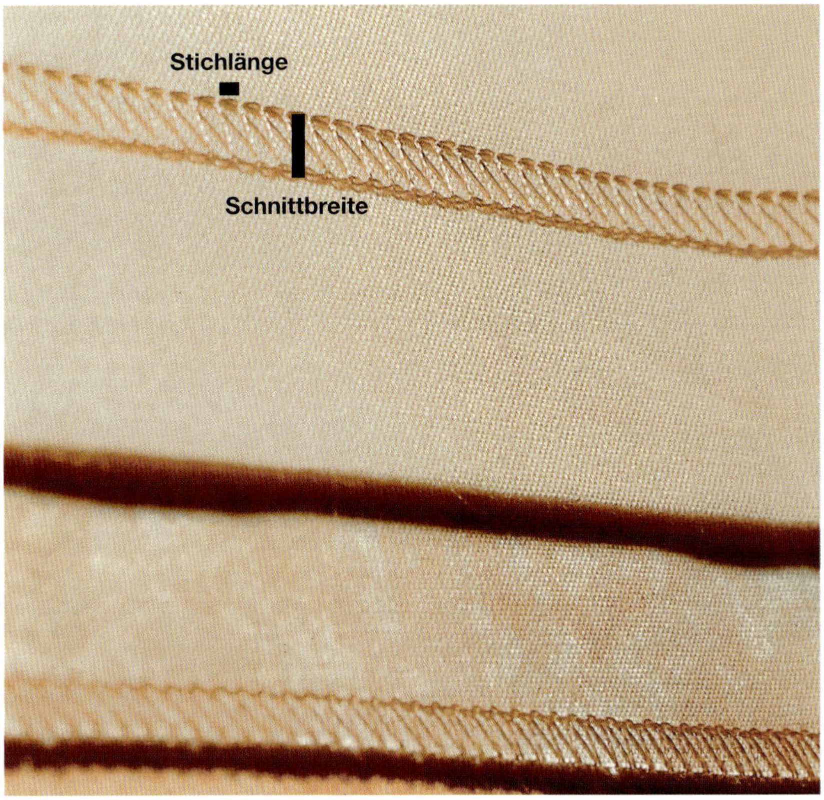

Welche Möglichkeiten Ihre Overlock hat, entnehmen Sie bitte der Bedienungsanleitung. Wer noch keine Overlock besitzt und Wert auf möglichst viele Variationsmöglichkeiten legt, sollte sich beim Kauf einer Overlock diesbezüglich vom Fachhändler beraten lassen.

Wichtig: Ähnlich wie die Stichbreite hat die Schnittbreite einen wesentlichen Einfluss auf ein sauberes, schönes Nahtbild. Abgesehen davon, dass eine zu schmale Schnittbreite der Stoffkante wenig Halt gibt und die Naht schnell ausreißen kann. Dies gilt in erster Linie für feste, schwere Stoffqualitäten, für die Sie immer eine möglichst große Schnittbreite wählen sollten. Für leichte, fließende Stoffe ist eine breite Schnittbreite nicht angebracht, da eine zu große Stichbreite zu unschönen Wellen führen oder sogar ein wulstartiges Zusammenziehen des Stoffes zur Folge haben kann.

Sticharten und ihre Anwendung

4-Faden-Überwendlichnaht: Zum Zusammennähen und gleichzeitig perfekten Versäubern sämtlicher Materialien. Besonders gut geeignet beim Verarbeiten von Jersey, Strick- und elastischen Stoffen.

5-Faden-Sicherheitsnaht: Die klassische Industrienaht! Zum Zusammennähen und gleichzeitigen Versäubern von festen Materialien für Nähte und Kanten, die extrem viel aushalten müssen. Eine Naht, die besonders strapazierfähig ist und sich besonders gut für Arbeitskleidung, für schwere Home-Deco-Stoffe, beispielsweise Polsterstoffe, oder auch für Kinderkleidung hervorragend eignet.

3-Faden-Überwendlichnaht, schmal: Eignet sich hervorragend zum Versäubern von leichten, feinen Stoffen, ist aber auch ideal bei stark fransenden Materialien.

3-Faden-Überwendlichnaht, breit: Zum Versäubern von festen Stoffen, aber auch für stark fransende, mittelschwere Stoffen wie zum Beispiel Leinen, Wildseide.

3-Faden-Rollsaum: Dekorativer Kantenabschluss bei schmalen Nähten und Säumen. Wird vorwiegend zum Versäubern von leichten bis mittelschweren Stoffen verwendet.

Der Coverstich kommt beim Nähen von Säumen und bei Ziernähten zum Einsatz.
Der breite Coverstich ist der perfekte Saumabschluss an T-Shirts, Sweatshirts, Sportswear-Kleidung und anderen Modellen aus elastischen Stoffen. Außerdem hat er sich zum Einfassen von Ausschnitten und zum gleichmäßigen Einnähen von Gummibändern bestens bewährt (1).

Der schmale Coverstich ist ideal bei sehr schmalen Säumen wie beispielsweise beim Verarbeiten von feinsten Materialien sowie zum Nähen von Biesen (2).

Kettenstich: Zum Nähen von Säumen. Auch für Ziernähte geeignet – der Kettenstich bildet sich auf der Stoffunterseite! Ideal bei der Verarbeitung von gewebten Stoffen.

3-fach-Coverstich: Hochelastische Materialien verarbeitet man am besten mit dem 3-fach-Coverstich. Er eignet sich aber auch als reine dekorative Ziernaht (3).

2-Faden-Flatlocknaht, breit wird zum Zusammennähen und Säumen verwendet. Besonders mittelschwere, aber auch dehnbare Materialien lassen sich mit ihr bestens verarbeiten. Darüber hinaus ist die 2-Faden-Flatlocknaht ein dekorativer Kantenabschluss (4).

1

2

3

4

NÄHGARNE

Egal, was Sie nähen:
Entscheiden Sie sich grundsätzlich für qualitativ hochwertige Nähgarne, Nähfäden guter Qualität. Billiger Nähfaden, der schnell reißt, macht nur unnötigen Ärger.

Der richtige Nähfaden für jeden Zweck

Für Nähte von Kleidungsstücken und Heimtextilien sind Mehrzwecknähfäden, zum Beispiel Gütermann creativ Allesnäher aus 100% Polyester in der Stärke No. 100 (oder Gütermann Baumwollgarne) die geeigneten Fäden. Sie sind für leichte, mittlere und schwere Stoffe geeignet und in einer großen Farbpalette erhältlich, sodass sich hier leicht für jeden Stoff der richtige Farbton findet.

Außerdem gibt es für Nähmaschinen spezielle Zierstichfäden aus unterschiedlichen Materialien. Am häufigsten werden synthetische Nähfäden, zum Beispiel das Knopfloch- oder Zierstichgarn (Gütermann creativ Zierstichfaden, 100% Polyester), verwendet. Mit Stärke No. 30 ist es ideal für handgenähte Knopflöcher und zum Absteppen mittelschwerer Stoffe. Es kann bis 95 Grad problemlos gewaschen werden.

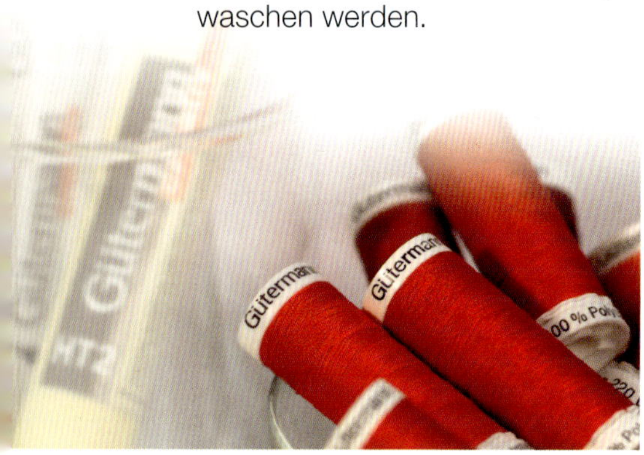

Edle Akzente können Sie mit dem feinen Maschinen-Stickfaden aus Viskose, z. B. Gütermann Dekor, erzielen. Wer es richtig glitzernd mag, entscheidet sich für Metallic-Stickfäden (z. B. Gütermann Sulley Metallic W 251), inzwischen nicht nur in Gold und Silber, sondern in einer breiten Farbpalette erhältlich. Und dann gibt's noch die besonders edlen Zierstichfäden aus reiner Seide mit dezentem Glanz in einer wunderschönen und breit gefächerten Farbauswahl – der feine Zierstichfaden Gütermann creativ S 303 in Stärke No. 100 oder der etwas stärkere Zierstichfaden Gütermann creativ R 753 in Stärke No. 40.

Für mittlere bis schwere Stoffe können diese Mehrzwecknähfäden auch für Overlocknähte verwendet werden. Damit die dichten Stiche der Overlock nicht zu sehr auftragen, sollten die Nähfäden aber etwas feiner gewählt werden, als bei einer normalen Nähmaschine. Ideal sind, vor allem auch für dünnere Stoffe, spezielle Overlock-Nähfäden. Von Gütermann gibt es zum Beispiel Gütermann creativ Miniking, ein Overlock-Nähfaden aus 100% Polyester, der mit der Stärke No. 120 etwas feiner ist als der Gütermann-Allesnäher und eine Lauflänge von 1000 m hat. Super zu verarbeiten ist der noch feinere Overlock-Nähfaden Gütermann creativ Terra 180 (Stärke No. 180) mit einer Lauflänge von 2000 m. Dieser Overlock-Nähfaden ist leicht transparent und garantiert dadurch eine optimale Farbanpassung. Und: Selbst bei feinen Stoffen gibt's nach dem Bügeln kein Abdrücken der Versäuberungsnaht.

Beim Kauf von Nähfäden für die Overlock-Maschine sollten Sie daran denken, dass Overlock-Maschinen wesentlich mehr Material verbrauchen als die herkömmlichen Nähmaschinen. Denn Overlock-Stiche bilden einen dichten Besatz um die Stoffkanten, das ist ein großer Unterschied zu den typischen Geradstichen der normalen Nähmaschine. Deshalb werden Nähfäden für Overlock-Maschinen in größeren Lauflängen angeboten, und zwar in Form von sogenannten Miniking- und King-Spulen, die mit Nähfäden von 1000 – 2000 m Länge erhältlich sind.

PFLEGESYMBOLE FÜR TEXTILIEN

Waschen (Waschbottich) 					
	Die Zahl im Waschbottich gibt die maximale Waschtemperatur an, die nicht überschritten werden darf. Der Balken unter dem Waschbottich kennzeichnet, dass möglichst schonend gewaschen werden soll (Schonwaschgang). Die Hand im Waschbottich bedeutet: nicht in die Waschmaschine, nur schonende Handwäsche erlaubt. Ist der Bottich durchgestrichen, ist Waschen nicht möglich.				
Chloren (Dreieck) 					
	Chlorbleiche möglich		Bleichen nur mit Sauerstoff erlaubt	Chlorbleiche nicht möglich	
Bügeln (Bügeleisen) 					
	Heiß bügeln – Leinen	Mäßig heiß bügeln – Wolle	Nicht heiß bügeln – Seide, Chemiefasern	Nicht bügeln	
	Die Punkte kennzeichnen die Temperaturbereiche der Regler-Bügeleisen.				
Chemische Reinigung (Kreis = Reinigungstrommel) 					
	Reinigen mit Perchlorethylen	Reinigen mit Kohlenwasserstofflösungsmittel (KWL)	Professionelle Nassreinigung	Keine chemische bzw. Nassreinigung möglich	
	Der Buchstabe im Kreis gibt an, welches Reinigungsverfahren und welches Lösemittel verwendet werden darf. Ist der Kreis unterstrichen, muss schonend gereinigt werden, das heißt, mit weniger mechanischer Beanspruchung und weniger Feuchtigkeitszugabe.				
Trocknung (Trockentrommel) 					
	Trocknen im Wäschetrockner möglich. Sind Punkte in das Symbol eingezeichnet, so geben sie die Trockentemperatur an.			Nicht für den Wäschetrockner geeignet	